本书出版得到国家重点文物保护
专项补助经费资助

三台郪江崖墓

四川省文物考古研究院
绵 阳 市 博 物 馆 编著
三台县文物管理所

文物出版社

封面题签　宿　白
印章篆刻　方　晓

封面设计　张希广
责任印制　陈　杰
责任编辑　张广然　张　芳

图书在版编目（CIP）数据

三台郪江崖墓/四川省文物考古研究院，绵阳市博物馆，三台县文物管理所编著．—北京：文物出版社，2007.9

ISBN 978-7-5010-2239-7

Ⅰ.三…　Ⅱ.①四…②绵…③三…　Ⅲ.崖墓－研究－三台县　Ⅳ.K878.84

中国版本图书馆CIP数据核字（2007）第084201号

三　台　郪　江　崖　墓

四川省文物考古研究院
绵　阳　市　博　物　馆　编著
三　台　县　文　物　管　理　所

*

文　物　出　版　社　出　版　发　行
（北京市东直门内北小街2号楼）
http://www.wenwu.com
E-mail:web@wenwu.com
北京图文天地中青彩印制版有限公司制版印刷
新　华　书　店　经　销
889×1194　1/16　印张：29.25　插页：1
2007年9月第1版　2007年9月第1次印刷
ISBN 978-7-5010-2239-7　定价：268.00元

目　录

插图目录

图版目录

第一章　概　述

第一节　地理环境

三台县位于四川盆地中部偏北丘陵地区（图一），地处涪江中游，为丘陵及河谷平坝地形，地势

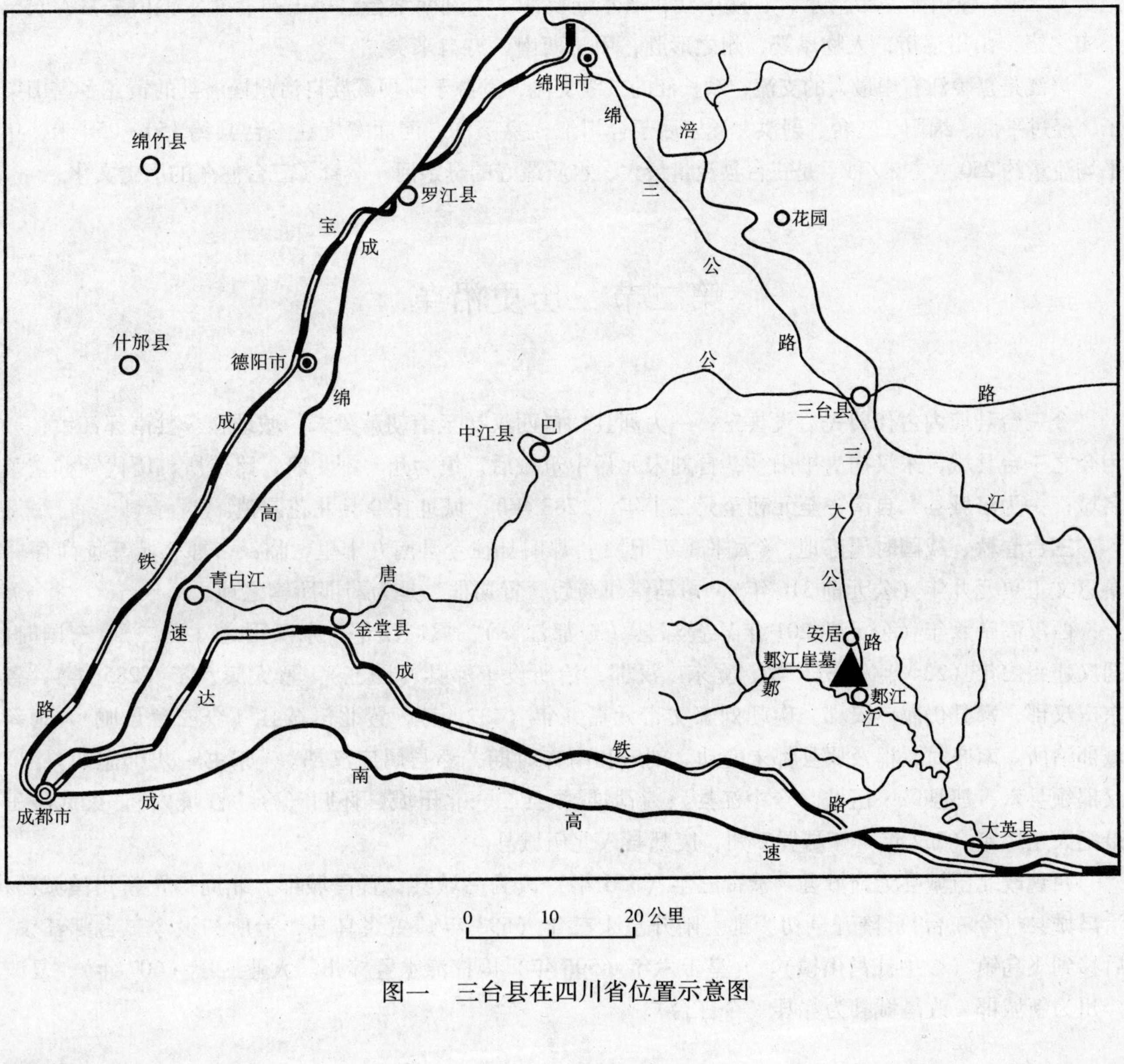

图一　三台县在四川省位置示意图

西北高，东南低，随着涪江向下迳流而缓慢递降。地面高程一般为500米，切割深度50~150米不等。境内丘包群立，沟谷迂回、宽阔延伸，为四川盆地典型的丘陵景观。地貌构造以剥蚀形成的丘陵为主，侵蚀堆积的阶地漫滩发育也比较普遍。除河流两岸有第四系松散堆积层外，全为中生界侏罗系和白垩系，属内陆河湖相构造，岩性主要为砂岩、泥岩和粉砂岩，属软——较软岩。境内构造划分为旋扭构造系和区域东西向构造体系。总体特点是褶皱宽缓、地层倾角较小，断层和构造节理不发育。

境内属亚热带湿润气候。季风气候显著，四季分明，具有冬暖、春早、夏热、秋凉，降水充沛的特点。年降水量一般800~1000毫米，相对湿度80%~82%，多年平均气温16.6℃~17.8℃。

河流水系呈树枝状分布。主要有涪江及其支流凯江、郪江、梓江等。从古至今，水运便利，船运可上至绵阳、江油，下至合川、重庆而入长江。清嘉庆《四川通志》云："涪江、郪水萦绕于东南，地当四达之冲路，扼两川之要，为益州之门户，实果、阆之襟喉。"自古为兵家据蜀所必争之地。县城建于涪、凯两江汇合处的冲积平原上，北至绵阳63公里，西距成都151公里。顾祖禹《读史方舆纪要》云："潼川州左带涪水，右挟中江，居水陆要冲，为剑南都会。……州有盐水铜山之富，农桑果实之饶，山川绵衍，人物阜繁，州之形胜，甲于西南，有自来矣。"

涪江是嘉陵江右岸最大的支流，系长江的二级支流，发源于阿坝藏族自治州松潘县的黄龙乡雪山梁子，经过平武、绵阳、三台、射洪、遂宁后于合川汇入嘉陵江。河面宽度在三台县约150~250米，年平均流量约250立方米/秒，是三台县流量最大、水质最好的母亲河，孕育了三台悠久的历史文化。

第二节　历史沿革

今三台县境内古代曾先后设县三：一为郪县，自西汉初至南朝萧梁末，城址在今县南郪江镇；一为今之三台县城，东汉初为平阳乡，自刘宋元嘉中筑城后，恒为州、郡、府、路治所，历代皆称重镇名城；一为涪城县，自南齐至元朝至元二十年（1283年），城址在今县北花园镇。

三台春秋、战国时属郪地，《太平寰宇记》："郪旧县在今县南九十里，临江，郪王城基址尚存。"秦惠文王更元九年（公元前316年），司马错伐蜀后，置蜀郡，是为蜀郡所辖之地。

西汉高帝六年（公元前201年）置郪县（今郪江镇），属广汉郡，东汉因之（图二）。三国时，蜀汉建兴二年（224年），分广汉，立东广汉郡，治所设于郪县（图三）。晋太康六年（285年），省东广汉郡，郪县仍属广汉郡。南朝刘宋文帝元嘉九年（432年），置北伍城县（今三台县城），为新城郡治所。南齐时，郡及属县都未变动。刘宋和南齐时期，郪县属广汉郡。《宋书·州郡志四》：广汉郡领县六，郪县……伍城（今中江县）；新城郡领县二，北伍城、怀归（今中江境内）。梁武陵王萧纪天正二年（552年）于郡置新州，废郪县入北伍城县。

西魏改北伍城县为新城县，恭帝三年（556年）改为昌城县，置昌城郡。北周仍置新州昌城郡，治昌城县（今三台）。隋开皇初废郡。隋开皇十三年（593年）置飞乌县，治所初设今三台郪江镇，后移到飞乌镇（今中江昌山镇）。开皇十六年（596年）因梓潼水置梓州。大业三年（607年），复改梓州为新城郡，改昌城县为郪县（今三台）。

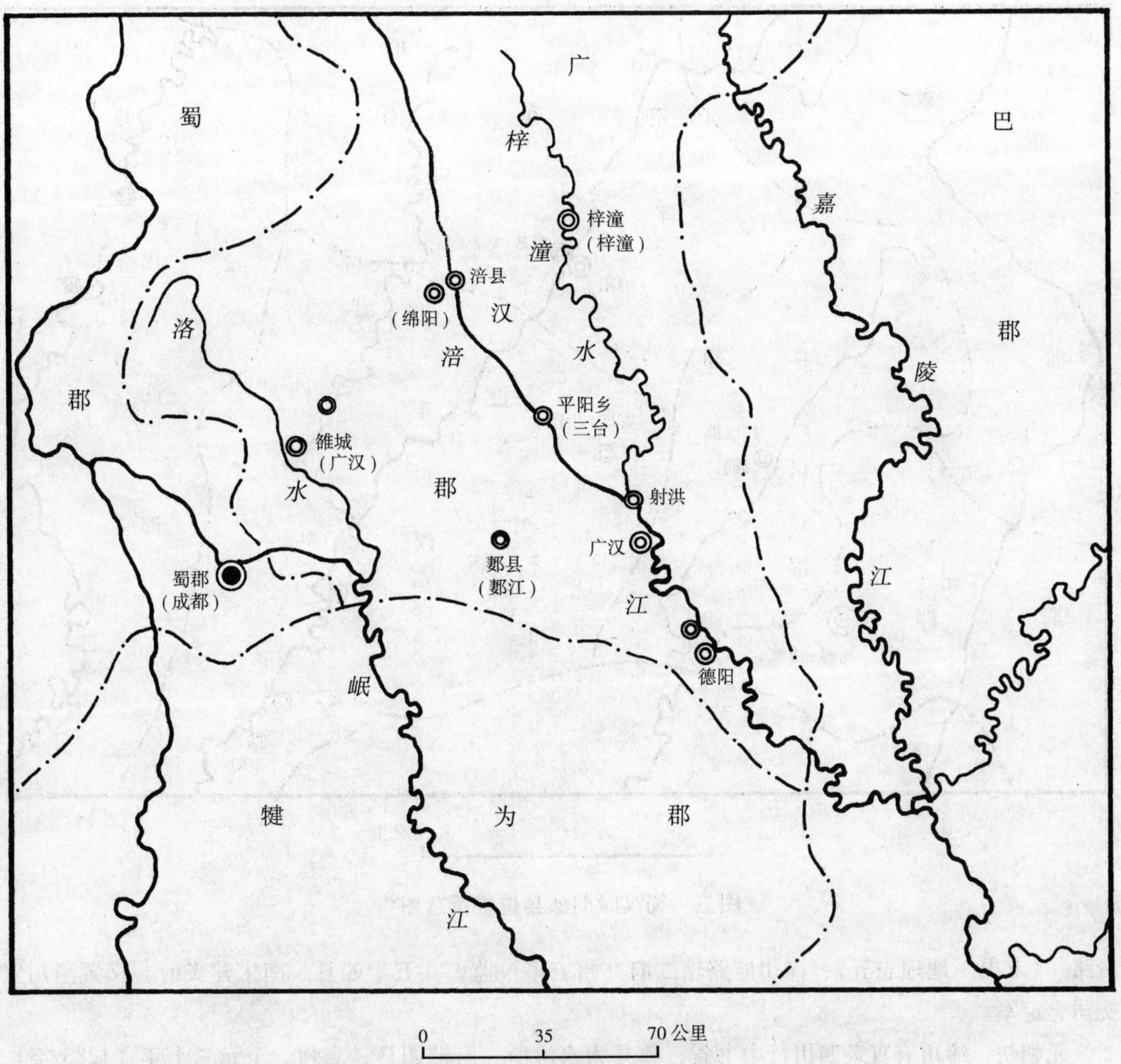

图二　东汉时期郪县位置示意图①

唐武德元年（618 年）改新城郡为梓州，郪县为州治所。至德二年（757 年）分置剑南东川节度，辖梓州、阆州、泸州等十二州。乾元二年（759 年）又增辖渝州（今重庆）等三州，共十五州，八十九县。梓州实是当时蜀中居第二位的政治、经济、文化中心。广德二年（764 年），废剑南东川节度使，辖州如故。五代前蜀永平二年（912 年），改剑南东川节度为武德军节度。其间尽管州、郡迭易，但郪县一直为治所。

宋初名梓州梓潼郡剑南东川节度，乾德四年（966 年），改静戎军。太平兴国三年（978 年）改静安军。端拱二年（989 年），复置东川节度。咸平四年（1001 年）设梓州路于梓州，治所郪县。元丰三年（1080 年）东川节度复加剑南二字。重和元年（1118 年）十一月升州为府，改梓州路为潼川

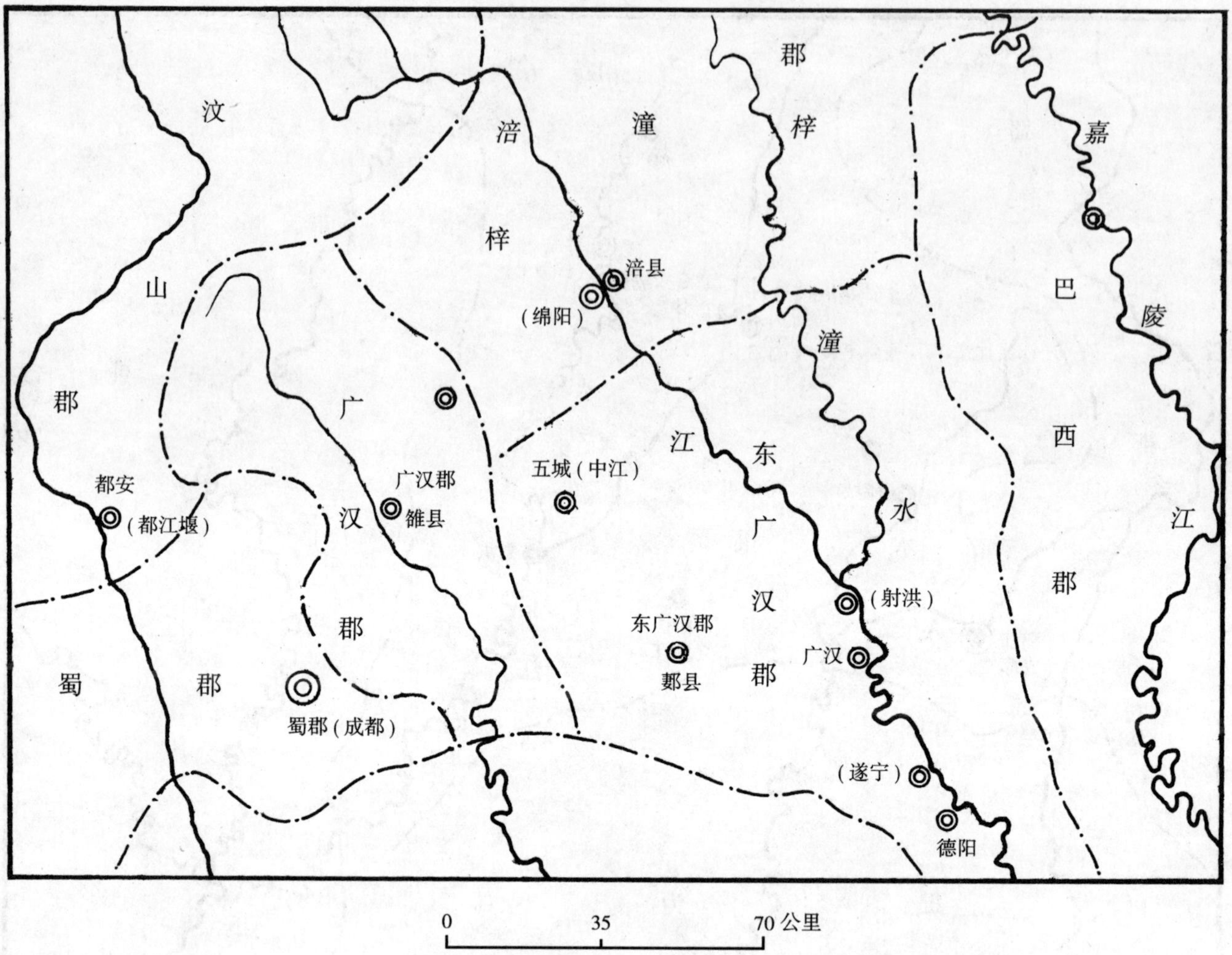

图三 蜀汉时期郪县位置示意图[2]

府路。《宋史·地理志五》：潼川府路辖二府九州三军一监，共五十四县。南宋建炎时，又置潼川安抚司忠定军。

元朝初，潼川府直隶四川行中书省，郪县为府治所，府辖四县、二州。至元二十年（1283 年），并涪城县及录事司入郪县。

明洪武九年（1376 年）改潼川府为州，并郪县入州，县城为州治。清雍正十二年（1734 年）升州为府，置三台县为府治，县因三台山而得名。府辖八县。民国二年（1913 年）罢府存县，仍为四川重镇。

第三节 发现及发掘经过

1958 年，当地村民在金钟山、紫荆湾、松林嘴等处开垦土地时，发现数座大型崖墓，被误传为

"蛮洞"。因墓群地处三台、中江两县分界处，位置偏僻，交通不便，发现崖墓的情况不为外界知晓，也未引起当地文化部门的重视。1980 年 2 月，四川省文物管理委员会得到三台县文化馆杨重华先生的汇报后，立即派员进行了初步查看。1980 年秋冬之际，绵阳地区文教局组织编撰《绵阳地区文物简介》，杨重华先生首先在该书中撰文披露了崖墓情况③，此后引起地、县文化部门的重视。1981 年 5 月，三台县人民政府将"郪江汉墓"公布为县级文物保护单位。

为了弄清郪江崖墓的分布和保存情况，补充县级文物保护单位的相关档案资料，1981 年 11 月～12 月，绵阳地区群众艺术馆孙华、郑定理，绵阳市文物保护管理所何志国，三台县文化馆杨重华等，初次对郪江崖墓群进行考古调查，并选择金钟山（即现金钟山Ⅰ区）、紫荆湾、松林嘴等处 9 座形制较大的崖墓进行了清理和测量，所获资料得到四川省文物部门的关注。1991 年 6 月，四川省人民政府将"三台郪江崖墓群"公布为省级文物保护单位。

1996 年 11 月，国务院将"郪江崖墓群"公布为全国重点文物保护单位。

2000 年 2 月～3 月，四川省文物考古研究所和中国文物研究所完成金钟山Ⅰ区 M1～M5、紫荆湾 M1～M4、吴家湾 M1、松林嘴 M1～M2 的保护工程设计方案。同时，建设部综合勘察研究设计院完成上述墓葬所处位置的地形测绘。

2000 年 2 月～6 月，为了进一步完善全国重点文物保护单位"四有"工作，三台县文化体育局杨存贯、曾广根，三台县文物管理所唐德明、景竹友、钟治、周成孝、左启、毛建军等对郪江崖墓群进行了再次调查，初步确认墓群分布在郪江镇和安居镇的郪江、锦江两岸的沟湾山麓上，分布中心区域是郪江镇。依分布的小地名将"郪江崖墓群"划分为 52 个小墓群，调查登记的崖墓共计 1638 座，基本摸清了崖墓的分布和数量。

2000 年 5 月，四川省文物考古研究所和三台县文物管理所抢救发掘天台山、坟台嘴、胡家湾、刘家堰、洞子排墓群中已暴露的 6 座崖墓，分别编号为天台山 M1、坟台嘴 M1、胡家湾 M1、刘家堰 M1 和 M3、洞子排 M1。

2000 年 8 月，我国著名考古学家俞伟超先生在四川省文物考古研究所有关专家陪同下，深入胡家湾、坟台嘴、刘家堰、金钟山Ⅰ区和柏林坡墓群，进行认真仔细的考察（图版二至五）。

2002 年 5 月～7 月，经国家文物局批准，四川省文物考古研究所和三台县文物管理所对柏林坡 5 座崖墓（编号柏 M1～M5）、金钟山Ⅱ区的 5 座崖墓（编号为金ⅡM1～M5）进行了发掘。参加工作的人员有四川省文物考古研究所李昭和、周科华、范学松、江聪、罗泽云，广元市文物管理所唐志工，绵阳市博物馆巩三，三台县文物管理所钟治、陈卫。江聪、钟治和三台县文化体育局杨存贯、三台县文化馆袁成松共同完成了柏林坡墓群发掘期间的摄影工作（图版六）。

2002 年 6 月～2003 年 11 月，四川省文物考古研究所、三台县文物管理所在实施紫荆湾、金钟山Ⅰ区墓群的保护工程中，对包括紫 M1～M3、金ⅠM1～M4 在内的 18 座崖墓进行了清理。

2006 年 3 月～6 月，四川省文物考古研究院（2004 年 10 月由"所"更名为"院"）周科华、江聪、罗泽云，绵阳市博物馆钟治（2005 年由三台县文管所调往绵阳市博物馆工作）、三台县文物管理所陈卫等，在复查郪江崖墓群的工作中，完成了已发掘清理过的紫荆湾和金钟山Ⅰ区 18 座崖墓以及吴家湾 M1、松林嘴 M1 的测绘。10 月，进行了上述墓葬的摄影工作（图版七）。至此，完善了郪江崖墓群的田野考古资料。

第四节 墓群分布

"三台郪江崖墓群"分布于三台县的郪江、安居两镇，北距三台县城48公里，地理坐标位于北纬30°49′06.4″至30°45′39.8″、东经105°05′11.4″至105°05′31″之间。

"郪江崖墓群"经普查发现，在以郪江镇为中心的15平方公里的核心范围内，沿郪江、锦江两岸的沟湾山麓分布，仅暴露的崖墓就达1638座（资料统计截止2000年）。在能进入的1274座墓中，双室以上墓791座，单室墓483座，有画像或仿木结构建筑形象雕刻的344座，有排水沟、灶台案龛、壁龛、连岩房屋形石棺、龛形崖棺、棺台和石床等各类附属设施雕刻的387座。这些崖墓多成群分布在山峦间，相对独立。墓群内崖墓似经统一规划，相互间打破关系较少，依山势分层一字排列。墓与墓之间间距大体相等，排列密集。如刘家堰墓群，在长不过百米，高不及三十米的一个丘陵上，分三排排列，错落有致地分布着66座墓。有些墓的侧（耳）室间仅隔很薄的石壁，如金ⅠM3与金ⅠM4之间；紫M2与紫M1、紫M3之间；紫M5与紫M7、紫M7之间相距最近处不足20厘米。为方便墓群"四有"档案的建立，以及对墓群研究工作的顺利开展，我们在墓群内，依崖墓所在地的小地名，又把"郪江崖墓群"进一步细分为52个小墓群（图四；图版一）。各墓群名称、数量及位置列表介绍如下：

三台郪江崖墓群分布统计表 单位：座

序号	名称	数量	地点	备注
1	金钟山Ⅰ区墓群	12	郪江镇1村4社	山东侧
2	金钟山Ⅱ区墓群	29	郪江镇1村5社	山西侧
3	天台山墓群	37	郪江镇1村3、8社	
4	岭干山墓群	31	郪江镇1村5社	
5	孙家湾墓群	54	郪江镇1村6社	
6	赵家湾墓群	10	郪江镇1村7社、2村7社	
7	紫荆湾墓群	25	郪江镇1村8社	
8	吴家湾墓群	21	郪江镇1村9社	
9	鼓楼山墓群	12	郪江镇2村1社	
10	武家湾墓群	10	郪江镇2村2、9、10社	
11	磨子山墓群	3	郪江镇2村3社	
12	松林嘴墓群	21	郪江镇2村4社	
13	柏林坡墓群	42	郪江镇2村3社	
14	王家山墓群	25	郪江镇2村6社	
15	狮子山墓群	49	郪江镇2村6社	
16	千佛寺墓群	6	郪江镇2村8社	

续上表

序号	名　称	数量	地　点	备注
17	桂花井墓群	6	郪江镇2村10社	
18	代家坟墓群	5	郪江镇2村7社	
19	下李家湾墓群	9	郪江镇2村11社	
20	斗山墓群	20	郪江镇3村	
21	窑阁寺村墓群	9	郪江镇4村	
22	坟台嘴墓群	66	郪江镇5村1社	
23	大石包墓群	65	郪江镇5村2、3社	
24	观音湾墓群	42	郪江镇5村3社	
25	高洞子墓群	85	郪江镇5村4、5社	
26	水井嘴墓群	71	郪江镇5村5社	
27	桥隆沟墓群	20	郪江镇5村6~8、15社	
28	张家碥墓群	55	郪江镇5村12社	
29	红庙子墓群	60	郪江镇5村14社	
30	银形沟Ⅰ区墓群	47	郪江镇5村15社	沟西侧
31	银形沟Ⅱ区墓群	48	郪江镇5村15社	沟东侧
32	银形沟Ⅲ区墓群	50	郪江镇5村11社	
33	柏林嘴墓群	29	郪江镇6村1、2社	
34	李家湾墓群	14	郪江镇6村3社	
35	李家井墓群	50	郪江镇6村4、7社	
36	渔洞井墓群	35	郪江镇6村3、5社	
37	方家沟墓群	18	郪江镇7村1~4、11社	
38	泥鳅嘴墓群	16	郪江镇6村1社、7村13社	
39	罗汉山墓群	9	郪江镇5村8社、7村8~10社	
40	柑子园墓群	10	郪江镇7村5、6社	
41	天王沟墓群	8	郪江镇8村1~4、8社	
42	小湾子墓群	15	郪江镇8村5社	
43	福桐湾墓群	16	郪江镇8村5社	
44	白庙沟墓群	20	郪江镇8村6~8社	
45	胡家湾墓群	20	安居镇8村2社	
46	云台山墓群	62	安居镇8村3、4社	
47	刘家堰墓群	66	安居镇8村5、6社	
48	短沟墓群	45	安居镇6村1社、7村3队	
49	黄家嘴墓群	27	安居镇6村2社	
50	老虎山墓群	12	安居镇4村1社	
51	黄明月墓群	27	安居镇4村1、3、4、6社	
52	洞子排墓群	64	安居镇4村2社	
总计：1608座				

注：另在保护区范围内，还有30座零散崖墓未能归入墓群。

第五节　材料的整理与编写

自上世纪80年代初至今，我们在金钟山Ⅰ、Ⅱ区和天台山等处共清理、测绘37座大型和中型崖墓。墓内所发现的大量细致、逼真的仿木结构建筑形象雕刻、画像雕刻以及精美的壁画和朱书榜题等，在四川崖墓考古中极具代表性。四川崖墓材料历年来尽管公布较多，但各地区、各墓群材料缺乏系统、详细的报道，因此系统地整理、公布这批材料是十分必要的。

为便于研究者的深入研究，使研究者能掌握墓葬材料的全貌，避免编著者对材料取舍的主观片面，本报告采取将所有墓葬材料，以墓葬为单位逐一全面报道，出土器物不作综合分型、分式，编者的论断和探索只在篇末表述，以维护材料的完整与真实。

本报告共分三部分：第一章叙述地理环境、历史沿革、墓葬分布以及材料的整理；第二章是墓葬材料，将37座崖墓材料逐一报道；第三章则是编者依据材料对崖墓的初步研究，旨在起到抛砖引玉的作用。限于水平，不当之处，敬祈专家、学者不吝指正。

在编写体例方面采用如下方式：崖墓编号，各墓群独立编排，墓号前冠以墓群的名称，如“金钟山Ⅰ区墓群一号墓”和“天台山墓群一号墓”，也可用墓群名称的第一个汉字，简称为“金ⅠM1、天M1”。其中“金Ⅰ”和“天”分别代表金钟山Ⅰ区和天台山墓群。已发表的崖墓均采用原来的编号。叙述时，首先简要介绍各墓群的基本情况，再对每座崖墓的开凿痕迹、形制、石刻画像、随葬器物等部分作一一报道。各墓内的仿木结构建筑形象雕刻，将在墓葬形制中具体介绍。

“三台郪江崖墓”从发掘工作开始以来，曾发表过多篇相关简报和研究文章[④]，凡已发表的原始材料与本报告有不符之处，均以本报告所报道的材料为准。

注　释

① 摘自谭其骧主编：《中国历史地图集》第二册，55～56页，地图出版社，1982年10月。

② 摘自谭其骧主编：《中国历史地图集》第二册，22～23页，地图出版社，1982年10月。

③ 四川省绵阳地区文教局编：《绵阳地区文物简介》69页，1980年12月。

④ 罗二虎：《三台县郪江崖墓初探》67～72页，《四川文物》1988年第4期；孙华：《三台郪江崖墓所见汉代建筑形象述略》10～16页，《四川文物》1991年第5期；孙华、郑定理、何志国：《三台县郪江崖墓》351～381页，《四川考古报告集》，文物出版社，1998年；杨存贯、钟治：《三台调查汉晋崖墓群文物遗存》，《中国文物报》2000年8月23日；钟治：《汉代繁华一穴中》，《中国文物报》2000年11月29日；三台县文化体育局、三台县文物管理所：《四川三台郪江崖墓群2000年度清理简报》16～41页，《文物》2002年第1期；钟治：《四川三台郪江汉晋墓群调查记》51～55页，《中国历史文物》2002年第4期；四川省文物考古研究所、三台县文物管理所：《四川三台郪江崖墓群2002年度发掘报告》92～143页，《四川文物》2004年增刊；四川省文物考古研究所、三台县文物管理所：《四川三台郪江崖墓群柏林坡1号墓发掘简报》14～35页，《文物》2005年第9期。

第二章 墓葬材料

郪江崖墓均依山势凿崖为室，墓葬方向与墓室的开凿似无明显关系。开凿方式是先在缓坡上向山腹纵深开一明槽作为露明墓道，至岩石深处再凿出墓门和墓室，墓道长短与墓室大小无关。绝大多数墓葬都未构造专门的排水设施，排水利用墓室、墓道由内向外倾斜形成的坡度，加上岩石中的天然裂隙来完成。

第一节 金钟山Ⅰ区墓群

金钟山位于郪江镇1村，紧邻郪江场镇西北面，山的南坡面对蜿蜒清澈的郪江河，锦江河沿北坡山脚流过，在郪江场的西北角汇入郪江。金钟山虽然不高，但较为陡峭，崖墓分布密集，所以据山的南、北两坡，划分为Ⅰ、Ⅱ两区分别编号。Ⅰ区墓群位于郪江镇1村4社，金ⅠM1～M4分布于该山中段长约50米的陡坎上（图五、六），坐北向南，依山傍水，地理坐标北纬30°45′56.5″，东经105°05′17.7″，海拔约355米，与山脚村间机耕道相对高度约15米。1958年，合作社组织村民挖山整地时发现墓群，并清除墓内淤土，在墓前形成宽约10米的梯地。多年来墓门洞开，加之各墓内有大量精美的仿木结构建筑和画像雕刻，所以时常有人进入墓内怀古觅奇，墓内随葬器物早已荡然无存，后来又遭开山采石，更加剧了崖墓不同程度的损坏。金ⅠM1～M4排列有序，编号由东向西。

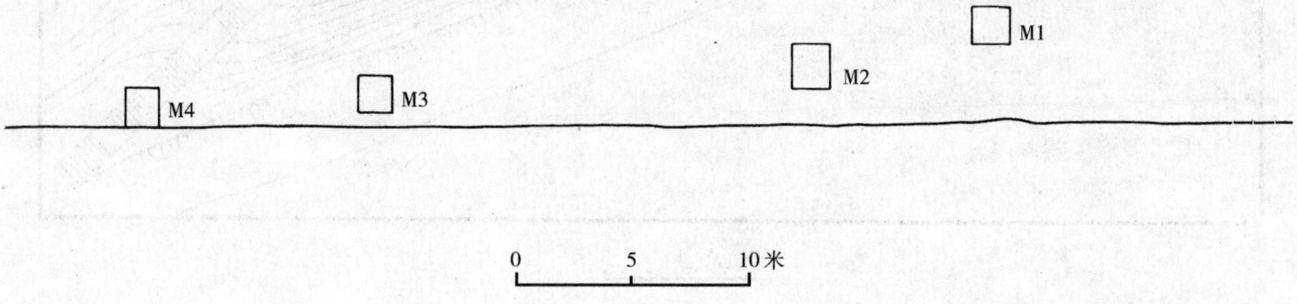

图五 金ⅠM1～M4立面分布示意图

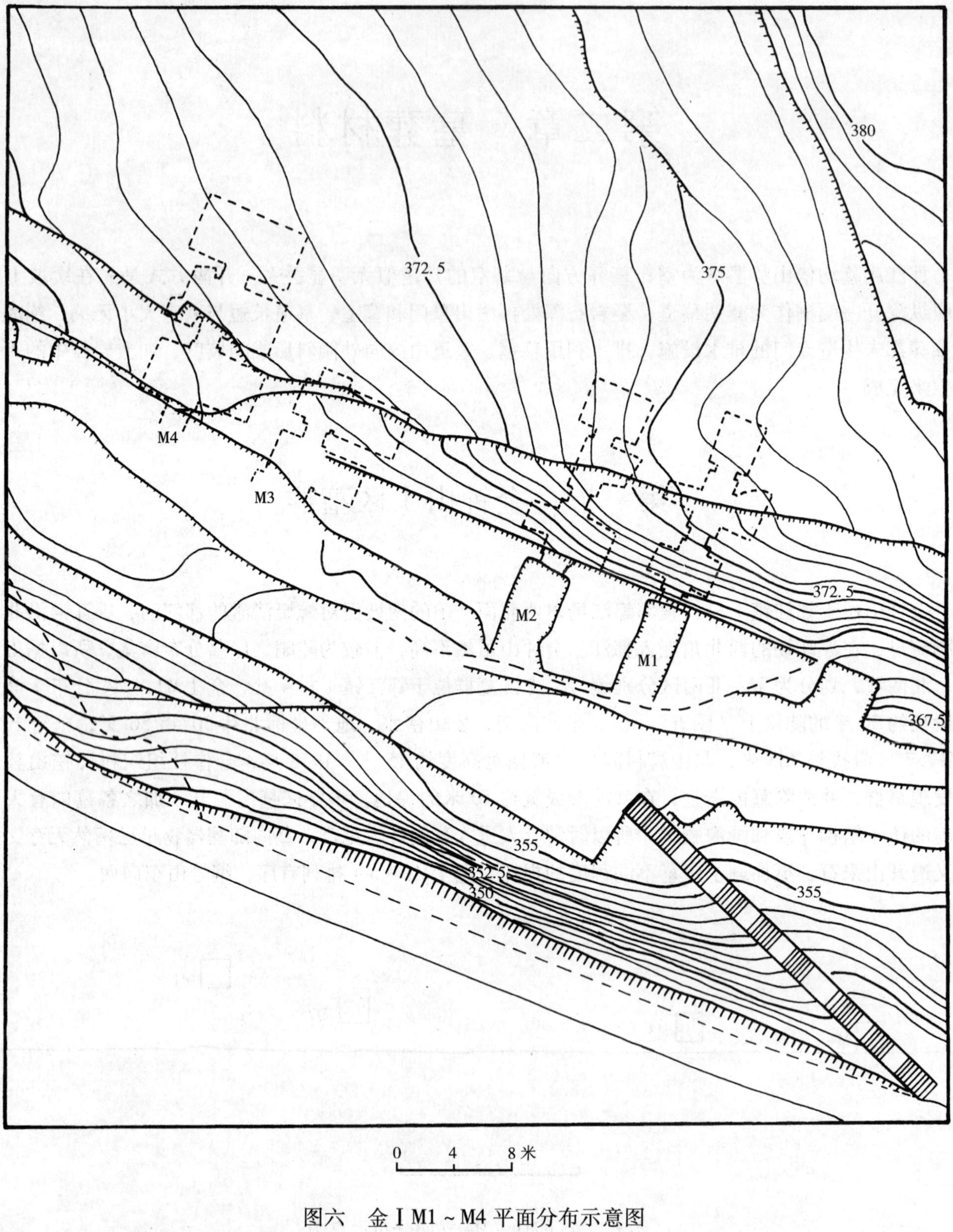

图六 金ⅠM1～M4平面分布示意图

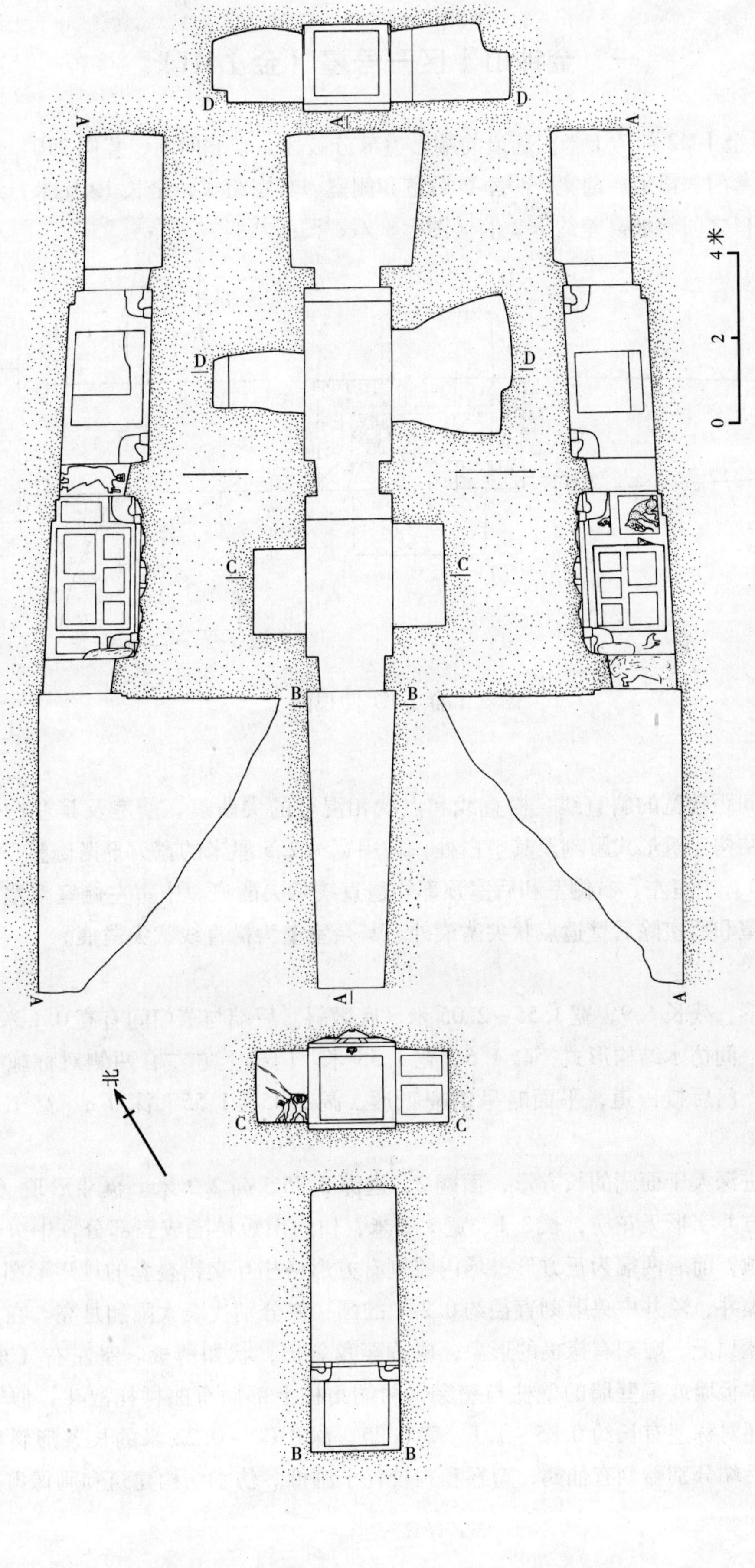

图七　金Ⅰ M1 平、剖面图

一　金钟山Ⅰ区一号墓（金ⅠM1）

金ⅠM1，西距金ⅠM2约7.1米，墓道前端已遭部分破坏。坐北向南，墓向210°。为斜坡踏道式三室墓，由墓道、墓门、甬道、前室、中室、后室和侧室、耳室组成，全长19.6米，最宽处6.9米。后室与墓道现存开口之间斜坡高差约1.2米（图七、八；图版八）。

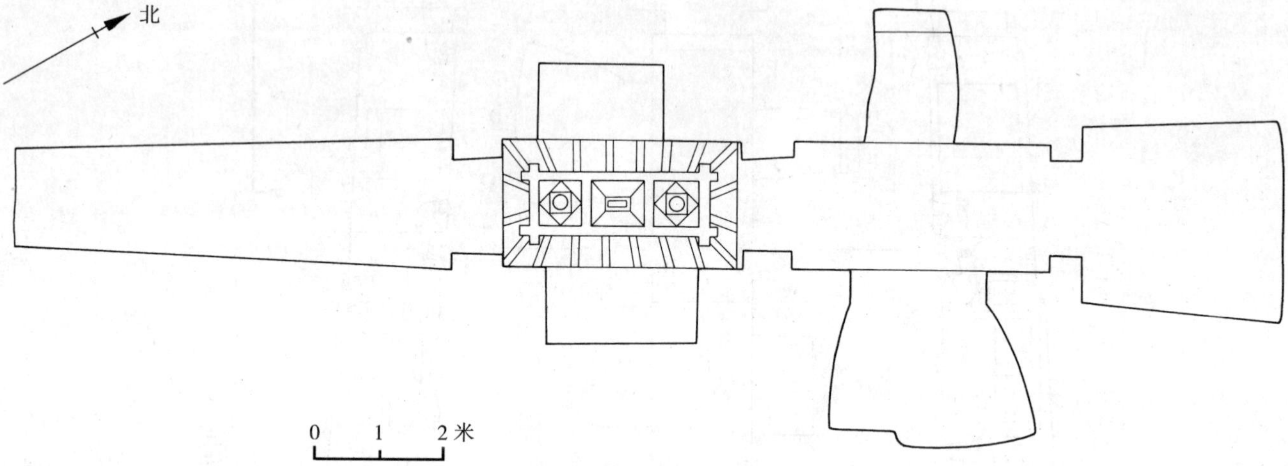

图八　金ⅠM1仰视图

1. **凿痕**

墓道两壁遗有间距较宽的斜直线、横直线和点状相混合的尖凿痕。前室及其左右侧室和中室的顶部、室壁，仿木结构建筑形式雕刻及其空白处，均用宽约2.5厘米的宽刃平凿修整，遗有规整精细的宽凿痕（图版九）。中室左、右侧室和后室顶部均遗直线状尖凿痕。中室左侧室室壁为较粗的点状尖凿痕，中室右侧室和后室除后壁遗点状尖凿痕外，其余室壁为横直线状尖凿痕。

2. **形制**

墓道　倒喇叭形，残长6.9、宽1.55～2.05米。底微斜。后端与墓门间有高0.1米的一级踏道。

墓门　作面阔一间仿木结构形式，高1.6、宽1.55米。门楣上方左右两侧对称施丁头栱同承椽枋。屋顶出檐较短。门后接甬道，平面略呈倒喇叭形，阔1.45～1.55、深0.8、高1.55～1.65米。顶呈前低后高状倾斜。

前室　平面呈进深大于面阔的长方形，面阔2、进深3.75、高2.3米。覆斗形顶（图九），顶部雕有天花藻井，长方井字形天花枋，长3.1、宽1.3米，枋内用短枋隔成三部分，中央为长方形，内雕刻盝顶形帐架一顶；前后两端为正方形，均内雕刻有方形格相互交错叠套的规矩形图案藻井，即后世所称叠涩式斗四藻井，藻井中央雕刻直径约0.2米的圆，似分别代表太阳和月亮。在天花枋与四壁额枋之间的四面坡屋顶上，雕刻有椽桷的形象，椽桷至角斜出，状如薄板。室左右（东西）[①]壁都雕刻有反映仿木结构木板墙或编壁墙的壁柱与壁穿，两端角柱上部插有曲栱托散斗，似宋式所称丁头栱。两壁前端上部还对称遗有长约0.85～1.1、宽0.25、深0.08～0.22米的长条形斜坡凹槽，用途不详。右壁前端和后端分别雕刻有仙鹤、蹲猴和狗咬耗子画像。仿木结构建筑和画像雕刻都涂有朱红

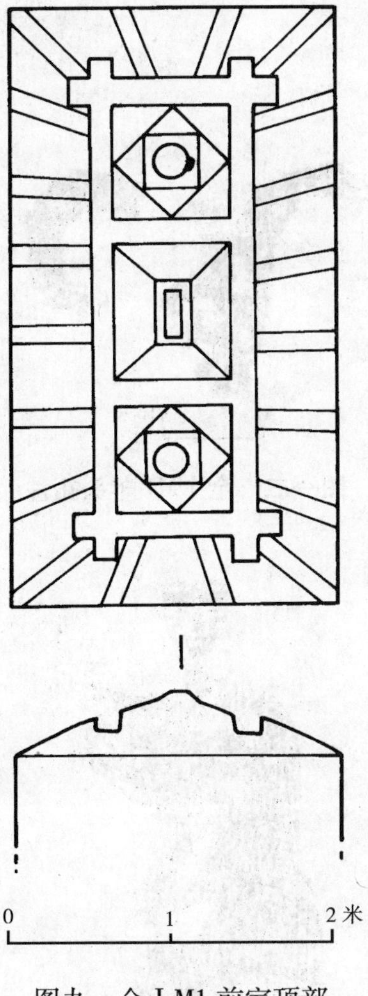

图九　金ⅠM1 前室顶部天花藻井

的色彩，可惜因年久水浸风蚀，现仅存痕迹。室左右（东西）两侧分别凿有侧室。

前室左侧室，平面呈长方形，面阔 2.4、进深 1.2、高 1.7 米。平顶，顶部平素无雕饰。室壁雕刻有反映仿木结构木板墙或编壁墙的壁柱与壁穿。仿木结构构件也涂有朱红的色彩，现存痕迹。与前室间有高 0.15 米的踏道一级。

前室右侧室，平面呈长方形，面阔 2、进深 1.2、高 1.65 米。平顶。室壁朱彩绘壁柱与壁穿，反映仿木结构的木板墙或编壁墙。左（西）壁下部恰好与山体裂隙相交，岩体下部有部分崩塌，雕刻有力士画像。与前室间有高 0.18 米的踏道一级。

前室后端有两级分别高 0.1 米的踏道可上至中室甬道。甬道门楣中央饰高浮雕羊头，羊头两侧对称朱绘三组倒三角形，现遗痕迹。甬道阔 1.45、深 0.8、高 1.55 ~ 1.65 米。顶呈前低后高状倾斜。左壁雕刻门吏画像。

中室　平面呈进深大于面阔的长方形，面阔 2、进深 4、高 1.95 米。平顶，顶部平素无雕饰。室左右两壁朱彩绘额枋，两端上部插有曲栱托散斗，似宋式所称丁头栱（图版一〇）。室左右（东西）两侧分别凿有侧耳室。

中室左侧室，平面呈前窄后宽不规则梯形，面阔 2.1 ~ 3.2、进深约 2.75、高约 1.8 米。平顶，似未完工。室壁外弧。顶和室壁粗糙无雕饰。与中室间有高 0.2 米的踏道一级。

中室右耳室，平面呈不规则长方形，面阔 1.4、进深 2.1、高 1.75 米。顶微弧，顶和室壁平素无雕饰。室后端有高 0.3、宽 0.35、深 0.25 米的连岩石台。耳室与中室间有高 0.2 的踏道一级。

中室后端有两级分别高 0.1、0.2 米的踏道可上至后室甬道。甬道阔 1.5、深 0.25、高 1.45 ~ 1.55 米。平顶，顶呈前低后高状倾斜。

后室　平面呈前窄后宽梯形状，面阔 2.8 ~ 3.15、进深 3.15、高 1.8 米。平顶。顶和室壁平素无雕饰。

3. 画像石刻

主要分布在前室和中室甬道壁，共计 7 幅。

仙鹤，位于前室右壁前端，残高 45、宽 35 厘米。头向墓门站立状。头和腿均残，长颈，敛翼，短尾。

蹲猴（图一〇；图版一一），位于前室右壁后端上部，高 25、宽 18 厘米。蹲坐状，大圆眼，嘴微张，前肢弯曲，举向嘴，肘部置于膝盖。猴是瑞兽，“猴”通“侯”，有追求官禄，吉利通达之意。

狗咬耗子（图一一；图版一二），位于前室右壁后端下部，高 76、宽 64 厘米。立耳，长吻，尖

图一〇　金ⅠM1 蹲猴拓片

图一一　金ⅠM1 狗咬耗子拓片

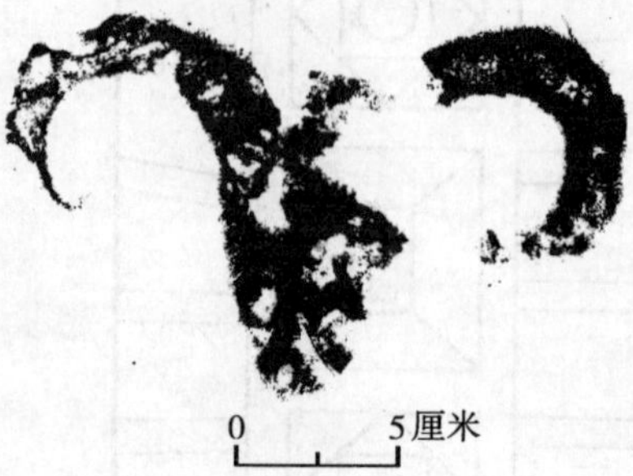

图一二　金ⅠM1 羊头拓片

图一三　金ⅠM1 力士拓片

图一四　金ⅠM1 力士拓片

图一五　金ⅠM1 门吏拓片

牙，四肢肌肉发达，前肢直立，后肢弯曲呈蹲坐状，双眼炯炯有神，得意地叼着一只长尾老鼠，形象栩栩如生，十分逼真。

力士（图版一四），位于前室右侧室左壁下部，图上两力士，形象逼真，头戴平巾帻，大眼，高鼻，张嘴，身着短襦、短袴，体魄健壮。右侧一人（图一三），高45、宽21厘米。头颈后仰，跨步举手，奋力支撑危岩。左侧一人（图一四），高62、宽35厘米。正面半蹲，腿呈“八”字形，双手上举奋力撑住岩顶。此处画像应是在墓室开凿过程中，遭遇岩石裂隙部分崩塌后，随机应变而雕刻的，充分反映了古代匠师的匠心独运，构思巧妙。

羊头（图一二；图版一三），位于中室甬道门楣中部，高12、宽19.5厘米。高浮雕，面部稍残，双角弯曲如环。

门吏（图一五；图版一五），位于中室甬道左壁，高133、宽66厘米。头戴平巾帻，高鼻，大眼，正面侧身，着直袖襦衣，伸臂持笏躬身向门而立。

二 金钟山Ⅰ区二号墓（金ⅠM2）

金ⅠM2，南临金ⅠM1约7.1米，北距金ⅠM3约16.5米，墓道前端已遭部分破坏。坐西向东，墓向250°。为斜坡踏道式三室墓，由墓道、墓门、甬道、前室、中室、后室和侧室、耳室组成，全长18.3米，最宽处6.45米。后室与墓道现存开口之间斜坡高差1.3米（图一六、一七；图版一六）。

1. 凿痕

墓道遗有间距较宽的斜直线状尖凿痕。前、中、后室顶部和室壁均打磨平整，仅余浅小的短直线状和点状尖凿痕。中室左侧室顶部崩塌，室壁遗点状尖凿痕；右侧室顶部为直线状尖凿痕，左右两壁遗短直线状尖凿痕，后壁则遗点状尖凿痕。

2. 形制

墓道　倒喇叭形，残长4.65、宽1.8～2.45米。斜坡底。

墓门　作面阔一间仿木结构的单檐建筑形式（图一八；图版一七），门高1.8、宽1.6米。四方形檐柱紧贴墓门，柱下有高0.25、宽0.25米，前伸0.35米的门枕石；柱顶方形栌斗，栌斗上对称施丁头栱，同承柱头枋。屋顶出檐较短，为单檐两面坡（雕出正面），似后世的悬山屋顶，屋面刻画细致。脊两端上翘似鸱吻，筒、板瓦两用，板瓦仰铺，无滴水，筒瓦俯铺，圆形瓦当中央饰方孔纹。檐口平直，檐下刻有方形檐椽头。门后接甬道，平面略呈倒喇叭形，阔1.45～1.55、深0.8、高1.55～1.65米。顶呈前低后高状倾斜。

前室　平面呈进深大于面阔的长方形，面阔2.05、进深4.15、高2.3米。覆斗形顶，顶部线刻有天花。长方形天花，长2、宽0.5米。天花与前室四角间施线刻脊线，反映四面坡屋顶（图一九；图版一八）。室左右两壁前后端都雕刻有反映仿木结构木板墙或编壁墙的壁柱与壁穿，两端角柱上部插有丁头栱，同承室壁额枋。室左右（南北）两侧凿有侧耳室。

前室左侧室，入口处右（南）侧施有坎墙和立柱（图二〇，1；图版一九），长1.15、宽0.35、高约0.65米。坎墙正面雕刻呈卧棂窗式，墙头骑墙柱，柱上下不收分，下部四方形，上部为八棱形，柱顶施栌斗和一斗三升式斗栱一朵。直栱，曲率大，栱眼部分明显，栱端卷杀圆和，与前室左壁两端丁头栱同承室壁额枋。栱心短立柱正面饰两竖直线纹。入口处中央有高0.1米的曲尺形踏道一级。侧室平面为方形，面阔、进深均为2.4米，高2米。四角攒尖顶（图二〇，2；图版二〇），攒尖处线刻有一圆圈，与侧室四角间刻有脊线。室壁雕刻反映仿木结构木板墙或编壁墙的壁柱与壁穿，四壁转角处都并存两根角柱，柱上均相背施有丁头栱，栱与栱间夹角成90°。侧室与前室间有高0.15米的踏道一级。

前室右耳室，平面近方形，面阔1.95、进深2、高1.85～1.95米。平顶，顶呈前低后高状倾斜。顶和室壁平素无雕饰。室西北角凿有连岩石碓台，台长0.6、宽0.58、高0.7米，台上有长、宽约0.3、深0.1米的方形臼窝。

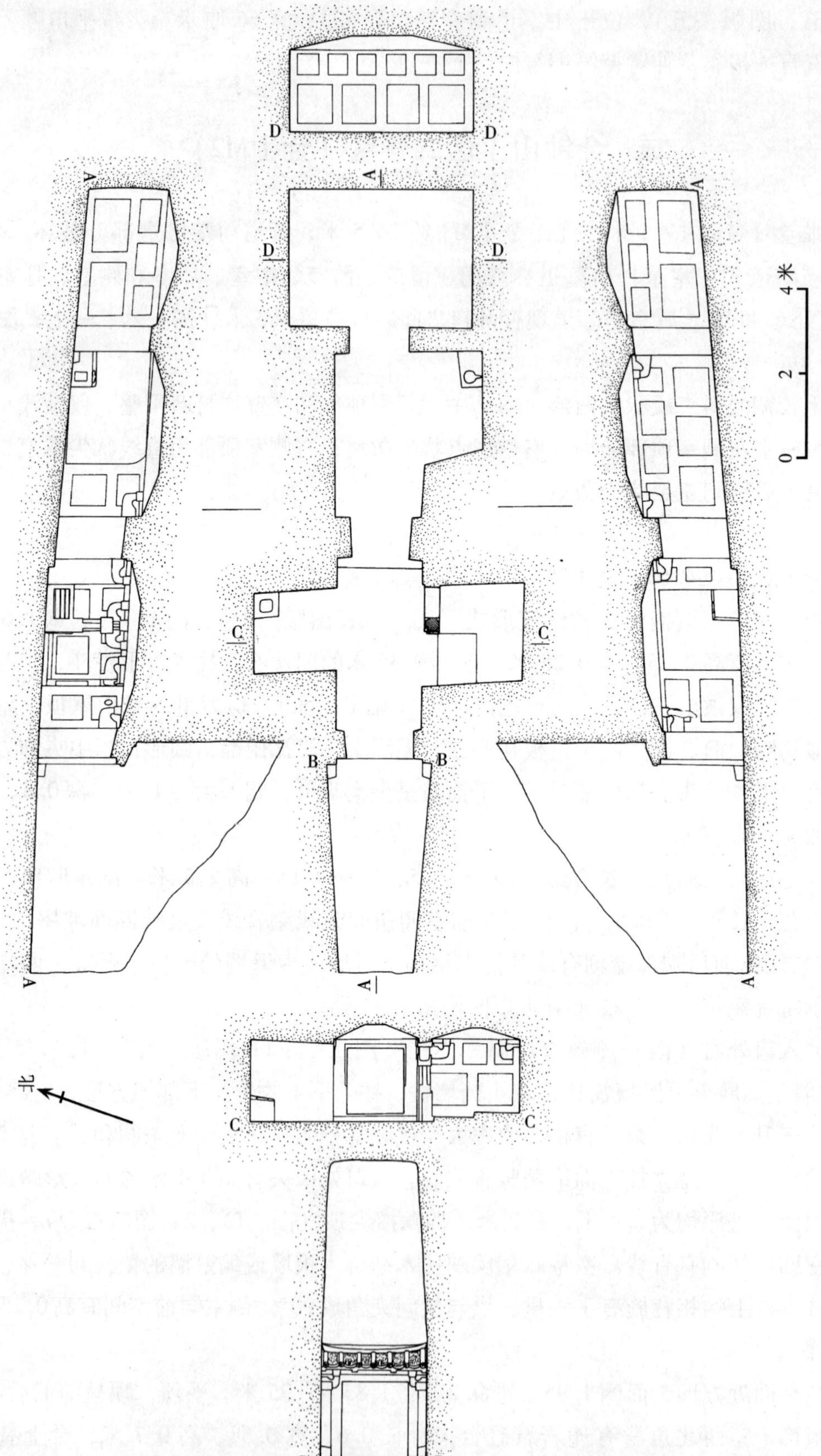

图一六 金I M2平、剖面图

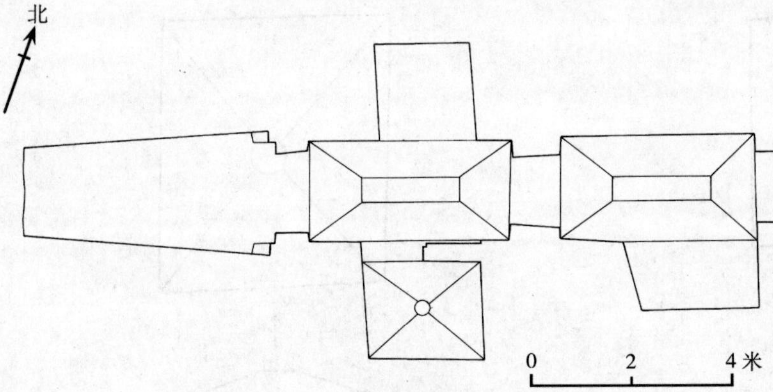

图一七　金ⅠM2仰视图

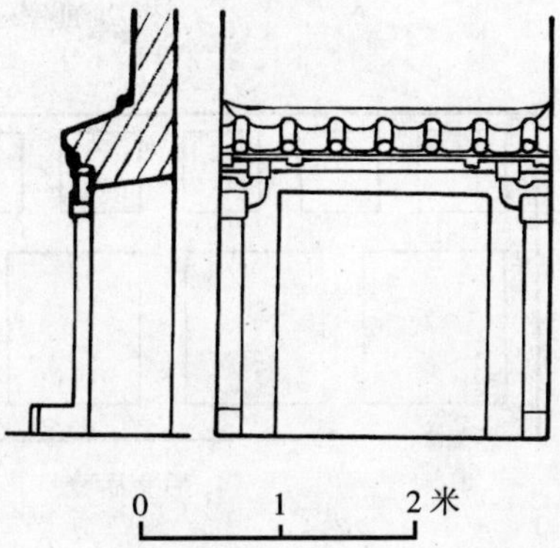

图一八　金ⅠM2墓门

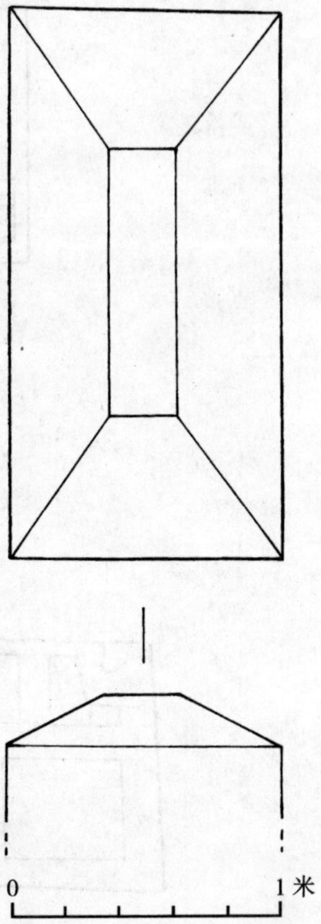

图一九　金ⅠM2前室顶部藻井

前室后端有一级分别高0.2米的踏道可上至中室甬道。甬道平面呈倒喇叭形，阔1.35～1.5、深0.95、高1.55～1.65米。平顶，顶呈前低后高状倾斜。

中室　平面呈进深大于面阔的长方形，面阔2.1、进深3.9、高2.3米。覆斗形顶，顶部线刻天花形制与前室顶相同。长方形天花，长2、宽0.5米。天花与中室四角间刻有脊线，反映四面坡屋顶。室左壁前部和右壁雕刻有反映仿木结构木板墙或编壁墙的壁柱与壁穿，两端角柱上部插有丁头栱，同承室壁额枋，仿木构件上涂绘朱色（图二〇，3；图版二一）。室左（北）侧凿有耳室。

中室左耳室，平面呈前宽后窄横长方形，面阔2.35～2.7、进深1.46、高1.9米。平顶，入口左（东南）角呈圆弧形，顶和室壁无雕饰。室东北角凿连岩单火塘石灶台，高0.55、宽0.85、深0.55米。长方形灶门，圆形火塘，后接长条形烟道。

中室后端有斜坡甬道可进入后室，甬道阔1.45、深0.6、高1.8米。平顶，顶和底部均呈前低后高状倾斜。

后室　平面呈横长方形，面阔4.4、进深3.3、高2.3米。覆斗形顶。顶部线刻天花形制与前室顶相同。长方形天花横置，长1.55、宽0.58米。天花与室壁四角间刻有脊线，反映四面坡屋顶。室壁雕刻有反映仿木结构木板墙或编壁墙的壁柱与壁穿（图二〇，4）。

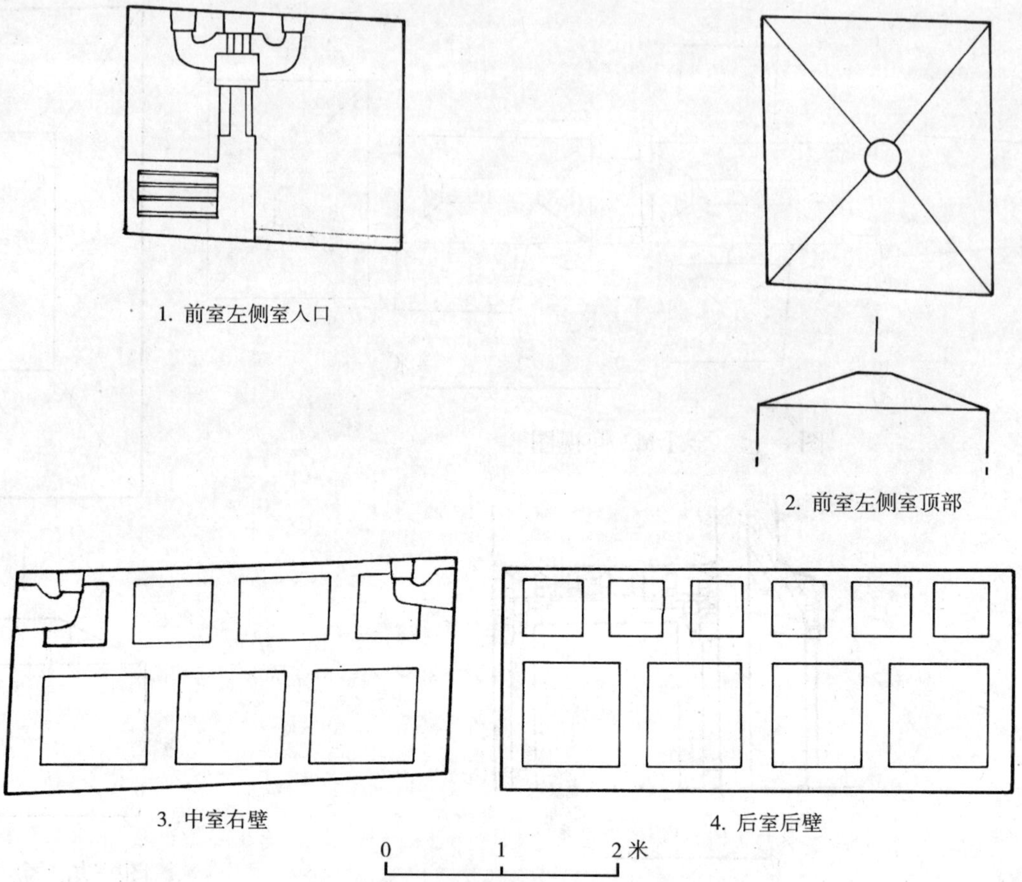

图二〇　金ⅠM2 仿木结构雕刻

墓内仿木结构建筑构件雕刻，均涂以鲜艳的朱红色彩，顶部线刻天花和脊线也用朱红彩绘。

三　金钟山Ⅰ区三号墓（金ⅠM3）

金ⅠM3，东临金ⅠM2 约 16.5 米，西距金ⅠM4 约 8.5 米，墓道和前室右（西）前耳室的右（南）侧，因开山采石，已遭破坏。坐北向南，墓向 190°。踏道式双室墓，由墓道、墓门、甬道、前室、后室和侧室、耳室组成，全长 12 米，最宽处 8.15 米。后室与墓道现存开口之间斜坡高差仅 0.2 米（图二一）。

1. 凿痕

墓道遗有间距较宽的横直线状尖凿痕。前室顶部前端遗有短直线状尖凿痕，后端为点状尖凿痕；室壁上部遗有横直线状尖凿痕，近底部遗有斜直线状尖凿痕。前室左侧室和右前侧室顶部均遗有直线状尖凿痕。前室左侧室室壁遗有短直线和点状混杂的尖凿痕；右前侧室左壁遗有横直线状尖凿痕，后壁为点状尖凿痕；右后侧室顶部遗有杂乱的短直线尖凿痕，室壁为点状尖凿痕。后室及其左右侧室顶部均遗有直线状尖凿痕。

2. 形制

墓道　仅存后端，偏向墓室纵轴线左（东）侧，左壁残长 2、右（西）壁残长 0.55、宽 1.85

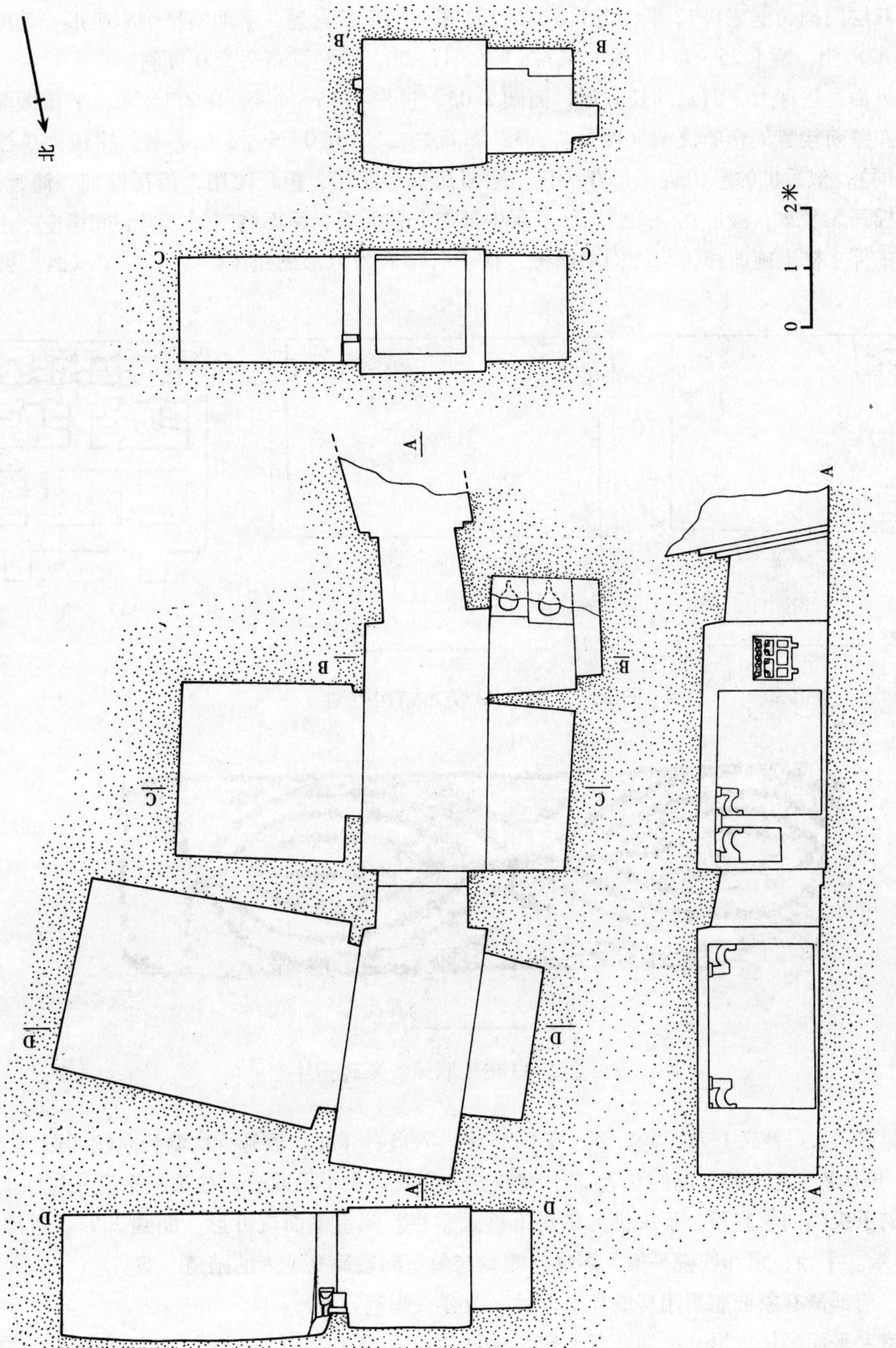

图二一　金Ⅰ M3平、剖面图

米。平底。墓道后端墓门开凿面岩石，向内倾斜，夹角较小。

墓门　双层门框，框宽0.12米，高1.6、宽1.3米。门后接甬道，平面略呈倒喇叭形，偏向墓室纵轴线左（东）侧，阔1.25～1.4、深1.4、高1.6～1.7米。顶呈前低后高状倾斜。

前室　平面呈进深大于面阔的长方形，面阔2.05、进深4.15～4.4、高2.15米。平顶微弧，平素无雕刻。左壁前端雕刻仓廪模型（图二二，3；图版二二），高0.75、宽0.7米。屋顶为单檐两面坡（雕出正面），似后世的悬山顶，正脊平直，屋面瓦垄为筒瓦、板瓦两用，板瓦仰铺，筒瓦俯铺。檐口平直，板瓦无滴水，圆形瓦当无纹饰。下层中部施立柱两根，呈面阔三间，当心间凿空。上层呈面阔两间，中部立柱上施曲撑，与柱同承檐檩。楼下有剖面为方形的垫木。室左右（东西）两侧凿有侧、耳室。

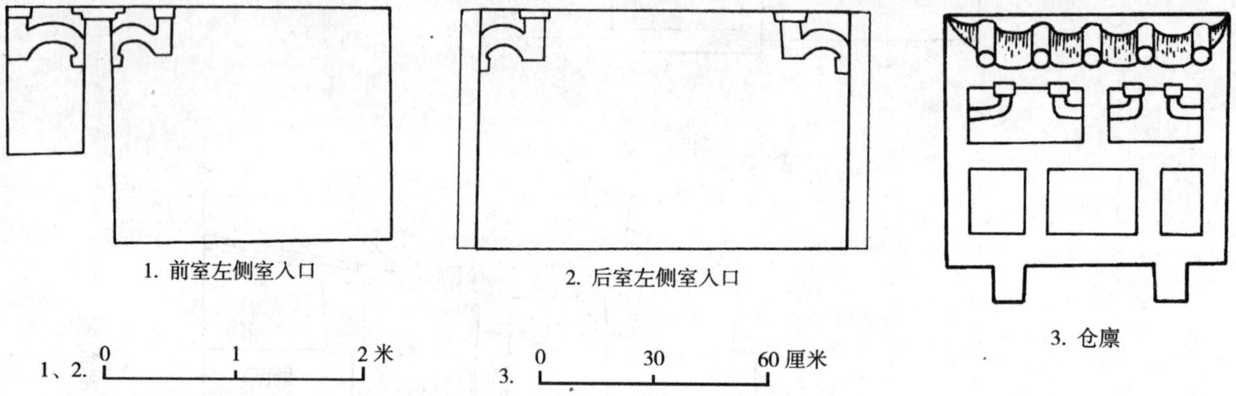

图二二　金Ⅰ M3 仿木结构雕刻

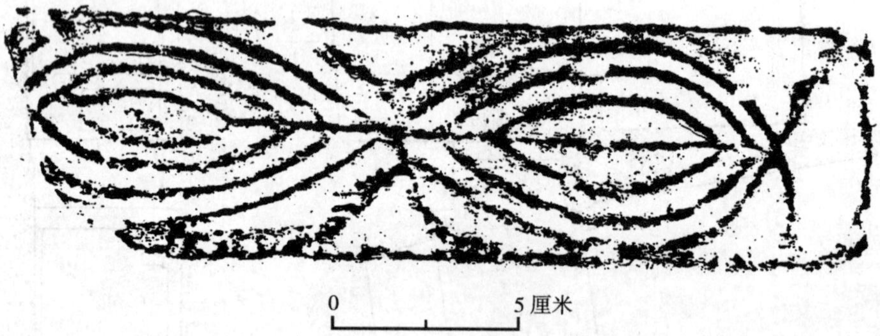

图二三　金Ⅰ M3 出土联弧纹墓砖拓片

前室左侧室，入口处高1.75、宽2.05、深0.25米。入口右（北）侧施有坎墙和立柱（图二二，1；图版二三），长0.8、宽0.28、高约0.75米。墙头四方立柱，上下不收分，柱顶施平盘斗与柱上部两侧对称安装的丁头栱同承室顶，丁头栱为栱头下垂式垂栱。侧室平面近方形，面阔2.95、进深2.75米，高1.78米。平顶，顶和四壁平素无雕饰。侧室与前室间有高0.1米的踏道一级。

前室右壁前部凿有象征庖厨用房的耳室，后部凿有一侧室。

右前耳室，平面呈长方形，面阔残存1.65、进深1.45、高1.75米。平顶，顶和室壁无雕饰。耳室右（南）侧凿有连岩双火塘石灶台，方形灶门，圆形火塘，其中一个灶台高0.36、宽0.65、残深

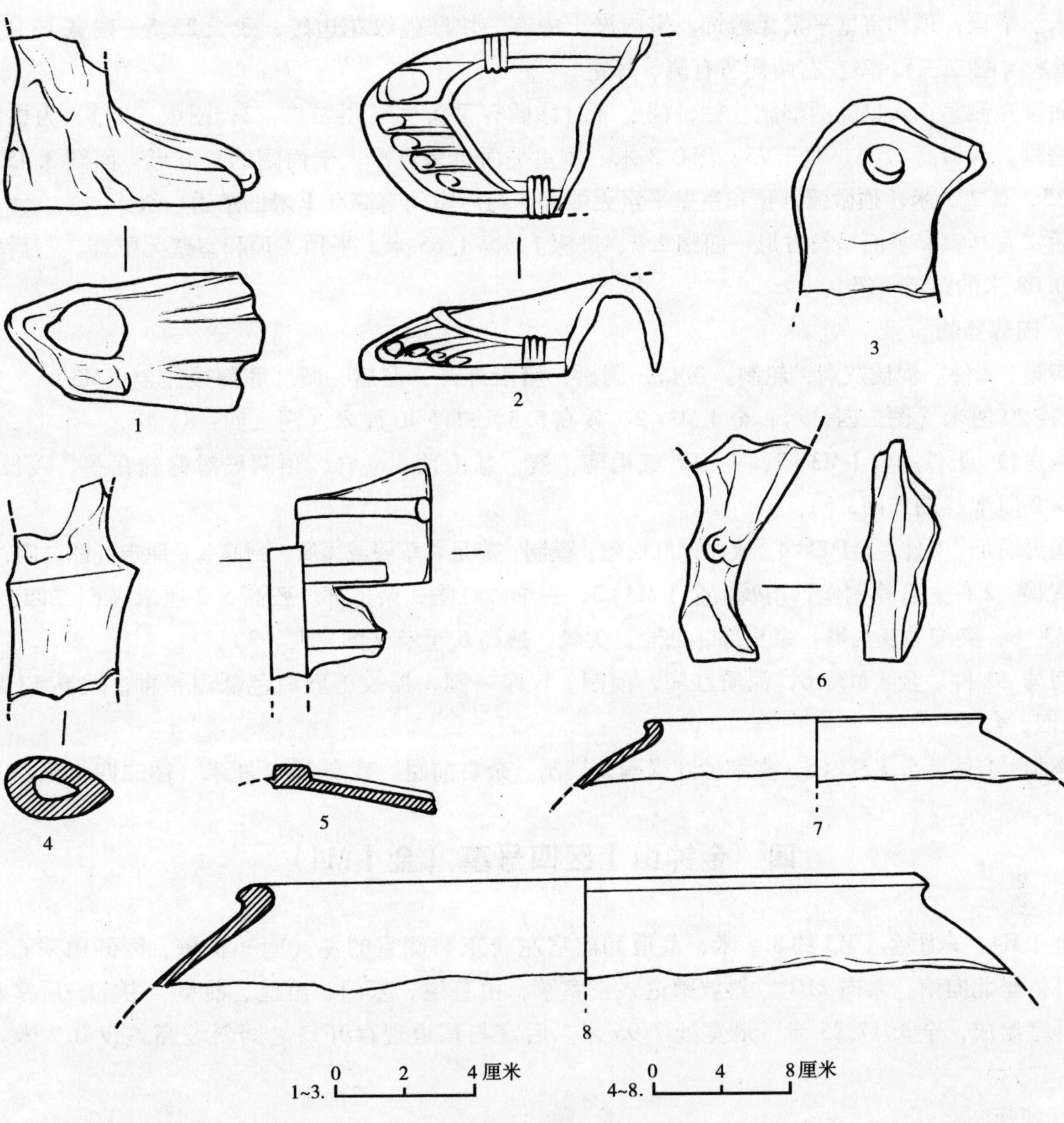

图二四　金Ⅰ M3 出土陶器

1. 陶鸡（M3∶3）　2. 陶男俑足（M3∶4）　3. 陶鸡（M3∶8）　4. 陶马（M3∶6）　5. 陶房顶（M3∶7）　6. 陶狗（M3∶5）　7、8. 陶罐（M3∶1、M3∶2）

0.35 米；另一个灶台高 0.43、宽 0.75、残深 0.4 米。后（西）壁还凿有长方形案龛，残阔 1.15、深 0.45、高 0.55 米。与前室间有高 0.15 米的踏道一级。

右后侧室，平面呈长方形，面阔 2.8、进深 1.35、高 1.75 米。平顶，顶和室壁平素无雕饰。与前室间有高 0.1 米的踏道一级。

前室后端有一级高 0.07 米的踏道可上至后室甬道，并与甬道前端一级高 0.08 米的踏道相接。甬道阔 1.5、深 0.95、高 1.7～1.8 米。顶呈前低后高状倾斜。

后室　平面呈进深大于面阔的长方形，偏向墓室纵轴线的左（东）侧，面阔 2、进深 4～4.25、高2米。平顶，顶和室壁平素无雕饰。室内淤土中有一块联弧纹花边砖，残长23.5、残宽13.1、厚6.3厘米（图二三）。室左右两侧凿有侧、耳室。

后室左侧室，入口处两端施立柱，柱上部对称插有丁头栱（图二二，2；图版二四），为栱头下垂式垂栱。入口高1.75、宽2.75、深0.3米。侧室平面也呈进深大于面阔的长方形，面阔3.45、进深4.35、高2.1米。顶微弧，顶和室壁平素无雕饰。与后室间有高0.1米的踏道一级。

后室右耳室，平面呈长方形，面阔2.7、进深1、高1.65米。平顶，顶和室壁无雕饰。与后室间有高0.08米的踏道一级。

3. 随葬器物

陶罐　2件。泥质灰陶，轮制。敛口，圆唇，唇沿外凸，溜肩，腹、底部残。金ⅠM3∶1，残高4、口径20厘米（图二四，7）；金ⅠM3∶2，残高5.5、口径40厘米（图二四，8）。

陶房顶　1件。金ⅠM3∶7，夹细砂红褐陶，残，悬山顶，平脊，顶两坡对称施瓦垄。残长12、残宽9.2厘米（图二四，5）。

陶男俑足　1件。金ⅠM3∶4，夹细砂红褐陶，模制。赤足着草履或绳履。残高2.8厘米（图二四，2）。

陶鸡　2件。合模制作，均残。金ⅠM3∶3，夹细砂红陶，余爪部。残高5.2厘米（图二四，1）；金ⅠM3∶8，夹细砂灰褐陶，余头部，低冠，尖喙。残高6厘米（图二四，3）。

陶马　1件。金ⅠM3∶6，泥质红陶，模制。仅余一腿，器表施乳白色低温铅釉。残高13厘米（图二四，4）。

陶狗　1件。金ⅠM3∶5，夹细砂红褐陶，模制。余右前腿。残高13.2厘米（图二四，6）。

四　金钟山Ⅰ区四号墓（金ⅠM4）

金ⅠM4，东距金ⅠM3约8.5米，墓道和前室左（东）侧室的左（南）侧壁，因开山采石，已遭破坏。坐北向南，墓向210°。斜坡踏道式三室墓，由墓道、墓门、甬道、前室、中室、后室和侧室、耳室组成，全长17.25米，最宽处7.95米。后室与墓道现存开口之间斜坡高差仅0.7米（图二五、二六）。

1. 凿痕

墓道两壁遗有间距较宽的横直线尖凿痕。前室顶部平榑打磨平整，其空白处遗有直线状尖凿痕，室壁及其左、右侧室顶部和室壁仿木结构建筑雕刻均打磨平整，仅余少许浅小的点状尖凿痕。中室顶部除脊榑打磨平整外，遗有短直线状尖凿痕，室壁上部遗有横直线状、近底部为竖直线状尖凿痕。中室左侧室顶部和室壁仿木结构建筑雕刻均打磨平整；右侧室顶部遗有短直线状尖凿痕，室壁则遗有点状尖凿痕。后室顶部较粗糙，遗有间距稍宽的短直线状尖凿痕，室壁为较浅小的点状尖凿痕。后室内石棺内外壁都打磨平整。

2. 形制

墓道　仅存右（西）壁后端，残长2、宽约1.75米。斜坡底。右壁后端残存一柱，柱顶栌斗和斗栱，因风化严重，仅存雏形。门高1.75、宽1.5米。门后接甬道，阔1.5、深1.05、高1.5～1.75米。

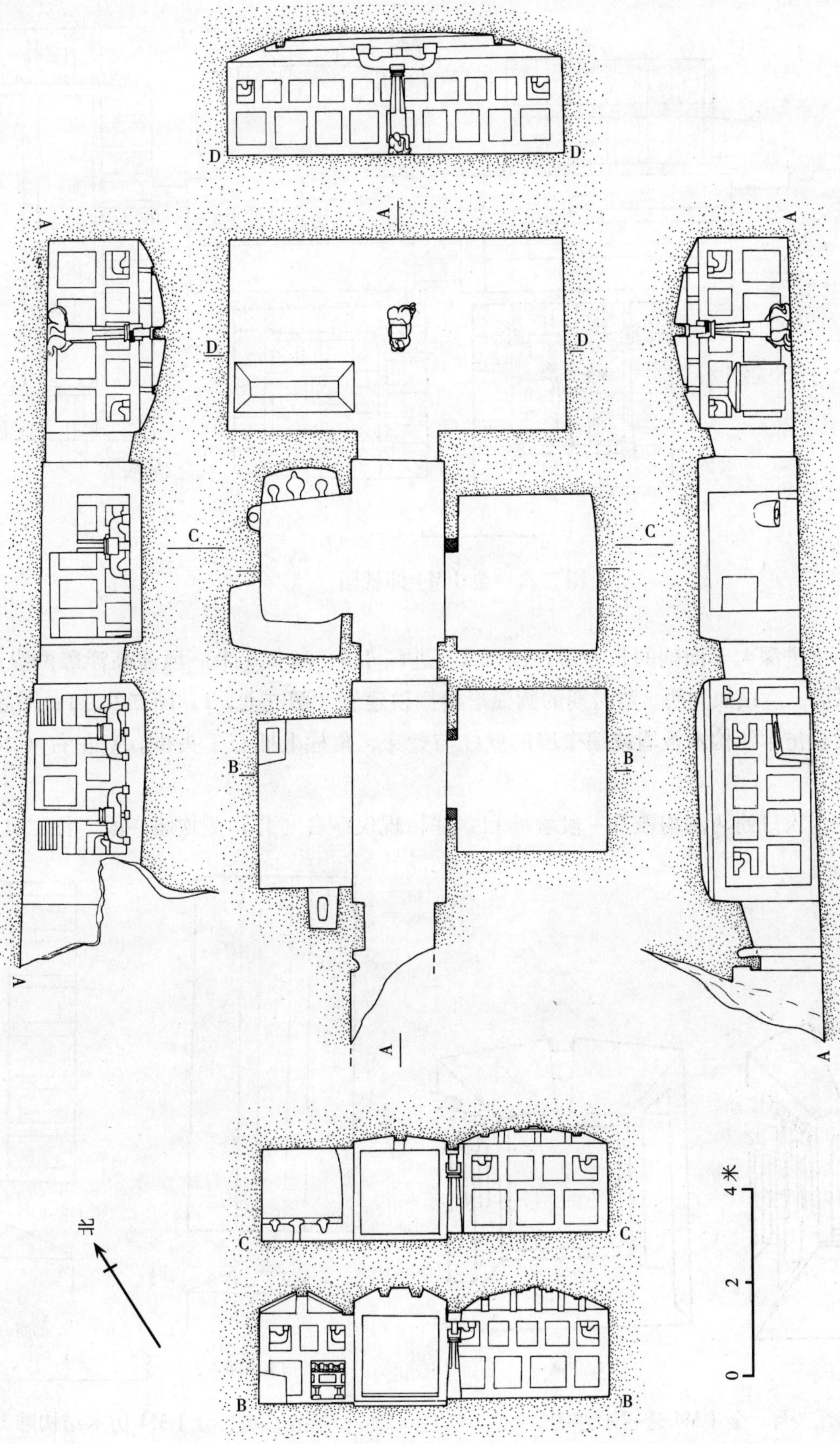

图二五　金Ⅰ M4平、剖面图

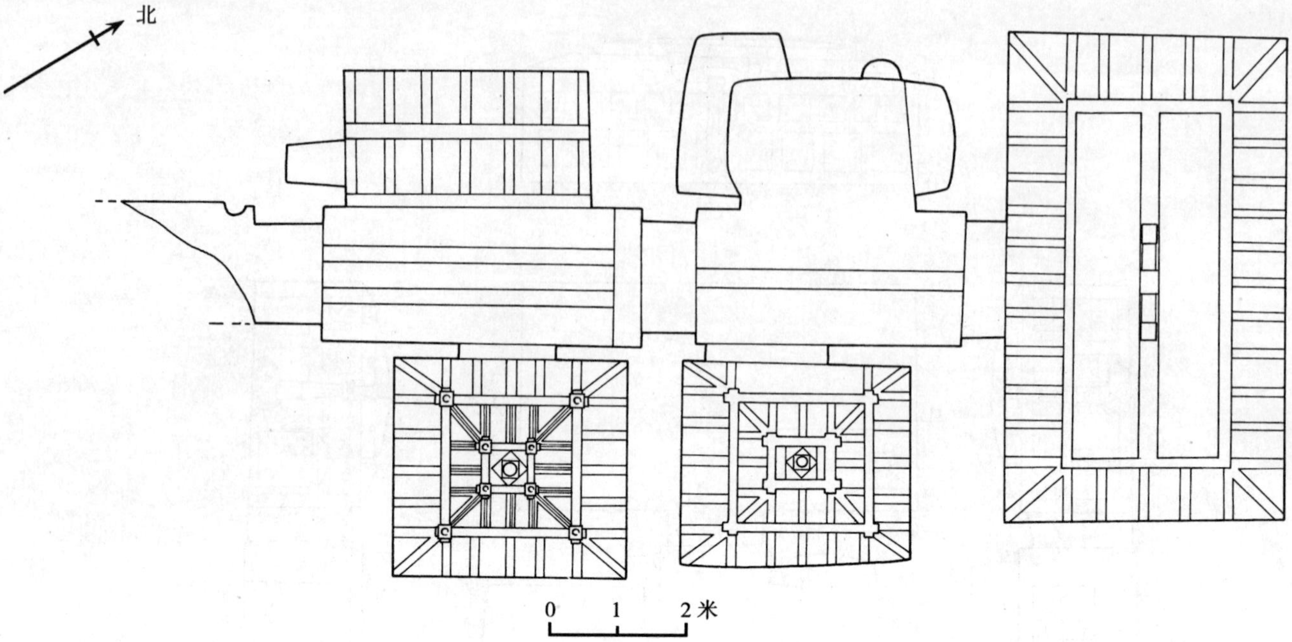

图二六 金ⅠM4 仰视图

前室 平面呈进深大于面阔的长方形，面阔2、进深4.8、高2.6米。顶部高浮雕两纵向平榑，平榑断面呈圆弧形，室顶如同明、清时期的圆弧形卷棚顶建筑（图二七，1；图二八，1；图版二五）。右壁后端雕刻反映仿木结构木板墙或编壁墙的壁柱与壁穿，角柱上插有丁头栱。室左右（东西）两侧凿有侧、耳室。

前室左侧室，入口处两侧均雕有一段坎墙和立柱，现仅存右（北）侧坎墙一段（图二九，1）。

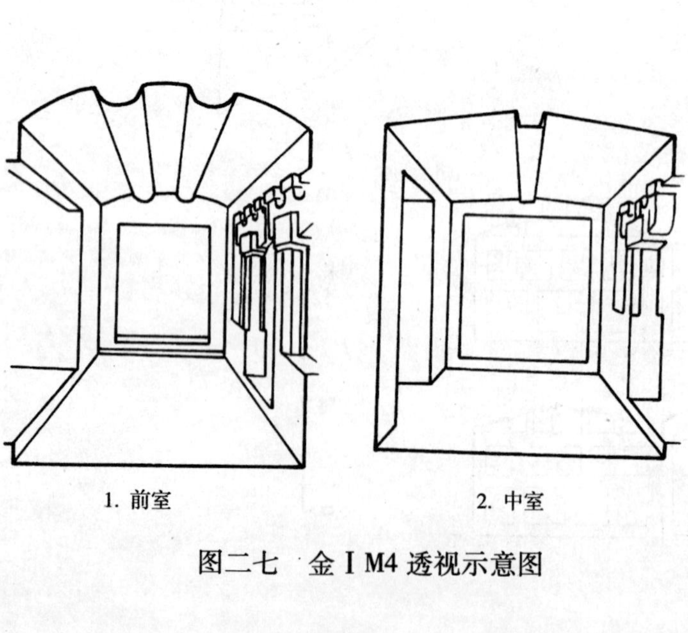

图二七 金ⅠM4 透视示意图

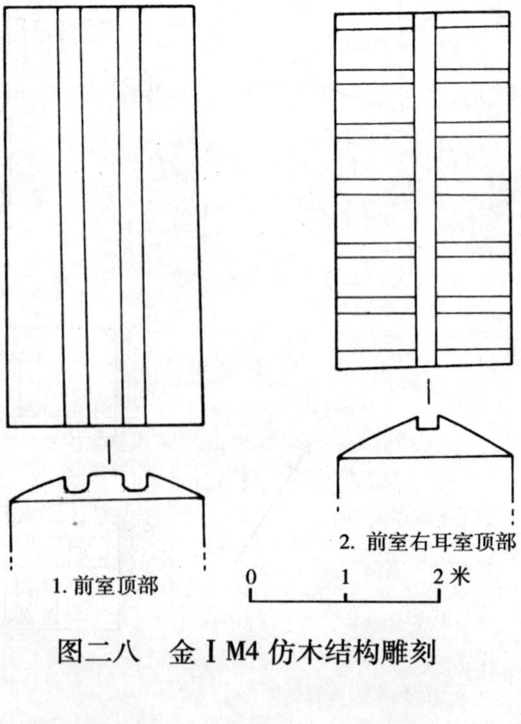

图二八 金ⅠM4 仿木结构雕刻

残长1.3、宽0.25、高0.75米。坎墙正面雕刻成卧棂窗式。侧室平面近方形，面阔3.55、进深3.3、高2.4米。覆斗形顶，顶部雕天花藻井，似重檐（图二九，2）。顶部有正方井字形天花枋两周，外圈天花枋长、宽2.25米，天花枋四角相交处分别高浮雕花朵、鳖和垂瓜；内圈天花枋长、宽0.95米，枋内雕刻有方形格相互交错叠套的规矩形图案藻井，即后世所称叠涩式斗四藻井一方，藻井中央雕有直径约0.2米的圆，似代表太阳。天花枋四角相交处则高浮雕卧鳖四只。内外天花枋之间以及外圈天花枋与四壁间四面坡屋顶，雕有状如薄板、至角平出的椽桷形象，其中内外天花枋之间椽子，断面呈圆形，雕刻成竹节状，疑是古人室内用帐的竹构帐架的象征。室壁都雕有反映仿木结构木板墙或编壁墙的壁柱与壁穿，室四角都并存两根角柱，东北和东南角柱上均相背施有丁头栱。侧室与中室间有高0.15米的踏道一级。

前室右耳室，平面呈长方形，面阔3.7、进深2.05、高2.3米。两面坡悬山顶或硬山顶（图二八，2；图版二六），顶部中央高浮雕一脊槫贯穿室顶，脊槫断面呈长方形，在脊槫与额枋之间的人字形坡顶，对称施以状如薄板的椽桷。两山墙阑额中央施蜀柱，柱顶平盘斗托屋顶脊槫。室壁都雕有反映仿木结构木板墙或编壁墙的壁柱与壁穿，室角均并存两根角柱，柱上均相背施有丁头栱。左（北）壁下部雕刻仓廪模型（图版二七），高0.73、宽0.68米。屋顶为单檐悬山顶（雕出正面），4道瓦垄为筒瓦、板瓦两用，板瓦仰铺，筒瓦俯铺。檐口平直，板瓦无滴水，圆形瓦当无纹饰。面阔一间，有单层门框，内部凿空，屋下施两根较粗的立柱支撑，柱上窄下广，收分明显，柱顶平盘斗，下有四方柱础。右（南）壁下部凿有厕窬模型（图版二八），阔0.7、深0.9、高0.8米，平面凿有长条形坑，坑长0.42、宽0.18、深0.12米。室西北角凿连岩墩台（图版二九），长0.85~1、宽0.6、高0.6~0.9米，台上凿一凹槽，槽长0.48、宽0.28、深0.16米。似喂养牛、马等牲畜的厩槽。侧室与前室间有高0.1米的踏道一级。

前室后端有一级高0.1米的踏道可上至中室甬道，并与甬道前端一级高0.08米的踏道相接。甬道阔1.67、深0.8、高1.75米。顶呈前低后高状倾斜。

中室　平面呈进深大于面阔的长方形，面阔2、进深4、高2.1米。两面坡悬山顶或硬山顶，顶部中央高浮雕一较粗的脊槫贯穿室顶，脊槫断面呈倒梯形（图二七，2；图三〇，1）。室壁平素无雕饰。室左右（东西）两侧凿有侧、耳室。

中室左侧室，入口处左（北）侧凿有坎墙和立柱（图三〇，2），墙长1.25、宽0.3、高0.6米。墙头骑墙柱，柱下部四方形，上部为八棱形，柱顶施栌斗和一斗二升式斗栱一朵。栱心有短立柱，与栱上散斗同承室壁额枋。侧室平面近方形，面阔3.4、进深3.1、高2.4米。覆斗形顶（图三〇，3）。顶部所雕天花藻井形制，与前室左侧室顶基本相同，但内、外两周天花枋之间为状如薄板的椽桷，无竹构帐架雕饰，天花枋相交处无鳖、垂瓜等雕饰。室壁雕刻反映仿木结构木板墙或编壁墙的壁柱与壁穿，室四角都并存两根角柱，柱上均相背施有丁头栱。后壁下部有长端长0.6、短端长0.45米的椭圆形洞，与金IM3后室右侧室相通，两墓间壁最薄处仅厚0.2米。侧室与中室间有高0.18米的踏道一级。

中室右耳室，为庖厨用房。平面呈不规则长方形，面阔2.6、进深2、高2米。平顶，顶和室壁平素无雕饰。室右（南）壁微弧，西北角凿有象征放置釜或甑的连岩三火塘石灶台和水缸（图版三〇），灶台稍残，均方形灶门，圆形火塘，高0.35、宽1.75、深0.65米；水缸圆形，直径0.21、深0.18米。右壁还凿有象征放置炊具的曲尺形案龛（图版三一），龛距室底0.95米，长端阔约2.45、短

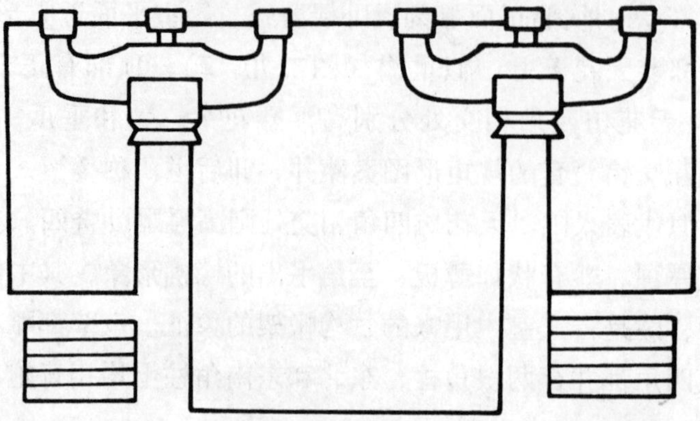

1. 前室左侧室入口

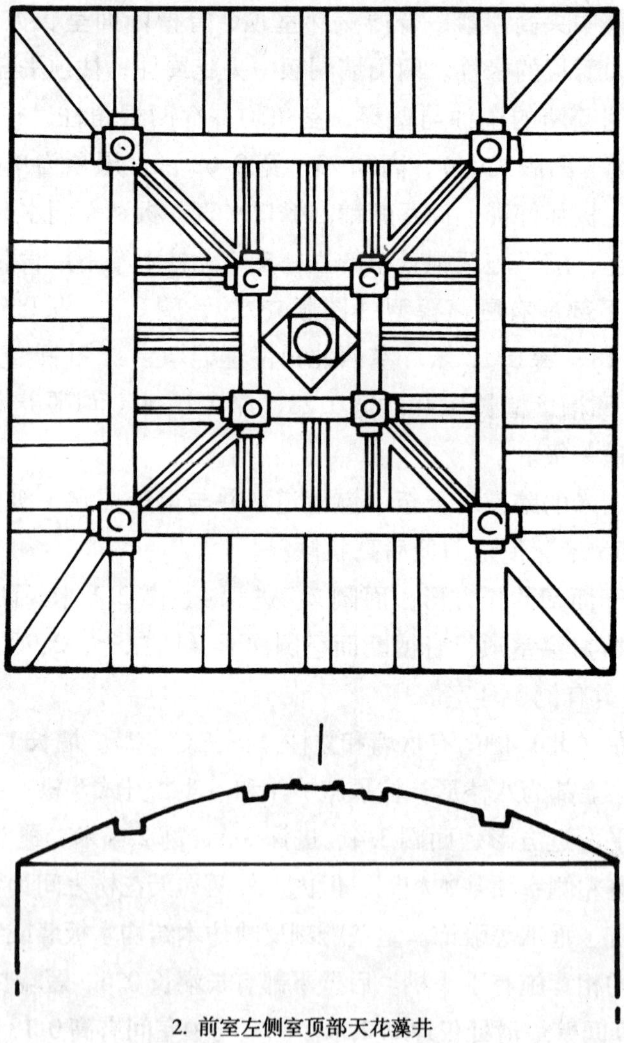

2. 前室左侧室顶部天花藻井

0 40 80厘米

图二九 金ⅠM4仿木结构雕刻

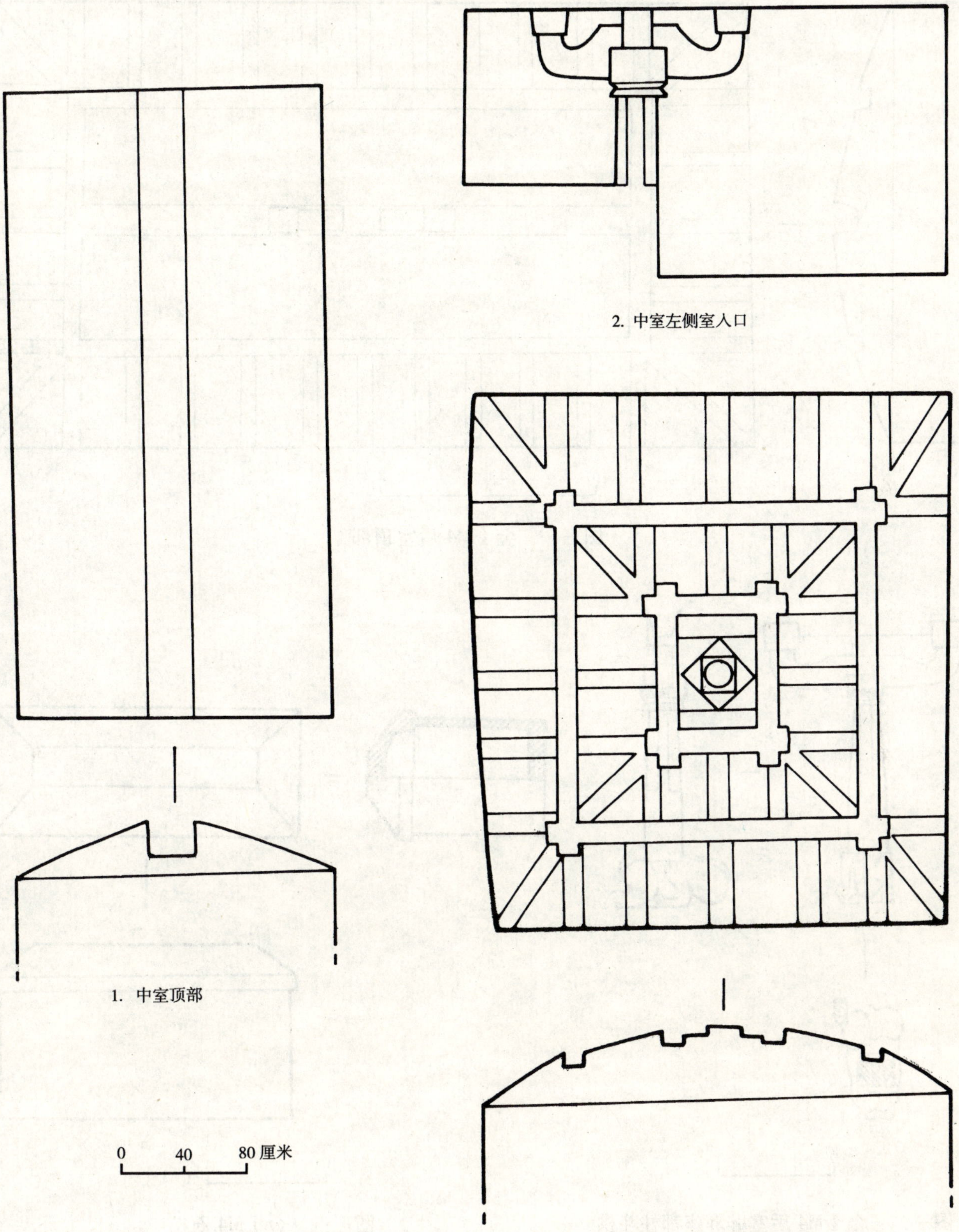

1. 中室顶部
2. 中室左侧室入口
3. 中室左侧室顶部天花藻井

图三〇　金 I M4 仿木结构雕刻

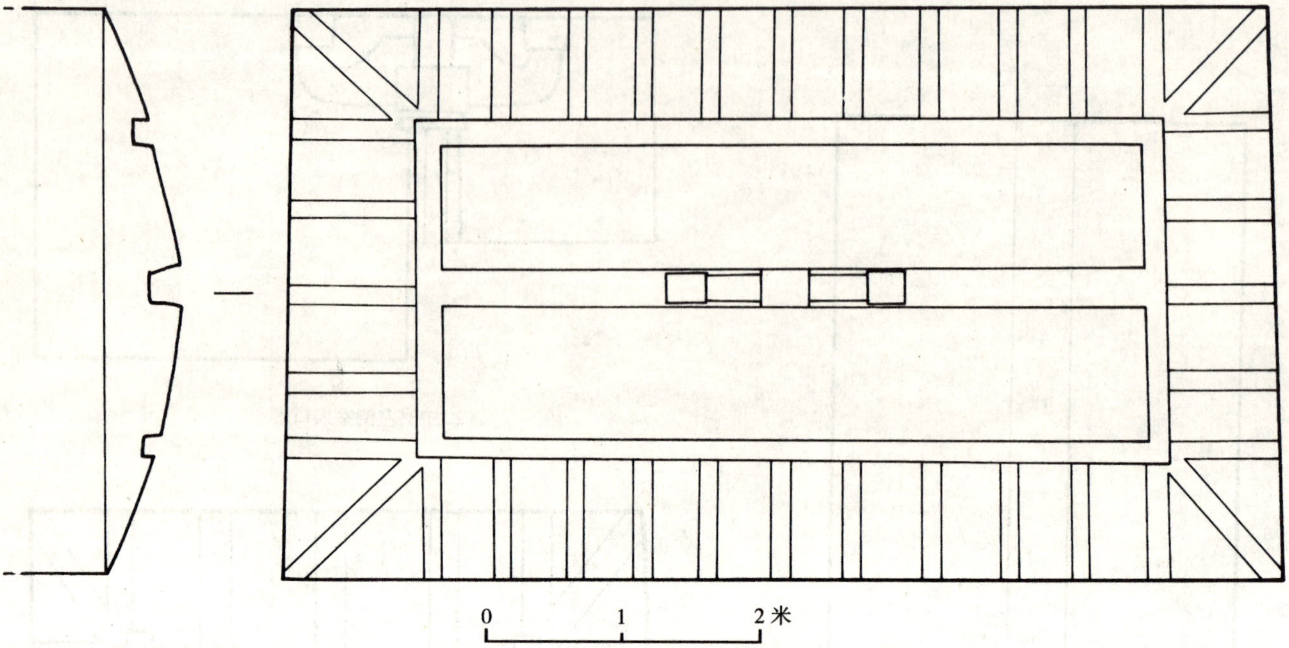

图三一　金Ⅰ M4 后室顶部

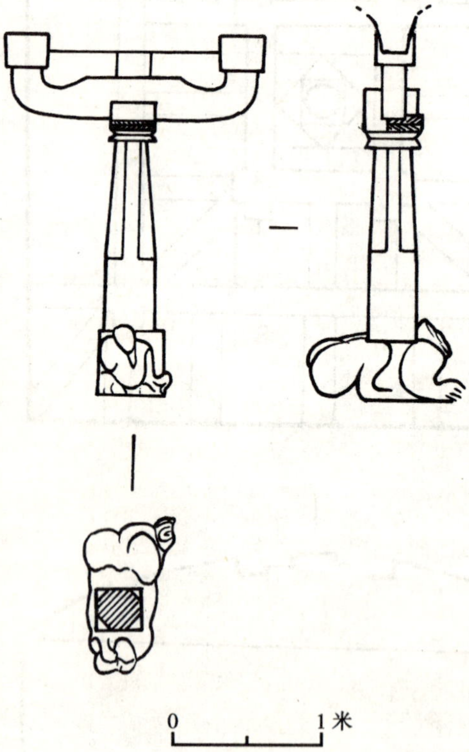

图三二　金Ⅰ M4 后室辟邪座都柱斗栱

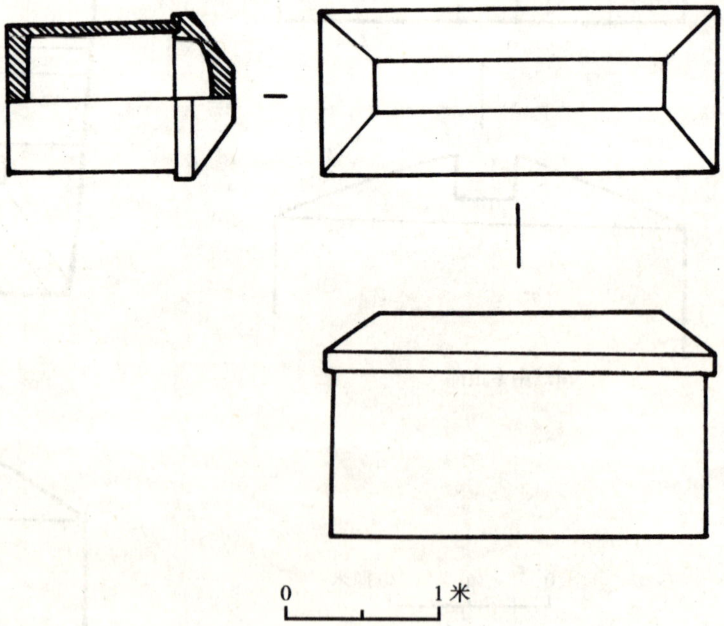

图三三　金Ⅰ M4 石棺

端阔约0.9、深0.7、高0.75米。

中室后端有一级高0.1米的踏道可上至后室甬道。甬道阔1.75、深0.65、高1.75～1.85米。顶呈前低后高状倾斜。

后室　平面呈长方形，面阔7.3、进深4.2、高2.45米。覆斗形顶（图三一）。顶部中央施一较粗的梁枋，横贯室顶，梁枋中间最高，两端逐渐斜收，与周围天花枋相交。长方形天花枋，其转角处枋子相交出头，枋与室壁额枋间的四面坡浮雕有状如薄板、至角斜出的椽桷形象。室壁均浮雕有反映仿木结构木板墙或编壁墙的壁柱与壁穿，室四角都并存两根角柱，柱上部都对称施有丁头栱。室中央圆雕一辟邪座都柱斗栱[②]（图三二；图版三二），通高2.45米。柱下部四方形，上部收分，呈八棱形，柱顶栌斗托一斗二升式斗栱一朵（左侧栱子残断），承托室顶梁枋。左右两侧散斗间宽约1.7米。室西南角置石棺一具，采用整块石料分别凿成棺盖和棺身，长260、宽110、通高150厘米（图三三）。棺盖长260、宽110、高35厘米，外为盝顶，内为圆弧形，下沿凿有凸边。棺身为长方形，中部凿空，长256、宽105、高115厘米。口部内收作子母口，与棺盖凸边扣合。四壁内外修整规整，打磨光滑，厚度基本相同，侧、档板厚9厘米，底板厚13厘米。棺下两端分别凿有横置垫枋，高、宽0.15米，横剖面呈正方形。

3. 画像石刻

分别在前室左侧室顶部天花枋四角和后室，共计8幅（件）。

辟邪座，位于后室都柱下，长1.05、宽0.6、高0.45米。半圆雕，呈卧地状，面部残，昂首，四肢肌肉发达，长尾绕于身后，背驮都柱。

鳖、花朵和垂瓜，共计7幅。分别位于前室左侧室顶部双层天花枋四角相交处，长10～20、宽10～15厘米。高浮雕，造型写实，雕刻逼真。

第二节　金钟山Ⅱ区墓群

金钟山Ⅱ区墓群位于郪江镇1村5队，东距郪江场镇仅0.5公里，锦江河顺山脚流向郪江河，三仓公路也沿山脚而过。地理坐标北纬30°46′02.9″，东经105°05′14.3″，海拔约366米，与山下三仓公路相对高度约20米。金ⅡM1～M5坐落在金钟山北坡中段山腰，为村民梁尚全自留山。五座崖墓坐南向北，排列紧密，分布在一段因开山采石所形成的陡崖上，墓道均有不同程度的损毁。

一　金钟山Ⅱ区一号墓（金ⅡM1）

金ⅡM1东临村民梁勇屋后上山小路约4.5米，西距金ⅡM3约4米，坐南向北，墓向4°。为斜坡踏道式双室墓，墓道、墓门和前室一部已遭凿毁，后室及其侧室又被村民辟为窖穴，并在室内新凿排水沟。现存前室、后室和侧耳室，残长8.7米，最宽处5.8米。后室与现存前室入口之间斜坡高差达0.78米（图三四、三五；图版三三）。

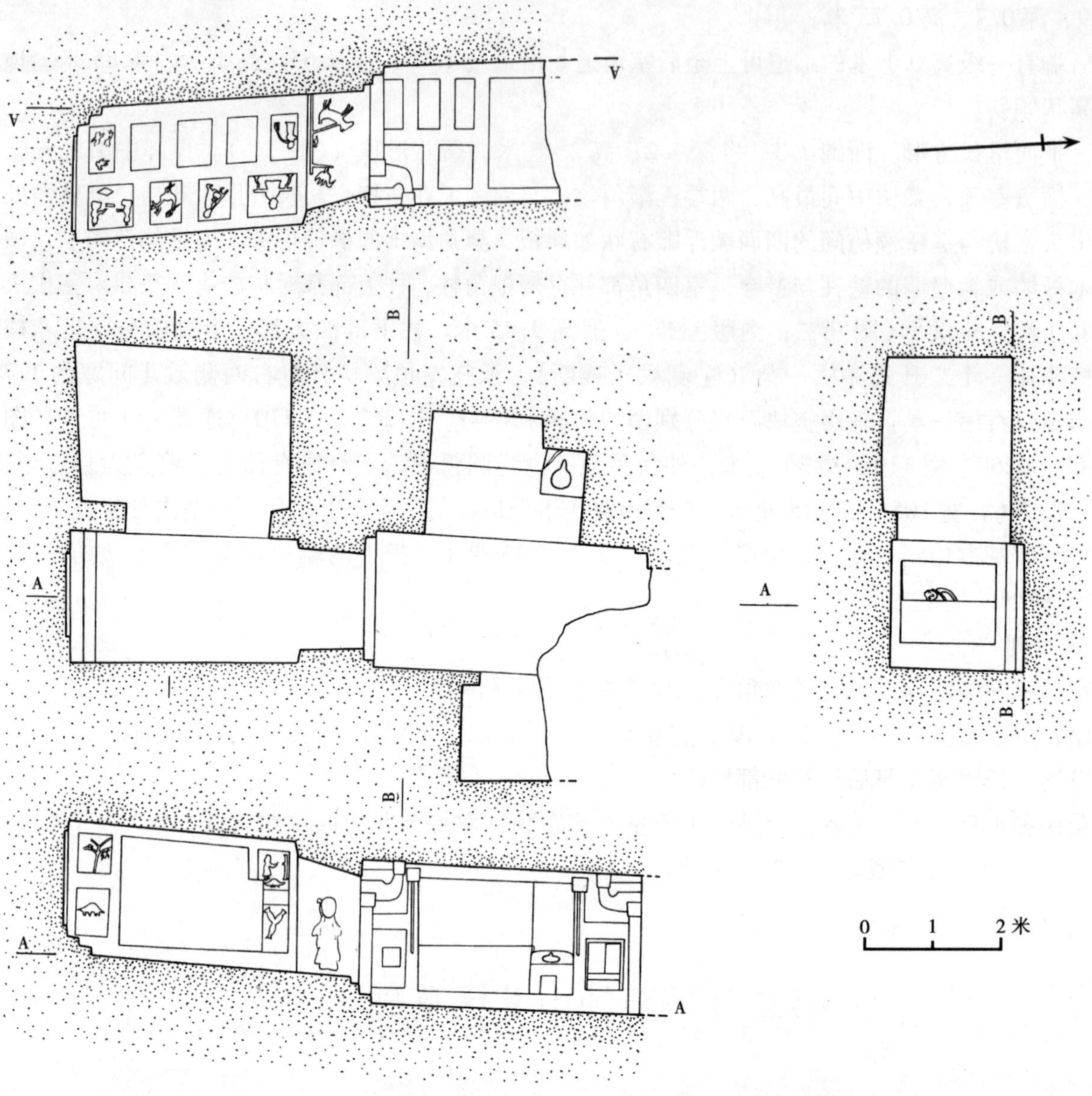

图三四 金ⅡM1平、剖面图

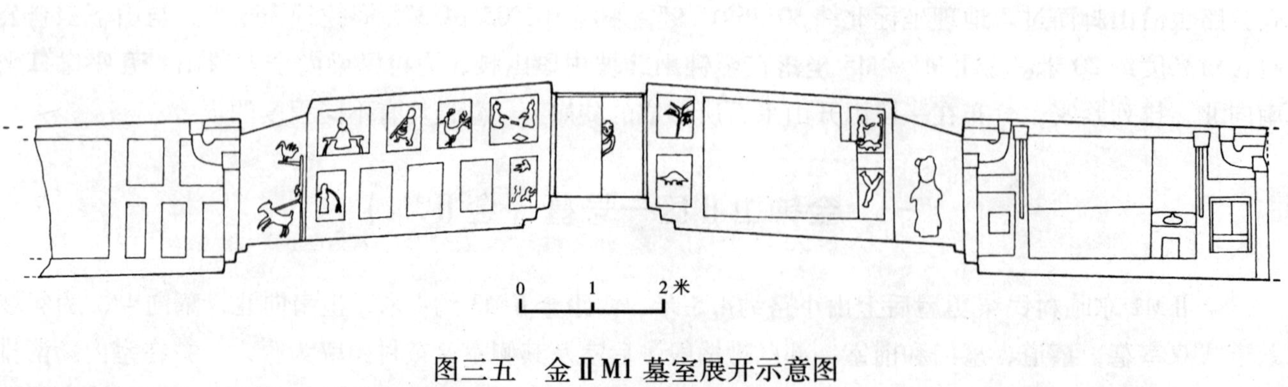

图三五 金ⅡM1墓室展开示意图

1. 凿痕

残存墓道两壁遗有横直线状尖凿痕。前室、后室的顶部和室壁，打磨平整，仅余较少浅小的点状尖凿痕。前室左、右侧室顶部均遗有直线状尖凿痕，左侧室壁为横直线状尖凿痕，右侧室壁为点状尖凿痕。后室左侧室顶部为直线状尖凿痕，室壁点状尖凿痕略呈短直线状。

2. 形制

前室　平面呈进深大于面阔的长方形，面阔2、进深左壁4.2米、右壁残长2.6米、高2.1米。平顶。顶呈前低后高状倾斜。室左右两壁都雕刻有反映木板墙或编壁墙的壁柱与壁穿（图三六；图版三四），两端角柱上部插有丁头栱，同承室壁额枋（左壁前端已损毁）。左壁前端雕有半开状板门形象。门利用壁柱和壁穿作为立颊和门楣，只刻出地栿。门版高0.45、宽0.2米，高宽之比为2.25∶1。后端凿有方形壁龛，阔0.27、深0.2、高0.3米。室左右（西东）两侧分别凿有侧、耳室。

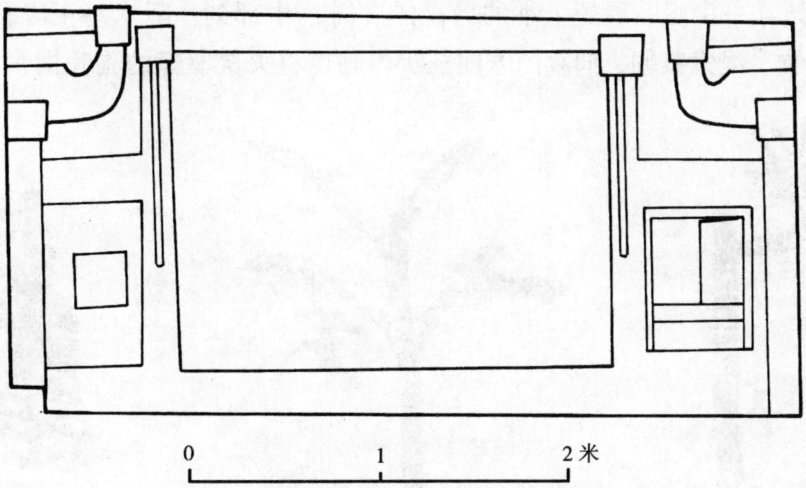

图三六　金ⅡM1前室左壁

前室左耳室（图版三五），为庖厨用房。入口处两侧各立一柱，柱下部为方形，上部为八棱形（只雕出1/2），柱顶栌斗，承托耳室门楣。耳室平面呈长方形，面阔2.3、进深1.05～1.4、高1.7米。室西北角凿有连岩单火塘石灶台，高0.45～0.65、宽0.65、深0.66米。灶台横置，长方形灶门，圆形火塘，后接长条形烟道。灶台南侧相连凿有高1、宽1.7、深0.8米的案台。耳室与前室间有高约0.25米的踏道一级。

前室右侧室，北壁已部分损毁，残阔1.35、进深1.65、高1.65米。平顶。顶和四壁平素无雕饰。与前室间有高0.25米的踏道一级。

前室后端有三级分别高0.15米的踏道可上至后室甬道。甬道阔1.4～1.5、深0.95、高1.6～1.75米。顶呈前低后高状倾斜。左右两壁分别雕刻有门吏和拴狗立鸟柱画像。

后室　平面呈进深大于面阔的长方形，面阔1.85～2、进深3.4、高2米。平顶。顶呈前低后高状倾斜。室左右两壁均刻有反映木板墙或编壁墙的壁柱和壁穿。在壁柱与壁穿间的壁板上均雕刻有画像。左壁由南向北，从上至下分别雕刻有神树、龟、习武·龟和三鱼等画像。右壁在壁穿所分隔的上、下两层壁板内，由北向南分别雕刻有踞座人、吹笛、朱雀、六博、渔归和人物·飞鸟等画像

(图版三六)。后(南)壁雕有双扇板门,门呈半开状,并高浮雕一人伸出半身,做开门探望状。门分别高 1.4、宽 0.6 米,高宽之比约为 2.3∶1。后壁下部还有两级均高约 0.1 米的踏道。此处雕刻应是隐喻还有另一重墓室。左(西)壁凿有侧室。

后室左侧室,入口处高 1.55～1.65、宽 1.8、深 0.4 米。侧室平面呈长方形,面阔 3.1～3.5、进深 2.35、高 1.8 米。平顶。顶和四壁平素无雕饰。与后室间有高 0.2～0.25 米踏道一级。

3. **画像石刻**

主要分布在后室和甬道两壁,共计 13 幅。

门吏,位于后室甬道左壁,高 110、宽 27 厘米。在村民安装窖门时,已遭严重损坏,从残存看,似戴冠,穿长袍,着履。

拴狗立鸟柱(图三七;图版三七),位于后室甬道右壁,高 122、宽 59 厘米。一粗壮立柱(树),上部有横枝,枝上站立一尖喙、展翅上举的鸟;柱(树)中部刻一啄木鸟正喙食柱(树)中害虫;柱(树)下部拴一狗,绳索紧绷,向墓门方向狂吠。画像将灭鼠驱怪的狗和捕食隐蔽害虫的啄木鸟

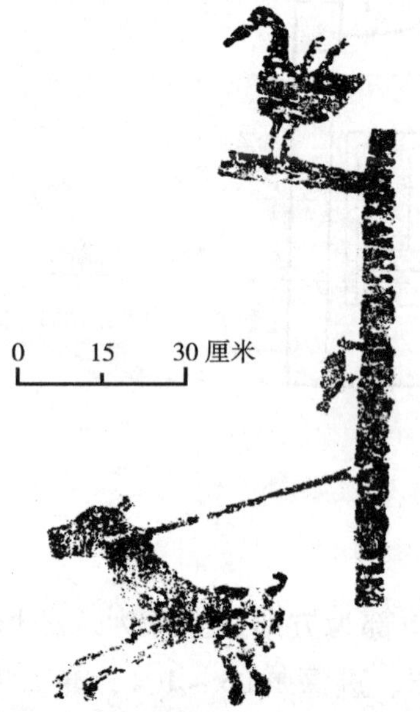

图三七 金ⅡM1 拴狗立鸟柱拓片

图三八 金Ⅱ M1 神树拓片

图四○ 金Ⅱ M1 习武·龟拓片

图三九 金Ⅱ M1 龟拓片

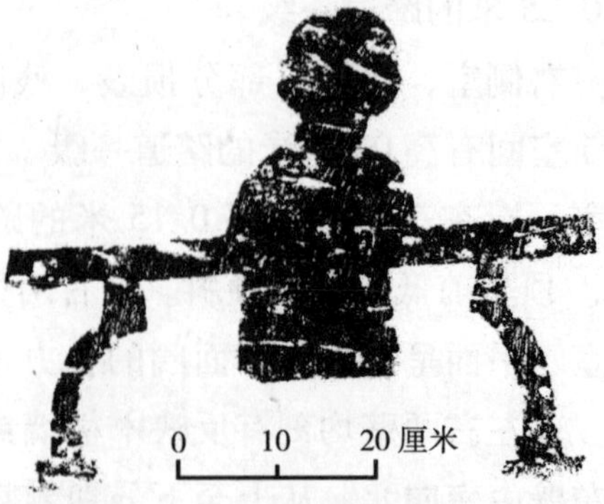

图四一 金Ⅱ M1 踞坐人拓片

有机地组合在一起，构思独特、新颖，其寓意应具有驱怪避邪的作用。

神树（图三八；图版三八），位于后室左壁后端上部，高55、宽38厘米。树干笔直粗状，上部有两出树枝，下层枝干一边栖一鸟，一边悬吊一猴。

龟（图三九；图版三九），位于后室左壁后端下部，高20、宽42.5厘米。龟背隆起较高成圆弧状，头与长尾伸出龟背，四足作爬行状。该龟的形象夸张、传神。宋高似孙《纬略》："龟水族也，水属北，其色黑，故曰玄；龟有甲，能捍御，故曰武。"《后汉书·王梁传》："玄武，水神之名。"为传说中的北方水神。《白虎通》曰："灵龟者神龟也，黑神之精，五色鲜明，知存亡吉凶。"可见，龟也是知吉凶的神物。

习武·龟（图四〇；图版四〇），位于后室左壁前端上部，画像上方右边有立柱，高38.5厘米，

图四二　金Ⅱ M1 吹笛拓片

图四三　金Ⅱ M1 朱雀拓片

图四五　金Ⅱ M1 渔归拓片

图四四　金Ⅱ M1 六博拓片

图四六　金Ⅱ M1 开门探首人（摹本）

柱下有础，顶有栌斗，柱中部插一匕首；左边一人，高34、宽21厘米，侧身，头戴加屋帻，身穿窄袖长服，脚着履。一手向柱作投掷匕首习武状。图下方一龟，高11、宽34厘米。背隆起较高，长颈前伸，尾较短，四足站立作行走状。该幅画像可能反映某个历史故事，其寓意待考。

三鱼（图版四一），位于后室左壁前端下部，高38、宽30厘米。三尾鱼作碰头状，似争抢某物。“三”表其多，“鱼”通“余”。这里刻画三鱼形象，可能反映了墓主对“年年有余”美好生活的追求。

跽坐人（图四一；图版四二），位于后室右壁上层壁板前端，高48、宽60厘米。图中刻长条形案几，几后一人，头裹巾，身着长服，跽坐于几后。

吹笛（图四二；图版四三），位于后室右壁上层壁板中部，高50、宽31厘米。图中一人侧身，双腿着地，一腿弯曲向前，身体蹲坐在另一腿上。双手持长笛放于口边，呈吹奏状。

朱雀（图四三；图版四四），位于后室右壁上层壁板中部，高52、宽46厘米。尖喙燕颔，长颈、短躯，长尾上翘，一腿站立，另一腿弯曲提起作行走状。冠、尾翎雕成树叶纹，显得华丽、别致。朱雀乃祥瑞化身，常作为升天的前导神。

六博（图四四；图版四五），位于后室右壁上层壁板后端，高55、宽63厘米。两人相对跽坐，正聚精会神地注视着中间所放的两个方形博具，一人双手持长条形博箸，一人双手前伸作搏弈状，似正在投棋。两人均着长袍、戴冠。六博，是我国古代一种游戏，始于先秦时期，在汉代社会中也非常盛行。博局分棋子十二枚，六黑六白，每人六枚。博时先投箸，后行棋，得箸多者为胜。

渔归（图四五；图版四六），位于后室右壁下层壁板前端，高32、宽24厘米。刻一人侧身，作行走状。头戴平巾帻，穿窄袖长服，腰束带。左肩扛鱼竿，并以双手握之，竿头悬两只肥硕的大鱼，鱼把竿压得弯曲成弧形。渔业是当时农业的重要组成部分，画像较为生动地表现了垂钓者满载而归的收获情景。

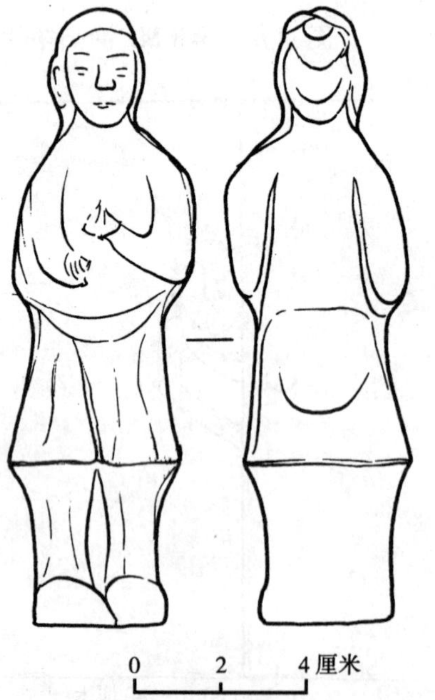

图四七　金ⅡM1出土陶俑（M1：1）

图四八　金ⅡM1出土铜钱拓片（M1：2）

人物·飞鸟（图版四七），位于后室右壁下层壁板后端，画面分上、下两部分，上部中央刻一飞鸟，高13、宽21厘米，着回首探望飞翔状；下部两人，一人高25厘米，身体曲线优美，一手上举，一手下垂。另一人高25、宽23厘米，似倒立于樽上，可惜画像水蚀严重，细部已模糊不清。

开门探首人（图四六；图版四八），位于后室后壁，高浮雕，半掩状双扇板门，并有一人伸出半身，人高48、宽20厘米。头上结髻，弯眉、大眼、高鼻，一手扶门，作伸头张望状。

4. 随葬器物

陶劳作俑　1件。金ⅡM1∶1，泥质红陶，头与身合模制成。头后束发上覆，结长条髻，腹部突出，下着短裤，长及膝。左手放于胸前，右手放于腹部。高15厘米（图四七；图版四九）。

铜钱　1枚。金ⅡM1∶2，五铢钱，圆形方穿，穿之两侧有篆文“五铢”，背有内郭。“铢”字“金”头为等腰三角形，“朱”字上方折，下为圆折；“五”字中间两笔弯曲。钱径2.5、穿宽0.9厘米，重量2克（图四八）。

二　金钟山Ⅱ区二号墓（金ⅡM2）

金ⅡM2东距金ⅡM4约14米，西距金ⅡM5约4.6米，坐南向北，墓向6°。为斜坡踏道式双室墓，由墓道、墓门、甬道、前室、后室和侧室、耳室组成，全长15.3米，最宽处4.65米。后室与墓道现存开口之间斜坡高差1.9米（图四九；图版五〇）。

1. 凿痕

墓道遗有较粗糙的横直线状尖凿痕。前室、后室顶部遗有细直线状尖凿痕，前室壁为短直线和点状尖凿痕相混杂，后室壁则遗有较细的点状尖凿痕。后室左侧室顶部和室壁均遗有较粗的点状尖凿痕，室内画像石棺内外壁打磨平整，棺身遗有规整的人字形编席纹。后壁耳室顶部为直线状尖凿痕，左右侧壁是斜直线状尖凿痕，后壁则遗有点状尖凿痕。

2. 形制

墓道　倒喇叭形，残长5.9、宽1～2.05米。墓道右（东）侧前端稍被凿损。

墓门　作面阔一间仿木结构形式，屋顶为单檐两面坡，出檐较短，因盗掘使岩石垮塌，屋面仅余两端瓦垄各一道。门高1.5、宽1.5米。采用两块雕凿规整的大石板封闭，因盗损封门石现仅余下半部。门后接短甬道，阔1.5～1.75、深0.95、高1.5～1.75米。平顶，顶部呈前低后高状倾斜。

前室　平面呈进深略大于面阔的长方形，面阔2.1～2.2、进深2.95、高2.15米。平顶，呈前低后高状倾斜。顶和四壁平素无仿木结构雕刻。室内淤土中有长35.3、宽22.3、厚8厘米的菱形·璧纹花边砖（图五〇，1）和长36.3、宽23.2、厚7.4厘米的钱币·璧纹花边砖（图五〇，2）。

后端有三级均高0.1米的踏道可上至后室甬道。甬道阔1.6～1.75、深0.75、高1.65～1.8米。平顶，顶部呈前低后高状倾斜。

后室　平面呈进深大于面阔的长方形，面阔2.15～2.4、进深3.6、高2米。平顶，因岩石风化，室顶前部有部分崩塌。顶和四壁平素无仿木结构雕刻。室左（西）壁和后（南）壁分别凿有侧室、耳室。

后室左侧室，其入口处高约1.65～1.75、宽2.3、深0.2米。两端施有方形立柱，柱上斗栱仅具

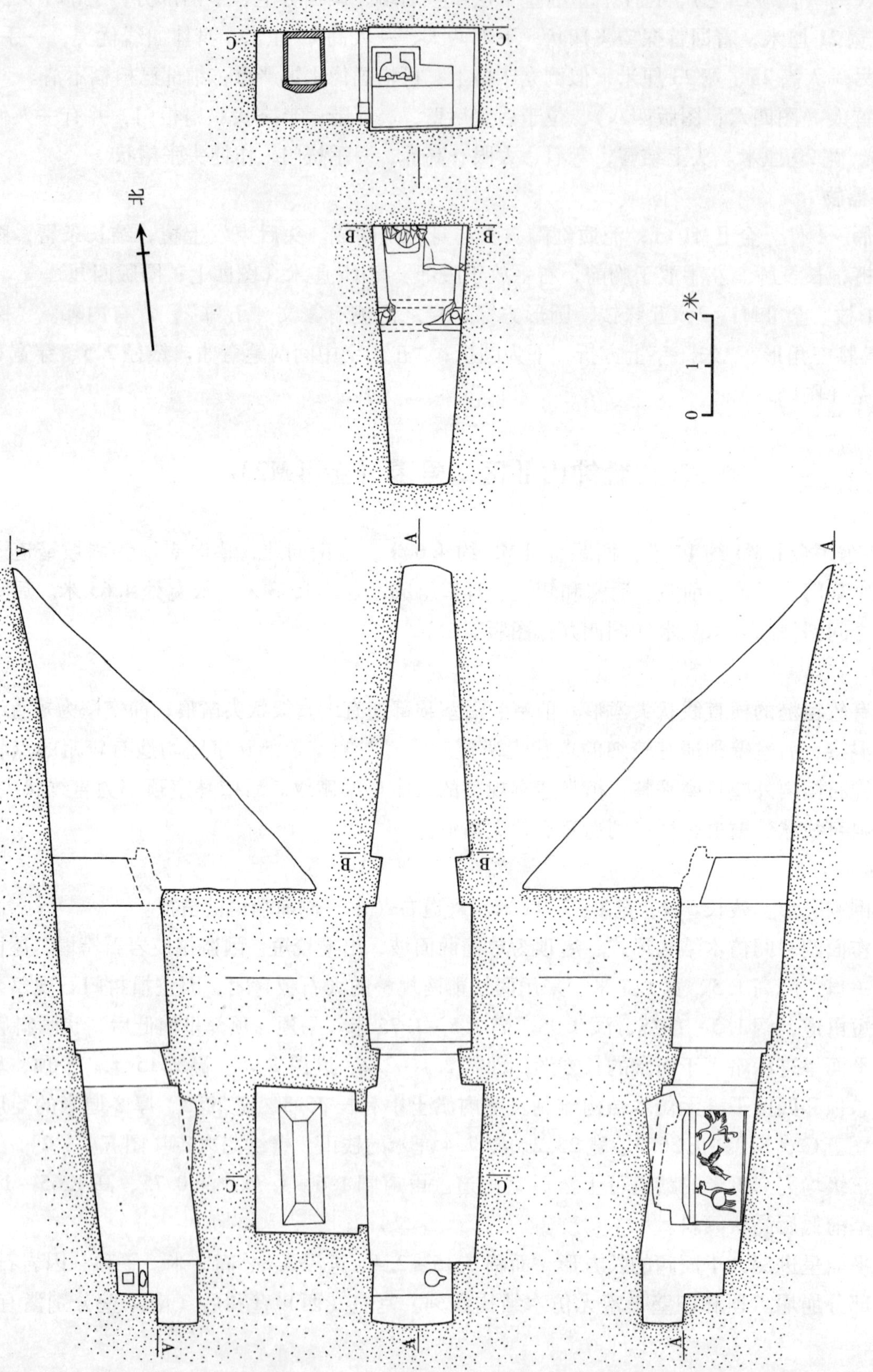

图四九 金ⅡM2平、剖面图

锥形。侧室平面呈长方形，面阔3、进深2.15、高1.8米。平顶，顶部及侧室入口处部分崩塌。顶和四壁平素无雕饰。室内近后（东）壁横置画像石棺一具，石棺采用整块石料分别凿成棺盖和棺身，通高115厘米（图五一；图版五一）。棺盖长254、宽87、高25厘米，外为盝顶，内为圆弧形，下沿凿有凸边。盖上有精细、规整的人字形凿纹。棺身为长方形，中部凿空，长243、宽82.5、高91.5厘米。口部内收作子母口，与棺盖凸边扣合。四壁内外修整规整，厚度基本相同，两端挡板厚10厘米，两侧板厚8厘米；底板厚21厘米，外部上下微内收。棺身四周均雕凿有十分规整的人字形编席纹做地纹，棺身头挡板和两侧板分别雕刻有凤阙、仙鹤·三鱼·天禄、双鹤争鱼等画像。侧室与后室间有高0～0.18米的踏道一级。

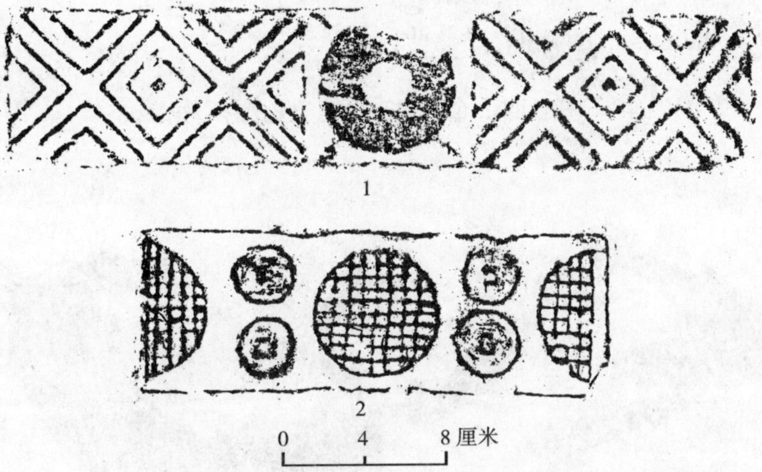

图五〇　金ⅡM2出土墓砖拓片

1. 菱形·璧纹　2. 钱币·璧纹

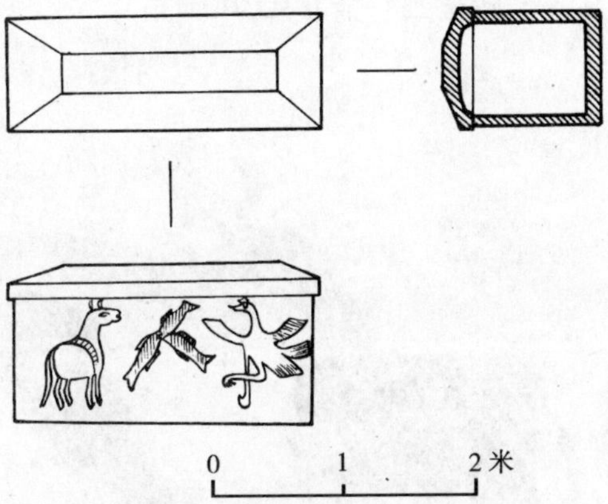

图五一　金ⅡM2画像石棺

后室后壁耳室（图版五二），为庖厨用房。平面呈长方形，面阔1.75、进深1.25、高1.65米。平顶。室内凿有高0.8、长1.75、深0.6米的连岩案台；案台东端凿有单火塘石灶台，高0.45～0.65、宽0.65、深0.65米。长方形灶门，椭圆形火塘；在案台西部还浮雕有高0.55、宽0.8、深0.04米的一斗二升式斗栱立柱，似承托案板。耳室与后室间有高0.3米的踏道一级。

3. 画像石刻

主要分布在后室左侧室内石棺的头挡和侧板上，共计3幅。

凤阙（图五二），高76、宽82厘米。刻于棺身头挡，双阙屹立，均为双重檐四阿庑殿顶，有腰檐，阙身上窄下宽成梯形状。正脊上相对各栖一只凤鸟，以示祥瑞。这里在棺首雕饰双凤阙，应表示天国入口，墓主升入天堂的必经之路——“天门”[3]。

仙鹤·三鱼·天禄（图五三），刻于棺身右侧，图右仙鹤，高57、宽95厘米。鹤曲颈昂首，张嘴，鼓腹，长尾，双翅伸展，一足直立，一足弯曲上举，作鸣唱舞蹈状。图中部三鱼，高47、宽78厘米。三鱼头嘴相对，鳃、鳍雕刻明显。图左为天禄，高61、宽66厘米。头上有蘑菇状独角，双立耳，身形健壮，背生翼，长尾下垂，四足立地，呈静立状。

双鹤争鱼图（图五四），高73、宽134厘米。刻于棺身左侧，相对两鹤，作张嘴衔鱼状，嘴下一

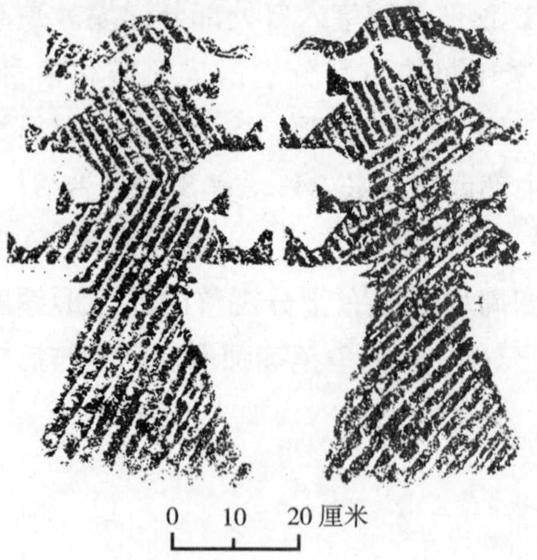

图五二 金ⅡM2 凤阙拓片

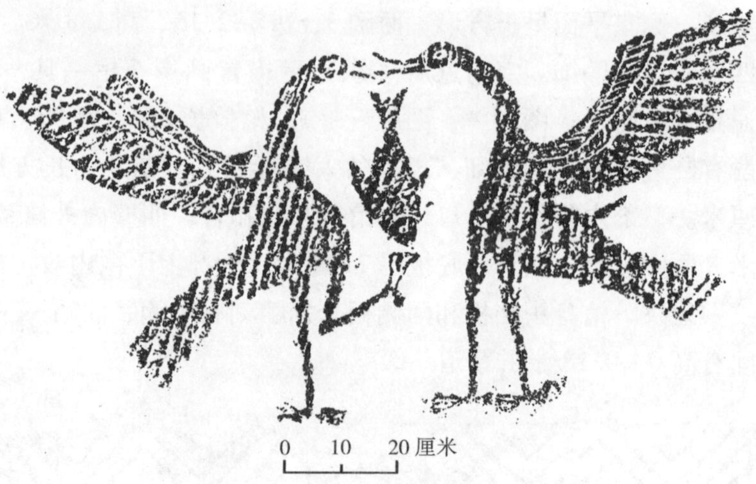

图五四 金ⅡM2 仙鹤争鱼图拓片

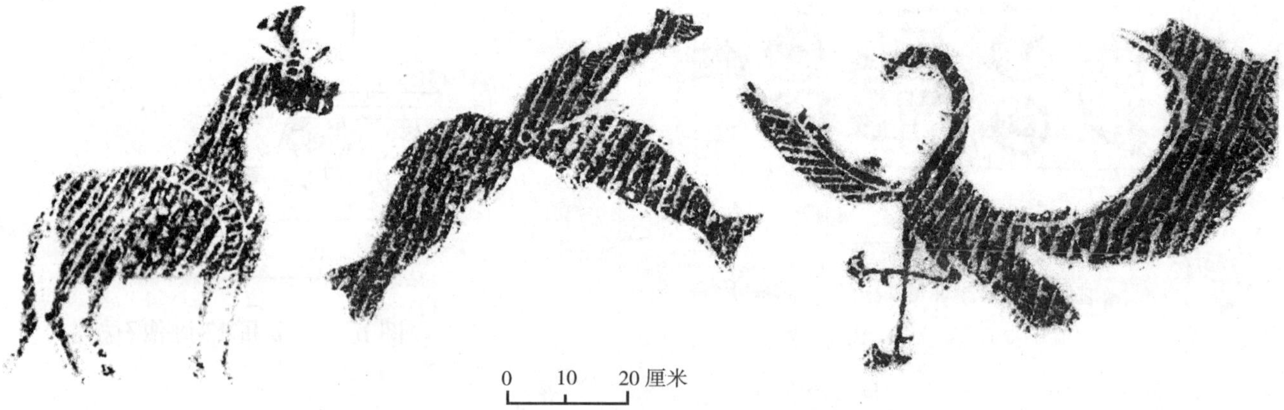

图五三 金ⅡM2 仙鹤·三鱼·天禄拓片

鱼，鱼头向下，似刚从鹤嘴中掉下。双鹤均曲颈昂首，张嘴，长尾，双翅伸展上扬。左边一鹤，鼓腹，一足直立，一足弯曲上扬，似欲攫鱼；右边一鹤挺胸，两足立地，身体稍后倾，似在避让。画面刻画生动逼真，动感十足，艺术价值极高。

4. 随葬器物

陶折腹钵 1件。金ⅡM2∶1，泥质灰褐陶，轮制。圆唇外卷，斜壁折腹，下收成小平底。高4、口径12.5，底径5厘米（图五五，2；图版五三）。

陶盘 1件。金ⅡM2∶2，泥质灰陶，轮制。敞口，平沿，尖圆唇，浅折腹，平底，底部微凸。高4.8、口径17.5、底径7.8厘米（图五五，3；图版五四）。

陶拱立俑 1件。金ⅡM2∶4，泥质红陶，身、首合模制作，现模糊不清，仅见手笼袪中拱立，大袂，垂于肘下。高17厘米（图五五，1）。

陶狗 1件。金ⅡM2∶3，泥质红陶，残，仅余头部。立耳，长吻，张嘴。残高9厘米。

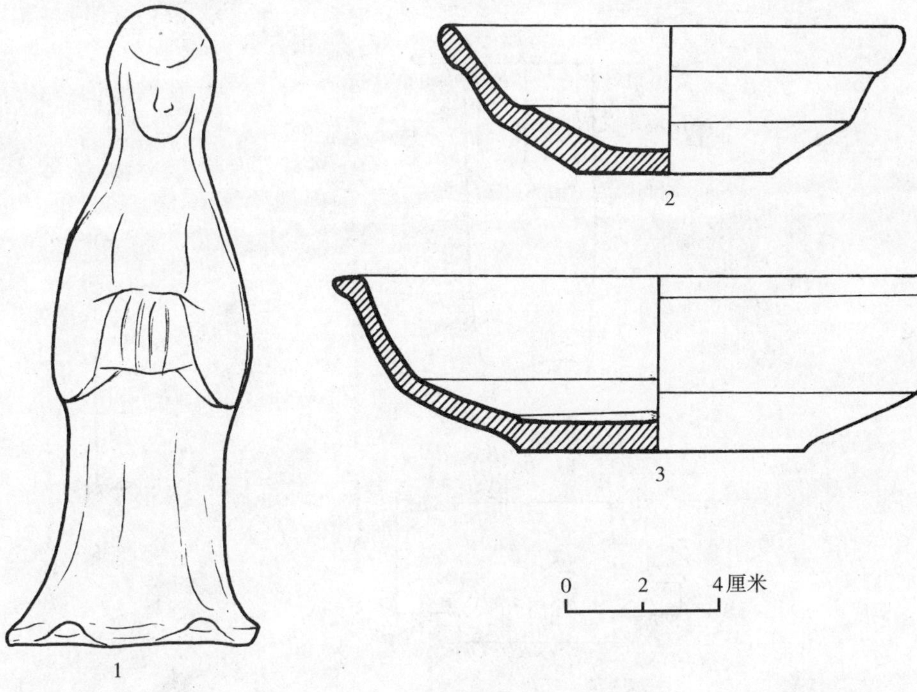

图五五　金ⅡM2 出土陶器

1. 陶拱立俑（M2:4）　2. 陶折腹钵（M2:1）　3. 陶盘（M2:2）

三　金钟山Ⅱ区三号墓（金ⅡM3）

金ⅡM3 东距金ⅡM1 约4米，西邻金ⅡM4 约4.2米，坐南向北。墓向8°。为斜坡踏道式双室墓，由墓道、墓门、甬道、前室、后室和两耳室组成，全长11.55米，最宽处3.9米。后室与墓道现存开口之间斜坡高差约1.5米（图五六；图版五五）。

1. 凿痕

墓道遗有间距较宽的斜直线状尖凿痕。前、后室顶部均遗有短直线状尖凿痕，前室壁为斜直线与点状相混合的尖凿痕，后室壁则遗有短直线与点状混杂的尖凿痕。前室左、右耳室顶部和室壁均遗有点状尖凿痕。

2. 形制

墓道　平面呈前窄后宽倒喇叭形，残长3.35、宽1.2～1.85米。其填土中有一块残长16.2、残宽13.4、厚7.2厘米的联弧纹花边砖（图五七）。

墓门　有单层门框，高1.45、宽1.2米。墓门采用两块雕凿规整的大石板封闭（图版五六），石板分别高1.7、宽0.65、厚0.1～0.12米。右侧封门石的左上部以及紧靠的门框右上角，有宽0.45、高0.35米的盗洞。门后接短甬道，阔1.2～1.5、深0.95、高1.4米。平顶，呈前低后高状倾斜。

前室　平面呈进深大于面阔的长方形，面阔2.15、进深3.45、高2米。平顶，顶和室壁平素无

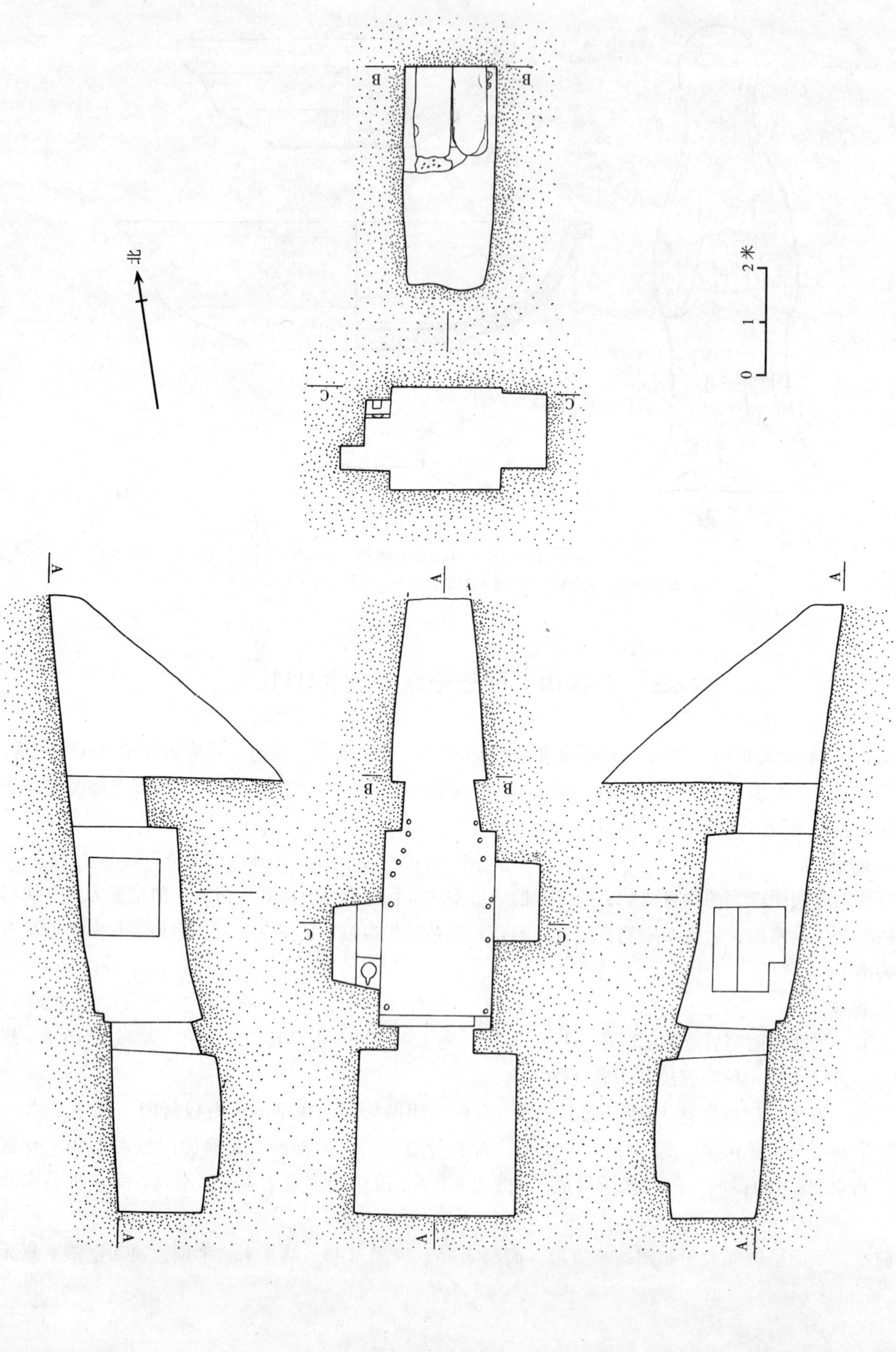

图五六　金Ⅱ M3 平、剖面图

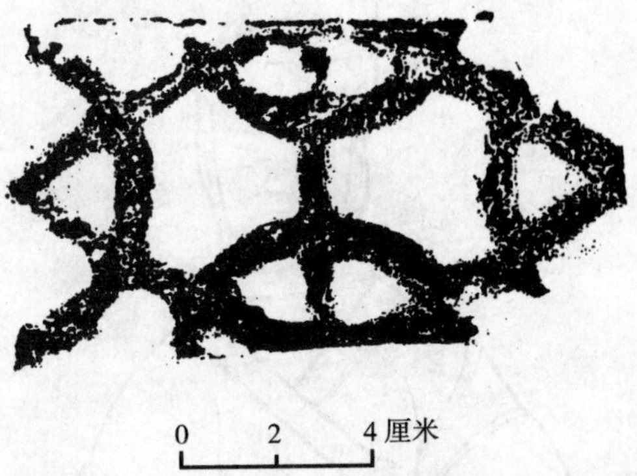

图五七　金ⅡM3出土联弧纹墓砖拓片

雕饰。室顶与底部均呈前低后高状倾斜。从甬道连接处顺左右两壁，分布有基本对称的14个直径0.1～0.12、深0.05米的圆孔，其性质不明。室左右（西东）两侧分别凿有耳室。

前室左耳室（图版五七），是庖厨用房，平面呈前宽后窄梯形状，面阔1.35～1.63、进深0.95、高1.35米。室内凿有高0.88、长1.35～1.45、深0.45米的连岩案台；在案台的南端还凿有高0.3～0.38、宽0.5、深0.58米的竖置长方形灶门单火塘石灶台。耳室与前室间有高0.25～0.35米的踏道一级。

前室右耳室，平面呈长方形，面阔1.45、进深0.85、高1.35米。平顶，顶和四壁平素无雕饰。耳室与前室间有高0.15～0.25米的踏道一级。

前室后端有两级分别高0.15、0.2米的踏道可上至后室甬道。甬道阔1.45、深0.45、高1.5～1.75米。平顶。

后室　平面呈方形，长、宽均为3.05米。顶微呈圆弧形穹窿顶，最高处2.05米，四角高1.9米。顶部后端有宽3.05、深0.65、厚0.25米的凸起，顶和四壁雕凿粗糙，完工似乎较草率。

2. 随葬器物

陶器

折腹钵　1件。金ⅡM3：7，泥质灰褐陶。厚圆唇，折腹，底部下收成小假圈足，内底微下凹。高4.8、口径13、底径7厘米（图五八，3；图版五八）。

筒瓦　1件。金ⅡM3：6，泥质灰陶。断面弧度为半圆，表面有斜直线绳纹，一端有瓦垄衔接时的筍口。长43、径16～18厘米（图五八，5；图版五九）。

抚琴俑　1件。金ⅡM3：9，夹细砂灰陶，合模制成。戴圆顶帻，外着右衽交领长袍，大袂。跪坐，膝上置长琴，两手作抚琴状。高16厘米（图五八，1；图版六〇）。

陶鸡　1件。金ⅡM3：8，泥质灰陶，合模制成。高冠，小首，长颈，翘尾敛翼而立。鸡身羽毛似用朱红色线条勾绘。高21.1厘米（图五八，4；图版六一）。

铜器　2件，均为俑。发现于紧靠墓葬封门石外的墓道填土中，距墓道底部约0.53米。皆双范合模浇铸而成，中空。

执盾俑　1件。金ⅡM3：3，呈站立状，带平巾帻，长方脸，浓眉大眼。着双层右衽交领长服，腰系带。左手握拳放于胸，左臂挽盾于身体左侧，盾面错有云气纹；右手自然下垂。下肢残。残高32厘米（图五八，2；图版六二、六三）。

驾驭俑　1件。金ⅡM3：4，跪坐，着窄袪长袍，双臂前伸弯曲放于胸前。肘部有穿，当系插手之用。头和上身左侧已残。残高29.5厘米。

铜钱　6枚，包括五铢和货泉两种，均圆形方穿。五铢，4枚，穿之两侧有篆文“五铢”二字，外郭或有或无，“铢”字的“朱”字头或圆折或方折；货泉，2枚，穿之两侧有篆文“货泉”二字，钱肉薄质轻（图五九，1～5）。（详见铜钱统计表）

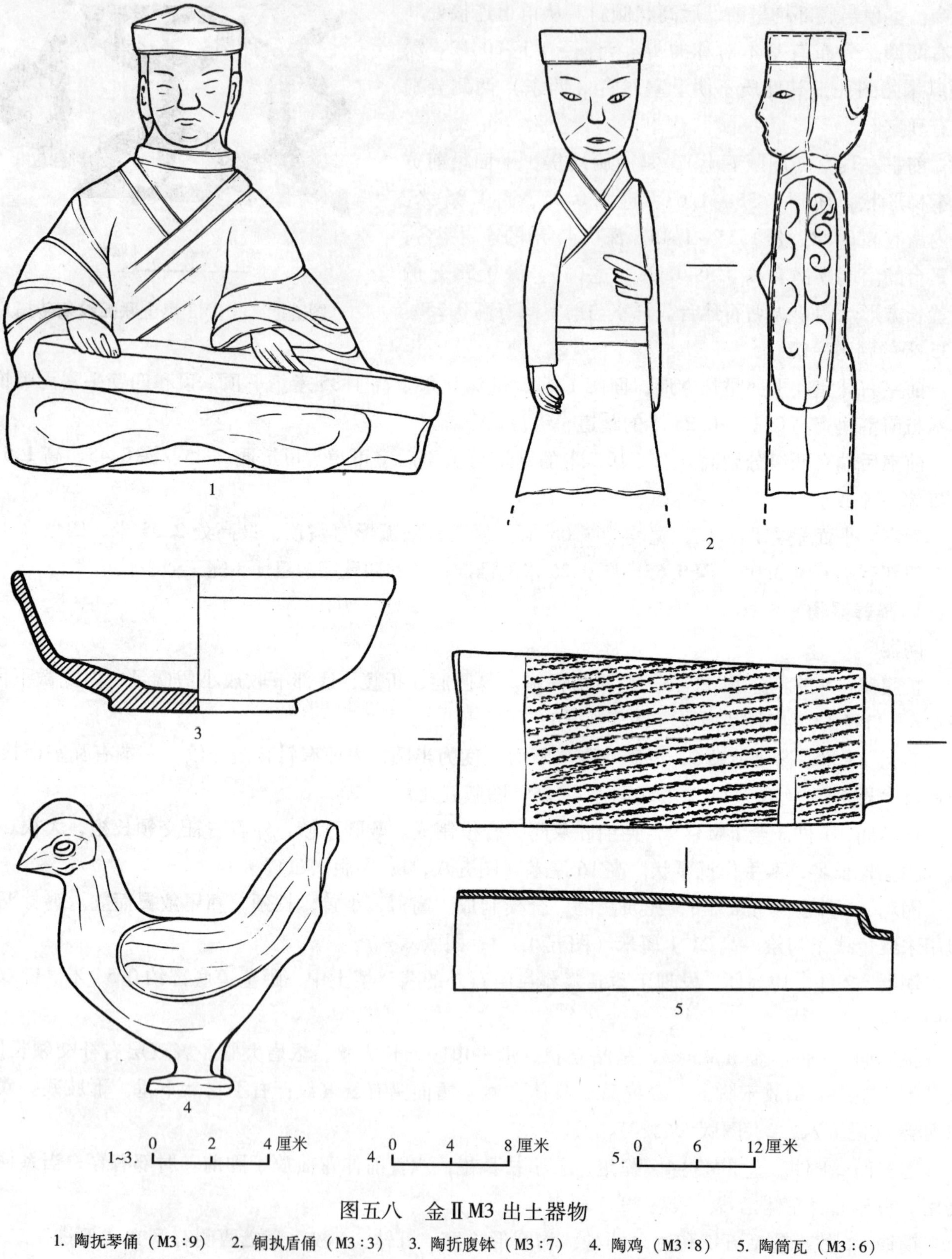

图五八　金ⅡM3出土器物

1. 陶抚琴俑（M3：9）　2. 铜执盾俑（M3：3）　3. 陶折腹钵（M3：7）　4. 陶鸡（M3：8）　5. 陶筒瓦（M3：6）

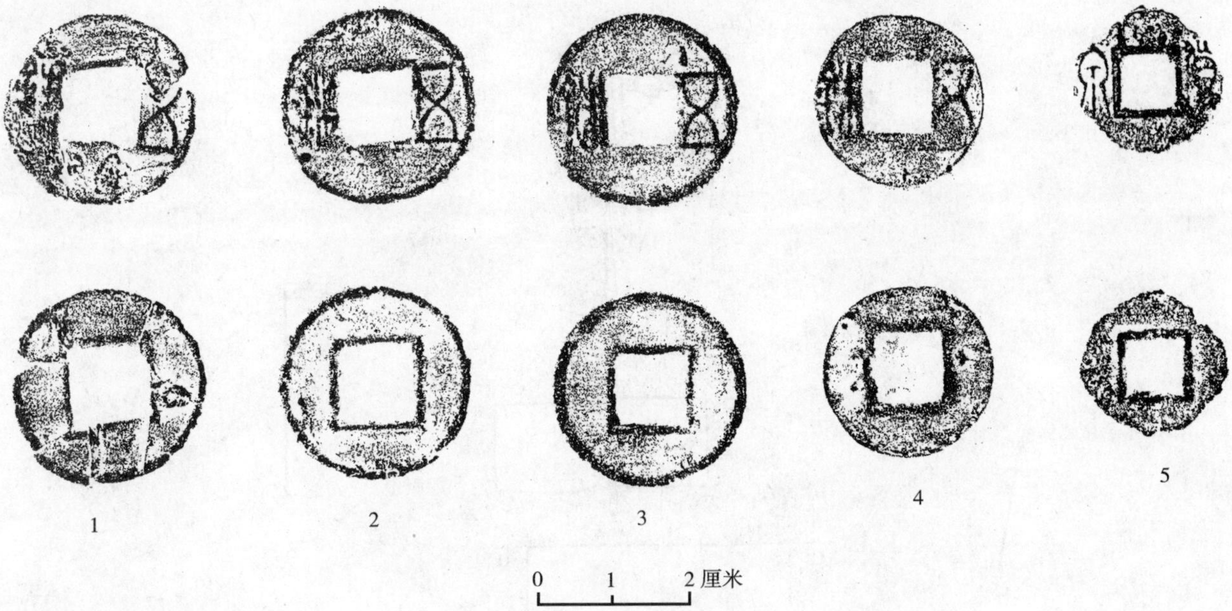

图五九　金ⅡM3 出土铜钱拓片

1～4. 五铢（M3∶5－1、M3∶5－2、M3∶5－3、M3∶5－4）　5. 货泉（M3∶5－5）

铜钱统计表

种类	编号	特征		钱径（厘米）	穿宽（厘米）	重量（克）	备注
		文字特征	记号				
五铢	5－1	钱文锈蚀不清	无	2.51	1.02	2	图五九，1
五铢	5－2	“五”字宽大，中间两笔弯曲相交	无	2.52	1	2.3	图五九，2
五铢	5－3	“朱”字上下圆折，“五”字宽大，中间两笔弯曲，上、下基本对称。	无	2.5	0.95	3.1	图五九，3
五铢	5－4	磨郭，“铢”字“金”字头较大，为三角形，“朱”字圆折，“五”字宽大	无	2.25	0.94	1.82	图五九，4
货泉	5－5	郭残，“泉”字头肥大	无	1.95	0.78	1.1	图五九，5
货泉	5－6			1.9	0.75	0.8	残

四　金钟山Ⅱ区四号墓（金ⅡM4）

金ⅡM4 东距金ⅡM3 约 4.2 米，西邻金ⅡM2 约 14 米，坐南向北，墓向 11°。为斜坡踏道式三室墓，由墓道、墓门、甬道、前室、中室、后室和耳室组成，全长 14.3 米，最宽处 5 米。后室与墓道现存开口之间斜坡高差约 2 米（图六〇；图版六四）。

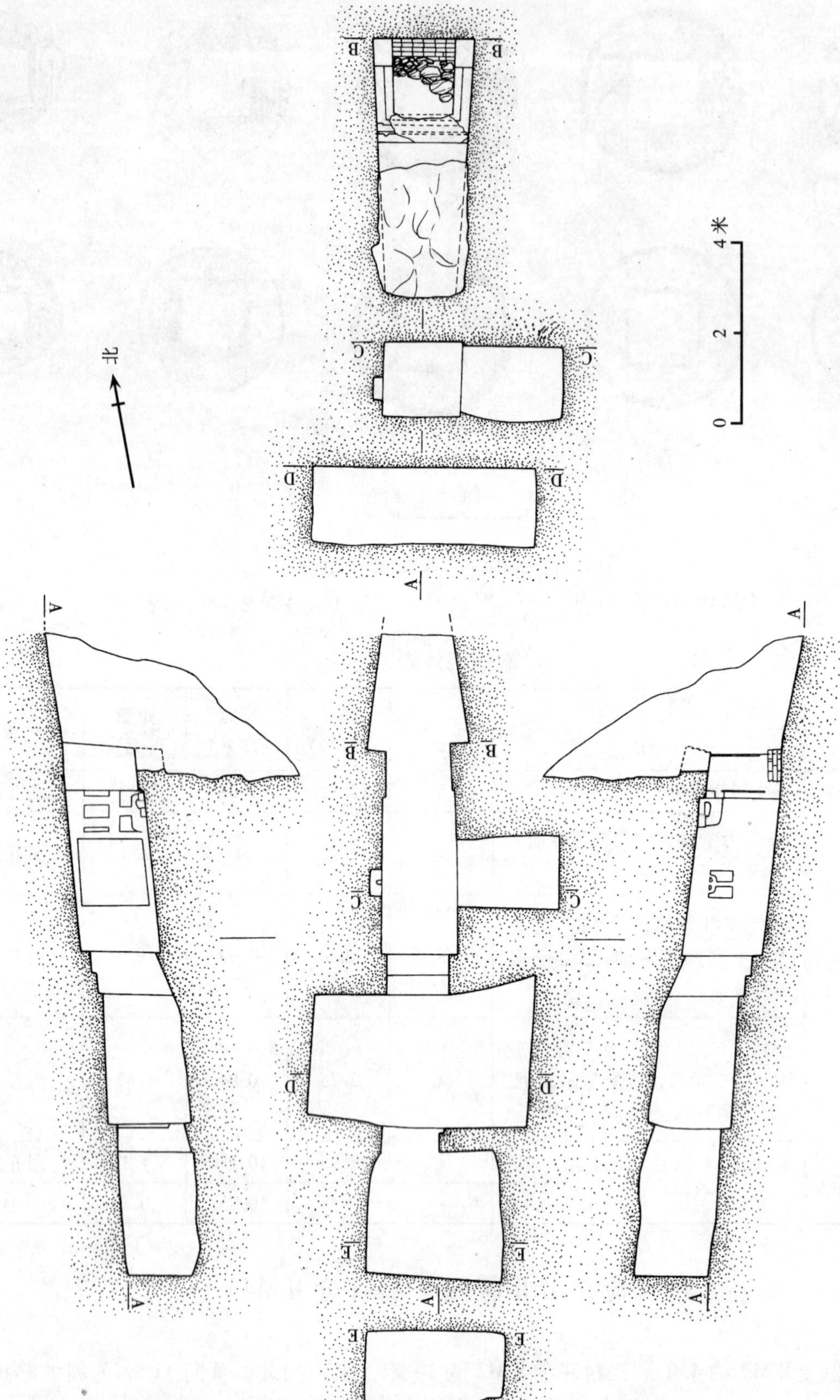

图六〇 金ⅡM4平、剖面图

1. 凿痕

墓道遗有间距较宽的横直线状尖凿痕。前室及其右侧室顶部遗有较粗糙的点状尖凿痕，室左壁为短直线与点状相混合的尖凿痕，右壁和侧室后壁为点状尖凿痕。侧室左右两壁则是横直线状尖凿痕。中室和后室顶部遗有直线状尖凿痕，中室壁为点状尖凿痕，后室除左壁遗有斜直线、横直线和竖直线状相混合的尖凿痕外，其余室壁均遗点状尖凿痕。

2. 形制

墓道　平面呈倒喇叭形，残长 2.5 米、宽 1.6～2.3 米。底由内向外倾斜。

图六一　金Ⅱ M4 出土墓砖拓片
1. 菱形纹　2. 十字折线纹

墓门　有单层门框，高 1.65、宽 1.4 米。门框上部已部分垮塌，从残存看有似屋顶建筑的凸起，但无具体的屋顶建筑形象雕刻。门框两侧下部，有高 0.63、宽 0.4 米的门枕石，石上无雕刻。封门分上、下两部分，上部采用开凿墓室时遗留的不规整岩石块和黄色黏土堆砌而成；下部则用花边砖，采用不错缝平砌四层的方法构成（图版六五）。上部封门结构已在盗掘时被部分破坏；下部封门砖，可分两类，一为一端为菱形纹的楔形砖，长 37、宽 22.7、厚 11～9.5 厘米（图六一，1）；另一为两端均为十字折线纹的花边砖，长 37、宽 23、厚 10 厘米（图六一，2）。门后接短甬道，阔 1.4～1.5、深 1、高 1.55～1.65 米。顶呈前低后高状倾斜。

前室　平面呈进深大于面阔的长方形，面阔 1.6～1.75、进深 3.5～3.65、高 1.8 米。平顶。顶呈前低后高状倾斜。室左壁前端上部施有丁头栱，栌斗上短柱与散斗共承额枋。壁中部凿有壁龛（图版六六），阔 0.6、深 0.22、高 0.5 米。壁龛口部中央，圆雕有一斗二升式斗栱立柱，呈面阔两间。室右壁前部雕有反映木板墙或编壁墙的壁柱与壁穿，上层壁柱承一斗三升式斗栱一朵，斗栱左侧散斗仅具雏形。室右（东）壁凿有耳室。

前室右耳室，平面呈进深大于面阔的长方形，面阔 1.5～1.7、进深 2.3、高 1.5～1.7 米。略呈圆弧形穹窿顶。顶和四壁平素无雕饰。

前室后端有一级高 0.2 米的踏道可上至中室甬道。甬道阔 1.4、深 0.95、高 1.45～1.65 米。平顶，呈前低后高状倾斜。甬道内以及与中室间分别有高 0.15 米的踏道一级。

中室　平面呈面阔大于进深的长方形，面阔 5、宽 2.65～3.45、高 1.6～1.85 米。弧形顶。顶和四壁平素，似未修整。

中室后端有一级高 0.2 米的踏道可上至后室甬道。甬道阔 1.3、深 0.6、高 1.5～1.65 米。平顶，呈前低后高状倾斜。

后室　平面略呈方形，面阔 2.6～3、进深 2.7～3、高 1.65 米。平顶，顶和四壁雕凿粗糙，平素无雕饰。

3. **随葬器物**

陶器

罐 3件。轮制，底径明显大于口径，最大腹径在中部。金ⅡM4∶6和金ⅡM4∶11形制相同，圆唇外卷，微有领，鼓腹，平底微内凹。金ⅡM4∶6，泥质黑皮陶，肩部饰凹弦纹两道。高20.5、口径11.5、底径16.5，最大腹径26.5厘米（图六二，3；图版六七）；金ⅡM4∶11，泥质灰陶，肩部饰细线条菱格纹带一周。高20、口径11.6、底径16.8、最大腹径26厘米（图六二，2）；金ⅡM4∶13，夹细砂灰褐陶，圆唇，敛口，斜直领，斜肩，弧腹，平底，肩部饰凸弦纹一道。高约30、口径24、底径20厘米（图六二，4）。

直腹罐 1件。金ⅡM4∶15，泥质灰褐陶，轮制。敛口，方唇，斜领，折肩，深直腹微弧，平底。上腹饰凹弦纹五道，弦纹间有戳印纹。高30、口径14.5、腹径23、底径20厘米（图六二，7；图版六八）。

瓮 1件。金ⅡM4∶12，夹细砂灰褐陶，轮制。圆唇，敛口，斜直领，溜肩，弧腹，下腹近底处内收，有一直径1.8厘米的圆形穿孔，平底微内凹。领和肩连接处界限明显，腹部饰多组短绳纹带。高约40、口径32、底径22厘米（图六二，11）；

壶 1件。金ⅡM4∶14，泥质灰陶，轮制。盘口，长颈，口径稍大于颈径。腹残。圈足。上腹有铺首衔环，腹部和足部饰细弦纹带。高约48、口径17.6、底径20厘米（图六二，1）。

壶盖 1件。金ⅡM4∶16，泥质红胎，顶作弧形，底略平，盖内边缘与底交界处下垂一周，刚好套入壶口内。顶正中有稍凸的饼状纽，周边有一道凸弦纹环绕。盖表施绿色低温釉。高3.2、直径17厘米（图六二，10；图版六九）。

圆盘形器 1件。金ⅡM4∶17，夹细砂灰褐陶，轮制。平面呈圆盘状，外沿向内斜，内沿较高，向外斜，上部残。内外沿间形成环状沟，平底。内沿系外沿和圆盘制成后所加。底径16、内径12.8、外沿高4、内沿残高5.2厘米（图六二，6）。

女俑头 1件。金ⅡM4∶18，夹细砂红褐陶，模制。高鼻，小嘴，双耳戴耳珰。梳高髻，以缯束发，在髻后作成大结。外加一个勒子，前罩额上。束发缯的一端出于勒子外面，挂在髻的右旁，下垂至鬓，作为装饰。高7.6厘米（图六二，9；图版七〇）。

男俑头 1件。金ⅡM4∶19，夹砂红褐陶，模制。头戴圆顶帻，帻圈前窄后宽，后圈正中上开下合，下沿合处，加一长方形小块布缝其上，后脑突出，束发向上的样子明显。高12厘米（图六二，8）。

摇钱树座 1件。金ⅡM4∶20，甚残，仅余少部。夹细砂红胎，模制。下部两层纹饰带，上为卷云纹，下为菱格纹，菱格内有乳钉状突起。器表施白色低温铅釉。残高20厘米（图六二，5）。

玻璃器

耳珰 1件。金ⅡM4∶8，横剖面呈圆形，一端小，另一端大，细腰，如喇叭形，中间一穿孔。深蓝色，晶莹如新。长1.9、小径1.1、大径1.5厘米（图六三，4；图版七五）。

铜器

摇钱树残片 3片，金ⅡM4∶21－1，一伎双手撑地倒立状，头颈上昂，梳双高髻，双腿向上后

图六二　金ⅡM4出土器物（一）

1. 陶壶（M4：14）　2~4. 陶罐（M4：11、M4：6、M4：13）　5. 陶摇钱树座（M4：20）　6. 陶圆盘形器（M4：17）　7. 陶直腹罐（M4：15）　8. 陶男俑头（M4：19）　9. 陶女俑头（M4：18）　10. 陶壶盖（M4：16）　11. 陶瓮（M4：12）　12~14. 铜摇钱树残片（M4：21-1、2、3）

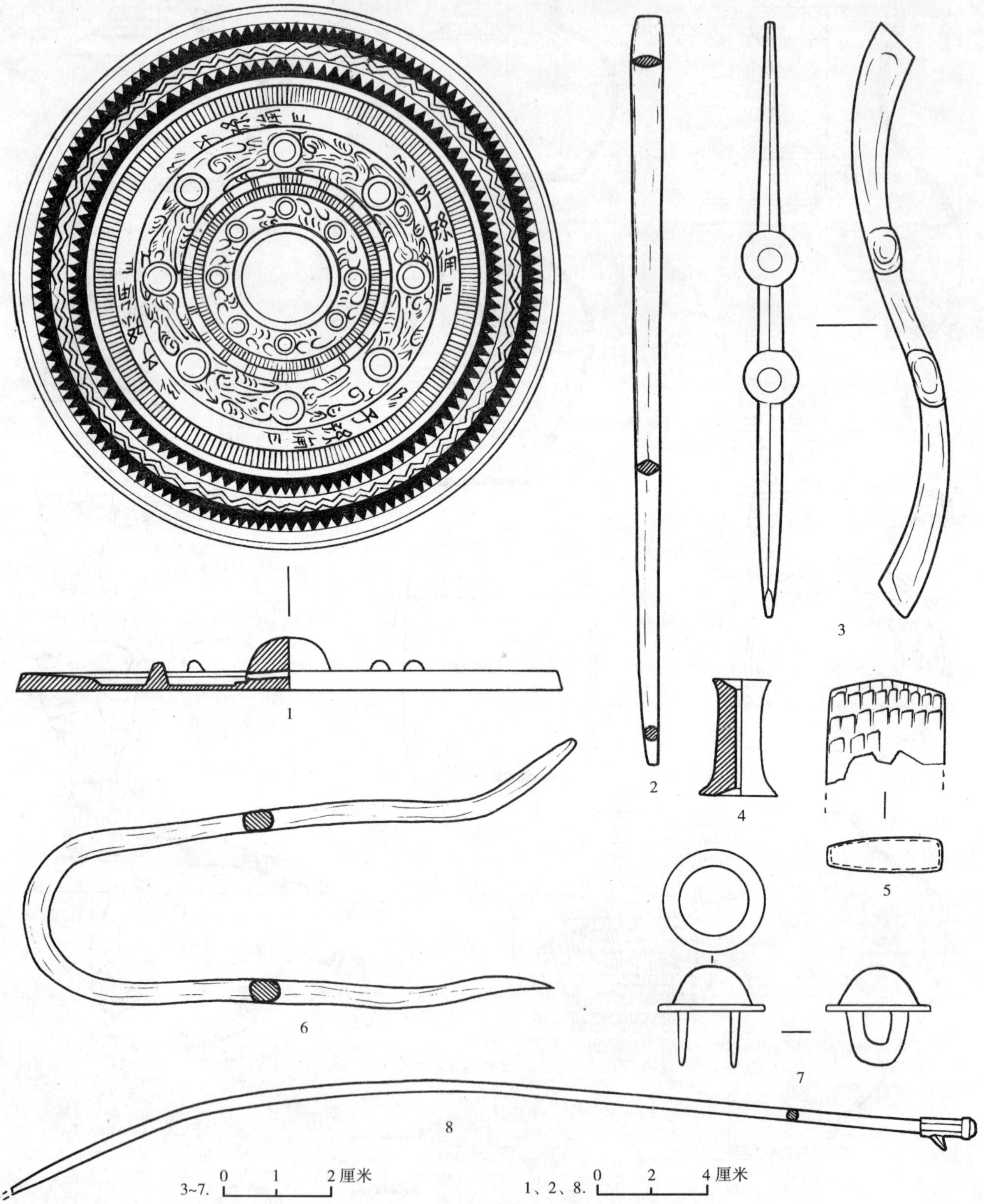

图六三　金ⅡM4 出土器物（二）

1. 铜七乳禽兽镜（M4∶2）　2. 铜车辐（M4∶3）　3. 铜马镳（M4∶9）　4. 玻璃耳珰（M4∶8）　5. 铜套饰（M4∶10）　6. 铜钗（M4∶4）　7. 铜帽形器（M4∶7）　8. 铜盖弓（M4∶1）

举至头顶之上。残高2.2厘米（图六二，12）。方孔圆钱形树叶两片，外轮上方铸有芒纹。金ⅡM4：21－2，面背均有篆书“五利后”钱文，“利后”两字为叠书，钱径2.1厘米（图六二，13）；金ⅡM4：21－3，面背平素，直径1.5厘米（图六二，14）。

七乳禽兽镜　1件。金ⅡM4：2，残，圆形，圆纽，圆纽座。座外环列多乳及云纹。其外两周短斜线纹。主纹为七乳禽兽纹。外区铭文带仅残存“子孙备”三字。二周三角锯齿、一周水波纹缘。直径20厘米（图六三，1）。

车辐　8根。长条形，一端扁平，中部断面近菱形，另一端呈圆柱状。金ⅡM4：3，长27厘米（图六三，2；图版七一）。

钗　1件。金ⅡM4：4，钗首扁平，钗身圆柱形。长10.8厘米（图六三，6；图版七二）。

盖弓　1件。金ⅡM4：1，通体圆柱形，末端装盖弓帽。帽顶呈圆球形，下有上翘的倒钩。通长35.9、径0.4、帽长2厘米（图六三，8；图版七三）。

马镳　1件。金ⅡM4：9，全身弯曲如“S”形，身上两孔，两端为长条状。长10.8、宽1.1厘米（图六三，3；图版七四）。

套饰　1件。金ⅡM4：10，长条形，一端封闭，表面有鳞片状纹式，中空，内有木质朽痕。残长3.5厘米（图六三，5）。

帽形器　3件。形制相同，帽作平板状，中央为乳钉状突起，钉身为两道椭圆形环状。金ⅡM4：7，高1.9、帽直径2厘米（图六三，7）。

铜钱　51枚，包括五铢钱和货泉两种。五铢钱，43枚，圆形，方穿，穿之两侧有篆文“五铢”二字，“铢”字的“朱”字头或上下近方折，或上方折，或下圆折。货泉，8枚，穿之两侧有篆文“货泉”二字，或面有内郭，或面无内郭（图六四，1－14；图六五，1－14）。（详见铜钱统计表）

铜钱统计表

种类	编号	特征		钱径（厘米）	穿宽（厘米）	重量（克）	备注
		文字特征	记号				
货泉	5－1	面有内郭，钱文规整，“泉”字头顶端如针尖，竖划中断。	无	2.12	0.79	1.62	图六四，1
货泉	5－2	面有内郭，钱文锈蚀不清。	无	2.18	0.8	1.5	图六四，2
货泉	5－3	面有内郭，钱文规整，“泉”字头顶端如针尖，竖划中断。	无	2.1	0.75	2.2	图六四，3
货泉	5－4	同上	无	2.22	0.75	2.6	图六四，4
货泉	5－5	面无内郭，钱文同上。	无	2.25	0.75	1.8	图六四，5
货泉	5－6	同上	穿右上、下决文	2.2	0.72	1.8	图六四，6
货泉	5－40	钱文不清		2.2	0.65	1.7	残
货泉	5－41	同上		2.1	0.7	1.8	残
五铢	5－7	钱文锈蚀不清		2.55	1.05	2.3	图六四，7

续上表

种类	编号	特征		钱径（厘米）	穿宽（厘米）	重量（克）	备注
		文字特征	记号				
五铢	5－8	“五”字宽大，相交两竖上下端外撇，“铢”字“金”头三角形，四点短，“朱”旁上下圆折，上折短，下折长。		2.55	0.96	2.22	图六四，8
五铢	5－9	同上		2.55	1	2.6	图六四，9
五铢	5－10	同上		2.55	1	2.55	图六四，10
五铢	5－11	同上		2.6	1	2.52	图六四，11
五铢	5－12	同上		2.56	1.1	2.82	图六四，12
五铢	5－13	同上		2.6	1.02	2	图六四，13
五铢	5－14	同上		2.52	1.1	2.52	图六四，14
五铢	5－15	同上		2.52	1	3.4	图六五，1
五铢	5－16	同上		2.54	1	2.1	图六五，2
五铢	5－17	同上		2.5	1.01	2.82	图六五，3
五铢	5－18	同上		2.5	1.01	2.3	图六五，4
五铢	5－19	同上		2.56	1.05	3	图六五，5
五铢	5－20	同上		2.56	1	2.2	图六五，6
五铢	5－21	同上		2.6	0.9	3	图六五，7
五铢	5－22	同上		2.55	0.98	2.5	图六五，8
五铢	5－23	同上		2.51	1	2.8	图六五，9
五铢	5－24	同上		2.55	1	2.7	图六五，10
五铢	5－25	同上		2.52	1	2.16	图六五，11
五铢	5－26	同上		2.5	1	2.5	图六五，12
五铢	5－27	同上		2.56	1	1.9	图六五，13
五铢	5－28	同上		2.75	1	2.2	图六五，14
五铢	5－29	钱文锈蚀不清		2.5	1	2.6	残
五铢	5－30	同上		2.5	1	1.4	残
五铢	5－31	同上		2.5	0.95	2.5	残
五铢	5－32	同上		2.6	1	2.3	残
五铢	5－33	同上		2.5	1.1	2.6	残
五铢	5－34	同上		2.5	0.9	2	残
五铢	5－35	同上		2.5	1.1	2.2	残
五铢	5－36	同上		2.6	1	2.7	残
五铢	5－37	同上		2.6	1	2.6	残
五铢	5－38	同上		2.6	1	1.5	残
五铢	5－39	同上		2.6	1	2	残
五铢	5－42	约10枚，均残损严重，钱文不清。					

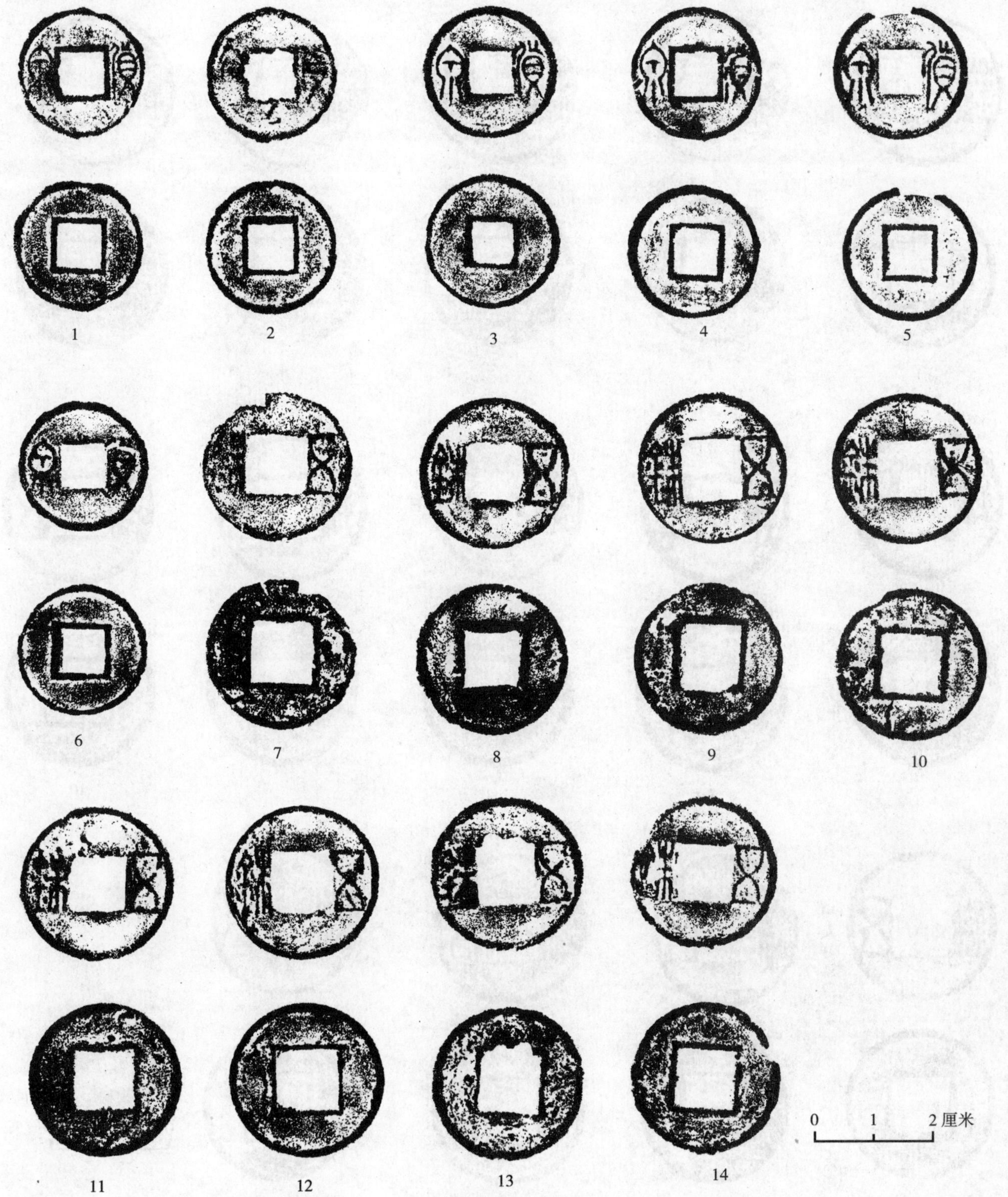

图六四　金Ⅱ M4 出土铜钱拓片（一）

1～6. 货泉（M4∶5－1、M4∶5－2、M4∶5－3、M4∶5－4、M4∶5－5、M4∶5－6）　7～14. 五铢（M4∶5－7、M4∶5－8、M4∶5－9、M4∶5－10、M4∶5－11、M4∶5－12、M4∶5－13、M4∶5－14）

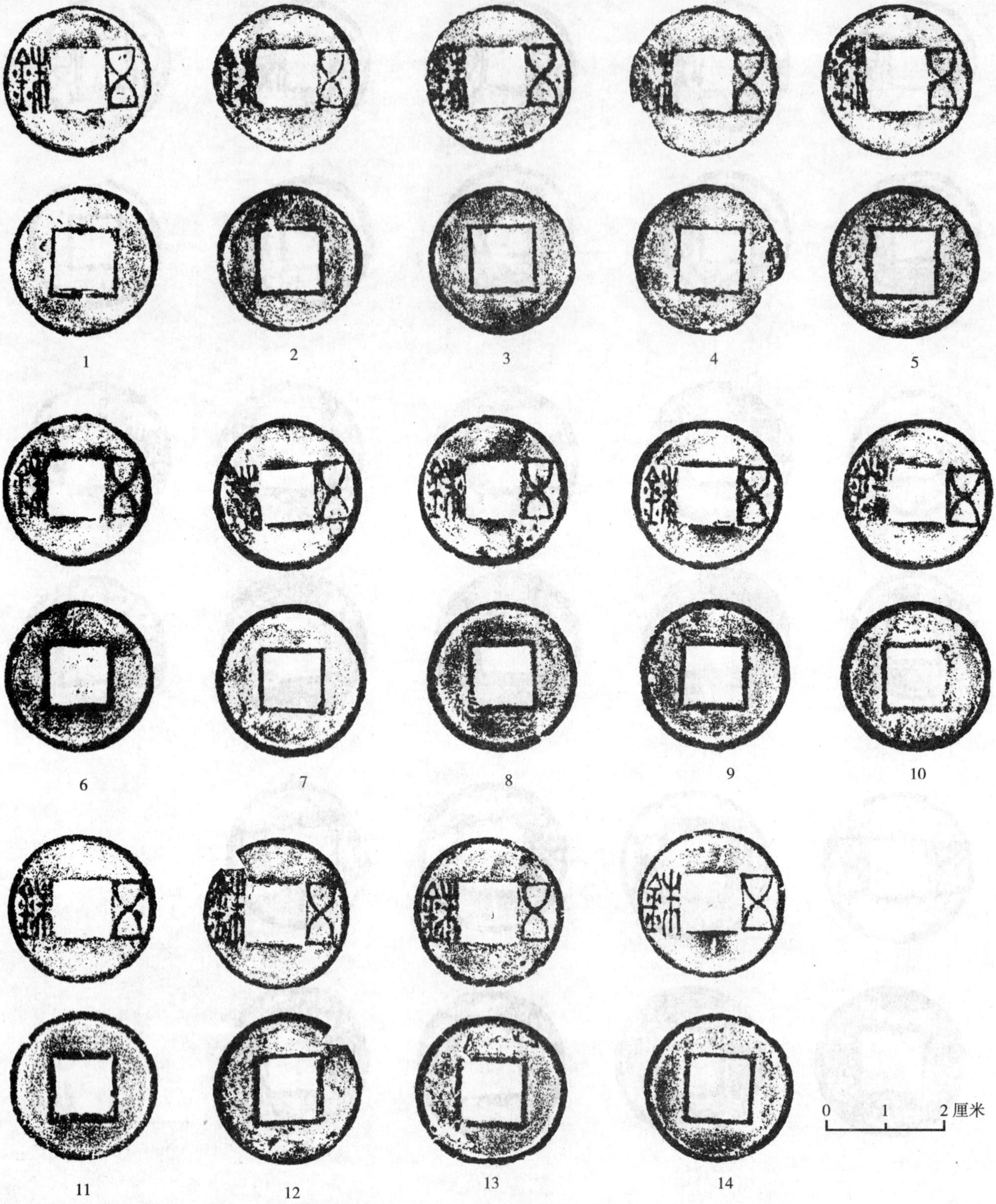

图六五　金ⅡM4出土铜钱拓片（二）

1～14. 五铢（M4：5－15、M4：5－16、M4：5－17、M4：5－18、M4：5－19、M4：5－20、M4：5－21、M4：5－22、M4：5－23、M4：5－24、M4：5－25、M4：5－26、M4：5－27、M4：5－28）

五　金钟山Ⅱ区五号墓（金ⅡM5）

金ⅡM5东距金ⅡM2约4.6米，坐南向北，墓向12°。为斜坡踏道式双室墓，由墓道、墓门、甬道、前室、后室和侧耳室组成，全长14.6米，最宽处5.2米。后室与墓道现存开口之间斜坡高差约1.85米（图六六）。

1. 凿痕

墓道遗有横直线、斜直线和竖直线相混合的尖凿痕。前室及其左侧室顶部遗有短直线状尖凿痕，室壁仿木结构建筑雕刻打磨平整，仅余浅小的点状尖凿痕。左侧室壁与右侧室顶部和室壁则遗有点状尖凿痕。后室顶部遗有直线状尖凿痕，室左壁前部遗有短横直线状尖凿痕，后部和右壁遗有较粗的点状尖凿痕，后壁为点状尖凿痕。后室左侧室顶部和室壁也遗有点状尖凿痕。

2. 形制

墓道　平面呈倒喇叭形，残长5.3、宽1.1～2米。底由内向外倾斜。后端有高0.18米的踏道一级进入墓门。

墓门　作面阔一间单檐仿木结构建筑形式（图六七；图版七六）。门呈方形，高、宽均为1.45米。在墓门两侧紧贴墓道处，施有方形檐柱，柱下有高0.3、宽0.3、深0.25米的门枕石；柱顶半朵一斗二升式斗栱承托挑檐枋。屋顶出檐较短，檐面刻画细致，板瓦仰铺，共3道瓦垄。檐头结构挑檐枋之上刻出三根方形断面的檐椽头，椽子头上承托小连檐，小连檐之上刻出仰置的板瓦和圆形瓦当。椽头与瓦当上下基本对齐，板瓦无滴水，瓦当无装饰花纹。门后有短甬道，阔1.45～1.55、深0.92、高1.45～1.6米。平顶，呈前低后高状倾斜，左右（西东）两壁分别雕刻有仙鹤和部曲画像。

前室　平面呈进深大于面阔的长方形，面阔2、进深4、高1.9米。平顶，顶呈前低后高状倾斜。室左右两壁的前后两端上部均施有丁头栱；左壁前端下部凿有狗窦，阔0.32、深0.25、高0.4米，内雕一卧犬；右壁前端下部则雕刻有蹲猴画像。室内淤土中出土少量斜方格纹花边砖，长36、宽22.5、厚7.2厘米（图六八）。室左右（西东）两壁分别凿有侧室。

前室左侧室，平面呈长方形，面阔2.85、进深1、高1.7米。平顶。顶和四壁平素无仿木结构雕饰。与前室间有高0.1～0.25米的踏道一级。

前室右侧室，平面呈长方形，面阔3、进深0.45～0.65、高1.6米。平顶，顶和室壁平素无雕饰。室后（东）壁凿有连岩房屋形石棺（图六九；图版七七），棺外部形象只雕出部分，剩余部分隐入岩石内未雕凿。外部长2.6、宽0.35、通高1.45米。盝顶状棺盖，雕出三面坡，与棺身相连，长2.6、宽0.35、高0.35米。棺的正面壁厚0.18米，口部阔0.8、高0.75米。口为企口，用分别宽0.34、高0.75、厚0.09米；宽0.45、高0.73、厚0.1米的石板封闭。棺内长方形，长2.1、宽1.2、高0.93米。弧形顶。棺下两端分别凿有横剖面高0.15、宽0.2米的横置垫枋。石棺盖顶部遗人字形尖凿纹稍粗糙，而棺身正面和棺盖正面下沿以及封口石板，均雕刻有十分规整的菱形编席纹，制作精细。侧室与前室间有高0.05～0.3米的踏道一级。

前室后端和后室甬道前端，分别有一级高0.12米的踏道。甬道阔1.45～1.55、深0.8、高1.5～

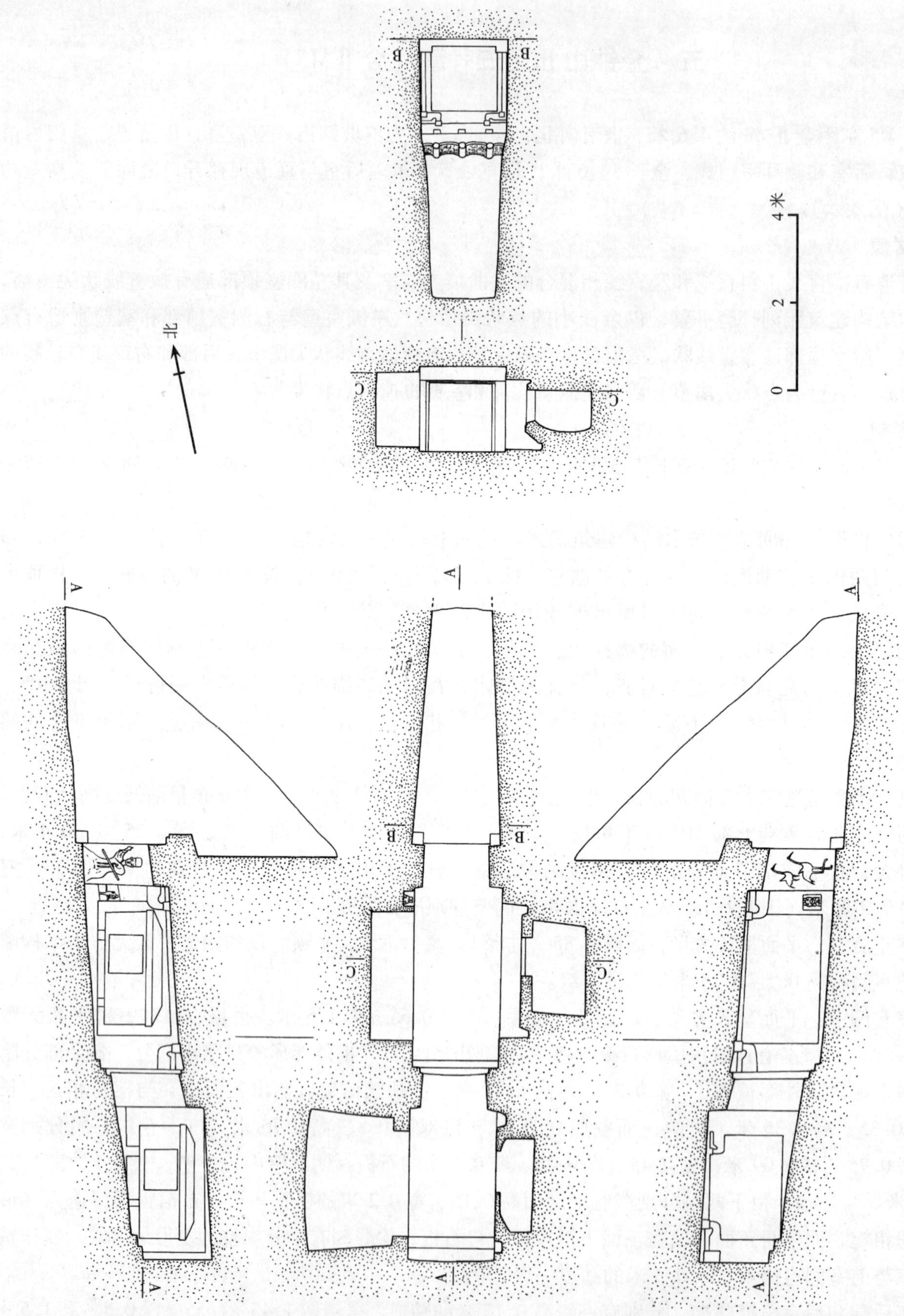

图六六 金ⅡM5平、剖面图

图六七　金Ⅱ M5 墓门

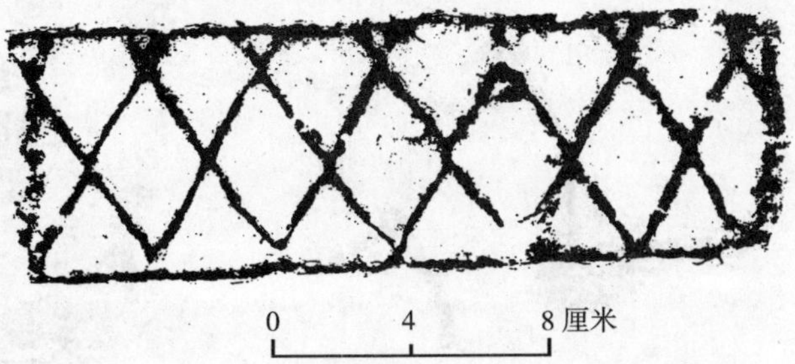

图六八　金Ⅱ M5 出土斜方格纹墓砖拓片

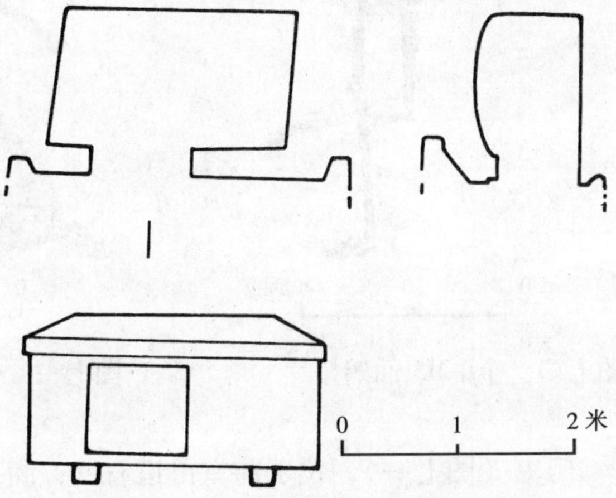

图六九　金Ⅱ M5 连岩房屋形石棺

1.6 米。平顶，顶呈前低后高状倾斜。

后室　平面呈进深大于面阔的长方形，面阔 1.95、进深 3.4、高 1.45 ~ 2 米。平顶，顶呈前低后高状倾斜。右壁雕有连岩房屋形石棺，棺外部形象只雕出部分，长 2.55、宽 0.37、通高 1.55 米。盝顶状棺盖，雕出三面坡，长 2.55、宽 0.37、高 0.35 米。与棺身相连。棺的正面壁厚 0.09 米，石棺口部阔 0.9、高 0.75 米。棺内长方形，长 2.12、宽 0.73、高 0.75 米。弧形顶，雕凿规整。棺下两端分别凿有横剖面高 0.3、宽 0.21 米；高 0.2、宽 0.18 米的横置垫枋。石棺的棺盖正面和棺身正面，雕刻有精美的菱形编席纹。与后室间有高 0 ~ 0.2 米的踏道一级。室后端有两级分别高 0.15、0.1 米的踏道。室左侧凿有侧室。

后室左侧室，入口处两端上部，分别雕有丁头栱托侧室门额枋。室平面呈前窄后宽梯形状，面阔 2.9 ~ 3.2、进深 1.95、高 1.78 米。平顶。顶和四壁平素，无仿木结构雕刻。与后室间有高 0 ~ 0.25 米的踏道一级。

3. 画像石刻

主要分布在前室以及甬道两侧，共计 4 幅。

仙鹤（图七〇），位于前室甬道左壁，图上两鹤，造型相似。一鹤在下高 95、宽 49 厘米。剔地浅浮雕，尖喙、长颈，一足站立，一足曲举，作行走状。一鹤在上，线刻，雕刻潦草，无足，未完工。

图七〇　金Ⅱ M5 仙鹤拓片

图七一　金Ⅱ M5 门吏拓片

图七二　金Ⅱ M5 蹲猴拓片

门吏（图七一），位于前室甬道右壁，高 135、宽 77 厘米。图上一人躬身站立，头戴加屋帻，身着右衽大袂长服，大眼、高鼻。长剑斜挎腰间，双手持笏上举，作迎接状。

蹲猴（图七二；图版七八），位于前室右壁前端，高 40、宽 31 厘米。一猴蹲坐于支架上，左上肢叉于腰间，右上肢曲伸嘴前。

卧狗（图版七九），位于前室左壁前端下部，高 31、宽 17 厘米。狗双耳竖立，双眼圆瞪，吻部较长，露出犀利的犬牙，身体和前爪卧地。匍匐于狗窦中。狗窦中雕刻卧狗，即是当时现实生活的写照，也是因为狗能灭鼠驱怪，而祈求死者在地下的安宁。

4. 随葬器物

陶碗　1 件。金Ⅱ M5∶2，夹细砂灰陶，侈口，圆唇，唇下施凹弦纹一周，弧腹斜壁，下收成小平底。高 4.2、口径 11.2、底径 4.5 厘米（图七三，4）。

陶男拱立俑　3 件。均身首合模制成，中空。均颈上圆领一层，外着右衽交领长袍，大袂，手笼袪中拱立状。金Ⅱ M5∶1，夹细砂质灰陶，平巾帻，头顶平，前圆后方，略显双角形。高 26 厘米（图七三，2）。金Ⅱ M5∶3，夹细砂黄褐陶，圆顶帻，帻圈前窄后宽，后圈正中上开下合。高 26 厘米（图七三，1；图版八〇）。金Ⅱ M5∶4，夹细砂黄褐陶，以巾蒙在头上，前面罩着额，后面较高耸，项上有突出的地方，似头发上覆的样子。高 16.5 厘米（图七三，3；图版八一）。

铜钱　5 枚。均为五铢钱，圆形，方穿，穿之两侧篆文“五铢”二字。背面内外有郭，正面只有外郭（图七四，1～4）。（详见铜钱统计表）

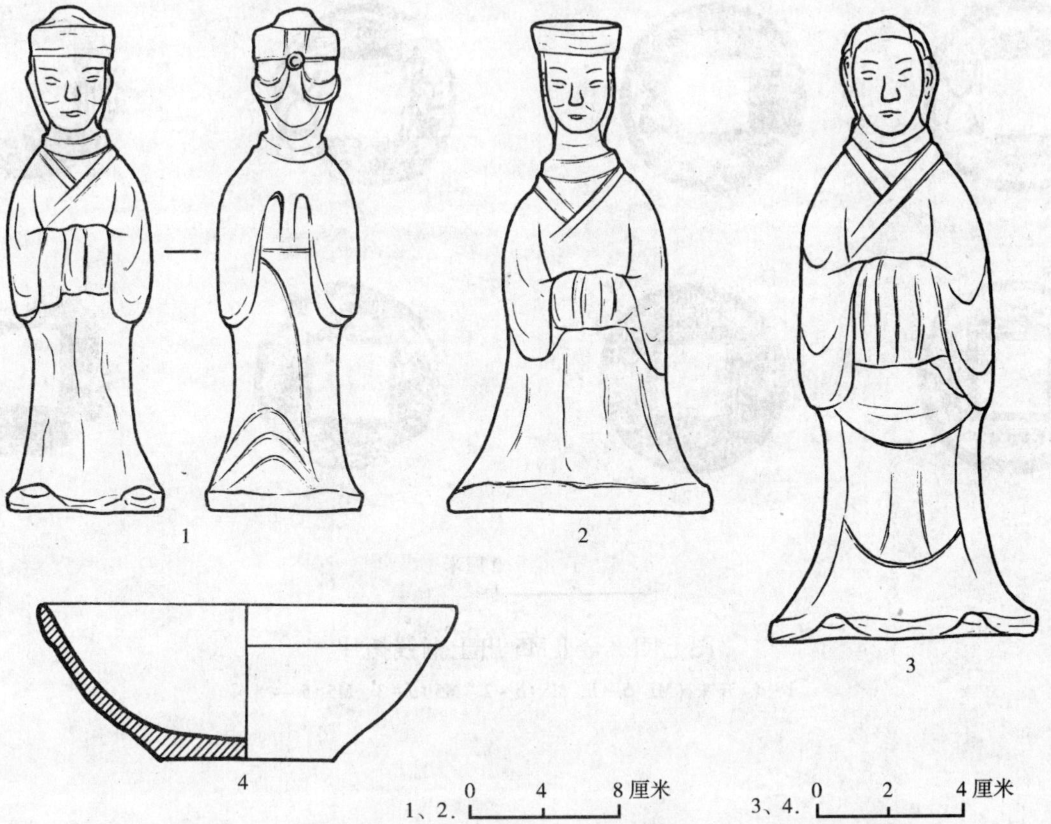

图七三　金ⅡM5出土器物

1～3. 陶男拱立俑（M5：3、M5：1、M5：4）　4. 陶碗（M5：2）

铜钱统计表

种类	编号	特征		钱径（厘米）	穿宽（厘米）	重量（克）	备注
		文字特征	记号				
五铢	5－1	“五”字宽大，上下两横出头，两竖交笔弯曲，“铢”字“金”字头呈镞形，四点较长，“朱”字上方折，下圆折。	无	2.56	1	2.78	图七四，1
五铢	5－2	“五”字瘦长，中间两竖交笔弯曲，“朱”字上、下圆折。	无	2.5	0.95	2.4	图七四，2
五铢	5－3	钱文同上	无	2.45	1	2	图七四，3
五铢	5－4	郭残，钱文同上	无	2.4	1.1	1.4	图七四，4
五铢	5－5	钱文模糊		2.4	0.95	2.18	残

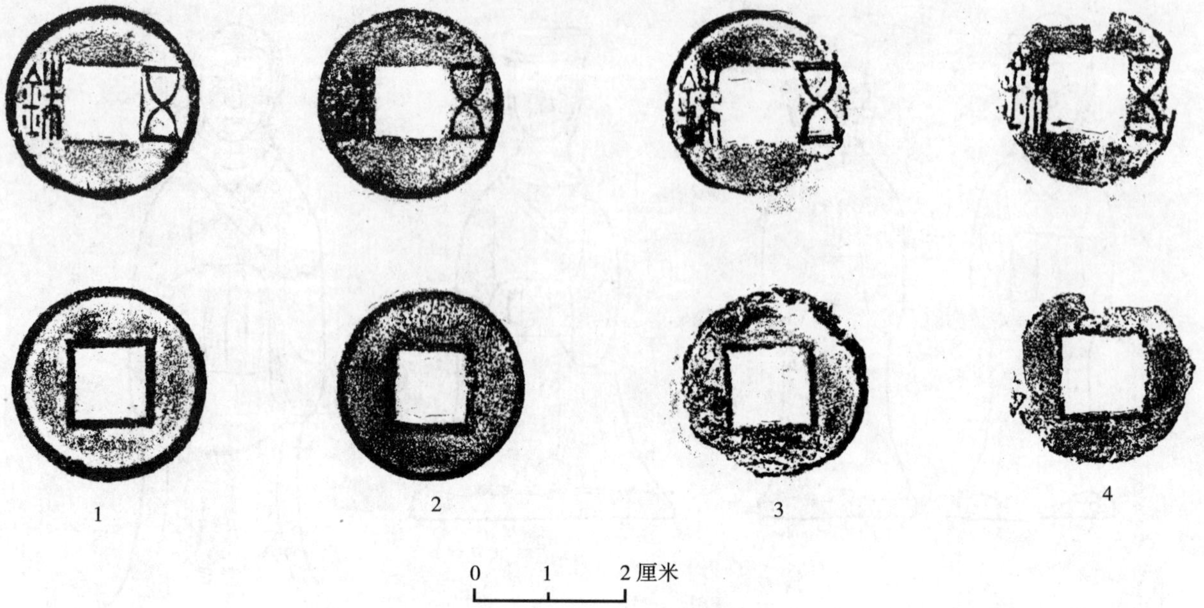

图七四　金ⅡM5出土铜钱拓片

1～4. 五铢（M5∶5－1、M5∶5－2、M5∶5－3、M5∶5－4）

第三节　天台山墓群一号墓（天M1）

天台山墓群位于郪江镇1村5社天台山，南距郪江镇1公里，锦江河与三仓公路沿山脚而过。

天M1位于天台山中段，村民刘永德自留地旁山崖，地理坐标北纬30°46′12.6″，东经105°05′02.8″，海拔高度约361米，与山下三仓公路相对高度约15米。上世纪70年代，因水土流失暴露后被村民利用为窖藏。坐南向北，墓向34°，为斜坡式单室墓，由墓道、墓门、甬道和墓室、侧室组成，全长17.2米，最宽处5.6米。墓室后端与墓道现存开口之间斜坡高差约1米（图七五）。

1. **凿痕**

墓道遗有间距较宽的横直线与点状相混合的尖凿痕。墓室顶部遗有短直线状尖凿痕，室壁前部遗宽1.5厘米的平刃宽凿痕，后部则遗有横直线状尖凿痕。左耳室顶部遗有短直线状尖凿痕，室壁是较粗的点状尖凿痕。右前侧室顶部和室壁为较粗糙的点状尖凿痕。右后侧室顶部和室壁因雕饰有精美的仿木结构建筑形式，而打磨平整，仅余少许浅小的点状尖凿痕。

2. **形制**

墓道　长7.2、宽2.1～1.7米。两壁向右（东）偏斜，后端与墓门间有高0.1米的踏道一级甬道。

墓门　长方形，有单层门框，高1.75、宽1.5米。门后有长0.9米的短甬道通向墓室，甬道平面略呈喇叭形，宽1.4～1.5、高1.75米。平顶，呈前低后高状倾斜。甬道内遗砂岩块相砌而成的封门结构，岩石不分大小和形状，随意性大，应是开凿墓室时所遗留。岩石间采用夹有少量白色颗粒的黄

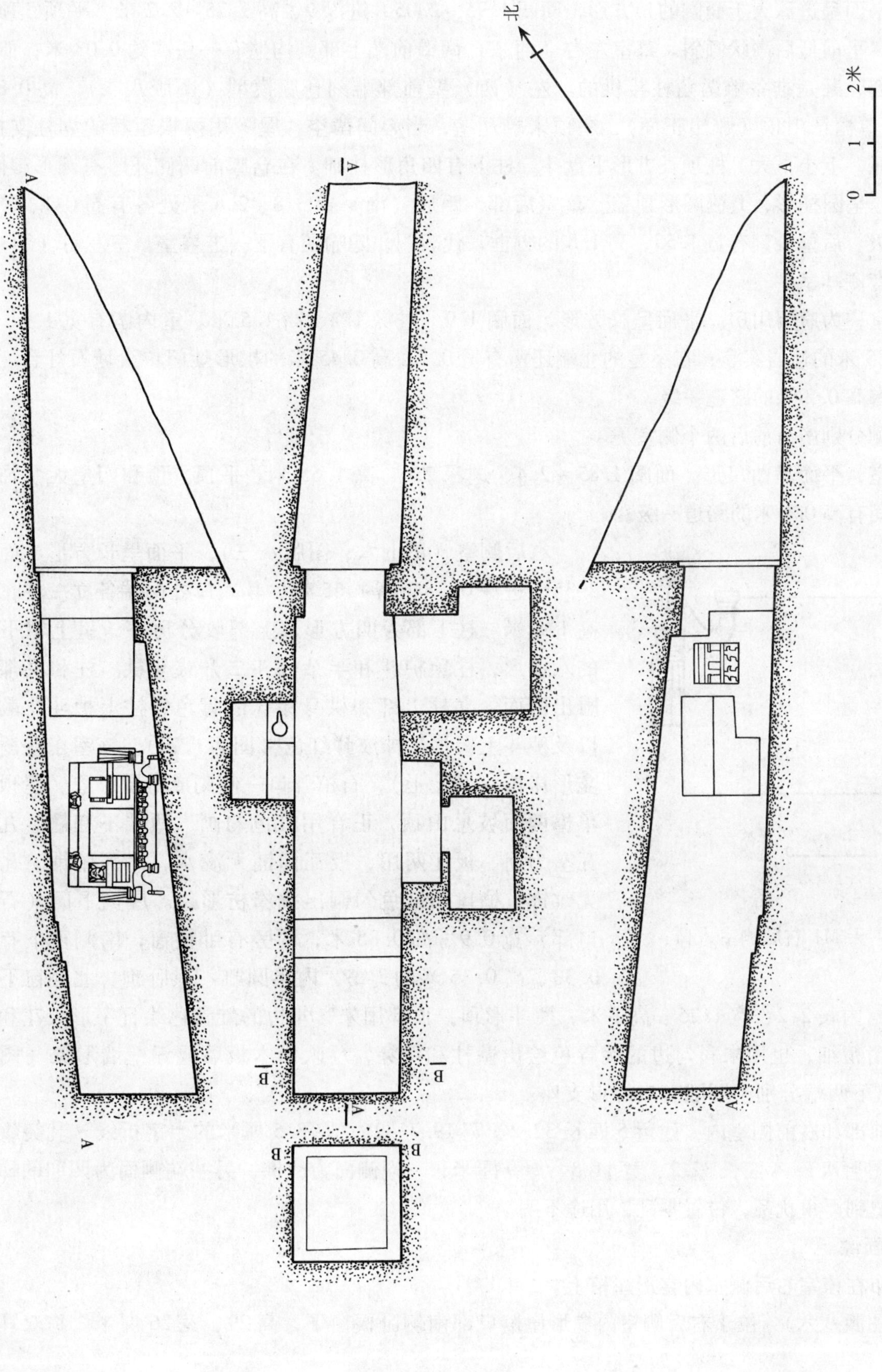

图七五　天M1平、剖面图

色黏土填充。

墓室　平面呈进深大于面阔的长方形，面阔1.95～2.05、进深9、高1.75～2.2米。平顶，顶部平素无雕饰，呈前低后高状倾斜。墓室左右（西东）两壁前端上部，均遗有一块高约0.03米，似斗栱雏形的凸起，疑是准备雕凿角柱斗栱的。左（西）壁前部雕刻仓廪模型（图版八二），高0.85、宽0.75米。单檐悬山顶（雕出正面），屋顶未雕瓦垄，当心间凿空，屋下用两根粗壮的立柱支撑，立柱收分明显，上小下大，柱顶长方形平盘斗，柱下有四角形柱础。在仓廪前两侧还雕有圆形粮囷，囷高0.2米，呈圆桶形，上覆圆形顶盖。墓室后部，距后（南）壁3.8、2.6米处各有高0.1、0.08米的踏道一级。后壁线刻有宽1.55、高1.8的方框，代表门，隐喻还有下一进墓室。室左右（西东）两侧分别凿有侧耳室。

左侧耳室，为庖厨用房。平面呈长方形，面阔1.9、进深1.2、高1.5米。室内凿有宽1.9、深0.68、高0.85米的连岩案龛；在案龛的北端还凿有宽0.5、高0.45米的拱形灶门单火塘石灶台。耳室与墓室间有高0.2米的踏道一级。

墓室右侧分别凿有前后两个侧室。

右前侧室，平面呈曲尺形，面阔1.85～2.4、进深2.6、高1.65米。平顶。顶和四壁无装饰雕刻，与墓室间有高0.1米的踏道一级。

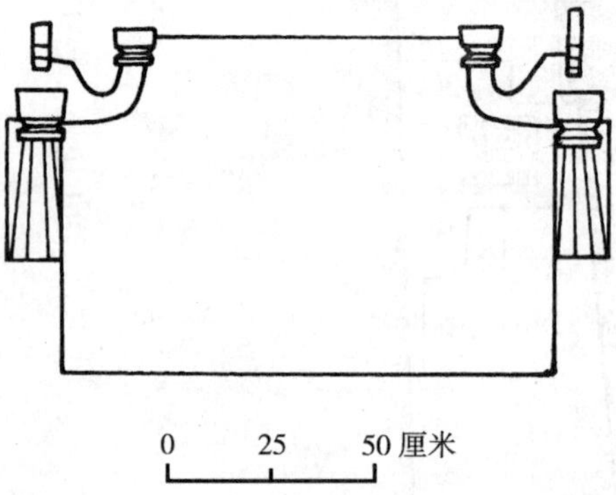

图七六　天M1右后侧室入口

右后侧室（图七六；图版八三），平面呈长方形，面阔2.35、进深0.75、高1.65米。其入口处两端各立一柱，通高1.8米。柱下部为四方形，上部收分厉害，呈上窄下宽的八棱形，柱顶栌斗和半朵一斗二升式斗栱。柱和栱都只雕出两面。立柱上部和栱身涂抹靛青色，柱上栌斗、散斗以及栌斗上蜀柱涂抹成鲜红色（图版八四）。该室东壁凿有龛形崖棺（图七七），石棺开口一侧刻成房屋形象，屋顶为单檐两面坡悬山顶，正脊用红色勾画，两端不起翘。九道瓦垄为筒、板瓦两用，板瓦仰铺无滴水，筒瓦俯铺，瓦当无纹饰。檐口用红色勾画出挑檐枋形象。屋檐下门（石棺口部）宽0.9、高0.85米，两旁有卧棂窗，南侧窗下有宽0.33、高0.35米的狗窦，内半圆雕一只卧狗，北侧窗下也有一窦洞。棺内长2.2、宽1.25、高1米，覆斗形顶，顶部用朱彩勾边的靛青色绘日字形天花和椽桷。四壁雕凿精细，也用朱彩勾边的靛青色绘出壁柱和壁穿，反映出木板墙或编壁墙形象（图版八五）。石棺下两端分别半圆雕有蟾蜍形支座。

在墓室前部和右前侧室内，残留5匹长32.2、宽19.7～26、厚8.5厘米的十字折线·乳突纹梯形花边砖（图七八）；4匹长32.2、宽11.3、厚9厘米，一端侧面为凸榫，另一端侧面为凹卯的梯形子母砖。砖遭到严重扰乱，位置零乱，用途不明。

3. 石刻画像

主要分布在该室右后侧室内龛形崖棺上。

卧狗（图版八六），位于右后侧室内龛形崖棺口部南侧卧棂窗下，高29、宽26厘米。狗双耳竖

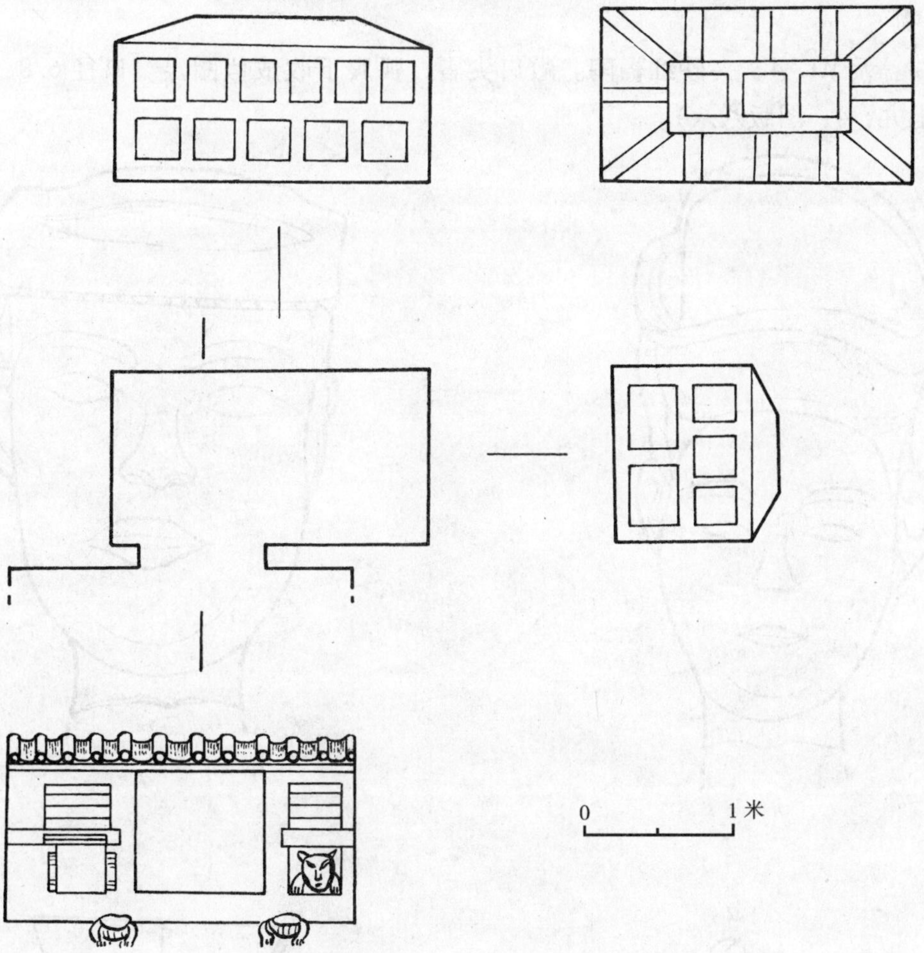

图七七　天M1彩绘画像龛形崖棺

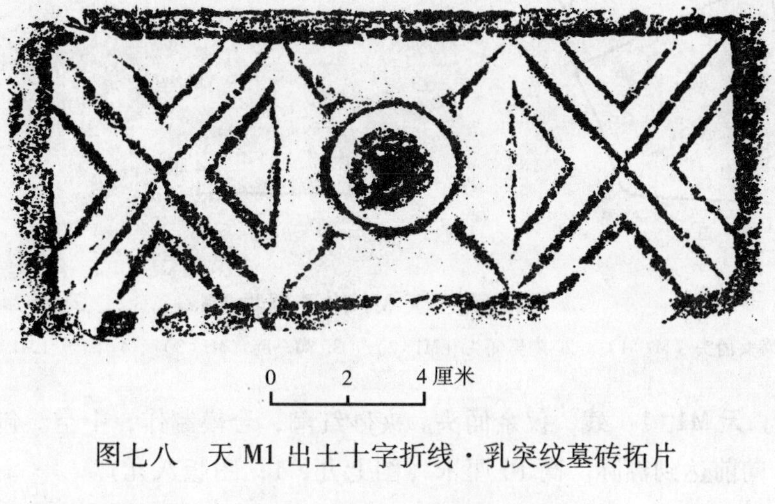

图七八　天M1出土十字折线·乳突纹墓砖拓片

立，双眼圆瞪，炯炯有神。吻部较长，颈部伸直，身体和前爪卧地。

蟾蜍座（图版八七），两件，分别位于右后侧室内龛形崖棺下两侧，形制相同，均高21、宽28厘米。蟾蜍头损毁，呈蹲坐状，前爪伸直撑地，后爪与臀部着地，背托棺底。

4. 随葬器物

陶碗 1件。天M1:4，夹砂红褐陶。敞口尖唇，弧腹下收成假圈足。口径6.8、底径2.4，高3.4厘米（图七九，4；图版八八）。

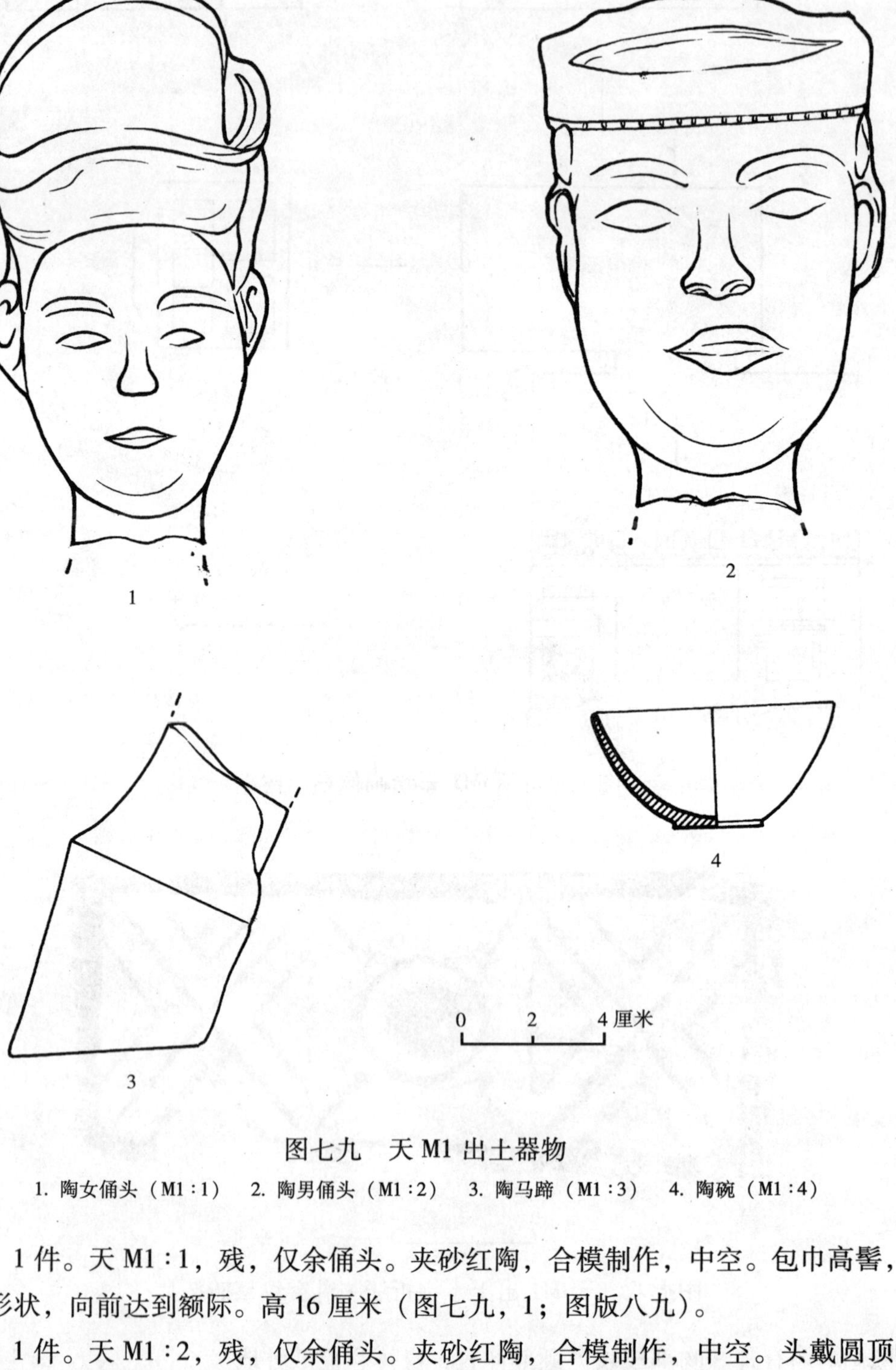

图七九 天M1出土器物

1. 陶女俑头（M1:1） 2. 陶男俑头（M1:2） 3. 陶马蹄（M1:3） 4. 陶碗（M1:4）

陶女俑头 1件。天M1:1，残，仅余俑头。夹砂红陶，合模制作，中空。包巾高髻，髻薄而高，左角有折叠的形状，向前达到额际。高16厘米（图七九，1；图版八九）。

陶男俑头 1件。天M1:2，残，仅余俑头。夹砂红陶，合模制作，中空。头戴圆顶帻，帻圈前窄后宽，作长圆形，前罩额上。高15厘米（图七九，2；图版九〇）。

陶马蹄 1件。天M1:3，残，仅余马蹄一只。灰陶，火候较高。蹄高9.2厘米（图七九，3）。

第四节　紫荆湾墓群

紫荆湾墓群位于郪江镇1村8社，东北距郪江场镇约2公里，锦江沿山脚而过，形成一窄带状平坝。山丘不高，墓葬分布密集，从已暴露出的崖墓观察，自山脚至山顶大致可分三层排列，紫M1～M14均分布于该山中段二级台地内侧长约160米的陡坎上（图八〇、八一），地理坐标北纬30°46′19.1″，东经105°05′12.2″，海拔约360米，与山脚村间小路相对高度约12米。1958年，合作社组织村民挖山平地时发现，并在墓前形成宽约25米的梯地。后来又遭开山采石，造成崖墓墓道都有不同程度的损坏。紫M1～M3相距紧密，早年被盗墓者从紫M1墓门进入后，连续凿穿相邻的紫M2、M3侧、耳室壁，进入墓室，所以两墓封门完好，当地村民误认为是一座墓葬，于是称之为“二十四间房”。又因为紫M1前、中室有繁复的画像和仿木结构建筑形式雕刻，所以当地又称为“波斯洞”或“花洞子”。2002年11月，三台县文物管理所在平整墓前梯地，修建值班守护用房时，发现瓦当两枚（图八二），制作规整，形制、纹饰相同，泥质灰陶，一件，保存完整，直径17厘米，轮厚2.5厘米。边轮深峻、较宽，当心为一圆钮，钮外和外区边缘均施一周网格纹。外区以四组三竖线划分为四格，每格施一组卷云纹。一件，残，仅余1/4当面。

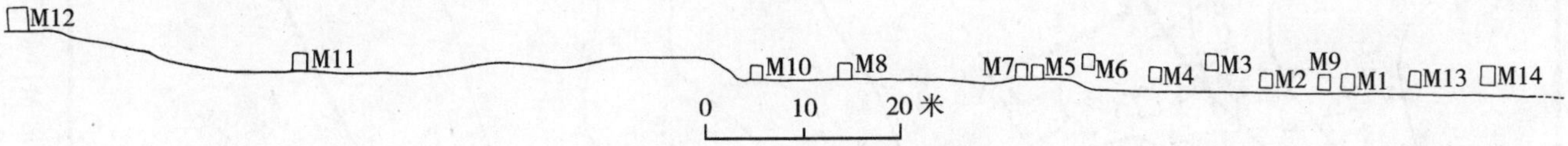

图八〇　紫M1～M14立面分布示意图

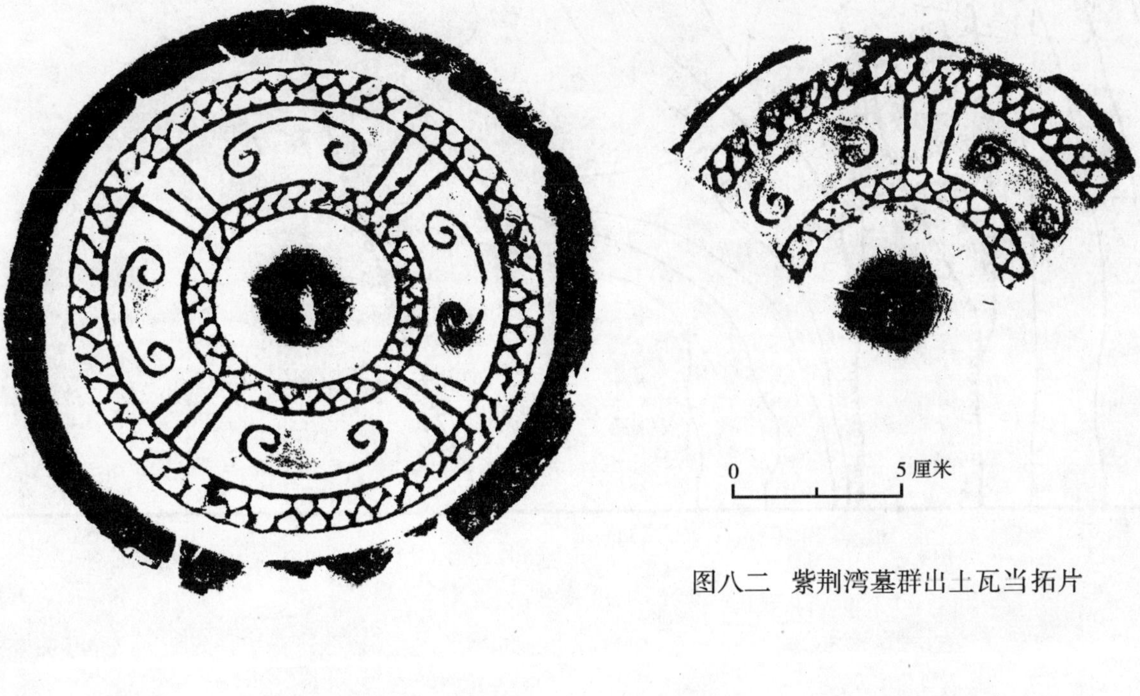

图八二　紫荆湾墓群出土瓦当拓片

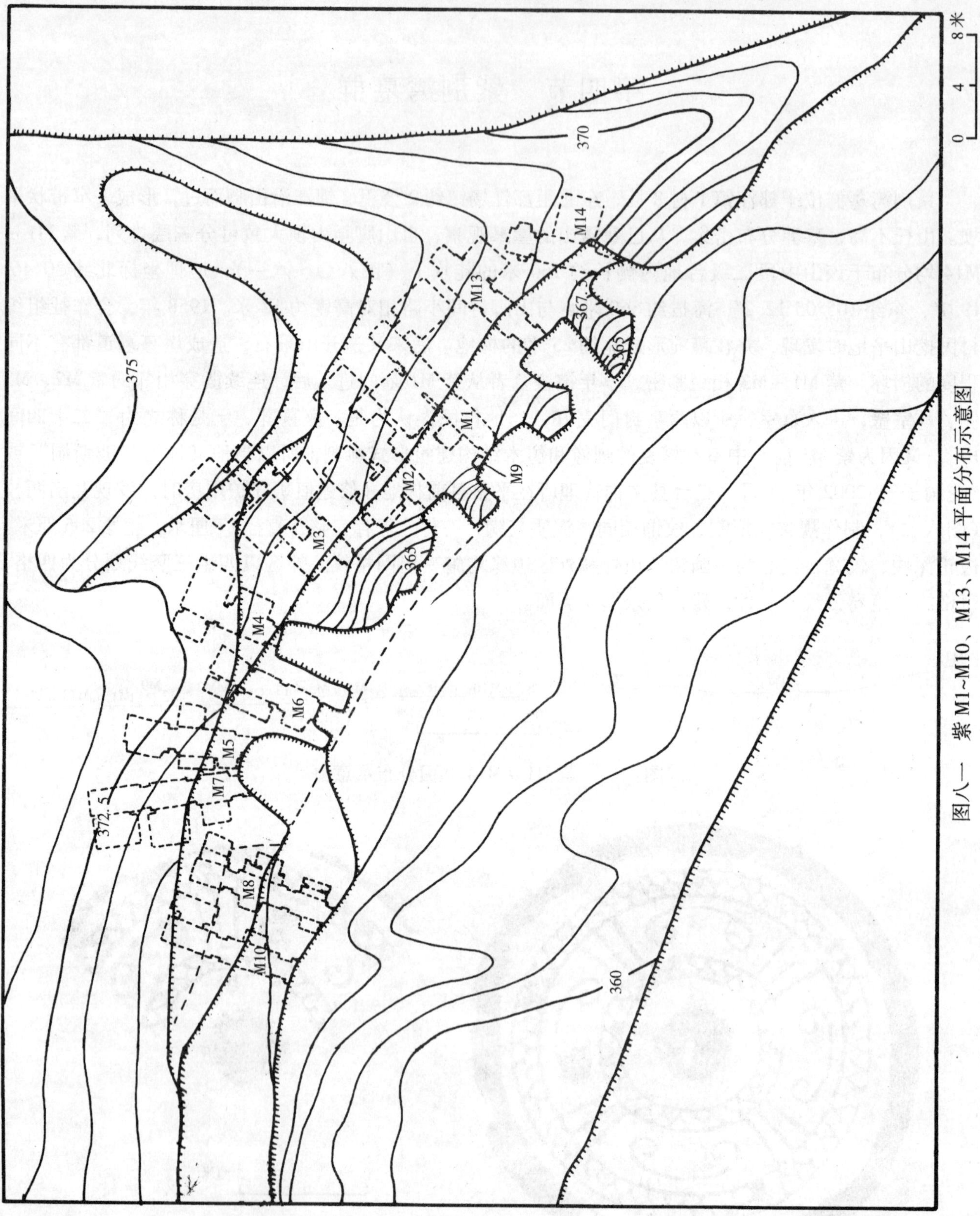

图八一 紫 M1~M10、M13、M14 平面分布示意图

一 紫荆湾一号墓（紫 M1）

紫 M1，南临紫 M13 约 11 米，北距紫 M9 约 2 米，墓道前端已遭部分破坏。坐东向西，墓向 310°。为斜坡踏道式三室墓，由墓道、墓门、甬道、前室、中室、后室、过厅和侧室、耳室组成，全长 16.07 米，最宽处 6.6 米。后室与墓道现存开口之间斜坡高差 1.45 米（图八三、八四）。

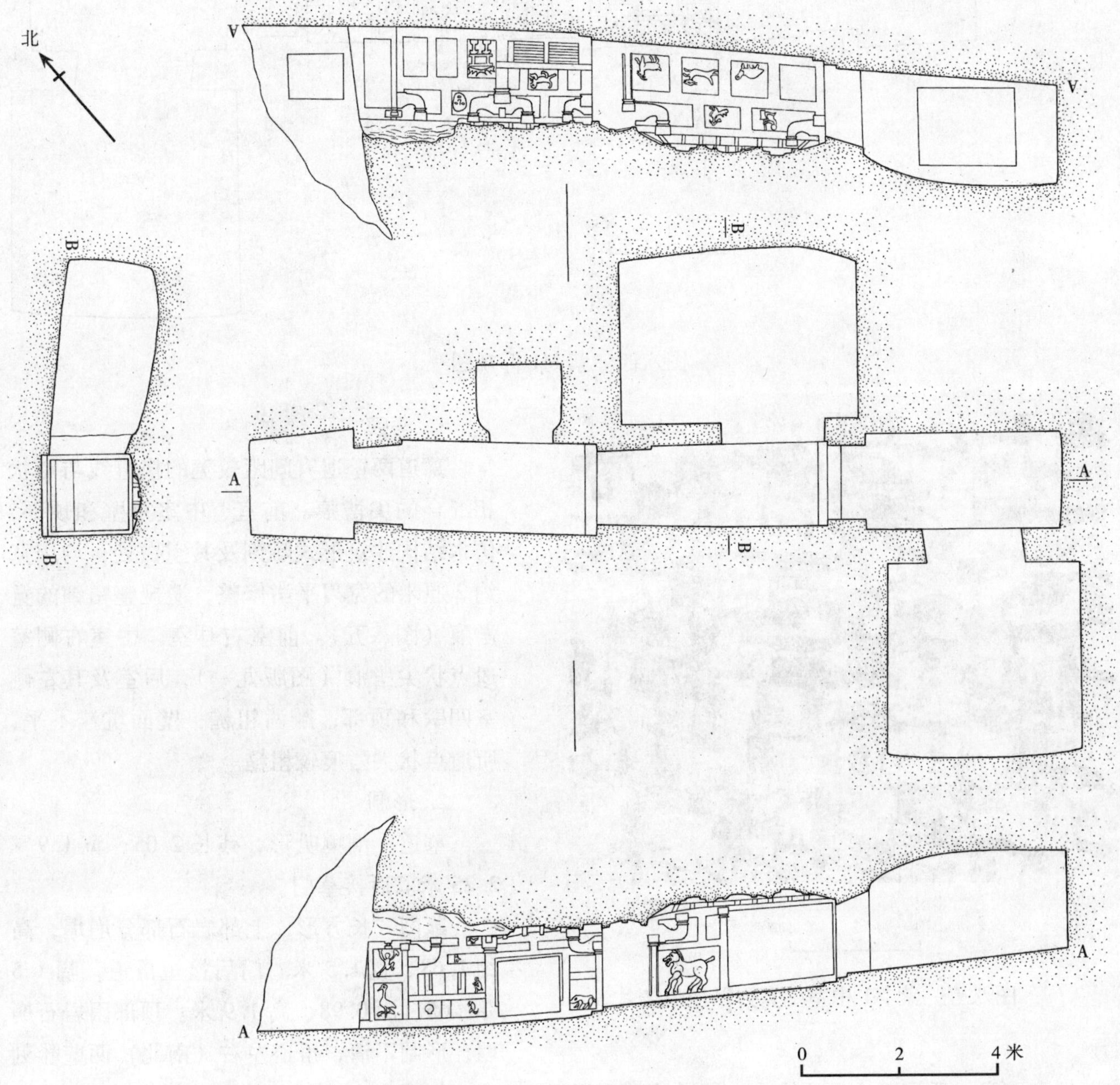

图八三 紫 M1 平、剖面图

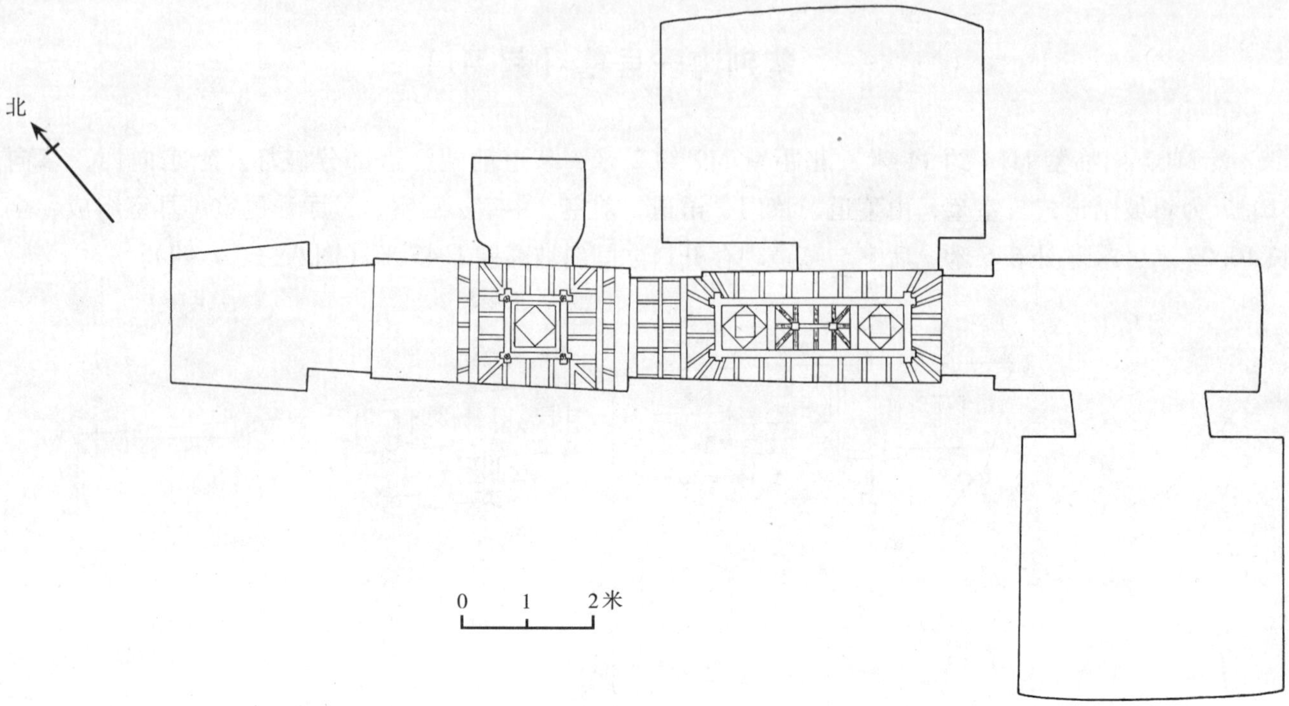

图八四　紫 M1 仰视图

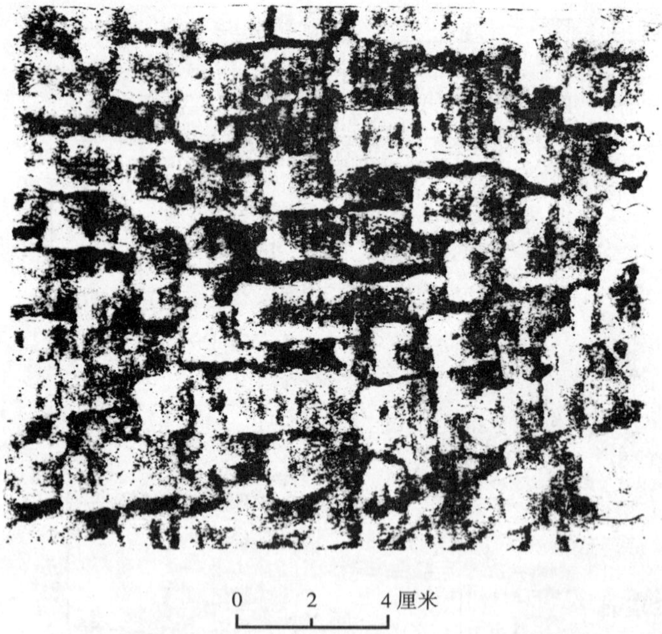

图八五　紫 M1 中室壁宽刃平凿痕拓片

1. 凿痕

墓道两壁遗有间距较宽的横直线与点状相混合的尖凿痕。前室、中室室壁和顶部，仿木结构建筑形式雕刻及其空白处，均用宽约2厘米的宽刃平凿修整，遗规整精细的宽凿痕（图八五）。前室右耳室、中室右侧室遗点状尖凿痕（图版九一），后室及其左侧室四壁和顶部，雕凿粗糙，壁面坑洼不平，所遗点状尖凿痕较粗糙。

2. 形制

墓道　倒喇叭形，残长2.05、宽1.9～2.25米。后接墓门。

墓门　长方形，上部岩石部分崩塌，高约1.68、宽1.5米。门后接短甬道，阔1.5～1.65、深0.98、高1.9米。顶部因岩石崩塌，形制不清，甬道左右（南北）两壁雕刻有壁柱和壁穿，后端壁柱上顶栌斗，承托甬道顶部额枋。左壁壁柱与壁穿间的壁板上，雕刻有人像和仙鹤画像。

前室　平面呈进深大于面阔的长方形，面阔1.85、进深3.9、高2米。室顶前部岩石崩塌，情况不明，后部覆斗形顶（图八六，1），雕有天花藻井，正方井字形天花枋，长、宽 1.06 米。转角处分别高浮雕有垂瓜、花朵、龟和鳖的形象。枋内雕斗四藻井一方。在天花枋周围四面坡屋顶上，雕有至角平出的椽桷，前后椽桷伸至撩檐枋而不出头。撩檐枋外雕有长仅 0.15 米的短椽头，椽头至角斜出，与檐桷不对应，疑是飞子的雏形。室左（南）壁（图八七；图版九二）雕刻有反映木板墙或编壁墙的壁柱、壁穿，前后两端顶部有丁头栱，中部四方立柱上顶栌斗，承一斗二升式斗栱一朵，与两端丁头栱同承室壁额枋。中部雕仓廪模型（图版九三），高 0.63、宽 0.5 米。屋顶为单檐四阿顶，似后世的庑殿顶。正脊较短，两端似有鸱尾状翘起。屋面坡度平缓，檐口平直，檐角上翘。面阔一间，外有回廊一周。屋下是两根收分明显的立柱支撑，柱呈上小下大梯形状，柱顶平盘斗，斗上立短柱承屋地板，柱下施四方形柱础。中柱与后端角柱之间的下部雕有卧棂窗两扇，均宽 0.6、高 0.4 米。壁柱与壁穿间的壁板上雕刻有魌头、白虎画像。右（北）壁也雕刻有反映木板墙或编壁墙的壁柱、壁穿，中部四方立柱上顶栌斗，与室壁两端丁头栱同承室壁额枋。前部雕有板门，立双扇门板，有单层门框，无门额和立颊。门下壁板雕有高 0.2、宽 0.15 米，上部圆形下为长条形的圭窬[④]。壁柱与壁穿间的壁板上雕刻有鸟、猴、鼠和猪等画像。右壁后部凿有耳室。

前室右（北）耳室，有单层门框，框宽 0.05 米。门高 1.12、宽 1.25、深 0.25 米，平面呈长方形，面阔 1.7、进深 1.35、高 1.28 米。平顶。室前端两角呈圆弧形。与前室间有高 0.15 米的踏道一级。

前室后端有两级高约 0.06 米的踏道可上至前室与中室间过道。过道阔 1.5、深 0.88、高 1.82 米。两面坡悬山顶（图版九四）。顶部中央施脊檩，人字形两面坡上对称施有 5 根椽桷。过道左壁后部有方柱，柱顶栌斗，上插丁头栱，栱伸入中室托中室左壁额枋。

中室　平面呈进深大于面阔的长方形，面阔 1.55～1.7、进深 3.82、高 2 米。覆斗形顶（图八六，2；图版九五）。顶部雕有天花藻井，长方井字形天花枋，长 3.1、宽 1.05 米。其内用短枋隔成三部分，中央为长方形，内刻五脊竹帐架一顶；两端为正方形，均内雕叠涩式斗四藻井。在天花周围四面坡屋顶上刻有至角平出的椽桷。室左（南）壁，雕刻有反映木板墙或编壁墙的壁柱、壁穿，后端角柱顶承栌斗，上插丁头栱，与前端过道立柱上的丁头栱同承额枋。在由壁柱、壁穿分割所形成的上下两层壁板上，从东向西依次雕刻有舂臼人、朱雀；龟、青龙和天禄画像。右（壁）壁，前部雕壁柱与壁穿，前端有四方抹角立柱，柱顶栌斗，上承一斗二升式斗栱半朵，与中部四方立柱顶上栌斗同承额枋。下层壁板浮雕一骏马。右壁后部凿有侧室。

中室右侧室，入口高 1.45～1.55、宽 2.15、深 0.45 米，平面略呈方形，面阔 4.8、进深 3.6、高 2 米。弧形顶，较粗糙。室后壁外弧，其左下角有高约 0.82、宽约 0.6 米的椭圆形盗洞，可进入紫 M2 中室左侧室，两室间岩石仅厚约 0.3 米。顶和四壁无雕饰。与前室间有高 0.12 米的踏道一级。

中室后端有一级高 0.07 米的踏道可上至后室甬道。甬道阔 1.5、深 0.75、高 1.55～1.68 米。甬道内有高 0.1 米的踏道与中室后端踏道相连，顶呈前低后高状倾斜。

后室　平面呈进深大于面阔的长方形，面阔 2、进深 4、高 1.75～2.2 米。平顶，前端顶部向下倾斜与室壁相连为弧形。顶和四壁无雕饰。左壁凿有侧室。

后室左侧室，入口高 1.6、宽 1.95、深 0.65 米，平面略呈方形，面阔 3.92、进深 3.95、高 2.07 米。略呈圆弧形穹窿顶。顶和四壁较粗糙，无雕饰。与后室间有高 0.1～0.25 米的踏道一级。

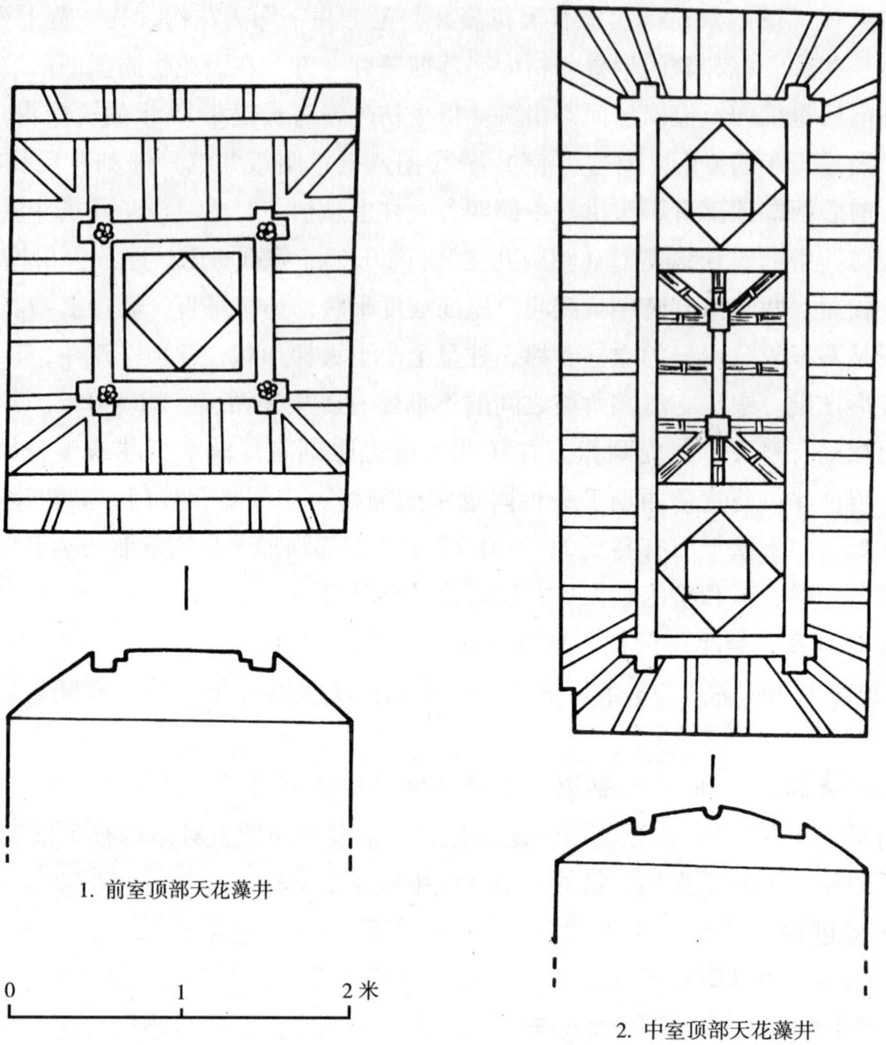

1. 前室顶部天花藻井

2. 中室顶部天花藻井

图八六　紫 M1 仿木结构雕刻

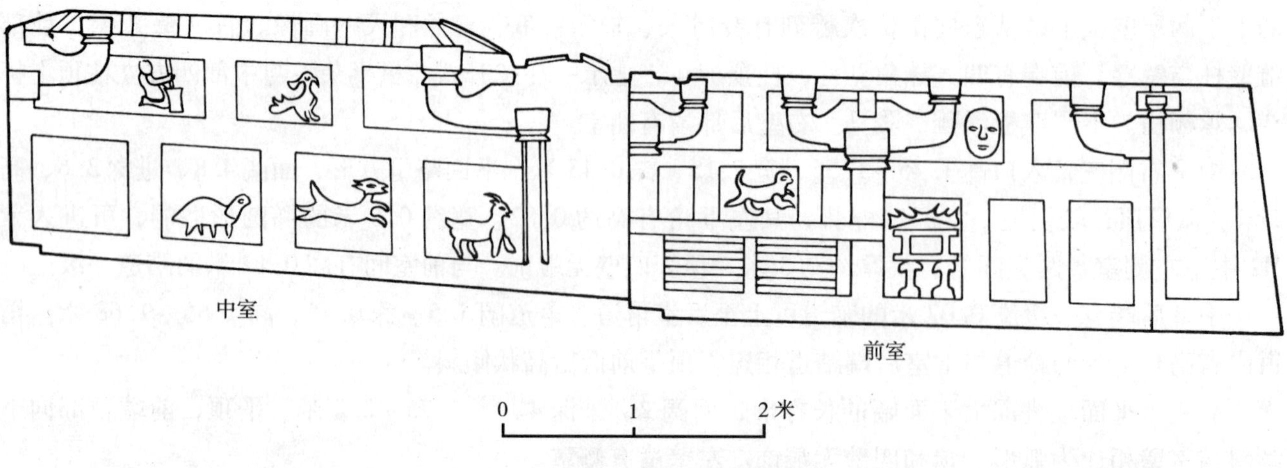

图八七　紫 M1 左壁雕刻

3. 画像石刻

主要分布在前室、中室和甬道两侧壁的壁板以及前室顶部，共计19幅。

人像（图版九六），位于前室甬道左壁上部，高50、宽30厘米。头带帻，面目不清，左手持物斜举，右手弯曲向上，左腿弯曲上举，右腿斜蹬似舞蹈或百戏表演。

仙鹤（图版九七），位于前室甬道左壁下部，高72、宽30厘米。仙鹤头向墓口，双翅紧敛，左脚直立，右脚曲举，呈行走状。

魌头（图版九八），位于前室左壁前端上部，又可称为面具，高34、宽24厘米。光头无发，瞪眼，张嘴露牙，牙呈锯齿状。面容略显狰狞。

白虎（图版九九），位于前室左壁后端中部，长59、高34厘米。头向墓门，颈直伸，长尾弯曲上翘，四肢奋力腾空向前。身体因壁面开裂有裂缝。

鸟，位于前室右壁前端，因风化剥蚀不清。均敛翼。一行走状，高12、宽22厘米；一呈站立状，高15、宽15厘米。

猴，位于前室右壁前端，高30、宽13厘米。猴呈侧身蹲坐状，有短尾。由于岩壁开裂，面部不清，前肢肘下部已毁。

鼠（图版一〇〇），位于前室右壁前端，长22、宽12厘米。鼠为竖直悬吊状，头低垂，身像弯月，后肢卷曲，有较长的细尾。

猪（图版一〇一），位于前室右壁后端下部，长47、高30厘米。立耳，长吻，三角眼，四足着地，长尾下摆行走状，身体匀称健壮。

舂臼人（图八八；图版一〇二），位于中室左壁后端上层壁板，高40、宽27厘米。身体侧坐状，高鼻、大嘴，发梳脑后似有髻，双手前伸，臀股贴坐于双足跟上，持长杵舂臼。臼为中间稍细亚腰形。

朱雀（图八九；图版一〇三），位于中室左壁前端上层壁板，高36、宽36厘米。长尖喙，头后有圆形冠，双足直立，双短圆翅展开，长尾上翘。朱雀常作为升天的前导神，乃祥瑞之鸟。

龟（图九〇；图版一〇四），位于中室左壁后端下层壁板，长53、高28厘米。头颈和短尾伸出，背负龟甲，四足着地，正向前（墓门）爬行。

青龙（图九一；图版一〇五），位于中室左壁中部下层壁板，长70、高35厘米。圆眼，长吻张开，头生双角，两前腿前伸，双后腿后蹬，细长尾上翘，似腾云驾雾般飞奔。

天禄（图九二；图版一〇六），位于中室左壁前端下层壁板，高47、宽48厘米。独角弯曲向后，竖耳，长吻，鹿身，有尾，左前腿抬起站立状。

骏马（图版一〇七），位于中室右壁前端，长105、高92厘米。昂首张嘴，瞪眼，短鬃整齐，胸廓饱满，腹部圆鼓丰满，背微凹，臀部上翘，束尾上扬，前肢前伸，后肢弯曲后蹬，呈快速奔驰状。

墓内所刻朱雀、青龙、白虎和龟（玄武）乃传说中的四神，分别为南、东、西、北四方的守护神，是祥瑞之物，常作为升天的护卫神。《礼记·曲礼》："行，前朱雀后玄武，左青龙右白虎。"这里四神未按所代表的实际方位在墓内雕刻，而头均向墓门，作行走或飞奔状，应是取其能护卫、引导墓主升天的意思。

图八八　紫 M1 舂臼人拓片

图八九　紫 M1 朱雀拓片

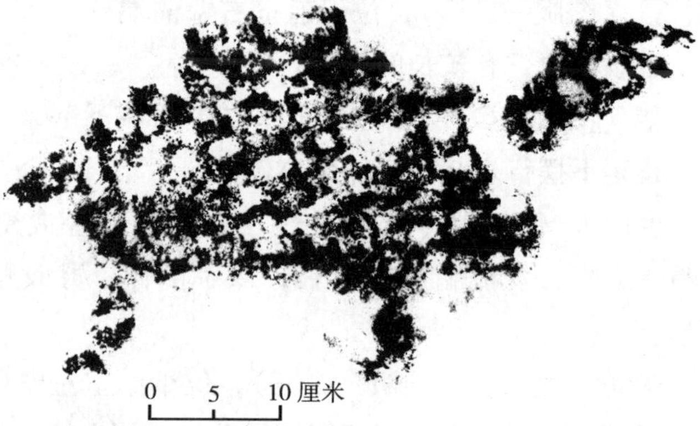

图九〇　紫 M1 龟拓片

图九二　紫 M1 天禄拓片

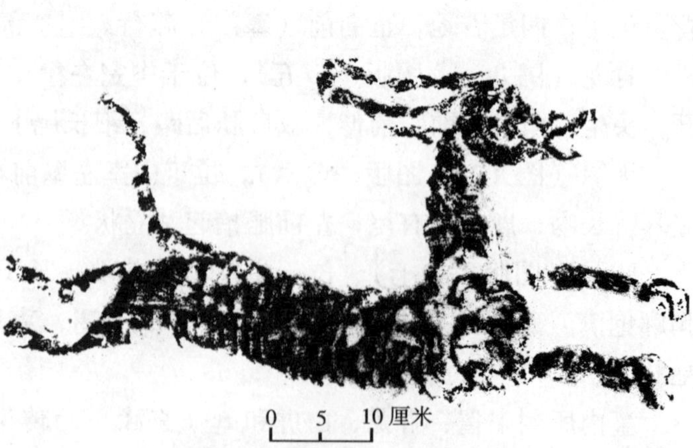

图九一　紫 M1 青龙拓片

前室顶部高浮雕花朵、垂瓜、龟和鳖等4幅画像，长10～18、宽8～13厘米，造型写实，雕刻精美。

4. **随葬器物**

陶鸟　1件。紫M1∶3，夹细砂红褐陶，模制。头残，伸颈，翘尾，敛翼而立。高4.6厘米（图九三，2）。

铁剪　1件。紫M1∶4，残，柄与口部呈曲尺形，剪身细长，顶端收聚呈尖状。残长19厘米（图九三，1）。

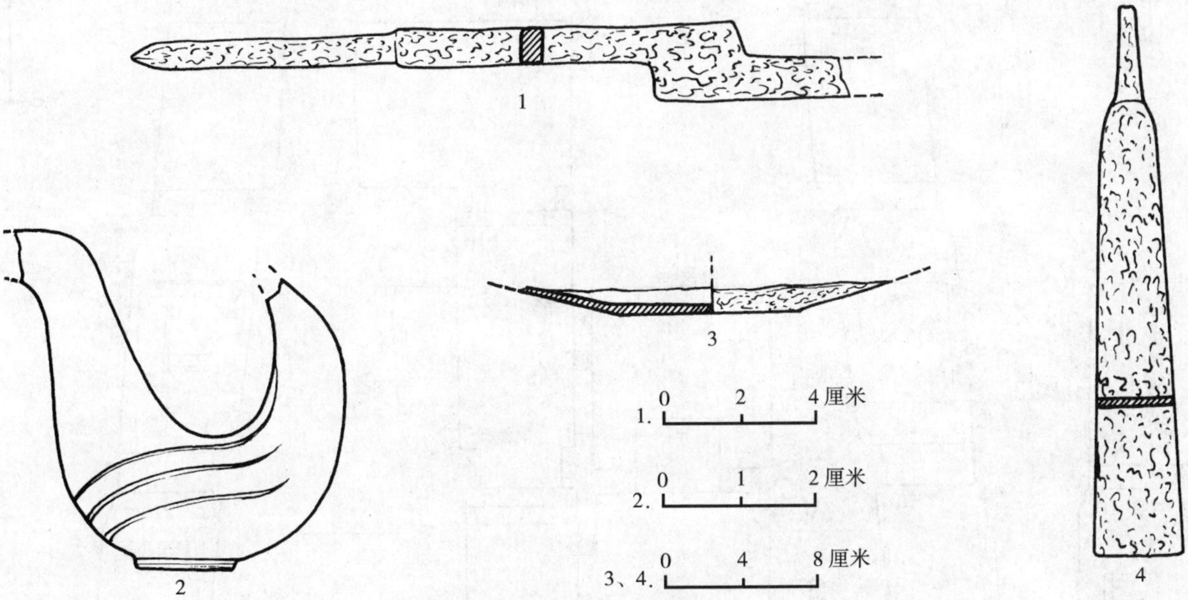

图九三　紫M1出土器物

1. 铁剪（M1∶4）　2. 陶鸟（M1∶3）　3. 铁釜（M1∶5）　4. 铁铲形器（M1∶6）

铁釜　1件。紫M1∶5，残，仅余底部。残高0.9厘米（图九三，3）。

铁铲形器　1件。紫M1∶6，短柄较细，宽扁形铲身较长。长29.2厘米（图九三，4）。

五铢钱　1枚。紫M1∶7，面有外郭，背内外有郭，“铢”字锈蚀不清，“五”字两竖弯曲相交。钱径2.6、穿径1厘米，重2.6克（图九四）。

图九四　紫M1出土铜钱拓片

五铢（M1∶7）

二　紫荆湾二号墓（紫M2）

紫M2，南临紫M9约9米，北距紫M3约8.5米，墓道前端遭部分破坏。坐东向西，墓向320°。为斜坡踏道式三室墓，双纵轴线墓室布局，由墓道、墓门、甬道、前室、中室、后室和侧室、耳室组成，全长16.15米，最宽处6.55米。在主轴线一侧另有两进相对独立、前后相连的墓室，形成另一条轴线。后室与墓道残存开口之间斜坡高差1.85米（图九五、九六）。

1. **凿痕**

墓道开凿粗糙，遗有较粗的横直线状尖凿痕。前室及其右侧室四壁和顶，

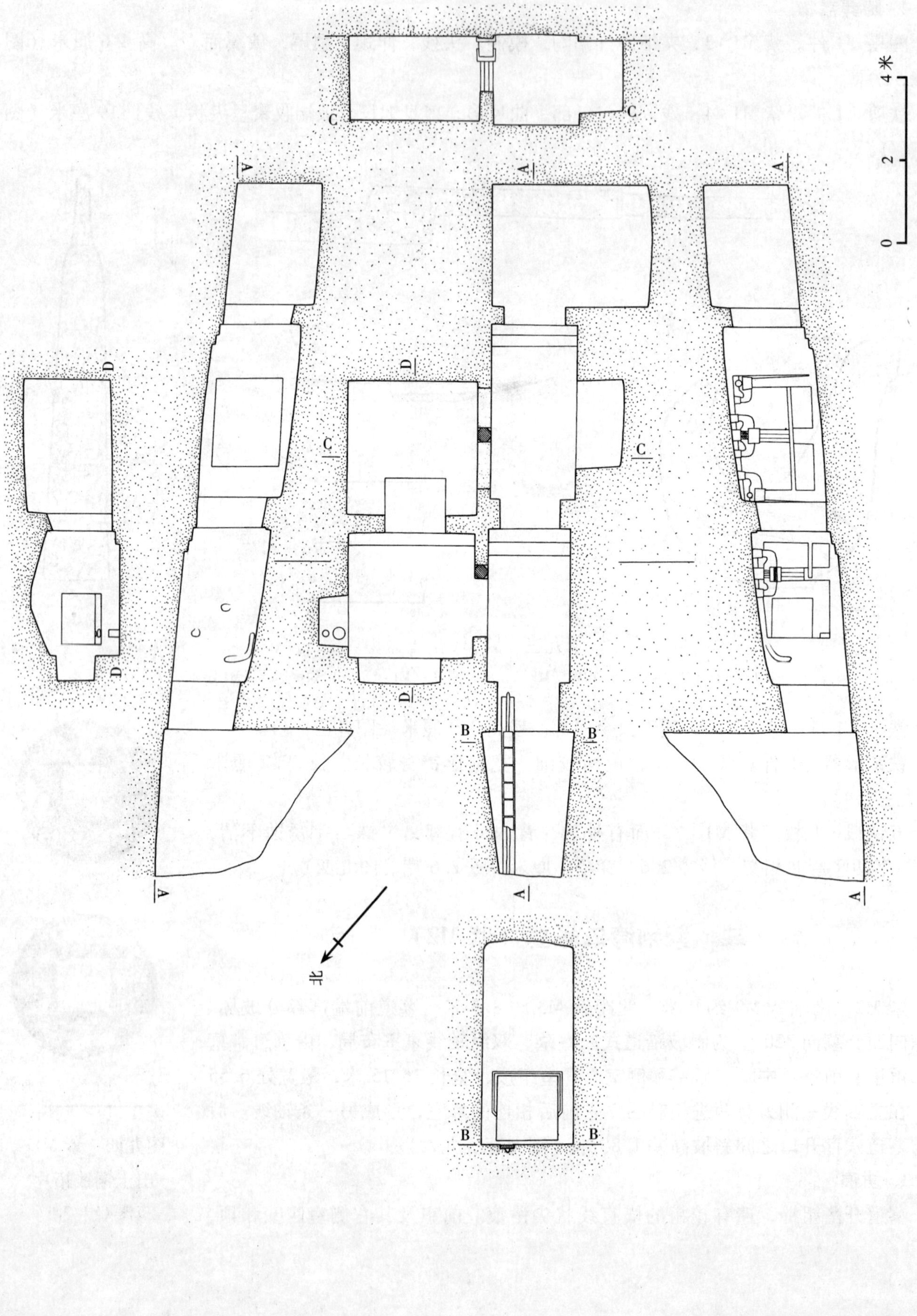

图九五　紫 M2 平、剖面图

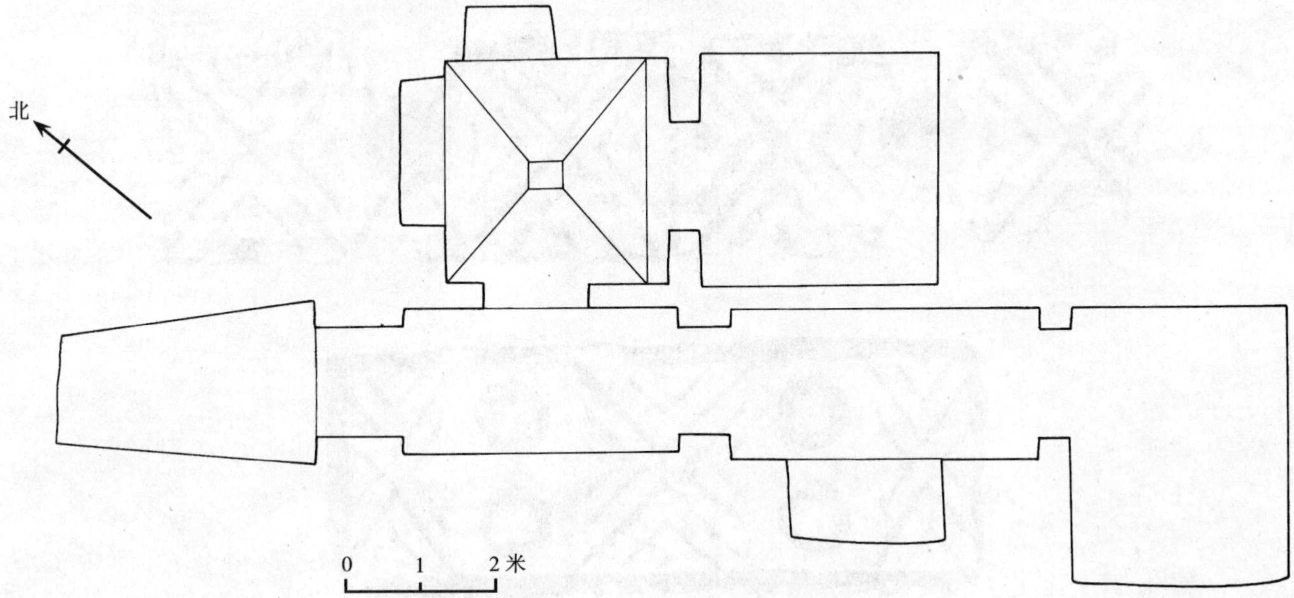

图九六　紫 M2 仰视图

修整磨制规整，仅留少许浅小尖点状凿痕。中室壁以及与右侧室间的仿木建筑坎墙正面，磨制平整，基本无凿痕。中室、后室顶部遗有排列较整齐的直线状尖凿痕。中室左耳室和后室四壁则相对开凿粗糙，均遗有较深的尖点状尖凿痕。

2. 形制

墓道　右侧壁残，倒喇叭形，残长 3.45、宽 1.9～2.5 米。底部右侧凿有排水沟，沟口横剖面为长方形，下部凿宽约 0.06、深 0.08 米的长条形凹槽排水，贯穿墓道，并延伸至墓门后甬道，残长 4.32、宽约 0.3、深 0.2 米。沟口用长 36、宽 22、厚 9 厘米的素面长方形砖覆盖后，与墓道底部持平（图版一〇八）。墓道后端有高 0.08 米的踏道一级与墓门相接。

墓门　近方形，高 1.55、宽 1.47 米。有双层门框，框宽 0.05 米。门后接短甬道，阔 1.45、深 1.18、高 1.52～1.62 米。顶微斜。

前室　平面呈进深大于面阔的长方形，面阔 1.95、进深 3.65、高 1.9～2 米。平顶。顶和室壁平素无雕饰。左右两壁前端上部对称凿有曲尺形凹槽，宽约 0.12 米，凹槽深度从高到低由浅变深。室内淤土中出土有较多长方形花边砖，砖有三种纹饰和规格，十字折线纹花边砖，纹饰在长端，残长 26、宽 23、厚 7 厘米（图九七，3）；十字折线·钱币纹花边砖，纹饰在砖的短端，长 33、宽 24、厚 9.2 厘米（图九七，2）；十字折线·乳突纹花边砖，纹饰在长端，长 33.6、宽 26.7、厚 8 厘米（图九七，1）。右壁凿有耳室。

前室右耳室，与平行于中室的另一侧室相通，形成墓室布局的另一纵轴线。其入口处高约 1.55、宽 1.35、深 0.35 米，左（东）侧设有坎墙一段（图九八，1；图版一〇九），长 0.87、宽 0.3、高 0.5 米。墙头立一柱，柱上下同径无收分，上段作八棱形，下段作四方形。柱顶正方体栌斗，斗腰部雕刻麦穗纹一周，栌斗上托一斗三升式斗栱一朵。侧室平面略呈方形，面阔 2.95、进深 3.05、高 2.15 米。四阿顶（图九八，2），宽 2.65、深 3 米。顶部中央线刻长方形天花，天花四角与侧室四角

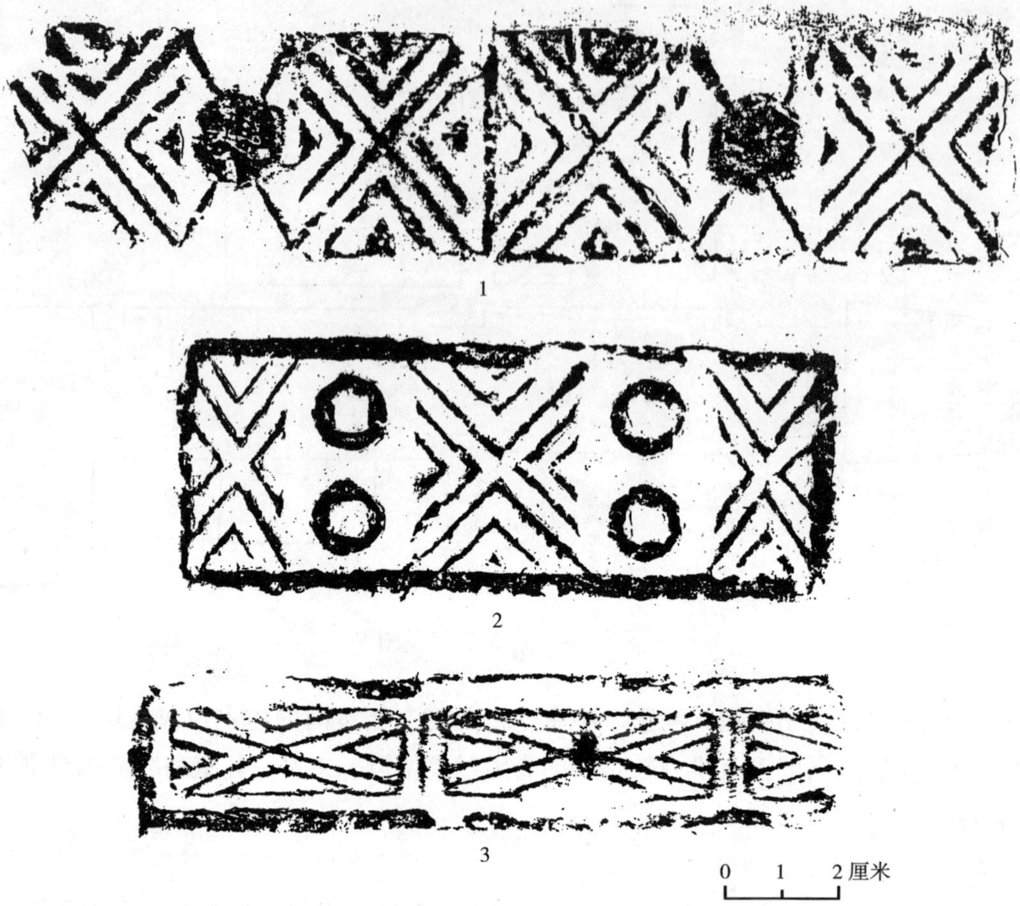

图九七　紫M2出土墓砖拓片

1. 十字折线·乳突纹　2. 十字折线·钱币纹　3. 十字折线纹

间用线刻直线相连，形成四面坡屋顶。室壁无雕饰。后（北）壁右（西）端凿有壁龛，阔1.15～1.25、深0.73、高0.8～0.95米。龛右侧下部凿单火塘石灶，高0.83米。长方形灶门，圆形火塘和烟道开口在龛内。左（西）壁距室底0.6米出凿有案龛，阔2、深0.6、高0.9米。右（东）壁下部凿有高0.1和0.07米的踏道两级，可上至甬道与另一侧室相通。

甬道，阔1.45、深0.4、高1.45～1.58米。平顶，顶呈前低后高状倾斜。斜坡底，延伸至侧室内，长约0.9米。侧室，平面近方形，面阔3.1、进深3.2、高2.1米。平顶，顶和四壁无雕饰。后（北）壁左（东）端上部有盗洞与紫M3中室左侧室相通，两室间壁厚约0.58米。侧室与中室间圆雕有栏杆状坎墙立柱隔断。

前室右侧室与前室间有高0.25～0.35米的踏道一级。

前室后端有分别高约0.08、0.1、0.05米的三级踏道可上至中室甬道。甬道阔1.42、深0.7、高1.55～1.65米。顶呈前低后高状倾斜。

中室　平面呈进深大于面阔的长方形，面阔2.02、进深4.15、高2.15米。平顶。左壁圆雕有栏杆状坎墙立柱斗栱隔断与前室右侧室所连侧室相望（图九八，3；图版一一〇）。坎墙长3、宽0.3、高0.75米。墙上立柱三根，两端附墙为四方柱，柱顶栌斗托一斗二升式斗栱半朵，栱心有一圆木状

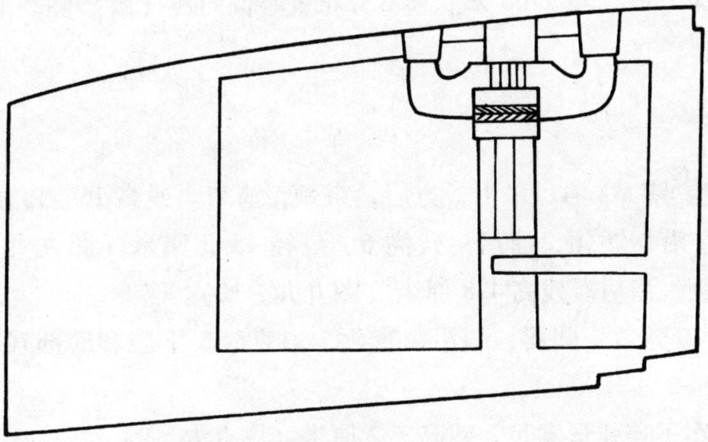

1. 前室右耳室入口

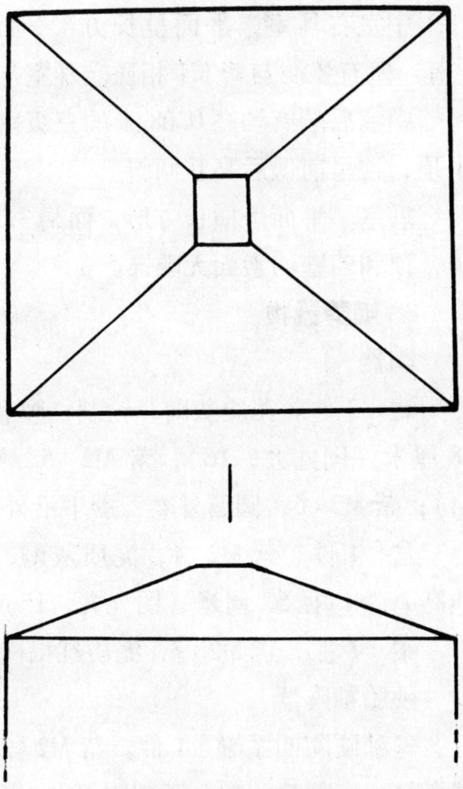

2. 前室右侧室顶部

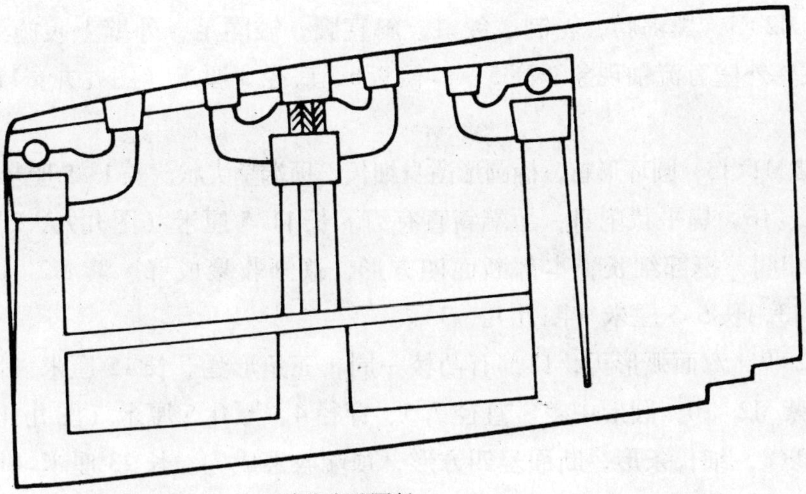

3. 中室左壁隔断

图九八 紫 M2 仿木结构雕刻

物；中央为八棱柱，柱顶栌斗上托一斗三升式斗栱，栌斗上短柱刻叶脉纹。右壁凿有耳室。

中室右耳室，平面呈长方形，面阔2.1、进深1.05、高1.7米。平顶，顶和四壁无雕饰。后（南）壁有盗洞与紫M1相通。耳室与中室间有高0.2～0.26米的踏道一级。

中室后端有均高0.08米的三级踏道与后室甬道相接。甬道阔1.45、深0.45、高1.6～1.67米。平顶，顶呈前低后高状倾斜。

后室　平面呈横长方形，面阔3.75、进深2.92、高2.06米。墓室分布重心偏向左（南）侧。平顶，顶和四壁均素面无雕饰。

3. **随葬器物**

陶器

罐　3件。泥质灰陶，轮制，腹和底部残。紫M2:4，平沿，方唇，束颈，溜肩。残高16、口径48厘米（图九九，16）；紫M2:5，圆唇，卷沿，矮领，溜肩。残高6、口径45.5厘米（图九九，14）；紫M2:6，圆唇外卷，唇下沿外凸，矮领，溜肩。残高4.8厘米（图九九，10）。

盆　1件。紫M2:1，泥质灰陶，轮制。口微敛，圆唇，斜沿，直领，斜直腹，下腹和底部残。残高20、口径52厘米（图九九，15）。

案　1件。紫M2:7，泥质红褐陶，仅余案下连弧形案足。残高7.2厘米（图九九，9）。

硬胎釉陶器

青釉硬陶四系罐　1件。紫M2:2，硬胎灰陶，轮制。火候较高。敞口圆唇，斜直领，溜肩，直腹微鼓，底部残。肩、颈部附两两对称环耳4个。口、腹部和罐内壁施米黄色釉。残高22、口径10厘米（图九九，13）。

瓷器

黑瓷盏　1件。紫M2:3，黑褐胎，轮制。敛口，斜直腹，矮圈足，外壁上腹施黑釉，盏内施黑色满釉，有细小开片纹，外壁有流釉现象。高5、口径9.6、底径3厘米（图九九，11）。

铁器

铁环首凿　1件。紫M2:15，圆环形首，椭圆形凿身细长，顶端呈尖状。长13.5厘米（图九九，1）。

铁削　1件。紫M2:16，扁平状削身，短端斜直有刃。长11.5厘米（图九九，2）。

铁镞　2件。形制相同，铤部细长，本部断面四方形，逐渐收聚成锋。紫M2:12，长5.2厘米（图九九，4）；紫M2:13，长5.5厘米（图九九，3）。

铁斧　1件。紫M2:9，双面弧形刃，口部有凸棱一周，三角形銎。长15厘米（图九九，6）。

铁璧形器　1件。紫M2:10，圆形中空。直径7.5、穿径4、厚0.5厘米（图九九，8）。

铁凿　1件。紫M2:8，细长条形，断面呈四方形，顶端收聚成尖。长23厘米（图九九，12）。

铁构件　2件。用途不详。紫M2:11，一端细长形，一端较宽大，顶端残。残长17厘米（图九九，7）；紫M2:14，长条形，一端圆柱形，顶端有圆形穿孔，内插有短销；一端呈扁平状。长14厘米（图九九，5）。

铜器

铜钱　3枚。包括开元通宝和凿郭五铢两种（图一〇〇，1～3）。（详见铜钱统计表）

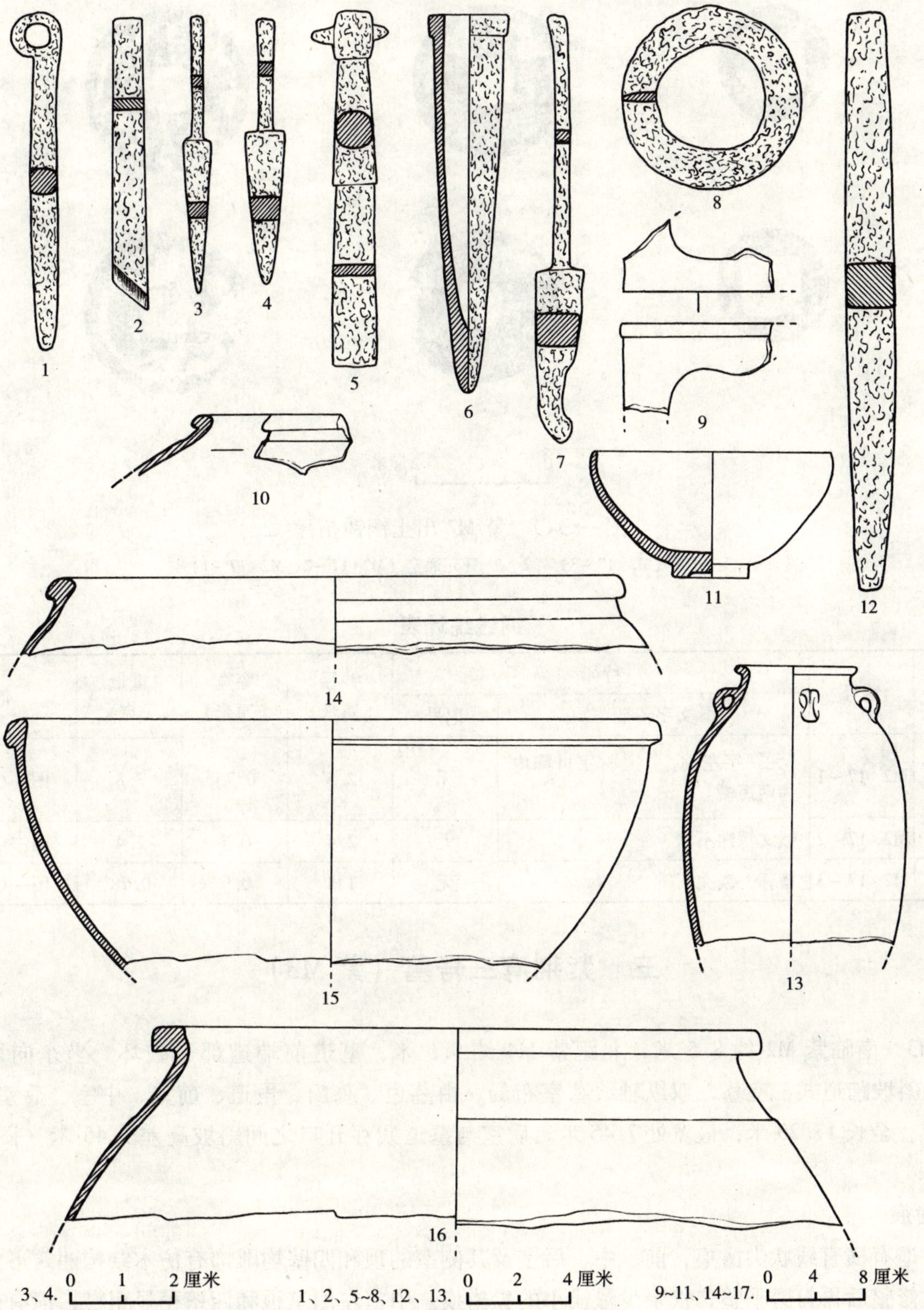

图九九　紫 M2 出土器物

1. 铁环首凿（M2∶15）　2. 铁削（M2∶16）　3、4. 铁镞（M2∶13、M2∶12）　5、7. 铁构件（M2∶14、M2∶11）　6. 铁斧（M2∶9）　8. 铁璧形器（M2∶10）　9. 陶案（M2∶7）　10、14、16. 陶罐（M2∶6、M2∶5、M2∶4）　11. 黑瓷盏（M2∶3）　12. 铁凿（M2∶8）　13. 青釉四系罐（M2∶2）　15. 陶盆（M2∶1）

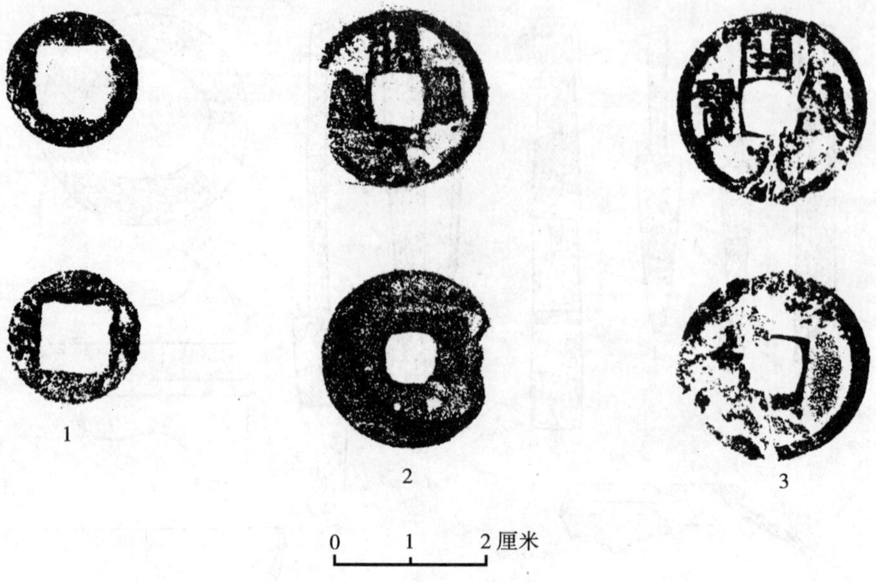

图一〇〇　紫 M2 出土铜钱拓片

1. 五铢（M2：17－3）　2、3. 开元通宝（M2：17－2、M2：17－1）

铜钱统计表

种类	编号	特征		钱径（厘米）	穿宽（厘米）	重量（克）	备注
		文字特征	记号				
开元通宝	M2：17－1	“元”字左挑，“宝”字贝部内为两短横	无	2.5	0.75	3.8	图一〇〇，3
开元通宝	M2：17－2	钱文锈蚀不清	无	2.4	0.7	2.4	图一〇〇，2
五铢	M2：17－3	凿郭，钱文不辨	无	1.8	0.9	0.78	图一〇〇，1

三　紫荆湾三号墓（紫 M3）

紫 M3，南临紫 M2 约 8.5 米，北距紫 M4 约 9.5 米，墓道前端遭部分破坏。坐东向西，墓向 312°。为斜坡踏道式三室墓，双纵轴线墓室布局，由墓道、墓门、甬道、前室、中室、后室和侧室、耳室组成，全长 17.25 米，最宽处 7.45 米。后室与墓道残存开口之间斜坡高差 1.45 米（图一〇一、一〇二）。

1. 凿痕

墓道遗有横直线状尖凿痕，前、中、后室及其侧室的顶和四壁均雕饰有仿木结构建筑形式，其表面用尖凿修整后再打磨平整，仅余少量浅小的尖凿痕。中室左侧室顶和四壁稍显粗糙，遗有横直线状尖凿痕（图一〇三）。

2. 形制

墓道　倒喇叭形，残长 4.6、宽 1.4～2.05 米。底呈前低后高状倾斜。

墓门　近方形，高 1.4、宽 1.42 米。有双层门框，框分别宽 0.05 和 0.07 米。门后接短甬道，倒

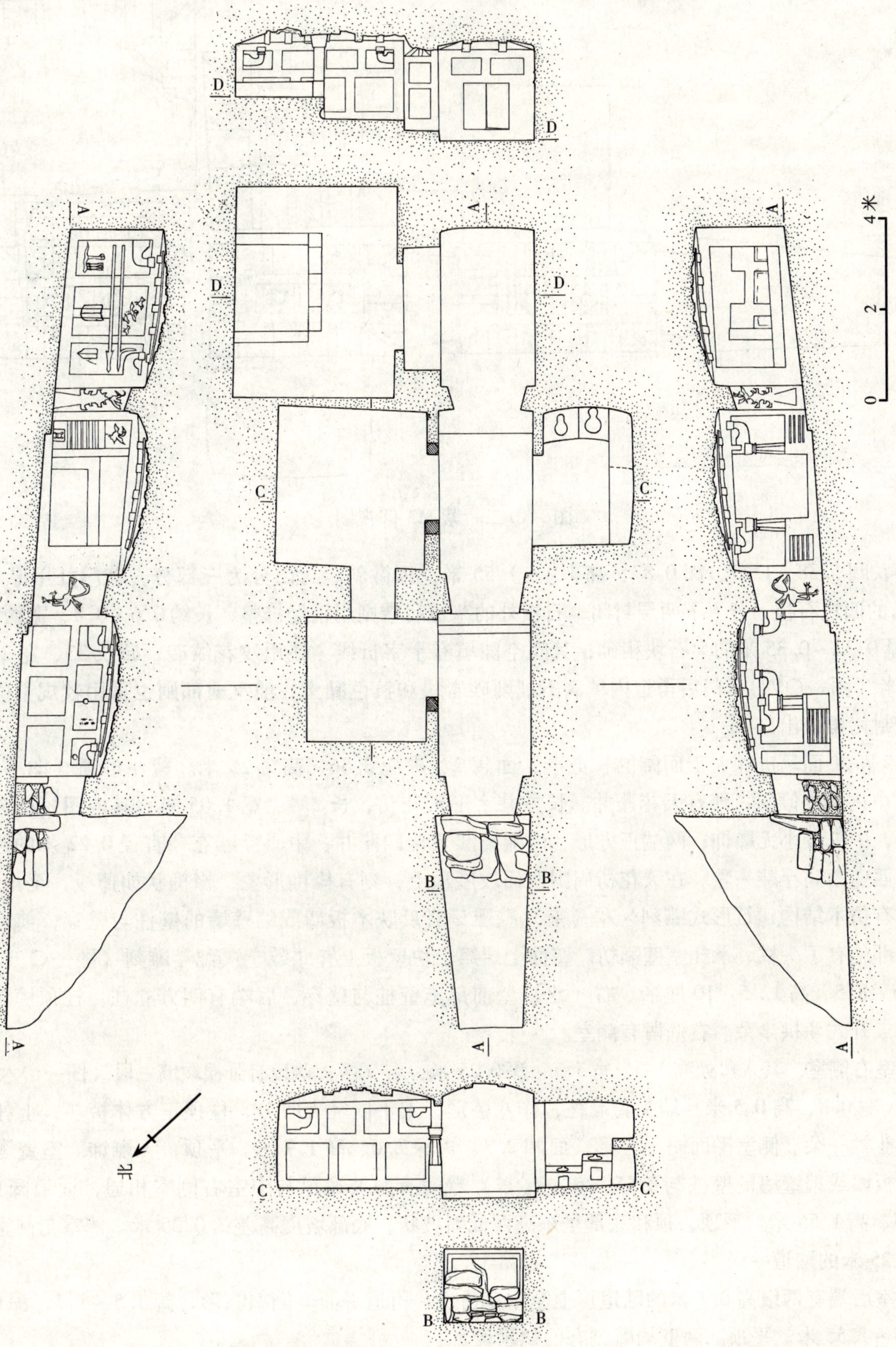

图一〇一　紫M3平、剖面图

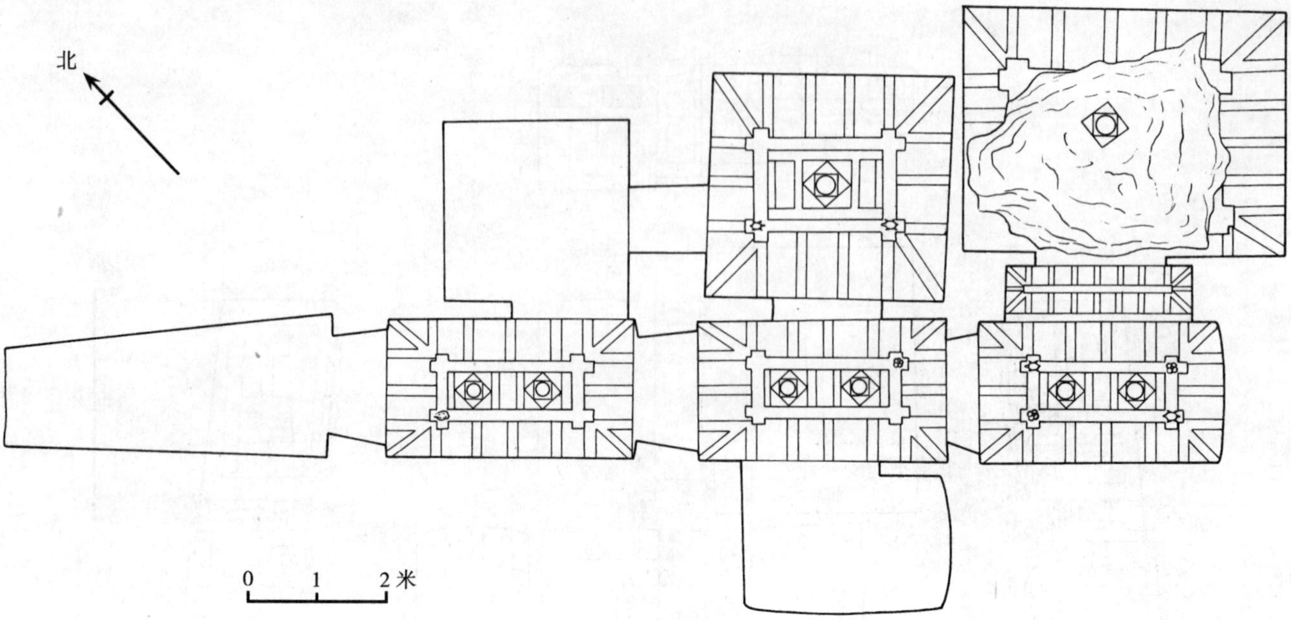

图一〇二　紫 M3 仰视图

喇叭形，阔 1.38 ~ 1.67、深 0.87、高 1.4 ~ 1.55 米。顶微斜。封门分为三部分，墓门处用厚 0.1 ~ 0.25 米的四块石板，分上下两层封闭，石板外的墓道后端则用稍经修整，长约 0.6 ~ 0.8、宽约 0.4 ~ 0.8、厚 0.22 ~ 0.35 米的大石块相砌，其间空隙填有十字折线·钱币纹花纹砖，砖长 33、宽 24、厚 9.2 厘米（图一〇四）；门后甬道内填满不规则砂岩块和黄色黏土，前室前部则也采用较规整的大石块堆砌封堵甬道出口。

前室　平面呈进深大于面阔的长方形，面阔 2、进深 3.56、高 2.25 米。覆斗形顶（图一〇六，1）。顶由内向外倾斜，雕有天花藻井。长方井字形天花枋，长 2.4、宽 1.05 米，其内用短枋分隔为三部分，中央较小无雕饰；两端正方形，内雕叠涩式斗四藻井，中心浮雕有一直径 0.22 米的圆。天花枋的西南角高浮雕一鳖。在天花枋周围四面坡屋顶上，刻有椽桷形象，椽桷状如薄板，至角平出。室两壁有仿木结构建筑形式雕刻，左（南）壁雕刻有反映木板墙或编壁墙的壁柱与壁穿，前后两端角柱顶部施有丁头栱，承托室壁额枋。壁面上层第二块壁板上有“乾宁”纪年雕刻（图一〇五），字宽 11.5 ~ 8.5、高 12.5 ~ 10 厘米。右（北）壁前部施壁柱与壁穿，后端有四方立柱，柱顶栌斗，上托一斗二升式斗栱半朵。右壁凿有侧室。

前室右侧室，其入口处高 1.5、宽 1.7、深 0.25 米，右（西）侧设有卧棂坎墙一段（图一〇六，2），长 1.1、宽 0.3、高 0.5 米。墙头骑墙柱，作八棱形，上下同径无收分，柱顶正方体栌斗，上托一斗二升式斗栱一朵。侧室平面略呈方形，面阔 2.7、进深 2.6、高 1.7 米。平顶，无雕饰。室壁雕刻有反映木板墙或编壁墙的壁柱与壁穿。室左（东）壁凿有斜坡通道与中室右侧室相通，通道阔 0.95、深 1.15、高 1.55 米。平顶，顶和底部呈东高西低斜坡状，底部坡度高差约 0.35 米。侧室与前室间有高约 0.25 米的踏道一级。

前室后端有两级高 0.1 米的踏道可上至中室甬道。甬道平面呈倒喇叭形，阔 1.5 ~ 1.7、深 0.85、高 1.45 ~ 1.55 米。平顶。两壁均雕刻有仙鹤画像。

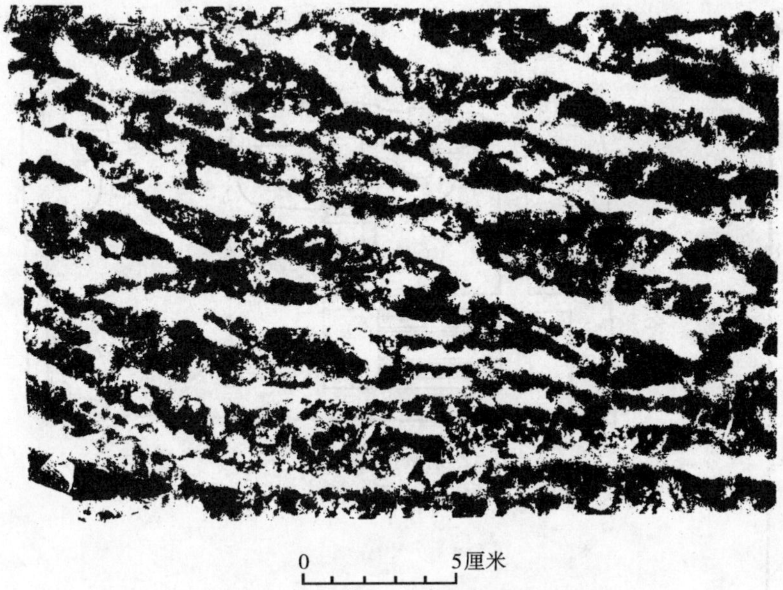

图一〇三　紫 M3 中室左侧室壁横直线状尖凿痕拓片

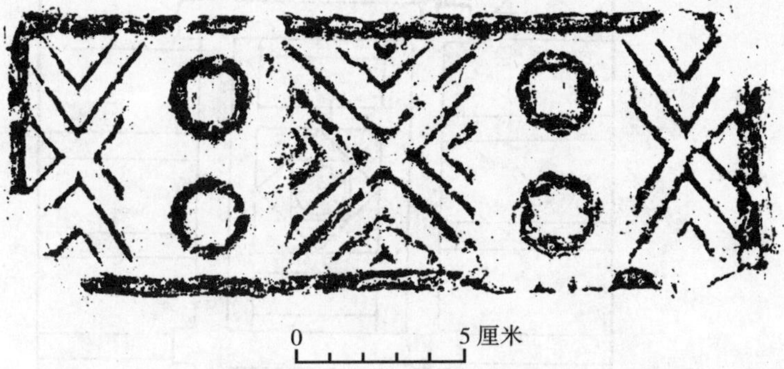

图一〇四　紫 M3 出土十字折线·钱币纹墓砖拓片

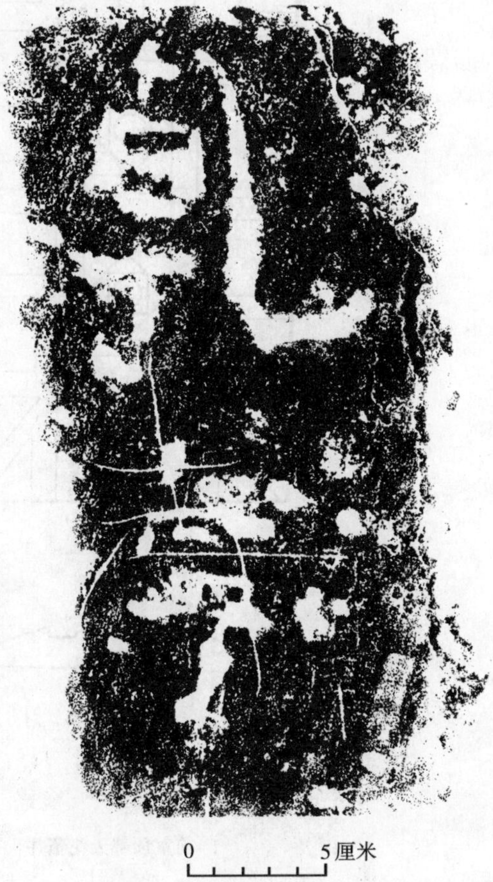

图一〇五　紫 M3 前室“乾宁”纪年雕刻拓片

中室　平面呈进深大于面阔的长方形，进深 3.6、面阔 2、高 2.25 米。覆斗形顶。顶部雕天花藻井形制与前室顶部相同，长方井字形天花枋，长 2.35、宽 1.05 米，其东北角高浮雕一垂瓜。天花周围四面坡屋顶上，雕有至角平出的椽桷形象。右壁后部雕刻壁柱与壁穿，并构成上下三层壁板，从上至下三层壁板则分别雕刻有飞鸟、卧棂窗和卧狗画像。室左右（南北）两壁分别凿有耳室或侧室。

中室左耳室（图版一一一），为庖厨用房。入口高 1.55 ~ 1.7、宽 1.95、深 0.22 米，平面呈长方形，面阔 3、进深 1.95、高 1.85 米。平顶。右（东）壁外弧。室右侧凿双连单火塘石灶台，灶台前沿内凹，长方形灶门，圆形火塘和椭圆形烟道。分别高 0.35、宽 0.8、深 0.65 米；高 0.55、宽 0.65、深 0.75 米。室后壁距底部约 0.8 米处，凿有连岩案板，长 2.95、宽 0.5、厚 0.25 米。案板右端残断，下有盗洞与紫 M2 相通。耳室以中室间有高 0.15 ~ 0.25 米踏道一级。

中室右侧室，入口处两端各有一段坎墙和立柱（图一〇六，3），坎墙正面雕刻成卧棂窗式，分别长 1、宽 0.25、高 0.45 ~ 0.6；长 1.2、宽 0.27、高 0.7 ~ 0.8 米。墙头两端各立一柱，柱下部四方

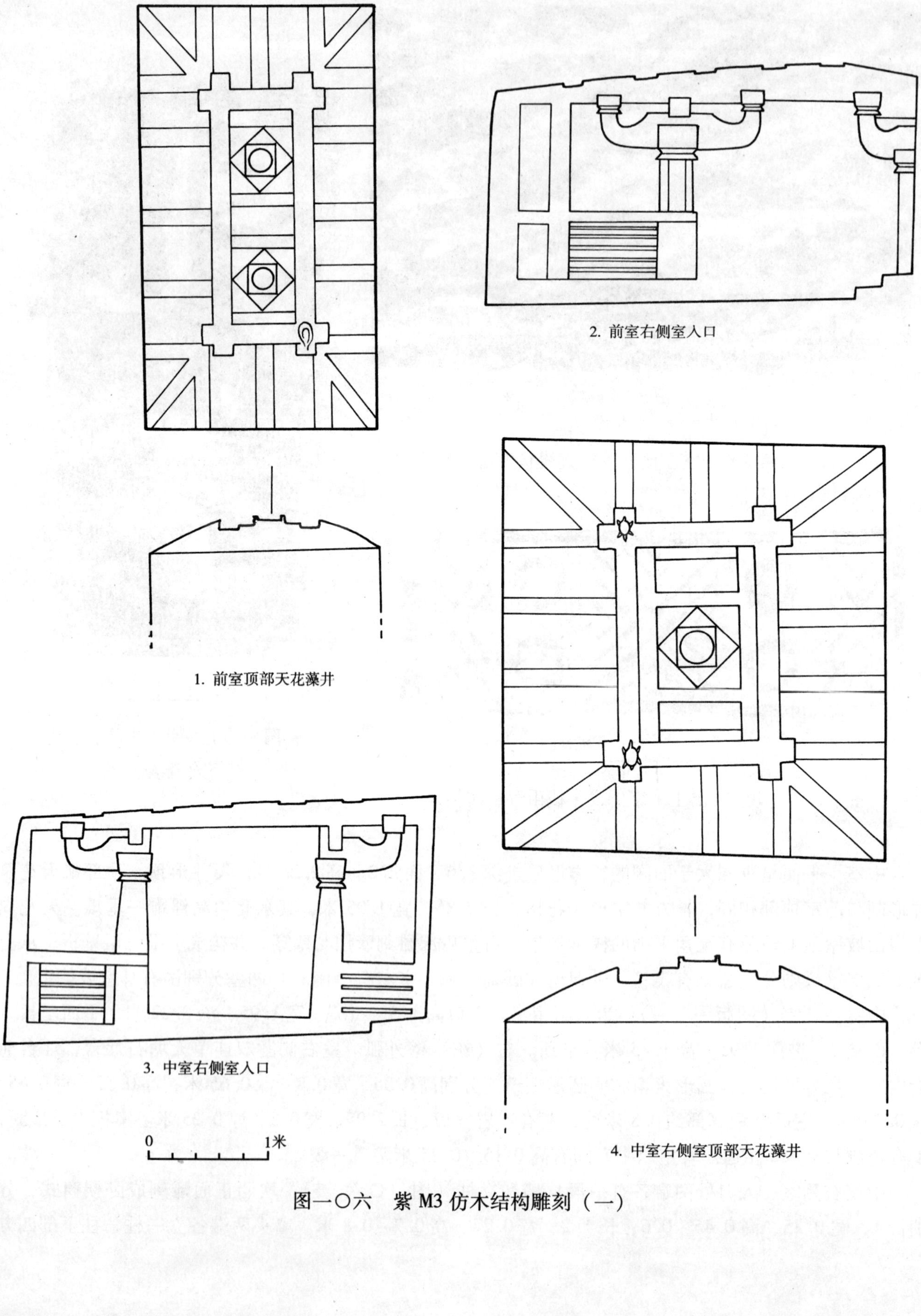

图一〇六　紫 M3 仿木结构雕刻（一）

形，上部为上小下大收分明显的八棱形，柱顶栌斗上托半朵一斗二升式斗栱。栱心有短立柱，与栱上散斗同承室壁额枋。侧室平面略呈方形，面阔3.45、进深3.55、高2.15米。覆斗形顶（图一〇六，4）。顶部雕有天花藻井，长方井字形天花枋，长2.28、宽1.6米。其内用短枋隔成三部分，中央为方形，内雕叠涩式斗四藻井，中心浮雕一圆。南侧天花枋两角分别高浮雕一鳖。在天花枋周围四面坡屋顶上，刻有椽桷形象，椽桷状如薄板，至角平出。室壁雕刻有反映木板墙或编壁墙的壁柱与壁穿，室四角都并存两根角柱，柱上均向背施有丁头栱，栱与栱间夹角成90°。左（东）壁垮塌，能见后室右侧室，两室间壁最厚处仅0.25米。侧室与中室间有高0.18～0.25米的踏道一级。

中室后端有一级高0.15米的踏道可上至后室甬道。甬道平面呈倒喇叭形，阔1.45～1.75、深0.5、高1.55～1.65米。平顶。两壁对称雕刻有凤阙画像。

后室　平面呈进深大于面阔的长方形，面阔2.02、进深3.5、高2.18米。覆斗形顶（图一〇七，1；图版一一二）。顶部雕天花藻井形制与前室顶部相同，长方井字形天花枋，长2.35、宽1.05米，

1. 后室顶部天花藻井　2. 过厅顶部

图一〇七　紫M3仿木结构雕刻（二）

转角处分别高浮雕有垂瓜、花朵、龟和鳖。天花周围四面坡屋顶上，雕有至角平出的椽桷形象。左（南）壁施壁柱4根，两端角柱上施丁头栱，壁面中央利用壁柱为架雕刻兰锜和群鸟画像。后（东）壁上部雕壁柱与壁穿，下部雕双扇板门，门扉作微启状，均高1、宽0.5米，高宽之比为2∶1。右（北）壁凿有过道和侧室。

过道，平面呈长方形，面阔2.68、进深0.75、高1.8米。五脊顶（图一〇七，2），似后世的庑殿顶，但中央正脊较长，两端角脊短，正脊四周分别对称施有椽桷。两侧壁雕有壁柱与壁穿。过道与后室间有高0.2～0.35米的踏道一级。

后室右侧室，入口高1.4、宽1.87、深0.1～0.2米。侧室平面呈长方形，面阔4.6、进深3.55、高约2.05米。覆斗形顶。顶部雕有天花藻井，可惜已崩塌。现仅存部分井字形天花枋和椽桷。室壁雕有反映木板墙或编壁墙的壁柱与壁穿，室四角都并存两根角柱，柱上均雕有丁头栱承额枋。室后（北）壁凿有连岩石床（图一〇八；图版一一三），长2.4、宽1.9、高0.9米。床沿有高0.3、宽0.25米的栏板围绕，正面有宽0.7米的缺口可供上下。正面两角雕有方形立柱，柱顶栌斗支撑室顶。可惜右（西）角立柱已垮塌。床下有高0.35、宽0.25米的两足。侧室与过道间有高0.25米的踏道一级。

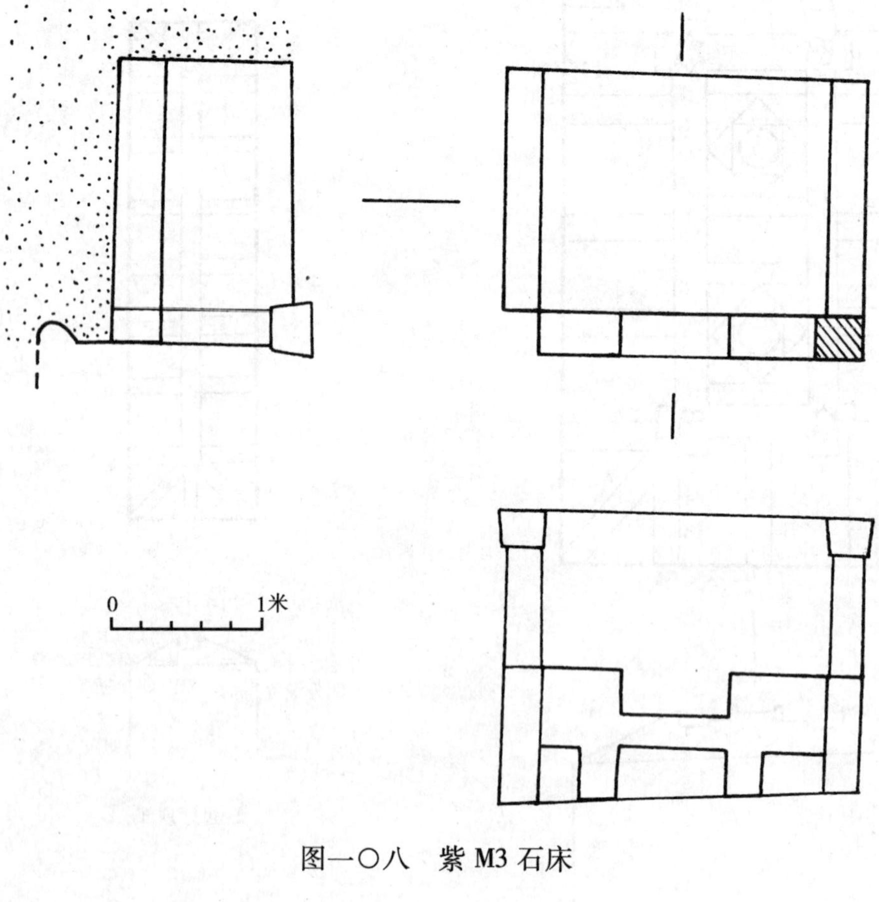

图一〇八 紫M3石床

3. **画像石刻**

主要分布在墓室间甬道侧壁、后室左壁和墓室顶部天花枋四角，共计16幅。

仙鹤，分别位于中室甬道两侧壁，左壁（图一〇九；图版一一四），高82、宽75厘米；右壁（图一一〇；图版一一五），高96、宽83厘米。两鹤造型相同，头向墓内，尖长喙，长颈弯曲，双翅

图一〇九　紫 M3 仙鹤（左壁）拓片

图一一〇　紫 M3 仙鹤（右壁）拓片

高展，一腿站立，一腿弯曲向前，呈翩翩起舞状。

凤阙，分别位于后室甬道两侧壁，左壁（图一一一；图版一一六）高 148、宽 48 厘米；右壁（图一一二；图版一一七）高 153、宽 50 厘米。两阙均为双重檐五脊顶的阙楼建筑，正脊较短两端上翘，有腰檐，阙身上窄下宽呈梯形状。宝珠形阙顶上各栖一只凤鸟。以示祥瑞。左壁阙楼上凤鸟，昂首振翅，跃跃欲飞。右壁阙楼上凤鸟，头顶有羽翎，翅尾上扬。双阙上凤鸟相对而立，形象生动，栩栩如生。

飞鸟（图一一三），位于中室左耳室入口右侧上部，阴线刻，仅刻头颈和双翅。高 19、宽 30 厘米。长颈尖喙，双翅伸展，呈飞翔状。

卧狗，位于中室左耳室入口右侧下部，高 20、宽 17 厘米。近圆雕，吻部已残，身体卧地，匍匐于狗窦中。

兰锜（图版一一八），位于后室左壁，利用壁柱为兵兰，架上横置一戟，长 215 厘米；一矛，长 225 厘米。架下右端挂有弩弓和箭（图一一四），高 44、宽 53 厘米。中部盾牌，高 45、宽 36 厘米。戟、矛和弩弓为进攻武器，盾为防御性武器，它们的结合，反映了当时战争中武器配套的情况。

群鸟（图一一五；图版一一九），位于后室左壁中部，阴线刻，共四只。均站立状，长颈尖喙，尾翎较短。画面中央一只鸟，双翅伸展，头颈回曲，作梳理羽毛状。

墓室顶部垂瓜、花朵、龟和鳖，分别位于中室、后室以及中室右侧室顶部天花枋四角，共计 8 幅，长 15～20、宽 10～15 厘米，均高浮雕，造型写实，雕刻逼真。

图一一一　紫 M3 凤阙（左壁）拓片

图一一二　紫 M3 凤阙（右壁）拓片

4. 随葬器物

陶器

罐　1 件。紫 M3∶11，泥质灰褐陶，轮制。直口，圆唇，唇沿外凸，直领，广肩，肩部施辫状箍带纹一周，腹、底部残。残高 4、口径 12 厘米（图一一六，1）。

筒瓦　1 件。紫 M3∶12，残，泥质灰陶，断面弧度为半圆，表面施斜直线粗绳纹，一端有与瓦垄衔接的筍口，残长 6 厘米（图一一六，7）。

男俑头　3 件。夹细砂红褐陶，合模制成。紫 M3∶13，头戴平巾帻，残高 7 厘米（图一一六，2）；紫 M3∶14 和紫 M3∶15，均头戴平上帻，分别高 12 厘米和 6.2 厘米（图一一六，5；图一一六，6）。

鸡　2 件。模制。紫 M3∶16，夹细砂红褐陶，仅余头颈部，头小，长喙，低冠，长颈。残高 10 厘米（图一一六，8）；紫 M3∶19，泥质灰陶，余足。残高 6.5 厘米（图一一六，4）。

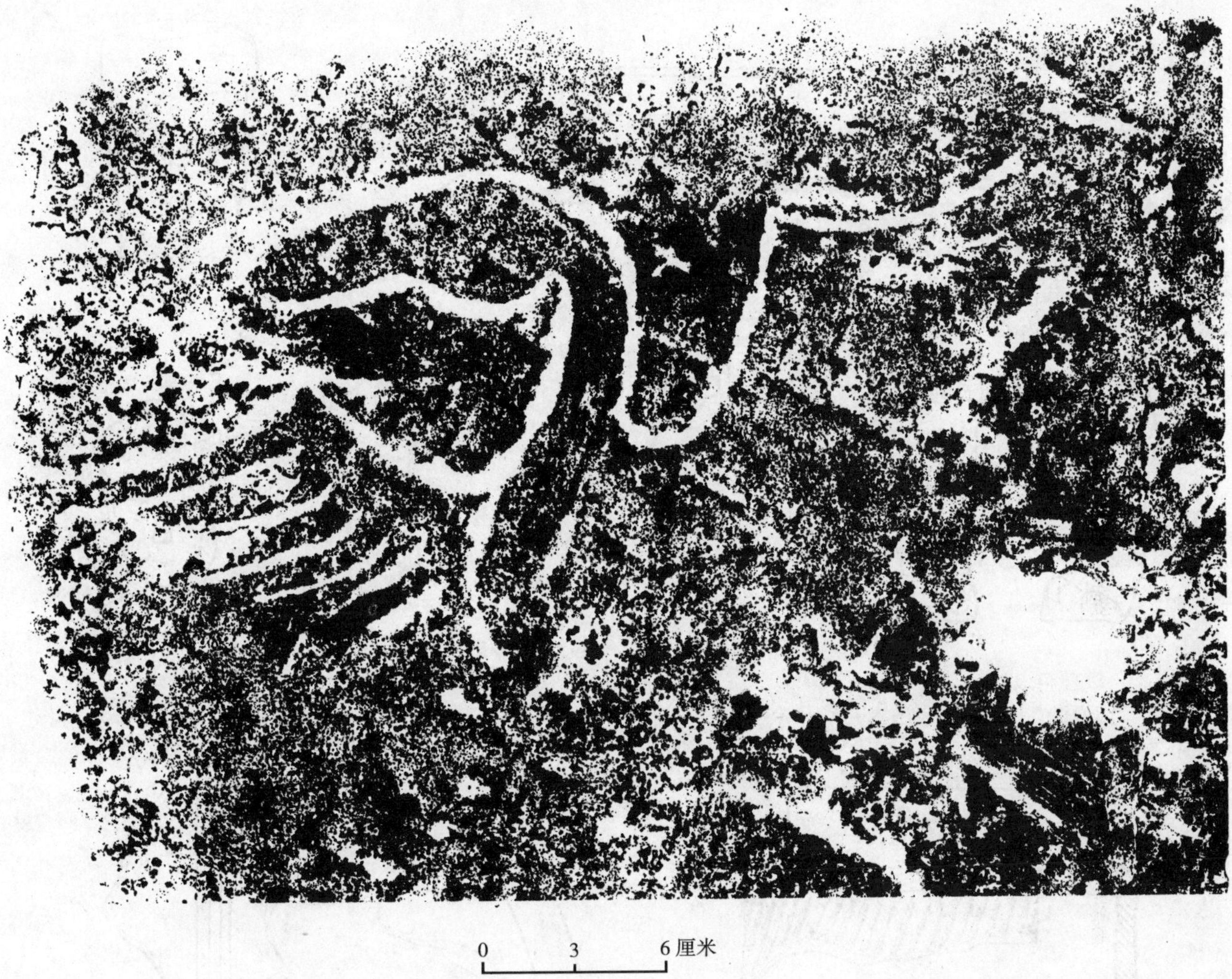

图一一三　紫 M3 飞鸟拓片

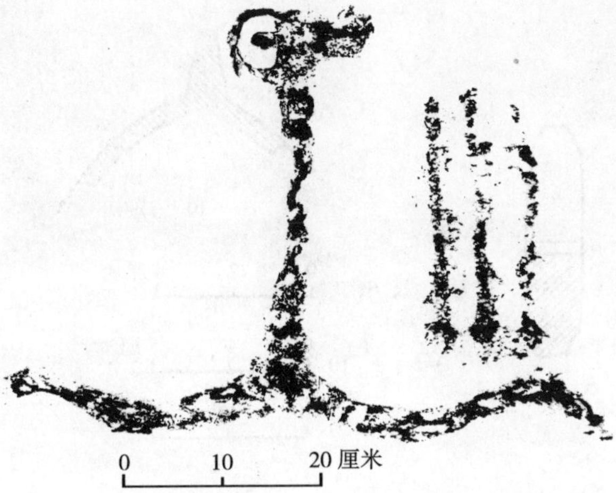

图一一四　紫 M3 弩弓和箭拓片

图一一五　紫 M3 群鸟拓片

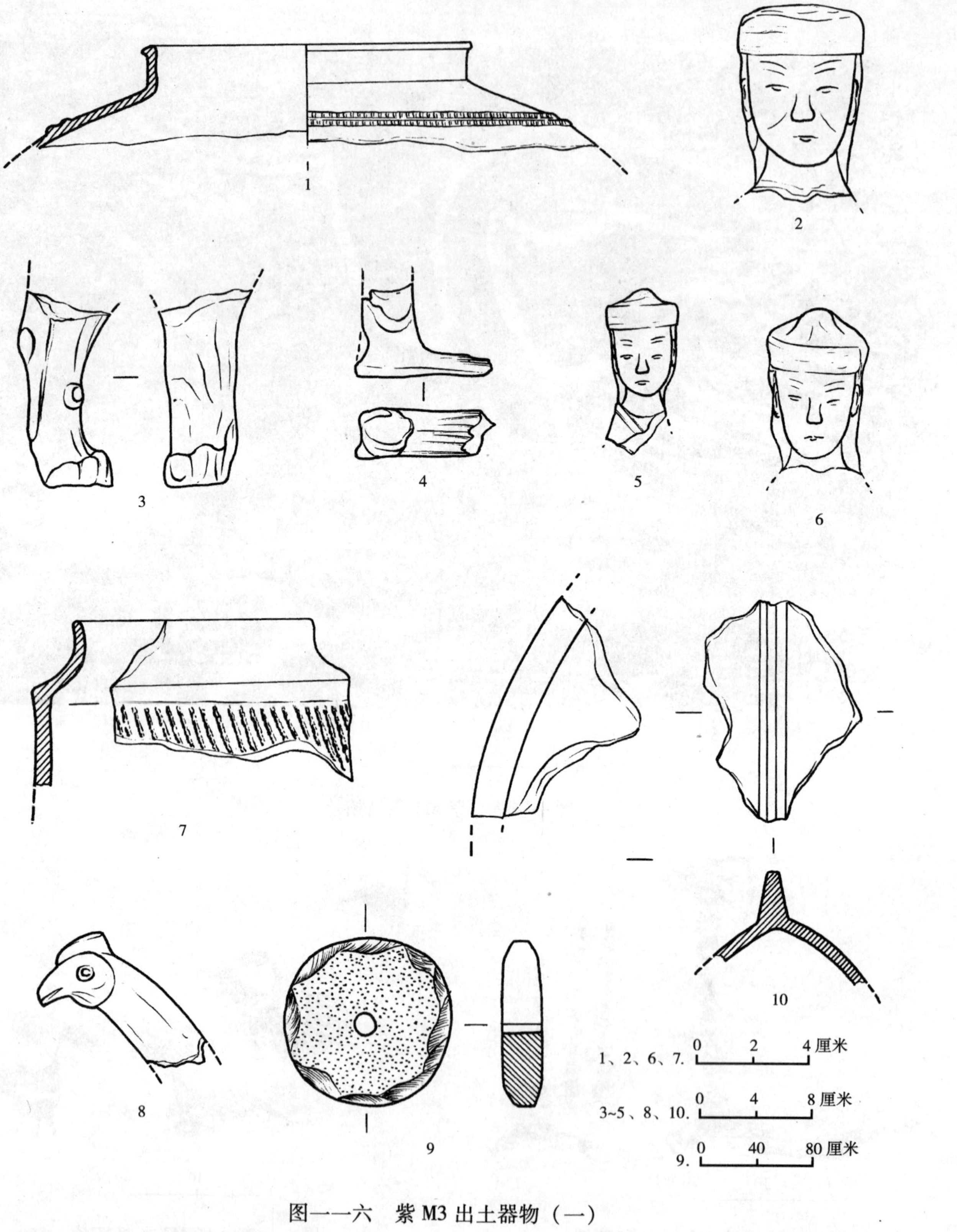

图一一六 紫M3出土器物（一）

1. 陶罐（M3：11） 2、5、6. 陶男俑头（M3：13、M3：14、M3：15） 3. 陶狗（M3：18） 4、8. 陶鸡（M3：19、M3：16） 7. 陶筒瓦（M3：12） 9. 石轮形器（M3：1） 10. 陶马（M3：17）

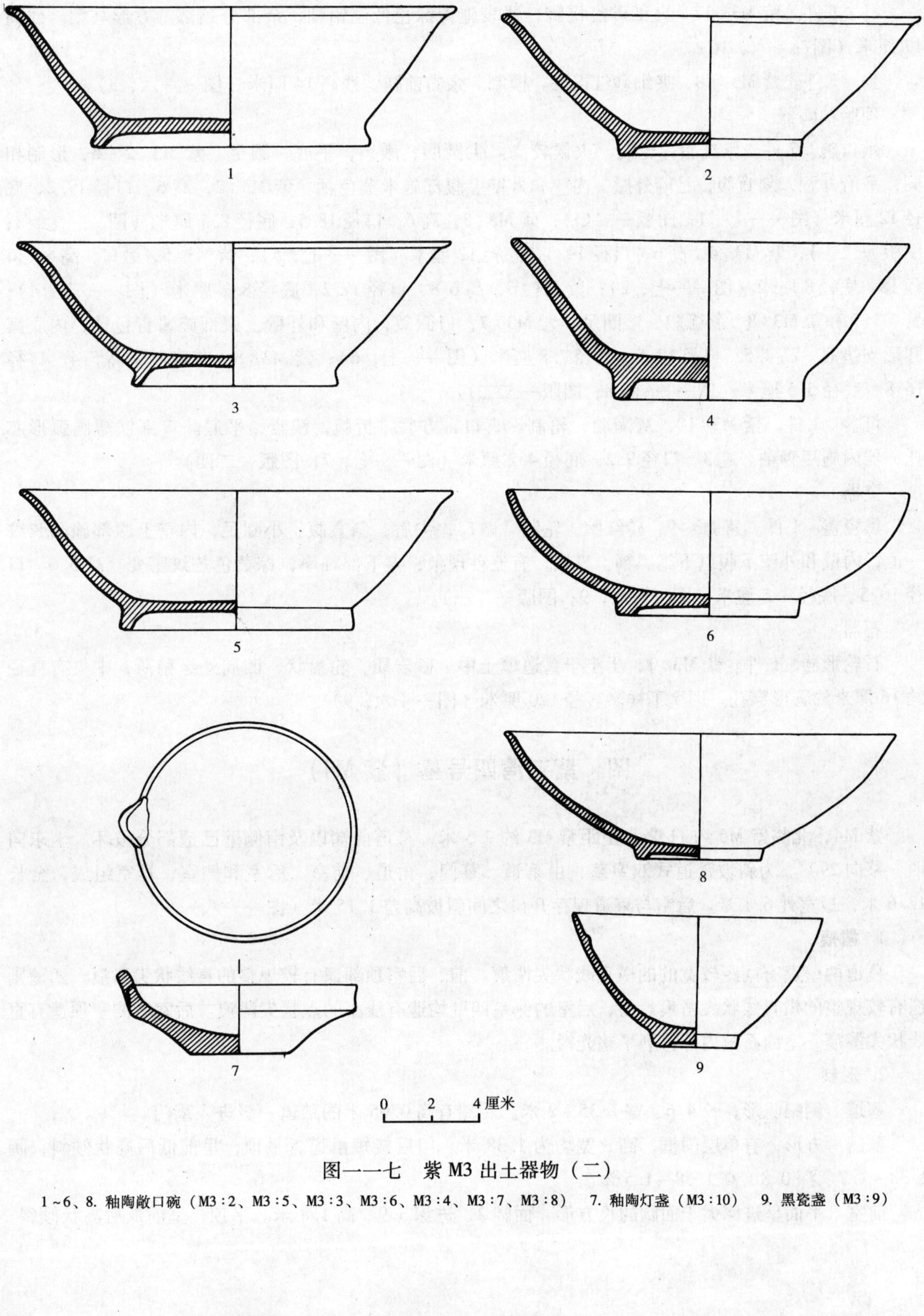

图一一七　紫 M3 出土器物（二）

1～6、8. 釉陶敞口碗（M3：2、M3：5、M3：3、M3：6、M3：4、M3：7、M3：8）　7. 釉陶灯盏（M3：10）　9. 黑瓷盏（M3：9）

马　1件。紫M3∶17，夹细砂红褐陶，器表施青绿色低温铅釉，余部分颈部。方形马鬃。残高17厘米（图一一六，10）。

狗　1件。紫M3∶18，夹细砂红褐陶，模制。余右前腿。残高14厘米（图一一六，3）。

硬胎釉陶器

敞口碗　7件。紫红胎，轮制，火候较高。尖圆唇，敞口，平底，圆足。紫M3∶2～6，形制相同，平沿外翻，斜直腹，足墙外撇，内壁和外壁上腹部施米黄色釉。紫M3∶2，高6、口径19.2、底径12厘米（图一一七，1；图版一二〇）；紫M3∶3，高6，口径18.5，底径8.5厘米（图一一七，3；图版一二一）；紫M3∶4，高6、口径19.5，底径12厘米（图一一七，5）；紫M3∶5，敞口，高6、口径18、底径8厘米（图一一七，2）；紫M3∶6，高6.8，口径17.2，底径8.2厘米（图一一七，4）；紫M3∶7和紫M3∶8，斜弧腹，矮圈足。紫M3∶7，口微敛，内壁和外壁上腹部施酱青色釉，内底露圆形支垫痕。高4.5、口径17.5、底径7.8厘米（图一一七，6）；紫M3∶8，灰陶胎，高5.4、口径16.8、底径5.5厘米（图一一七，8；图版一二二）。

灯盏　1件。紫M3∶10，灰陶胎，轮制。直口，方唇，折腹，浅盘，平底。口部铁塑圆弧形芯托，器内施豆青釉。高3、口径9.2、底径4.2厘米（图一一七，7；图版一二四）。

瓷器

黑瓷盏　1件。紫M3∶9，砖红胎，轮制。敞口，尖唇，斜直腹，小圈足，内壁上腹部施凸弦纹一道，内壁和外壁下腹以下施黑釉，露底，有流釉现象，盏下部釉厚，棕黄色芒纹窑变。高5.6、口径10.5、底径3.5厘米（图一一七，9；图版一二三）。

石器

石轮形器　1件。紫M3∶1，出土于墓道填土中。砂岩质，轮盘状，四周外缘稍薄，中央有直径约16厘米的圆形穿孔。用途不祥。直径120厘米（图一一六，9）。

四　紫荆湾四号墓（紫M4）

紫M4，北临紫M6约11米，南距紫M3约9.5米，墓道前端以及南侧壁已遭部分破坏。坐东向西，墓向290°。为斜坡踏道式双室墓，由墓道、墓门、甬道、前室、后室和侧室、耳室组成，全长12.6米，最宽处6.1米。后室与墓道现存开口之间斜坡高差1.15米（图一一八）。

1. 凿痕

墓道两壁遗有间距较宽的的横直线状尖凿痕。前、后室顶部遗有较规整的直线状尖凿痕，四壁则遗有较规整的横直线状尖凿痕。前、后室的侧室四壁均遗有浅小的点状尖凿痕。后室右侧室顶遗有直线状尖凿痕，室内石棺内外打磨平整光滑。

2. 形制

墓道　倒喇叭形，长4.6、宽1.35～2米。后端有高0.05米的踏道一级进入墓门。

墓门　方形，有单层门框，高、宽均为1.38米。门后接短甬道，平顶，呈前低后高状倾斜，阔1.38～1.7、深0.8、高1.38～1.5米。

前室　平面呈进深大于面阔的长方形，面阔2、进深3.9、高1.8米。平顶，呈前低后高状倾斜，

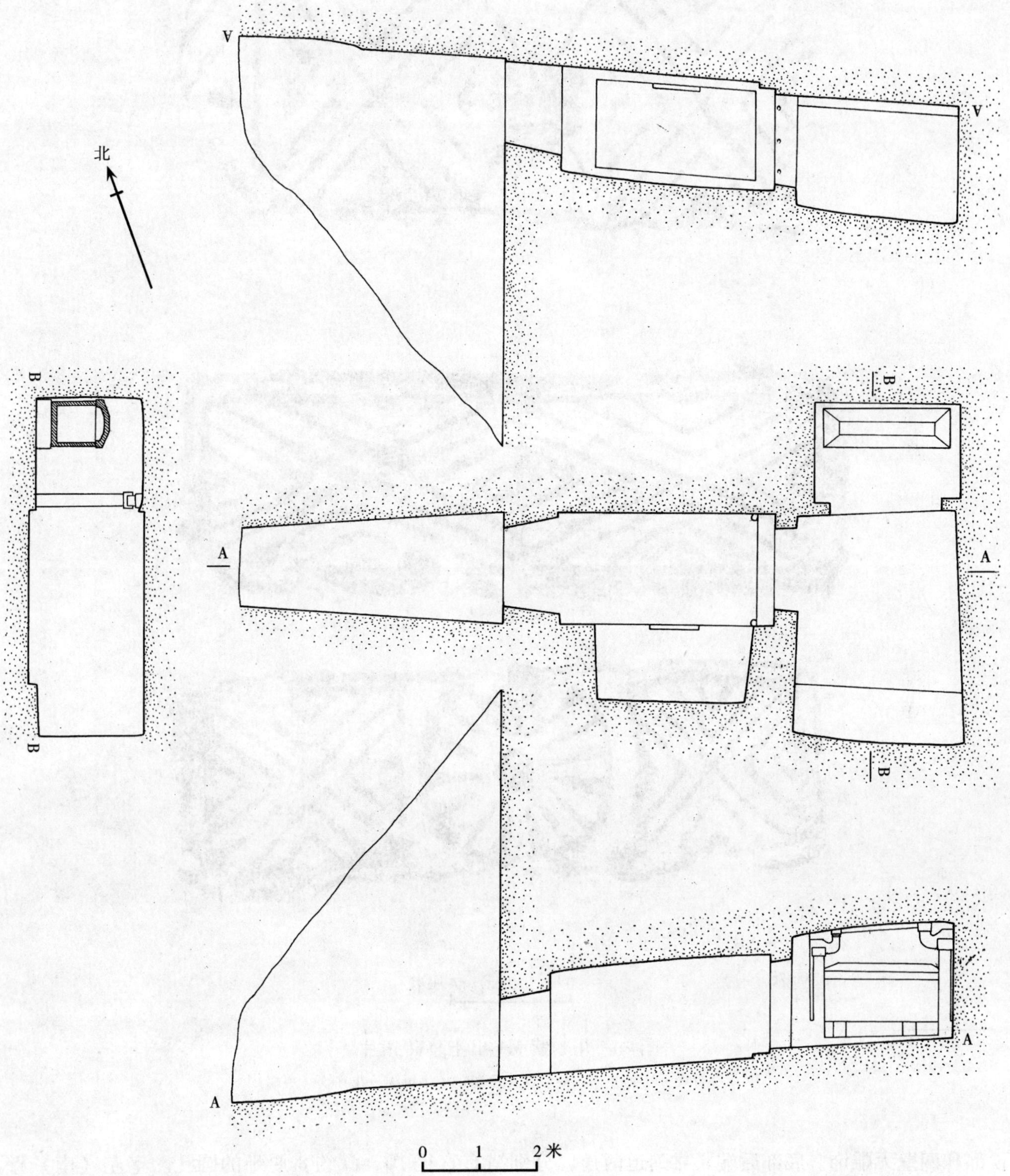

图一一八　紫 M4 平、剖面图

图一一九　紫 M4 出土墓砖拓片

1. 十字折线·乳突纹　2. 菱形纹（短端）十字折线·花卉纹（短端）

顶部和四壁无雕饰。底部后端紧靠踏道两角，分别凿有直径 10、深约 8 厘米的圆孔。室左（南）壁凿有侧室。

前室左侧室，平面呈长方形，面阔 2.8、进深 1.35、高 1.6 米。平顶，顶和四壁无雕饰，室底部外侧中央有长 0.87、宽 0.07、高 0.08 米的踏道状内凹。与前室间有高约 0.15 米的踏道一级。

前室后端有两级高约0.07米的踏道可上至后室甬道。甬道阔1.4、深0.38、高1.55米。平顶，呈前低后高状倾斜。甬道右侧壁的前端，从上到下凿有三个直径约5厘米的圆孔，用途不详。

后室　平面呈长方形，面阔3.9～4.2、进深2.85、高2.08米。平顶，顶和四壁无雕饰。墓室左（南）侧凿有棺台，台长2.85、宽0.95、高0.15米。左侧墓室和棺台上的淤土内出土较多陶棺残片和长方形花边砖，砖一种是长端为十字折线·乳突纹，残长21、宽27.5、厚8.5厘米（图一一九，1）；另一种两短端分别是十字折线·花卉纹和菱形纹，长38.5、宽22、厚7.5厘米（图一一九，2）。室右（北）壁凿有侧室。

后室右侧室，其入口高1.9、宽2.02、深0.2米。两侧分别施有四方立柱，柱顶方形栌斗和半朵一斗二升式斗栱，栱上散斗承侧室门楣。侧室平面呈长方形，面阔2.6、进深1.8、高1.92米。平顶，顶和四壁无雕饰。室内紧邻后（北）壁横置石棺一具。棺用整块石料分别凿成棺盖和棺身，长224、宽68、通高103厘米。棺盖长228、宽70、高23厘米，外为盝顶，内为圆弧形，下沿凿有凸边。棺身为长方形，中部凿空，长224、宽68、高80厘米。口部内收作子母口，与棺盖凸边扣合。四壁内外修整规整，打磨光滑，厚度基本相同，侧、档板厚8厘米，底板厚10厘米。棺下两端分别凿有横置垫枋，高25、宽20厘米。侧室与后室间有高0.05～0.15米的踏道一级。

3. 随葬器物

陶狗　1件。紫M4∶4，残，夹细砂灰陶，模制。仅余左侧前后两腿。残高15.5厘米（图一二〇，1、2）。

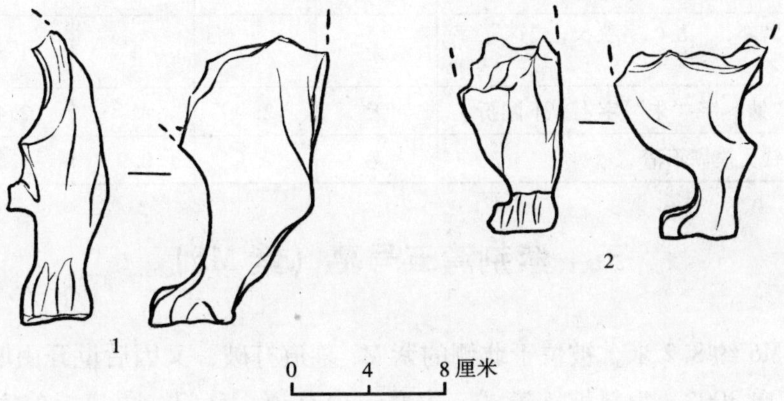

图一二〇　紫M4出土器物

1、2. 陶狗（M4∶4）

铜摇钱树残片　2片。紫M4∶2－1，一人头戴冠，身作圆领长袍，腰系带，双手斜上举呈舞蹈状。残高3.2厘米（图一二一，3）；紫M4∶2－2，长条形，上有圆弧形波浪纹。残长3.8厘米（图一二一，4）。

铜钱　3枚。均为五铢钱，圆形，方穿，穿之两侧有篆文“五铢”二字（图一二一，1、2）。（详见铜钱统计表）

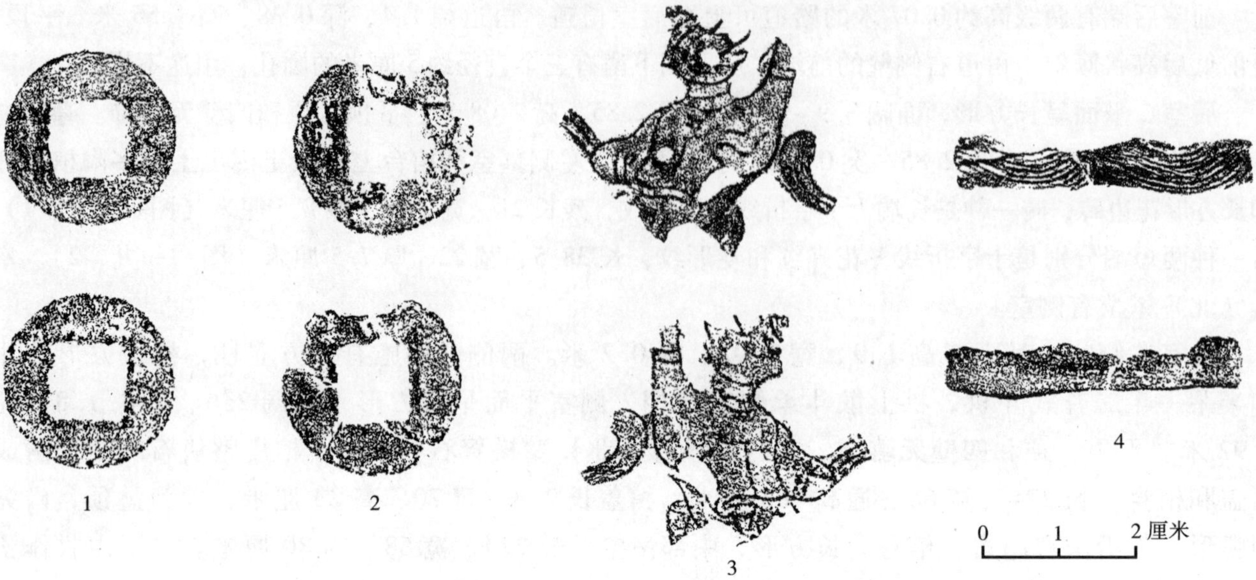

图一二一　紫 M4 出土器物拓片

1、2. 五铢钱（M4：1－1、M4：1－2）　3、4. 铜摇钱树残片（M4：2－1、M4：2－2）

铜钱统计表

种类	编号	特征		钱径（厘米）	穿宽（厘米）	重量（克）	备注
		文字特征	记号				
五铢	1－1	磨郭，“五”字狭长，“铢”字不清	无	2.3	1	1.8	图一二一，1
五铢	1－2	“铢”字“朱”字上、下圆折	无	2.4	1	2.4	图一二一，2
五铢	1－3	钱文模糊不清	无	2.3	0.9	1.5	残

五　紫荆湾五号墓（紫 M5）

紫 M5，南距紫 M6 约 8.2 米，被位于北侧的紫 M7 墓道打破，又因后世开山取石，现墓道已基本不存。坐东向西，墓向 300°。为斜坡踏道式三室墓，由墓道、墓门、甬道、前室、中室、后室和侧室、耳室组成，全长 12 米，最宽处 4.9 米。后室与墓道现存开口之间斜坡高差 0.7 米（图一二二）。

1. 凿痕

墓道两壁遗有较规整的直线状尖凿痕；墓门门楣和门框两侧，分别用斜直线组成的菱形编席纹和斜直线纹装饰。前室、中室及其右侧室、后室等有仿木结构雕刻的室顶和壁，打磨平整，均遗有平刃宽凿痕。前室左侧室内灶台和案龛，有较规整的斜直线尖凿痕；后室右侧室则遗有粗糙的点状尖凿痕。

2. 形制

墓道　残长 0.2、宽 1.75 米。后端有高 0.1 米的踏道一级进入墓门。

墓门　有单层门框，高 1.45、宽 1.3 米。门后接短甬道，平顶，呈前低后高状倾斜，阔 1.3～

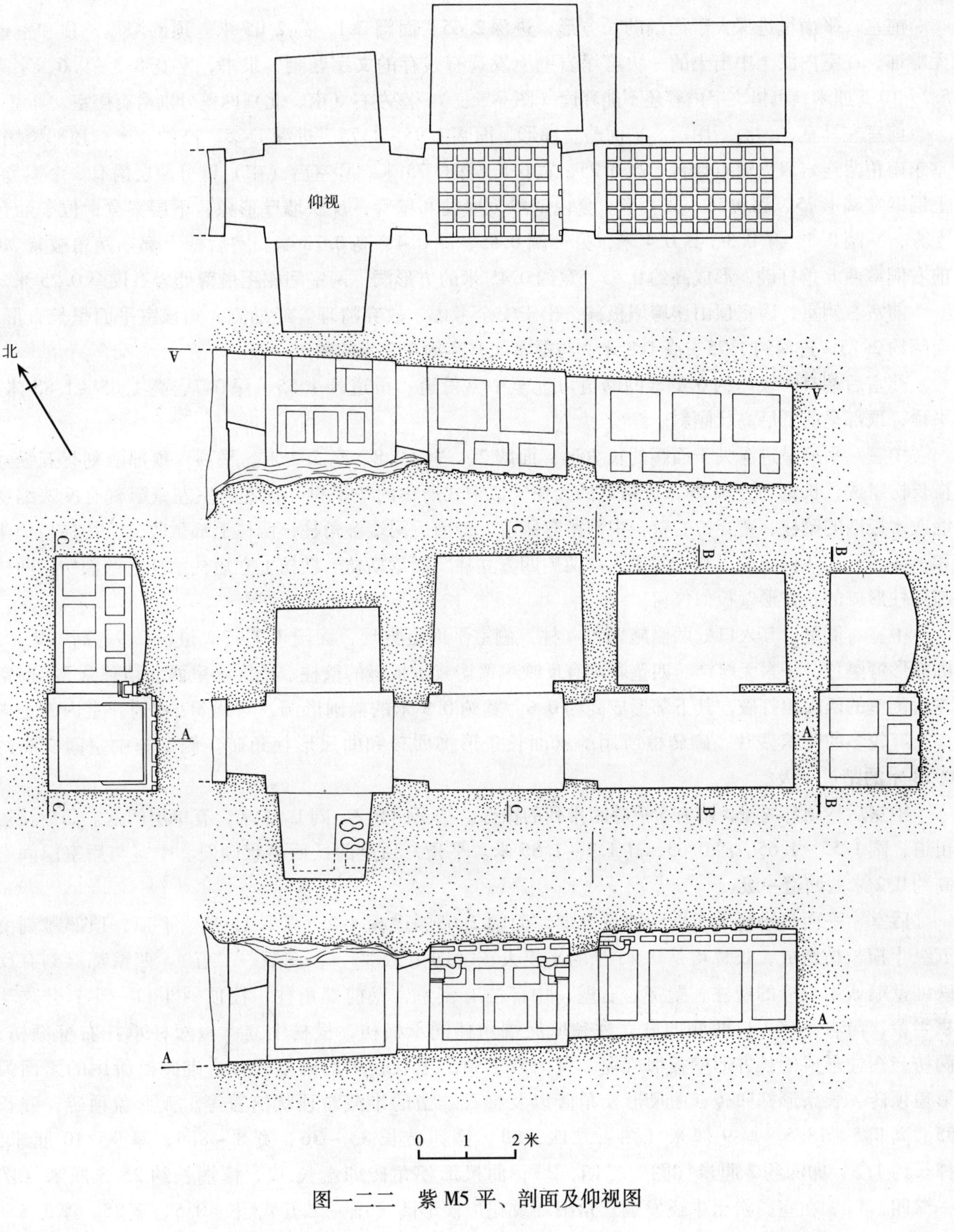

图一二二　紫 M5 平、剖面及仰视图

1.45、深0.8、高1.45～1.55米。

前室　平面呈进深大于面阔的长方形，进深2.65、面阔2.1、高2.05米。顶部垮塌，顶和室壁无雕饰。在室内淤土中出土的一块垮塌岩壁上发现有残存的文字题刻，隶书，字宽8.3～9.6，字高5.2～10.5厘米，可惜文字内容还不能释读（图一二三）。室左右（南、北）两壁分别凿有侧室、耳室。

前室左耳室，为庖厨用房。平面略呈梯形，面阔1.95～1.75、进深1.25、高约2米。顶部垮塌。室东南角凿连岩双火塘石灶台，高0.25、宽0.8、深0.75米。耳室后（南）壁分两层凿有3个案龛，上层案龛阔1.75、深0.55、高1米。龛内壁雕刻壁柱和壁穿，反映墙壁形象；下层案龛，位于灶台上方，一阔0.5、深0.3、高0.4米，另一阔0.85、深0.4、高0.75米。室后壁上部东南角被紫M6前右侧室西北角打破，形成高约0.55、宽约0.45米的方形洞，两室间相距最薄处岩石仅厚0.25米。

前室右侧室，因室顶山崖垮塌极甚，出于安全考虑，放弃清理。经勘测，知该室平面呈长方形，面阔约2.15、进深约1.75、高1.8米。与前室间有高约0.2米的踏道一级。

前室后端有一级高约0.1米的踏道可上至中室甬道。甬道阔1.55、深0.7、高1.65～1.85米。平顶，顶部呈前低后高状倾斜。

中室　平面呈进深大于面阔的长方形，面阔2、进深2.8、高2.2米。平顶，顶部雕刻有五纵六横长枋组成，长宽均为0.25米方格状的天花，似宋式所称的“平棋”天花。室左壁雕刻有反映编壁墙或木板墙的壁柱、壁穿；右壁，中部凿有侧室，壁前后两端施角柱，两柱上部微收分，均柱顶栌斗和一斗二升式斗栱半朵，与右侧室入口两侧四方立柱，同承横枋。横枋上立短柱承托右壁额枋，两枋与短柱形成的长方形壁板似气窗。

中室右侧室，其入口处两侧施四方立柱，侧室平面近方形，面阔3.2～3、进深2.9、高1.9米。圆弧形穹窿顶，平素无雕饰。四壁雕刻有反映编壁墙或木板墙的壁柱、壁穿。室西北角被紫M7前室左后侧室的西南角打破，其下部形成高约0.6、宽约0.3米的椭圆形洞，与紫M7相通。室内淤土内夹杂有较多的陶棺残片、砌砖棺所用的素面长条形榫卯砖和曲尺形拐角砖。侧室与中室间有高约0.18米的踏道一级。

中室后端顶部屋檐，雕有5根等距排列的檐椽。檐下门高2、阔1.55米，有单层门框。门后接短甬道，阔1.55～1.65、深0.65、高1.7～1.85米。平顶，顶呈前低后高状倾斜。中室与后室门间有高约0.2米的踏道一级。

后室　平面呈进深大于面阔的长方形，面阔2.05、进深4.2、高2.15米。平顶，顶部雕刻由五纵十横长枋组成，长宽均是0.25米的平棋天花（图一二六，1；图版一二五）。四壁都雕刻有反映编壁墙或木板墙的壁柱、壁穿。右壁，中部凿有侧室，壁前端角柱，柱顶栌斗和一斗二升式斗栱半朵，与右侧室入口两侧四方立柱和壁后端角柱同承横枋，横枋上立6根短柱承托右壁额枋，两枋与短柱形成的长方形壁板似气窗。室内淤土中出土有较多的陶棺残片、砌砖棺所用的素面弧形盖顶砖、长条形榫卯砖、曲尺形拐角砖以及整石雕凿的半截盝顶状棺盖等。弧形盖顶砖，残长55、高8.5～18.5、厚9厘米（图一二四，3）；榫卯砖长35～36、宽8～8.5、厚9～10厘米，榫长约1.5、卯深约2厘米（图一二四，2）；曲尺形拐角砖卯端长42、榫端长约25.5厘米（图一二四，1）。在室内淤土中还发现三角编环纹花边楔形砖（图一二五），长40.5、宽25、厚5.5～7厘米。右壁凿有侧室。

图一二三　紫 M5 前室文字雕刻拓片

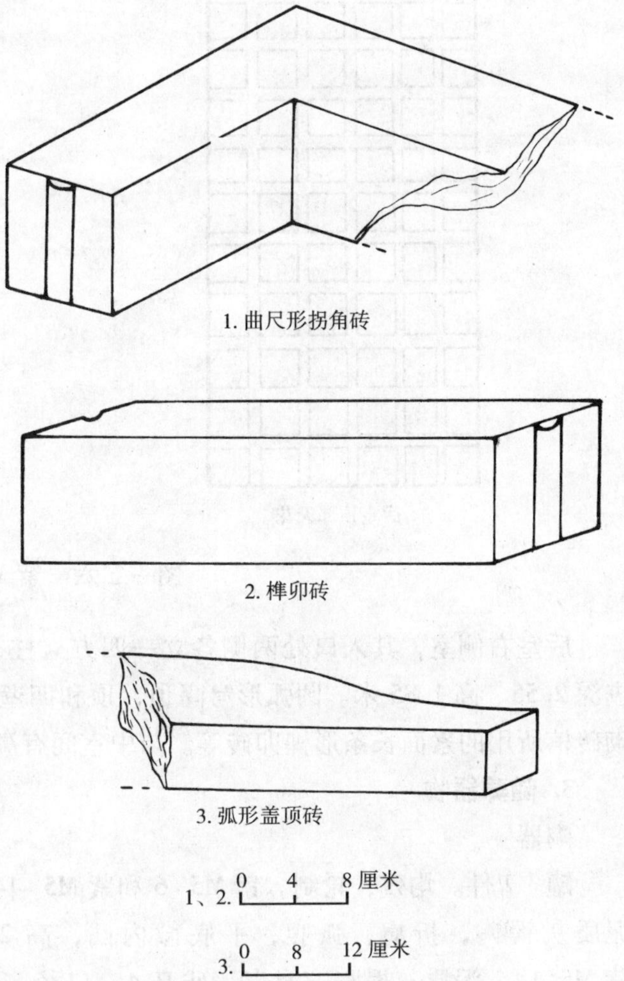

图一二四　紫 M5 出土墓砖

图一二五　紫 M5 出土三角编环纹墓砖拓片

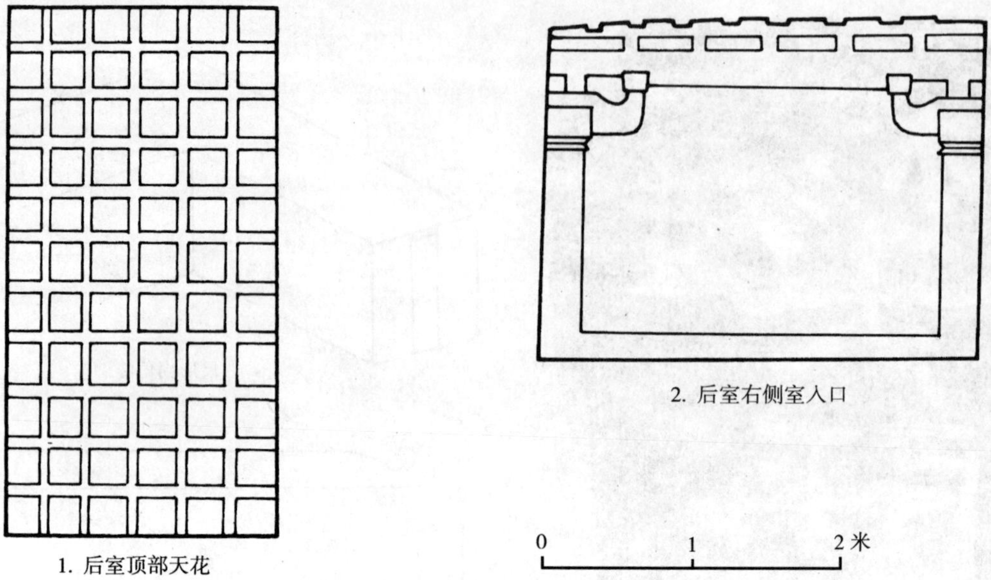

1. 后室顶部天花　　2. 后室右侧室入口

图一二六　紫 M5 仿木结构雕刻

后室右侧室，其入口处两侧各立一四方立柱，侧室平面呈长方形（图一二六，2），面阔 3.55、进深 2.55、高 1.85 米。圆弧形穹窿顶，顶和四壁平素无雕饰。室内淤土内夹杂有较多的陶棺残片、砌砖棺所用的素面长条形榫卯砖等。与中室间有高约 0.23 米的踏道一级。

3. 随葬器物

陶器

罐　7 件。均残，轮制。紫 M5:6 和紫 M5:14，形制基本相同，侈口，圆唇，微有领。紫 M5:6，泥质灰褐陶，折肩，弧腹，平底微内凸，高 24、口径 22.5、底径 16 厘米（图一二七，1）；紫 M5:14，泥质灰褐陶，溜肩，残高 4、口径 22 厘米（图一二七，2）；紫 M5:8、紫 M5:9 和紫 M5:15，器形较大，形制基本相同，敛口，圆唇，微有领，溜肩。紫 M5:8，泥质黑褐陶，残高 8、口径 36 厘米（图一二七，8）；紫 M5:9，泥质灰陶，高 9.6、口径 37.2 厘米（图一二七，10）；紫M5:15，泥质黑褐陶，残高 4.5、口径 20 厘米（图一二七，4）；紫 M5:13，泥质灰陶，直口，方唇，直领，溜肩。残高 4.5、口径 14 厘米（图一二七，3）；紫 M5:17，泥质灰陶，侈口，平折沿，圆唇，束颈，折肩。肩部施短直线纹带一周。残高 5.5 厘米（图一二八，4）。

盆　3 件。轮制，敛口，弧腹。紫 M5:10 和紫 M5:11，形制相同，泥质灰褐陶，圆唇外凸。紫 M5:10，上腹施宽凹弦纹两道。残高 12.5、口径 40 厘米（图一二七，5）；紫 M5:11，残高 9.2、口径 44.5 厘米（图一二七，6）；紫 M5:16，泥质黑褐陶，直口，平折沿，方唇。残高 9.2 厘米（图一二七，9）。

弧腹钵　2 件。形制相同，轮制，敛口，唇下施凹弦纹一道，弧腹。紫 M5:18，泥质黑褐陶，残高 4.8 厘米（图一二七，7）；紫 M5:20，泥质灰褐陶，残高 4、口径 16 厘米（图一二八，2）。

双耳釜　2 件。泥质灰陶，轮制。耳、腹和底部残。紫 M5:7，侈口，圆唇，高领，束颈，圆鼓腹。残高 14.5、口径 24 厘米（图一二八，3）；紫 M5:12，直口，方唇，直腹，口部施凹弦纹三周。

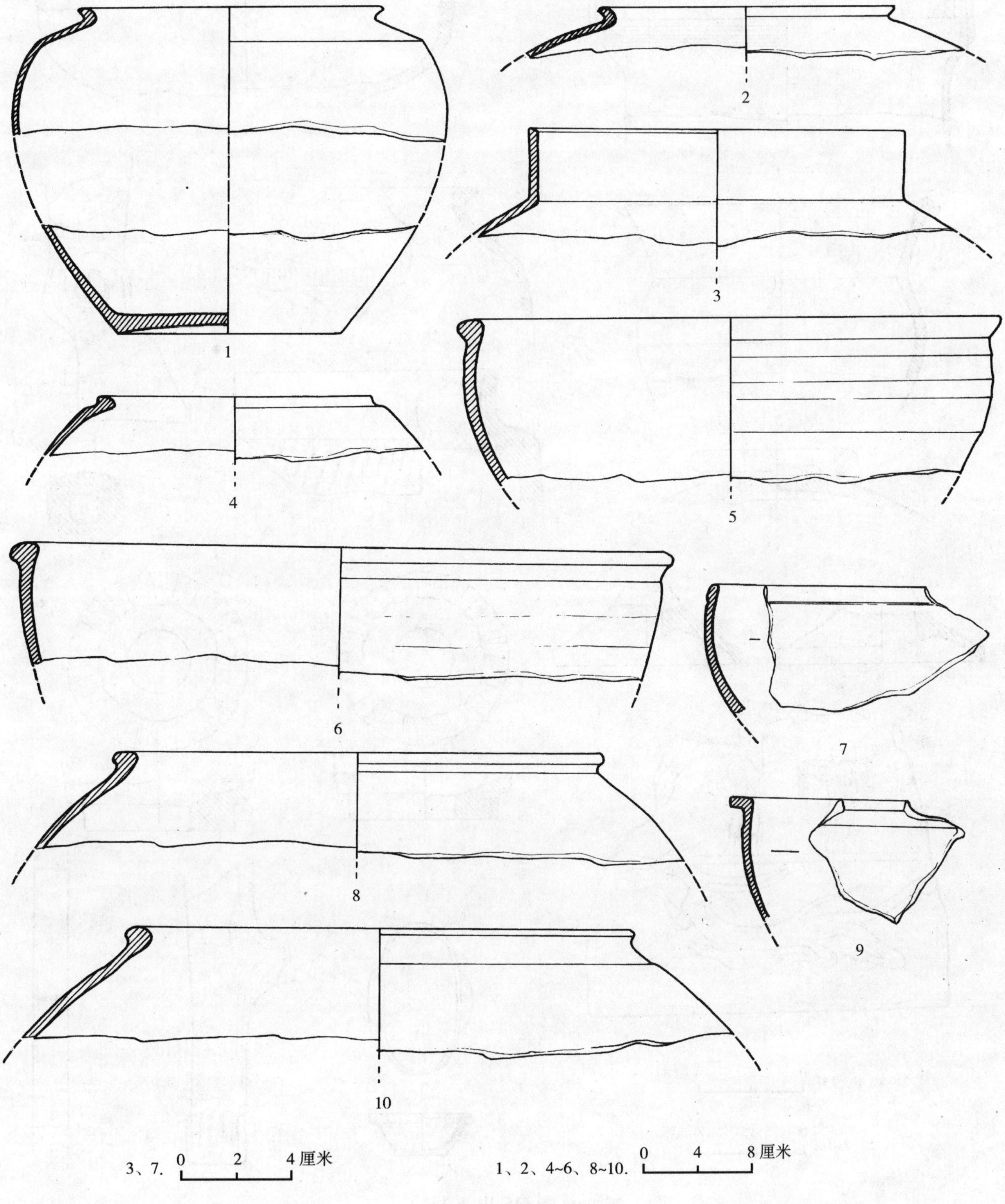

图一二七　紫 M5 出土器物（一）

1 ~4、8、10. 陶罐（M5∶6、M5∶14、M5∶13、M5∶15、M5∶8、M5∶9）　5、6、9. 陶盆（M5∶10、M5∶11、M5∶16）
7. 陶弧腹钵（M5∶18）

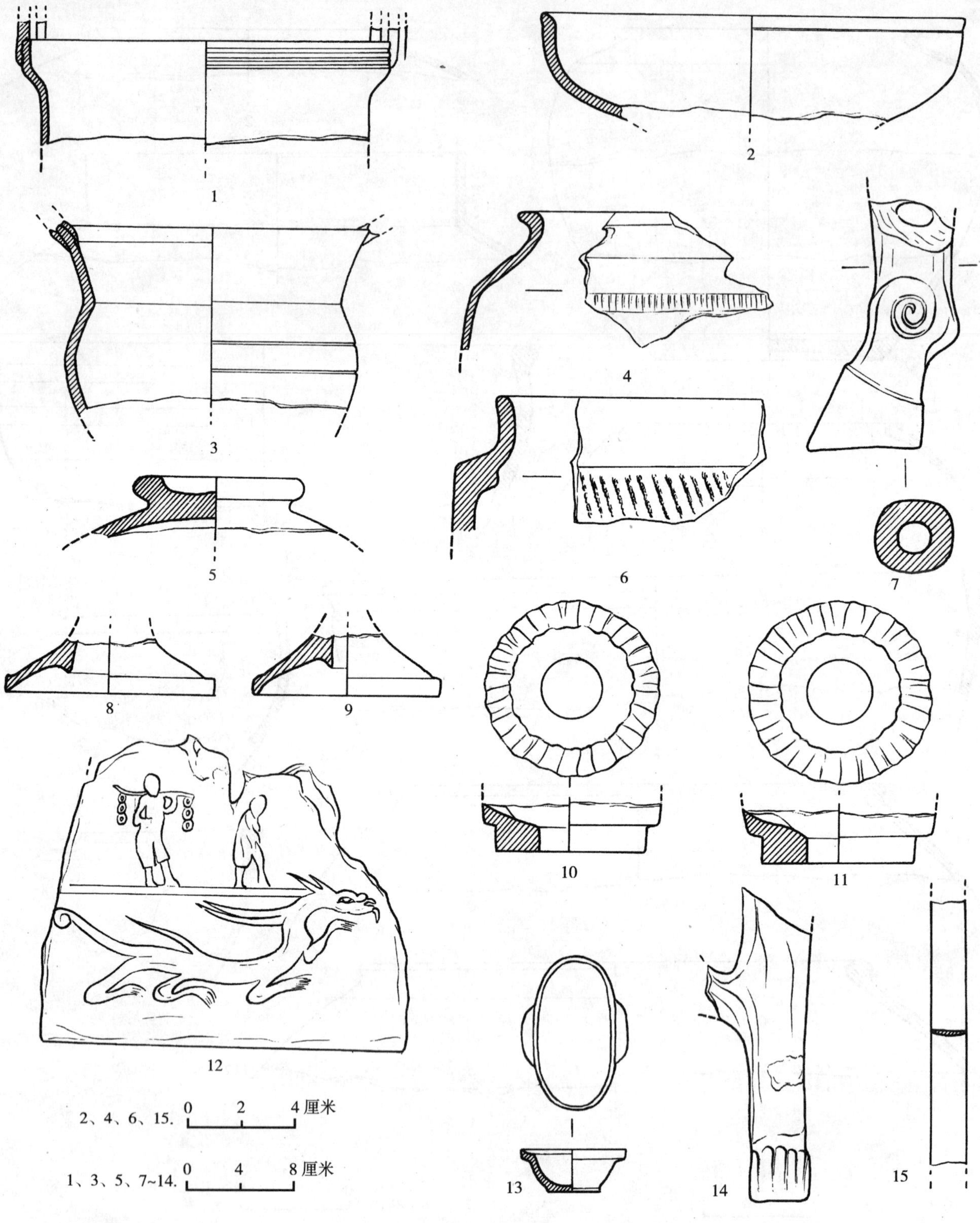

图一二八　紫M5出土器物（二）

1、3. 陶釜（M5：12、M5：7）　2. 陶弧腹钵（M5：20）　4. 陶罐（M5：17）　5. 陶器盖（M5：24）　6. 陶筒瓦（M5：29）　7. 陶马蹄（M5：37）　8、9. 陶器座（M5：27、M5：28）　10、11. 陶车毂（M5：25、M5：26）　12. 陶摇钱树座（M5：40）　13. 陶耳杯（M5：1）　14. 陶狗（M5：38）　15. 铜管状器（M5：39）

残高8.8、口径28厘米（图一二八，1）。

器盖　1件。紫M5∶24，泥质灰陶，轮制。仅余顶部饼状抓手，残高4.5厘米（图一二八，5）。

筒瓦　1件。紫M5∶29，泥质灰陶，轮制。断面弧度为半圆，表面施斜直线粗绳纹，一端有与瓦垄衔接的筍口。残长5.2厘米（图一二八，6）。

车毂　2件。紫M5∶25和紫M5∶26，泥质灰褐陶，轮制。毂为圆形，两两相对合并而成，周围有榫眼一周以装辐，毂内壶中以贯穿车轴。分别残高2，直径6.5厘米（图一二八，10、11）。

器座　2件。泥质灰褐陶，轮制。均余喇叭状器座。紫M5∶27，残高4.8厘米（图一二八，8）；紫M5∶28，残高4厘米（图一二八，9）。

耳杯　1件。紫M5∶1，泥质灰褐陶，椭圆形杯身，平底，矮假圈足。高3.6、长径14.5、连耳宽8厘米（图一二八，13）。

摇钱树座　1件。紫M5∶40，夹细砂红褐陶，模制，中空。座体下部纹饰分两层，下层模塑翼龙一条，龙头生双角，吐舌，背生双翼，长尾，四足伸腾，作飞翔状。上层纹饰有两人，前一人背负包袱作负重前行状；后一人肩挑扁担，扁担两端分别悬挂方孔圆钱一串。残高24厘米（图一二八，12；图版一二六）。

马蹄　1件。紫M5∶37，夹细砂灰褐陶，模制。余马蹄。残高19.5厘米（图一二八，7）。

舞俑　1件。紫M5∶5，夹细砂红褐陶，模制。残，头梳高髻，右手上举。残高19.5厘米（图一二九，5）。

男拱立俑　5件。夹细砂红褐陶，模制，中空。形制相同，内衬圆领衣，外着右衽交领长袍，双手笼于袪中，拱立状。紫M5∶2，头戴平上帻，高26.5厘米（图一二九，1）；紫M5∶4，头残，残高18厘米（图一二九，9）；紫M5∶19，残高12.8厘米（图一二九，4）；紫M5∶22，腰有围腰，残高17厘米（图一二九，7）；紫M5∶31，残高16厘米（图一二九，6）。

男俑头　2件。夹细砂红褐陶，模制。紫M5∶35，头戴平上帻，残高12厘米（图一二九，2）；紫M5∶21，头戴平巾帻，残高11.2厘米（图一二九，3）。

陶羊　1件。紫M5∶36，夹细砂灰陶，模制，中空。大眼，弯角、蹲卧状，后部残。残高21厘米（图一二九，12；图版一二八）。

子母鸡　1件。紫M5∶23，夹细砂红褐陶，模制，中空。小头，低冠，敛翼，蹲卧状，双翼下分别伸出一小鸡头，背负小鸡一只。高15.5厘米（图一二九，13）。

男俑足　1件。紫M5∶33，泥质红褐陶，穿履。残高6.8厘米（图一二九，10）。

陶狗　2件。模制。紫M5∶32，夹细砂灰陶，余腿。残高12.5厘米（图一二九，8）；紫M5∶38，夹细砂灰褐陶，余左前腿。残高24厘米（图一二八，14）。

石器

俑　1件。紫M5∶3，青褐色砂岩质，颈部残，着长袍，双手笼于袪中，拱立状，用朱彩绘出面部五官和头发（图一二九，11；图版一二七）。

铜器

铜管状器　1件。紫M5∶39，残，管状。残长9.8、直径1.4厘米（图一二八，15）。

图一二九　紫 M5 出土器物（三）

1、4、6、7、9. 陶男拱立俑（M5：2、M5：19、M5：31、M5：22、M5：4）　2、3. 陶男俑头（M5：35、M5：21）　5. 陶舞俑（M5：5）　8. 陶狗（M5：32）　10. 陶男俑足（M5：33）　11. 石俑（M5：3）　12. 陶羊（M5：36）　13. 陶子母鸡（M5：23）

六　紫荆湾六号墓（紫 M6）

紫 M6，南距紫 M4 约 11 米，北距的紫 M5 约 8.2 米，墓道遭部分破坏。坐东向西，墓向 300°。为斜坡踏道式三室墓，由墓道、墓门、甬道、前室、中室、后室和侧室、耳室组成，全长 13 米，最宽处 4.05 米。后室与墓道现存开口之间斜坡高差 0.3 米（图一三〇）。

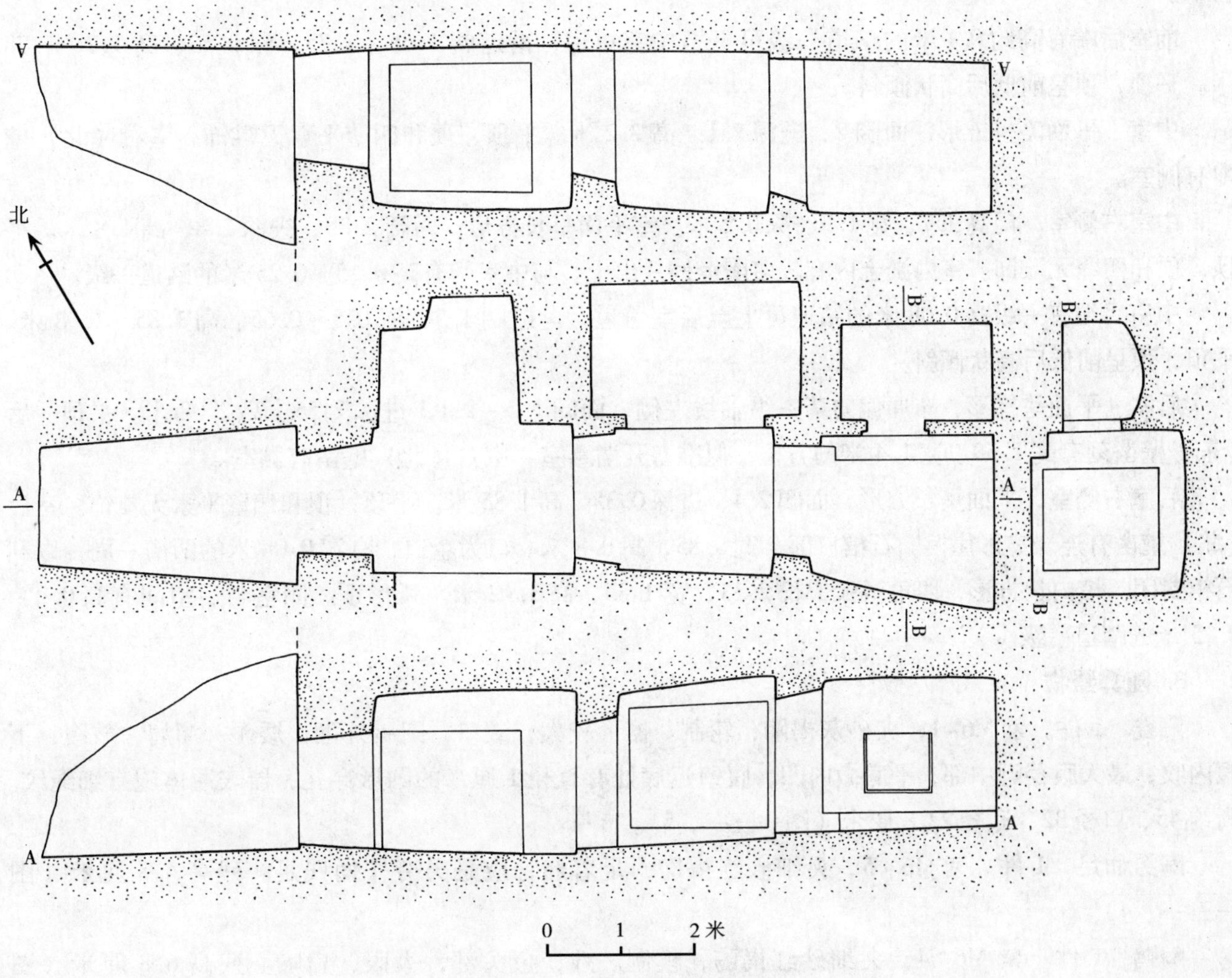

图一三〇　紫 M6 平、剖面图

1. 凿痕

墓道两壁遗有间距较宽的横直线状尖凿痕，墓门门框遗尖点状凿痕。前室、中室和前室侧室均遗有横直线状尖凿痕；中室侧室和后室则遗较粗糙的尖点状凿痕。

2. 形制

墓道　平面呈倒喇叭形，长 3.5、宽 1.6～2.17 米。后端有高 0.1 米的踏道一级进入墓门。

墓门　高 1.4、宽 1.35 米。门后接短甬道，平顶，顶呈前低后高状倾斜，阔 1.35～1.55、深 1、高

1.45~1.6米。

前室　平面呈进深大于面阔的长方形，面阔2.03、进深2.7、高2.23米。平顶，顶和四壁平素无雕饰。室左右（南北）两壁都凿有侧室、耳室。

前室左耳室，顶部岩体崩塌，因安全原因未作清理，情况不明。面阔1.85米。

前室右侧室，平面呈曲尺形，面阔1.9~1.1、进深1.35~1.75、高1.65米。平顶，顶和四壁无雕饰。室西北角上部打破紫M5前室左耳室东南角，并形成一方形洞，室西北角下部则向内凸出呈台状。

前室后端有高约0.1米的踏道一级可上至中室甬道，甬道阔1.65~1.75、深0.55、高1.7~1.78米。平顶，顶呈前低后高状倾斜。

中室　平面略呈方形，面阔2、进深2.1、高2.2米。平顶，顶和四壁平素无雕饰。室右（北）壁凿有侧室。

中室右侧室，门高1.7、宽1.9、深0.2米。室平面呈长方形，面阔2.85、进深1.8、高1.8米。平顶，顶和四壁无雕饰。室内淤土内有较多陶棺残片出土。与中室间有高0.15~0.25米的踏道一级。

中室后端有一级高0.08米的踏道可上至后室甬道，甬道阔1.5、深0.5~0.65、高1.85~1.98米。平顶，顶呈前低后高状倾斜。

后室　平面呈梯形，布局偏向墓室纵轴线左侧，面阔1.5~2.1、进深2.55、高2.08米。平顶。后（东）壁凿刻有高1.58、宽1.4米的方框，似准备开凿墓室。室右（北）壁凿有侧室。

后室右侧室，平面呈长方形，面阔2.4、进深0.35、高1.85米。平顶，顶和四壁平素无雕饰。室后（北）壁凿有连岩龛形崖棺。石棺口部，宽0.85、高0.8米。口为企口，有宽0.08米的凹槽一周，以利石棺封闭。棺内长方形，四角微弧，长2.13、宽1.35、高1.12米。弧形顶。侧室与后室间有高0.2~0.25米的踏道一级。

3. 随葬器物

陶瓮　1件。紫M6:1，夹砂灰褐陶，轮制。器形较大，敛口，圆唇外翻，矮领，溜肩，鼓腹，下腹内收，最大腹径近中部，平底微内凹，腹壁近底处有直径1厘米的圆形穿孔，器表通体施有细绳纹。高约45、口径32、底径22.8厘米（图一三一，5）。

陶男俑足　1件。紫M6:5，夹细砂红褐陶，足着履，应是男劳作俑残足。残高4.8厘米（图一三一，4）。

陶鸭　1件。紫M6:4，夹细砂红褐陶，模制。残，余头部，大眼，扁嘴。残高6.8厘米（图一三一，3）。

陶狗　1件。紫M6:2，夹细砂红褐陶，模制。残，余左后腿，腿部肌肉健壮。残高15.5厘米（图一三一，1）。

陶兽头　1件。紫M6:3，泥质灰陶，模制。头部长方形，吻部长，有圆形鼻孔，头上圆锥状双角稍残。残高10.5厘米（图一三一，2；图版一二九）。

铜钱　4枚。均为磨郭五铢钱，圆形，方穿，穿之两侧有篆文“五铢”二字（图一三二，1~3）。（详见铜钱统计表）

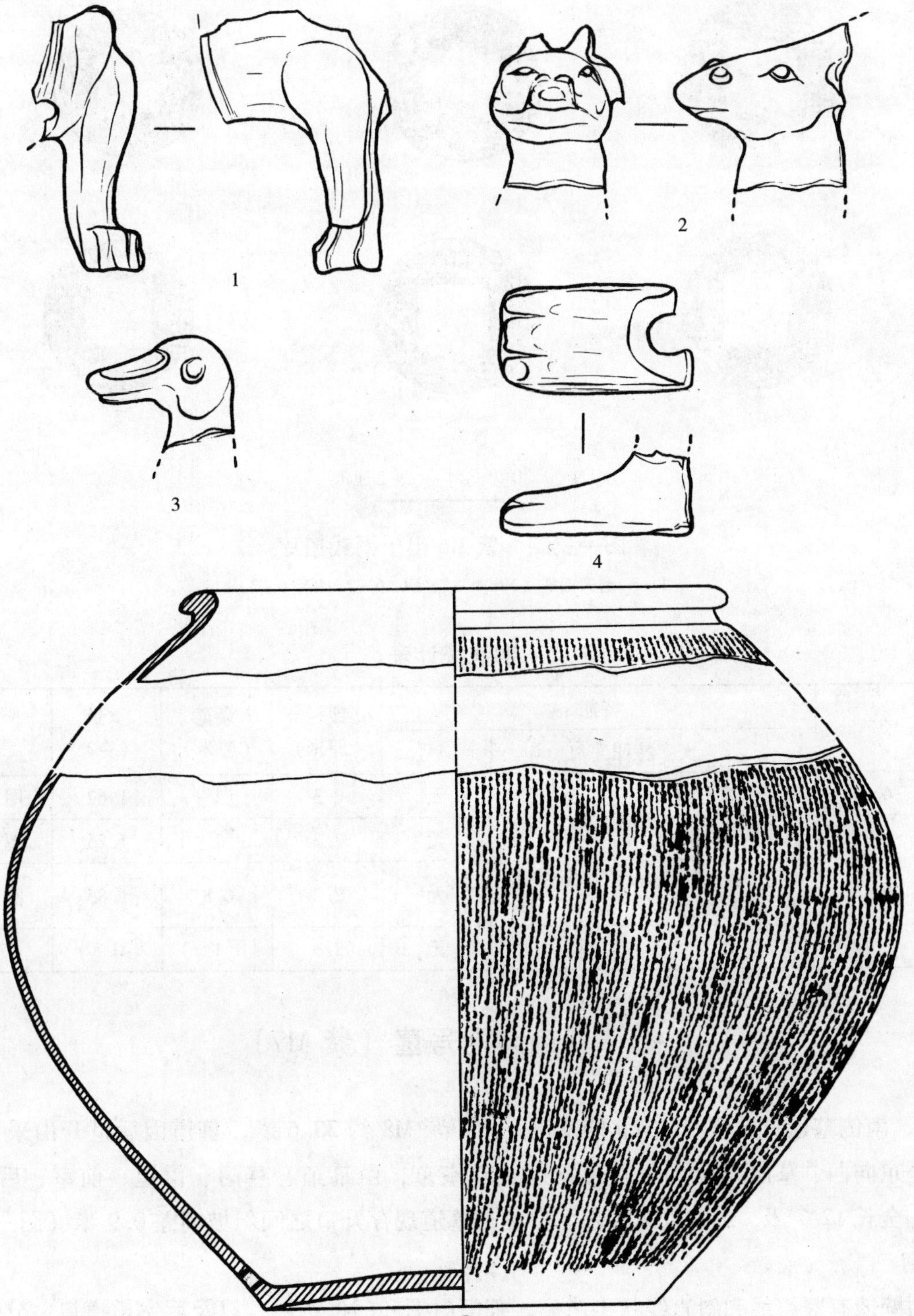

图一三一　紫 M6 出土器物

1. 陶狗（M6∶2）　2. 陶兽头（M6∶3）　3. 陶鸭（M6∶4）　4. 陶男俑足（M6∶5）　5. 陶瓮（M6∶1）

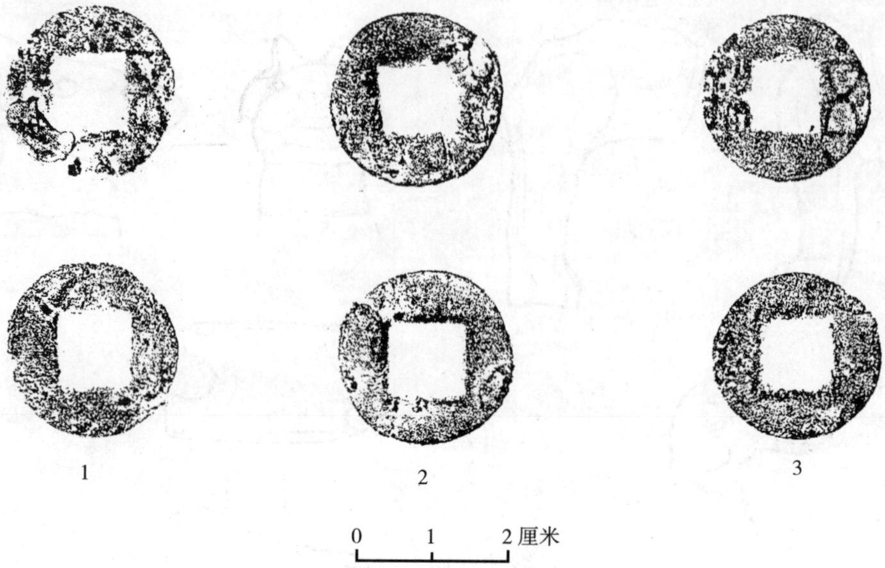

图一三二　紫 M6 出土铜钱拓片

1～3. 磨郭五铢（M6：6－1、M6：6－2、M6：6－3）

铜钱统计表

种类	编号	特征		钱径（厘米）	穿宽（厘米）	重量（克）	备注
		文字特征	记号				
磨郭五铢	6－1	钱文锈蚀不清	无	2.3	1	1.62	图一三二，1
磨郭五铢	6－2	钱文锈蚀不清	无	2.3	1	1.25	图一三二，2
磨郭五铢	6－3	"朱"字上下圆折，"五"字宽大，竖划缓曲	无	2.2	0.8	1.85	图一三二，3
磨郭五铢	6－4		无	2.3	1	0.8	残

七　紫荆湾七号墓（紫 M7）

紫 M7，南侧墓道打破紫 M5 的北侧墓道，北距紫 M8 约 33.6 米，墓道因后世开山采石，已遭部分破坏。坐东向西，墓向 245°。为斜坡踏道式双室墓，由墓道、墓门、甬道、前室、后室和侧室、耳室组成，全长 12.7 米，最宽处 5.1 米。后室与墓道现存开口之间斜坡高差 0.9 米（图一三三）。

1. 凿痕

墓道两壁遗有竖直线和斜直线状尖凿痕。墓门门楣和门框两侧，以及后室甬道口，分别用斜直线组成的菱形编席纹装饰（图一三四）。前室及其左侧室、右后侧室的四壁，打磨平整，遗有宽刃平凿痕。前室以及右后侧室顶则遗有直线状尖凿痕。前室左前耳室、后室室顶、右壁以及后室右侧室均遗较粗糙的点状尖凿痕，后室左壁则经打磨后显得较平整。

2. 形制

墓道　左（南）侧残长 2.8、右（北）侧残长 0.75、宽 2.05 米。底由内向外倾斜。墓道后端墓

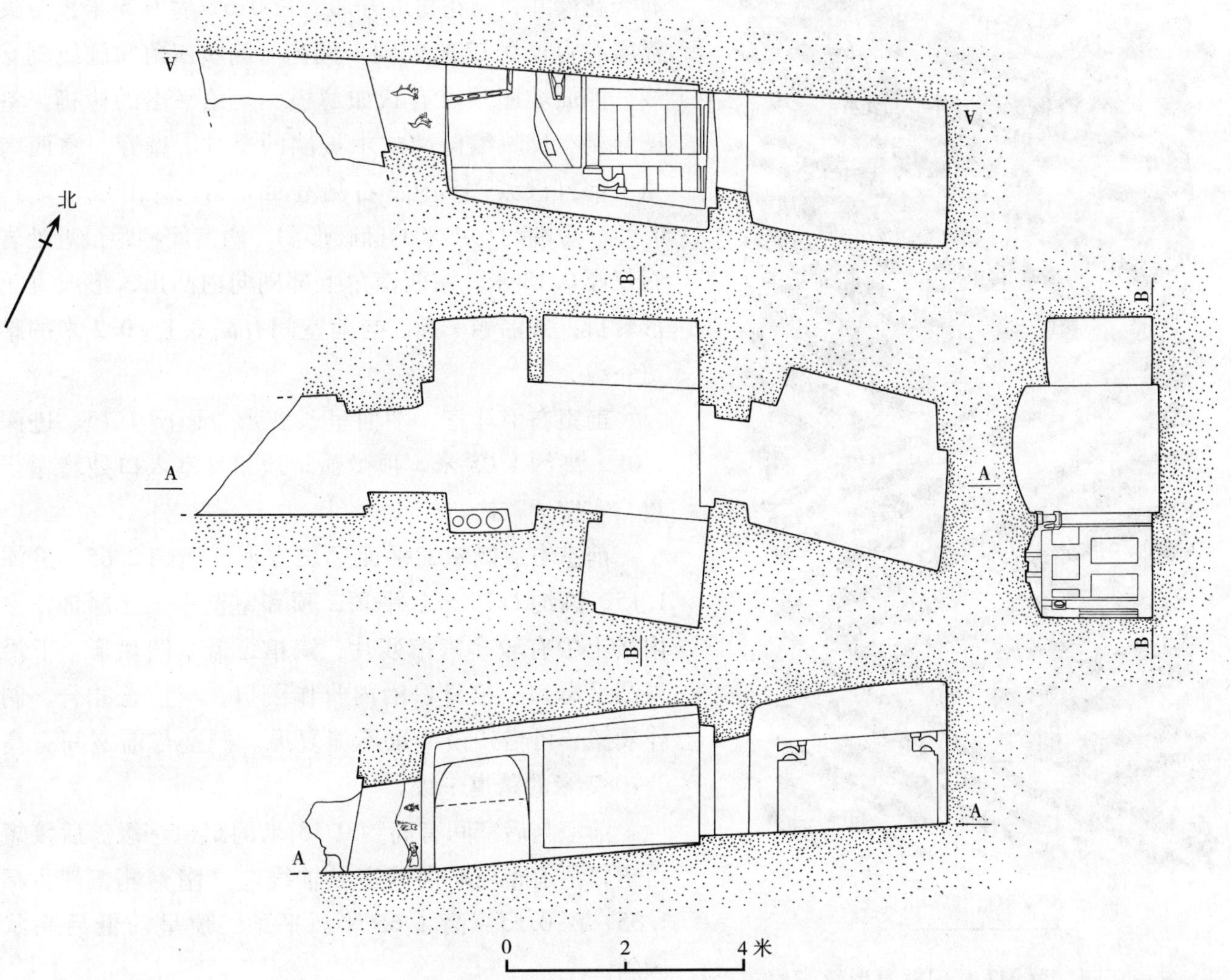

图一三三　紫 M7 平、剖面图

门开凿面岩石，向内倾斜，夹角较小。

墓门　有双层门框，宽 1.35、高 1.4 米。门后接短甬道，阔 1.35～1.5、深 1.35、高 1.4～1.55 米。平顶，呈前低后高状倾斜。甬道左壁有奔马画像；右壁也分别有鱼和门吏等画像。

前室　平面呈进深大于面阔的长方形，面阔 2.15、进深 4.5～4.7、高 2.35 米。平顶，顶平素无雕饰，呈前低后高状倾斜。室左右（南、北）两壁分别凿有前后两个侧室、耳室。室左壁前后耳室与侧室间，雕凿有水井模型。

前室左前耳室，为庖厨用房。平面呈长方形，面阔 1.55、进深 0.7、高 1.7 米。平顶，顶和室壁无雕饰。室右壁上部壁面倾斜，上凿小壁龛，龛阔 0.25、深 0.18、高 0.18 米。室西南角凿连岩单火塘石灶台，高 0.35～0.55、宽 0.4、深 1.05 米。长方形灶门，圆形火塘。火塘后烟道凿有两圆形开口，以利用余火。室底与前室底持平。

前室左后侧室，其入口处右侧，浮雕有四方立柱，柱顶栌斗，柱上部墓门一侧施丁头栱，栱托散斗与门上沿相接。侧室平面略为方形，面阔 2、进深 1.75～1.9、高 2.1 米。覆斗形顶。顶部中央凿

图一三四 紫M7墓门框菱形纹凿痕拓片

有天花藻井，天花枋近方形，长0.6、宽0.5米，中央浮雕有直径0.17米的圆。天花与侧室四角间施线刻脊线，四面坡屋顶雕有状如薄板、至角平出的椽桷。室壁雕刻有反映编壁墙或木板墙的壁柱、壁穿。室西南角下部打破紫M5中室右侧室西北角，并形成长端约0.95、短端约0.4米的椭圆形洞，两室间相距最近处岩石仅厚0.18米。室西南角上部则向内凸出，形成直角形转折，并浮雕一圆。与前室间有高0.1~0.2米的踏道一级。

前室右前耳室，平面呈长方形，面阔1.15、进深1.05、高约1.05米。顶微弧。顶和耳室入口处垮塌严重，室壁无雕饰。

前室右后侧室，平面呈长方形，面阔2.65、进深1.15、高约1.75米。平顶，顶和室壁平素无雕饰。室内淤土中有较多陶棺残片，陶棺，盖呈圆弧形，下沿外凸呈母口，棺身口沿内收作子口，与棺盖扣合。制作规整，可惜残损严重不能复原。侧室与前室间有高0~0.2米的踏道一级。

前室与后室间有高约0.15米的踏道一级。后接短甬道，甬道布局略向墓室纵轴线左（南）侧偏斜，阔1.35、深0.55、高1.65米。平顶，顶呈前低后高状倾斜。

后室　平面布局向纵轴线左（南）侧偏斜，略呈平行四边形，面阔2.1、进深3.5、高2.45米。圆弧形顶，似砖室券顶。室顶部平素无雕饰，呈前低后高状倾斜。室内淤土中出土有较多长方形花边砖和砌砖棺所用的素面长条形榫卯砖、曲尺形拐角砖和长条圆弧形顶盖砖。花边砖长34、宽24、厚8.5厘米，长、短端分别模印有菱形·璧纹和菱形纹（图一三五）。室右（北）壁凿有侧室。

后室右侧室，其入口处左（东）侧，雕有四方立柱，柱上施丁头栱，与入口处右（西）侧丁头栱同承侧室门楣。侧室平面呈前窄后宽梯形状，面阔2.6~3.9、进深0.75、高约1.6米。平顶，顶和室壁平素无雕饰。

3. 画像雕刻

主要分布于前室及其甬道两侧壁，共计5幅。

奔马（图一三六），位于前室甬道左壁，高17、长29厘米。立耳，大眼，张嘴，颈前伸，扬尾，奋蹄飞奔状。

鱼，位于前室甬道右壁，两幅，一幅鱼长17、宽10厘米，尖头，纺锤形鱼身，短鳍（图一三七）；另一仅刻鱼骨架，长23.5、宽14厘米（图一三八）。

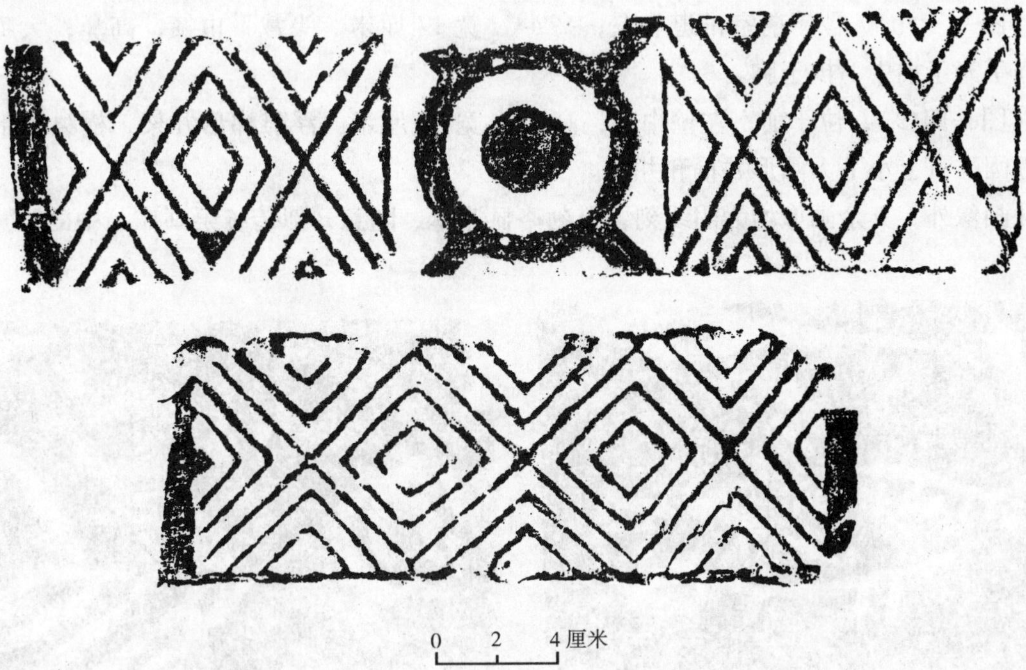

图一三五　紫 M7 出土墓砖拓片

菱形·璧纹（长端）　菱形纹（短端）

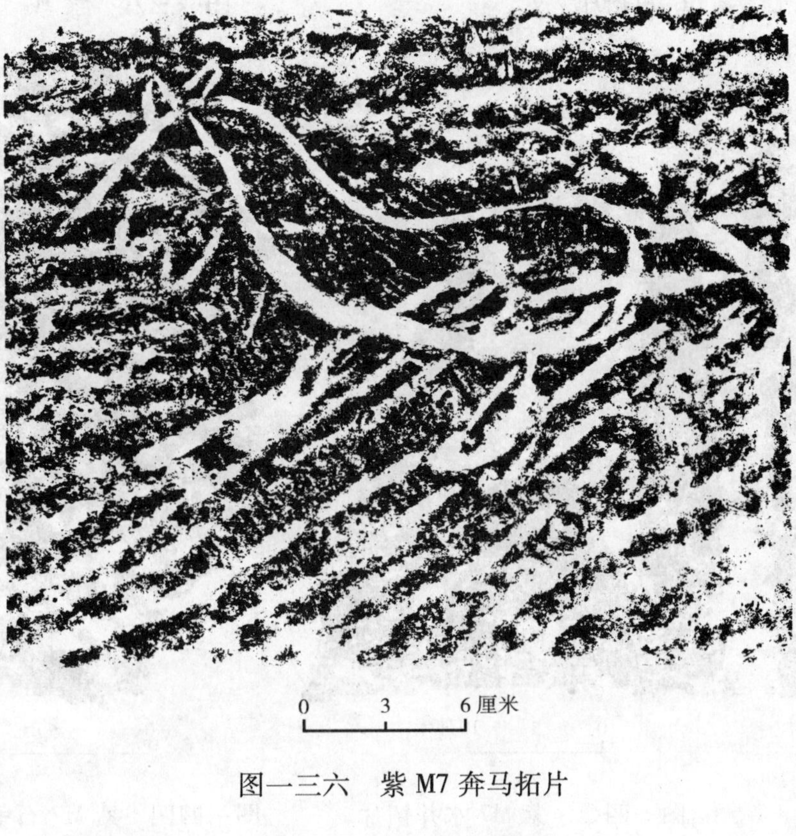

图一三六　紫 M7 奔马拓片

门吏（图一三九），位于前室甬道右壁，高 44、宽 17 厘米。头戴平巾帻，高鼻，大嘴，身着圆领长袍，双手笼于袖中，拱于胸。

水井（图一四〇），位于前室左壁中部，高 38、宽 32 厘米。浮雕梯形井架，横梁中部似施有轱辘，架下近圆雕有上小下大圆形井桶和井圈。

除水井画像外，其余画像均为阴线刻，雕刻略显潦草、随意，似传统绘画作品中的写意画。

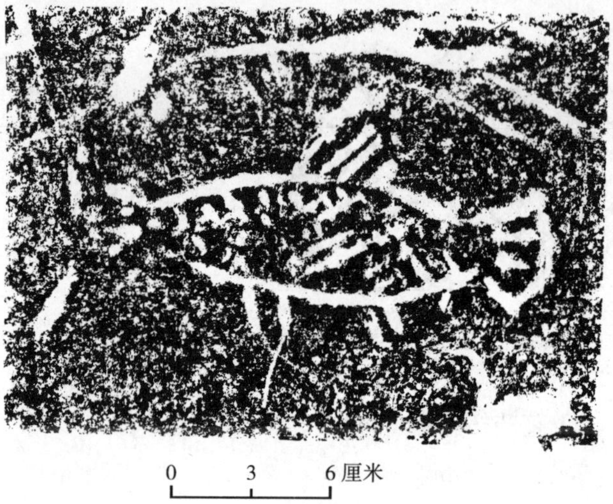

图一三七　紫 M7 鱼拓片

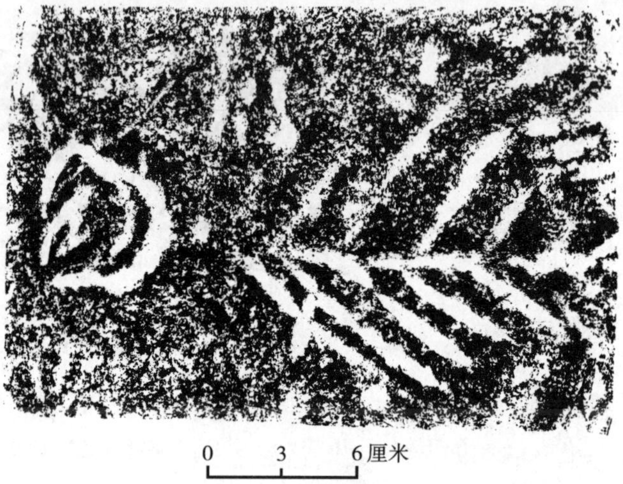

图一三八　紫 M7 鱼拓片

图一三九　紫 M7 门吏拓片

图一四〇　紫 M7 水井拓片

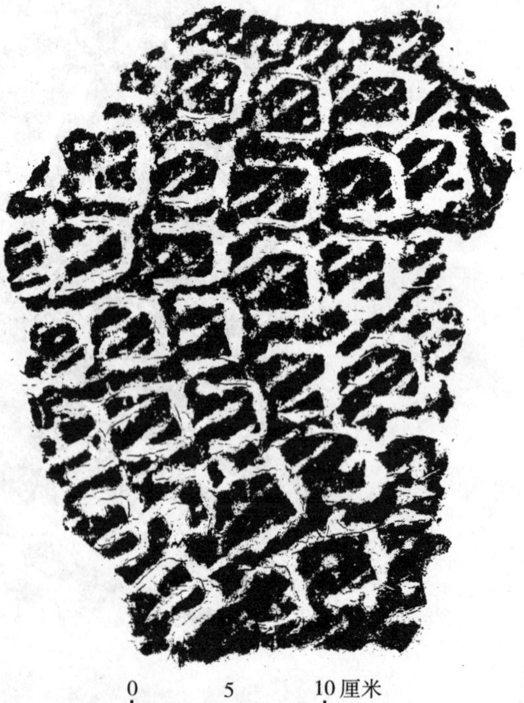

图一四四　紫 M7 石龟座（紫 M7：19）

4. 随葬器物

陶器

罐　3件。泥质灰陶，轮制，均残，余口和上腹部。紫M7∶4，侈口，圆唇，沿外翻，束颈，溜肩，上腹施短竖条绳纹带一周。残高4.2、口径11厘米（图一四一，2）；紫M7∶6，敛口，圆唇，沿下沿外凸，无领，直弧腹，上腹施有对称弧形附耳。残高8、口径31.5厘米（图一四一，1）；紫M7∶8，直口，方唇内斜，直领，广肩，肩部施凸弦纹两道。残高4.5、口径12厘米（图一四一，5）。

盆　2件。轮制，下腹和底部残。紫M7∶3，泥质灰褐陶，敛口，圆唇，折沿，沿上施细划纹，斜弧腹。残高6、口径36厘米（图一四一，3）；紫M7∶5，泥质灰褐陶，敞口，方唇，卷沿中空，斜直腹。残高8、口径44厘米（图一四一，4）。

耳杯　2件。形制相同，泥质灰陶，椭圆形杯身，平底，矮假圈足。紫M7∶1，高4.5，长径14、连耳宽10.5厘米（图一四一，7）；紫M7∶2，残，新月形耳微上翘。高4、残长径11.5、残宽8.5厘米（图一四一，8）。

陶灯　1件。紫M7∶7，泥质灰陶，座、柄和灯盘分别轮制后粘接而成。覆碗状底座，敛口，上施凹弦纹两周，圆柱形柄和灯盘上部残。残高约18、底径16厘米（图一四一，9）。

庖厨俑　1件。紫M7∶10，夹细砂红褐陶，合模制成。坐姿，身前置有案几。头戴圆顶帻，帻圈前罩中央有圆饰，圆饰两侧施相对三角形装饰。颈上圆领一层，外着交领长袍，长袖上卷，右手置刀，左手捉鱼，在几上作宰割状。高22.8厘米（图一四二，4；图版一三〇）。

男俑头　4件。合模制作。紫M7∶14，夹细砂灰褐陶，头戴圆顶帻。残高8.2厘米（图一四二，1）；紫M7∶15，夹细砂红褐陶，头顶残。残高10.2厘米（图一四，2）；紫M7∶16，头戴圆顶帻。残高14厘米（图一四二，3）；紫M7∶17，头戴圆帽，顶稍残。残高12.2厘米（图一四二，5）。

案　又称桉案，1件。紫M7∶11，残，泥质红陶，火候较低。长方形案面，浅盘，四周突起边棱一周，平底，无足。缘高1.8、残长13、宽9.5厘米（图一四二，6）。

车軎　2件。泥质灰陶，合模制成。形制相同，盖钮状，口沿施凹弦纹一道，腹部施凹弦纹三道。紫M7∶12，口部残，残高5.3、口径约7厘米（图一四二，7）；紫M7∶13，高6.5、口径7厘米（图一四二，8）。

摇钱树座　1件。紫M7∶9，残，夹细砂红褐陶，模制。余顶部插钱树的圆柱，柱中空，顶端饰凸弦纹两周，中部饰凹弦纹两周，柱外贴塑一人紧抱立柱。残高14.5厘米（图一四二，9）。

车轮　2件。紫M7∶20和紫M7∶21，形制、大小相同，夹砂黑褐陶，圆弧形车辋外缘薄，内沿厚；长条形车辐近辋端呈圆柱形，靠车轴端横剖面为方形；毂为圆形，两两相对合并而成，周围有榫眼一周以装辐，毂内壶中贯穿圆形车轴，车轴末端套有軎。外径0.8、内径0.68、辋宽0.12厘米（图一四三，1、2）。

石器

石龟座　1件。紫M7∶19，残，青褐色砂岩质，上雕龟甲纹，中有直接约4厘米的圆穿。高10.5、残长35.2、残宽24.5厘米（图一四一，6；图一四四）。

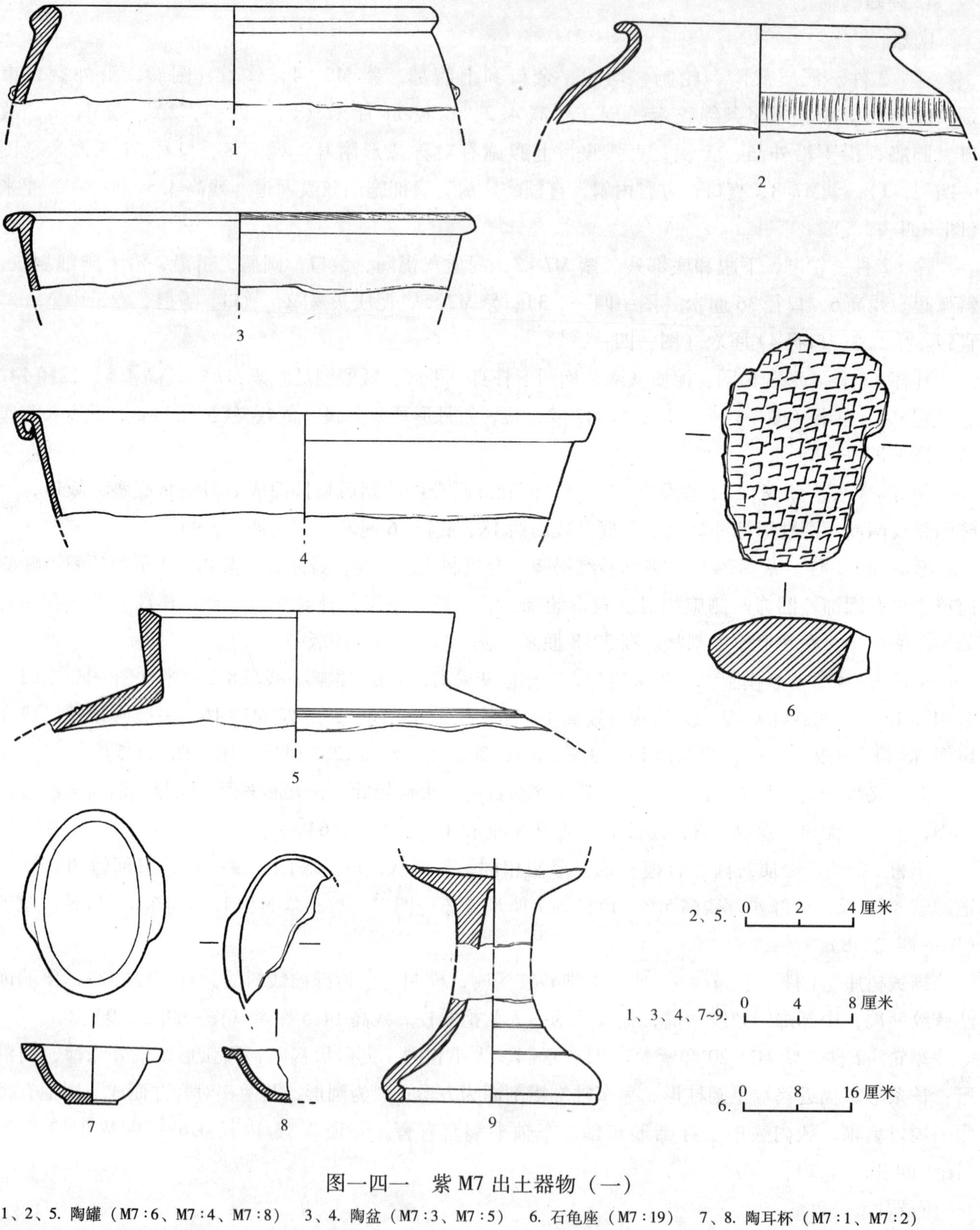

图一四一　紫 M7 出土器物（一）

1、2、5. 陶罐（M7:6、M7:4、M7:8）　3、4. 陶盆（M7:3、M7:5）　6. 石龟座（M7:19）　7、8. 陶耳杯（M7:1、M7:2）　9. 陶灯（M7:7）

图一四二　紫 M7 出土器物（二）

1～3、5. 陶男俑头（M7：14、M7：15、M7：16、M7：17）　4. 陶庖厨俑（M7：10）　6. 陶案（M7：11）
7～8. 陶车軎（M7：12、M7：13）　9. 陶摇钱树座（M7：9）

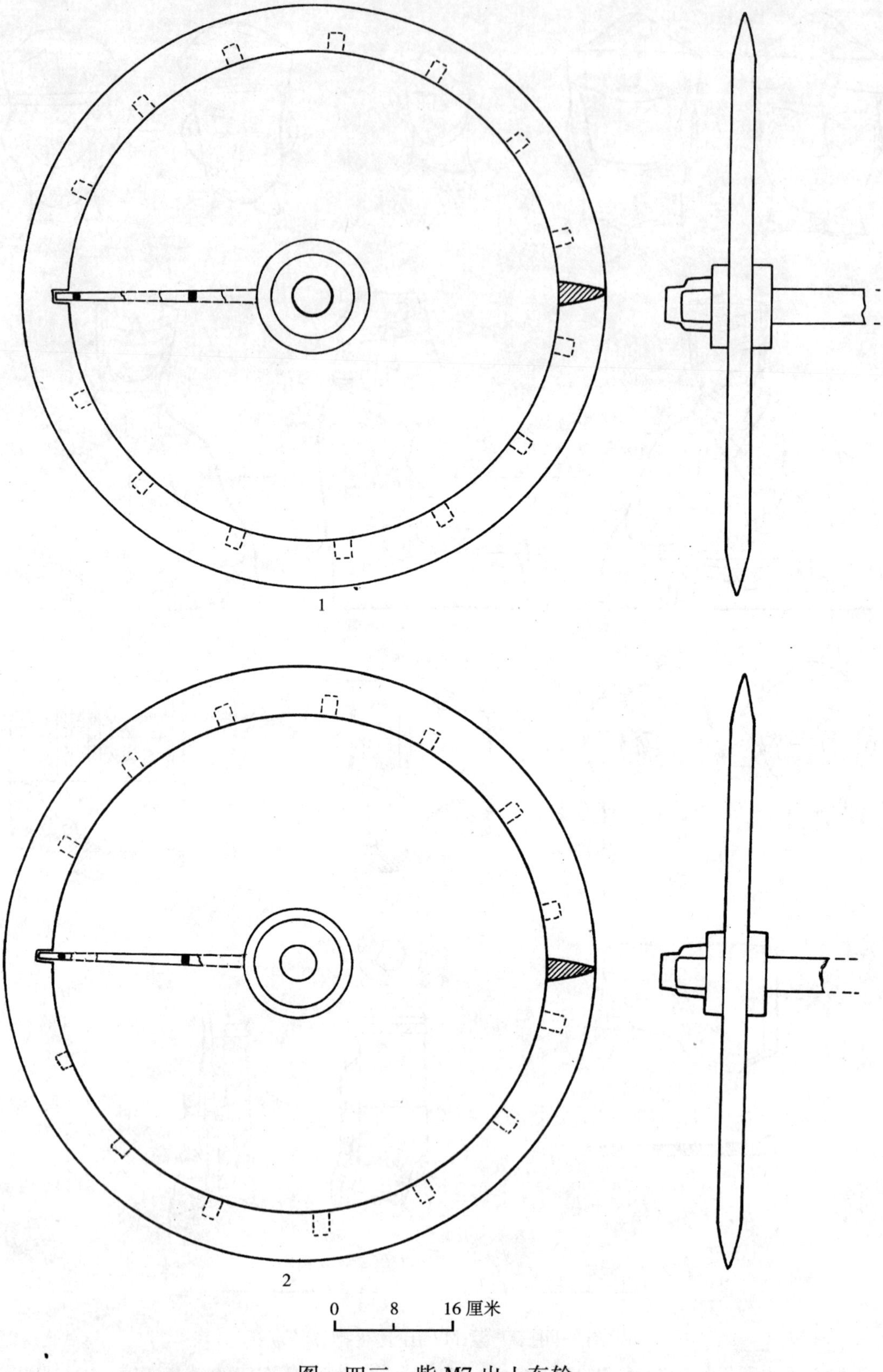

图一四三　紫M7出土车轮

1. 车轮（M7:20）　2. 车轮（M7:21）

八　紫荆湾八号墓（紫 M8）

紫 M8，南距紫 M7 约 33.6 米，北距的紫 M10 约 15.5 米，墓道、墓门已毁，前室左侧室也遭部分破坏。坐东向西，墓向 290°。为斜坡踏道式三室墓，现由前室、中室、后室和侧室、耳室组成，全长约 12 米，最宽处 4.63 米。后室与墓道现存开口之间斜坡高差 1.3 米（图一四五）。

1. 凿痕

墓道和墓室开凿较规整，基本沿纵轴线左右分布。墓道遗有间距较宽的斜直线状尖凿痕，前室、中室以及侧室、耳室，都遗有横直线状尖凿痕。后室壁雕凿粗糙，遗有较深的点状尖凿痕。前室和后室左侧室内的龛形崖棺内壁雕凿较粗糙，遗有点状尖凿痕。

2. 形制

墓门　已毁。门后短甬道顶部也已损毁，左壁残长 0.8、右壁残长 1.1、宽约 1.5 米。

前室　平面呈进深大于面阔的长方形，进深 2.92、面阔 1.67、高 2 ~ 2.15 米。平顶，顶部和室壁平素无雕饰。室左右（南北）两壁分别凿有侧室、耳室。

前室左侧室，侧室和室内连岩龛形崖棺的左（西）部，因开山采石已遭破坏。平面呈长方形，面阔 2.25、进深 0.6、高 1.25 米。平顶，顶部和室壁无雕饰。室后（南）壁凿有连岩龛形崖棺，崖棺口部宽约 0.98、高 0.75 米，有单层门框，框宽 0.05 米。棺内长方形，残长 1.58、宽 0.58、高 0.8 米。弧形顶。棺下两端分别半圆雕有蟾蜍形支座。侧室与前室间有高 0.25 米的踏道一级。

前室右耳室，平面呈长方形，面阔 1.45 ~ 1.57、进深 0.95、高 1.4 米。平顶，顶部和室壁无雕饰。与前室间有高约 0.3 米的踏道一级。

前室后端有两级分别高 0.1、0.07 米的踏道与中室甬道相接。甬道阔 1.38 ~ 1.48、深 0.8、高 1.65 米。甬道内有两级均高 0.05 米的踏道与前室后端踏道相连。

中室　平面呈进深大于面阔的长方形，面阔 1.65 ~ 1.75、进深 3.85、高 1.85 ~ 2.05 米。平顶，顶部和室壁无雕饰。室左右（南北）两壁分别凿有侧、耳室。

中室左侧室，平面呈长方形，面阔 3.3、进深 0.9 ~ 1.1、高 1.65 米。平顶。室后（南）壁凿有连岩房屋形石棺，棺外部形象只雕出部分，剩余部分隐入岩石内未雕刻。外部长 2.45、宽 0.4、通高 1.5 米。盝顶状棺盖，雕出三面坡，与棺身相连，长 2.45 ~ 2.7、宽 0.4、高 0.25 米。棺身正面壁厚约 0.1 米，口部阔 0.78、高 0.7 米。棺内长方形，长 2.05 ~ 2.2、宽 1.25、高 0.9 米。弧形顶，顶和壁雕凿较粗糙，棺下两端分别半圆雕有高 0.15、宽 0.25 米的蟾蜍形支座，中部则凿有横剖面高 0.17、宽 0.15 米的横置垫枋。石棺外壁雕刻规整的人字形编席纹。侧室与中室间有高 0.18 ~ 0.28 米的踏道一级。

中室右耳室，为庖厨用房，形制较小。平面为长方形，面阔 1.8、进深 0.5、高约 1.4 米。平顶。底部由东向西倾斜。室东部凿有连岩单火塘石灶台，高 0.4、宽 0.5、深 0.65 米。长方形灶门，圆形火塘，后接长条形烟道。紧靠灶台的室后（北）壁，凿有长方形案龛，阔 1.6、深 0.43、高 0.6 米。耳室与中室间有高 0.35 米的踏道一级。

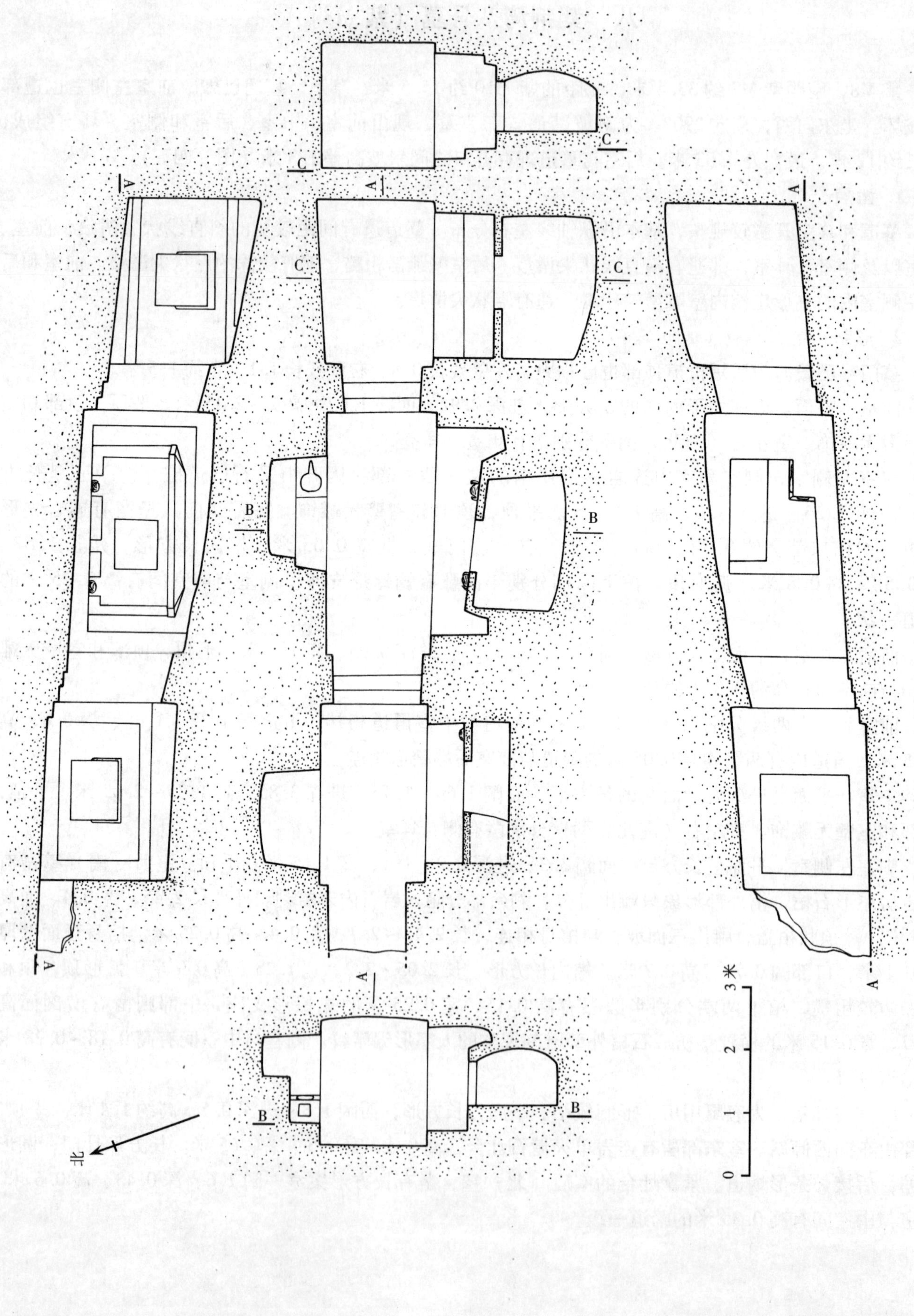

图一四五　紫 M8 平、剖面图

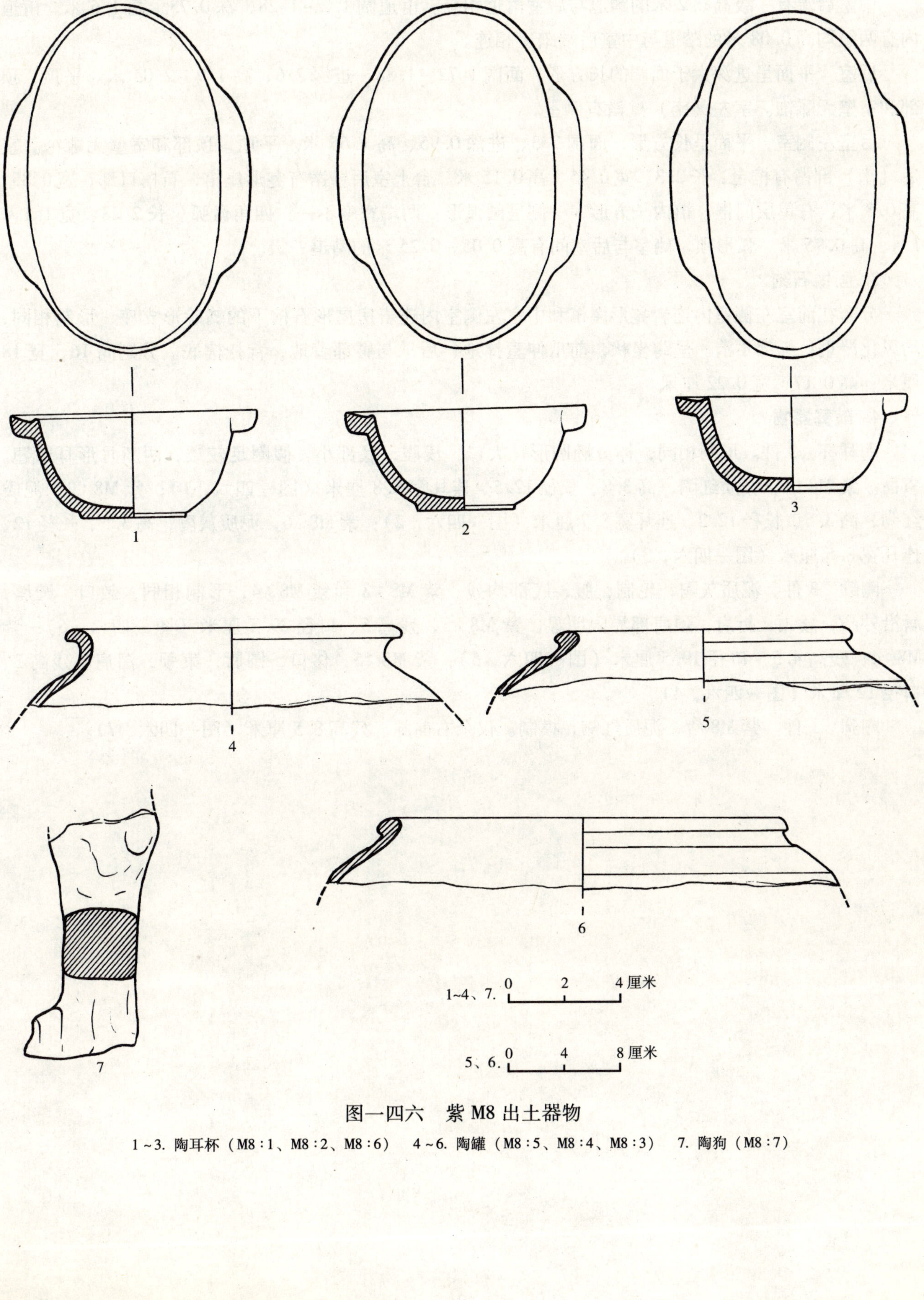

图一四六　紫 M8 出土器物

1~3. 陶耳杯（M8:1、M8:2、M8:6）　4~6. 陶罐（M8:5、M8:4、M8:3）　7. 陶狗（M8:7）

中室后端有一级高 0.2 米的踏道与后室甬道相接。甬道阔 1.2～1.28、深 0.73、高 1.6 米。甬道内有两级均高 0.08 米的踏道与中室后端踏道相连。

后室　平面呈进深大于面阔的长方形，面阔 1.72～1.88、进深 2.6、高 1.9～2.05 米。平顶，顶部和室壁无雕饰。室左（南）壁凿有侧室。

后室左侧室，平面呈长方形，面阔 2.3、进深 0.95、高 1.65 米。平顶，顶部和室壁无雕饰。室后（南）部凿有棺台，长 2.3、宽 0.45、高 0.15 米。台上室后壁凿有龛形崖棺，石棺口部，宽 0.85、高 0.8 米，有单层门框。棺内长方形，一侧呈圆弧形，两端宽度不一，四角微弧。长 2.28、宽 1.1～1.4、高 0.95 米。弧形顶。侧室与后室间有高 0.05～0.25 米的踏道一级。

3. 画像石刻

分布在前室左侧室内连岩龛形崖棺和中室左侧室内连岩房屋形石棺下的蟾蜍形支座，形制相同，均风化严重，细部不清。呈蹲坐状，前爪伸直撑地，后爪与臀部着地，背托棺底。分别高 16、宽 18 厘米；高 0.17、宽 0.22 厘米。

4. 随葬器物

陶耳杯　3 件。形制相同，杯身椭圆形，大口，浅腹，底部小，假圈足较矮，两新月形耳微翘。素面。紫 M8∶1，泥质红陶，高 3.8、长径 12.5、连耳宽 8.8 厘米（图一四六，1）；紫 M8∶2，泥质红陶，高 3.5、长径 12.2、连耳宽 8.7 厘米（图一四六，2）；紫 M8∶6，泥质灰陶，高 3.5、长径 12、连耳宽 8.5 厘米（图一四六，3）。

陶罐　3 件。泥质灰陶，轮制，腹、底部均残。紫 M8∶3 和紫 M8∶4，形制相同，敛口，圆唇，唇沿外凸，矮领，折肩，颈肩部界限明显。紫 M8∶3，残高 5、口径 29.5 厘米（图一四六，6）；紫 M8∶4，残高 4.5、口径 19.5 厘米（图一四六，5）；紫 M8∶5，侈口，圆唇，束颈，溜肩。残高 3、口径 12 厘米（图一四六，4）。

陶狗　1 件。紫 M8∶7，泥质红陶，模制。仅余右前腿。残高 8.5 厘米（图一四六，7）。

九 紫荆湾九号墓（紫M9）

紫M9，位于紫M1和紫M2之间，南临紫M1约2米，北距紫M2约9米。坐东向西，墓向300°。在凿出墓道和部分墓门后，发现距紫M1墓室较近，此处岩体空间太小，已不能继续开凿墓室，所以只能放弃。墓道残长1.25米。墓门仅在右（北）侧凿出高1.4、宽0.65、深0.5米的长方形内凹（图一四七）。已开凿部分均遗有间距较宽的横直线状尖凿痕。

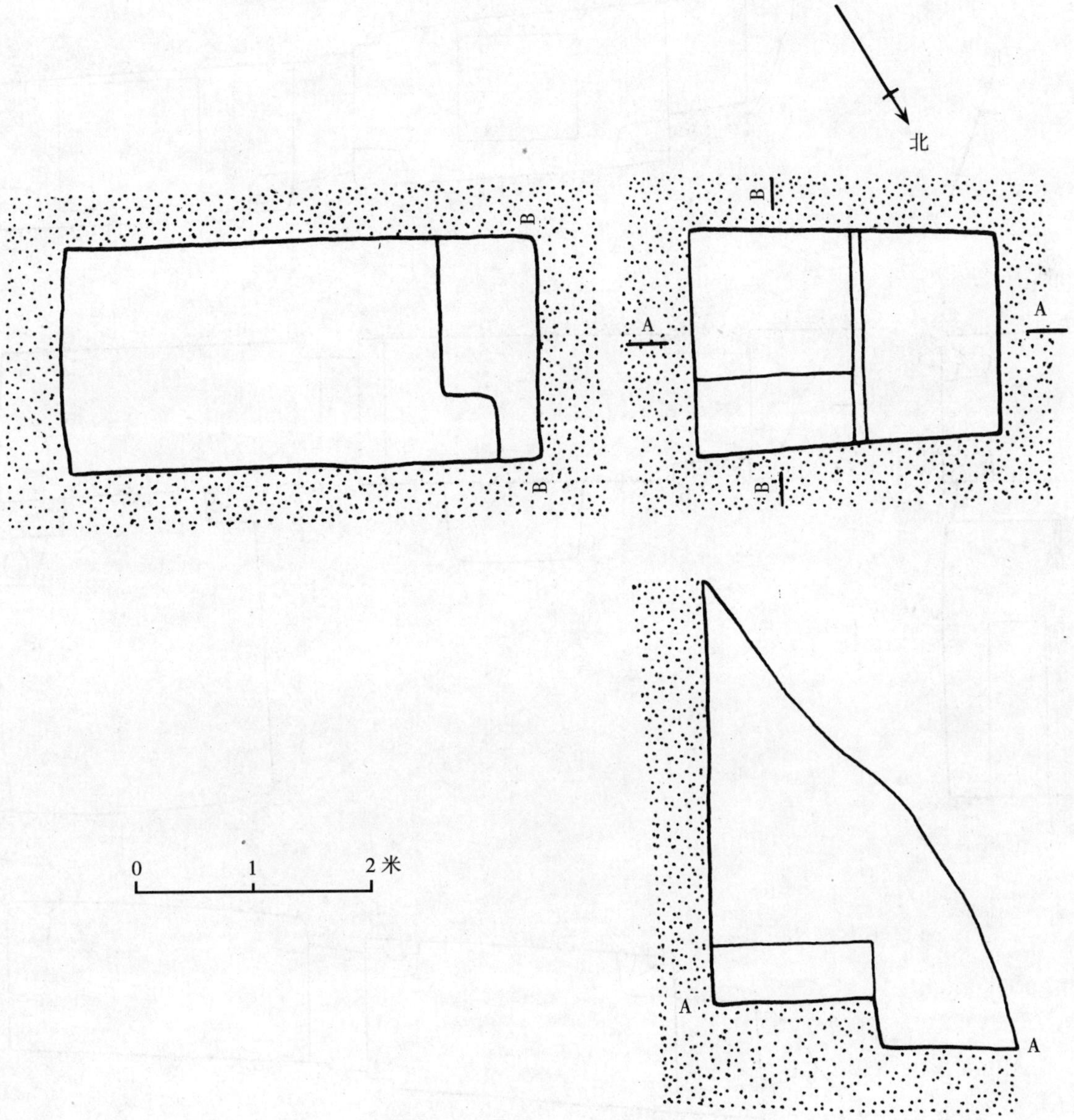

图一四七 紫M9平、剖面图

十　紫荆湾十号墓（紫 M10）

紫 M10，南距紫 M8 约 11.5 米，北距紫 M11 约 78.5 米，墓道因后世开山采石，已遭到严重破坏。坐东向西，墓向 290°。为斜坡踏道式双室墓，由墓道、墓门、甬道、前室、后室和侧室组成，全长 11 米，最宽处 6.2 米。后室与墓门间底部斜坡高差约 1.25 米（图一四八）。

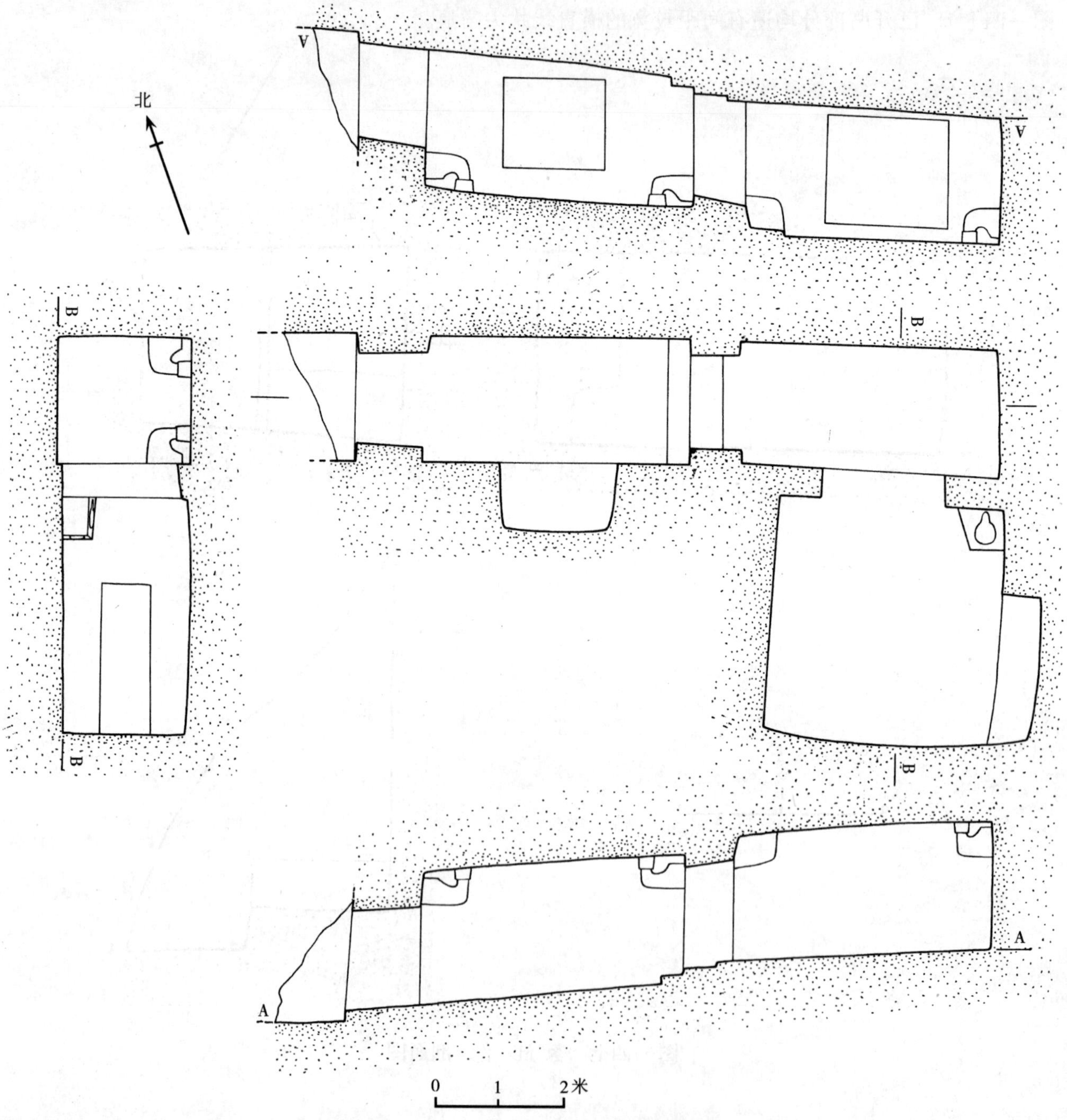

图一四八　紫 M10 平、剖面图

1

2

图一四九　紫 M10 出土墓砖拓片

1. 菱形·璧纹（长端）菱形纹（短端）　2. 三角纹

1. 凿痕

墓道凿痕较粗糙，为间距较宽的横直线与竖直线状相混合的尖凿痕；前室和墓门后甬道壁采用宽 2 厘米的宽刃平凿修整，遗规整的宽凿痕。前室顶部岩石崩塌，凿痕不清。前室左侧室室壁风化脱落严重，壁面粗糙，凿痕不清。后室及其侧室顶部遗有直线状尖凿痕，室壁则遗有横直线状尖凿痕，室内仿木建筑雕刻上，因采用宽刃平凿修整，遗规整的宽凿痕。

2. 形制

墓道　大部已损毁，左（南）壁残长 0.28、右（北）壁残长 1.15、宽 2 米。底近平。与墓门间有高 0.2 米的踏道一级。

墓门　长方形，高 1.48、宽 1.4 米。门后接短甬道，阔 1.4～1.5、深 1.05、高 1.5 米。平顶，顶部呈前低后高状倾斜。

前室　平面呈进深大于面阔的长方形，面阔 2、进深 4.15、高约 2.05～2.15 米。顶部岩石崩塌，似平顶。室左右（南、北）两壁前后两端顶部，分别施有丁头栱。室左壁凿有耳室。

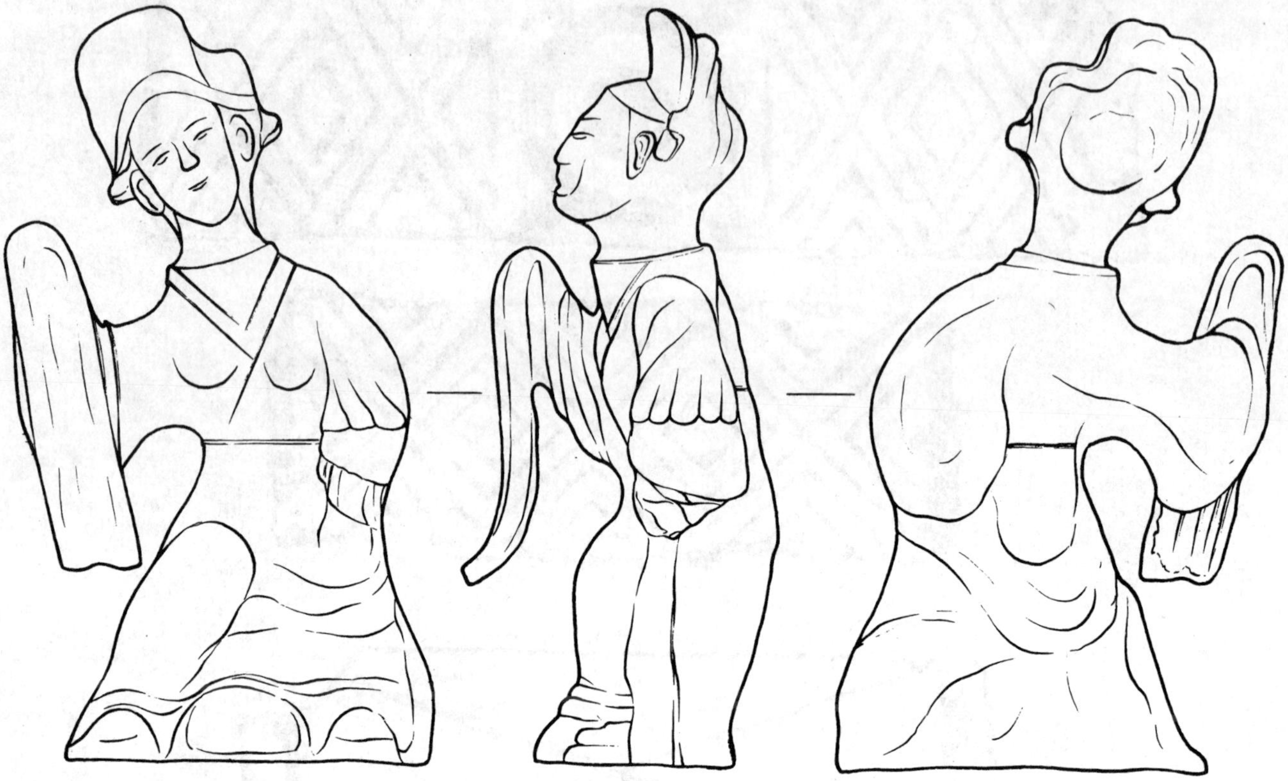

1

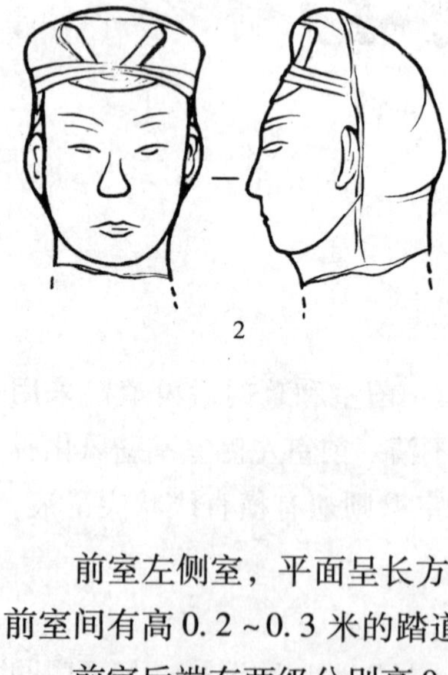

2

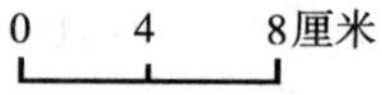

图一五〇　紫 M10 出土器物

1. 陶女舞俑（M10：1）　2. 陶男俑头（M10：2）

前室左侧室，平面呈长方形，面阔 1.85、进深 1.08、高约 1.42 米。顶部岩石崩塌，似平顶。与前室间有高 0.2～0.3 米的踏道一级。

前室后端有两级分别高 0.15、0.1 米的踏道与后室甬道相接。甬道阔 1.42、深 0.75、高 1.6 米。甬道后端有高 0.08 米的踏道可上至后室。

后室　平面呈进深大于面阔的长方形，面阔 1.9～2.05、进深 4、高 2.05 米。平顶。左右（南北）两壁的后端顶部，施有丁头栱，两壁前端顶部则遗留有一处长方形凸起，似也准备雕刻丁头栱。室内淤土中发现少量长方形花边砖，砖有两种规格，一种长 34.5、宽 24、厚 9 厘米，长、短端分别模印有菱形・璧纹和菱形纹（图一四九，1）；一种残长 16.2、宽 25.4、厚 8.5 厘米，短端模印三角纹（图一四九，2）。室左（南）壁凿有耳室。

后室左耳室，门高1.7、宽1.9、深约0.5米。侧室平面近方形，面阔3.5、进深3.75、高2米。平顶，顶和四壁无雕饰。室东北角凿有连岩单火塘石灶台，高0.4、宽0.5～0.7、深0.65米。长方形灶门，圆形火塘和槽形烟道。室左（东）壁，距墓底高0.6米处则凿有长方形案龛，阔2.35、深0.6、高0.75米。侧室与后室间有高0.08～0.15米的踏道一级。

3. 随葬器物

陶女舞俑　1件。紫M10∶1，夹细砂红褐陶，模制，中空。头顶高髻，髻薄而高，左角有折叠的形状，向前达到额际。颈上圆领一层，衣方领两层，袪有褶纹，里有袖露出，腰系带，身后裳幅相交迹象明显。头右倾，左手下垂作摄裳状，右手上举，长袖飘逸下垂，右足稍提，作舞蹈的姿态。高48厘米（图一五〇，1；图版一三一）。

陶男俑头　1件。紫M10∶2，夹细砂红褐陶，模制。五官刻画清晰，头裹巾，用幓巾从头后横裹向前，相交于额上而成结。高15厘米（图一五〇，2）。

十一　紫荆湾十一号墓（紫M11）

紫M11，位于村民谭保良房后山崖，南距紫M10约78.5米，北临紫M12约35米，墓道因后世开山采石，已遭部分破坏。坐东向西，墓向260°。为斜坡踏道式双室墓，由墓道、墓门、甬道、前室、后室和侧室组成，全长8.7米，最宽处6.25米。后室与墓门间底部斜坡高差约0.4米（图一五一）。

1. 凿痕

墓道开凿规整，墓道两壁遗有竖直线和斜直线状尖凿痕。前室顶部遗较细的直线状尖凿痕，室壁雕凿平整、精细，用尖状凿雕刻有粗斜直线组成的三角折线纹装饰带（图一五二）。前室右侧室和后室开凿粗糙，顶部遗斜直线状尖凿痕，室壁则遗较粗糙的点状尖凿痕。

2. 形制

墓道　平面呈倒喇叭形，两侧壁残长3.55、宽1.9～2.5米。平底。底部左侧凿有排水沟，贯穿墓道，并延伸至墓门后甬道前端，长3.9、宽0.16、深0.15米。沟口用长35、宽23、厚8厘米的素面长方形砖覆盖。

墓门　近方形，高1.55、宽1.6米。有双层门框，框宽0.1米。门后接短甬道，阔1.6、深0.7、高1.65米。平顶，顶微斜。

前室　平面呈进深大于面阔的长方形，进深2.77、面阔1.73、高1.67～1.85米。平顶，顶部呈前低后高状倾斜。室左右（南、北）两壁前端顶部，分别施有一斗二升式斗栱半朵。左壁前部凿一小壁龛，人字形顶，阔0.45、深0.35、高0.35米。右壁凿有侧室。

前室右侧室　门近方形，高1.7、宽1.85、深0.5米。侧室平面略呈前窄后宽梯形状，面阔4.2～4.55、进深3.9、高1.85米。顶微弧，室壁内弧，顶和四壁平素无雕饰。

前室后端有一级高0.15米的踏道与后室甬道相接。甬道阔1.6、深0.5、高1.65米。甬道后端有高0.1米的踏道可上至后室。

后室　平面呈长方形，面阔1.55～1.7、进深1.05、高1.6米。平顶，顶和室壁平素无雕饰，且

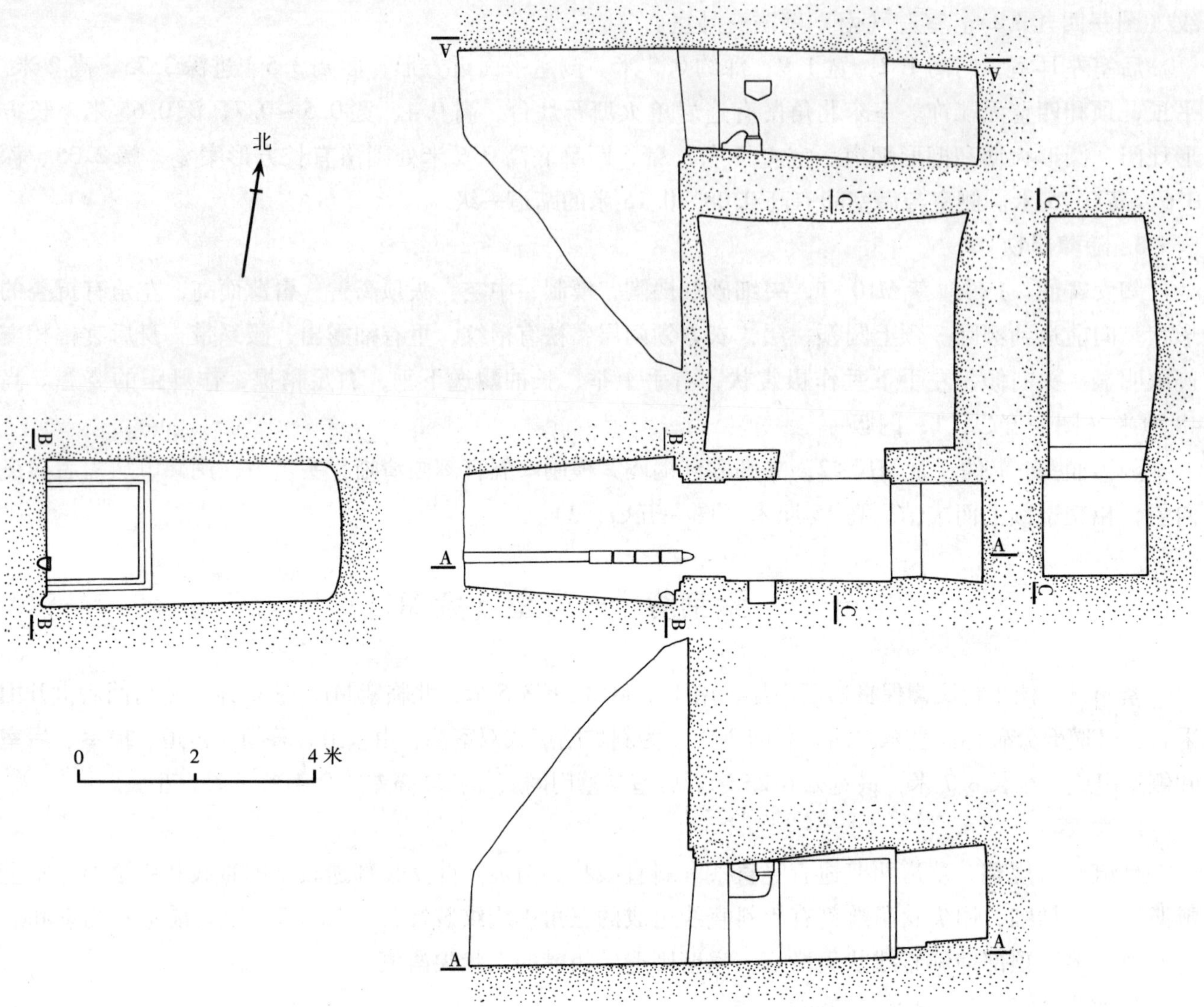

图一五一　紫 M11 平、剖面图

开凿粗糙，似未完工。

3. **随葬器物**

陶罐　1件。紫 M11∶1，泥质灰陶，轮制。口微敛，圆唇外卷，斜直领，溜肩，颈、肩部界限明显，腹、底部残。残高6、口径29.2厘米（图一五三，1）。

陶女俑头　1件。紫 M11∶2，夹细砂红褐陶，模制。面目模糊不清，将髻挽在头顶，成高髻，用带将发根系起来，结在发的后面。高5.2厘米（图一五三，2）。

铜钱　24枚。包括五铢、大泉五十和货泉三种。五铢，14枚，圆形，方穿，穿之两侧有篆文“五铢”两字。大泉五十，7枚，圆形，方穿，穿之四侧有篆文“大泉五十”四字。货泉，3枚，圆形，方穿，穿之两侧有篆文“货泉”两字（图一五四，1～14）。（详见铜钱统计表）

图一五二　紫 M11 前室壁凿痕拓片

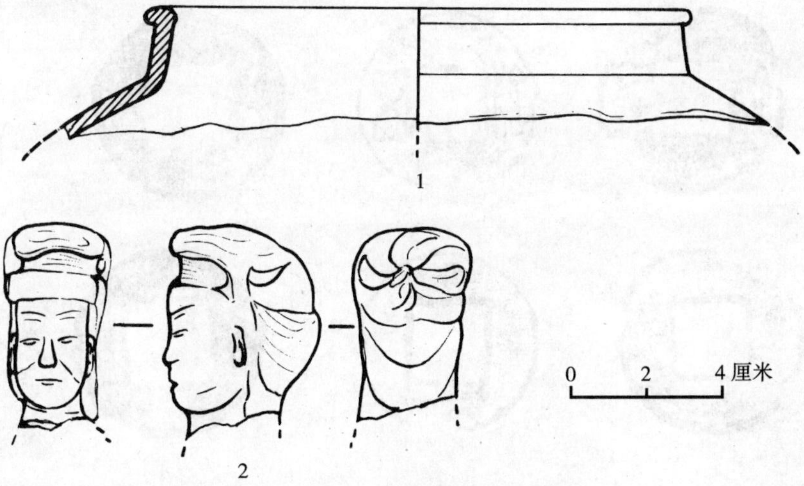

图一五三　紫 M11 出土器物

1. 陶罐（M11∶1）　2. 陶女俑头（M11∶2）

铜钱统计表

种类	编号	特征		钱径（厘米）	穿宽（厘米）	重量（克）	备注
		文字特征	记号				
五铢	3－11	“五”字不清，“铢”字金头三角形，四点短，“朱”旁上下圆折。	无	2.58	0.95	3.8	图一五四，1
五铢	3－12	“五”字宽大，两竖弯曲相交，两端外撇，“铢”字“朱”旁上下圆折，上折短，下折长。	无	2.4	1	2.2	图一五四，2
五铢	3－8	同上	无	2.56	1.05	1.7	图一五四，3
五铢	3－9	“铢”字上部残	无	2.4	1.05	0.9	图一五四，4
五铢	3－1	钱文锈蚀不清	无	2.45	1	1.8	图一五四，5
五铢	3－16	钱文不清	无	2.6	1		残
五铢	3－17	同上	无	2.5	0.9		残
五铢	3－18	同上	无	2.6	0.9		残
五铢	3－19	同上	无	2.5	1		残
五铢	3－20	同上	无	2.7	1		残
五铢	3－21	同上	无	2.5	0.9		残
五铢	3－22	同上	无	2.5	0.9		残
五铢	3－23	同上	无	3	1.2		残
大泉五十	3－10	“大”字呈半圆形	无	2.6	1	3.8	图一五四，6
大泉五十	3－4	“大”字半圆形，“五”字瘦长。	无	2.2	0.95	1.2	图一五四，7
大泉五十	3－5	同上	无	2.32	0.95	1.4	图一五四，8
大泉五十	3－6	“大”字窄肩形	无	2.3	0.95	1.3	图一五四，9
大泉五十	3－7	同上	无	2.1	1	0.7	图一五四，10
大泉五十	3－2	钱文残损	无	2.2	1.05	0.7	图一五四，11
大泉五十	3－3	同上	无	2.1	0.9	0.7	残
货泉	3－13	“泉”字头肥大	无	2.18	0.7	1.1	图一五四，12
货泉	3－14	钱文锈蚀不清	无	2.68	0.72	1.2	图一五四，13
货泉	3－15	同上	无	2.1	0.91	1.2	图一五四，14

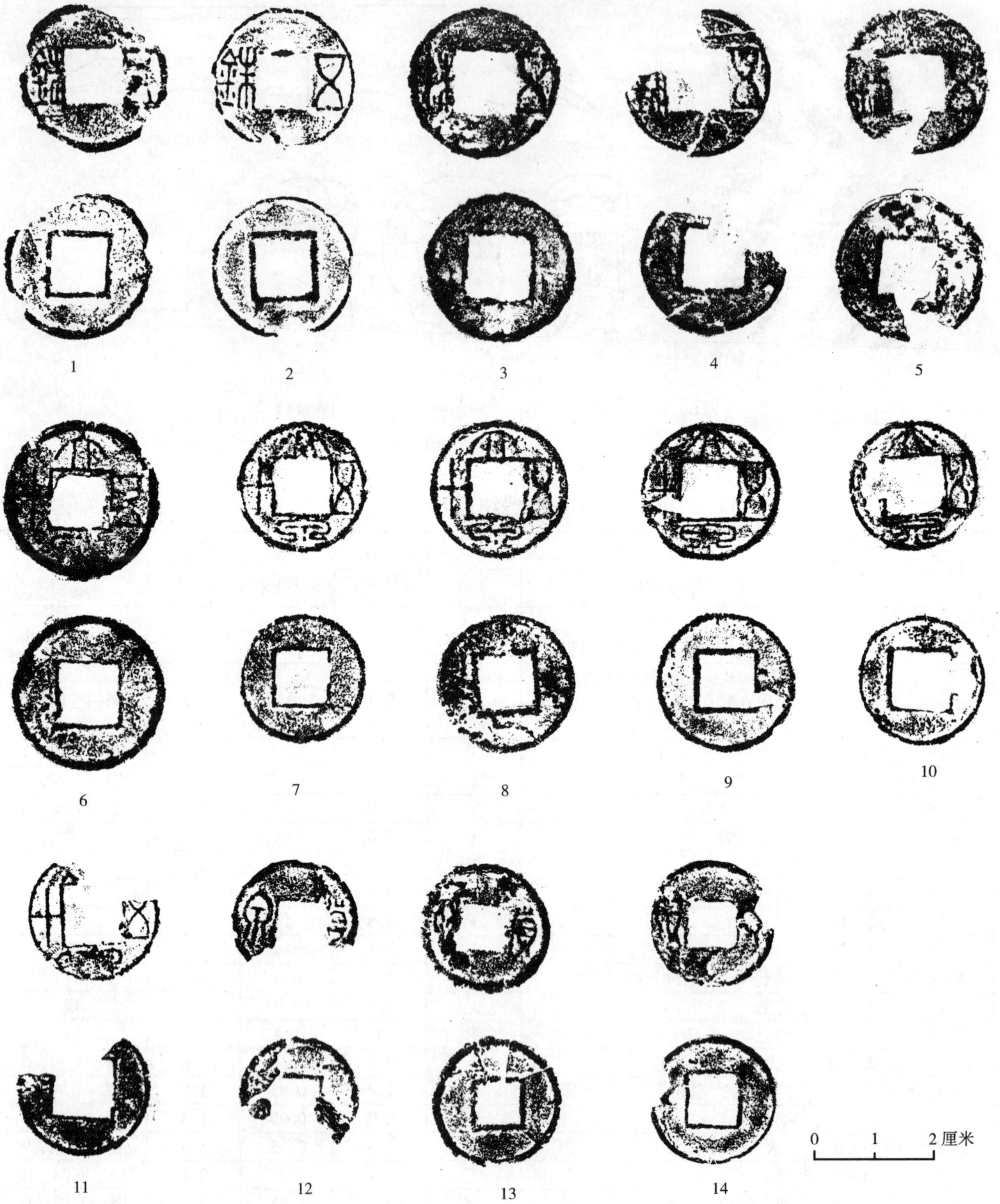

图一五四　紫 M11 出土铜钱拓片

1～5. 五铢（M11∶3－11、M11∶3－12、M11∶3－8、M11∶3－9、M11∶3－1）　6～11. 大泉五十（M11∶3－10、M11∶3－4、M11∶3－5、M11∶3－6、M11∶3－7、M11∶3－2）　12、13、14. 货泉（M11∶3－13、M11∶3－14、M11∶3－15）

十二　紫荆湾十二号墓（紫 M12）

紫 M12，西距紫 M11 约 35 米，墓道因村民修建上山小路，已遭部分破坏。坐南向北，墓向 210°。为斜坡踏道式双室墓，由墓道、墓门、甬道、前室、后室和侧室、耳室组成，全长 12.5 米，最宽处 6.25 米。后室与墓门间底部斜坡高差约 0.5 米（图一五五）。

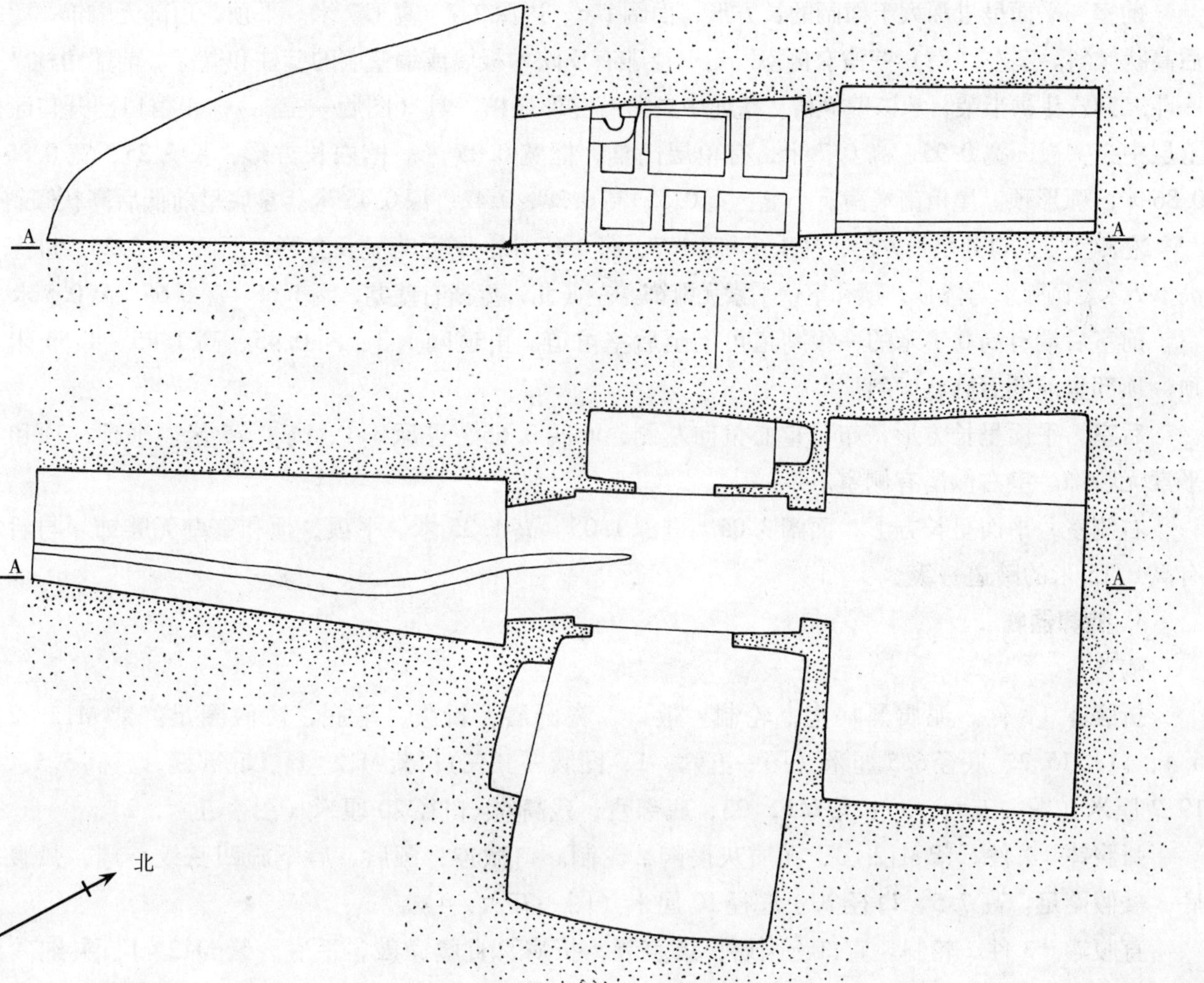

图一五五　紫 M12 平、剖面图

1. 凿痕

墓道遗有间距较宽的横直线与点状相混合的尖凿痕。

前室顶部遗有直线状尖凿痕，左壁遗有较粗糙的点状尖凿痕，右壁浮雕仿木结构建筑形式，壁面打磨平整，仅余较少浅小的点状尖凿痕。其左侧室顶部遗有较粗糙的直线与点状相混合的尖凿痕，室壁则遗粗糙的点状尖凿痕。

后室顶部遗有粗糙的短直线与点状相混合的尖凿痕，室壁和其右侧室均遗有粗糙的点状尖凿痕。

2. 形制

墓道　倒喇叭形，长5.7、宽1.3～2米。底由内向外倾斜。底部左侧凿有平面微曲的排水沟，贯穿墓道，并延伸至前室前端，长7.1、宽约0.15、深0.15～0.2米。沟横剖面呈"U"字形。

墓门　单层门框，宽1.35、高1.55米。门后接短甬道，阔1.35～1.45、深0.9、高1.55～1.65米。布局重心偏向墓室左侧，平顶。

前室　平面呈进深大于面阔的长方形，面阔1.6、进深2.7、高1.7米。平顶，顶部无雕饰，呈前低后高状倾斜。室左（南）壁凿有侧室。右壁浮雕有反映木板墙或编壁墙的壁柱和壁穿。前端角柱，上托一斗二升式斗栱半朵，承该壁额枋。壁面中央凿有龛形崖棺一具（图版一三二），崖棺口部开口于壁面上层中央壁板，宽0.95、高0.7米，有单层门框，框宽0.05米。棺内长方形，长2.25、宽0.85、高0.86米。弧形顶。崖棺南端凿有小龛，宽0.5、高0.28～0.42、深0.45米。龛底呈前低后高状倾斜。

左侧室，入口处呈长方形，高1.6、宽1.7、深0.15米。平面略呈长方形，面阔3～3.25、进深3.5、高1.7米。圆弧形穹窿顶，顶和室壁平素无雕饰。左（北）壁凿有壁龛，阔1.65、深0.65、高0.5米。

前室后端有高0.1米的一级踏道可上至后室甬道。甬道阔1.3、深0.45、高1.45～1.55米。平顶，顶部呈前低后高状倾斜。

后室　平面呈长方形，布局重心偏向左侧，面阔3.65、进深3.1、高1.75米。平顶，顶和室壁平素无雕饰。室右侧凿有侧室。

右侧室，平面呈长方形，面阔3.05、进深1.05、高1.35米。平顶，顶和室壁无雕饰。与后室间有高0.15米的踏道一级。

3. 随葬器物

陶器

折腹钵　3件。泥质黑褐陶，轮制。敞口，宽圆唇，折腹，平底，矮假圈足。紫M12：2，高6.4、口径15.2、底径6.5厘米（图一五六，1；图版一三三）；紫M12：11，底部残，残高5.5、口径19.2厘米（图一五六，3）；紫M12：23，底部残，残高6、口径20厘米（图一五六，2）。

弧腹钵　1件。紫M12：3，泥质灰褐陶，轮制。口微连，圆唇，唇下施凹弦纹一周，弧腹，平底，矮假圈足。高7.5、口径20、底径10厘米（图一五六，4）。

直腹罐　3件。轮制。直口，圆唇，矮直领，折肩，直腹微鼓，平底。紫M12：1，夹细砂黑褐陶，上腹施索状凸弦纹一周。高18.8、口径12、底径16厘米（图一五六，5；图版一三四）；紫M12：4，泥质灰陶，残，仅余底部。残高6、底径16厘米（图一五六，7）；紫M12：14，泥质灰褐陶，上腹施凹弦纹两道，下腹和底部残。残高6.5、口径18.8厘米（图一五六，6）。

罐　5件，均残，余口、颈部，轮制。紫M12：16，泥质灰陶，口微侈，圆唇，束颈，斜肩。颈、肩部界限明显。残高3.8、口径10厘米（图一五六，11）；紫M12：22，泥质灰褐陶，侈口，方唇，束颈，颈部施凸弦纹一周。残高3.5、口径12.5厘米（图一五六，9）；紫M12：25，夹细砂灰褐陶，口微敛，圆唇，矮直领。残高2、口径12厘米（图一五六，12）；紫M12：26，泥质黑褐陶，侈口，折沿，方唇，束颈。残高3、口径14厘米（图一五六，10）；紫M12：27，泥质灰陶，折沿，方唇，束颈。残高4厘米（图一五六，8）。

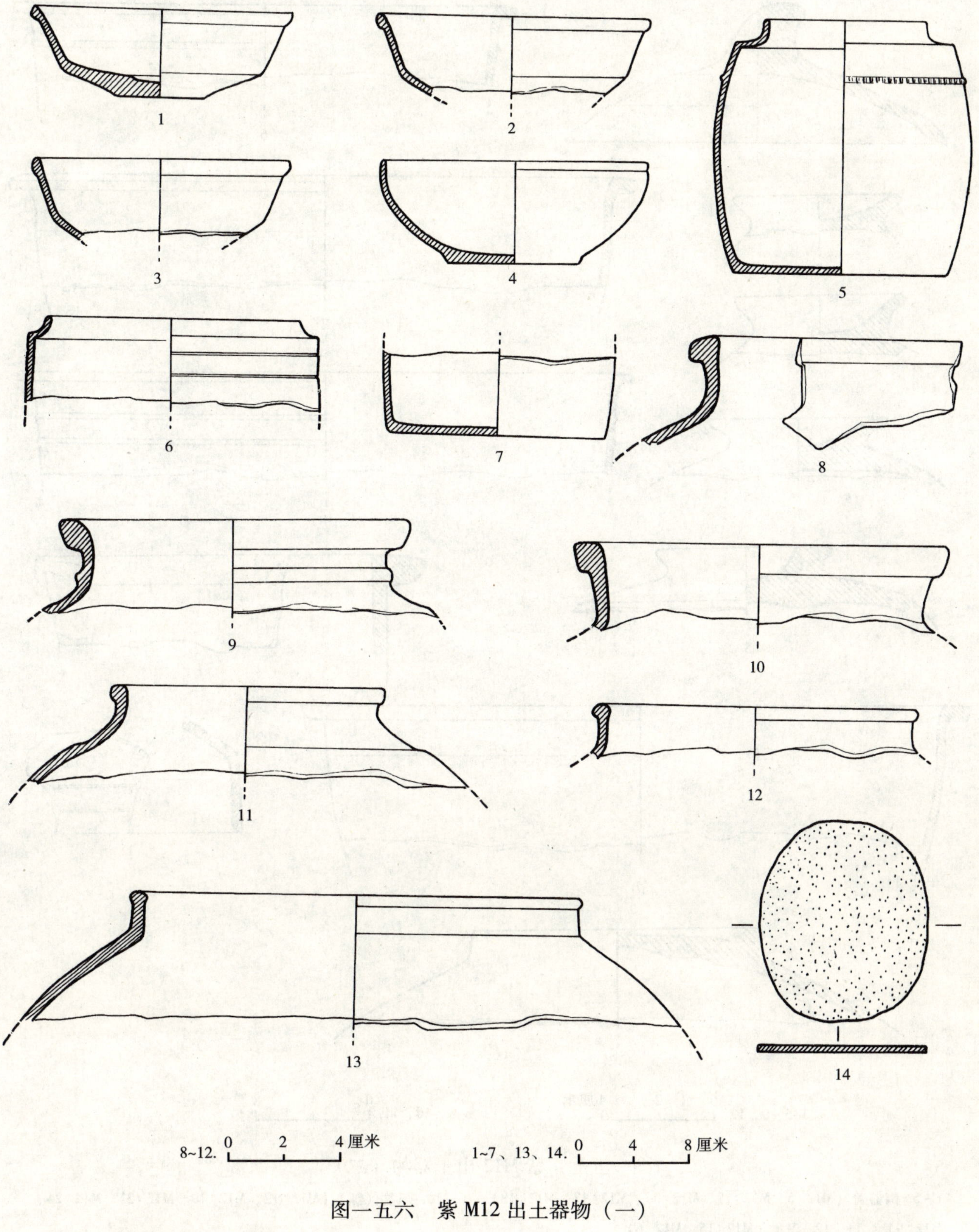

图一五六　紫 M12 出土器物（一）

1～3. 陶折腹钵（M12∶2、M12∶23、M12∶11）　4. 陶弧腹钵（M12∶3）　5～7. 陶直腹罐（M12∶1、M12∶14、M12∶4）
8～12. 陶罐（M 12∶27、M12∶22、M12∶26、M12∶16、M12∶25）　13. 陶瓮（M12∶8）　14. 石饼形器（M12∶29）

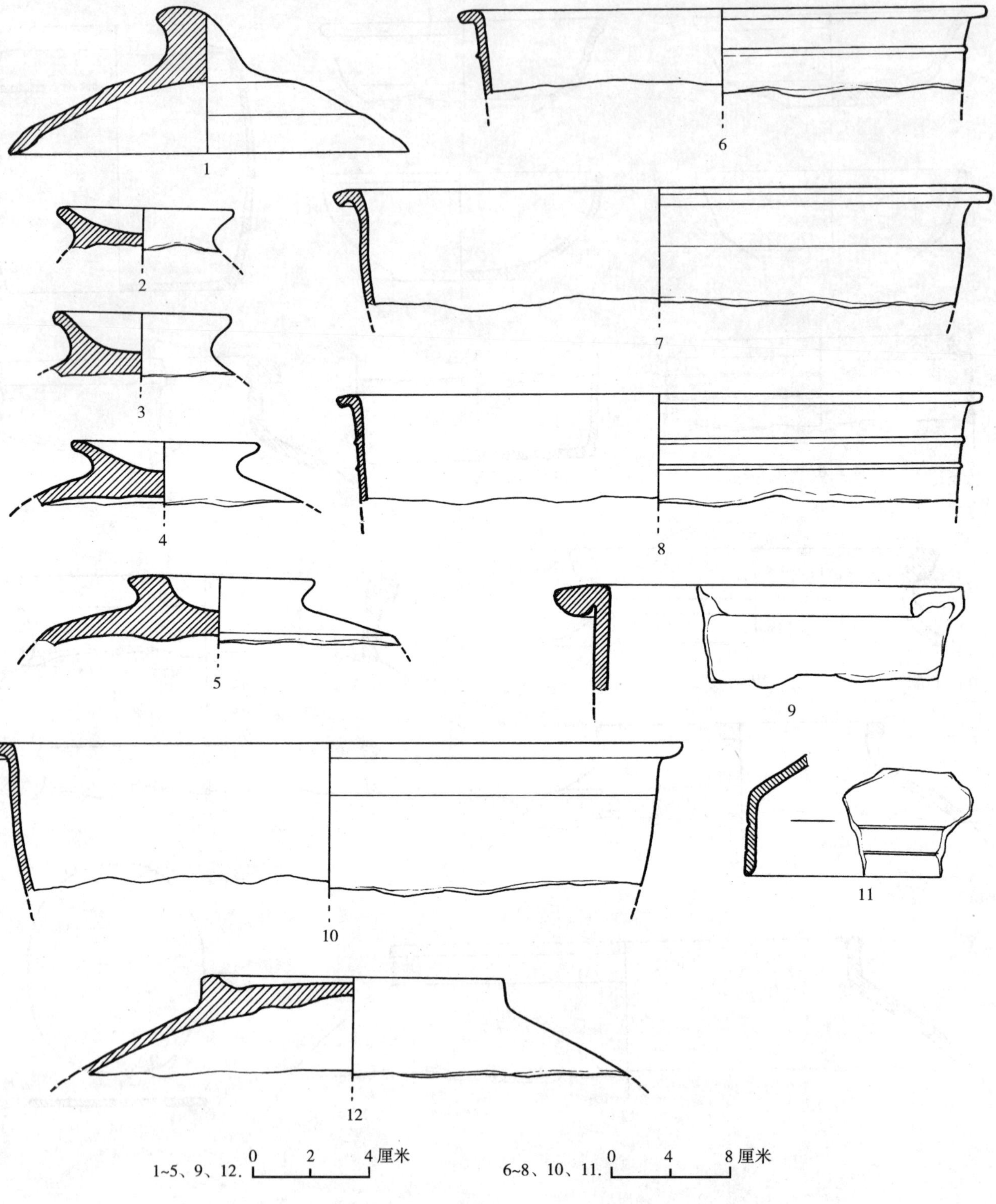

图一五七　紫 M12 出土器物（二）

1~5. 陶器盖（M12:5、M12:19、M12:20、M12:17、M12:18）　6~10. 陶盆（甑）（M12:12、M12:10、M12:21、M12:24、M12:9）　11、12. 陶盒（M12:15、M12:6）

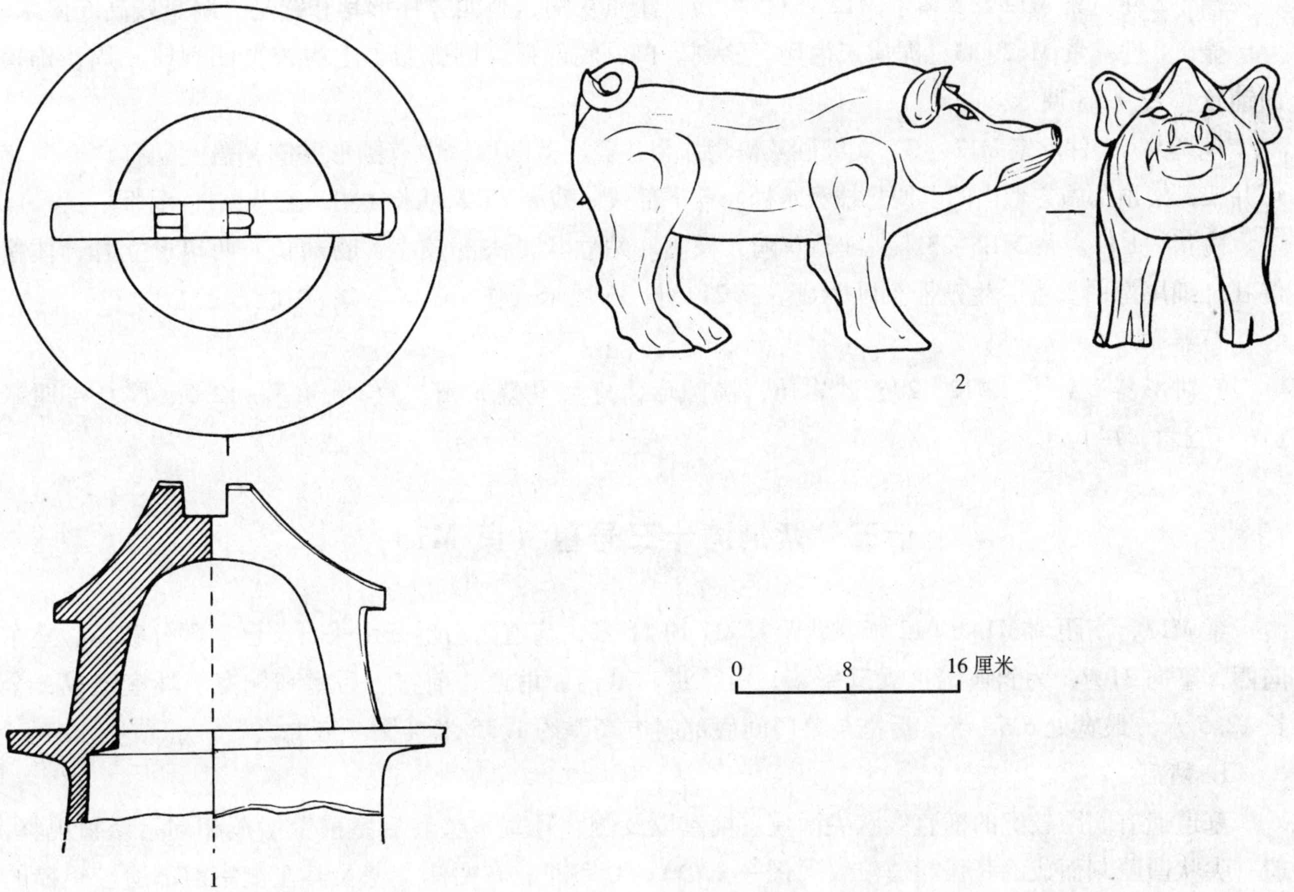

图一五八　紫M12出土器物（三）

1. 陶模型井（M12∶13）　2. 陶猪（M12∶23）

瓮　1件。紫M12∶8，泥质灰褐陶，轮制。口微敛，圆唇，矮直领，溜肩，腹、底部残。残高10、口径32.8厘米（图一五六，13）。

器盖　5件。紫M12∶5，泥质灰陶，轮制，敞口，尖唇，覆碗状，顶部施三角形斜直纽。高5、口径14厘米（图一五七，1；图版一三五）；紫M12∶17～20，形制相同，均残。泥质灰褐陶，轮制。顶部施轮状抓手。紫M12∶17，残高4.5厘米（图一五七，4）；紫M12∶18，折肩，残高5厘米（图一五七，5）；紫M12∶19，残高2.8厘米（图一五七，2）；紫M12∶20，残高2.1厘米（图一五七，3）。

盆（甑）　5件。下腹和底部均残，夹细砂灰陶或灰褐陶，轮制。口微侈，方唇，折沿下垂，直弧腹。紫M12∶9，上腹施凹纹一道。残高10、口径48厘米（图一五七，10）；紫M12∶10，颈微束，颈、腹界限明显。残高8、口径44.5厘米（图一五七，7）；紫M12∶12，上腹施凸弦纹一周。残高6、口径36厘米（图一五七，6）；紫M12∶21，上腹直，施凸纹两周。残高8、口径44厘米（图一五七，8）；紫M12∶24，夹细砂黑褐陶，口微敛，圆唇，折沿外卷，直腹。残高3.6厘米（图一五七，9）。

盒　2件。轮制。紫M12∶6，泥质灰褐陶。残，仅余底部。圜底，圈足。残高3.5厘米（图一五七，12）；紫M12∶15，泥质灰陶，直口，尖唇，折腹，底部残，上腹施凹弦纹两道。残高8厘米（图一五七，11）。

鼎　2件。紫M12∶32和紫M12∶33，均残，泥质灰陶，余四方环形耳和蹄足，蹄足残高6厘米。

壶　1件。紫M12∶33，泥质灰褐陶，轮制。口、底部残，圆弧腹，上腹饰宽凹划纹三周，饰兽面铺首。残高18厘米。

模型井　1件。紫M12∶13，夹细砂灰褐陶，余井盖。盖圆形，中有圆形井圈，盖上立有“介”字形井架，架顶部施方形内凹以便悬挂汲水桶。盖下部残。残高25.2厘米（图一五八，1；图版一三六）。

陶猪　1件。紫M12∶23，夹细砂灰陶，模制。站立状，头部较小，吻部长，两扇形立耳，体格健壮，细尾弯曲上卷，生殖器刻画明显。高21、长36厘米（图一五八，2；图版一三七）。

石器

石饼形器　1件。M12∶29，砂岩质，椭圆形，打磨平整光滑。直径14.5～12.5、厚0.4厘米（图一五六，14）。

十三　紫荆湾十三号墓（紫M13）

紫M13，南距紫M14约12米，北距紫M1约11米，墓道因后世开山采石，已遭部分破坏。坐东向西，墓向310°。为斜坡踏道式双室墓，由墓道、墓门、甬道、前室、后室和侧室、耳室组成，全长12.5米，最宽处6.75米。后室与墓门间底部斜坡高差约1.35米（图一五九）。

1. 凿痕

墓道遗有间距较宽的横直线状尖凿痕。前室以及侧、耳室室壁和后室前壁凿痕相同，修整规整，遗有尖状凿雕刻而成的联弧状波浪纹（图一六〇）；后室左、右两侧室壁及其左侧室前部遗较粗糙的点状尖凿痕，似未完工。后室后壁所遗点状尖凿痕极其粗糙，似开凿过程中仓促停工所致。

图一六〇　紫M13前室壁联弧状波浪纹凿痕拓片

2. 形制

墓道　倒喇叭形，左（南）侧残长1.75、右（北）侧残长1.05、宽1.95～2.35米。

墓门　单层门框，高1.6、宽1.55米。门后接短甬道，阔1.55、深1.2、高1.6～1.65米。平顶。

前室　平面略呈进深大于面阔的长方形，面阔2.35、进深4.55、高2.35米。平顶，顶和室壁平素无雕饰。室左（南）壁凿有侧室，右（北）壁则分别凿有一个侧、耳室。

前室左侧室，因山体整体塌陷，造成顶部崩塌并淤积该室大部。出于安全考虑，放弃清理。经勘测，平面呈曲尺形，面阔约3.9、进深约1.1～2.05、高约2.2米。与前室间有高0.2～0.4米的踏道一级。

前室右前耳室，为庖厨用房。平面呈长方形，面阔2、进深0.95、高1.8米。平顶，顶部和室壁无雕饰。室西北角凿连岩单火塘石灶台，高0.55、宽0.65、深0.93米。长方形灶门，圆形火塘。火塘后烟道凿有一圆形开口，以利用余火。紧靠灶台的室

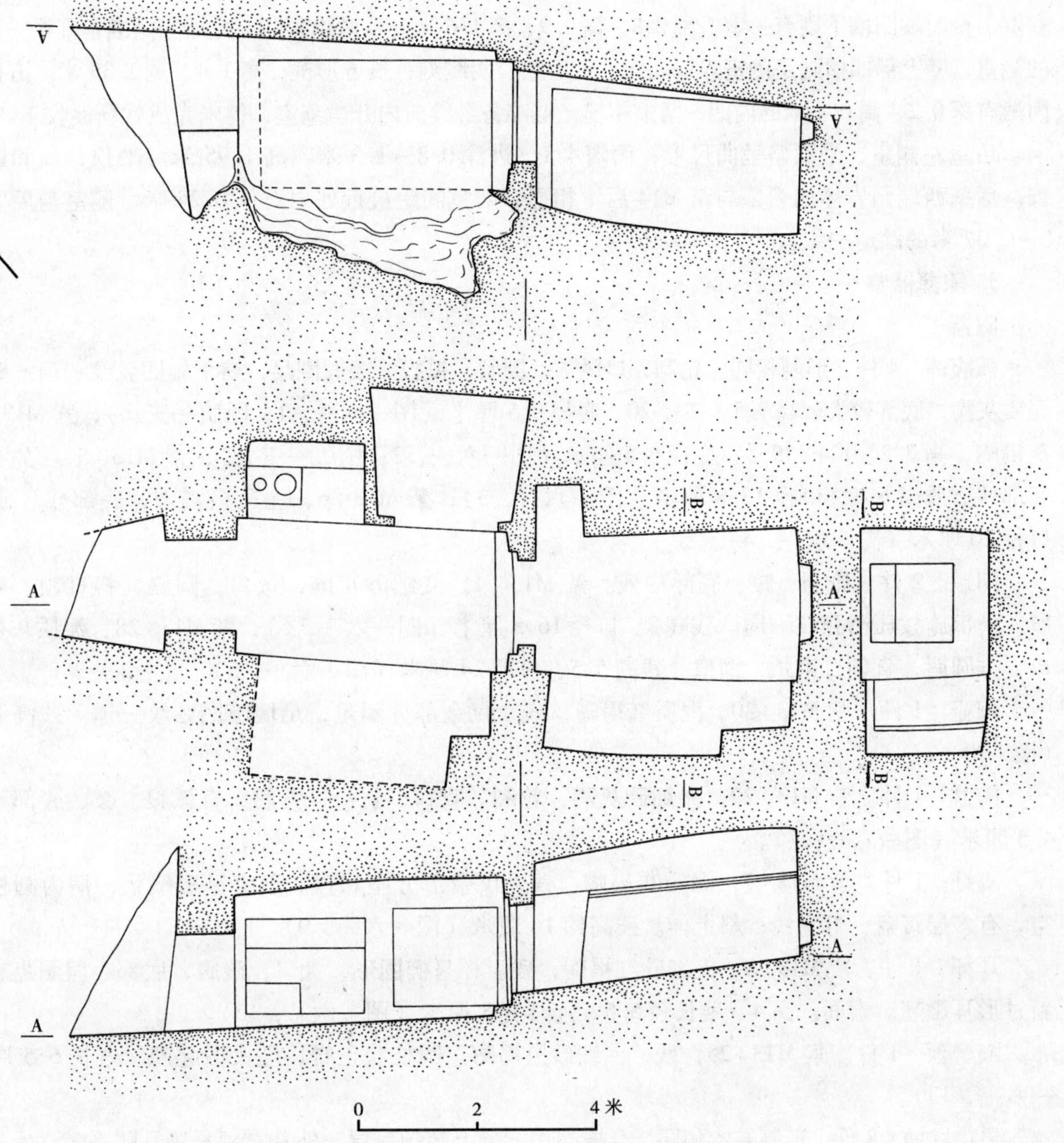

图一五九　紫 M13 平、剖面图

后壁，凿有长方形案龛，阔 2、深 0.42、高 0.5 米。耳室与前室间有高 0.15 ~ 0.25 米的踏道一级。

前室右后侧室，门阔 1.75、深 0.15、高 1.7 米。侧室平面略呈前窄后宽状梯形，面阔 2.25 ~ 2.7、进深 2.2、高约 1.95 米。平顶，顶和四壁无雕饰。与前室间有高 0.15 ~ 0.25 米的踏道一级。

前室后端有两级分别高 0.15 和 0.2 米的踏道可上至后室甬道。甬道阔 1.45、深 0.3、高 1.5 米。平顶，顶略呈前低后高状倾斜。

后室　平面呈进深大于面阔的长方形，面阔 2.35 ~ 2.6、进深 4.5、高 2.2 ~ 2.4 米。平顶微弧，顶和四壁平素无雕饰。室左壁，凿有侧室。室右壁，上部距室底1.45～1.6米处，纵向凿有一凹槽，贯穿右壁。壁前端凹槽下则有一室，阔0.8、深0.9、高1.6米。从凿痕判断，此处当是准备开凿一面阔较宽的侧室，壁上部凹槽则是侧室入口高度。室后壁，阴线刻一长方形框，高1.4、宽1.35米。方框下部向内凿有深0.2、高0.4米的内凹，凿痕粗糙，似准备继续向内开凿墓室，但未完成就仓促收工。

后室左侧室，平面略呈曲尺形，面阔4.1、进深0.8～1.3米、高1.95米。平顶，顶和四壁无雕饰。后壁西端因岩体崩裂，与紫M14后室相通，两室间距最近处岩石仅0.24米。侧室与后室间有高0～0.27米的踏道一级。

3. 随葬器物

陶器

弧腹钵　4件。形制相同，轮制，口微敛，圆唇，弧腹，矮假圈足，唇下施凹弦纹一道。紫M13:1，泥质灰陶，底部较大。高7.5、口径20、底径9.5厘米（图一六一，1；图版一三八）；紫M13:2，泥质灰褐陶，高7.2、口径19.5、底径6.5厘米（图一六一，2；图版一三九）；紫M13:5，泥质灰褐陶，底部残。残高6.8、口径18.8厘米（图一六一，3）；紫M13:6，泥质黑褐陶，底部残。残高6.8、口径20厘米（图一六一，4）。

陶罐　2件。轮制，腹、底部均残。紫M13:4，夹细砂灰陶，敞口，圆唇，斜直领，束颈，斜肩。肩部施按压凸弦纹一周。残高8、口径16.5厘米（图一六一，6）；紫M13:28，泥质灰褐陶，敞口，方圆唇，直领，束颈，溜肩。残高5.5、口径24厘米（图一六一，5）。

陶壶　1件。紫M13:30，泥质红褐陶，残，仅余部分圈足，足墙施凹弦纹三道。残高8.5厘米（图一六一，8）。

陶盆　1件。紫M13:29，夹细砂灰陶，轮制。直口，折沿，方唇，直弧腹，腹、底部残。残高4.5厘米（图一六一，7）。

陶灯　1件。紫M13:7，泥质灰褐陶，残，仅余部分座和盘。顶座呈覆碗状，柄为圆柱体，中空，有多层灯盘，灯盘浅，斜上伸。残高约16厘米（图一六一，9）。

耳杯　1件。紫M13:3，夹细砂红褐陶，残。杯身椭圆形，大口，浅腹，底部小假圈足较矮，两新月形耳微翘。素面。高4、残长径5.5、连耳宽8厘米（图一六一，12）。

陶房顶　1件。紫M13:25，残，夹细砂黑褐陶，圆柱状正脊，端头微起翘。残长6.5厘米（图一六一，13）。

男拱立俑　8件。形制基本相同，合模制作，颈上圆领一层，外着交领长袍，腰系带，大袂，垂于肘下，手笼袪中拱立状。紫M13:8，夹细砂红褐陶，头戴圆顶帻，前圆后方，略显双角形，脑后束发向上。身高22.8厘米（图一六二，1；图版一四〇）；紫M13:9和紫M13:10，头戴圆顶帻，脑后束发向上，腹前有围裙，左侧腰部佩长剑。紫M13:9，夹细砂灰褐陶，高30厘米（图一六二，2；图版一四一）；紫M13:10，夹细砂红褐陶，高23.5厘米（图一六二，3）；紫M13:11，泥质灰陶，头残。残高22.5厘米（图一六二，4）；紫M13:12，泥质灰陶，腿残。残高16.5厘米（图一六二，5）；紫M13:14，夹细砂灰陶，头残。残高12.8厘米（图一六二，6）；紫M13:18，夹细砂红褐陶，仅余部分身体。残高14厘米（图一六二，11）；紫M13:22，夹细砂灰褐陶，仅余部分身体。残高16.8厘米（图一六三，1）。

男俑头　5件。夹细砂红褐陶，合模制作。紫M13:13，头戴圆顶帻，脑后束发向上。残高19.5

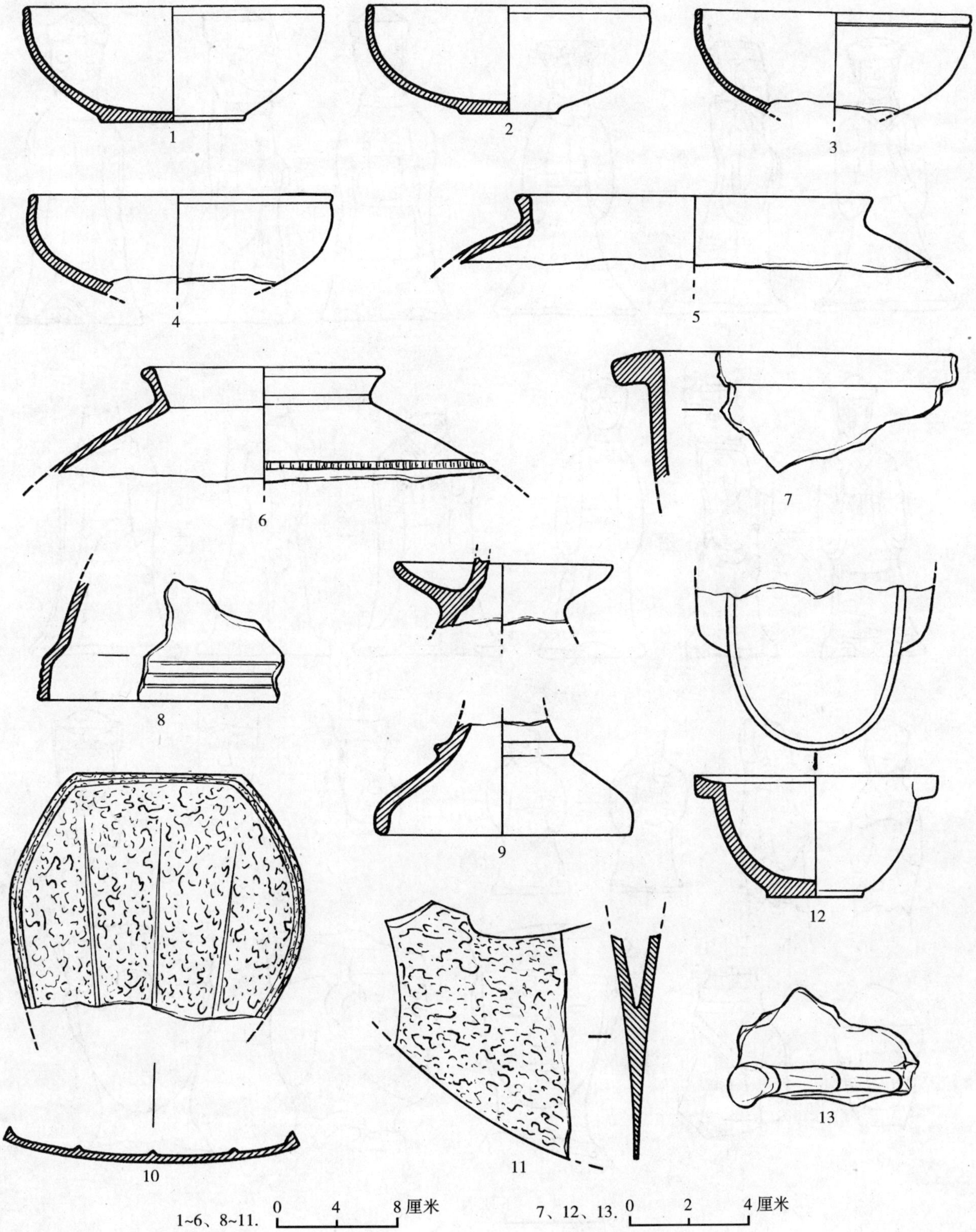

图一六一　紫 M13 出土器物（一）

1～4. 陶弧腹钵（M13∶1、M13∶2、M13∶5、M13∶6）　5、6. 陶罐（M13∶28、M13∶4）　7. 陶盆（M13∶29）　8. 陶壶（M13∶30）　9. 陶灯（M13∶7）　10. 铁构件（M13∶26）　11. 铁臿（M13∶27）　12. 陶耳杯（M13∶3）　13. 陶房顶（M13∶25）

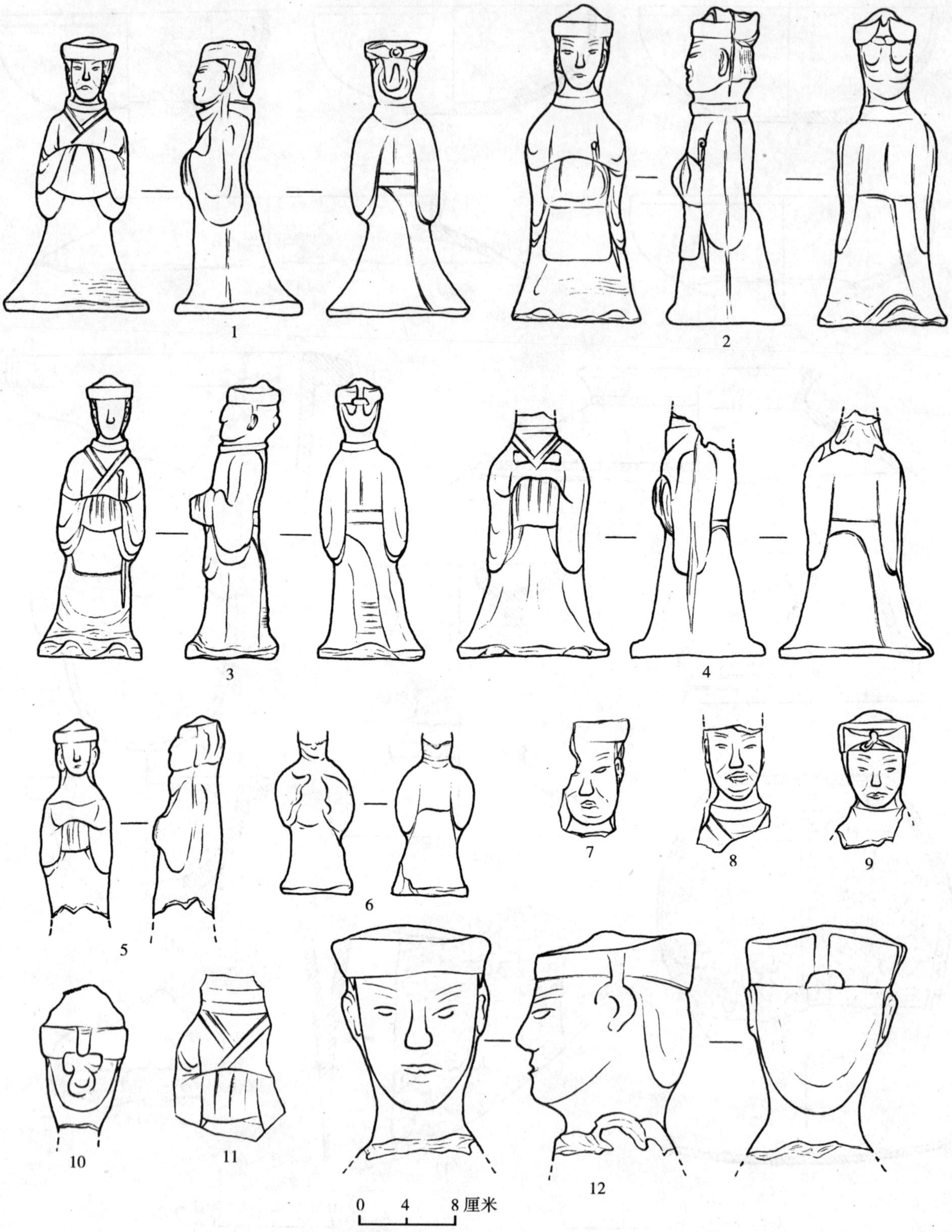

图一六二 紫 M13 出土器物（二）

1~6、11. 陶男拱立俑（M13∶8、M13∶9、M13∶10、M13∶11、M13∶12、M13∶14、M13∶18） 7~10、12. 陶男俑头（M13∶16、M13∶15、M13∶17、M13∶19、M13∶13）

厘米（图一六二，12）；紫M13∶15，头顶残。残高10厘米（图一六二，8）；紫M13∶16，头戴圆顶帻，右侧脸颊残。残高9.8厘米（图一六二，7）；紫M13∶17，头戴平上帻，帻圈前罩两侧饰有头巾，并相互缠绕成结。残高11.5厘米（图一六二，9）；紫M13∶19，夹细砂红褐陶，仅余后脑，头戴圆顶帻，脑后束发向上，并成花结状。残高12厘米（图一六二，10）。

陶鸡　1件。紫M13∶21，夹细砂红褐陶，合模制作。敛翼站立状，头、尾残。残高14.5厘米（图一六三，2）。

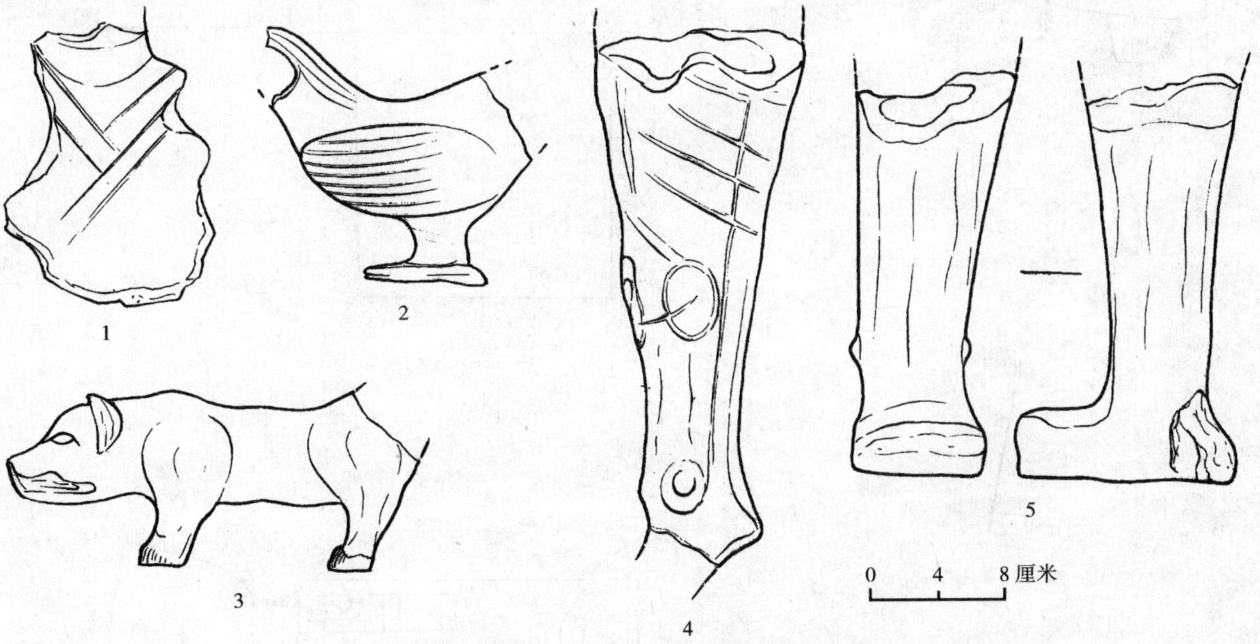

图一六三　紫M13出土器物（三）

1. 陶俑（M13∶22）　2. 陶鸡（M13∶21）　3. 陶猪（M13∶20）　4. 陶马腿（M13∶23）　5. 陶俑足（M13∶24）

陶猪　1件。紫M13∶20，泥质灰陶，合模制作。长吻，两立耳，站立状。臀部残。高10.05、残长24厘米（图一六三，3）。

陶马腿　1件。紫M13∶23，夹细砂灰陶，腕关节处有涡形刻花。残高31.5厘米（图一六三，4）。

男俑足　1件。紫M13∶24，夹细砂灰陶。残高24厘米（图一六三，5；图版一四二）。

铁器

铁构件　1件。紫M13∶26，平面呈瓜子形，一端残，横剖面呈弧形，上施三道凸棱。残长16.5、最宽19.5厘米（图一六一，10）。

铁臿　1件。紫M13∶27，残，刃部锋利，銎部呈三角形。残高15.2、残宽12厘米（图一六一，11）。

十四　紫荆湾十四号墓（紫M14）

紫M14，南距紫M13约12米，墓道、墓门以及前室一部分因山体崩塌，已遭彻底破坏。坐东向西，墓向280°。为斜坡踏道式双室墓，由墓道、墓门、甬道、前室、后室和侧、耳室组成，全长约

9.5 米，最宽处 5.5 米。后室与墓道现存开口之间斜坡高差约 0.8 米（图一六四）。

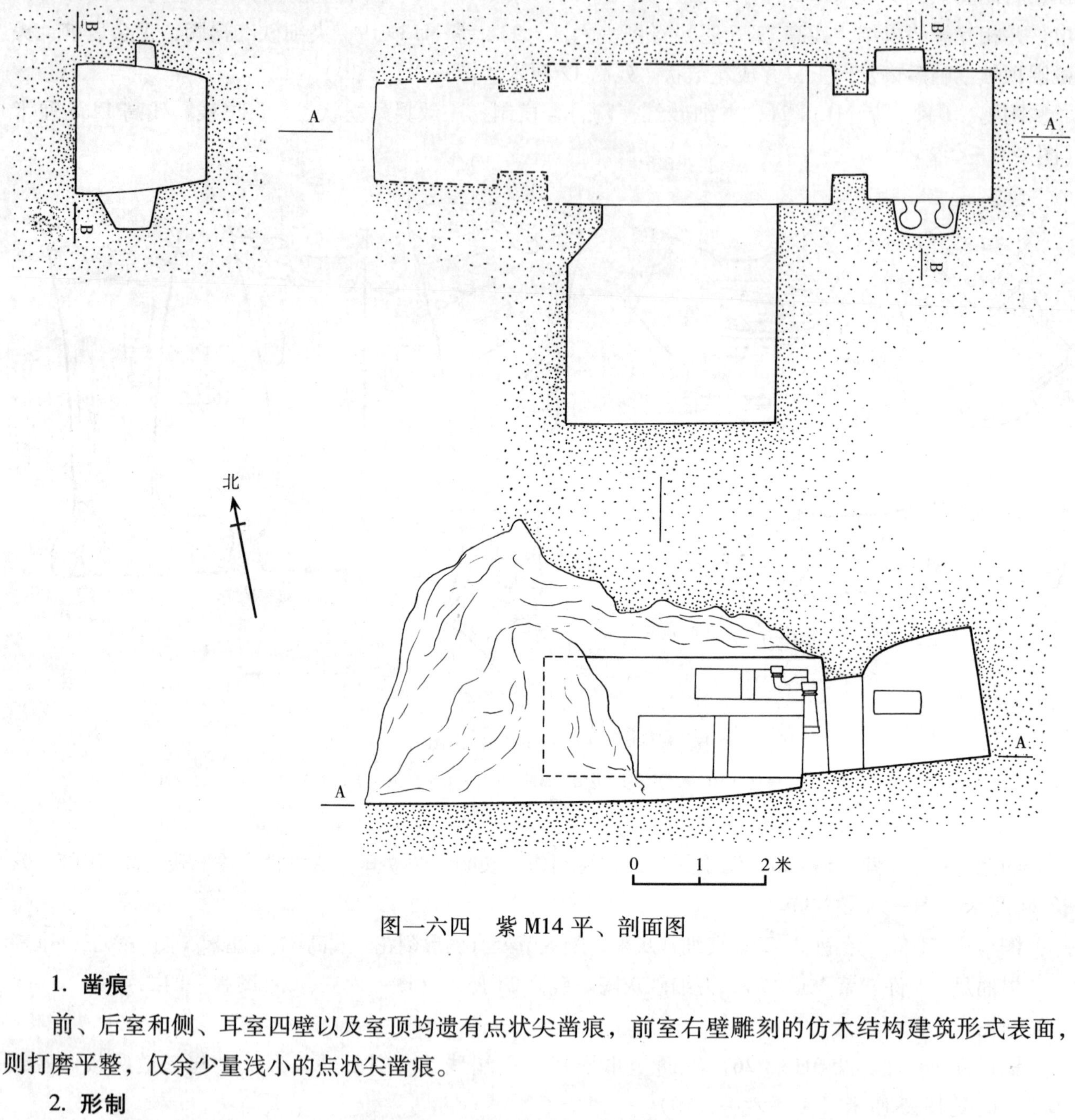

图一六四　紫 M14 平、剖面图

1. **凿痕**

前、后室和侧、耳室四壁以及室顶均遗有点状尖凿痕，前室右壁雕刻的仿木结构建筑形式表面，则打磨平整，仅余少量浅小的点状尖凿痕。

2. **形制**

前室　平面呈进深大于面阔的长方形，进深 3.95、面阔 2.15、高约 2.08 米。顶部垮塌。室左壁凿有侧室。右壁浮雕有反映编壁墙或木板墙的壁柱和壁穿。右壁前部垮塌，后端雕刻有角柱，柱上部收分，下部隐入墙内，柱上托有一斗二升式斗栱半朵，承托该壁额枋。

前室右侧室，平面呈前窄后宽状梯形，面阔 2.65～3.18、进深 3.32、高 1.95 米。平顶，顶和四壁无雕饰。与前室间有高 0.1 米的踏道一级。

前室后端有一级高 0.2 米的踏道可上至后室甬道。甬道阔 1.23、深 0.5、高 1.15 米。平顶，顶均呈前低后高状倾斜。

后室　平面近方形，面阔2、进深1.9、高1.75～2.05米。平顶，顶呈前低后高状倾斜。左、右和后壁上部向内倾斜。左壁凿一小耳室；右壁有一壁龛，阔0.75、深0.3、高0.3米。

后室左耳室，为庖厨用房，形制小。平面呈长方形，面阔1、进深0.55、高0.45米。内凿双火塘石灶台，高0.4、宽1、深0.55米。耳室与后室间有高0.3米的踏道一级。

3. 随葬器物

陶罐　2件。轮制，腹、底部均残。紫M14∶1，泥质灰褐陶，敞口，圆唇，直领外撇，溜肩，残高4、口径14.5厘米（图一六五，4）；紫M14∶2，泥质灰陶，侈口，圆唇，直领微外翻，折肩，直腹。残高3.2、口径8厘米（图一六五，2）。

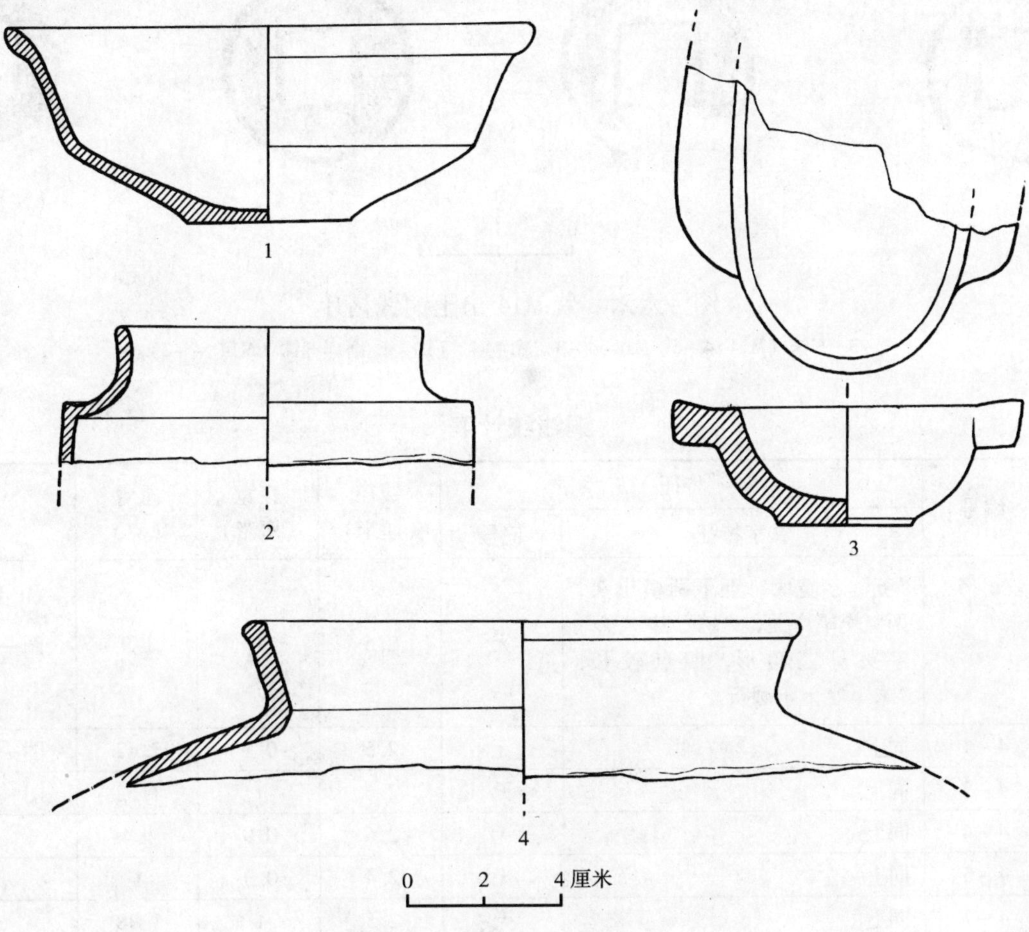

图一六五　紫M14出土器物

1. 陶折腹钵（M14∶3）　2、4. 陶罐（M14∶2、M14∶1）　3. 陶耳杯（M14∶5）

陶折腹钵　1件。紫M14∶3，泥质灰褐陶，轮制。敞口，宽圆唇，折腹，平底，短假圈足。高5.2、口径14、底径4.5厘米（图一六五，1）。

陶耳杯　2件。形制相同，椭圆形杯身，敞口，浅腹，假圈足，两新月形耳微上翘。素面。紫M14:5，泥质灰陶，高3.5，残长径8.2，连耳宽9.2厘米（图一六五，3）；紫M14∶6，泥质黑褐陶，壁厚，耳和杯身大部残。残高3.9厘米。

铜钱 14枚。包括五铢和货泉两种。五铢，11枚。圆形方穿，穿之两侧有篆文“五铢”两字，穿背面有郭，部分外郭被磨减。货泉，3枚。穿之两侧有悬针篆“货泉”两字，均残，钱文模糊（图一六六，1～4）。（详见铜钱统计表）

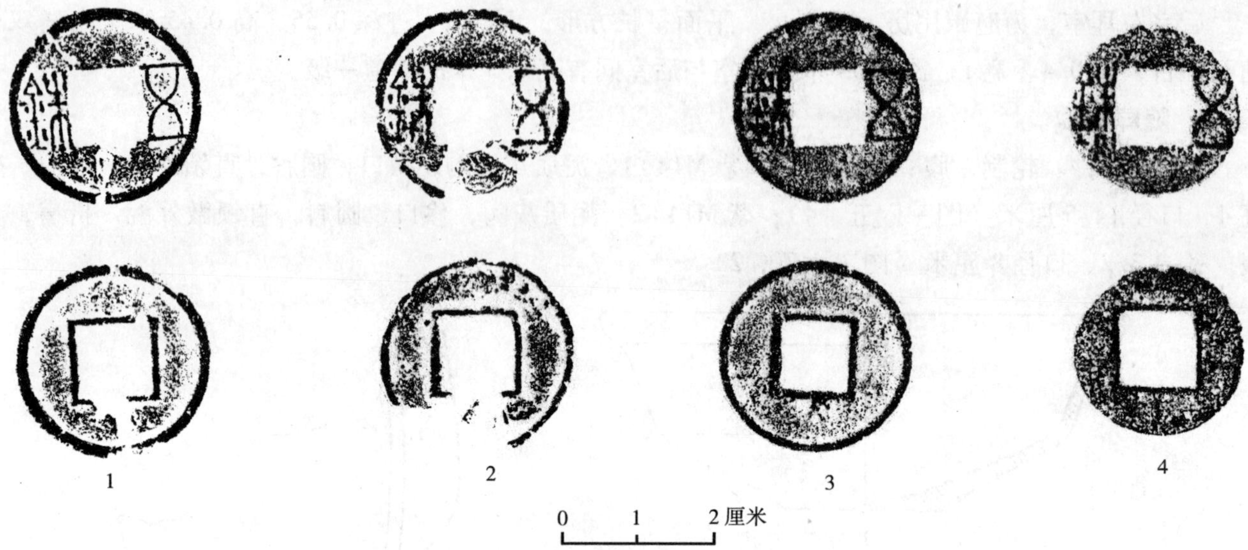

图一六六 紫M14出土铜钱拓片

1～3. 五铢（M14：4－6、M14：4－3、M14：4－1） 4. 磨郭五铢（M14：4－2）

铜钱统计表

种类	编号	特征		钱径（厘米）	穿宽（厘米）	重量（克）	备注
		文字特征	记号				
五铢	4－6	“五”字宽大，上下两横出头，两竖交笔弯曲，“铢”字“金”字头呈三角形，四点较长，“朱”字上下圆折。	无	2.5	1	1.9	图一六六，1
五铢	4－1	同上	无	2.5	0.9	2.42	图一六六，3
五铢	4－3	同上	无	2.6	1	1.62	图一六六，2
五铢	4－4	同上	无	2.6	0.9	1.4	残
五铢	4－5	同上	无	2.4	0.9	1	残
五铢	4－7	同上	无	2.5	1	1.38	残
五铢	4－8	同上	无	2.4	1.05	1.3	残
五铢	4－9	同上	无	2.5	0.9	1.62	残
五铢	4－11	同上	无	2.4	0.85	2.18	残
磨郭五铢	4－2	同上	无	2.22	1.05	1.32	图一六六，4
磨郭五铢	4－10	同上	无	2.1	0.95	0.8	残
货泉	4－12	钱文不清	无	2.2	0.8	1	残
货泉	4－13	同上	无	2.3	0.7	1	残
货泉	4－14	同上	无	2.3	0.7	1.62	残

第五节　吴家湾墓群一号墓（吴 M1）

吴家湾墓群位于鄞江镇1村9社，南距鄞江场镇约1.5公里，北与紫荆湾墓群相连，锦江沿山脚蜿蜒流过。吴M1，位于吴家湾山的中段，地理坐标北纬30°46′13.5″，东经105°05′16.2″，海拔约352米，与山脚小路间相对高度约20米（图一六七）。上世纪70年代，村民在开山造地时发现。墓道前端已遭部分破坏。坐东向西，墓向290°。为斜坡踏道式三室墓，由墓道、墓门、甬道、前室、中室、后室和侧室组成，全长13.8米，最宽处6.55米。后室与墓道现存开口之间斜坡高差1米（图一六八；图版一四三）。

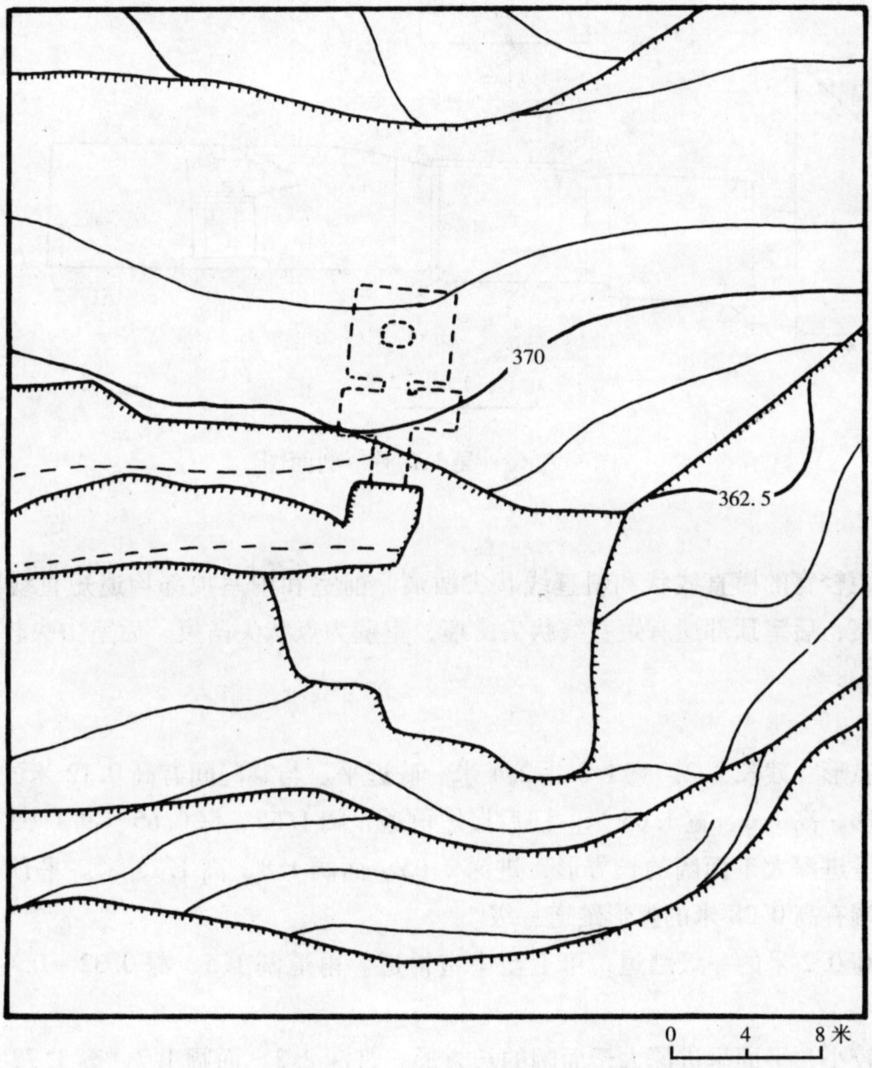

图一六七　吴 M1 地形示意图

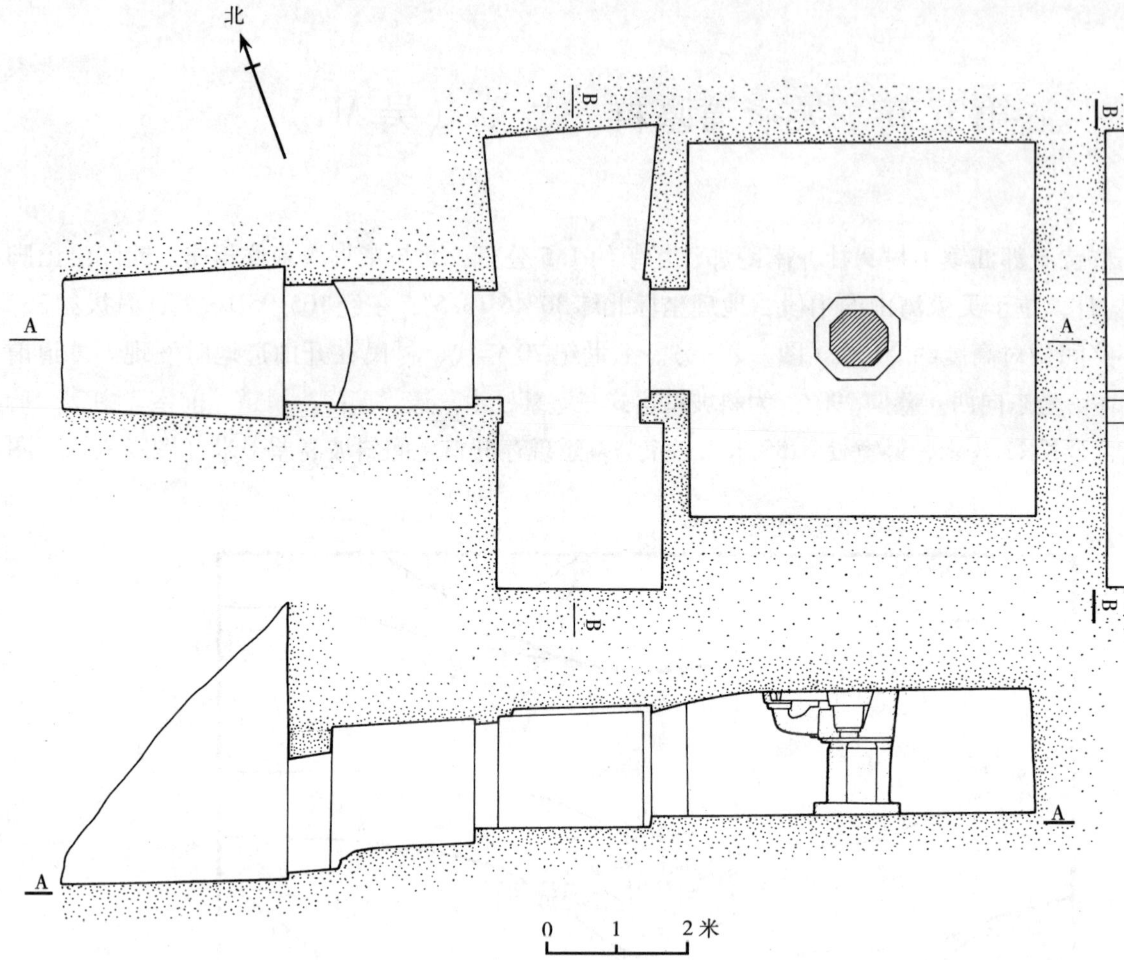

图一六八　吴 M1 平、剖面图

1. 凿痕

墓道遗有间距较宽的横直线状和斜直线状尖凿痕。前室和中室顶部均遗短直线状尖凿痕，室壁为斜直线状尖凿痕，后室顶部遗有短直线状尖凿痕，室壁为点状尖凿痕。后室中央较粗的立柱和斗栱表面打磨平整。

2. 形制

墓道　倒喇叭形，残长 3.2、宽 1.85 ~2.4 米。底近平。与墓门间有高 0.12 米的踏道一级。

墓门　近方形，高 1.6、宽 1.65 米。门后接短甬道，阔 1.65、深 0.65、高 1.65 米。平顶。

前室　平面呈进深大于面阔的长方形，进深 2.05、面阔 1.8、高 1.75 米。平顶，顶和室壁平素无雕饰。墓室前端有高 0.28 米的弧形踏道一级。

前室后端有高 0.2 米的一级踏道，可上至中室甬道。甬道阔 1.5、深 0.32 ~0.4、高 1.5 米。平顶，微前倾。

中室　形制较小，平面呈进深大于面阔的长方形，进深 2.2、面阔 1.7、高 1.72 米。平顶，顶和室壁无雕饰。室左右（南北）两壁均雕有侧室。

中室左侧室，入口高 1.68、宽 1.95、深 0.3 米，平面近方形，面阔 2.36、进深 2.35、高 1.75

米。平顶。顶和室壁平素无雕刻。

中室右侧室，平面呈前窄后宽梯形状，面阔2.1～2.5、进深2.1、高1.65～1.75米。平顶，前低后高状向入口处倾斜。顶和室壁无雕饰。

中室后端有高0.15米的一级踏道，可上至后室甬道。甬道阔1.45、深0.55、高1.5～1.6米。平顶，呈前低后高状倾斜。

后室　平面近方形，面阔5.35、进深4.9、高1.75米。平顶，顶部前端呈斜坡状与甬道顶相连。顶部和室壁平素无雕饰。室中央矗立着一根较粗的都柱承斗口跳斗栱（图一六九；图版一四四、一四五），通高1.75米。柱高0.85、径0.75～1米，呈八棱形，收分明显，柱下端每边边长0.46米，最上端每边边长0.36米，在柱上部距柱顶0.08米处，柱头急速内收如圆柱柱头卷杀。柱上承栌斗，栌斗近方形，长、宽约1、高0.4米，其中耳0.26、平0.08、欹0.05米。在栌斗前面和两侧面（后面因不在视线范围，故省略），都伸出栱子，栱子下有皿板，栱头卷杀圆和，栱端散斗上托枋子一周。在栌斗中央的栱心的部位，可见一圆柱插于栌斗之上。左右两侧散斗间宽2.4米。

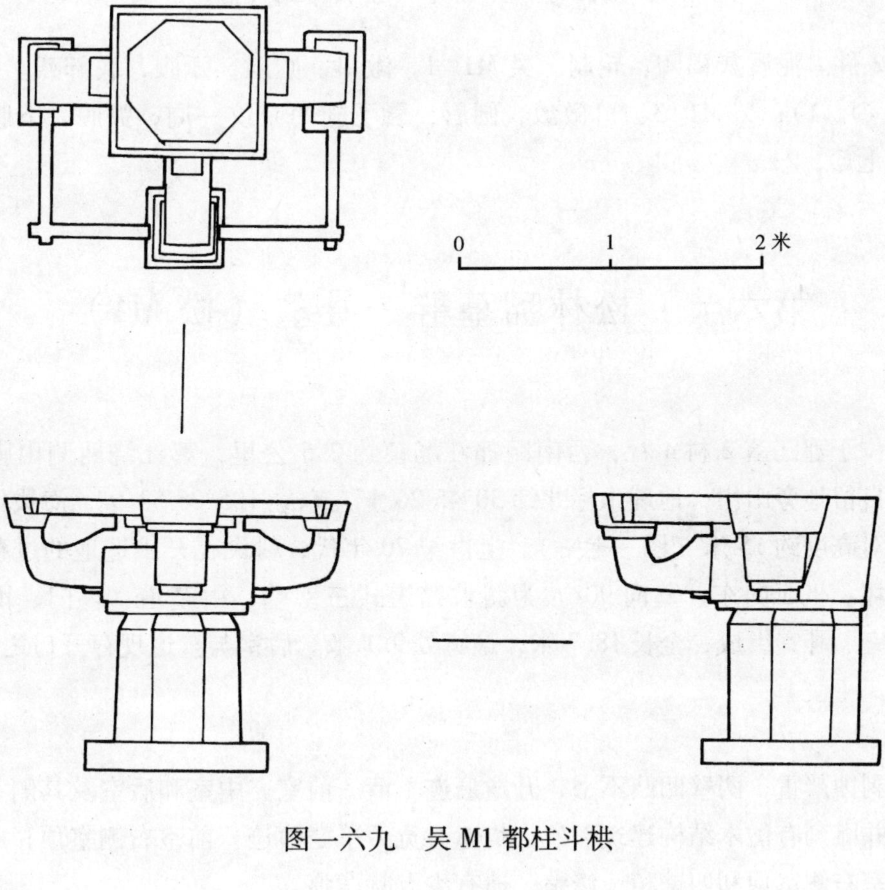

图一六九　吴M1都柱斗栱

3. **随葬器物**

陶附耳罐　1件。吴M1∶2，残，泥质灰陶，轮制。敛口，圆唇外卷，溜肩，肩部附宽拱形耳，腹和底部残。残高8、口径20.5厘米，耳宽3.5、高4.5厘米（图一七〇，3）。

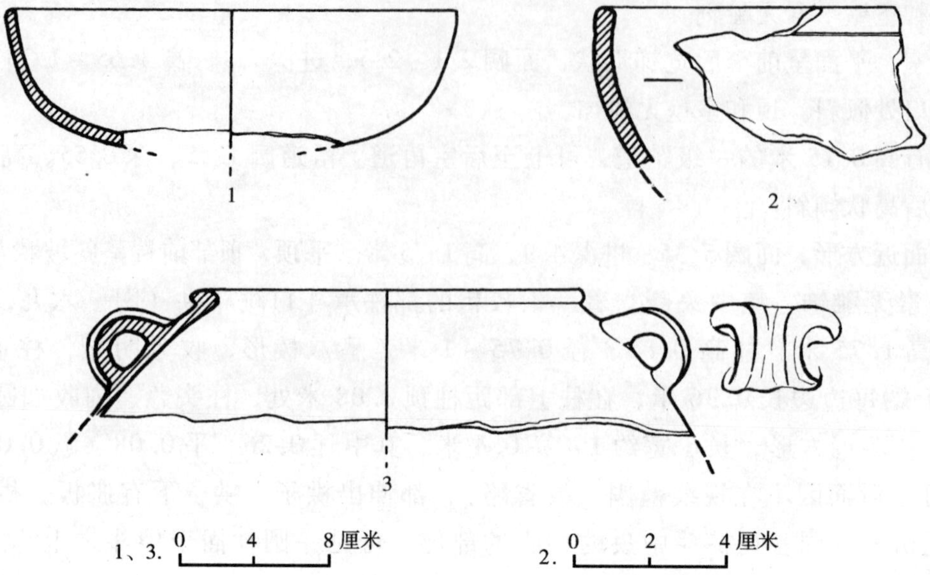

图一七〇 吴 M1 出土陶器

1、2. 陶弧腹钵（M1：1、M1：3） 3. 陶附耳罐（M1：2）

陶弧腹钵 2件。泥质灰褐陶，轮制。吴 M1：1，敞口，圆唇，弧腹，底部残。残高 7.2、口径 24 厘米（图一七〇，1）；吴 M1：3，口微敛，圆唇，唇下施凹弦纹一周，弧腹，下腹和底部残。残高 4 厘米（图一七〇，2）。

第六节 松林嘴墓群一号墓（松 M1）

松林嘴墓群位于郪江镇 2 村 4 社，西南距郪江场镇约 2.5 公里，郪江绕西侧山脚而过。松 M1，位于村民卢祯明自留地旁山崖，地理坐标北纬 30°45′26.1″，东经 105°05′53.9″，海拔约 367 米，与山脚村间机耕道相对高度约 15 米（图一七一）。上世纪 70 年代，村民在开山造地的过程中发现。墓道前端已遭部分破坏。坐西向东，墓向 90°。为斜坡踏道式三室墓，由墓道、墓门、甬道、前室、中室、后室、和侧室、耳室组成，全长 18.7 米，最宽处 9.1 米。后室与墓道现存开口之间斜坡高差 1.6 米（图一七二、一七三）。

1. 凿痕

墓道，风化剥蚀严重，两壁凹凸不平，开凿痕迹不清。前室、中室和后室及其侧室的室顶和四壁大多修整规整，并雕刻有仿木结构建筑形象，均遗有宽刃平凿痕迹。前室右侧室顶和四壁粗糙，遗竖条状尖凿痕。中室右侧室顶和四壁稍经修整，遗有尖点状凿痕。

2. 形制

墓道 倒喇叭形，残长 3.95、宽 1.7～2.2 米。

墓门 作面阔一间双重檐仿木结构的建筑形式（图一七四），门高 1.75、宽 1.65 米。檐柱紧贴

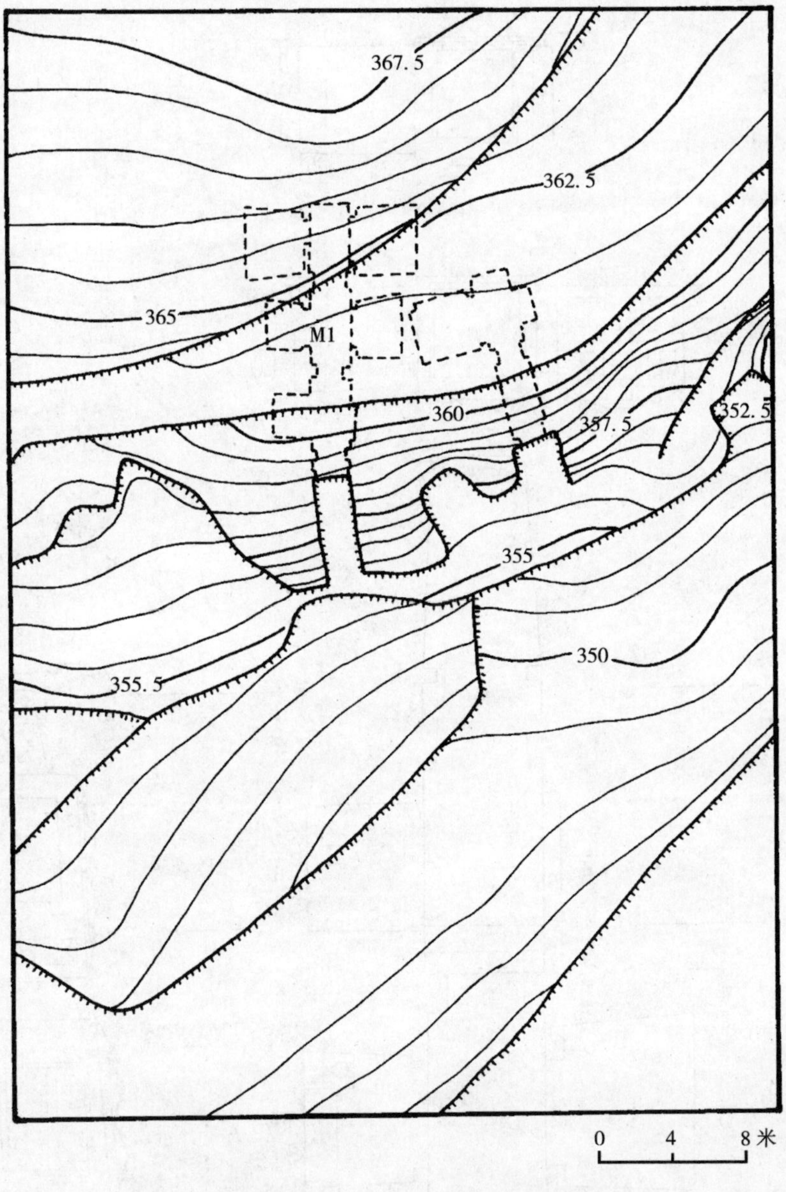

图一七一　松 M1 地形示意图

墓门，左（北）侧柱四角形，右（南）侧柱八棱形，均柱顶方形栌斗承托屋檐。屋顶出檐较短，双层檐面刻画细致，均筒、板瓦两用，板瓦仰铺，筒瓦俯铺，瓦垄上下对齐。可惜因年久风化，大部分已垮塌。门后接甬道，平面也略呈倒喇叭形，阔 1.65～1.75、深 0.75、高 1.6～1.75 米。平顶，呈前低后高状倾斜。甬道侧壁前端分别凿有长方形内凹，均宽 0.65、深 0.3、高 1.75 米。甬道左侧内凹后（北）壁雕刻仙鹤画像，甬道后端对称雕刻有阙楼画像。

前室　平面呈进深大于面阔的长方形，面阔 2.2、进深 3.6、高 2.55 米。覆斗形顶（图一七五，1）。顶部雕有天花藻井，长方井字形天花枋，长 2.75、宽 1.15 米，后端两角相交处分别高浮雕鳖和花朵。枋内用短枋隔成前后两部分，内雕刻叠涩式斗四藻井，藻井中央均浮雕直径约 0.25 米的圆，似分别代表太阳和月亮。在天花枋与四壁额枋之间的四面坡屋顶上，雕刻有至角平出的椽桷形象。室

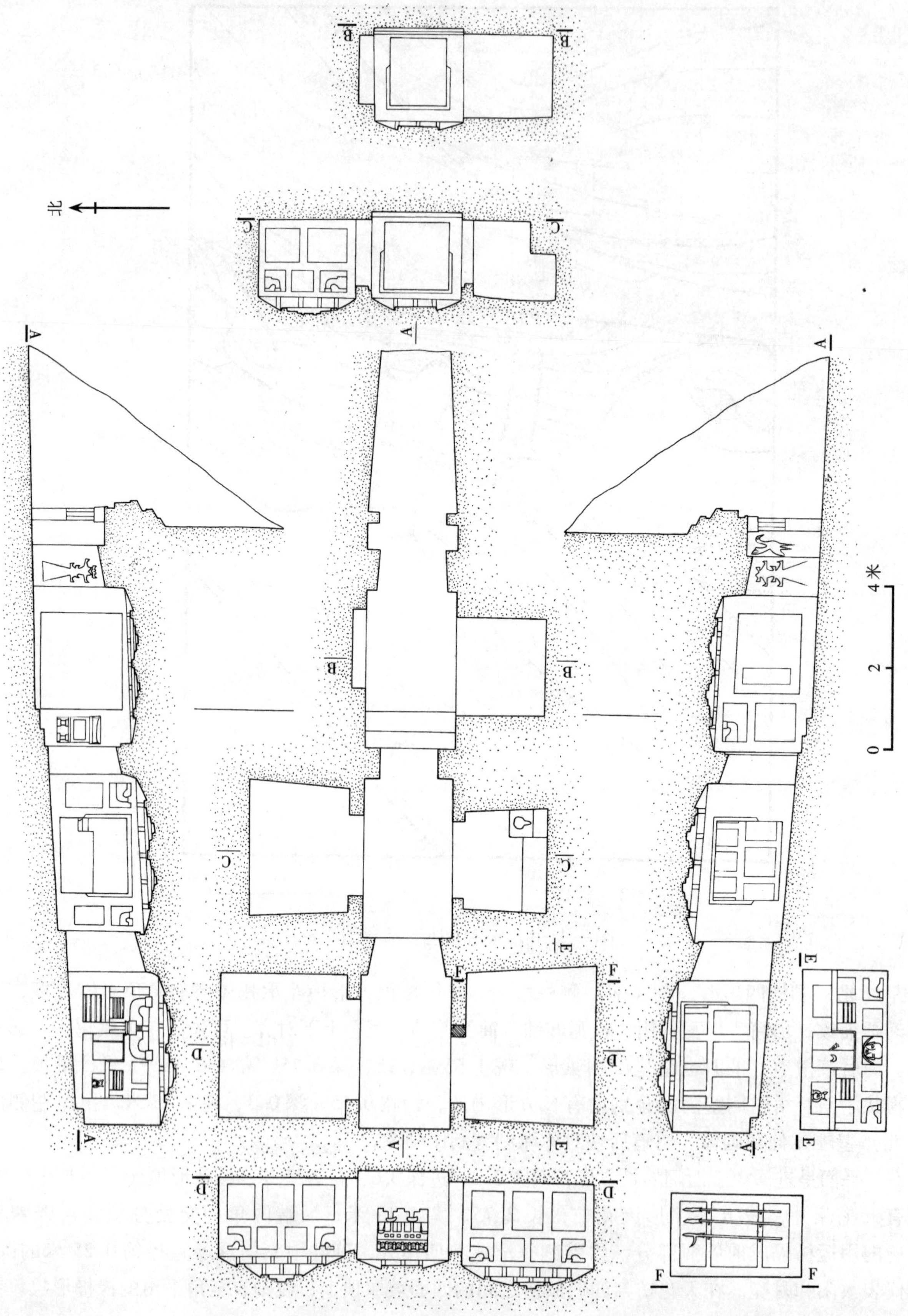

图一七二　松M1平、剖面图

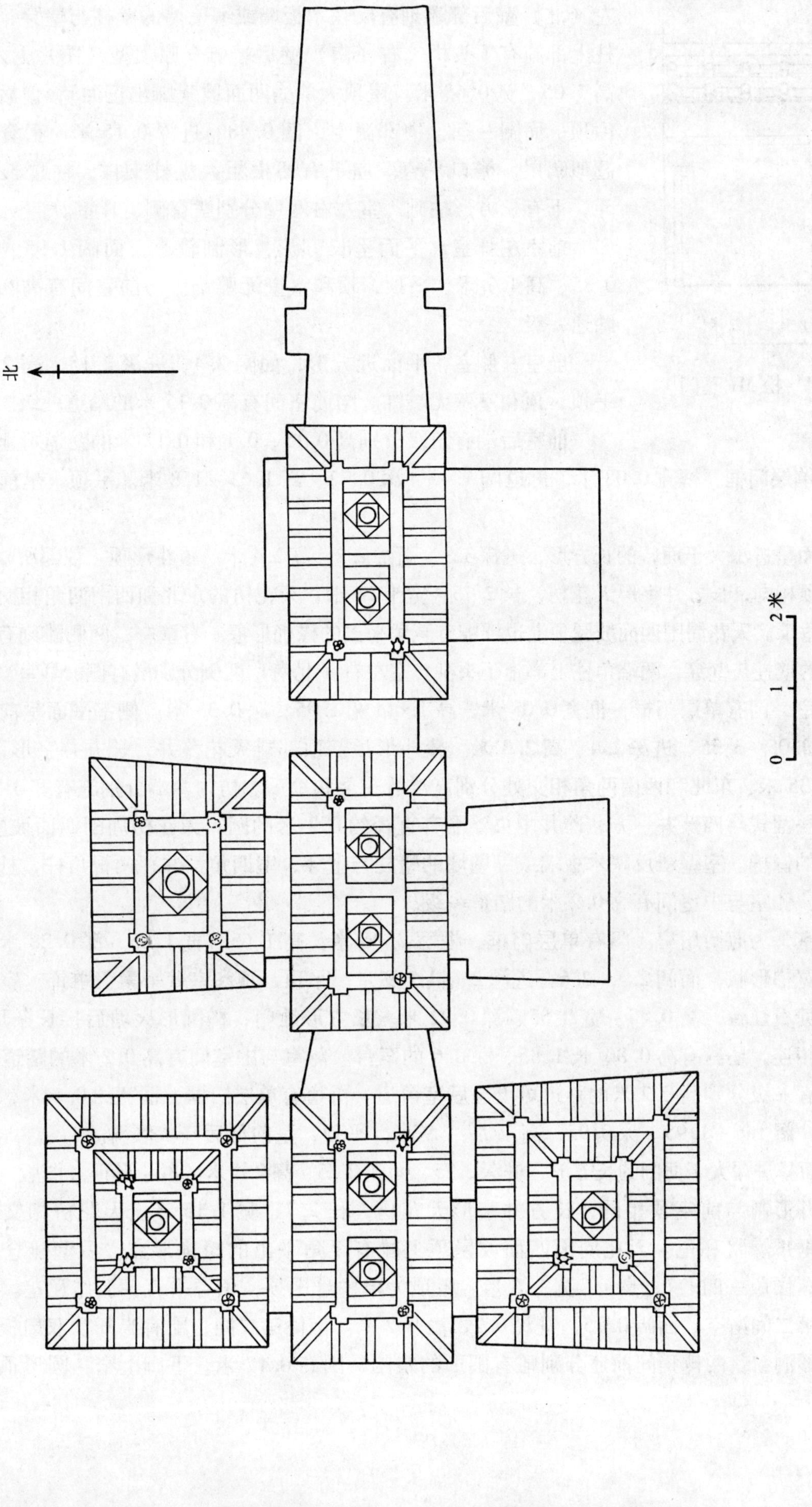

图一七三　松M1仰视图

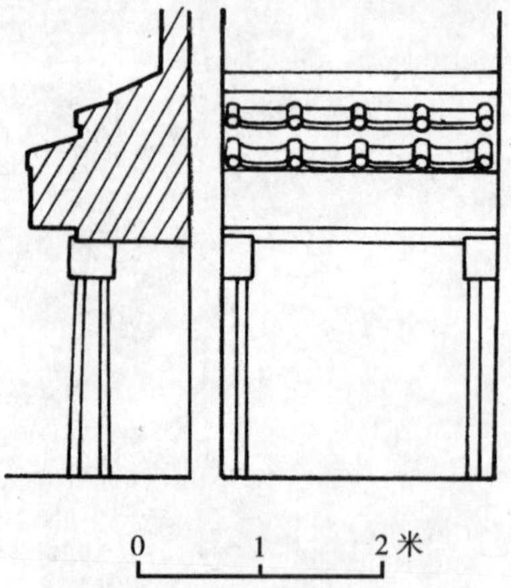

图一七四　松 M1 墓门

左（北）壁后部雕刻有反映木板墙或编壁墙的壁柱与壁穿，两端角柱上部施有丁头栱。右（南）壁后端雕仓廪模型（图一七六，1），高1.05、宽0.65米。屋顶为单檐两面坡（雕出正面），似后世的悬山顶，面阔一间，中部凿空，阔0.48、进深0.15米。正脊两端上翘似鸱尾，檐口平直。屋下有两根粗大立柱支撑，柱顶长方形栌斗，下有长方形柱础。室左右两壁分别凿有侧、耳室。

前室左耳室，平面呈长方形，形制较小，面阔1.95、进深仅0.35、高1.7米。平顶，顶和室壁无雕饰。与前室间有高0.2米的踏道一级。

前室右侧室，平面近方形，面阔2.4、进深2.15、高2.05米。平顶，顶和室壁无雕饰。与前室间有高0.15米的踏道一级。

前室后端有三级分别高0.15、0.1和0.12米的踏道可上至中室甬道。甬道有单层门框，框宽0.08米，甬道阔1.42、深0.72、高1.65～1.8米。平顶，呈前低后高状倾斜。

中室　平面呈进深大于面阔的长方形，进深3.9、面阔2.2、高2.4米。覆斗形顶。顶部所雕天花藻井形制与前室顶相同，长方井字形天花枋，长2.75、宽1.15米。天花枋的东北和西南两角相交处分别高浮雕花朵和垂瓜。天花周围四面坡屋顶上也浮雕有至角平出的椽桷形象。右壁左右两侧雕刻有反映木板墙或编壁墙的壁柱与壁穿，两端角柱上部施丁头栱。室左右（北南）两侧分别凿有侧、耳室。

中室左侧室，门有单层门框，框宽0.08米，高1.6、宽1.95、深0.35米。侧室平面呈前窄后宽梯形状，面阔3.05～3.35、进深2.4、高2.3米。覆斗形顶。顶部雕天花藻井，长方井字形天花枋，长1.95、宽1.35米，东北和西南两角相交处分别高浮雕花朵和垂瓜。枋内两端分别施有宽0.25米的短枋，中部雕叠涩式斗四藻井一方，藻井中央浮雕有直径约0.3米的圆。天花枋周围四面坡屋顶上，雕有至角平出的椽桷。室壁雕反映木板墙或编壁墙的壁柱与壁穿，室四角都并存两根角柱，柱上均相背施有丁头栱。侧室与中室间有高0.2米的踏道一级。

中室右耳室，为庖厨用房。门有单层门框，框宽0.06米，高1.65、宽1.85、深0.28米。侧室平面呈前窄后宽梯形状，面阔2.4～2.6、进深2、高1.9米。平顶，顶和室壁平素无雕饰。室东南角凿有连岩单火塘石灶台，高0.45、宽0.65、深0.92米。长方形灶门，椭圆形火塘后接长条形烟道。与灶台西侧壁相连，还凿有高0.8、长1.85、深0.6的案台。侧室与中室间有高0.2米的踏道一级。

中室后端有一级分别高0.2米的踏道可上至后室甬道。甬道有单层门框，框宽约0.1米，甬道平面呈倒喇叭形，阔1.6～1.95、深0.95、高1.7～1.9米。平顶，呈前低后高状倾斜。

后室　平面呈进深大于面阔的长方形，进深3.75、面阔2.25、高2.4米。覆斗形顶（图版一四六）。顶部雕天花藻井形制与前室顶相同，长方井字形天花枋，长2.7、宽1.15米。天花枋相交处分别高浮雕花朵、垂瓜、鳖和龟。天花周围四面坡屋顶上雕有至角平出的椽桷形象。后壁雕仓廪模型（图一七六，2；图版一四七），高1、宽1.2米。屋顶为单檐悬山顶，正脊平直，上作瓦垄。仓廪面阔四间，北侧第二间凿空，面阔0.15、进深0.2、高0.2米。南侧第二间，雕有半开状双扇板门。檐下有6个长方形洞窗。两侧稍间前还分别雕有圆形的粮囤，囤高0.17米，下阔上窄，圆形顶盖。屋

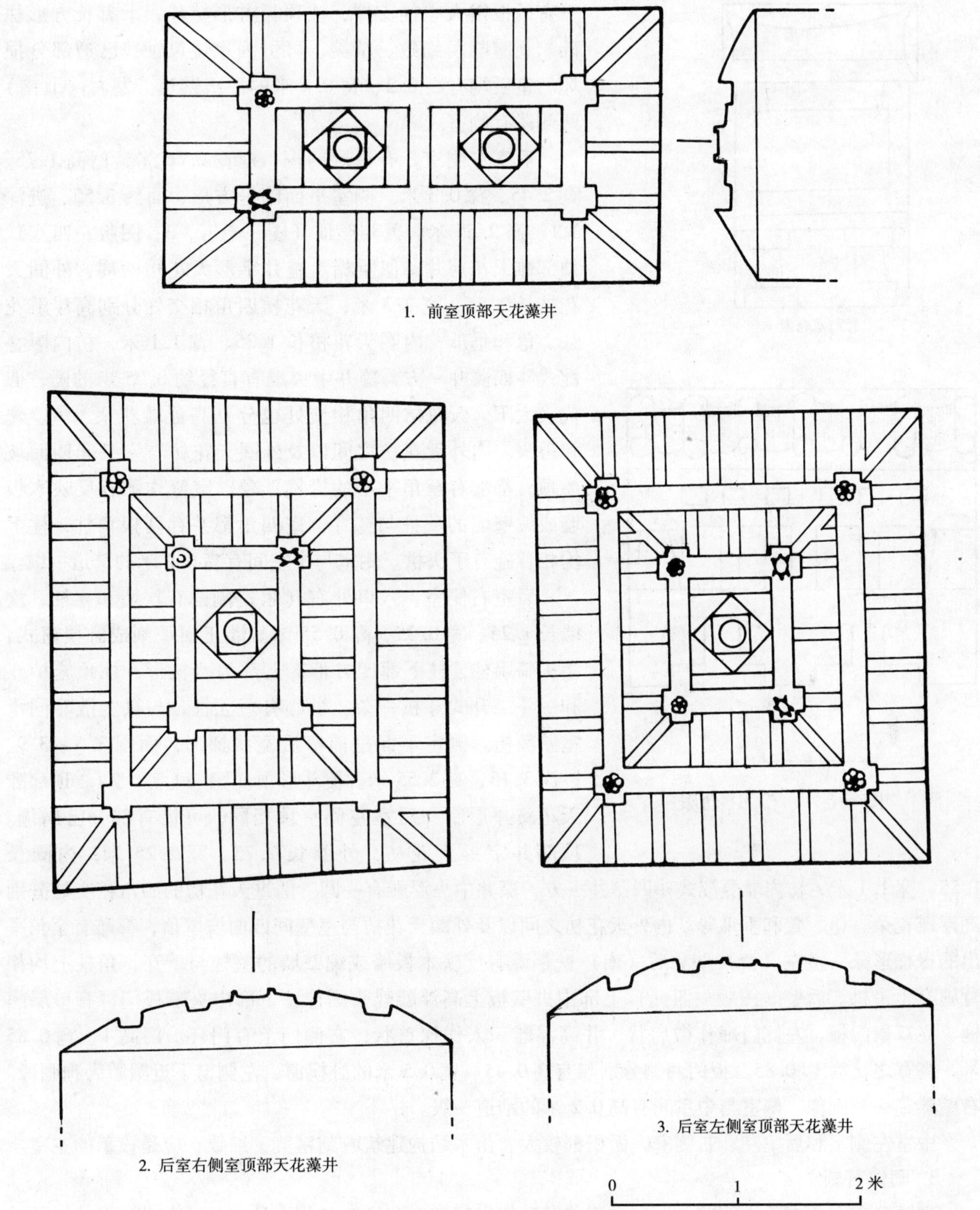

1. 前室顶部天花藻井

2. 后室右侧室顶部天花藻井

3. 后室左侧室顶部天花藻井

图一七五　松 M1 仿木结构雕刻

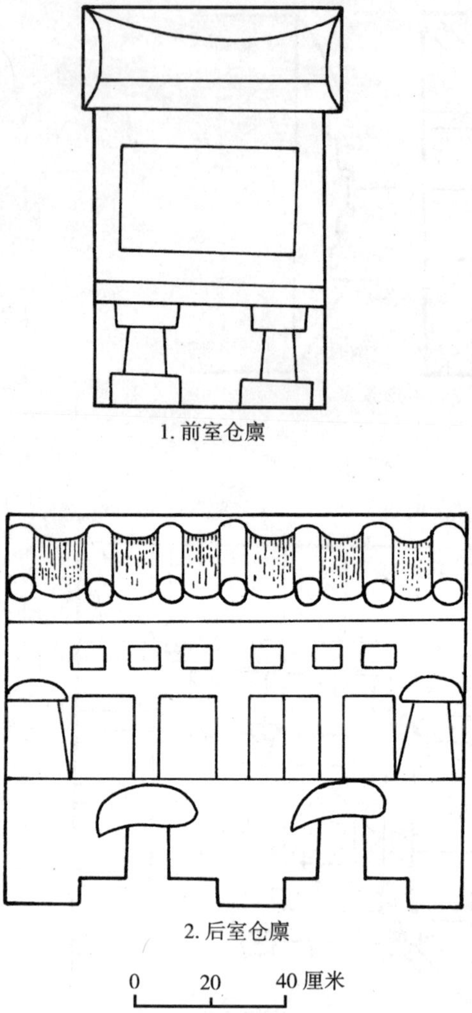

1. 前室仓廪

2. 后室仓廪

0　20　40 厘米

图一七六　松 M1 仓廪

下有两根粗大立柱支撑，柱顶长方形栌斗，下有长方形柱础。仓廪雕凿细致、精美，可惜因水侵风蚀，已遭部分损坏。室后端有高 0.2、宽 0.4 米的一级踏道。左右（北南）两侧凿有侧室。

后室左侧室，有单层门框，框宽 0.06 米，门高 1.75、宽 2.45、深 0.3 米。侧室平面略呈方形，面阔 3.55、进深 3.1、高 2.55 米。覆斗形顶（图一七五，3；图版一四八）。顶部雕天花藻井，似重檐。施井字形天花枋两周，外圈天花枋长 2.55、宽 2.3 米，天花枋四角相交处分别高浮雕花朵、龟和垂瓜；内圈天花枋长 1.35、宽 1.1 米，枋内雕叠涩式斗四藻井一方，藻井中央雕有直径约 0.25 米的圆，似代表太阳。天花枋四角相交处也分别高浮雕花朵、龟、鳖和兽头。内外天花枋之间以及外圈天花枋与室壁间四面坡屋顶，都雕有至角平出的椽桷形象。室壁均雕有反映木板墙或编壁墙的壁柱与壁穿，室四角都并存两根角柱，柱上均相背施有丁头栱。侧室与中室间有高 0.2 米的踏道一级。

后室右侧室，入口处右（东）侧凿有坎墙和立柱，坎墙长 1.25、宽 0.35、高 0.55 米。墙正面雕刻成卧棂窗式，墙头骑墙柱，柱下部四方形，上部为八棱形，柱顶施栌斗和一斗二升式斗栱一朵。栱心有短立柱，与栱上散斗同承室壁额枋。侧室平面呈前窄后宽状梯形，面阔 3.6 ~ 3.9、进深 3.15、高 2.55 米。覆斗形顶（图一七五，2）。顶部雕天花藻井形制与后室左侧室顶相同，可惜有部分已崩塌。顶部井字形天花枋，外圈长 2.75、宽 2.25 米；内圈长 1.55、宽 1.1 米，枋内雕叠涩式斗四藻井一方，藻井中央浮雕有一圆。两重天花枋的四角相交处分别高浮雕花朵、龟、鳖和垂瓜等。内外天花枋之间以及外圈天花枋与室壁间四面坡屋顶，都雕有至角平出的椽桷形象。室左（西）壁和后（南）壁都雕有反映木板墙或编壁墙的壁柱与壁穿，角柱上均相背施有丁头栱。后壁（图版一四九）上部中央壁板上高浮雕魌头画像，下部中央雕板门，有单层门框，立双扇门板，左侧门扉作微启状，并高浮雕一人作探首状；右侧门上有门环。门高 1、宽 0.85 米，高宽之比为 1∶0.85。板门两侧分别雕有高 0.45、宽 0.5 米的卧棂窗，左侧窗下近圆雕卧狗画像。右壁雕刻兵兰画像。侧室与中室间有高 0.2 米的踏道一级。

中室左侧室和后室左、右侧室，面积都较大，仿木结构建筑雕刻精美、细致，应是该墓的主室。

3. **画像石刻**

主要分布在前室甬道侧壁、后室右侧室壁和墓室顶部天花枋四角相交处，共计 24 幅。

仙鹤，位于前室甬道左壁前部，残高 100、宽 50 厘米。尖喙，长颈，鼓腹，短尾，双翅伸展上举，双腿直立。双足残。

阙楼，分别位于前室甬道侧壁后端，风化剥蚀严重，仅能辨雏形。均重檐九脊顶，正脊短而高，两角上翘，有腰檐，阙身上窄下宽，造型夸张。左侧阙楼残高 1.25、宽 0.65 厘米；右侧阙楼残高 1.3、宽 0.55 厘米。

魌头（图版一五〇），位于后室右侧室后壁上层壁板中部，或称为面具，高 40、宽 36 厘米。高浮雕，细部线刻。面庞上方下圆，造型丰满、圆润。光头，宽额，高鼻，大眼，双耳下垂。下饰左右上翘的大獠牙，醒目、夸张。

开门探首人（图版一五一），位于后室右侧室后壁下层壁板中部，高 26、宽 12 厘米。头戴平巾帻，长条脸，面目不清。头斜伸，作开门探首状。

卧狗，位于后室右侧室后壁板门雕刻右侧下部，高 37、宽 20 厘米。近圆雕，长吻，大眼，立耳，前肢直立，蹲坐于狗窦中。

兵兰（图版一五二），位于后室右侧室右壁，长 2.65、宽 1.55 米。占据后室右侧室的整个右壁空间，壁面两侧分别立有一柱，柱分三层装六个托钩，横置两矛一戟。矛为叶形，中起脊，柄插于骹内。戟为“卜”字形，矛形直刺，弧形横枝，柄在戟的侧面通过胡上的三个小穿缚紧（图版一五三）。

墓室顶部天花枋四角相交处高浮雕花朵、垂瓜、龟和鳖等画像 18 幅，分别位于前、中、后室以及中室左侧室、后室左、右侧室顶部天花枋相交四角，长 15～20、宽 10～15 厘米，画像造型写实，雕刻逼真。后室顶部龟，长 18、宽 15 厘米。高浮雕，圆弧形高背，背部线刻菱形回纹，头和四肢外伸，短尾，作爬行状。

4. 随葬器物

陶罐　1 件。松 M1∶1，泥质灰陶，轮制。敛口，圆唇外卷，唇沿外突，直腹，下腹和底部残。残高 4.8、口径 28.5 厘米（图一七七，2）。

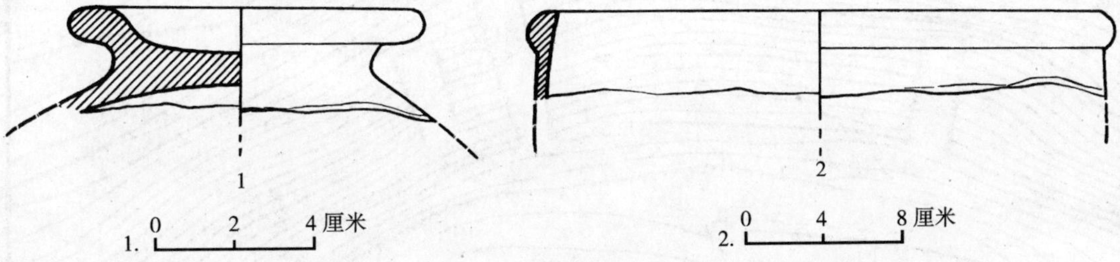

图一七七　松 M1 出土器物

1. 陶器盖（M1∶2）　2. 陶罐（M1∶1）

陶器盖　1 件。松 M1∶2，夹细砂灰褐陶，轮制。残，仅余顶部饼状抓手。残高 3 厘米（图一七七，1）。

第七节　柏林坡墓群

柏林坡山大致呈西北、东南向，位于鄞江镇 2 村，西北端距鄞江场镇约 3000 米，鄞江从山的西南山脚通过东南山嘴绕山流过。该山崖墓分布十分密集，均由山脚至山顶分层分布，尤以山腰墓葬分布最密集（柏 M3 墓道清理完毕后，发现墓室顶垮塌，并引起山体下塌，故放弃清理）。

一 柏林坡一号墓（柏 M1）

柏 M1（图一七八；图版一五四）位于柏林坡山东南端，郪江镇 2 村 4 队村民邹品恩屋后自留坡，地理坐标北纬 30°45′34.5″，东经 105°05′59.8″，海拔高度约 351 米，与山脚村间机耕道相对高度约 30 米。坐西向东，墓向 108°。为斜坡踏道式三室墓，由墓道、墓门、甬道、前室、中室、后室和侧室、耳室组成，全长 20.8 米，最宽处 5 米。后室与墓道现存开口之间斜坡高差约 1.5 米（图一七九、一八〇）。

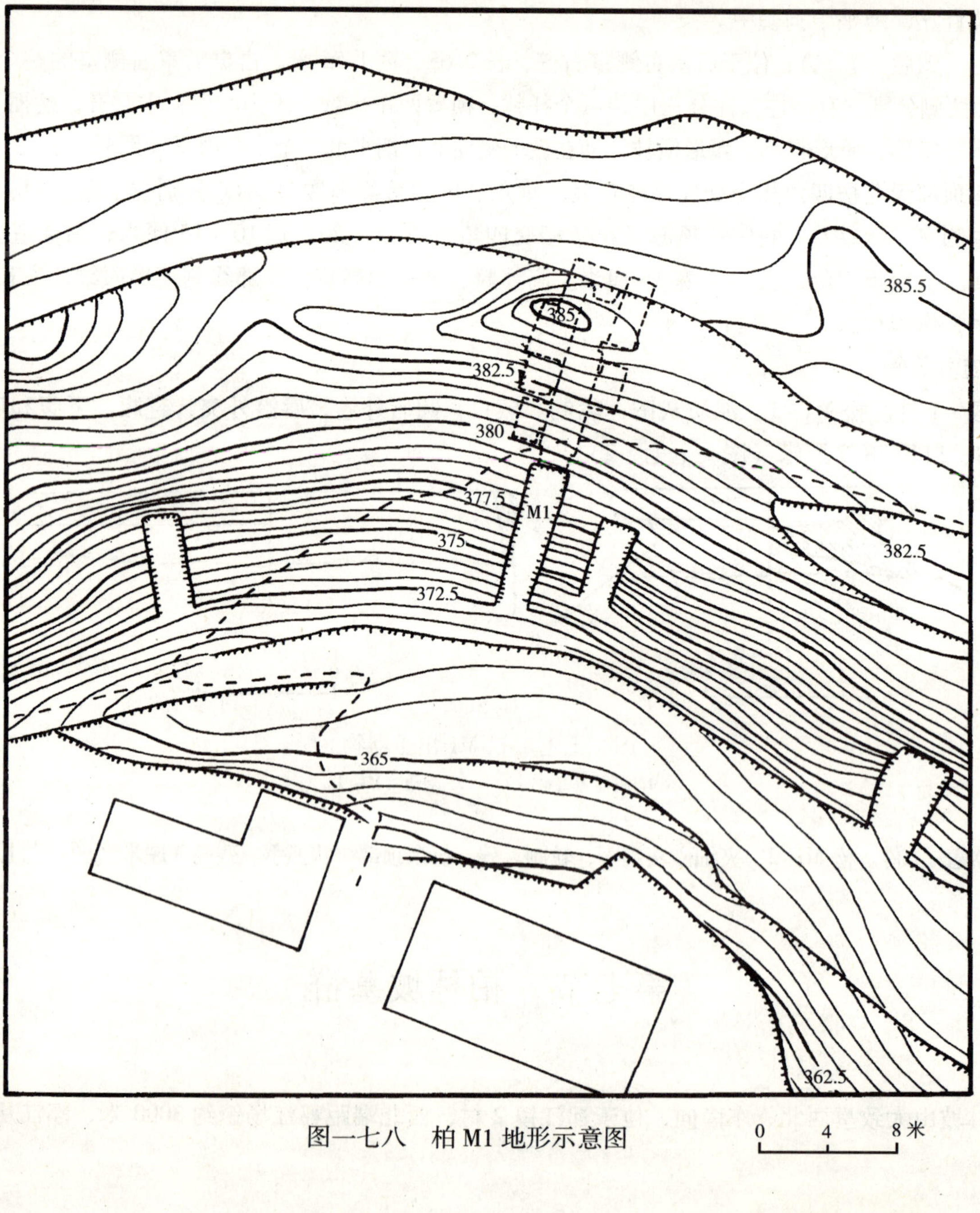

图一七八　柏 M1 地形示意图

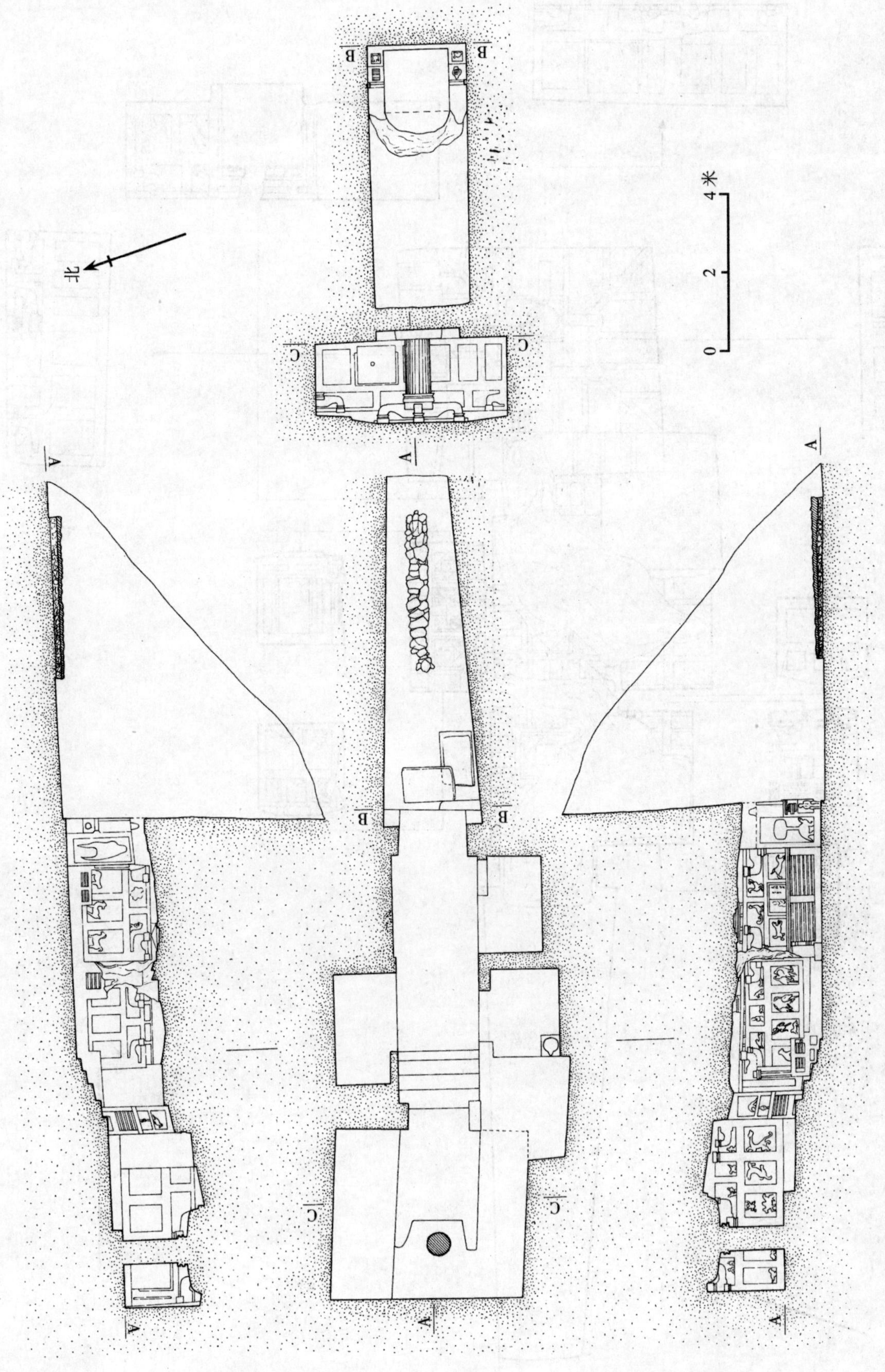

图一七九　柏M1平、剖面图

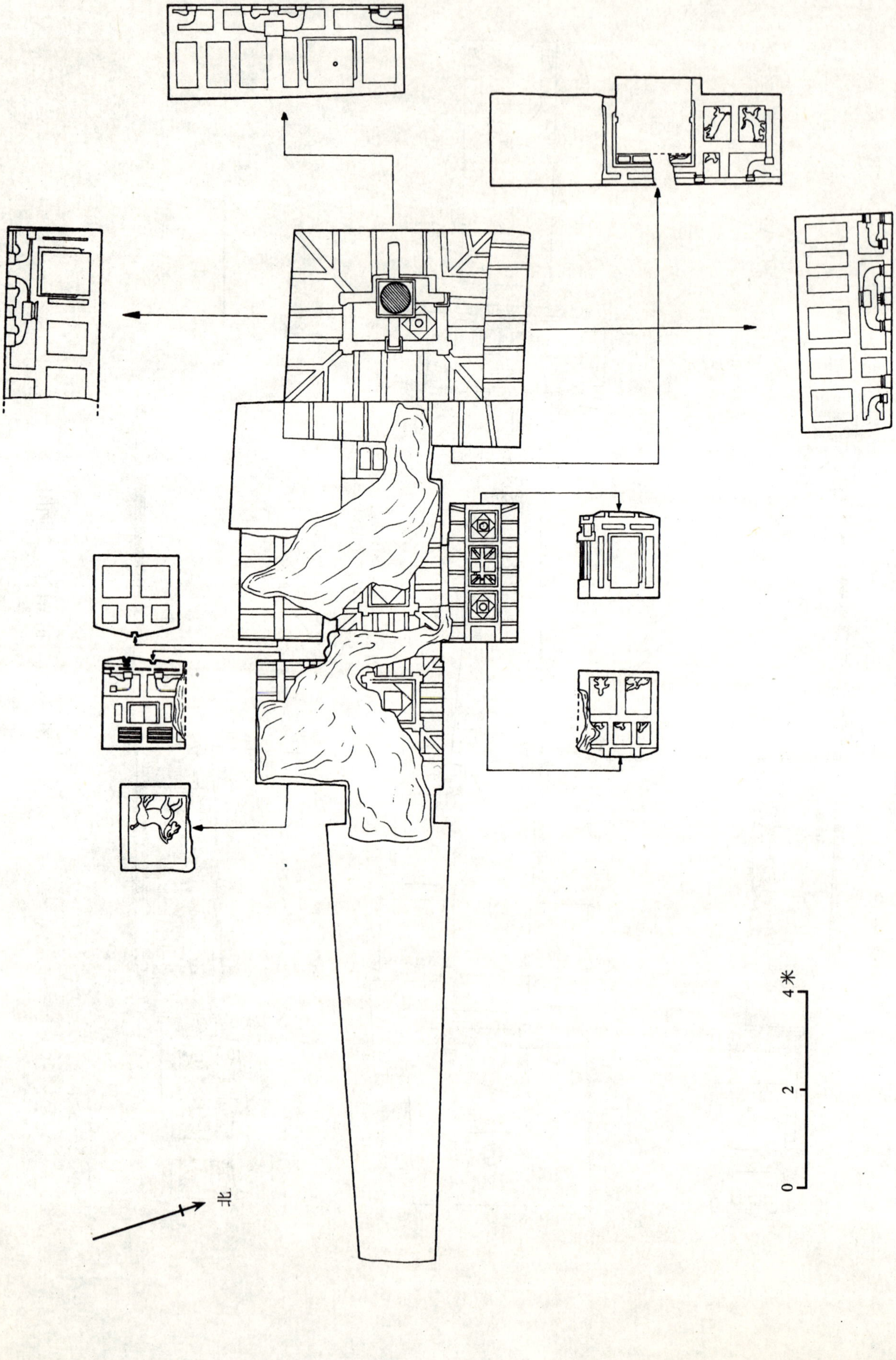

图一八〇　柏M1仰视图

1. 凿痕

墓道遗有较粗糙的点状尖凿痕。前、中、后室及其侧室顶部和室壁，均浮雕有大量精美的仿木结构建筑形式，壁面较平整，遗有宽1.5~2.5厘米的宽刃平凿痕。中室右后侧室，打破右前耳室西壁和后室东壁，凿痕粗糙与整个墓葬所遗开凿痕迥异，顶部遗有直线状尖凿痕，室壁为粗糙的点状尖凿痕。

2. 形制

墓道　倒喇叭形，长9、宽1.55~2.5米。在墓道前部中央有条用不规整砂石块堆砌的"排水道"（图版一五五），长4.15、宽0.4~0.55、高0.2~0.35米。横剖面呈"品"字形，内壁稍显规整，两端用砂石块堵砌。从结构和位置分析无排水的实用功能。后端有高0.12米的踏道一级进入墓门。

墓门　近方形，门楣及以上部分因盗掘已垮塌，高1.7、宽1.6米。门框左右（北南）两侧下部，均有高0.4、宽0.4米的连岩门枕石。石上分别浮雕有蟾蜍、力士画像。石的上面，墓道与墓门相连处，左侧雕双扇卧棂窗，右侧雕卧狗画像。封门采用双层长方形石板封闭，外层石板为双扇，均高2.35、宽1、厚0.16米。右侧封门石保存完好，一侧紧靠墓道壁，下端靠在门枕石前，上端与门楣上方岩石相靠。左侧封门石已在盗掘中被损为两截，抛弃在墓道淤土中。内层封门石仅存右侧石板立于门枕石上，石板高1.5、宽0.4、厚0.1米。门后接短甬道，顶部已垮塌，呈前低后高状倾斜，深0.85、宽1.7~1.75、高1.6米。甬道左侧浮雕有龟座鼓画像，右侧浮雕已剥蚀不清。

前室　平面呈进深大于面阔的长方形，进深2.92、面阔2.1、高2.32米。覆斗形顶，部分垮塌。顶由里向外倾斜。顶部雕有方形天花藻井，井字形天花枋，长、宽为1.2米，枋内雕叠涩式斗四藻井。藻井中心有鲜红色涂抹的直径0.13米的圆，圆周围用鲜红色线条绘有云气纹。天花枋与顶部前端额枋之间距离较远，故在其间雕一横枋，而后端与中室顶相连处似也有一横枋。两横枋和北、南两壁额枋与天花枋之间的四面坡顶上，雕有椽桷形象。椽桷至角平出，状如薄板。椽桷和藻井涂抹朱红色，天花枋和室壁额枋涂抹成靛青色。室内淤土中散乱的发现有长25、宽33~34、厚9厘米的十字折线·乳突纹花边砖（图一八一）。

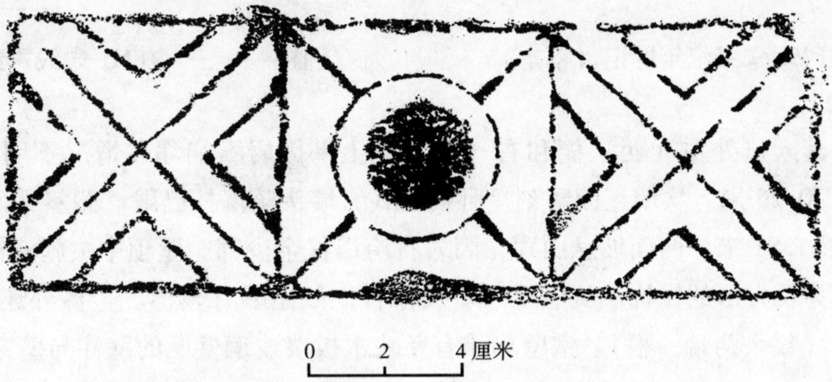

图一八一　柏M1出土十字折线·乳突纹墓砖拓片

前室左（北）壁浮雕反映木板墙或编壁墙的壁柱与壁穿（图版一五六），前端上部雕有短柱顶栌斗，上承一斗二升式斗栱半朵，后端与中室相隔处刻四方立柱，有长方形单层柱础，柱上、下同径不收分，柱顶栌斗，上承一斗二升式斗栱半朵与前端斗栱同承托室壁额枋。前端斗栱上散斗彩绘剥蚀，后端斗栱上散斗用朱红色线条绘菱格纹（残痕）。壁面下部以壁柱、壁穿为边框架刻卧棂窗两扇；上部以壁穿为界，分上、下两层，在壁柱与壁穿间的壁板上，浮雕相对而立的两只朱雀；下层中央刻有半开状板门形象，上有门额，两边有立颊，立双扇大门版，门版高 0.45、宽 0.37 米，高宽之比约为 1∶0.8。两扇门版上先用白彩作底后，左（西）侧门版上则用朱红色彩绘一半身人像；右（东）侧门版上朱书纪年题记，从左至右分三排竖书“元初四年九月□日齐公冢”（图一八二；图版一五七）。字宽 7.5～15 厘米，字高 5.3～15.7 厘米。板门两侧壁面分别雕青龙和白虎画像。壁面上部浮雕的仿木结构立柱斗栱、壁柱与壁穿和额枋上均用靛青色涂抹。下部因墓室内淤土较多，彩绘已不存。前室右壁凿有侧室。

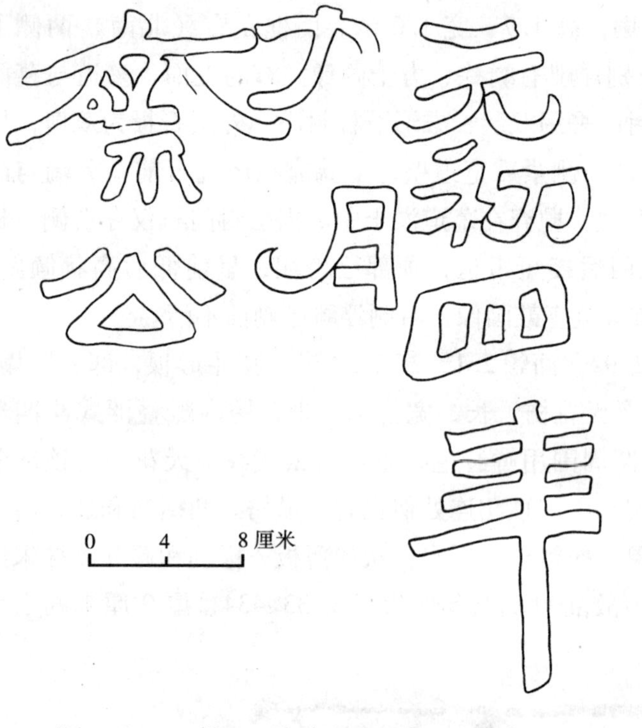

图一八二　柏 M1 朱书纪年题记（摹本）

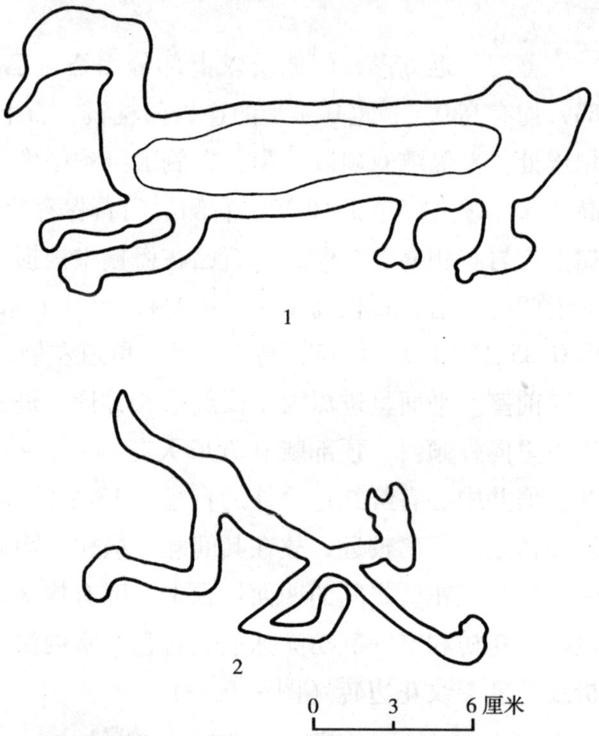

图一八三　柏 M1 朱线彩绘兽（摹本）

前室右侧室，其入口处左（西）侧和右（东）侧上部因岩石崩塌，情况不明。右侧施有坎墙，长 0.9、宽 0.3、高 0.26 米。坎墙正面雕刻呈卧棂窗式，墙头骑墙柱已毁。侧室平面呈长方形，面阔 2.54、进深 1.7、高 1.81 米。两面坡悬山顶，因岩石垮塌仅余少部。屋顶中央施脊檩，人字形两面坡上对称垂直施剖面为长方形的椽桷。从屋顶西端残存看，似还雕有金檩。金檩外还有一层长 0.2 米，剖面为圆形的飞椽（仅余两端一根）。室壁均雕有反映木板墙或编壁墙的壁柱与壁穿。

左（西）壁岩石部分崩塌，从残存看，两端角柱上部施有丁头栱承横枋，横枋上立三根蜀柱托额枋，额枋上有“工”字形蜀柱托脊檩，蜀柱上、下斗均涂朱红色，而金柱则直接放于额枋上。左（北）侧丁头栱旁似有朱书题记，可惜已漫漶不清。壁面中央刻板门形象，上有门额，两边有立颊，立双扇大门版。门版高 0.36、宽 0.26 米，高宽之比约为 1∶0.72。下部则以壁柱与壁穿为边框刻卧棂窗两扇。右（东）壁壁板上高浮雕马画像。后（南）壁两端角柱上部相对插有丁头栱同承额枋，壁板上分层浮雕有猴等画像和一幅朱线彩绘兽（图一八三）。耳室内仿木结构建筑雕刻除散斗用朱红色线条绘菱形纹外，其余均涂抹成靛青色，而画像和东壁边框从残存看，似涂抹成朱红色。侧室与前室间有高约0.26米的踏道一级。

中室　紧连前室，平面呈进深大于面阔的长方形，面阔2.06、进深3.34、高2.36米。覆斗形顶，大部分垮塌。顶由里向外倾斜。从残存看，顶部雕有长方形天花藻井，井字形天花枋，宽1.25、残长2.55米，枋内东端雕斗四藻井。藻井外层四周涂抹靛青色，内层用白彩作底后，用鲜红色勾绘一圆，直径0.18米，圆外绘云气纹。天花枋周围四面坡，雕有至角平出的椽桷，状如薄板。椽桷涂抹朱红色，椽桷间似涂白彩，天花枋和额枋涂抹成靛青色。室左（北）壁凿有侧室，右（南）壁则前部凿有耳室，后部凿有侧室。

中室左侧室（图版一五八），其入口处左（东）端立柱斗栱因岩石崩塌，情况不明，右（西）侧施有骑墙柱和坎墙。柱立于坎墙右端，紧靠侧室壁。柱呈八棱形，上下同径无收分，柱顶栌斗，上承一斗二升式斗栱半朵，栱心施有短立柱。坎墙正面雕刻呈卧棂窗式，长0.75、宽0.2、高0.5米。墙下与中室底间有短立柱两根。立柱和坎墙涂抹朱红色，栌斗上横栱涂抹靛青色，栌斗上采用朱红与靛青色绘有几何纹饰，现已模糊不能辨，散斗上用朱红、靛青双色线条勾绘双联十字折线纹。入口内室底有阔1.58、深0.46～0.77、高0.05～0.22米的不规则斜坡状踏道。侧室平面呈长方形，面阔2.8、进深1.58、高1.76米。顶部雕目字形天花藻井（图一八四；图版一五九），横贯室顶，长2.08、宽0.75米。除东端有长0.3米的空余部分外，其余部分用短枋隔为三方，中央长方形，内刻五脊竹帐架一顶，两端为正方形，内雕叠涩式斗四藻井。西端藻井中心用鲜红色涂绘一圆，圆内加绘少许不规则黑彩，代表太阳。在内外层藻井间的内凹处，用朱红色小点点绘，似太阳光芒；而内层藻井四周则用靛青色线条绘变形十字纹带，并用鲜红色小点点缀。东端藻井涂朱红色边框，中心则用外靛青色内朱红色勾绘一圆，圆内用靛青色似绘有蟾蜍形象，代表月亮。外层藻井四周用靛青色绘变形十字纹带，并用鲜红色小点点缀十字纹。在天花枋与前后（北南）两壁额枋之间两面坡，刻有横剖面为半圆形的椽子形象，两侧椽子对称垂直分布，间距基本相同，顶部竹帐架和椽子涂成朱红色，椽子间涂白彩，天花枋和额枋涂成靛青色。室壁均雕有反映仿木结构木板墙或编壁墙的壁柱与壁穿。

左（东）壁额枋上有两蜀柱承托室顶天花枋，壁柱与壁穿形成的上下两层壁板上分布有彩绘人物壁画和鸟、龟等画像（图版一六〇）。

右（西）壁中央刻板门形象，单层门框，凿门额和立颊，单扇门版，高1.04、宽0.58米，高宽之比约为1∶0.56。门版上有彩绘宴享图。门额上立蜀柱与角柱同承额枋，额枋上有两蜀柱承托室顶天花枋。

后（北）壁两端角柱，柱顶栌斗上承一斗二升式斗栱半朵，同承托额枋。壁柱与壁

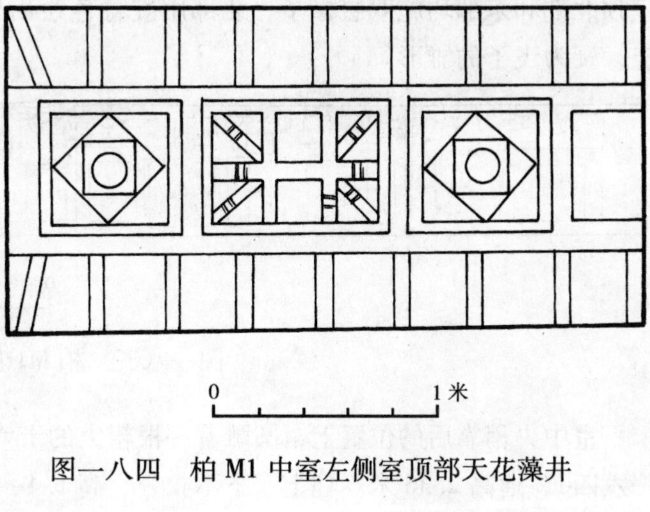

图一八四　柏M1中室左侧室顶部天花藻井

穿所形成上下两层壁板上分布着彩绘升仙壁画两幅和人物、狗、兽和仙鹤等画像。侧室内仿木结构柱、枋和斗栱横栱都涂抹成靛青色，栱上栌斗和散斗则用朱红与靛青双色线条分别勾绘双联十字折线和十字折线纹。侧室与中室间有高约0.32米踏道一级。

中室右耳室（图版一六一），为庖厨用房。其入口处东端因岩石崩塌，已遭破坏，从残存看，右（东）侧施有坎墙，长0.55、宽0.23、高0.45米。墙正面雕刻呈卧棂窗式。耳室平面近方形，面阔2.25、进深2.2、高1.61米。两面坡悬山顶，部分垮塌。屋顶中央施脊檩，脊与前后（北南）两壁额枋间，人字形两面坡上垂直对称施椽桷。室西南角凿有连岩单火塘石灶台，高0.27、宽0.42、深0.55米。长方形灶门，圆形火塘。室壁雕有反映木板墙或编壁墙的壁柱与壁穿，左（西）壁被右后侧室打破，已荡然无存。后（南）壁两端角柱上施有丁头栱。室内仿木结构建筑雕刻上均涂抹朱红色，在壁柱与壁穿间壁板，似先涂抹白彩后再用朱红色线条彩绘，可惜已漫漶不清。耳室与中室间有高0.3米踏道一级。

中室右侧室，打破右前耳室左壁和后室前壁，室底与后室东南角底平，比中室右耳室底高0.35米。平面呈长方形，面阔2.6、进深2.2、高1.85米。平顶，顶和室壁雕凿粗糙，无仿木结构雕饰和彩绘，开凿风格与整个墓葬迥然不同，其布局安排也破坏墓葬的结构布局。该室应是在墓葬整体完工后，后人再开凿而成。

中室后端有高0.07～0.15米的踏道四级可上至后室门。单层门框，顶部部分垮塌，雕有圆形椽头，高1.66、宽1.5米。门后有长方形过厅，阔1.5～1.55米、深0.75、高1.55（因中室后端踏道第四级部分进入过厅前端，所以厅前端高1.7米）。顶呈前低后高状倾斜，雕状如薄板的椽桷，过厅两侧下部雕卧棂窗式槛墙，墙上柱枋间雕立鸟架。顶部椽桷、后端横枋和槛墙涂抹朱红色，顶部前端横枋和墙上柱枋涂抹靛青色。

后室（图一八五；图版一六二）　平面近方形，面阔4.85、进深4.35、高2.4米。覆斗形顶。顶部中央有天花藻井。在距后室左（北）壁额枋约0.8米、前（东）壁额枋约0.88米处的室顶，各有一根横枋贯通室顶。井字形天花枋横置，天花枋北端内雕叠涩式斗四藻井，外层藻井先用白彩作底后，再用朱红色勾绘云气纹，中层藻井涂朱红色，内层藻井先用白彩作底后再用朱红色绘一直径0.13米的圆，空白处用朱红色绘云气纹。天花枋南端仅用朱红彩绘出天花枋，枋内用白彩涂抹。在室顶北部和东部均施双层椽子，北部用靛青色绘出椽子，东部用赭石色绘出椽子。两层椽子头不对应，疑为飞子的雏形。

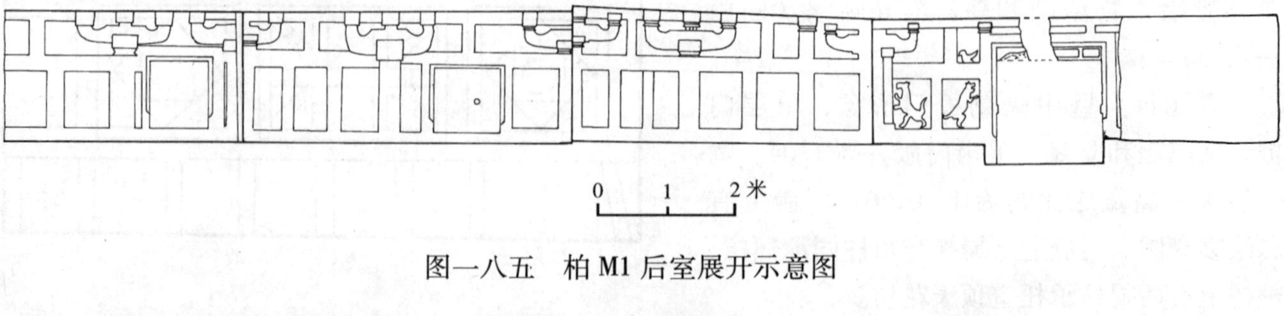

图一八五　柏M1后室展开示意图

室中央稍靠后的位置上，圆雕着一根粗大的十六棱都柱承斗口跳斗栱（图一八六；图版一六三、一六四），通高2.36米。柱上、下不收分，高1.4、径0.65米，每边边长约0.1米。下有宽1.2、高

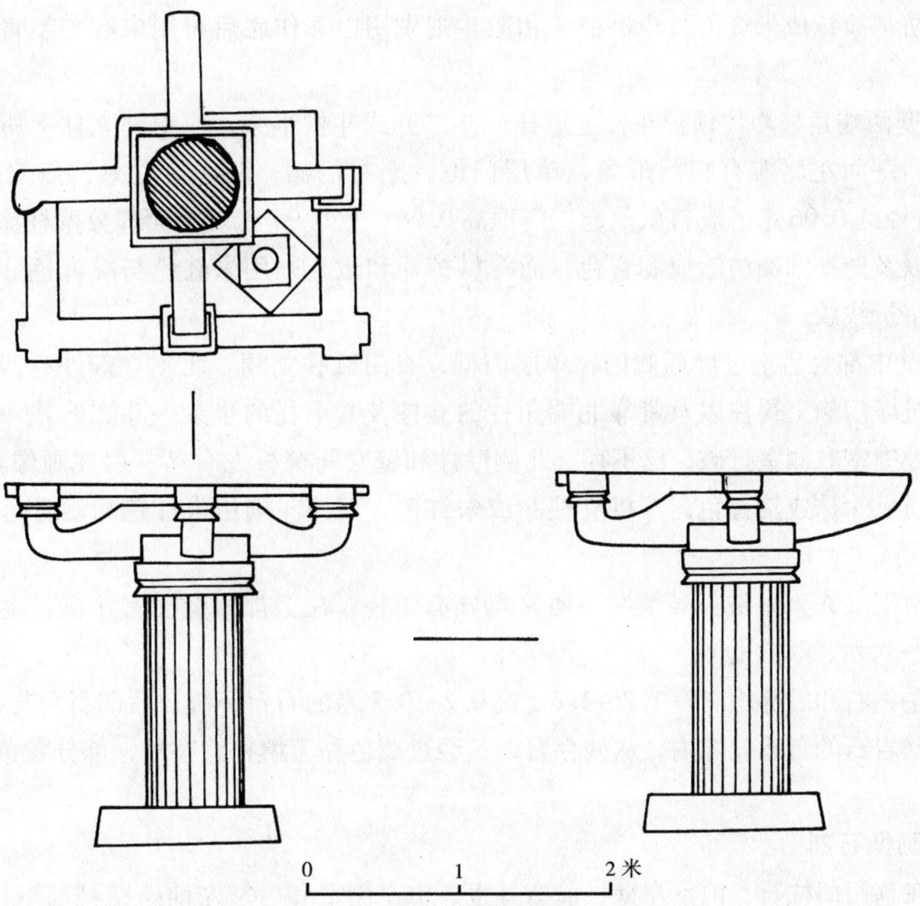

图一八六　柏 M1 后室都柱斗栱

0.23 米的单层四方形柱础。上承巨大的栌斗，栌斗近方形，长 0.75、宽 0.7、高 0.35 米，其中耳 0.15、平 0.16、欹 0.04 米。在平部有宽约 0.08 米的一周凸棱。栌斗下有厚约 0.05 米的皿板。在栌斗欹和皿板上用朱红色绘有卷草纹。在栌斗四面（后侧因不在视觉范围内，故雕凿粗糙，只具雏形），都雕出栱子承散斗，南侧用朱红彩绘出栱子和散斗，散斗下有皿板。左右两侧散斗间宽 2.25 米，与华栱所承散斗同承室顶井字形天花枋。都柱、斗口跳斗栱栱子和栌斗上凸棱都涂抹成鲜艳的朱红色；斗栱横栱和栌斗均用宽 2.5～3 厘米的靛青色线条勾绘轮廓线；斗栱栌斗以及斗下皿板和栱眼部分涂抹成白色；散斗上用朱红色彩绘十字折线纹。使该都柱斗栱显得富丽堂皇。

后室室壁均雕有反映木板墙或编壁墙的壁柱与壁穿。

左（北）壁前端角柱上部施丁头栱，后端角柱顶栌斗；承一斗三升式斗栱半朵；中部壁柱顶栌斗，上托一斗二升式斗栱；壁面左侧壁柱上则承栌斗，共同承托该壁额枋。在壁柱，壁穿和额枋上均涂有靛青色，栌斗和散斗上则均用朱红与靛青两色彩绘双连十字折线纹。在壁柱和壁穿所形成的壁板上分两侧分别浮雕有秘戏组画、鸟、女侍、兔、白虎、青龙和应龙等画像（图版一六五）。

右（南）壁前端被中室右侧室打破，已不存。壁头额枋由后端角柱上所托半朵一斗二升式斗栱和中部壁柱上所托一斗三升式斗栱共同承托。在中部斗栱立柱和后端角柱间，雕半开状板门形象，单层门框，上有门额，两边有立颊，单扇大门版，东侧为轴。高 1、宽 0.8 米，高宽之比为 1∶0.8。壁柱与壁穿、额枋都涂抹成朱红色，斗栱栌斗和散斗则先用白彩作底后再用朱红与靛青色彩绘双联十字折线纹。

后（西）壁两端角柱均柱顶栌斗，上承托一斗二升式斗栱半朵，与中部立柱上所托一斗三升式斗栱同承额枋。壁面左侧雕有板门形象，单层门框，上有门额，两边有立颊，似双扇大门板（未雕），左侧有直径约0.06米的乳钉状凸起。门框高0.96、宽0.94米。壁面部分壁柱涂成朱红色，斗栱立柱，门颊以及壁穿和额枋涂成靛青色，而斗栱栌斗和散斗则用朱红色与靛青色分别彩绘双联十字折线纹和十字折线纹。

前（东）壁中部为后室过厅西侧门，单层门框，有门额和立颊。北侧立颊外有四方立柱，柱顶栌斗，与后室过厅门额上蜀柱以及紧靠北端角柱的立柱及其上托的半朵一斗二升式斗栱，同承室壁额枋。南端已被中室右侧室打破，已不存。北侧壁柱和壁穿间壁板上有鸟、白虎画像。壁柱与壁穿、额枋以及斗栱横栱涂抹成靛青色，斗栱立柱涂成朱红色，而栌斗则用朱红色与靛青色彩绘方格纹和十字纹。

后室四壁两端（东南角被打破情况不明）均施有角柱，柱上都相背插有斗栱，室角都有两根立柱共存（图版一六六、一六七）。

后室底部左、右和后部均有宽1.2～1.6、高0.2～0.3米的石台环绕，后部石台与都柱柱础相连。

室顶和四壁岩石的自然裂隙内，从残存看，是经过黄色黏土填补修整过，部分黄色黏土上还残留有彩绘痕迹。

3. 彩绘和画像石刻

主要分布在墓门门枕石、前室左壁、前右耳室、中左侧室和后室左前壁壁柱与壁穿间的壁板上。共计四十六幅。

蟾蜍（图一八七，1），位于墓门左侧门枕石正面，高25、宽24厘米。四肢舒展，作跳跃状。

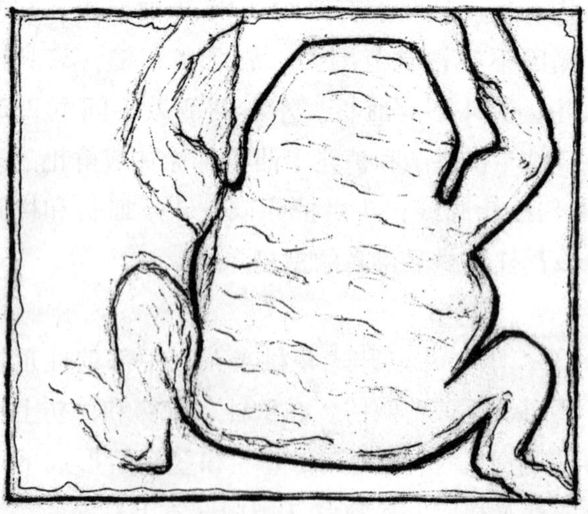

1. 蟾蜍

2. 龟

0 5 10厘米

图一八七 柏M1画像石刻（摹本）

力士，位于墓门左侧门枕石右侧，高40、宽20厘米。四肢粗状，下蹲状。

龟（图一八七，2），位于墓门右侧门枕石正面，高18、宽24厘米。昂头，短尾，作爬行状。

卧狗，位于墓门右侧门枕石上方，高30、宽18厘米。狗伏狗窦中，长吻，大眼，形象逼真。

龟座鼓（图一八八），位于前室甬道左侧，高108、宽60厘米。龟昂首，隆背，短尾，呈站立状。背立一柱，柱上承扁长鼓形器。龟座似后世驮碑的赑屃座。右侧雕刻风蚀厉害，已不能辨。

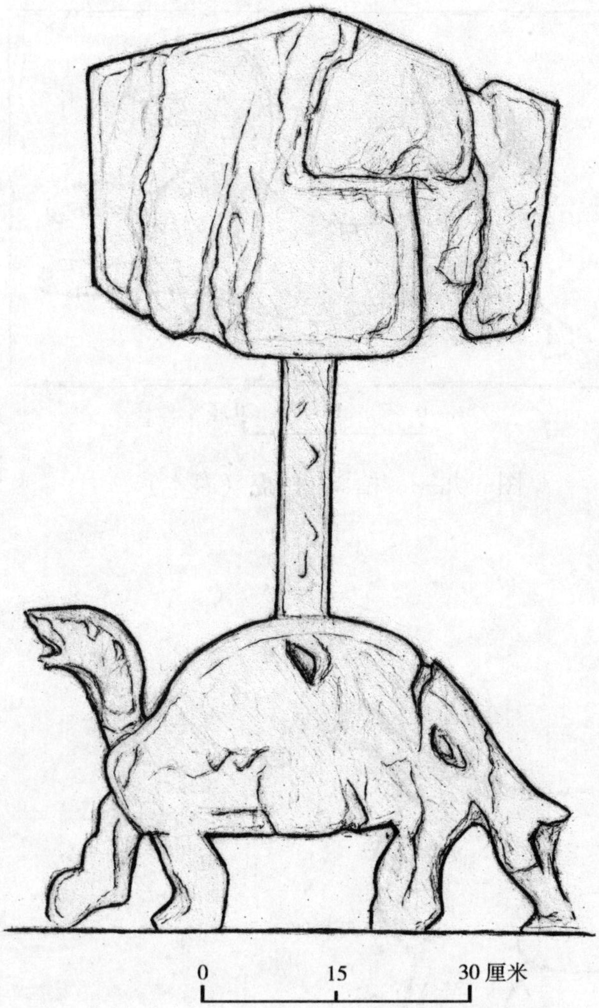

图一八八　柏M1龟座鼓（摹本）

图一八九　柏M1朱雀（摹本）

1. 西侧朱雀　2. 东侧朱雀

朱雀，位于前室左壁上层壁板，形制基本相同，昂首，尖喙，曲颈，长尾翎，相对敛翼站立。西侧（图一八九，1；图版一六八）高39、宽48厘米，尾翎下垂；东侧（图一八九，2；一六九）高43、宽37厘米，尾翎上扬。画像均涂朱红色。

彩绘人物，位于前室左壁中央板门西侧门板，高33、宽25厘米。绘于下部中央板门西侧门版上，先用白彩作底，然后用软笔绘制。半身，面部已漫漶不清，似用靛青色绘髻，内着朱红圆领衫，外着红色交领袍，手笼袪中拱于胸前。外袍领缘用靛青色勾绘，用靛青色短竖条表示袪。

青龙（图一九○），位于前室左壁中央板门左侧，高41、宽40厘米。昂首，长吻，曲颈，长尾上翘。前肢离地呈奔腾状。从残存看，青龙头部和身体似用靛青色勾绘细部。

白虎（图一九一），位于前室左壁中央板门右侧，高37、宽58厘米。昂首，挺胸，长尾上翘，前肢离地，后肢交叉蹬地，呈奔跑状。从残存看似涂抹过白彩。

骏马（图一九二；图版一七○），位于前室右侧室右壁，高115、宽100厘米。高浮雕，昂首张嘴，剪鬃束尾，伸颈奋蹄，肌肉丰满，极为生动。画像涂朱红色，口、眼和鼻还残留有鲜红色。

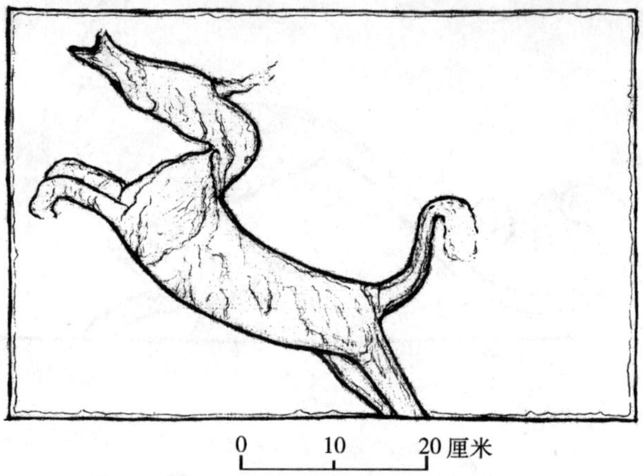

图一九○　柏M1青龙（摹本）

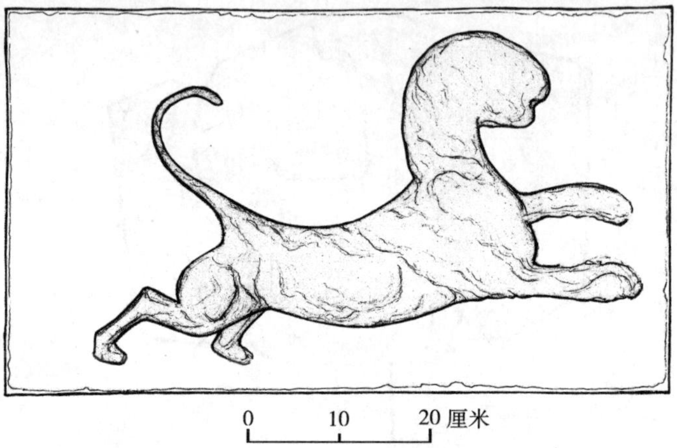

图一九一　柏M1白虎（摹本）

图一九二　柏M1骏马（摹本）

前室右侧室后壁上、下两层壁板共浮雕五幅画像，可惜因岩石风化剥蚀，雕刻现仅能辨认上层的蹲猴。猴，高31、宽22厘米。侧身呈蹲坐状，左上肢曲伸嘴前，似吃食。画像涂白彩作底，用靛青色线条勾绘轮廓和四肢，面部涂朱红彩后用靛青色绘五官细部。

兽（图一八三，1），位于前室右侧室后壁中部下层壁板，高12、宽22厘米。用朱红色线条描绘，尖喙似鸟头，身似兽，长颈，短尾，四肢作行走状。

宴享图（图一九三；图版一七一），位于中室左侧室右壁，彩绘，宽67、残高103厘米。画面分上、下两部分，下部保存较差，从残存看应是一只身体弯曲，昂首，翘尾的白虎。虎头保存较好，用墨线勾绘瞪圆的大眼、鼻梁和黑色眼珠，口大张，唇涂朱，用白彩绘出牙齿。尾弯曲上翘至虎头上方，并与上部画面相连。虎尾先用桔黄色绘出主体，再用极细的墨线勾画，表现出斑斓的色彩。上部画像（图版一七二）宽67、高32厘米。顶绘红色幔帐，下有长条形白色卧榻，榻中央对称置两案几，几面涂红色，几腿和边框为黑色，几上用黑色线条绘耳杯等物。案几间有一外黑内红的漆尊，尊内用黑色线条绘长勺。南侧几后坐一人，戴尖状冠，束发脑后，朱唇。身穿朱红色大袂长袍，黑色领缘，右手握红色鸠杖斜靠于肩，左手上抬。北侧几后两人似夫妇，与南侧人像相对而坐。男者居左，白色作底后用朱红、浅黄和粉红三色绘大袂长袍，双手笼于袪中拱于胸。女者居右，头梳双出高髻，面涂白彩，身穿赭色大袂长袍，红色领口，双手笼于白色袪中拱于胸，穿红鞋。夫妇二人似向榻南侧老者施礼。在夫妇二人身后有用朱红彩绘的一株枝干虬曲的大树，而画面上部墨线绘的树上则有红、白两色的花或果实。

升仙图，位于中室左侧室后壁上层壁板，3幅，均彩绘，一幅（图版一七三），位于后壁中部，高35、宽20厘米。图中一人立于细长颈、鸟头、朱喙的飞禽上，躬身，双手笼于白色袪中拱于胸前，似戴黑色平巾帻，面部丰满，朱唇，内着白色长袖素衣，外着交领右衽朱色大袂长袍。身后有浮雕白虎，高13、宽20厘米。前腿前伸，后腿蹬直作飞奔状。靛青色勾绘轮廓，口部涂白彩。人像左上方有朱书“齐光”榜题（图一九四，1），字宽12～20.5厘米、高8～6.4厘米。另一幅（图版一七四），也位于后壁中部，保存现状稍差，高32、宽16厘米。墨线勾绘，躬身站立，戴加屋帻，面部因被朱书榜题覆盖而不清。穿素色大袂长袍，手笼白色袪中拱立胸前。人前青龙。高16、宽34厘米。龙伸颈回首，四肢跃起作奔腾状。像头部及身后有曲尺形朱书榜题“□品杨臣衡”（图一九四，2），字宽4.2～8.8厘米、高2.8～12厘米。还有一幅（图版一七五），位于左壁中部，保存较差。残高27、宽20厘米。靛青色绘加屋帻，面似涂朱，白彩绘交领大袂长袍，双手笼于袪中拱于胸。下部雕一鸟，高14、宽17厘米。曲颈回首，呈敛翼站立状，眼和喙涂朱，身用靛青色绘翼和羽毛。左上方朱书榜题“张进平”（图一九四，3），字宽4～5.8厘米、高4.7～12.3厘米。这里应是表现图中人物在神灵的背负和护送下飞向天国的情景。

人物，位于中室左侧室后壁上层左端，后壁上层前端，高25、宽18厘米。躬腰，持物作行走状。雕凿粗糙，面部似用靛青色，领缘似用朱色彩绘。

狗，位于中室左侧室后壁下层右端，高59、宽48厘米。前肢伸直作蹲座状。

双兽（图一九五；图版一七六），位于中室左侧室后壁下层右部，上部一兽，高47、宽22厘米。头圆，顶有两小立耳，圆眼，尖鼻。左臂曲伸上举，右臂后伸，左腿弯曲上抬，膝盖与左手肘相连，右腿笔直下蹬状。四肢残留有靛青色。下部一兽，高29、宽33厘米。圆头有两立耳，呈奔跑状。该幅画像组合特殊，其寓意不明。

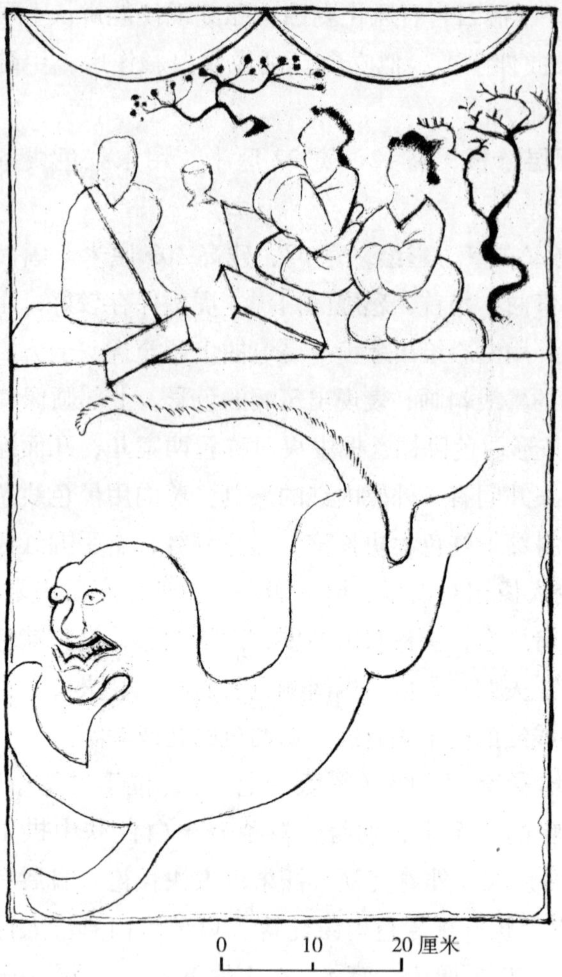

图一九三　柏 M1 宴享图（摹本）

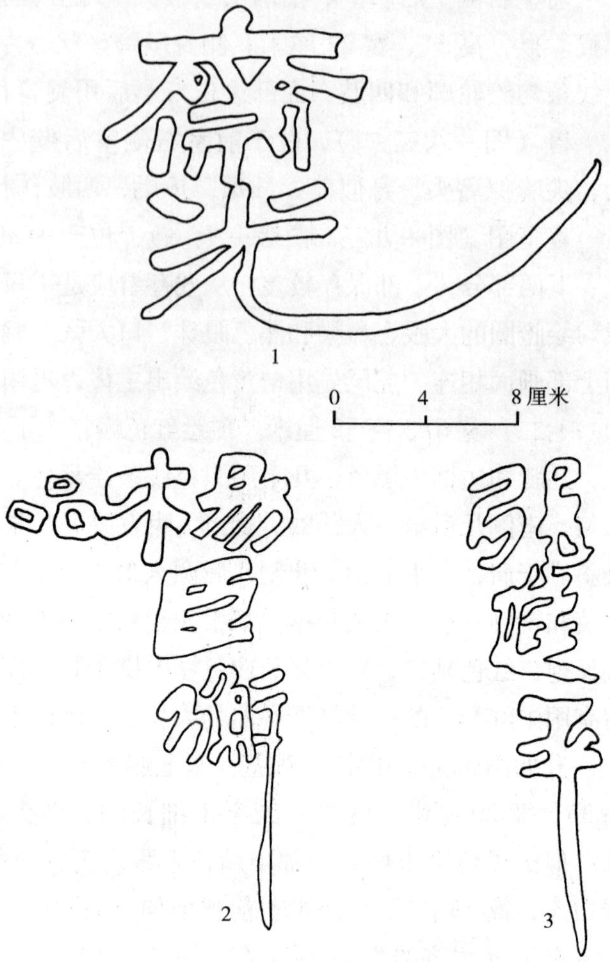

图一九四　柏 M1 朱书榜题（摹本）

仙鹤，位于中室左侧室后壁下层左部，2 幅。一幅（图一九六；图版一七七）高 68、宽 50 厘米。图中两鹤呈敛翼相向行走状，后者昂首曲颈，前者曲颈回首作亲昵状。另一幅（图一九七；图版一七八）高 68、宽 45 厘米。图中两鹤均一足直立，一足弯曲上扬敛翼相对站立，一鹤长颈前伸，一鹤曲颈稍后退，长喙相连作争抢状。两幅画像上均用靛青色勾绘轮廓线以及翼和羽毛等。

鸟，2 幅。分别位于中室左侧室左壁上层彩绘升仙图两旁，北侧鸟（图一九八，1；图版一七九），高 15、宽 19 厘米。长尾，敛翼站立状。南侧鸟（图一九八，2），高 12、宽 13 厘米。短尾，卧伏状。鸟眼和喙均涂朱，并用靛青色绘翼和羽毛。

北侧鸟下壁板内雕刻只具雏形，现无法辨识，高 26、宽 47 厘米。

龟（图一九八，3），位于南侧鸟下，高 44、宽 28 厘米。头朝上，头和四肢伸展，短尾外露，呈悬挂状。头、颈涂朱，背部似用靛青色勾绘。

中室与后室间过厅两侧，雕“丁”字形立鸟架，立柱上有乳钉状凸起，架上均立头向墓室的鸟一只。北侧鸟（图一九九，1；图版一八〇），高 17、宽 26 厘米。头向下呈啄食状，南侧鸟（图一九九，2；图版一八一），高 23、宽 29 厘米。呈站立状。两只鸟都用靛青色勾绘轮廓线，眼、嘴和脚涂朱红色。

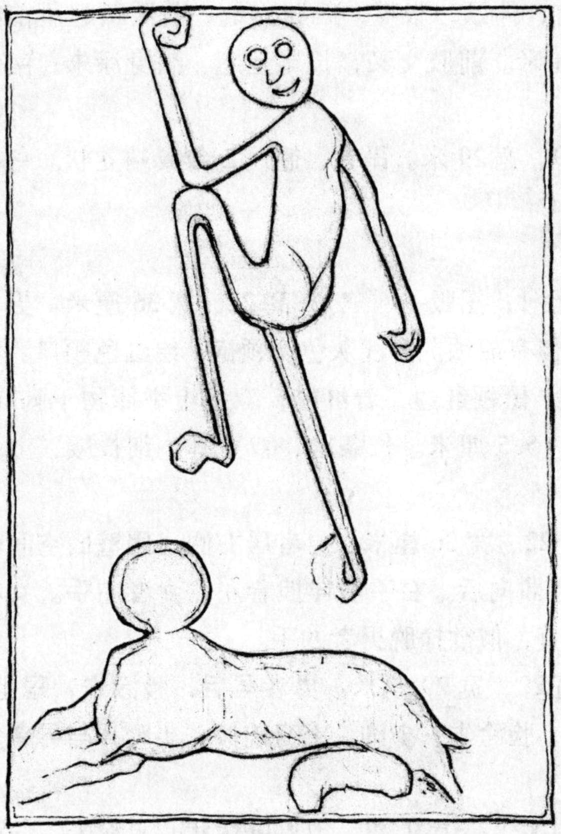

图一九五　柏 M1 双兽（摹本）

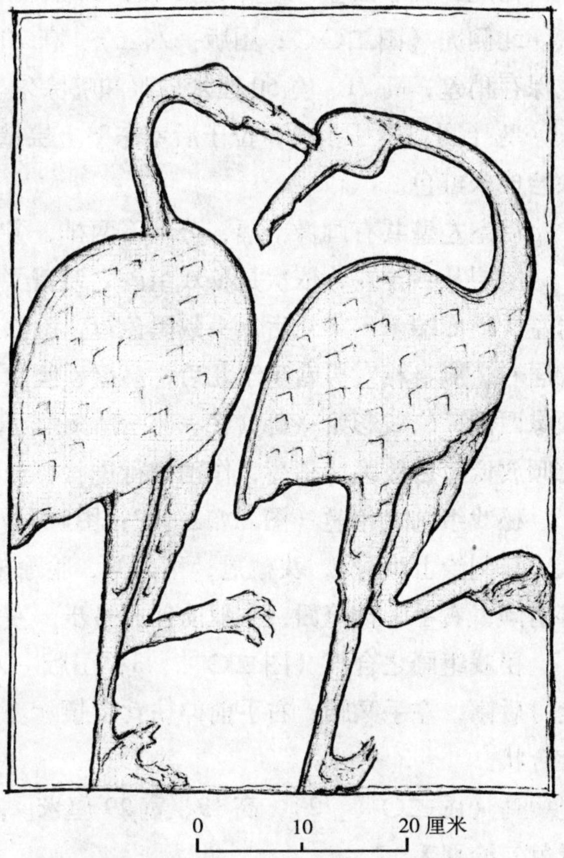

图一九六　柏 M1 仙鹤一（摹本）

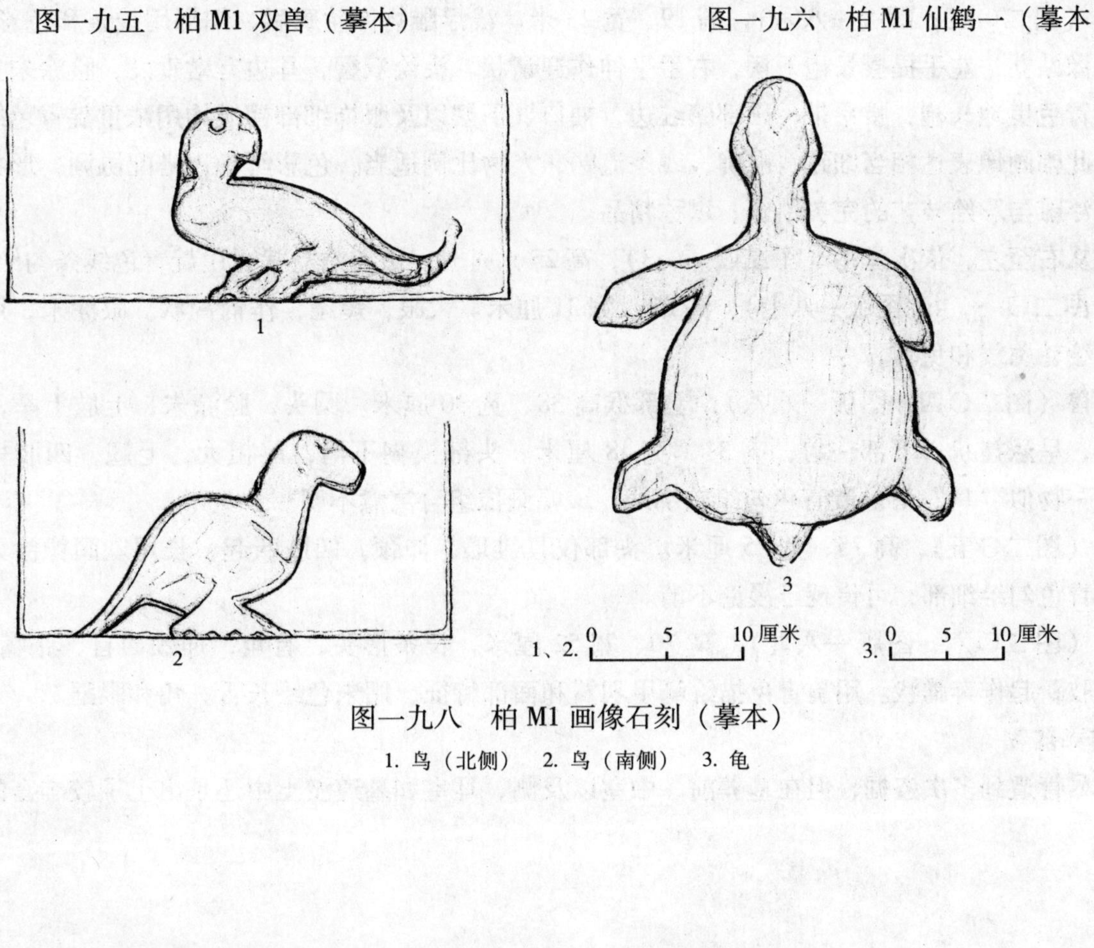

图一九八　柏 M1 画像石刻（摹本）

1. 鸟（北侧）　2. 鸟（南侧）　3. 龟

白虎，位于后室东壁下层壁板，2 幅，两虎均昂首，伸颈，张嘴，后肢立地，前肢跃起呈前扑状。北侧虎（图二○○；图版一八二），高 70、宽 48 厘米。前肢交叉，长尾上翘，满身涂朱；南侧虎保存稍差，高 71、宽 50 厘米。眼和嘴涂朱。

鸟（图二○一，1），位于后室东壁上层壁板，高 19、宽 29 米。昂首，翘尾，敛翼站立状。鸟身涂绘成朱红色。

后室左壁共有画像十幅，分上下两排，各五幅。

上层从右至左，依次是秘戏组画之谈情（图二○二，1；图版一八三），高 22、宽 36 厘米。男者居左，正面端坐于案几后，头戴黑色冠，脸涂朱，颌下似有胡须。穿浅灰色交领袍，绘红色领口。女者居右，侧身相对男者坐于几后，高髻，脸涂朱，长袍，黑领红边，着红鞋，双手上举捧物于胸前。画像西侧，朱线彩绘一兽（图一八三，2），高 9.2、宽 15.5 厘米。长条脸，双立耳，细长腰，上身前倾放低，后肢跪伏稍高，作匍匐行进状，似在偷窥。

秘戏组画之相邀（图二○二，2；图版一八四），高 22、宽 36 厘米。男者居右侧（因壁面空间较低，只刻绘上半身），头戴冠，稍前伸，脸涂朱。左手弯曲向后，右手前伸拽着左侧女者左手。女者身前倾，右手上扬掩面，右腿前伸成弓步，左腿向后蹬直，似欲挣脱男者的手。

秘戏组画之合气（图二○二，3；图版一八五），高 22、宽 29 厘米。男者居后，脸涂朱，踞坐，上身后倾，左手叉腰，右手前伸扶女者腰际。女者居前，脸涂朱，丰胸，上身前倾，半蹲，与男者呈交合状。

鸟（图二○一，2），高 19、宽 29 厘米。小头，长尖喙，长尾上翘，敛翼卧伏状。眼涂朱，用靛青色勾绘羽毛。

女侍（图二○三；图版一八六），高 19、宽 23 米。浅浮雕物像轮廓后，细部用线条和色彩勾绘、平涂，人像站立，左手提摄长袍下摆，右手平伸作迎请状。头绘双髻，耳边有绺垂发，脸涂朱。身着交领浅靛青色曳地长袍，腰系带，领部镶红边，袖口、下摆以及服饰细部褶皱均用浓重靛青色线条勾绘表达。此幅画像表达相当细致、准确，线条流畅，人物比例适当，色彩鲜艳，搭配协调，形象栩栩如生。是浮雕与彩绘技艺的完美结合，堪称精品。

下层从右至左，依次是鸟（图二○一，3），高 25、宽 31。敛翼站立状，用靛青色线条勾绘羽毛。

兔（图二○一，4；图版一八七），高 22、宽 31 厘米。大眼，短尾，作匍匐状。眼涂朱，用靛青色线条勾绘轮廓线和兔耳。

猴·兽（图二○四；图版一八八），上部猴高 38、宽 30 厘米。圆头，脸涂朱，上肢上举，下肢弯曲上抬，呈悬挂状。下部一兽，高 31、宽 48 厘米。头部模糊不清，尾粗大，上翘，四肢呈行走状，背负一物似“鸟”尊。靛青色勾绘轮廓线。该幅画像组合寓意不明。

青龙（图二○五），高 75、宽 45 厘米。头部仅具雏形，伸颈，四肢跃起，长尾。画像涂朱，头部似用靛青色勾绘细部，可惜现已漫漶不清。

应龙（图二○六；图版一八九），高 70、宽 52 厘米。长条形头，有角，伸颈回首，张嘴吐舌，长尾，四肢跃起作奔腾状。用靛青色描绘鳞甲羽翼和面部特征，用朱色绘长舌、角和眼眶。

4. 随葬器物

该墓尽管遭到多次盗掘，但在墓葬前、中室以及侧、耳室和墓道淤土中还是出土了较丰富的随葬

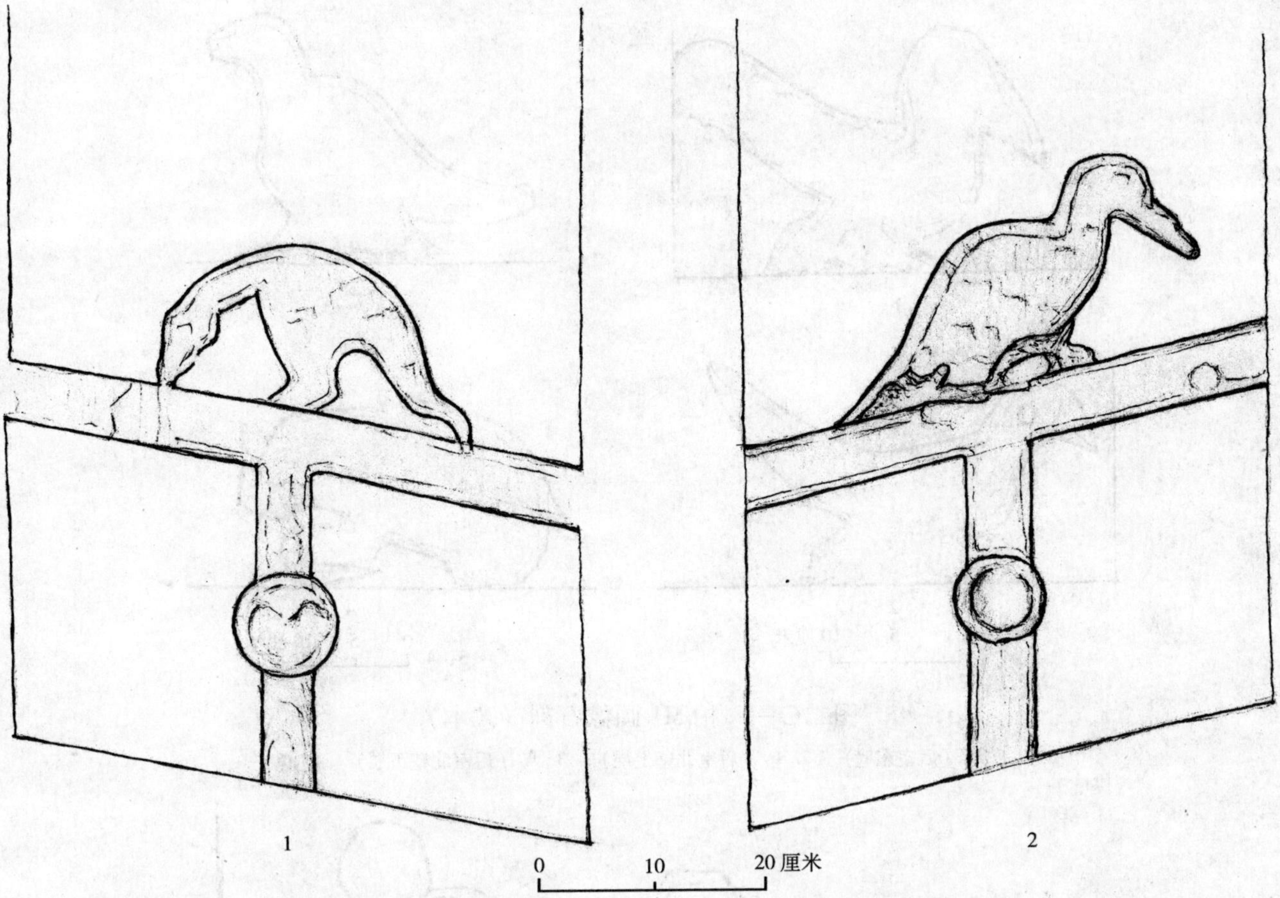

图一九九 柏 M1 立鸟架（摹本）

1. 北侧立鸟架 2. 南侧立鸟架

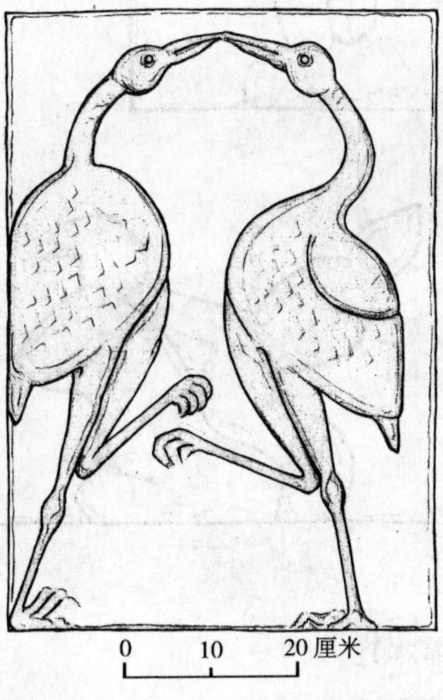

图一九七 柏 M1 仙鹤二（摹本）

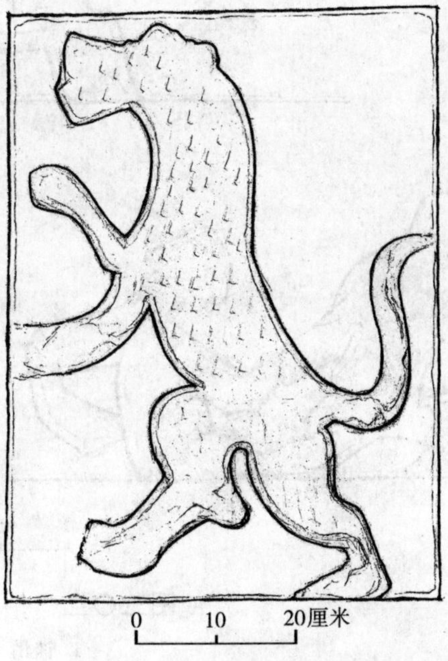

图二〇〇 柏 M1 白虎（摹本）

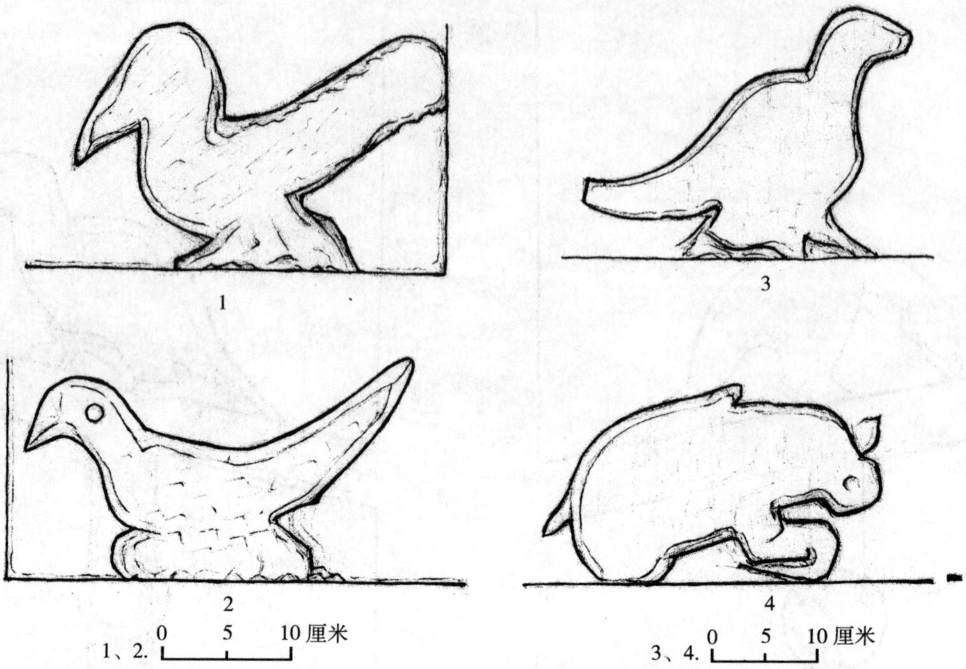

图二〇一　柏 M1 画像石刻（摹本）

1. 鸟（后室东壁）　2. 鸟（后室北壁上层）　3. 鸟（后室北壁下层）　4. 兔

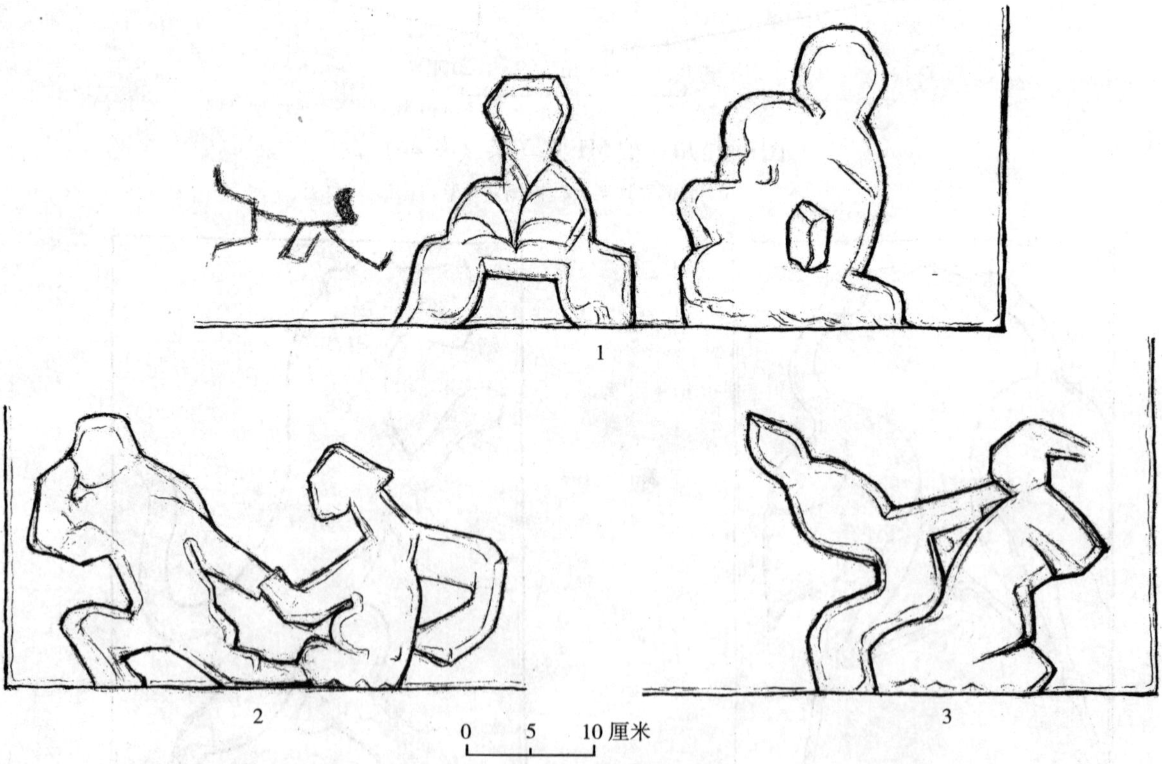

图二〇二　柏 M1 秘戏组画（摹本）

1. 谈情　2. 相邀　3. 合气

图二〇三　柏 M1 女侍（摹本）

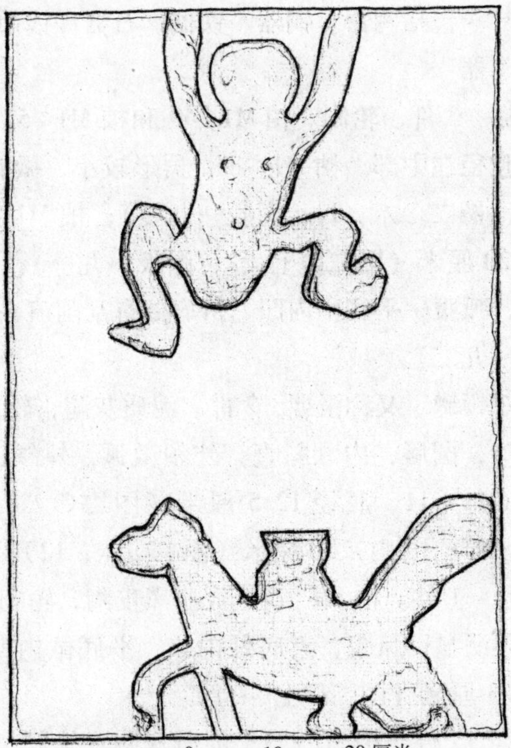

图二〇四　柏 M1 猴·兽（摹本）

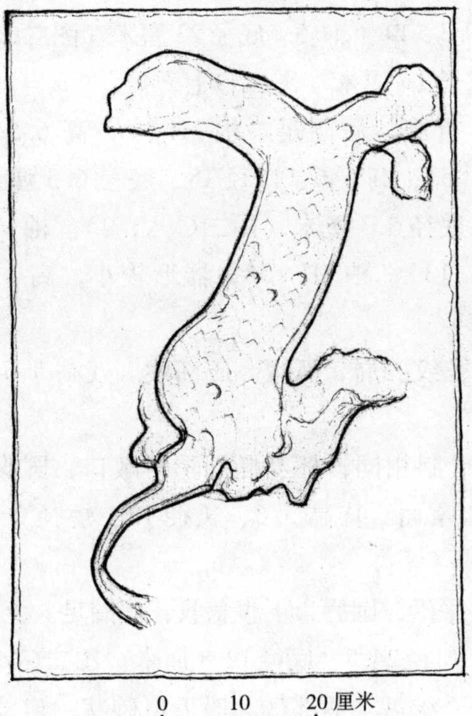

图二〇五　柏 M1 青龙（摹本）

图二〇六　柏 M1 应龙（摹本）

品残片。包括陶器、铜器、铁器、石器和钱币等。

陶器

罐　3件。轮制。柏M1∶49和柏M1∶51，泥质灰褐陶，小口微侈，圆唇，鼓腹，平底微内凹。最大腹径在中部。柏M1∶49，器形较小，微有领，肩部有凹弦纹一周。高7.1、口径5.6、底径5.7厘米（图二〇八，11；图版一九〇）；柏M1∶51，肩部施按压式附加堆纹一周。高28、口径13.8、底径20厘米（图二〇七，2；图版一九一）；柏M1∶50，泥质黑皮陶，轮制。敛口，圆唇，斜直领，折肩，弧腹，平底稍内凹。折肩处有刮削痕一周。高23、口径13、底径14.7厘米（图二〇八，10；图版一九二）。

双领罐　又称沮罂，2件。泥质灰陶，轮制，外领是内领和罐身制成后所加。柏M1∶11，内、外沿敛口，圆唇，内领斜直，外领微弧，外领比内领稍低。溜肩，鼓腹，平底。高26.5、口径（外）17、（内）11、底径12.5厘米（图二〇八，9；图版一九三）。柏M1∶18，仅余口部残片，口径（外）24.6，（内）20厘米（图二〇八，12）。

瓮　1件。柏M1∶26，泥质黑皮陶，轮制。器形较大，腹部残。敛口，圆唇，矮领，折肩，颈肩部界限明显，弧腹，近底处内收，平底微内凹。腹壁近底处有直径1.5厘米的圆形穿孔。口径31、底径23厘米（图二〇七，3）。

盆　1件。柏M1∶21，泥质灰陶，轮制。腹部残。口微敛，折沿下垂，圆唇，深弧腹，上腹近直，下腹斜收，平底。腹上部满饰细弦纹。高约20.5、口径32、底径16厘米（图二〇七，1；图版一九四）。

甑　2件，泥质灰褐陶，轮制。直口，折沿下垂，弧腹，上腹近直，下腹内收，平底，底部有箅孔。柏M1∶5，方圆唇，下腹近底部染有铁锈迹一周。高29.3、口径44.5、底径22厘米（图二〇七，5；图版一九五）。柏M1∶52，尖圆唇。高20、口径36.5、底径16厘米（图二〇七，4）。

折腹钵　5件。泥质灰陶，轮制。敞口，宽圆唇，折腹，假圈足。柏M1∶3，高6.5、口径18、底径4.8厘米（图二〇八，4；图版一九六）；柏M1∶53，高6.6、口径18、底径6.3厘米（图二〇八，3；图版一九七）。柏M1∶55，高7.2、口径19、底径6.3厘米（图二〇八，2）。柏M1∶54，器形较小，高4.5、口径11、底径3.3厘米（图二〇八，13）；柏M1∶58，器形较小，高4、口径10.8、底径5厘米（图二〇八，7）。

弧腹钵　1件。柏M1∶42，侈口，尖圆唇，唇下施凹弦纹一周，弧腹。底部残。残高5.6、口径16.6厘米（图二〇八，1）。

耳杯　2件。柏M1∶56和柏M1∶57，泥质灰褐陶。形制相同，杯身椭圆形，敞口，圆腹内收，假圈足。两新月形耳微上翘，与杯身连接处略低于口沿。素面。均高3.6、长径12、短径9.6厘米（图二〇八，5、6）。

釉陶盆　1件。柏M1∶24，泥质红陶，腹部残。侈口，平沿，圆唇，下腹急收，假圈足。上腹饰凸弦纹一周。盆里外施黄褐色低温釉，足底露胎。高约12.5、口径24.8、底径12.8厘米（图二〇八，8）。

陶灯　1件。柏M1∶23，泥质红陶。灯盘直口，方唇，浅盘。柄部残。座近覆碗状，口部稍直。盘、柄和座分制。盘内外和座表施黄褐色低温釉。口径12.8、座径14.4厘米（图二〇八，14）。

女拱立俑　4件，泥质红陶，头身分别合范模制后套接而成，中空。颈间有圆衬领一层，外着交

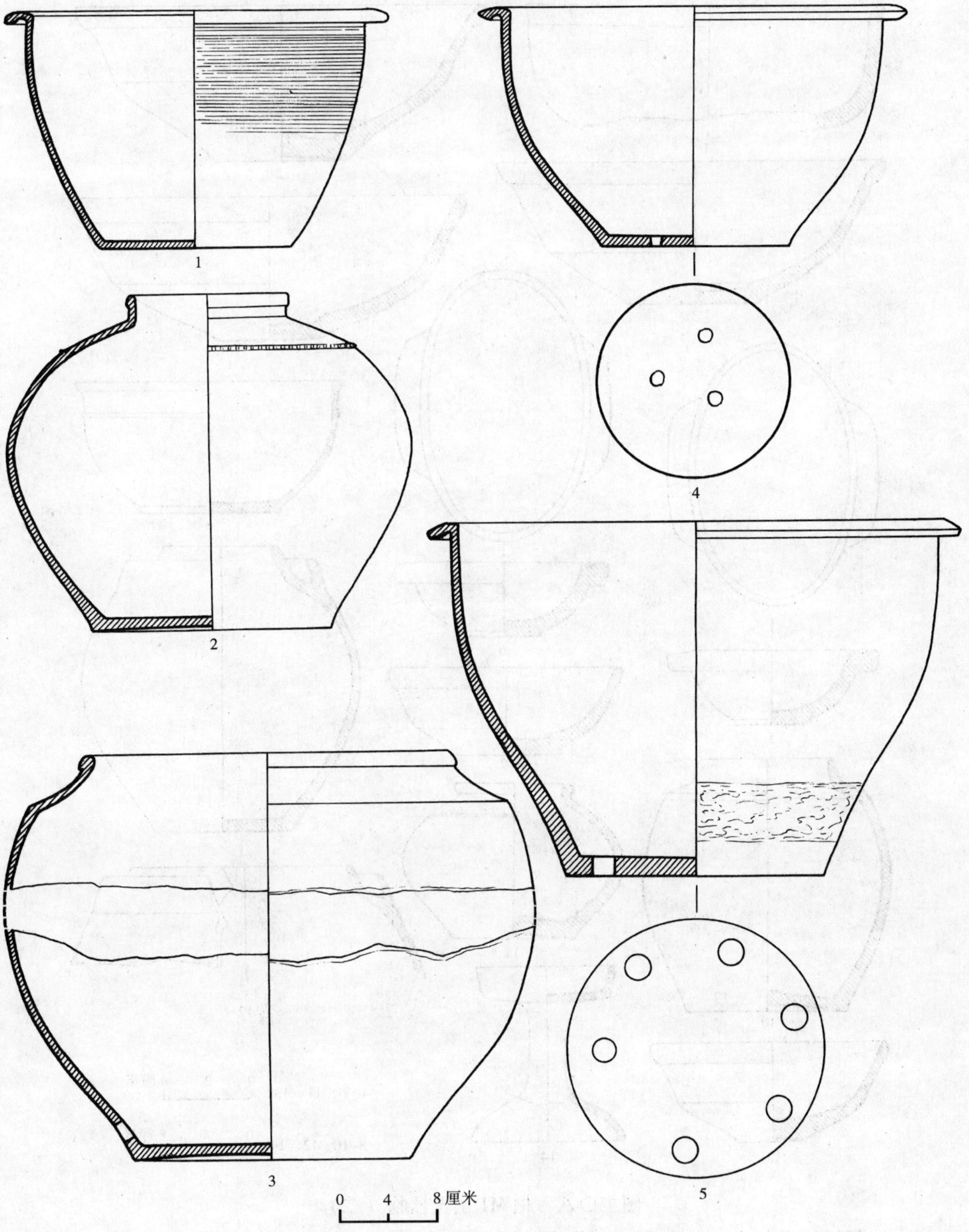

图二〇七　柏 M1 出土器物（一）

1. 陶盆（M1：21）　2. 陶罐（M1：51）　3. 陶瓮（M1：26）　4、5. 陶甑（M1：52、M1：5）

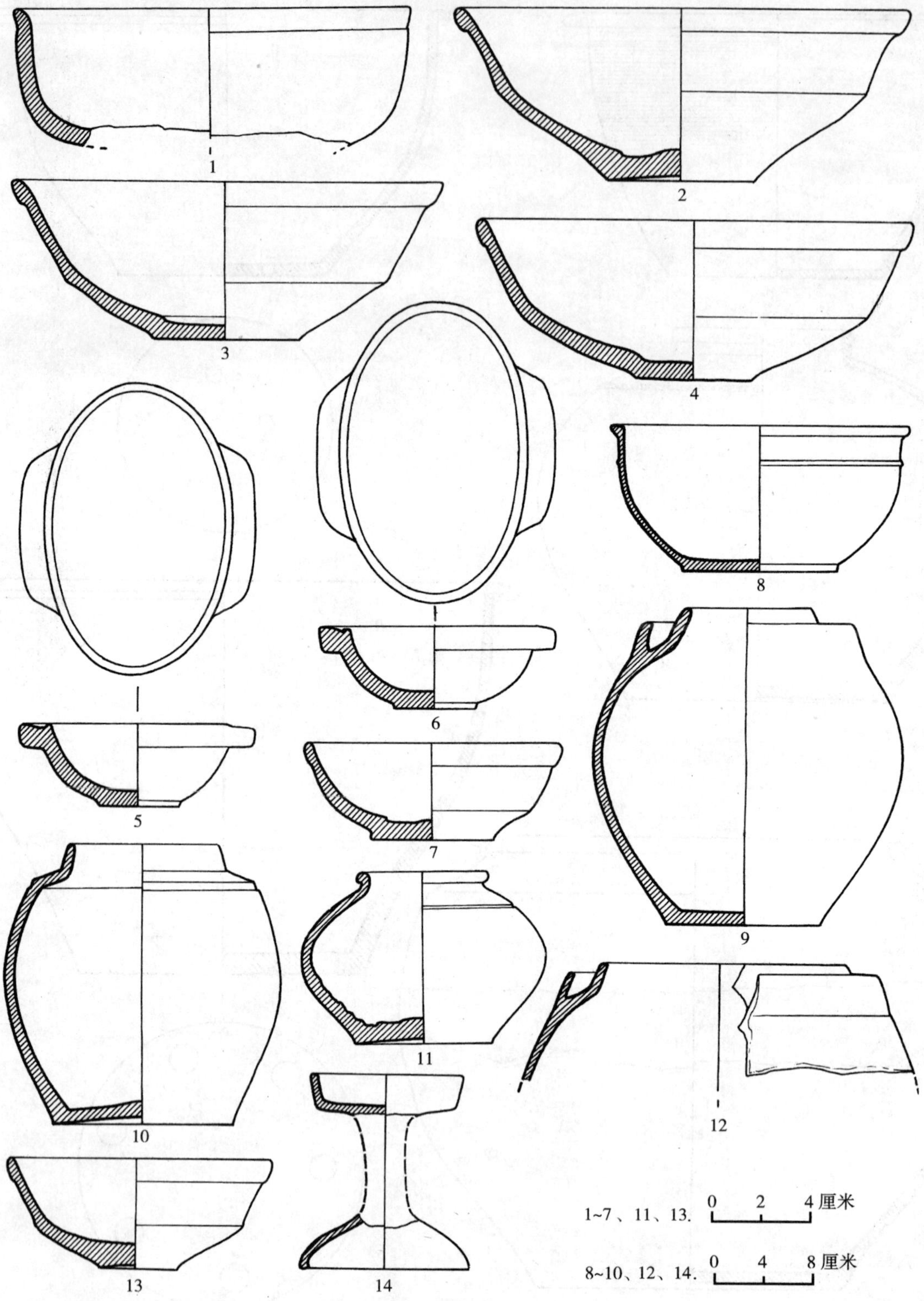

图二〇八 柏 M1 出土器物（二）

1. 陶弧腹钵（M1：42） 2～4、7、13. 陶折腹钵（M1：55、M1：53、M1：3、M1：58、M1：54） 8. 釉陶盆（M1：24） 5、6. 陶耳杯（M1：56、M1：57） 10、11. 陶罐（M1：50、M1：49） 9、12. 陶双领罐（M1：11、M1：18） 14. 陶灯（M1：23）

领右衽长袍，腰系带，大袂，垂于肘下，手笼袪中拱立状。双足尖露于袍外。柏 M1∶31，头梳圆形低髻，脑后有束发下垂至颈。高 21 厘米（图二〇九，1；图版一九八）；柏 M1∶33，头梳高髻，以缯巾束发，在髻后作为大结，前罩在额上，束发一端挂在髻的左旁，作为装饰。高 23.6 厘米（图二〇九，6；图版一九九）；柏 M1∶14 和柏 M1∶35，头上似盘髻，脑后有垂发。均高 14.2 厘米（图二一〇，3、2）。

男拱立俑 4 件。泥质红陶，头身分别合范模制后套接而成，中空。外着交领右衽长袍，腰系带，大袂，垂于肘下，手笼袪中拱立状。柏 M1∶32，头戴平上帻，帻圈前宽后窄，前罩额上，两旁下垂至耳。头顶平，前圆后方，略显双角形，后颈部有束发向上。高 20.8 厘米（图二〇九，8；图版二〇〇）；柏 M1∶46 和柏 M1∶32，形制相同，头残。均残高 17 厘米（图二〇九，2）；柏 M1∶17 和柏 M1∶43，形制相同，头残，左侧佩剑，长度过膝。身后有束带和裳服相交的痕迹。柏 M1∶17，腹上显垂绅两条。残高 19.3 厘米（图二〇九，4）；柏 M1∶43，残高 18.2 厘米（图二〇九，3；图版二〇一）。

弋射俑 1 件。柏 M1∶20，泥质红陶，模制，中空。面部模糊，大腹，着窄袖长袍，头和上身右倾，左手斜上举，右手曲至右腮。腰系带，左腰悬有一物。呈站立仰面射击状。高 9.5 厘米（图二〇九，5；图版二〇二）。

男俑头 1 件。柏 M1∶28，夹细砂红褐陶，模制。大眼，高鼻，嘴微张，呈微笑状。头发盘在头顶，用幓头从头后裹向前，相交于额上，再绕髻而成结。额上幓头的下面，尚有一条，似为额发，并有双鬓。项上有束发上覆，中部束发呈柱状，用发卡，尖端头发盘绕于头顶用发簪。高 9.2 厘米（图二〇九，7；图版二〇三、二〇四）。

女俑头 4 件。泥质红陶，模制。柏 M1∶13，面庞丰满圆润，高额，大眼，高鼻，小嘴微张，呈微笑状。头上梳高髻，用幓头从头后裹向前，相交于额上，再绕髻而成结。项上有束发上覆，在髻后作成大结，髻后束处有皱褶。束发的缯的一端挂在髻左旁，下垂至鬓，作为装饰。高 11 厘米（图二〇九，9；图版二〇五、二〇六）；柏 M1∶38，梳高髻，将髻挽在头顶上，用缯将发根系起。高 5.7 厘米（图二〇九，11）；柏 M1∶40，梳高髻，用幓巾绕髻成结，项上有束发，髻后用长条形发卡。高 7.8 厘米（图二〇九，10）；柏 M1∶22，把发盘在头顶成为高髻，用幓头从头后裹向前，相交于额上，再绕髻而成结，顶用缯绕束，接圆弧形结垂于髻后。高 7.8 厘米（图二一〇，4；图版二〇七）。

坐俑 1 件。柏 M1∶30，泥质红陶，模制，中空。光头，颈上有圆领一层，外着右衽大袂长袍。左腿跪地弯曲，左足残，足跟似与臀部相接，左手掌放于左膝；右腿呈弓步侧蹲，足尖露袍外。右手前伸，肘部放于大腿，腕部有卯，似为连接手掌。手已不存。高 10.5 厘米（图二一〇，1；图版二〇八）。

陶鸟 1 件。柏 M1∶15，夹细砂红陶，模制。小首，长尖喙，长颈，纺锤形身，短尾，长腿。敛翼而立。高 10.3 厘米（图二一〇，5；图版二〇九）。

陶鸡 2 件。泥质灰陶，模制。均敛翼而立。柏 M1∶16，小首，低冠，短颈，翘尾。残，仅存半模。高 18.5 厘米（图二一〇，12；图版二一〇）。柏 M1∶27，头和尾残，挺胸，身似涂抹白彩并用朱色线条彩绘。残高 16 厘米。

田螺 1 件。柏 M1∶39，泥质红陶。高 1.9 厘米（图二一〇，8）。

屋顶 1 件。柏 M1∶25，泥质灰陶，轮制。悬山顶，平脊，脊端微上翘。顶两坡对称垂直施瓦

图二○九 柏M1出土器物（三）

1、6. 陶女拱立俑（M1∶31、M1∶33） 2～4、8. 陶男拱立俑（M1∶46、M1∶43、M1∶17、M1∶32）
5. 陶弋射俑（M1∶20） 7. 陶男俑头（M1∶28） 9～11. 陶女俑头（M1∶13、M1∶40、M1∶38）

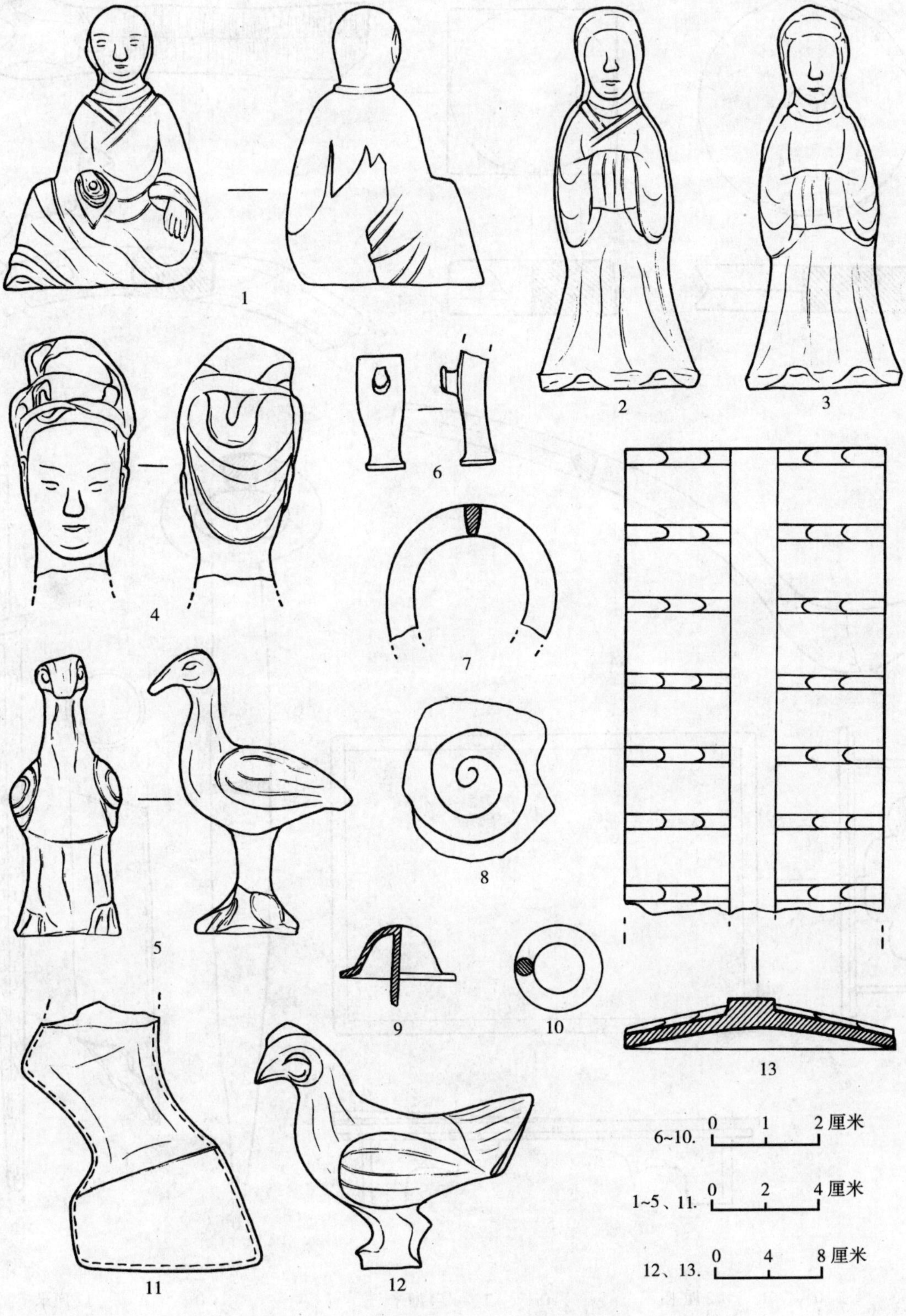

图二一〇　柏M1出土器物（四）

1. 陶坐俑（M1：30）　2、3. 陶女拱立俑（M1：35、M1：14）　4. 陶女俑头（M1：22）　5. 陶鸟（M1：15）　6. 铜器足（M1：12）　7. 铜环（M1：10）　8. 陶田螺（M1：39）　9. 铜钉（M1：8）　10. 铜环（M1：19）　11. 铜马蹄（M1：4）　12. 陶鸡（M1：16）　13. 陶屋顶（M1：25）

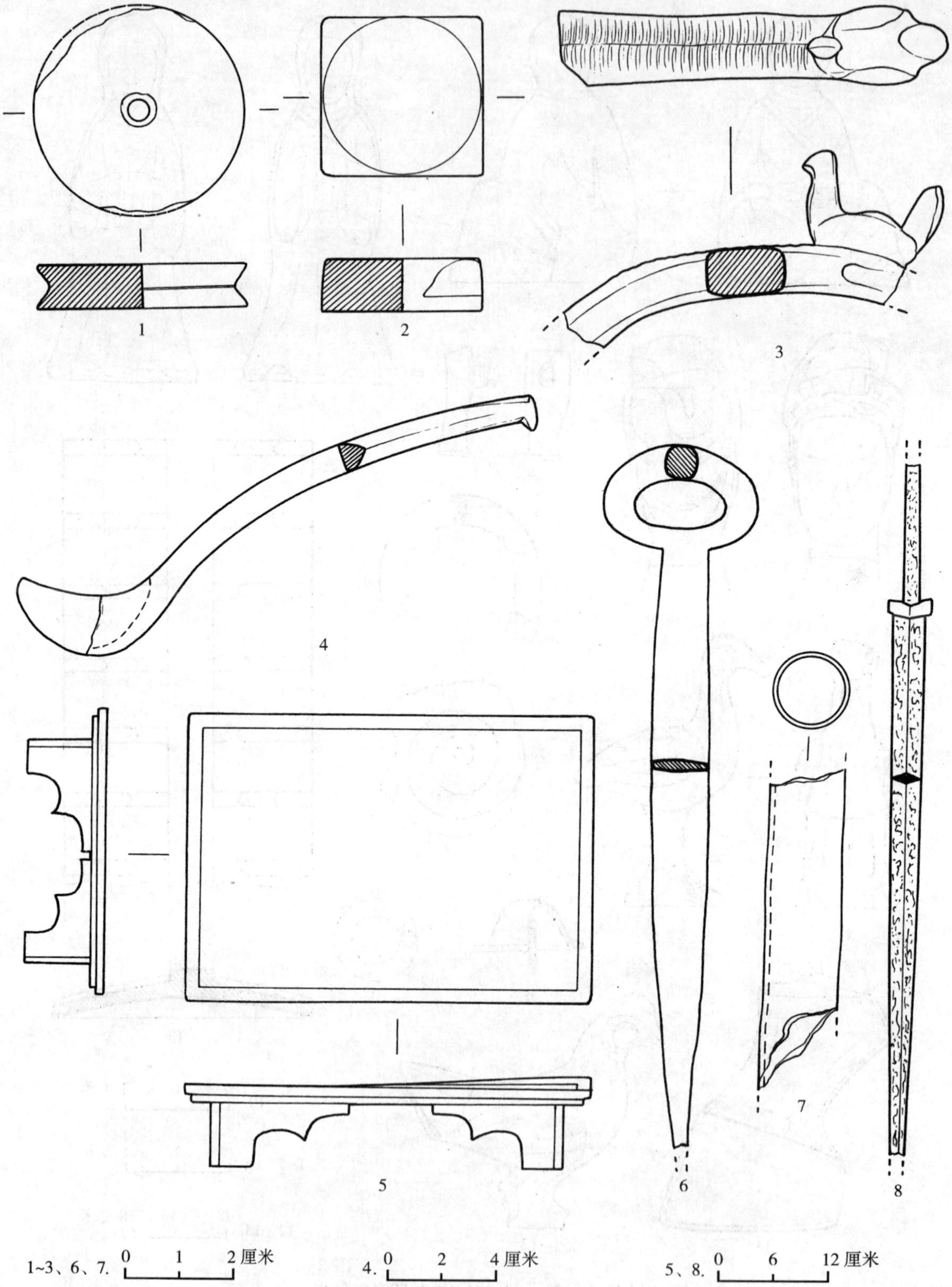

图二一一 柏M1出土器物（五）

1. 陶纺轮（M1：29） 2. 石章形器（M1：7） 3. 陶塑提梁（M1：41） 4. 陶勺（M1：2） 5. 陶案（M1：59）
6. 铁环首凿（M1：1） 7. 铜管状器（M1：9） 8. 铁剑（M1：6）

垄。残长34.5、宽19厘米（图二一〇，13）。

陶案　2件。泥质灰陶，形制相同。柏M1:59，长方形案面，四周卷起边缘，案下四隅有足。足为直角形，两端呈连弧状。案面有朱色彩绘痕迹。长46、宽32.6、高9厘米（图二一一，5；图版二一一）。

陶塑提梁　2件。柏M1:41，泥质灰陶，残。长条弧形，表面有短直线按压纹，上塑昂首、扬翅、翘尾的卧状小鸟。残长7.1厘米（图二一一，3）。

陶勺　3件。泥质灰陶，形制相同。柏M1:2，弧形柄，剖面是三角形，弯月状勺。残长16.8厘米（图二一一，4）。

纺轮　1件。柏M1:29，泥质灰陶。上、下面皆平，形同泥饼，中央穿孔，亚腰形。直径3.9、厚0.9厘米（图二一一，1；图版二一二）。

铁器

铁剑　1件。柏M1:6，剑身剖面菱形，剑柄剖面长条形，山字形铜质剑格。长79.5厘米（图二一一，8；图版二一四）。

铁环首凿　1件。柏M1:1，椭圆形环首，凿身剖面长方形，顶端收聚呈尖状。长13厘米（图二一一，6；图版二一五）。

石器

章形器　1件，柏M1:7，磨制精细，光滑。其形似印章，方形座，薄；座上圆纽较厚，纽径与座长宽相同。厚1、长、宽3厘米（图二一一，2；图版二一六）。

铜器

马蹄　1件。柏M1:4，合范浇铸而成，中空。残高11.5、长径6.3、短径5.6厘米（图二一〇，11；图版二一三）。

铜钉　1件。柏M1:8，帽作盔状，钉身扁平，下尖。帽外表鎏金。高2.1，帽径2厘米（图二一〇，9）。

铜环　2件。柏M1:10，残，剖面扁平。径3.1厘米（图二一〇，7）。柏M1:19，剖面圆柱形，径1.6厘米（图二一〇，10）。

器足　1件。柏M1:12，兽蹄形，微弧，上端一面有楔。高2.1厘米（图二一〇，6）。

管状器　1件。柏M1:9，合模浇铸，残，中空，管状。残长6.2、径1.25厘米（图二一一，7）。

铜钱　7枚，均为五铢钱，圆形方穿，穿背面有郭，正面穿之两侧有篆文“五铢”二字。“五”字竖划交笔弯曲，两端近乎平行或略外展，“金”头或箭头形或三角形，四点或长或短，“朱”字上、下圆折。部分穿上有一横郭（图二一二，1~5）。（详见铜钱统计表）

铜钱统计表

种类	编号	特征		钱径（厘米）	穿宽（厘米）	重量（克）	备注
		文字特征	记号				
五铢	37－1	“五”字两竖弯曲相交，上下如弹头，“朱”字上下圆折。	无	2.59	1	2.82	图二一二，1

续上表

种类	编号	特征		钱径（厘米）	穿宽（厘米）	重量（克）	备注
		文字特征	记号				
五铢	37－2	“五”字瘦长，上下两横出头，“铢”字“金”头三角形，“朱”字上下圆折。	穿上一横	2.5	0.92	2.4	图二一二，3
五铢	37－3	同上		2.52	1	3.02	图二一二，2
五铢	37－4	同上		2.51	1	2.62	图二一二，4
五铢	37－5	同上		2.52	0.9	2.4	图二一二，5
五铢	37－6	钱文模糊		2.6	1.1	2.42	残
五铢	37－7	同上		2.6	1	1.8	残

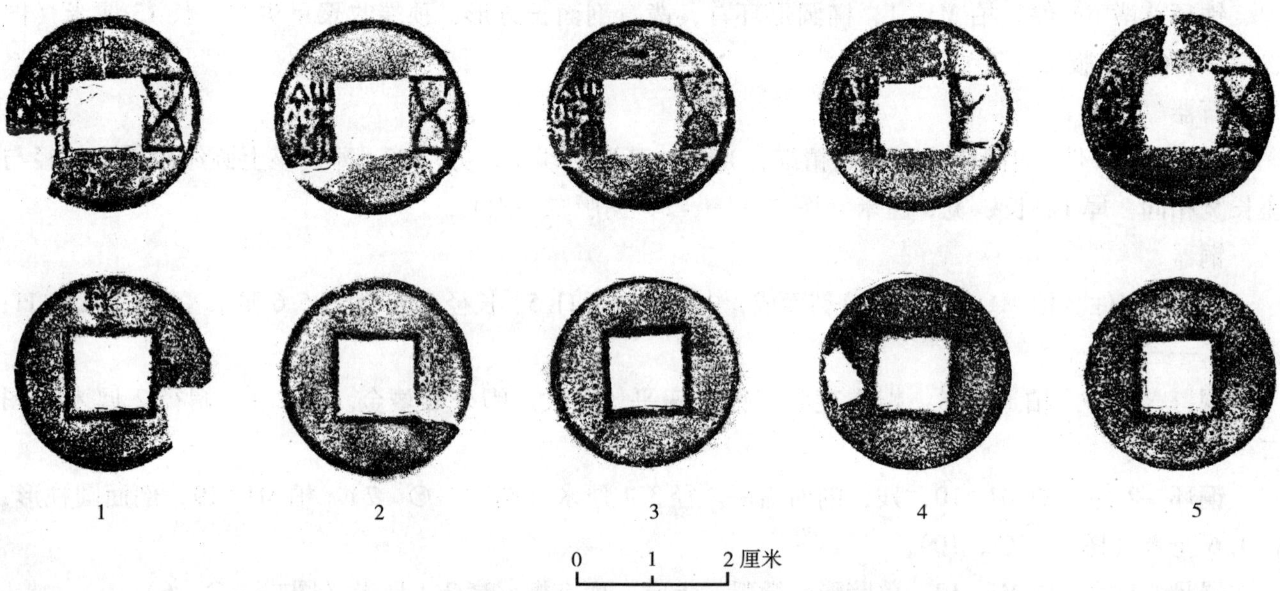

图二一二 柏 M1 出土铜钱拓片

1～5. 五铢（M1：37－1、M1：37－3、M1：37－2、M1：37－4、M1：37－5）

二 柏林坡二号墓（柏 M2）

柏 M2 保存完好，未被盗掘，位于郪江镇 2 村 4 队柏林坡山西侧山腰，村民周仕武自留坡，地理坐标北纬 30°45′33.5″，东经 105°05′57.1″，海拔高度约 350 米，与山脚村间机耕道相对高度约 35 米。北距柏 M3 约 16 米。坐东向西，墓向 285°。踏道式单室墓，由墓道、墓门、甬道、墓室以及侧室、耳室组成，全长 10.2 米，最宽处 3.7 米。墓室后端与墓道现存开口之间高差约 1 米（图二一三；图版二一七）。

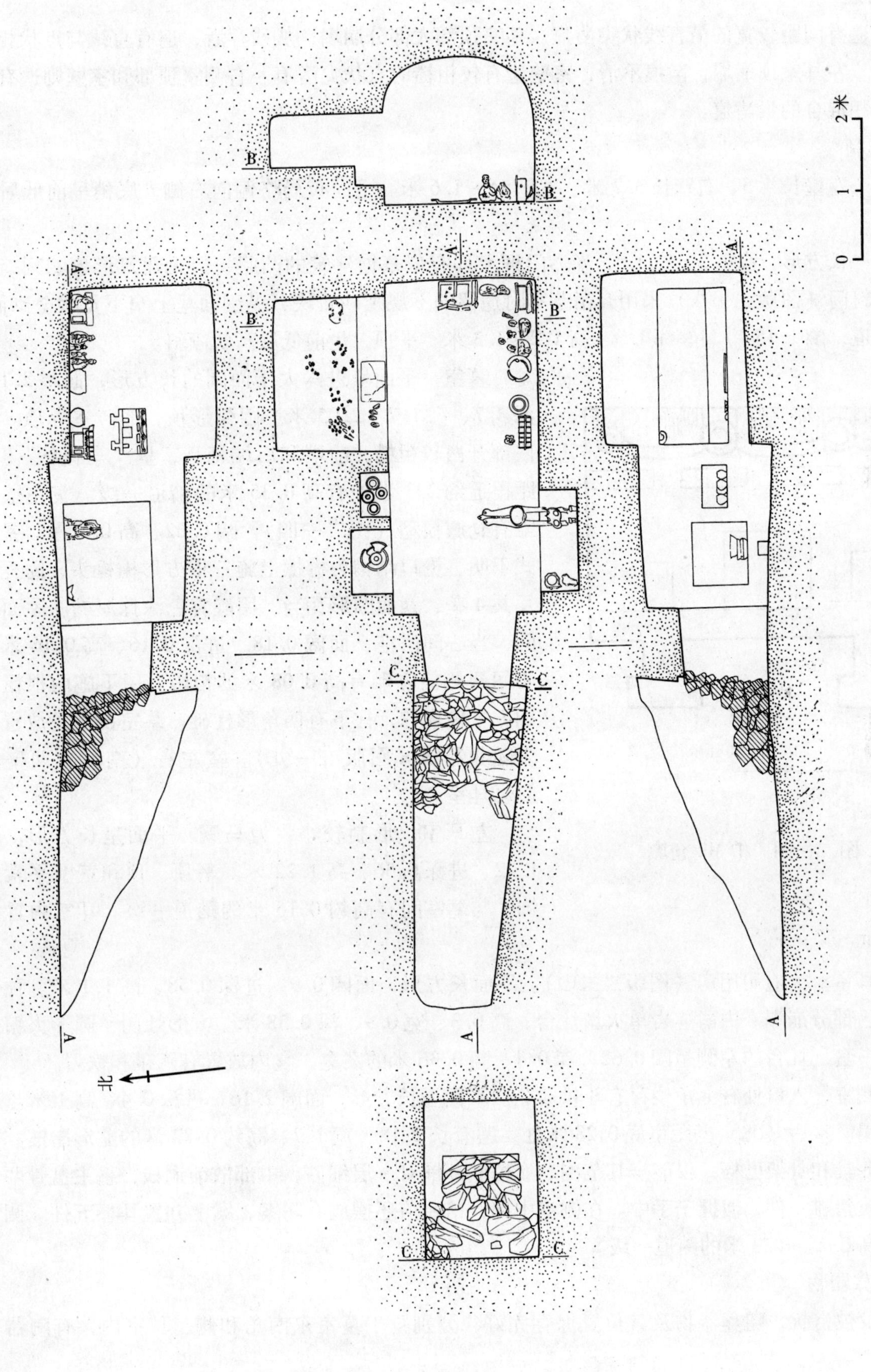

图二一三　柏 M2 平、剖面图

1. **凿痕**

墓道遗有间距较宽的横直线状尖凿痕。墓室顶部大部分崩塌，从残存看，遗有直线与点状相混合的尖凿痕。左耳室顶崩塌，凿痕不清，室壁遗有较粗糙的点状尖凿痕。右侧室顶部和室壁则遗有横直线与点状相混合的尖凿痕。

2. **形制**

墓道　左壁长4.5、右壁长3.2米，宽1.15~1.6米。平面布局略偏向右侧，底稍呈前低后高状倾斜。

墓门　长方形，高1.2、宽1.15米。门框上部有似墓檐建筑的凸起，但无建筑形象雕刻，只遗斧凿迹。封门（图版二一八）采用开凿墓室时遗留的不规则砂石块，纵剖面呈上窄下宽状垒砌而成。门后接甬道，阔1.15~1.4、深1.3、高1.2~1.3米。平顶，呈前低后高状倾斜。

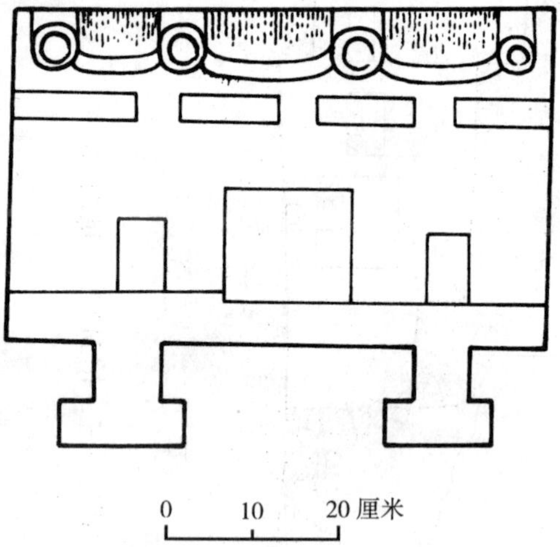

图二一四　柏M2仓廪

墓室　平面呈进深大于面阔的长方形，面阔2.1、进深4.7、高1.7~2.05米。圆弧形顶，似砖室券顶。墓室底部开凿较粗糙，前端和后端稍高，呈“马鞍状”。中部距甬道约2.3米处有高0.35米的踏道一级。室左壁中部雕有仓廪模型（图二一四），阔0.62、高0.5米。屋顶型式不明，檐口结构为檐檩上施三根方形檐椽头，筒瓦、板瓦共4垄，素面圆形瓦当。用靛青色涂抹屋檐。屋面阔三间，当心间凿空，面阔0.18、进深0.16、高0.16米。当心间两侧前方雕有高0.08米的粮囤。屋下施两根粗壮的四方立柱支撑，柱下有四角形柱础。墓室西南角放置有较多随葬器物（图版二一九）。室左右（南北）两壁凿有侧、耳室。

左耳室，形制较小，为马厩。平面呈长方形，面阔1.42、进深0.56、高1.22米。平顶，顶和室壁平素无雕饰。与墓室间有高约0.15米的踏道一级。耳室内置大型灰陶马一匹。

右前耳室，为庖厨用房（图版二二〇）。平面长方形，面阔0.9、进深0.58、高1.1米。顶部因岩石风化已部分崩塌。内凿连岩单火塘灶台，高0.3、宽0.9、深0.58米。方形灶门，圆形火塘上置铁釜陶甑一套。灶台的左侧是阔0.62、深0.4、高0.36米的案龛，龛内放置有陶罐和铁刀。

右后侧室，入口处右上角残存有斗栱雕刻。平面呈长方形，面阔2.16、进深0.4、高1米。顶部已部分崩塌。室后（北）壁距室底0.28米处，凿有长2.18、宽1.2、高约0.72米的龛形崖棺。墓主头向东，葬具和骨架已朽，仅能辨其范围。崖棺底部铺有一层细砂，中部散铺铜钱，墓主盆骨两侧分别遗有石质猪雕一件，似握于手中。在侧室中部，棺台前还摆放有陶案，案上并置耳杯五件。侧室与墓室间有高0.25~0.3米的踏道一级。

3. **随葬器物**

该墓没被盗扰，随葬器物及其位置保存完好，分别置于墓室东南角和侧、耳室内，有陶器、铁器、石器和钱币等。

陶器

罐　6件（图版二二一）。泥质灰陶，轮制。柏M2∶1，敛口，圆唇，斜直领，溜肩，鼓腹，下腹内收，平底微内凹。领肩部界限明显，肩腹部各有一周短斜线纹带。高22、口径14.5、底径13.2厘米（图二一五，1；图版二二二）；柏M2∶6，侈口，圆唇，溜肩，鼓腹，下腹内收，平底。最大腹径在上部。高12、口径12、底径10厘米（图二一五，5；图版二二三）；柏M2∶7～9、柏M2∶12，形制基本相同，口微侈。圆唇，微有领，溜肩，领、肩部界限明显，鼓腹，下腹内收，平底。最大腹径在上部。柏M2∶7，高13.6、口径10.5、底径9.5厘米（图二一五，3；图版二二四）；柏M2∶8，高14、口径11.2、底径10.6厘米（图二一五，7；图版二二五）；柏M2∶9，高12.8、口径10、底径11厘米（图二一五，2；图版二二六）；柏M2∶12，肩部有凹弦纹一周。高21.5、口径20、底径17厘米（图二一五，4；图版二二七）。

瓮　1件。柏M2∶13，器形较大。腹部近底处有直径2厘米的一圆形穿孔。上腹饰水波纹花纹带两周。高24.5、口径25.5、底径22厘米（图二一五，8；图版二二八）。

甑　1件。柏M2∶3，夹细砂褐陶，轮制，器形较大。平沿，方唇，直口，沿下一周凹弦纹，弧腹较深，平底略内凹，底部6个箅孔。素面，内壁腹部有间距基本相等的凹弦纹13道。高25.5、口径42、底径19.5厘米（图二一五，9；图版二二九）。

耳杯　5件。形制相同，泥质灰褐陶，杯身椭圆形，大口，浅腹，底部小假圈足较矮。两新月形耳。柏M2∶26，高3、长径11、短径7.6厘米（图二一六，4）；柏M2∶27，高3.4、长径11、短径7.2厘米（图二一六，3）；柏M2∶28，高3.2、长径11、短径7.6厘米（图二一六，5）；柏M2∶29，高3.2、长径11.2、短径8厘米（图二一六，1）；柏M2∶30，高3.4、长径12、短径7.4厘米（图二一六，2）。

盘　1件。柏M2∶4，泥质灰褐陶，轮制。敞口，浅弧腹，下收成小平底。盘内近底部凸起一匝。高4.6、口径23，底径12.5厘米（图二一六，6；图版二三〇）。

庖厨俑　1件。柏M2∶15，泥质灰陶，模制，中空。坐姿，圆顶帻，高鼻，大眼，胳腮胡。内着大袂长袍，袂上挽至肘部，外衣交领左衽短袂。案置于两膝间，双手按块状食物于案上。案前置大口、深腹盆于平台上。俑帻圈、眼和胡须用黑色勾绘涂抹，唇和袍、衣领缘用朱红色涂抹。高31厘米（图二一七，1；图版二三一）。

抚琴俑　1件。柏M2∶18，泥质灰陶，首与身分模制成，中空，首套于身内。坐姿，戴圆顶帻，颈上朱绘“V”领一层，外着右衽长袍，大袂卷于臂前。身前置琴，琴下有支架。左臂稍抬，双手作抚琴状。高29厘米（图二一七，4；图版二三二）。

抚耳俑　1件。柏M2∶23，泥质灰陶，模制，中空。坐姿，头上梳高髻，左手置于左耳，右手放于右膝。外袍右袂上卷至肘。高32.3厘米（图二一七，5；图版二三三）。

男拱立俑　4件。形制相同，泥质灰陶，头与身合范模制而成，中空。头戴加屋帻，着交领左衽长袍，大袂，手笼袪中拱于胸前。袍领缘用红彩描绘。柏M2∶16，高22厘米（图二一七，2）；柏M2∶17，高21.7厘米（图二一七，3）；柏M2∶19，高22厘米（图二一七，6）；柏M2∶14，高21.5厘米（图二一八，1）。

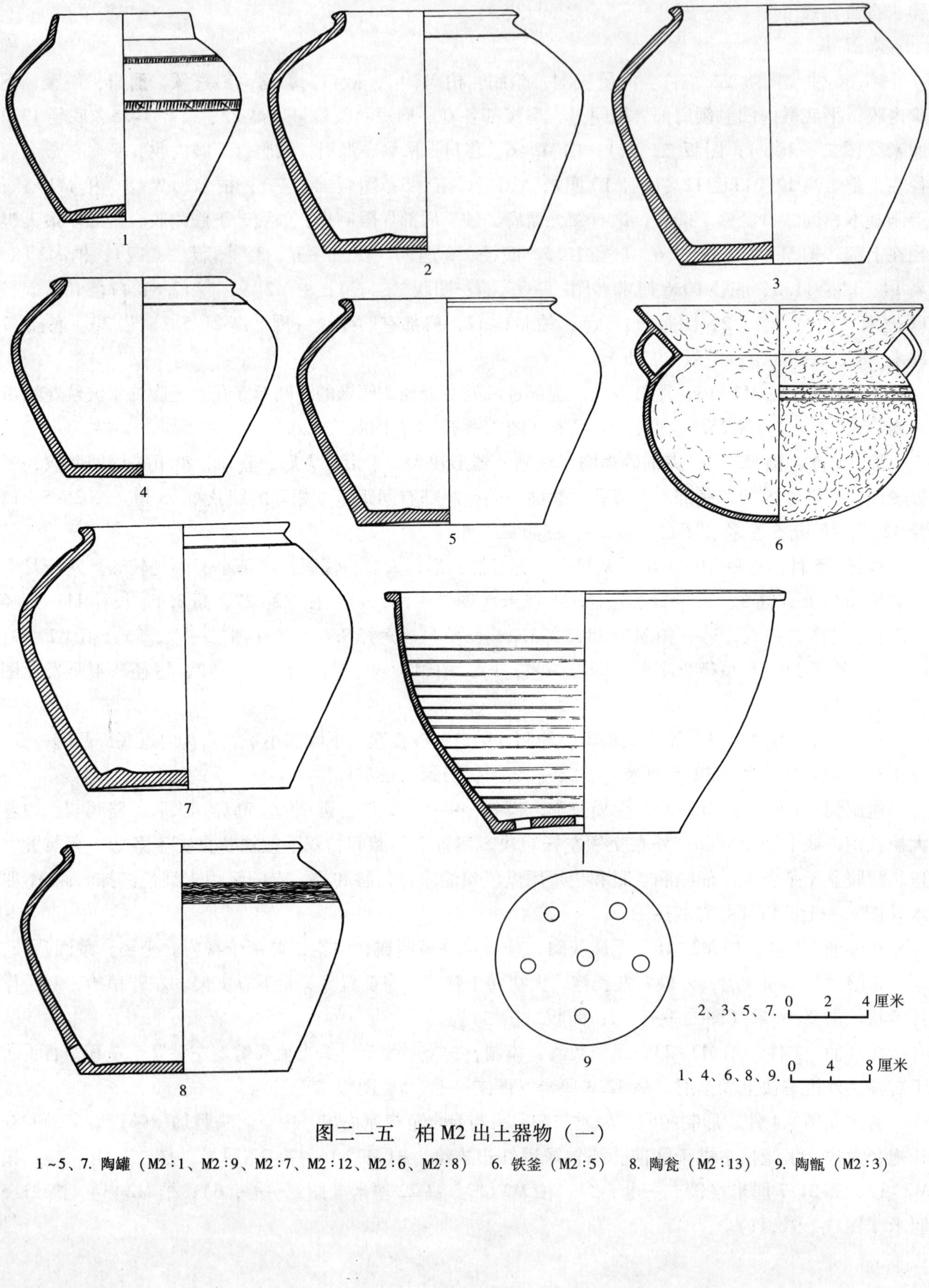

图二一五 柏 M2 出土器物（一）

1～5、7. 陶罐（M2：1、M2：9、M2：7、M2：12、M2：6、M2：8） 6. 铁釜（M2：5） 8. 陶瓮（M2：13） 9. 陶甑（M2：3）

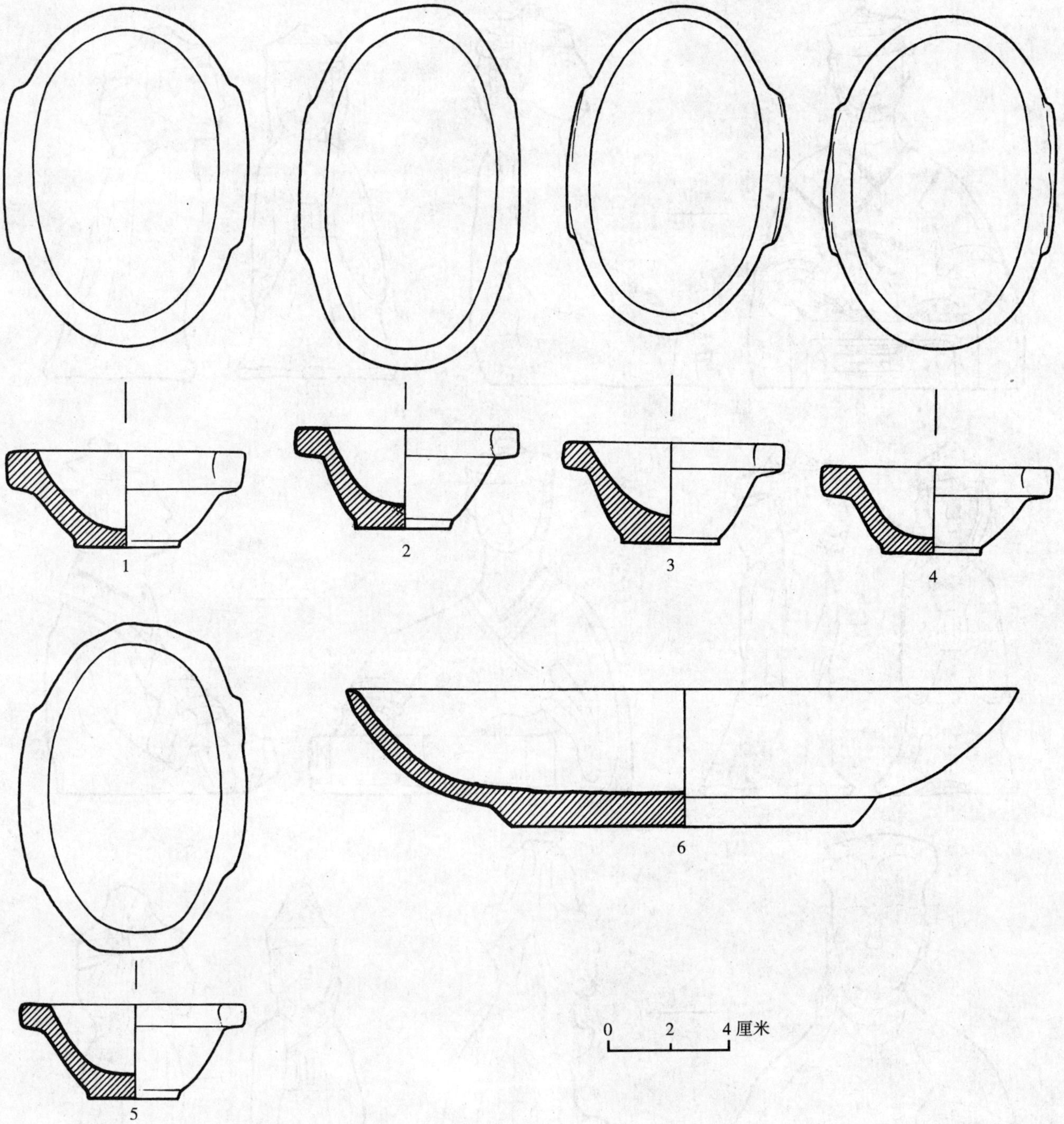

图二一六　柏M2出土器物（二）

1～5. 陶耳杯（M2∶29、M2∶30、M2∶27、M2∶26、M2∶28）　6. 陶盘（M2∶4）

吹笛俑　1件。柏M2∶22，夹砂红陶，头与身分模制成，中空，首套于身内。坐姿，头戴圆顶帻，两手持笛，手指按笛作吹奏状。笛的末端有穿绳。高25厘米（图二一八，2；图版二三四）。

女拱立俑　1件。柏M2∶20，泥质灰陶，模制，中空，形制较小。头无装饰，束发垂于脑后，外着交领右衽长袍，大袂，手笼袪中拱立，腰束带。衣袪有红彩涂抹痕迹。高13厘米（图二一八，3）。

图二一七　柏M2出土器物（三）

1. 陶庖厨俑（M2∶15）　2、3、6. 陶男拱立俑（M2∶16、M2∶17、M2∶19）　4. 陶抚琴俑（M2∶18）　5. 陶抚耳俑（M2∶23）

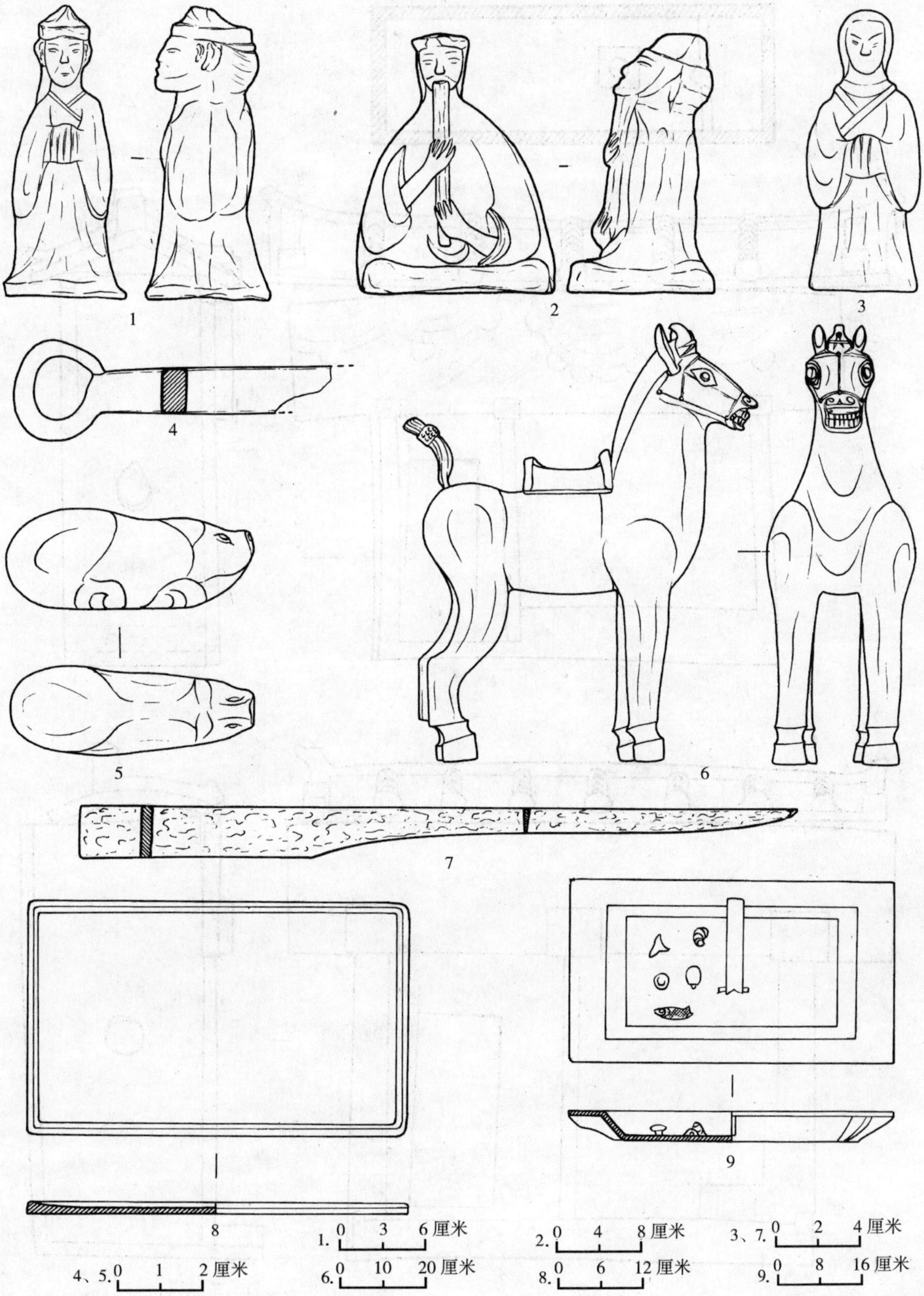

图二一八　柏 M2 出土器物（四）

1. 陶男拱立俑（M2∶14）　2. 陶吹笛俑（M2∶22）　3. 陶女拱立俑（M2∶20）　4. 铁环首削（M2∶32）　5. 石猪（M2∶31）　6. 陶马（M2∶2）　7. 铁刀（M2∶10）　8. 陶案（M2∶25）　9. 陶塘（M2∶24）

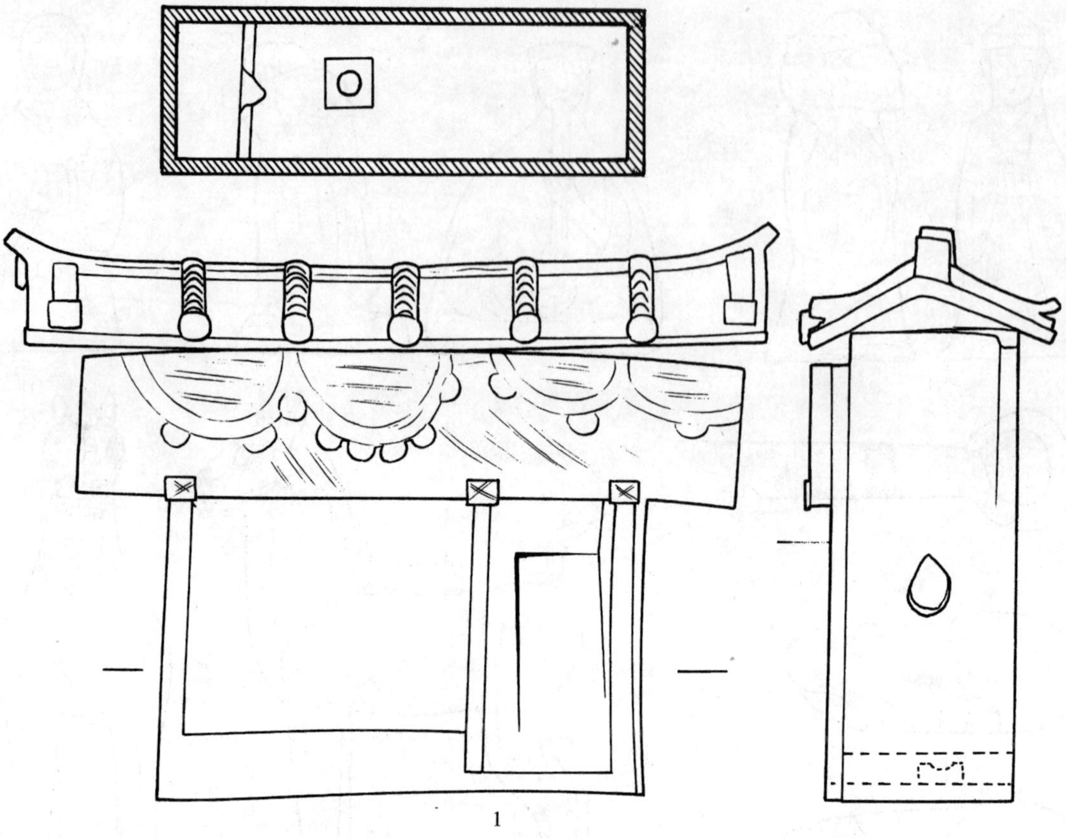

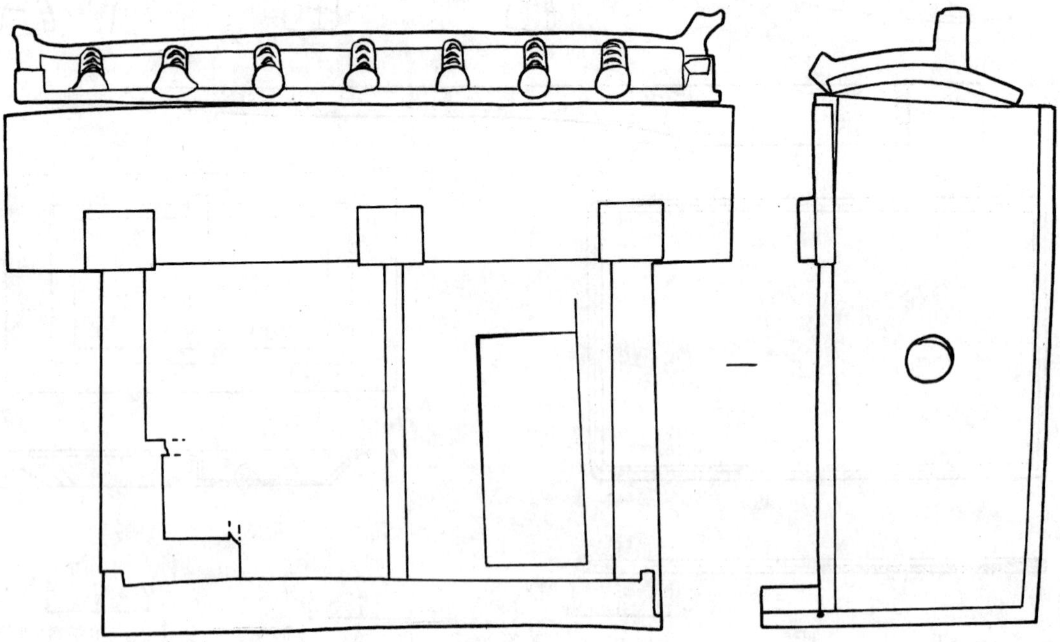

0 4 8厘米

图二一九 柏M2出土器物（五）

1、2. 陶房（M2∶11、M2∶21）

马　1件。柏M2∶2，夹砂灰褐陶，合模制作，整体烧制而成。作站立状，剪鬃缚尾，昂首，双耳直竖，两眼圆瞪，张口露齿。头饰辔头，臀部丰满，脊部微凹，置马鞍。马尾和鞍为分离烧制而成。高104、宽85厘米（图二一八，6；图版二三五）。

案　又称棜案，1件。柏M2∶25，泥质黄褐陶，火候较低。长方形案面，浅盘，四周突起边棱一周，平底，无足。出土时案面置耳杯5件（图版二三六）。缘高1.8、长54、宽33.6厘米（图二一八，8）。

塘　1件。柏M2∶24，泥质灰陶，口、底、壁分制后拼接而成。长方形，宽折沿，平底，中部有桥。池底一侧塑造有龟、鳖、螺和荷叶。长70.5、宽34.5、深4.8厘米（图二一八，9；图版二三七）。

陶房　2件。泥质灰陶。平面为长方形，悬山顶，正脊两端起翘，宽檐额。左右山墙前立角柱，檐额中部立柱，柱上均承方形栌斗托檐。屋左侧设门。山墙中部对称分布一圆孔。柏M2∶11，屋顶前坡施五道，后坡施六道瓦垄。檐额上用红彩绘帏幔，并用白彩点绘流苏。屋右侧似落地大窗，屋内右侧设碓臼和舂杵支架。长47.5、宽15.5、高34.8厘米（图二一九，1；图版二三八）。柏M2∶21，屋顶前坡施七道瓦垄，屋正面右侧稍残，门前有廊，长45.3、宽15.5、高37.5厘米（图二一九，2；图版二三九）。

铁器

釜　1件。柏M2∶5，敞口，斜沿，束颈，鼓腹，圜底，双肩施条形錾耳。上腹饰凸弦纹三道。高23.5、口径29.5、腹径28.5厘米（图二一五，6；图版二四〇）。

刀　1件。柏M2∶10，柄身相连。长条形柄较刀身宽和厚，刀身一侧无刃平直，另侧刀锋呈弧形，至顶端收聚成尖状。长34.4、宽2～2.5厘米（图二一八，7；图版二四一）。

环首削　1件。柏M2∶32，柄端环首，刀身平直，尖端残。残长7.5厘米（图二一八，4）。

石器

石猪　2件。形制相同。昂头，俯卧状。线刻为主，雕刻简单逼真。柏M2∶31，长5.8、高2.4、厚2厘米（图二一八，5；图版二四二）；柏M2∶33，长5.6、高2.3、厚1.8厘米（图版二四二）。

铜器

铜钱　328枚。包括五铢、磨郭五铢和凿郭五铢三种。均圆形，方穿，正面穿之两侧有篆文“五铢”二字。五铢25枚、磨郭五铢91枚、凿郭五铢212枚（图二二〇至图二三五）。另有25枚五铢、磨郭五铢和凿郭五铢残件。（详见铜钱统计表）

铜钱统计表

种类	编号	特征		钱径（厘米）	穿宽（厘米）	重量（克）	备注
		文字特征	记号				
五铢	33－15	“五”字宽大，两竖弯曲相交，两端外撇，“铢”字“朱”旁上下圆折，上折短，下折长。		2.55	0.9	2.32	图二二一，15
五铢	33－106	“五”字宽大，两竖弯曲相交，两端外撇，“铢”字“朱”旁上下圆折，上折短，下折长。		2.65	0.9	3	图二二〇，1

续上表

种类	编号	特征		钱径（厘米）	穿宽（厘米）	重量（克）	备注
		文字特征	记号				
五铢	33－107	同上	面阳文"丨丨"	2.55	0.9	3	图二二〇，2
五铢	33－108	同上		2.65	0.95	3.32	图二二〇，3
五铢	33－109	同上		2.65	0.88	3.34	图二二〇，4
五铢	33－110	同上		2.65	0.9	2.7	图二二〇，5
五铢	33－111	同上		2.6	0.9	2.58	图二二〇，6
五铢	33－112	同上		2.48	0.86	2.25	图二二〇，7
五铢	33－113	同上	面穿下有横廓，穿下半星	2.58	0.9	2.72	图二二〇，8
五铢	33－114	同上		2.61	1	2.52	图二二〇，9
五铢	33－115	同上		2.58	0.94	2.3	图二二〇，10
五铢	33－116	同上		2.6	1	2.7	图二二〇，11
五铢	33－117	同上		2.62	0.92	2.2	图二二〇，12
五铢	33－118	同上		2.6	1	2.36	图二二〇，13
五铢	33－119	钱文不清		2.72	0.82	3.04	图二二〇，14
五铢	33－120	同上		2.68	0.92	3	图二二〇，15
五铢	33－121	同上		2.6	1	2.76	图二二〇，16
五铢	33－122	同上		2.6	0.96	2.6	图二二〇，17
五铢	33－123	"五"字宽大，两竖弯曲相交，两端外撇，"铢"字"朱"旁上下圆折，上折短，下折长。		2.58	0.92	3.18	图二二〇，18
五铢	33－124	钱文不清		2.6	0.94	3.2	图二二〇，19
五铢	33－125	钱文不清		2.55	0.92	2.58	图二二〇，20
五铢	33－126	同上		2.52	1.1	2.4	图二二〇，21
五铢	33－330	钱文残损		2.32	0.9	1.94	残
五铢	33－331	同上		2.21	0.9	1.4	残
五铢	33－332	同上		2.32	0.9	1.7	残
五铢	33－333	同上		2.2	0.9	1.4	残
五铢	33－334	同上		2.31	0.9	2	残
五铢	33－335	同上		2.38	0.91	1.5	残
五铢	33－336	同上		2.1	0.9	1.3	残
五铢	33－337	同上		2.31	0.9	1.7	残

续上表

种类	编号	特征		钱径（厘米）	穿宽（厘米）	重量（克）	备注
		文字特征	记号				
五铢	33－338	同上		2.12	1	1.5	残
五铢	33－339	同上		2.2	0.9	1.5	残
五铢	33－340	同上		2.22	0.9	1.6	残
五铢	33－341	同上		2.2	0.9	1.7	残
五铢	33－342	同上		2.6	1	2.4	残
五铢	33－343	同上		2.5	1	2.1	残
五铢	33－344	同上		2.5	1	2.5	残
五铢	33－345	同上		2.3	1	1.3	残
五铢	33－346	同上		2	0.9	1.3	残
五铢	33－347	同上		2.5	0.9	2.5	残
五铢	33－348	同上		2.5	1	1.1	残
五铢	33－30	“五”字两竖弯曲相交呈抛物线。	无	2.46	0.86	2.4	图二二二，9
五铢	33－35	钱文不清	无	2.5	0.92	1.9	图二二二，14
五铢	33－41	“铢”字“朱”旁上方折，下圆折。	无	2.48	0.9	2.18	图二二二，20
磨郭五铢	33－1	“五”字两竖弯曲相交，上下两端外撇，“铢”字“朱”旁上下圆折。		2.4	0.9	2.1	图二二一，1
磨郭五铢	33－2	同上		2.35	0.85	1.9	图二二一，2
磨郭五铢	33－3	同上		2.4	0.9	1.9	图二二一，3
磨郭五铢	33－4	同上		2.3	0.85	1.72	图二二一，4
磨郭五铢	33－5	同上	背阴文“丨丨”	2.45	0.85	2.65	图二二一，5
磨郭五铢	33－6	同上	背阴文“丨丨”	2.4	0.95	1.4	图二二一，6
磨郭五铢	33－7	同上	穿上阳文“丨”	2.35	0.85	2.4	图二二一，7
磨郭五铢	33－8	同上		2.45	0.9	1.85	图二二一，8
磨郭五铢	33－9	钱文不清		2.5	0.9	2.36	图二二一，9
磨郭五铢	33－10	钱文不清		2.5	0.9	2.4	图二二一，10
磨郭五铢	33－11	“五”字两竖弯曲相交，上下两端外撇，“铢”字“朱”旁上下圆折。		2.4	0.9	2.06	图二二一，11
磨郭五铢	33－12	同上		2.45	0.95	2.18	图二二一，12
磨郭五铢	33－13	同上		2.4	0.9	1.65	图二二一，13

续上表

种类	编号	特征		钱径（厘米）	穿宽（厘米）	重量（克）	备注
		文字特征	记号				
磨郭五铢	33－14	同上		2.3	0.85	1.9	图二二一，14
磨郭五铢	33－16	同上	穿下横廓	2.4	0.8	2.5	图二二一，16
磨郭五铢	33－17	同上	无	2.4	0.9	2.5	图二二一，17
磨郭五铢	33－18	同上	无	2.45	0.9	2.4	图二二一，18
磨郭五铢	33－19	钱文不清	无	2.45	0.9	1.8	图二二一，19
磨郭五铢	33－20	同上	无	2.48	0.85	2.02	图二二一，20
磨郭五铢	33－21	同上	无	2.42	0.95	2.7	图二二一，21
磨郭五铢	33－22	“五”字宽大，“铢”字锈蚀不清	无	2.45	1	2.4	图二二二，1
磨郭五铢	33－23	钱文不清	无	2.32	0.9	1.86	图二二二，2
磨郭五铢	33－24	钱文不清	无	2.35	0.9	1.64	图二二二，3
磨郭五铢	33－25	“铢”字金头三角形，“朱”旁上圆折，下方折。	无	2.3	0.9	2.22	图二二二，4
磨郭五铢	33－26	“铢”字金头三角形，“朱”旁上下圆折。	无	2.3	0.9	2.1	图二二二，5
磨郭五铢	33－27	钱文不清	无	2.3	0.9	2.32	图二二二，6
磨郭五铢	33－28	钱文不清	无	2.3	0.95	2.2	图二二二，7
磨郭五铢	33－29	同上	无	2.4	0.9	2.34	图二二二，8
磨郭五铢	33－31	同上	无	2.4	0.92	1.75	图二二二，10
磨郭五铢	33－32	同上	无	2.3	0.9	1.8	图二二二，11
磨郭五铢	33－33	同上	无	2.5	0.9	2.44	图二二二，12
磨郭五铢	33－34	同上	无	2.32	0.9	1.8	图二二二，13
磨郭五铢	33－36	“铢”字“朱”旁上折外撇	无	2.32	0.9	2.4	图二二二，15
磨郭五铢	33－37	钱文不清	无	2.32	1	2.1	图二二二，16
磨郭五铢	33－38	钱文不清	无	2.38	0.9	2.1	图二二二，17
磨郭五铢	33－39	钱文不清	无	2.15	0.9	2	图二二二，18
磨郭五铢	33－40	钱文不清	无	2.32	0.9	1.9	图二二二，19
磨郭五铢	33－42	“五”字两横出头，“铢”字金旁比“朱”旁短。	无	2.4	0.9	1.92	图二二二，21
磨郭五铢	33－43	“铢”字“朱”旁上下方折。	无	2.45	0.95	1.84	图二二三，1
磨郭五铢	33－44	钱文不清	背斜月	2.38	0.9	2.1	图二二三，2

续上表

种类	编号	特征		钱径（厘米）	穿宽（厘米）	重量（克）	备注
		文字特征	记号				
磨郭五铢	33－45	同上	无	2.32	0.88	1.84	图二二三，3
磨郭五铢	33－46	同上	无	2.46	0.88	2.32	图二二三，4
磨郭五铢	33－47	同上	无	2.48	0.9	1.92	图二二三，5
磨郭五铢	33－48	同上	无	2.3	0.86	2.2	图二二三，6
磨郭五铢	33－50	同上	无	2.34	0.88	2.02	图二二三，8
磨郭五铢	33－51	同上	无	2.38	0.9	2.34	图二二三，9
磨郭五铢	33－52	同上	无	2.3	0.9	2.1	图二二三，10
磨郭五铢	33－53	同上	无	2.34	0.9	1.7	图二二三，11
磨郭五铢	33－54	同上	无	2.38	1	1.8	图二二三，12
磨郭五铢	33－55	同上	无	2.28	0.9	1.52	图二二三，13
磨郭五铢	33－56	同上	无	2.3	0.86	1.82	图二二三，14
磨郭五铢	33－57	同上	无	2.52	0.92	2.4	图二二三，15
磨郭五铢	33－58	同上	无	2.4	0.86	1.92	图二二三，16
磨郭五铢	33－59	同上	无	2.4	0.9	2.3	图二二三，17
磨郭五铢	33－60	同上	无	2.4	0.96	1.9	图二二三，18
磨郭五铢	33－61	同上	无	2.48	0.95	1.76	图二二三，19
磨郭五铢	33－62	同上	无	2.24	0.86	1.52	图二二三，20
磨郭五铢	33－63	同上	无	2.28	0.86	2	图二二三，21
磨郭五铢	33－64	同上	无	2.3	0.9	1.6	图二二四，1
磨郭五铢	33－65	同上	无	2.4	0.9	1.7	图二二四，2
磨郭五铢	33－66	同上	无	2.38	0.9	1.8	图二二四，3
磨郭五铢	33－67	同上	无	2.52	0.95	2.6	图二二四，4
磨郭五铢	33－68	同上	无	2.4	0.88	2.22	图二二四，5
磨郭五铢	33－69	同上	无	2.5	1	2.12	图二二四，6
磨郭五铢	33－70	钱文不清	无	2.18	0.9	1.58	图二二四，7
磨郭五铢	33－71	同上	阴文“十”	2.4	0.95	1.9	图二二四，8
磨郭五铢	33－72	同上	背阴文“H”	2.36	0.95	2.78	图二二四，9
磨郭五铢	33－73	同上	背阴文“⺀”	2.36	0.86	2.3	图二二四，10
磨郭五铢	33－74	同上	无	2.3	0.86	2.24	图二二四，11

续上表

种类	编号	特征		钱径（厘米）	穿宽（厘米）	重量（克）	备注
		文字特征	记号				
磨郭五铢	33－75	同上	无	2.3	0.9	1.9	图二二四，12
磨郭五铢	33－76	同上	无	2.35	0.84	2.4	图二二四，13
磨郭五铢	33－77	同上	无	2.28	0.86	1.54	图二二四，14
磨郭五铢	33－78	同上	无	2.2	0.96	1.4	图二二四，15
磨郭五铢	33－79	同上	无	2.34	0.9	1.7	图二二四，16
磨郭五铢	33－80	同上	无	2.45	0.9	2.4	图二二四，17
磨郭五铢	33－81	同上	无	2.3	0.94	1.5	图二二四，18
磨郭五铢	33－82	同上	背阳文“丨丨”	2.24	0.94	1.7	图二二四，19
磨郭五铢	33－83	同上	无	2.32	0.9	1.82	图二二四，20
磨郭五铢	33－84	同上	无	2.3	0.9	2.02	图二二四，21
磨郭五铢	33－85	钱文不清	无	2.3	0.9	1.6	图二二五，1
磨郭五铢	33－86	同上	无	2.38	0.85	2	图二二五，2
磨郭五铢	33－87	同上	无	2.3	0.92	1.9	图二二五，3
磨郭五铢	33－88	同上	无	2.48	0.9	1.92	图二二五，4
磨郭五铢	33－94	同上	无	2.42	0.95	1.48	图二二五，10
磨郭五铢	33－95	同上	无	2.35	0.92	1.82	图二二五，11
磨郭五铢	33－97	同上	无	2.3	0.94	2.18	图二二五，13
磨郭五铢	33－99	同上	无	2.38	1	2	图二二五，15
磨郭五铢	33－100	同上	无	2.28	0.9	1.92	图二二五，16
磨郭五铢	33－101	同上	无	2.4	0.9	2.21	图二二五，17
磨郭五铢	33－105	同上	无	2.42	0.82	1.62	图二二五，21
凿郭五铢	33－49	同上	无	2.22	0.9	1.58	图二二三，7
凿郭五铢	33－89	同上	无	2.2	0.9	1.8	图二二五，5
凿郭五铢	33－90	同上	无	2.2	0.92	1.3	图二二五，6
凿郭五铢	33－91	钱文不清	无	2.15	0.9	1.4	图二二五，7
凿郭五铢	33－92	同上	无	2.2	0.92	2.02	图二二五，8
凿郭五铢	33－93	同上	无	2.2	0.88	2.2	图二二五，9
凿郭五铢	33－96	同上	无	2.3	0.94	2.12	图二二五，12
凿郭五铢	33－98	同上	无	2	0.88	1	图二二五，14

续上表

种类	编号	特征		钱径（厘米）	穿宽（厘米）	重量（克）	备注
		文字特征	记号				
凿郭五铢	33－102	同上	无	2.28	0.9	1.68	图二二五，18
凿郭五铢	33－103	同上	无	2.28	0.88	1.92	图二二五，19
凿郭五铢	33－104	同上	无	2.26	0.9	1.9	图二二五，20
凿郭五铢	33－127	“五”字两竖弯曲相交，“铢”字金旁凿损，“朱”字上下圆折。	无	2.2	1.1	1.3	图二二六，1
凿郭五铢	33－128	同上	无	2.25	1	1.22	图二二六，2
凿郭五铢	33－129	钱文不清	无	2.04	0.88	1.3	图二二六，3
凿郭五铢	33－130	同上	无	2.02	0.94	1.52	图二二六，4
凿郭五铢	33－131	同上	无	2.1	1	1.2	图二二六，5
凿郭五铢	33－132	同上	无	2.15	0.98	1.72	图二二六，6
凿郭五铢	33－133	同上	无	2.3	0.98	2	图二二六，7
凿郭五铢	33－134	同上	无	2.12	0.86	1.44	图二二六，8
凿郭五铢	33－135	“五”字瘦小，“朱”旁上下圆折。	穿上横纹	2.16	0.9	1.56	图二二六，9
凿郭五铢	33－136	钱文不清	无	2.02	0.86	1.58	图二二六，10
凿郭五铢	33－137	同上	无	2.18	0.92	1.62	图二二六，11
凿郭五铢	33－138	同上	无	2.19	0.95	1.48	图二二六，12
凿郭五铢	33－139	同上	无	2.15	0.92	1.6	图二二六，13
凿郭五铢	33－140	同上	无	2.08	0.96	1.3	图二二六，14
凿郭五铢	33－141	同上	无	2.02	0.91	1.42	图二二六，15
凿郭五铢	33－142	同上	无	1.98	0.88	1.32	图二二六，16
凿郭五铢	33－143	同上	无	2.1	0.92	1.28	图二二六，17
凿郭五铢	33－144	同上	无	2.2	0.9	1.62	图二二六，18
凿郭五铢	33－145	同上	无	2.19	0.91	1.46	图二二六，19
凿郭五铢	33－146	同上	无	2.12	0.9	1.4	图二二六，20
凿郭五铢	33－147	同上	无	2.2	0.95	1.8	图二二六，21
凿郭五铢	33－148	钱文不清	无	2.18	0.9	1.5	图二二七，1
凿郭五铢	33－149	同上	无	2	0.88	1.5	图二二七，2
凿郭五铢	33－150	同上	无	2.18	0.86	1.96	图二二七，3

续上表

种类	编号	特征		钱径（厘米）	穿宽（厘米）	重量（克）	备注
		文字特征	记号				
凿郭五铢	33－151	“五”字宽大，“铢”字金旁凿损。	无	2.14	0.94	1.6	图二二七，4
凿郭五铢	33－152	同上	无	2.18	0.92	1.3	图二二七，5
凿郭五铢	33－153	同上	无	2.11	0.88	1.3	图二二七，6
凿郭五铢	33－154	同上	无	2.2	0.9	1.45	图二二七，7
凿郭五铢	33－155	同上	无	2.12	0.91	1.56	图二二七，8
凿郭五铢	33－156	同上	无	2.21	0.98	1.85	图二二七，9
凿郭五铢	33－157	同上	无	2.09	0.98	1.3	图二二七，10
凿郭五铢	33－158	同上	无	2.24	0.96	1.78	图二二七，11
凿郭五铢	33－159	“五”字两竖相交如弹头	无	2.2	0.9	1.36	图二二七，12
凿郭五铢	33－160	钱文不清	无	2.02	1	1.36	图二二七，13
凿郭五铢	33－161	同上	无	2.02	0.91	1.38	图二二七，14
凿郭五铢	33－162	同上	无	2.26	0.89	1.98	图二二七，15
凿郭五铢	33－163	同上	无	2.14	0.92	1.8	图二二七，16
凿郭五铢	33－164	“铢”字仅余“朱”旁	无	2.1	1	1.3	图二二七，17
凿郭五铢	33－165	钱文不清	无	2.1	0.9	1.62	图二二七，18
凿郭五铢	33－166	同上	穿上竖纹	2.1	0.9	1.4	图二二七，19
凿郭五铢	33－167	同上	无	2.19	0.92	1.48	图二二七，20
凿郭五铢	33－168	同上	无	2.02	0.98	1.26	图二二七，21
凿郭五铢	33－169	同上	无	2.32	0.9	2.1	图二二八，1
凿郭五铢	33－170	“铢”字“朱”旁上下方折	无	2.18	0.96	2.64	图二二八，2
凿郭五铢	33－171	钱文不清	无	2.1	0.92	1.46	图二二八，3
凿郭五铢	33－172	同上	无	2.1	0.9	1.34	图二二八，4
凿郭五铢	33－173	同上	无	2.1	0.89	1.74	图二二八，5
凿郭五铢	33－174	同上	无	2.1	0.88	1.6	图二二八，6
凿郭五铢	33－175	同上	无	1.96	0.99	1.18	图二二八，7
凿郭五铢	33－176	同上	无	2.05	0.92	1.32	图二二八，8
凿郭五铢	33－177	钱文不清	无	1.99	0.93	1.1	图二二八，9
凿郭五铢	33－178	同上	无	1.96	0.9	1.18	图二二八，10
凿郭五铢	33－179	同上	无	2.15	0.94	1.12	图二二八，11

续上表

种类	编号	特征		钱径（厘米）	穿宽（厘米）	重量（克）	备注
		文字特征	记号				
凿郭五铢	33－180	同上	无	2.09	0.9	1.14	图二二八，12
凿郭五铢	33－181	同上	无	2.08	0.96	1.22	图二二八，13
凿郭五铢	33－182	同上	无	2.2	0.9	1.5	图二二八，14
凿郭五铢	33－183	同上	无	2.12	0.89	1.34	图二二八，15
凿郭五铢	33－184	同上	无	2.1	0.82	1.46	图二二八，16
凿郭五铢	33－185	同上	无	2.06	0.9	1.48	图二二八，17
凿郭五铢	33－186	同上	无	2.05	0.92	1.2	图二二八，18
凿郭五铢	33－187	钱文不清	无	2.1	0.91	1.42	图二二八，19
凿郭五铢	33－188	同上	无	2.09	0.98	1.24	图二二八，20
凿郭五铢	33－189	同上	无	2.06	0.96	1.52	图二二八，21
凿郭五铢	33－190	“铢”字金头三角形，“朱”旁上下圆折	无	2.2	0.89	1.96	图二二九，1
凿郭五铢	33－191	钱文不清	无	2.16	0.88	1.9	图二二九，2
凿郭五铢	33－192	同上	无	2.05	0.9	1.56	图二二九，3
凿郭五铢	33－193	同上	无	1.99	0.9	1.45	图二二九，4
凿郭五铢	33－194	“铢”字上下圆折	无	2.2	0.89	1.44	图二二九，5
凿郭五铢	33－195	钱文不清	无	2.05	0.9	0.94	图二二九，6
凿郭五铢	33－196	同上	无	2.1	0.9	1.34	图二二九，7
凿郭五铢	33－197	同上	无	2.4	0.96	1.82	图二二九，8
凿郭五铢	33－198	同上	无	2.26	0.9	1.7	图二二九，9
凿郭五铢	33－199	同上	无	2.2	0.94	2.04	图二二九，10
凿郭五铢	33－200	同上	无	2.2	1	1.32	图二二九，11
凿郭五铢	33－201	同上	无	2.1	0.92	1.56	图二二九，12
凿郭五铢	33－202	同上	无	2.08	0.9	1.16	图二二九，13
凿郭五铢	33－203	同上	无	2.12	0.9	1.42	图二二九，14
凿郭五铢	33－204	同上	无	2.21	0.99	1.45	图二二九，15
凿郭五铢	33－205	同上	无	2.16	0.88	2.02	图二二九，16
凿郭五铢	33－206	同上	无	2.18	0.91	1.56	图二二九，17
凿郭五铢	33－207	同上	无	2.1	0.92	1.4	图二二九，18
凿郭五铢	33－208	同上	无	2.05	0.9	1.4	图二二九，19

续上表

种类	编号	特征		钱径（厘米）	穿宽（厘米）	重量（克）	备注
		文字特征	记号				
凿郭五铢	33－209	同上	无	2.01	0.89	1.3	图二二九，20
凿郭五铢	33－210	同上	无	2	0.92	1.3	图二二九，21
凿郭五铢	33－211	钱文不清	无	2.1	0.9	1.24	图二三○，1
凿郭五铢	33－212	同上	无	2.24	0.9	1.88	图二三○，2
凿郭五铢	33－213	同上	无	2	0.86	1.24	图二三○，3
凿郭五铢	33－214	同上	无	1.99	0.95	1.16	图二三○，4
凿郭五铢	33－215	同上	无	2.12	0.9	1.72	图二三○，5
凿郭五铢	33－216	同上	无	2.1	0.9	1.68	图二三○，6
凿郭五铢	33－217	同上	无	2.15	0.92	1.24	图二三○，7
凿郭五铢	33－218	同上	无	2.18	0.92	1.48	图二三○，8
凿郭五铢	33－219	同上	无	2.1	0.92	1.36	图二三○，9
凿郭五铢	33－220	同上	无	2.08	0.88	1.54	图二三○，10
凿郭五铢	33－221	同上	无	2.1	0.9	1.16	图二三○，11
凿郭五铢	33－222	同上	无	2	0.95	1.3	图二三○，12
凿郭五铢	33－223	同上	无	1.96	0.95	1.24	图二三○，13
凿郭五铢	33－224	同上	无	1.98	0.94	1.2	图二三○，14
凿郭五铢	33－225	同上	无	2.16	0.91	1.42	图二三○，15
凿郭五铢	33－226	同上	无	2.05	0.94	1.42	图二三○，16
凿郭五铢	33－227	同上	无	2.11	0.95	1.4	图二三○，17
凿郭五铢	33－228	同上	无	2.15	0.92	1.62	图二三○，18
凿郭五铢	33－229	同上	无	2.21	0.92	1.68	图二三○，19
凿郭五铢	33－230	同上	无	2	0.92	1.15	图二三○，20
凿郭五铢	33－231	同上	无	2	0.9	1.4	图二三○，21
凿郭五铢	33－232	钱文不清	无	2.02	0.9	1.6	图二三一，1
凿郭五铢	33－233	同上	无	2.05	0.9	2.16	图二三一，2
凿郭五铢	33－234	同上	无	2.15	0.9	1.76	图二三一，3
凿郭五铢	33－235	同上	无	2.11	0.9	2.06	图二三一，4
凿郭五铢	33－236	同上	无	2.1	0.98	1.38	图二三一，5
凿郭五铢	33－237	同上	无	2.02	0.94	1.24	图二三一，6
凿郭五铢	33－238	同上	无	2.05	1	1.04	图二三一，7

续上表

种类	编号	特征		钱径（厘米）	穿宽（厘米）	重量（克）	备注
		文字特征	记号				
凿郭五铢	33－239	同上	无	1.98	1	1.2	图二三一，8
凿郭五铢	33－240	同上	无	2.1	0.96	1.4	图二三一，9
凿郭五铢	33－241	同上	无	2.1	0.92	1.2	图二三一，10
凿郭五铢	33－242	同上	无	2.04	0.93	1.25	图二三一，11
凿郭五铢	33－243	同上	无	1.96	0.92	1.4	图二三一，12
凿郭五铢	33－244	同上	无	2.1	1.01	1.2	图二三一，13
凿郭五铢	33－245	同上	无	2.02	0.94	0.92	图二三一，14
凿郭五铢	33－246	同上	无	2.05	0.95	1.4	图二三一，15
凿郭五铢	33－247	同上	无	2.28	0.92	1.62	图二三一，16
凿郭五铢	33－248	同上	无	2.2	1.01	1.38	图二三一，17
凿郭五铢	33－249	同上	无	2.05	0.9	1.3	图二三一，18
凿郭五铢	33－250	同上	无	2.1	0.95	1.52	图二三一，19
凿郭五铢	33－251	同上	无	2.08	1.02	1.5	图二三一，20
凿郭五铢	33－252	同上	无	2.01	0.96	1.64	图二三一，21
凿郭五铢	33－253	同上	无	2.1	0.92	1.4	图二三二，1
凿郭五铢	33－254	同上	无	1.98	0.95	1.34	图二三二，2
凿郭五铢	33－255	同上	无	2.15	0.92	1.7	图二三二，3
凿郭五铢	33－256	同上	无	2.01	0.92	1	图二三二，4
凿郭五铢	33－257	同上	无	2.1	0.9	1.3	图二三二，5
凿郭五铢	33－258	同上	无	2.2	1	1.56	图二三二，6
凿郭五铢	33－259	同上	无	1.98	0.96	1.3	图二三二，7
凿郭五铢	33－260	同上	无	2.02	0.91	1.3	图二三二，8
凿郭五铢	33－261	同上	无	2.09	0.9	1.55	图二三二，9
凿郭五铢	33－262	同上	无	1.91	0.9	0.96	图二三二，10
凿郭五铢	33－263	同上	无	2.02	0.98	1.05	图二三二，11
凿郭五铢	33－264	同上	无	1.95	0.94	1.2	图二三二，12
凿郭五铢	33－265	同上	无	1.9	0.92	1.1	图二三二，13
凿郭五铢	33－266	同上	无	2	0.98	1.2	图二三二，14
凿郭五铢	33－267	同上	无	2.1	0.9	1.24	图二三二，15
凿郭五铢	33－268	同上	无	2	1	1.56	图二三二，16

续上表

种类	编号	特征		钱径（厘米）	穿宽（厘米）	重量（克）	备注
		文字特征	记号				
凿郭五铢	33－269	“五铢”两字均遭凿损	无	2.01	0.98	1.5	图二三二，17
凿郭五铢	33－270	钱文不清	无	2	0.92	1.34	图二三二，18
凿郭五铢	33－271	同上	无	2.05	0.91	1.4	图二三二，19
凿郭五铢	33－272	“五”字较宽	无	2	0.92	1.22	图二三二，20
凿郭五铢	33－273	钱文不清	无	2.05	0.91	1.42	图二三三，1
凿郭五铢	33－274	同上	无	1.98	0.92	1.25	图二三三，2
凿郭五铢	33－275	同上	无	2.1	0.98	1.5	图二三三，3
凿郭五铢	33－276	同上	无	2.01	0.92	1.2	图二三三，4
凿郭五铢	33－277	同上	无	2.04	0.92	1.12	图二三三，5
凿郭五铢	33－278	同上	无	2.06	0.96	1.44	图二三三，6
凿郭五铢	33－279	同上	无	1.98	0.95	1.14	图二三三，7
凿郭五铢	33－280	同上	无	1.95	0.95	1.24	图二三三，8
凿郭五铢	33－281	同上	无	1.97	0.92	1.3	图二三三，9
凿郭五铢	33－282	同上	无	2.01	0.95	1.74	图二三三，10
凿郭五铢	33－283	同上	无	1.98	0.92	1.4	图二三三，11
凿郭五铢	33－284	同上	无	2.02	0.9	1.32	图二三三，12
凿郭五铢	33－285	同上	无	1.99	0.89	1.4	图二三三，13
凿郭五铢	33－286	同上	无	1.98	0.96	1.4	图二三三，14
凿郭五铢	33－287	同上	无	2.02	0.95	0.9	图二三三，15
凿郭五铢	33－288	同上	无	2.02	0.95	1.2	图二三三，16
凿郭五铢	33－289	同上	无	2.02	0.95	1.2	图二三三，17
凿郭五铢	33－290	同上	无	2.06	0.95	1.58	图二三三，18
凿郭五铢	33－291	同上	无	1.99	0.95	1.2	图二三三，19
凿郭五铢	33－292	同上	无	1.9	0.9	1.2	图二三三，20
凿郭五铢	33－293	同上	无	1.82	1	1.2	图二三三，21
凿郭五铢	33－294	钱文不清	无	2.01	0.91	1.7	图二三四，1
凿郭五铢	33－295	同上	无	2	0.95	1.22	图二三四，2
凿郭五铢	33－296	同上	无	2.02	0.9	1.3	图二三四，3
凿郭五铢	33－297	同上	无	2.05	0.95	1.44	图二三四，4
凿郭五铢	33－298	同上	无	1.96	0.9	1.26	图二三四，5
凿郭五铢	33－299	同上	无	2.08	0.91	1.6	图二三四，6
凿郭五铢	33－300	同上	无	1.98	1	1	图二三四，7

续上表

种类	编号	特征		钱径（厘米）	穿宽（厘米）	重量（克）	备注
		文字特征	记号				
凿郭五铢	33－301	同上	无	1.98	0.92	1.4	图二三四，8
凿郭五铢	33－302	同上	无	2.02	1	1.3	图二三四，9
凿郭五铢	33－303	同上	无	1.98	0.99	0.98	图二三四，10
凿郭五铢	33－304	同上	无	2.02	0.95	1.28	图二三四，11
凿郭五铢	33－305	同上	无	1.99	0.96	1.38	图二三四，12
凿郭五铢	33－306	同上	无	1.98	1	0.96	图二三四，13
凿郭五铢	33－307	同上	无	1.98	0.92	1.08	图二三四，14
凿郭五铢	33－308	同上	无	2	0.99	1.45	图二三四，15
凿郭五铢	33－309	同上	无	2	0.9	1.84	图二三四，16
凿郭五铢	33－310	同上	无	1.98	0.98	1.3	图二三四，17
凿郭五铢	33－311	同上	无	1.92	0.96	0.9	图二三四，18
凿郭五铢	33－312	“五”字瘦小	无	2.01	0.9	1.25	图二三四，19
凿郭五铢	33－313	同上	无	1.98	0.9	1.3	图二三四，20
凿郭五铢	33－314	同上	无	1.98	1	1.2	图二三四，21
凿郭五铢	33－315	钱文不清	无	2.01	0.9	1.54	图二三五，1
凿郭五铢	33－316	同上	背横纹	2	0.95	1.45	图二三五，2
凿郭五铢	33－317	同上	无	1.9	0.94	1.14	图二三五，3
凿郭五铢	33－318	同上	无	1.99	0.9	1.24	图二三五，4
凿郭五铢	33－319	同上	背阳纹“ミ”	2.01	0.9	1.54	图二三五，5
凿郭五铢	33－320	同上	无	1.95	0.95	1.12	图二三五，6
凿郭五铢	33－321	同上	无	2.05	1	1.3	图二三五，7
凿郭五铢	33－322	同上	无	2	1	1.44	图二三五，8
凿郭五铢	33－323	同上	无	2.02	0.92	1.3	图二三五，9
凿郭五铢	33－324	同上	无	2.05	0.92	1.42	图二三五，10
凿郭五铢	33－325	同上	无	1.88	0.95	1	图二三五，11
凿郭五铢	33－326	同上	无	2.05	0.86	1.24	图二三五，12
凿郭五铢	33－327	同上	无	2.05	0.92	1.32	图二三五，13
凿郭五铢	33－328	同上	无	1.99	0.95	1.05	图二三五，14
凿郭五铢	33－329	同上	无	1.98	0.9	1.15	残
	33－349	约25枚五铢、磨郭五铢和凿郭五铢残件					

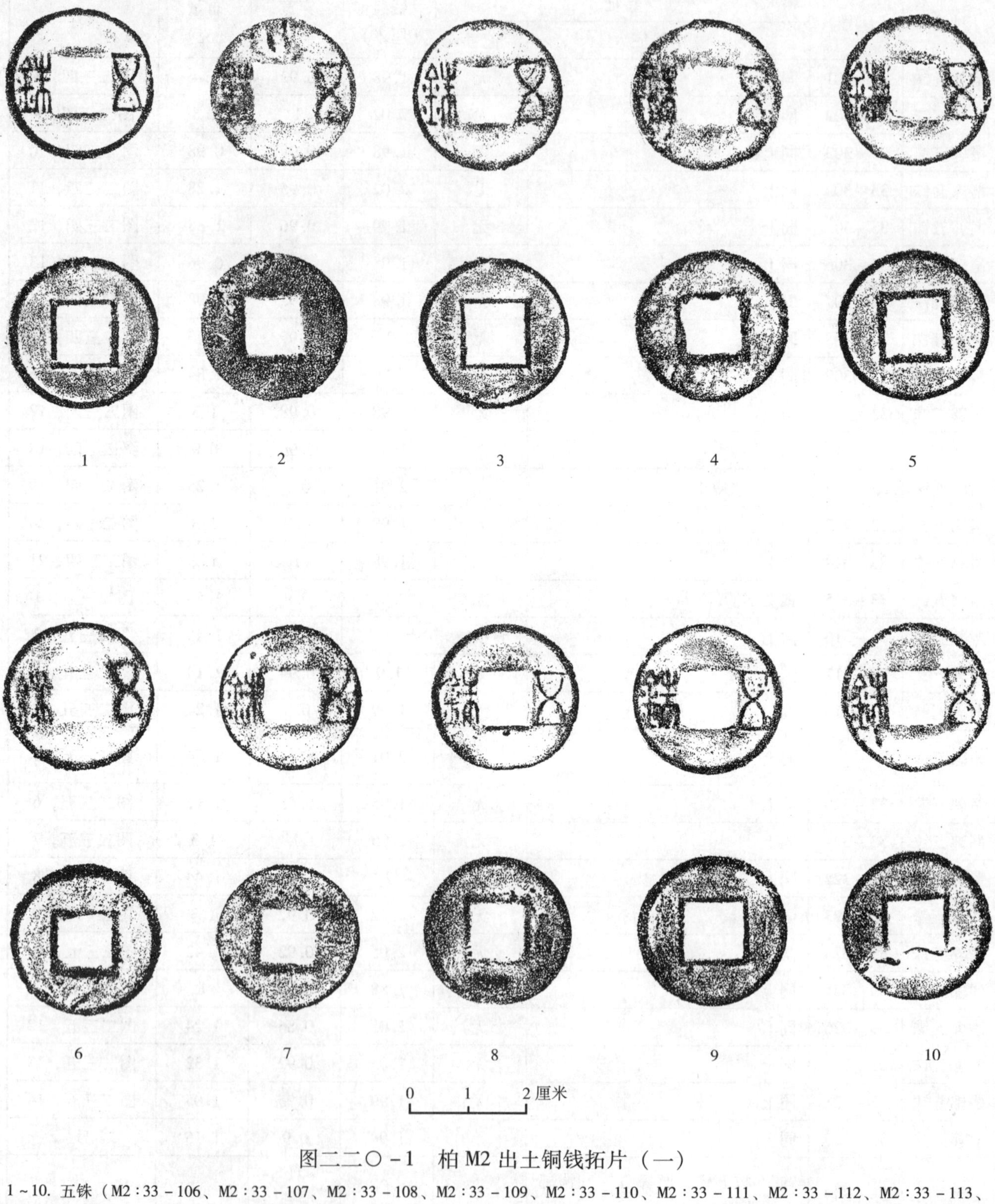

图二二〇－1　柏 M2 出土铜钱拓片（一）

1～10. 五铢（M2：33－106、M2：33－107、M2：33－108、M2：33－109、M2：33－110、M2：33－111、M2：33－112、M2：33－113、M2:33－114、M2：33－115）

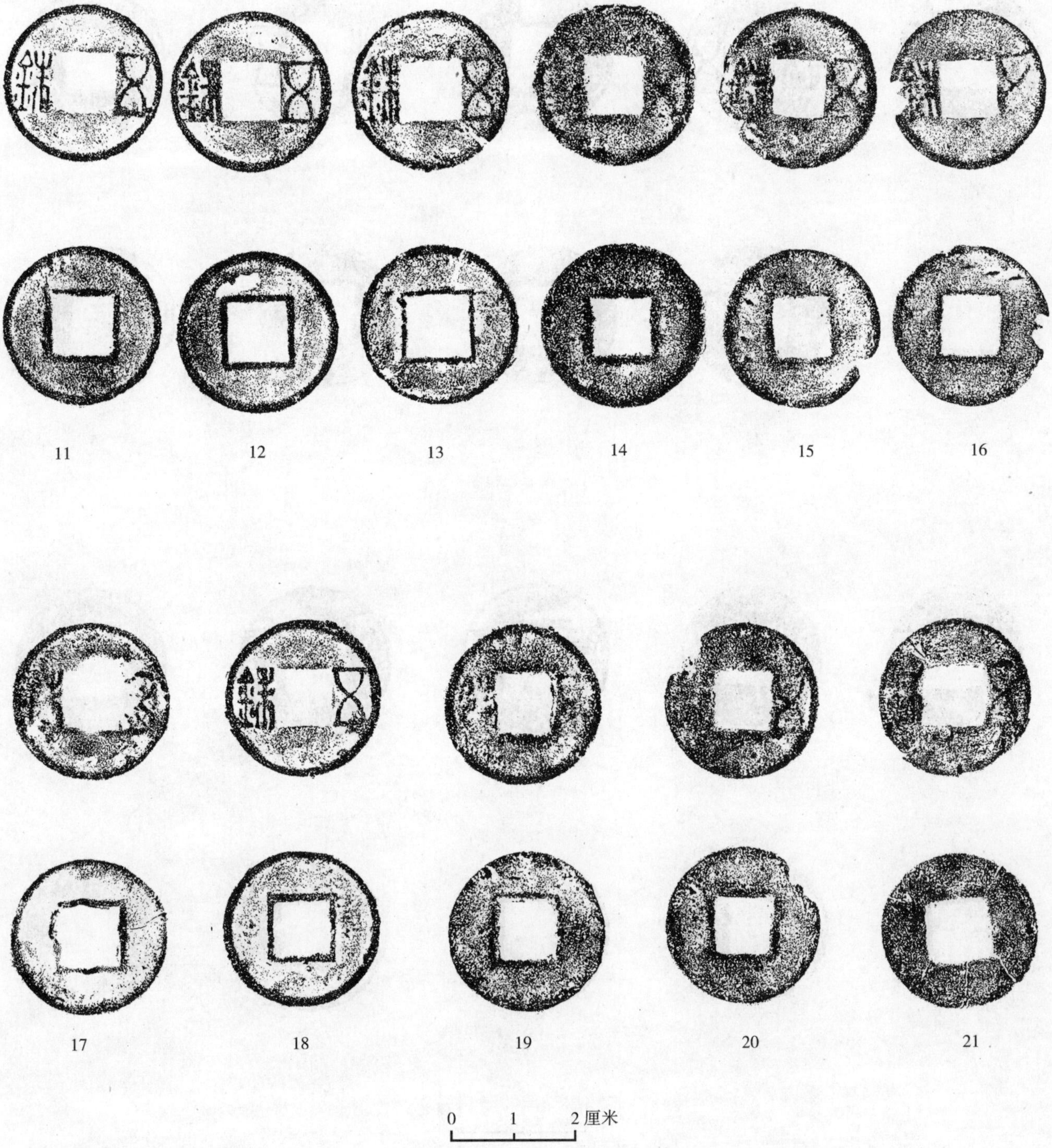

图二二〇－2　柏 M2 出土铜钱拓片（二）

11～21. 五铢（M2∶33－116、M2∶33－117、M2∶33－118、M2∶33－119、M2∶33－120、M2∶33－121、M2∶33－122、M2∶33－123、M2∶33－124、M2∶33－125、M2∶33－126）

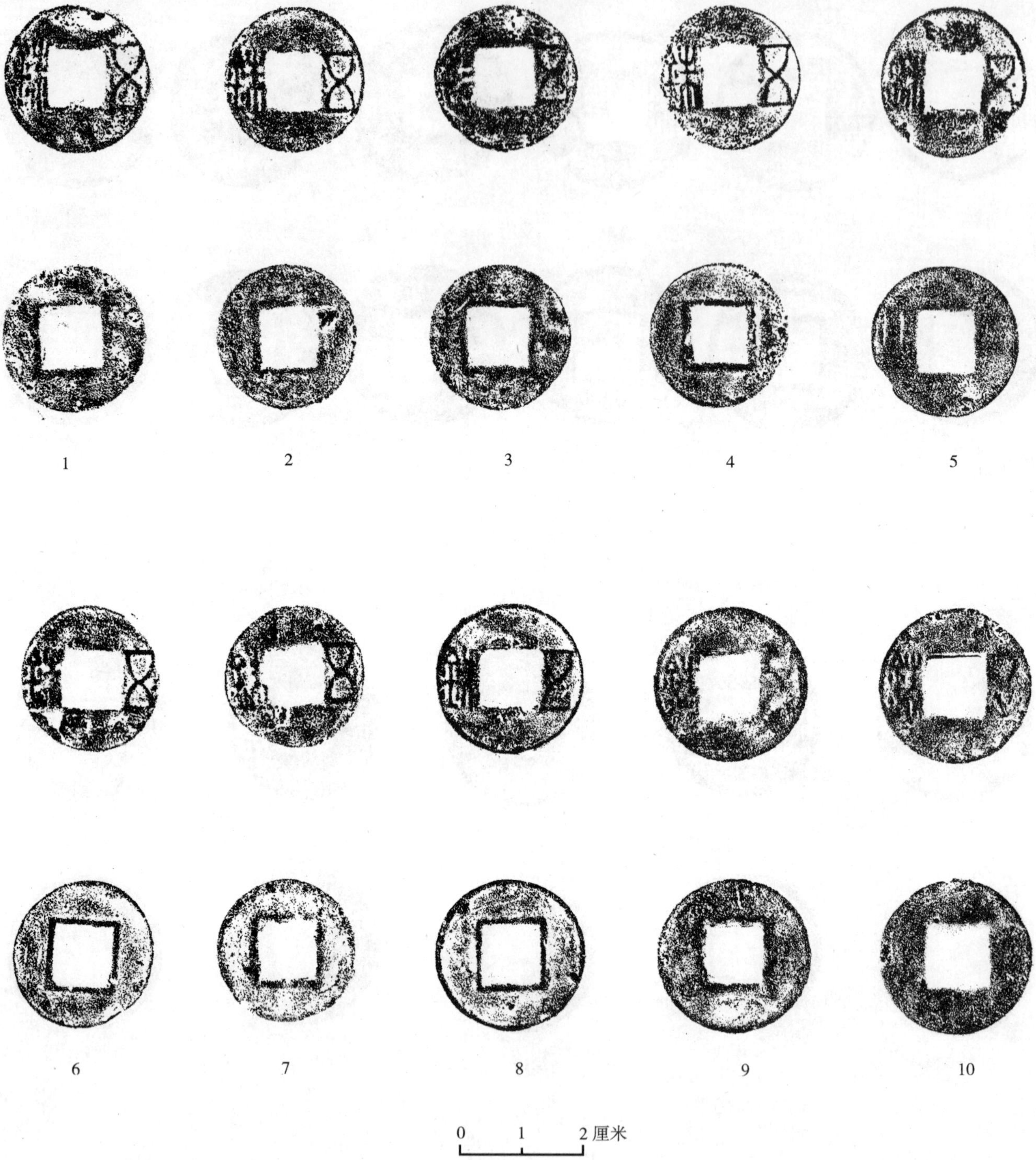

图二二一-1　柏 M2 出土铜钱拓片（三）

1～10. 磨郭五铢（M2：33－1、M2：33－2、M2：33－3、M2：33－4、M2：33－5、M2：33－6、M2：33－7、M2：33－8、M2：33－9、M2：33－10）

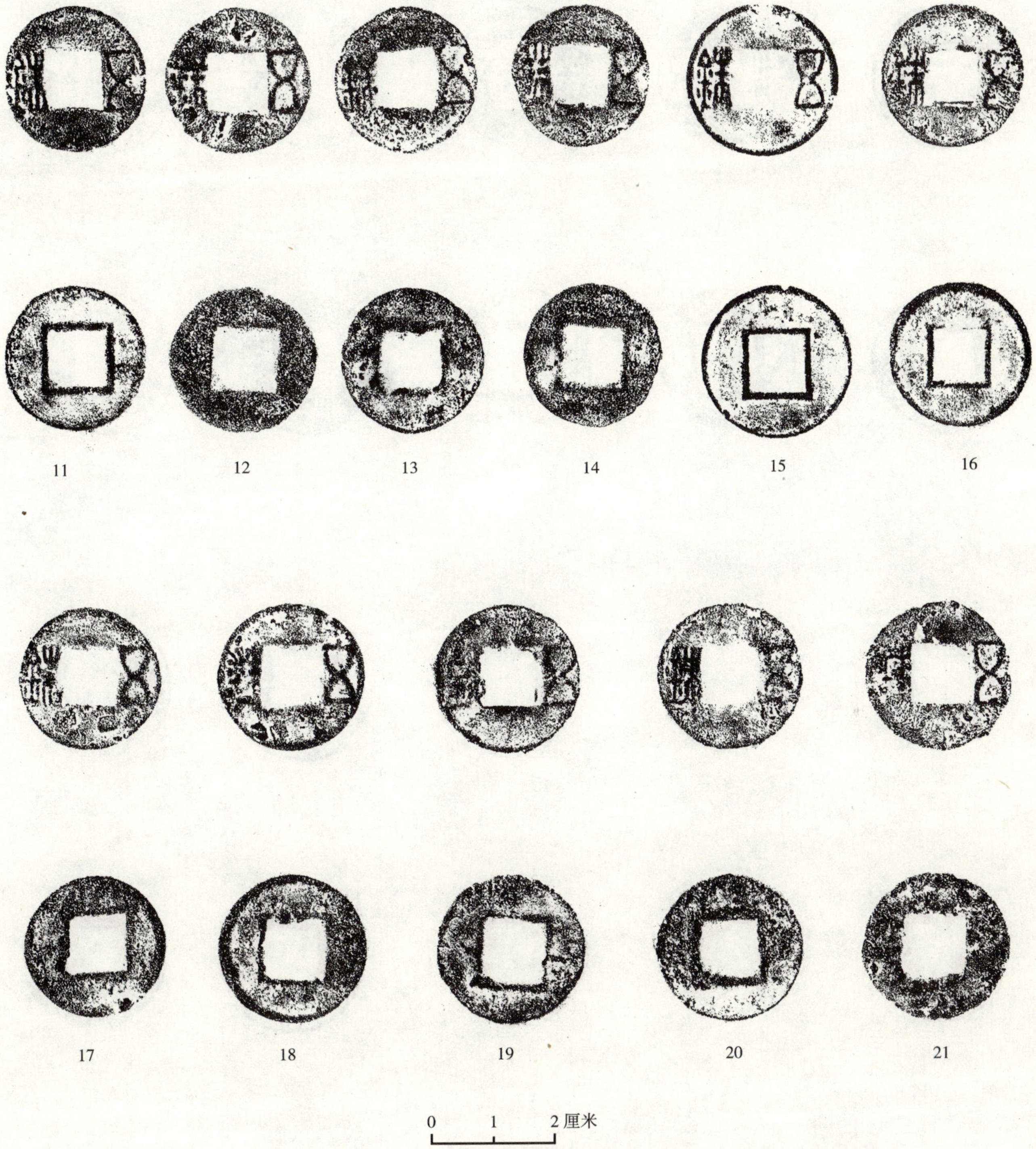

图二二一-2　柏 M2 出土铜钱拓片（四）

11～14、16～21. 磨郭五铢（M2∶33－11、M2∶33－12、M2∶33－13、M2∶33－14、M2∶33－16、M2∶33－17、M2∶33－18、M2∶33－19、M2∶33－20、M2∶33－21）　15. 五铢（M2∶33－15）

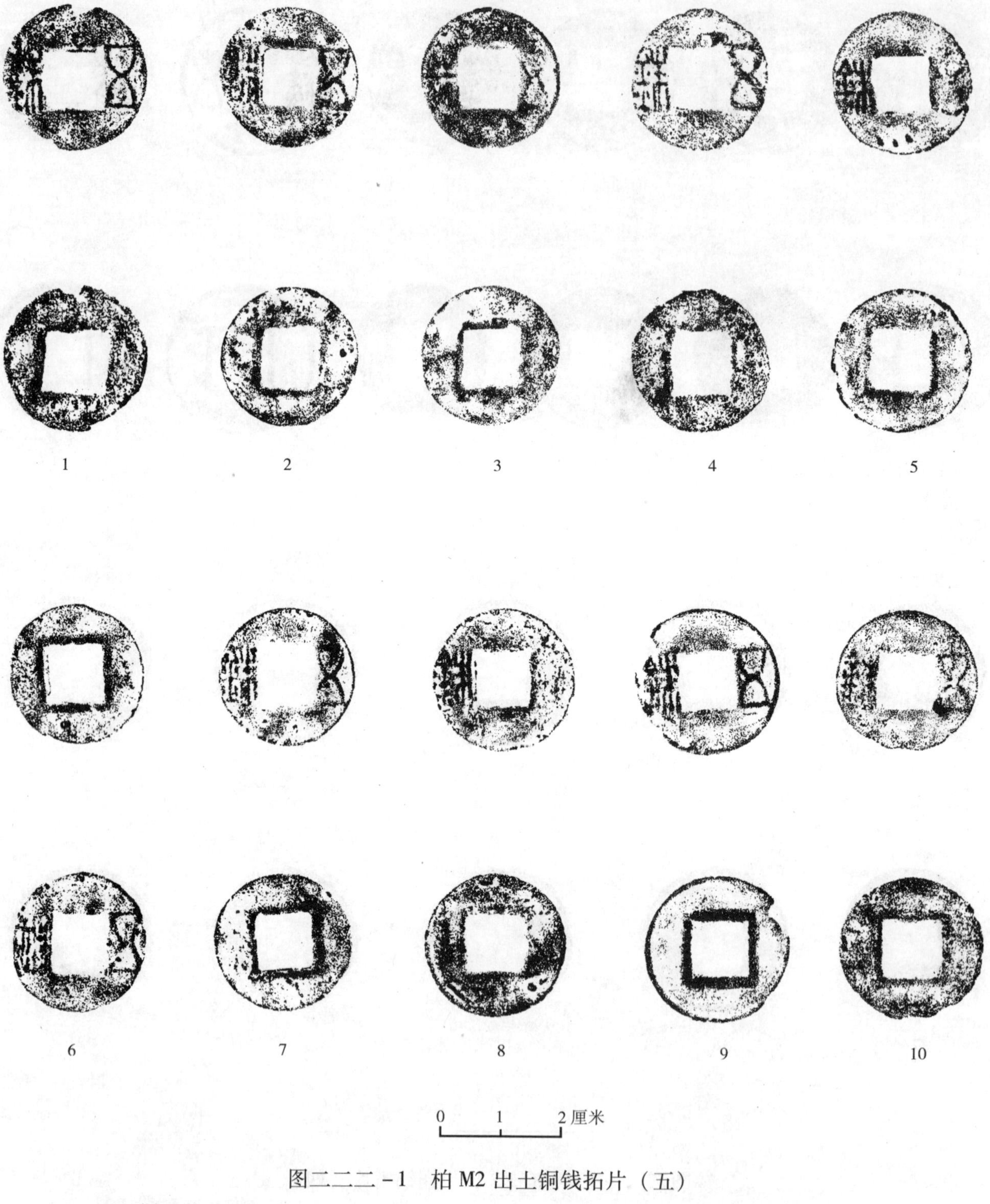

图二二二-1 柏M2出土铜钱拓片（五）

1～8、10. 磨郭五铢（M2：33-22、M2：33-23、M2：33-24、M2：33-25、M2：33-26、M2：33-27、M2：33-28、M2：33-29、M2：33-31） 9. 五铢（M2：33-30）

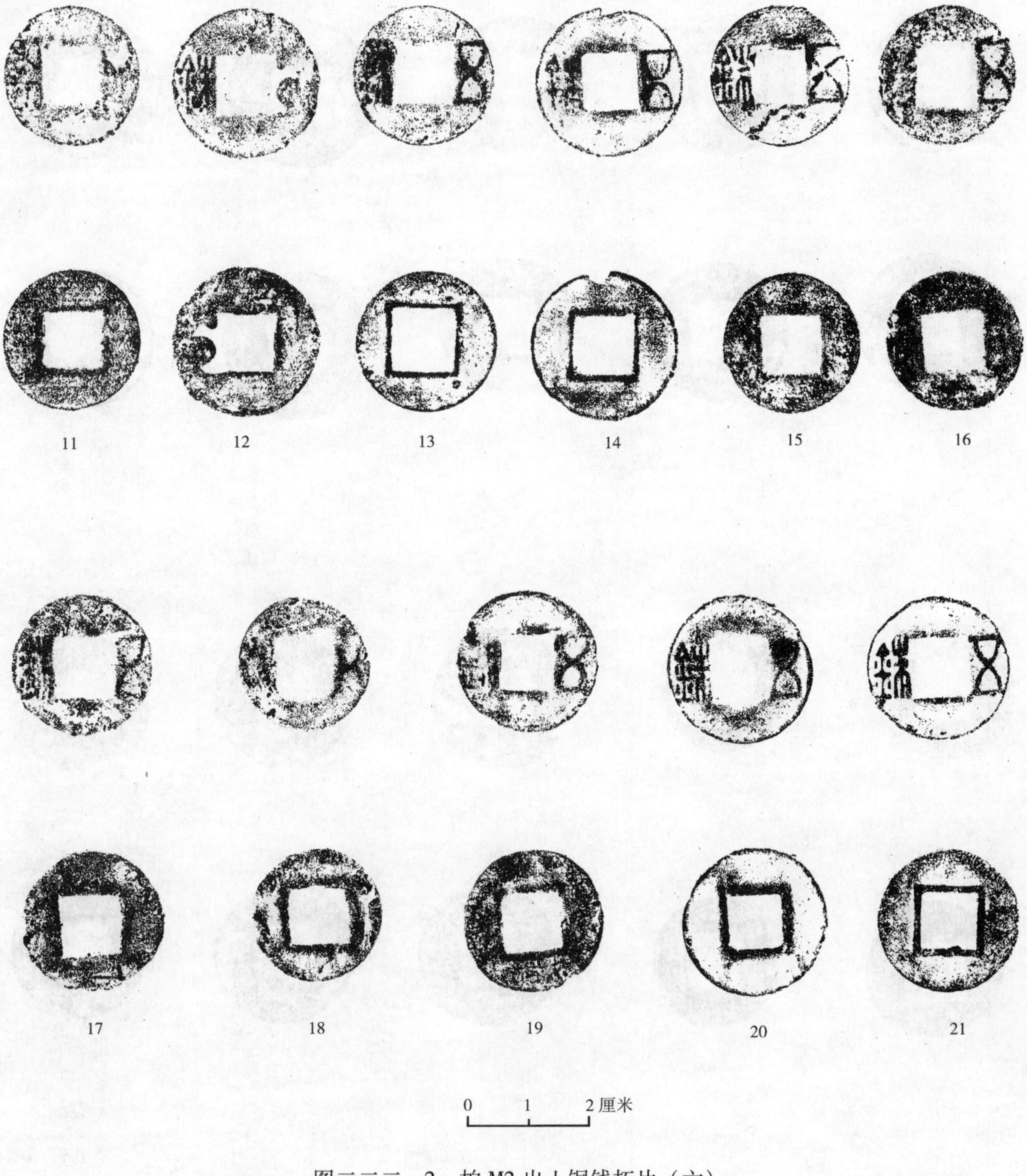

图二二二-2　柏M2出土铜钱拓片（六）

11～13、15～19、21. 磨郭五铢（M2∶33-32、M2∶33-33、M2∶33-34、M2∶33-36、M2∶33-37、M2∶33-38、M2∶33-39、M2∶33-40、M2∶33-42）　14、20. 五铢（M2∶33-35、M2∶33-41）

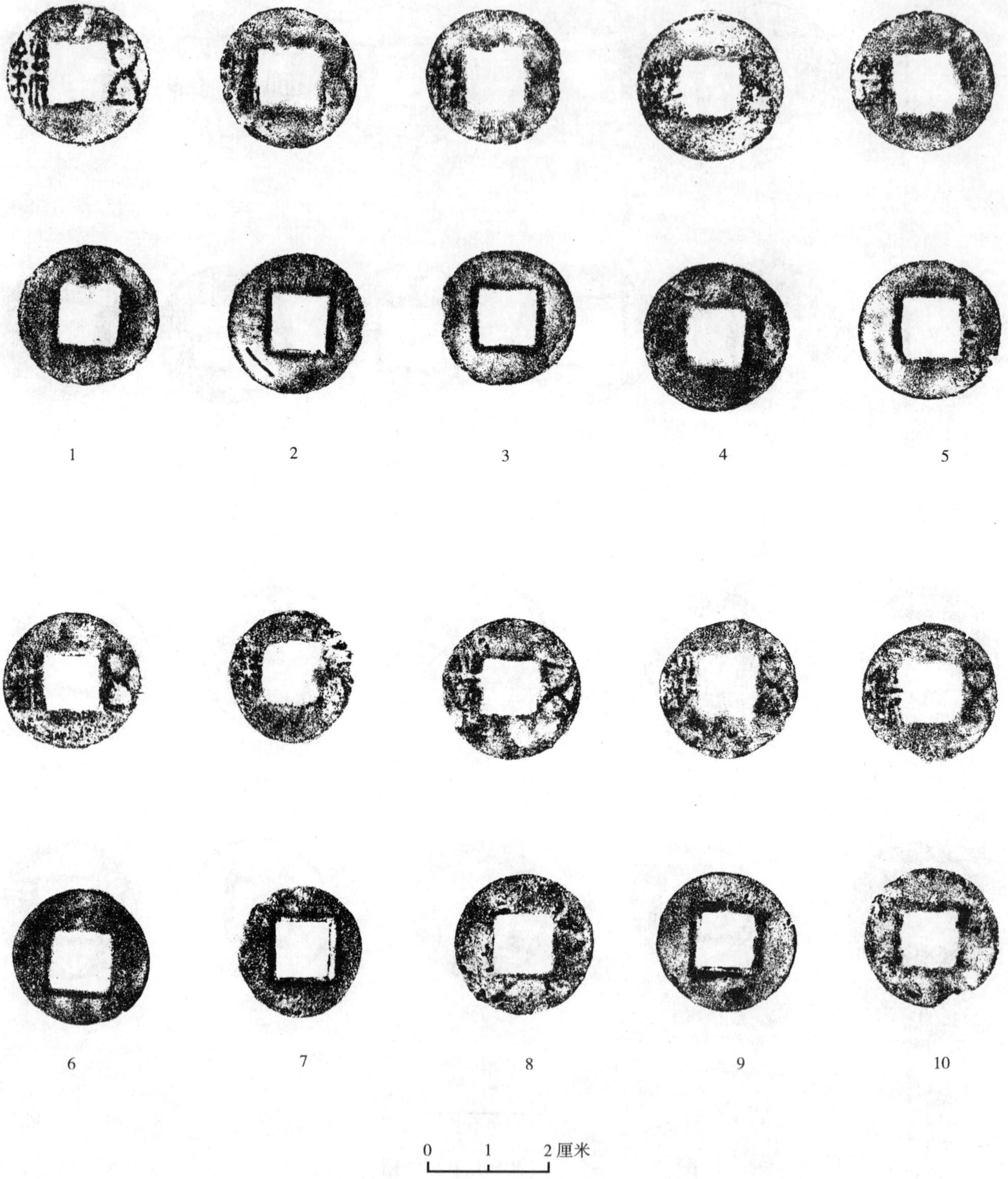

图二二三-1　柏 M2 出土铜钱拓片（七）

1～10. 磨郭五铢（M2∶33-43、M2∶33-44、M2∶33-45、M2∶33-46、M2∶33-47、M2∶33-48、M2∶33-49、M2∶33-50、M2∶33-51、M2∶33-52）

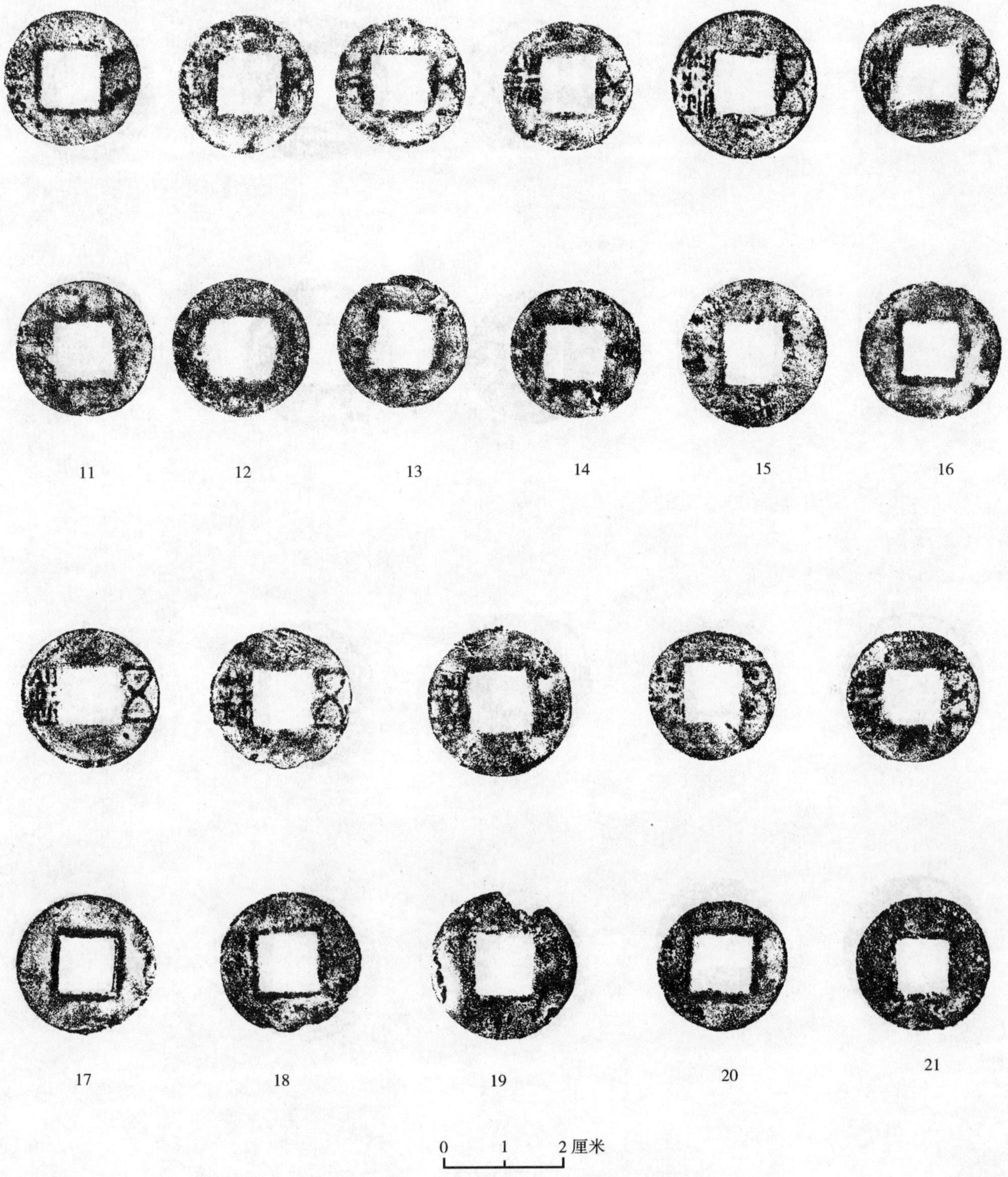

图二二三 -2　柏 M2 出土铜钱拓片（八）

11～21. 磨郭五铢（M2∶33－53、M2∶33－54、M2∶33－55、M2∶33－56、M2∶33－57、M2∶33－58、M2∶33－59、M2∶33－60、M2∶33－61、M2∶33－62、M2∶33－63）

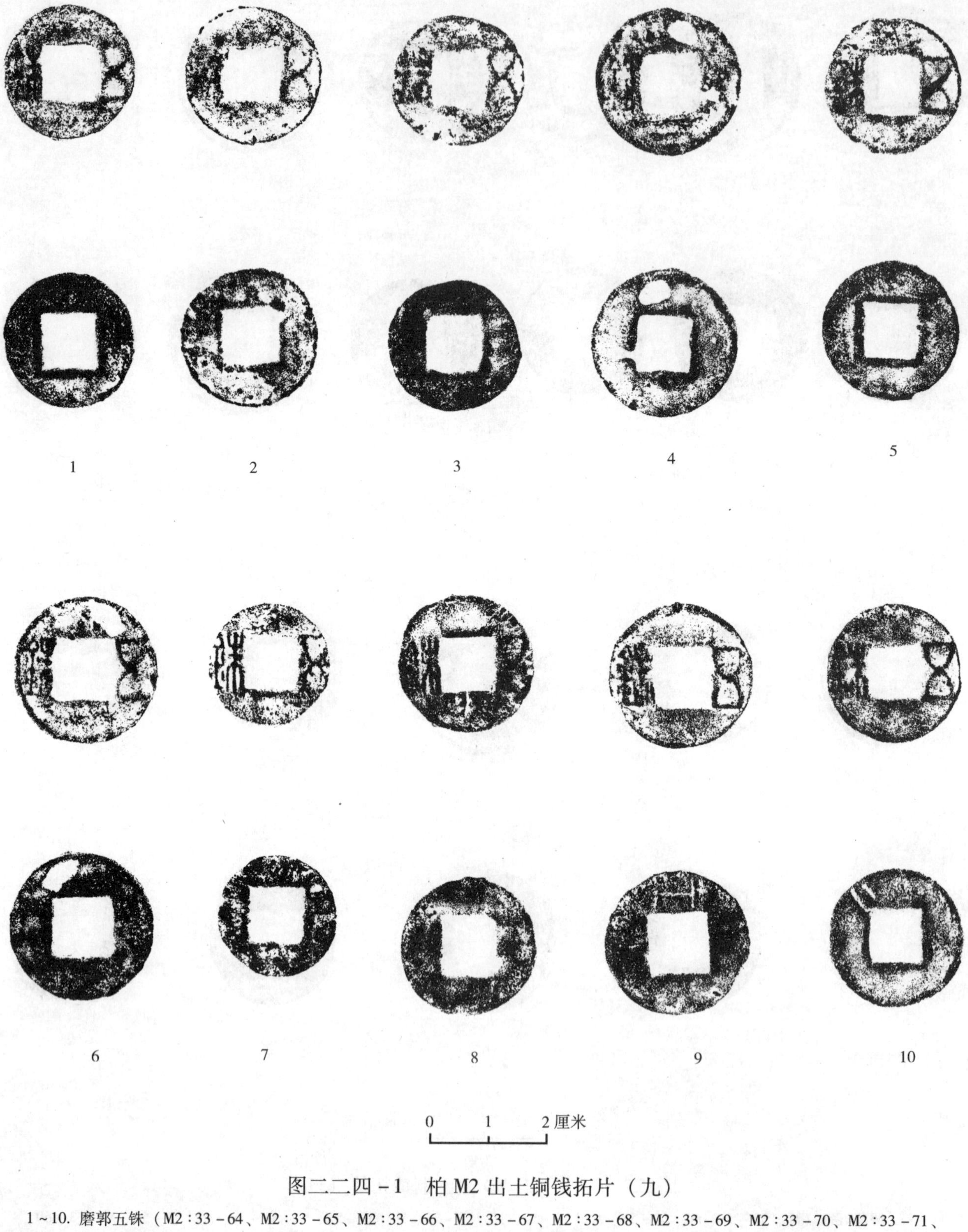

图二二四－1　柏 M2 出土铜钱拓片（九）

1～10. 磨郭五铢（M2∶33－64、M2∶33－65、M2∶33－66、M2∶33－67、M2∶33－68、M2∶33－69、M2∶33－70、M2∶33－71、M2∶33－72、M2∶33－73）

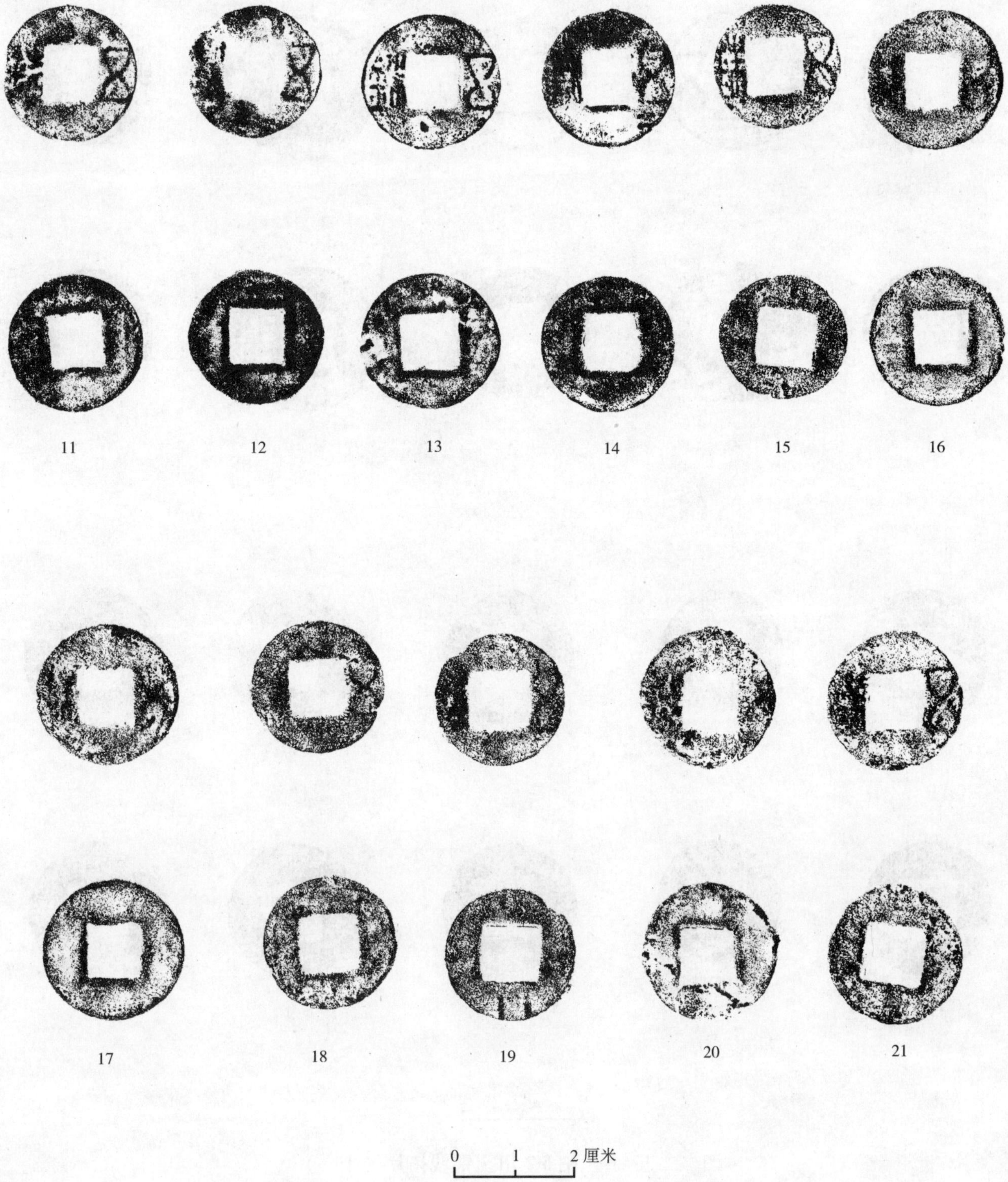

图二二四－2　柏 M2 出土铜钱拓片（十）

11～21. 磨郭五铢（M2：33－74、M2：33－75、M2：33－76、M2：33－77、M2：33－78、M2：33－79、M2：33－80、M2：33－81、M2：33－82、M2：33－83、M2：33－84）

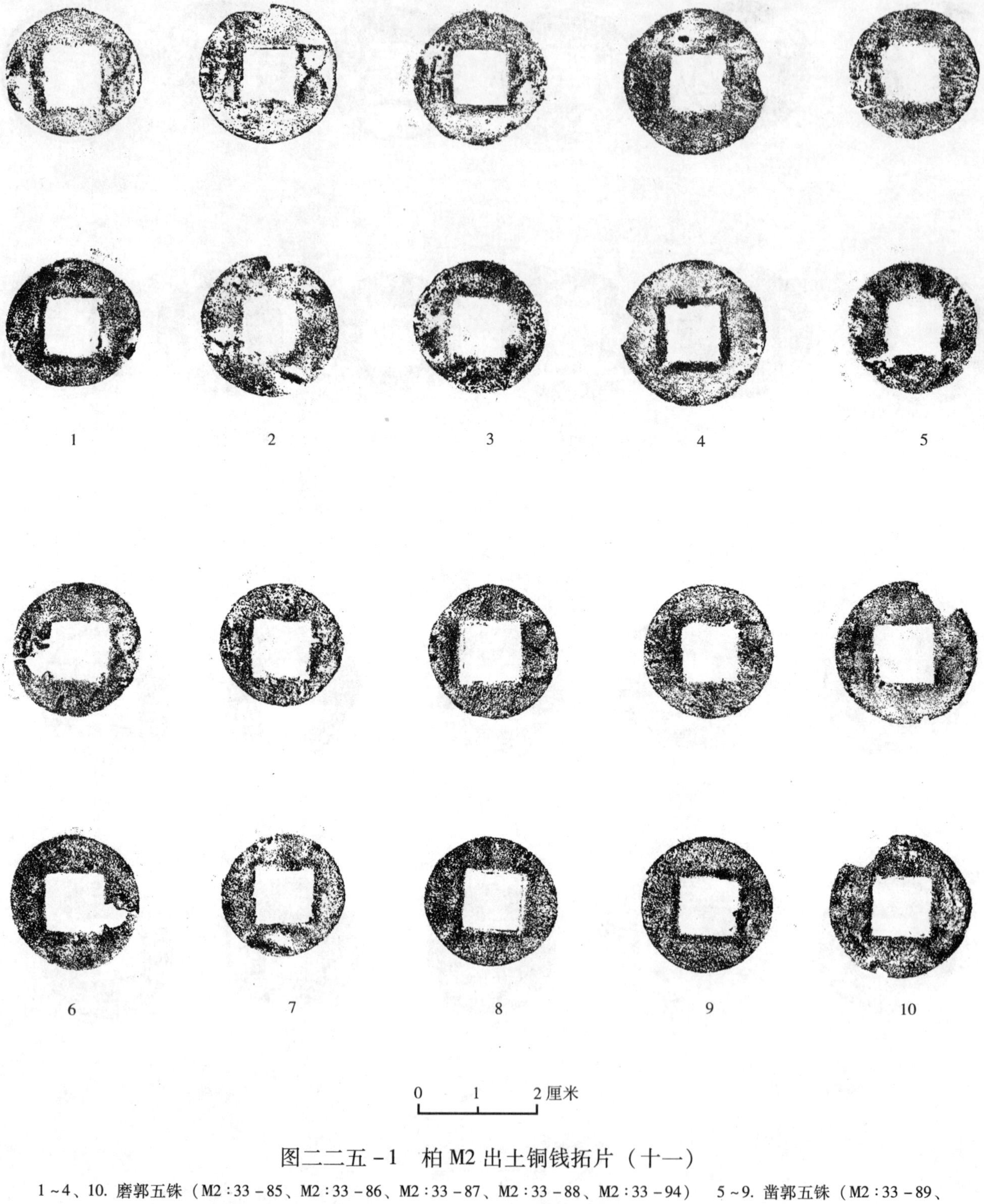

图二二五-1　柏M2出土铜钱拓片（十一）

1～4、10. 磨郭五铢（M2:33-85、M2:33-86、M2:33-87、M2:33-88、M2:33-94）　5～9. 凿郭五铢（M2:33-89、M2:33-90、M2:33-91、M2:33-92、M2:33-93）

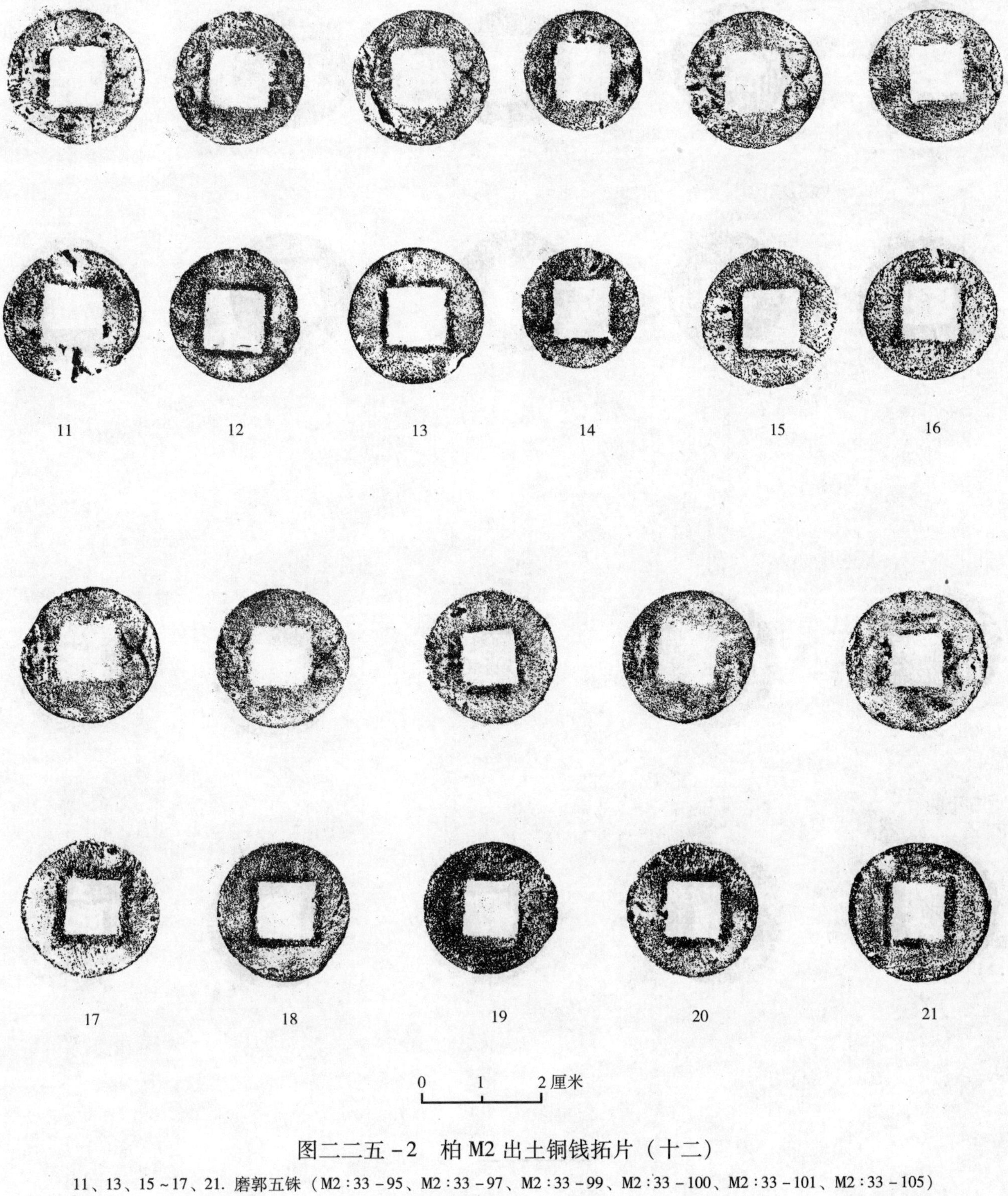

图二二五－2　柏M2出土铜钱拓片（十二）

11、13、15～17、21. 磨郭五铢（M2∶33－95、M2∶33－97、M2∶33－99、M2∶33－100、M2∶33－101、M2∶33－105）

12、14、18～20. 凿郭五铢（M2∶33－96、M2∶33－98、M2∶33－102、M2∶33－103、M2∶33－104）

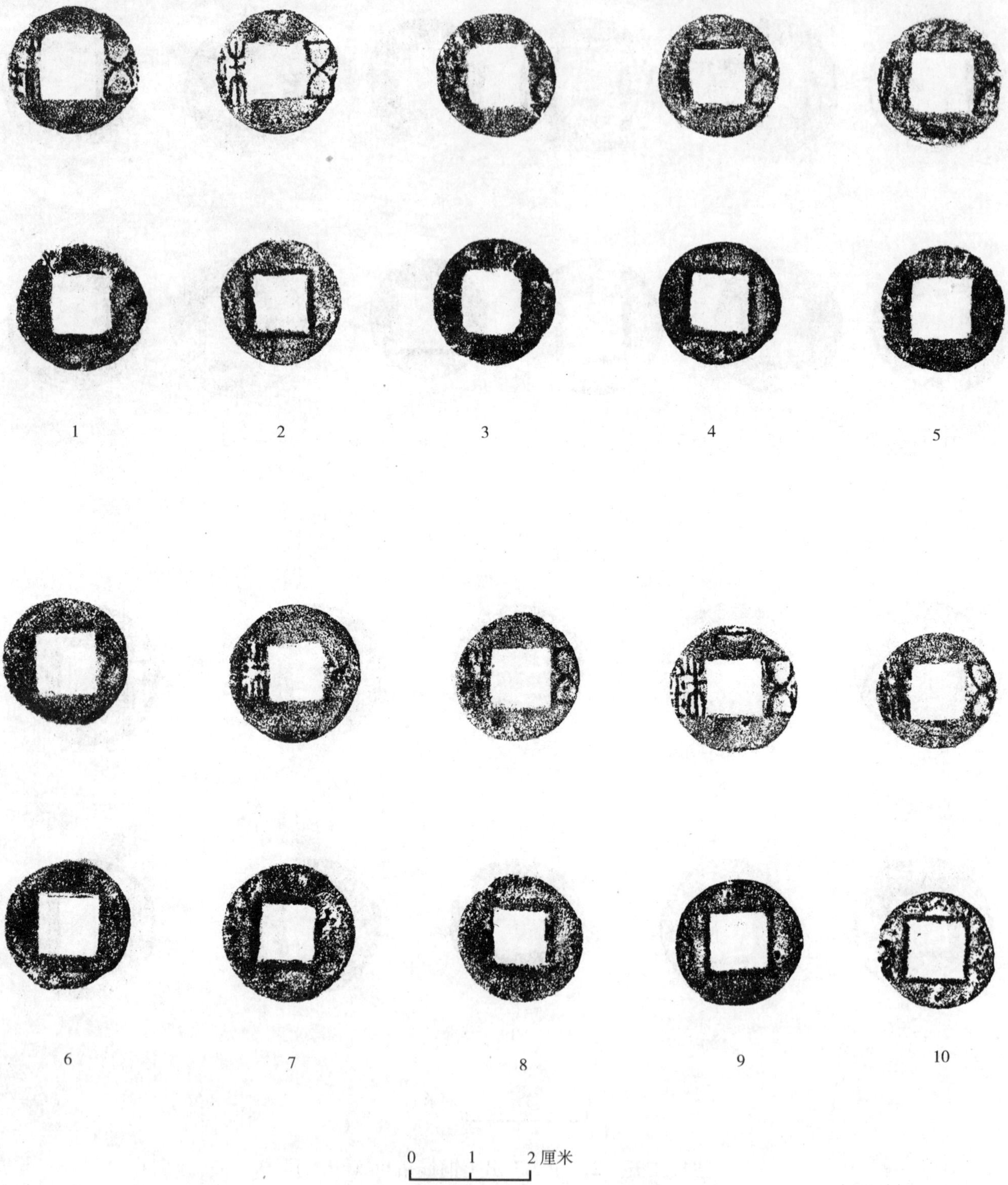

图二二六－1　柏M2出土铜钱拓片（十三）

1～10. 凿郭五铢（M2：33－127、M2：33－128、M2：33－129、M2：33－130、M2：33－131、M2：33－132、M2：33－133、M2：33－134、M2：33－135、M2：33－136）

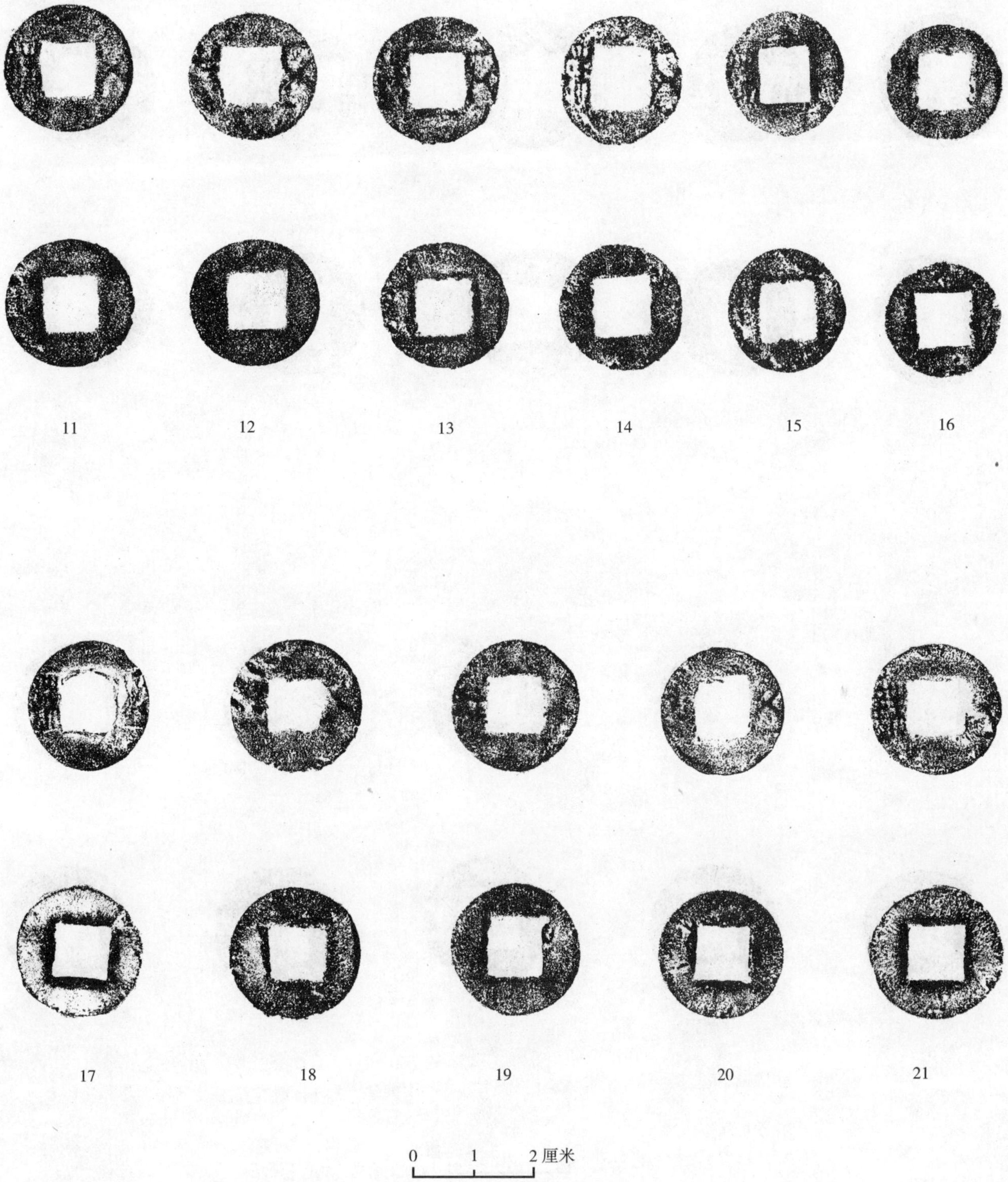

图二二六－2　柏M2出土铜钱拓片（十四）

11～21. 凿郭五铢（M2∶33－137、M2∶33－138、M2∶33－139、M2∶33－140、M2∶33－141、M2∶33－142、M2∶33－143、M2∶33－144、M2∶33－145、M2∶33－146、M2∶33－147）

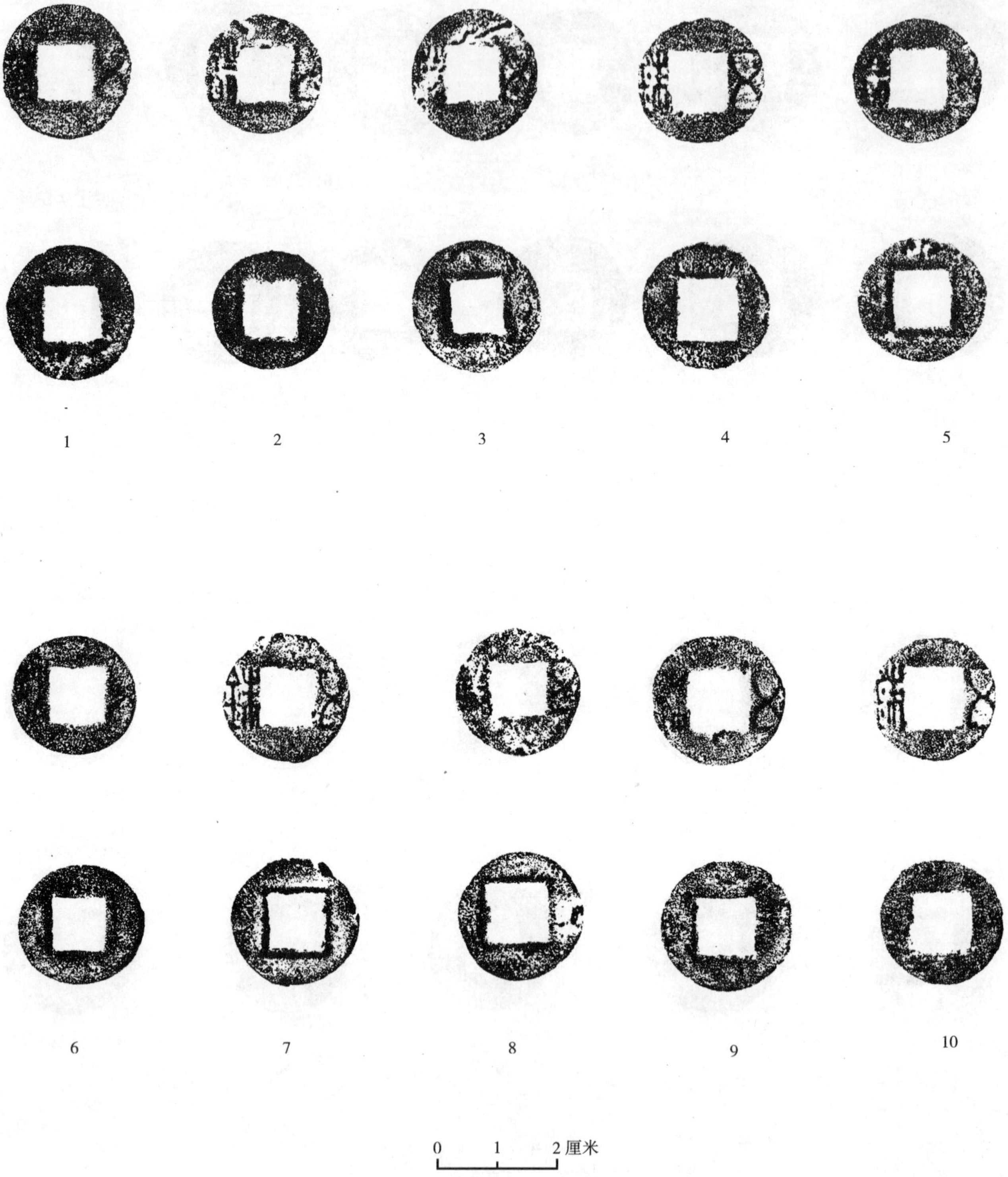

图二二七－1　柏 M2 出土铜钱拓片（十五）

1～10. 凿郭五铢（M2：33－148、M2：33－149、M2：33－150、M2：33－151、M2：33－152、M2：33－153、M2：33－154、M2：33－155、M2：33－156、M2：33－157）

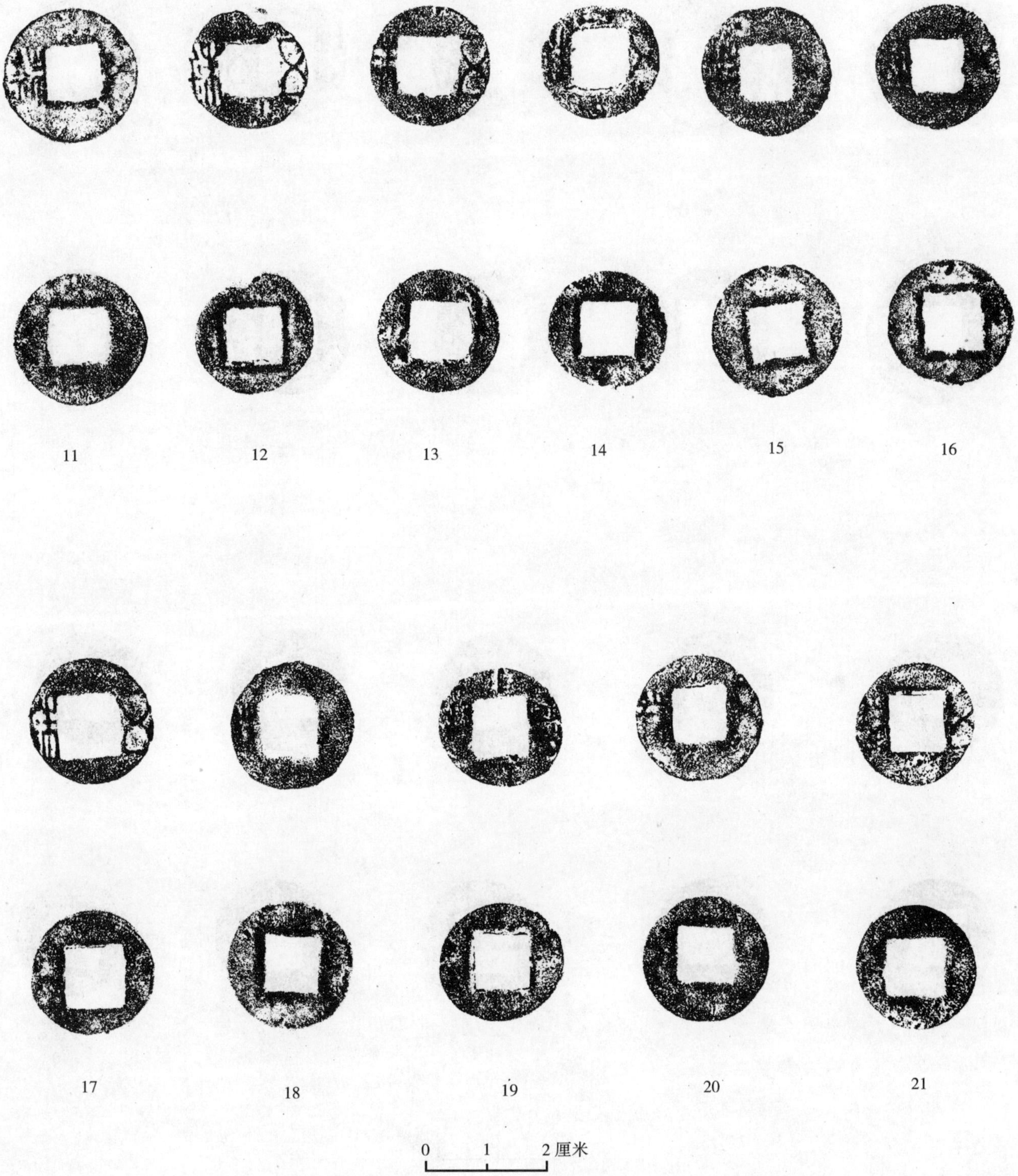

图二二七-2 柏 M2 出土铜钱拓片（十六）

11~21. 凿郭五铢（M2：33-158、M2：33-159、M2：33-160、M2：33-161、M2：33-162、M2：33-163、M2：33-164、M2：33-165、M2：33-166、M2：33-167、M2：33-168）

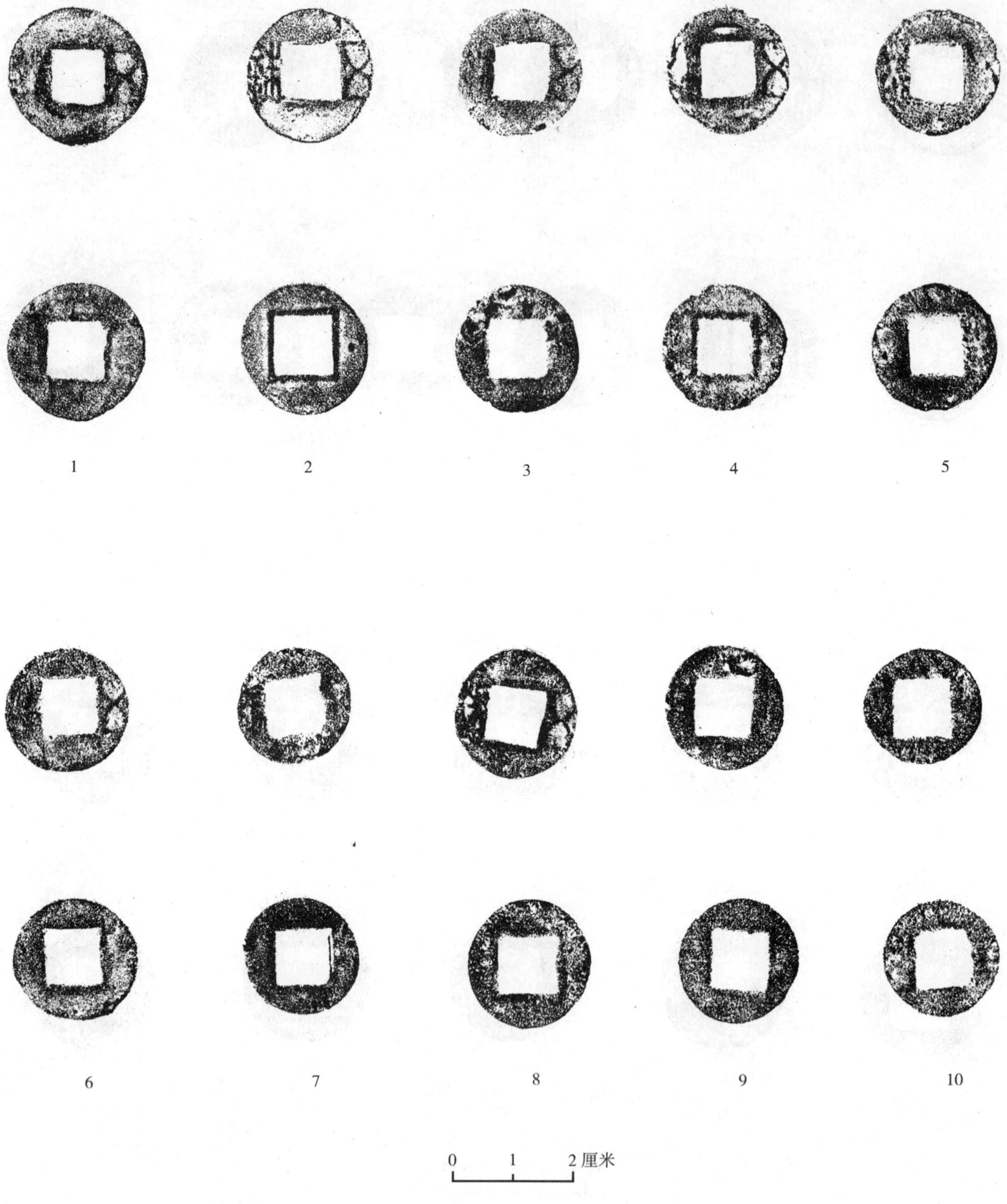

图二二八-1 柏M2出土铜钱拓片（十七）

1～10. 凿郭五铢（M2:33-169、M2:33-170、M2:33-171、M2:33-172、M2:33-173、M2:33-174、M2:33-175、M2:33-176、M2:33-177、M2:33-178）

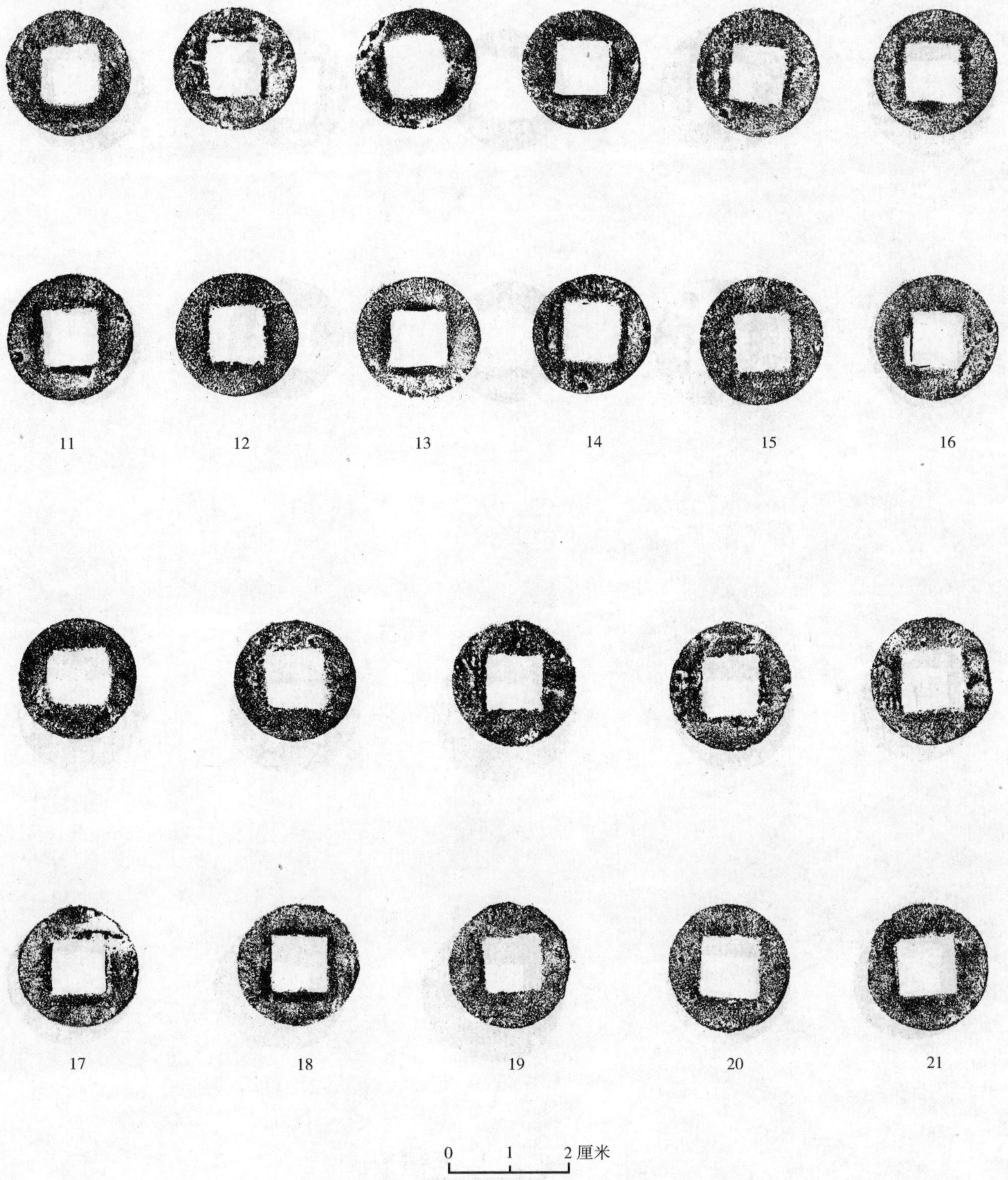

图二二八-2　柏 M2 出土铜钱拓片（十八）

11~21. 凿郭五铢（M2∶33-179、M2∶33-180、M2∶33-181、M2∶33-182、M2∶33-183、M2∶33-184、M2∶33-185、M2∶33-186、M2∶33-187、M2∶33-188、M2∶33-189）

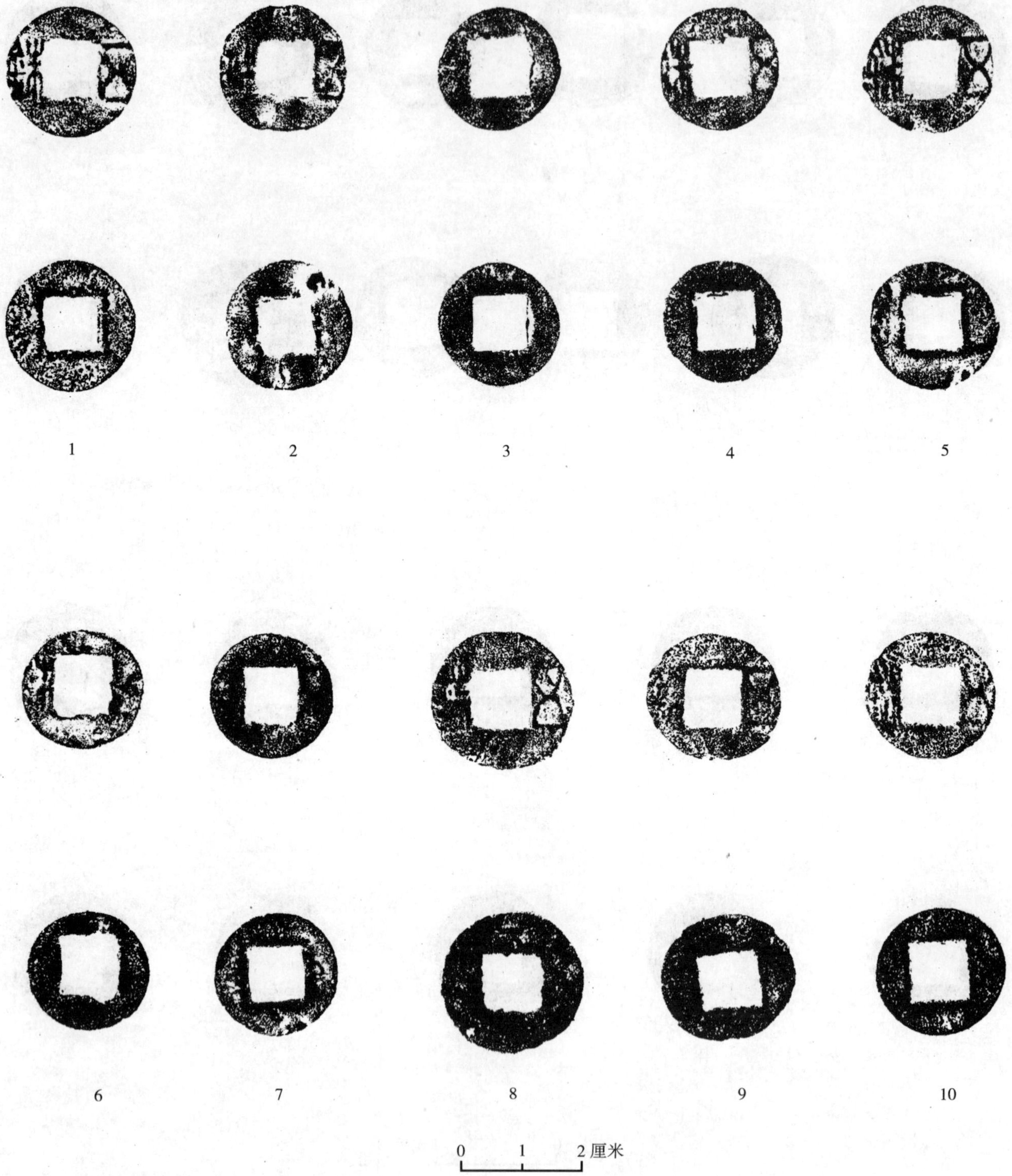

图二二九－1　柏 M2 出土铜钱拓片（十九）

1～10. 凿郭五铢（M2：33－190、M2：33－191、M2：33－192、M2：33－193、M2：33－194、M2：33－195、M2：33－196、M2：33－197、M2：33－198、M2：33－199）

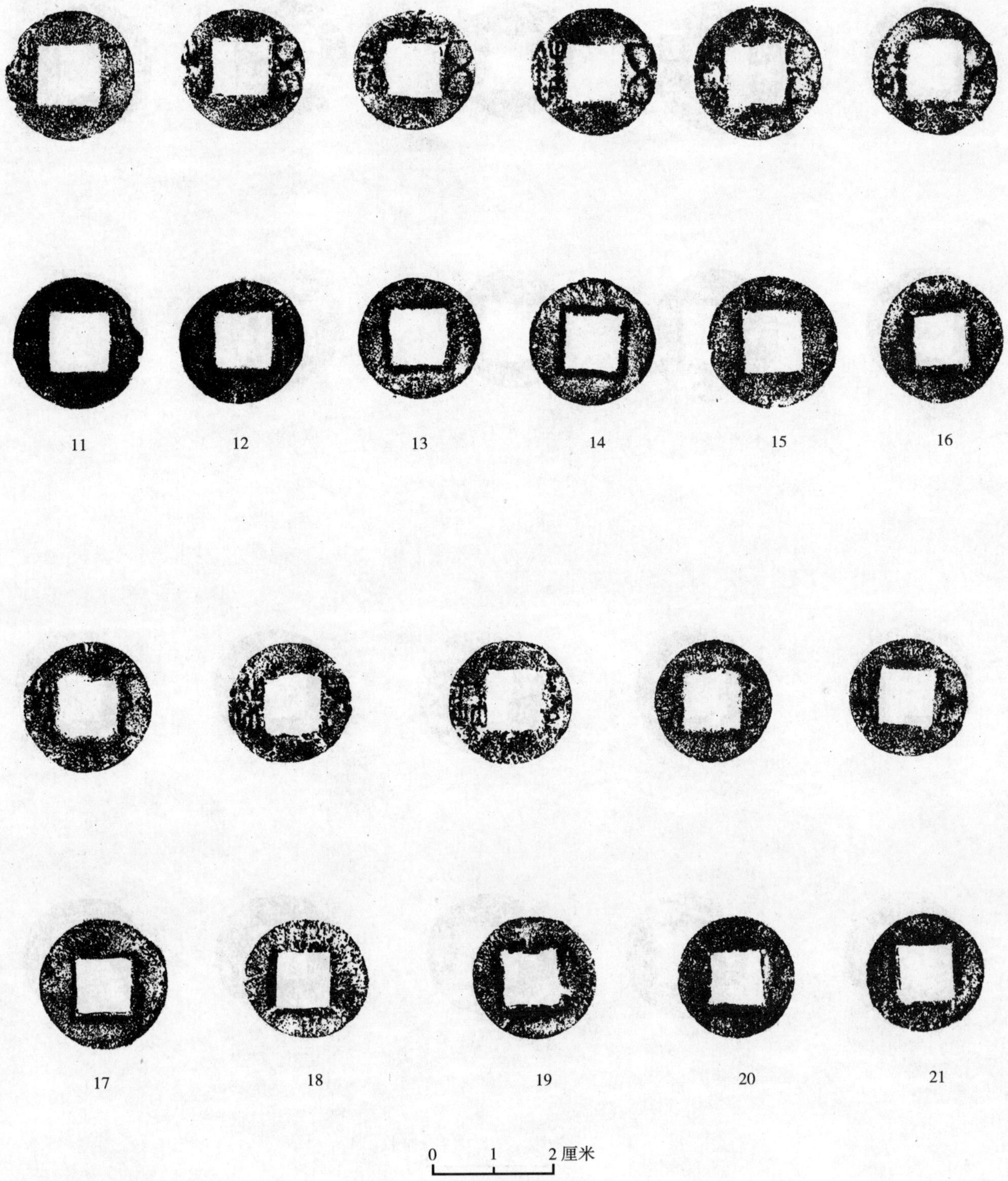

图二二九－2　柏 M2 出土铜钱拓片（二十）

11～21. 凿郭五铢（M2：33－200、M2：33－201、M2：33－202、M2：33－203、M2：33－204、M2：33－205、M2：33－206、M2：33－207、M2：33－208、M2：33－209、M2：33－210）

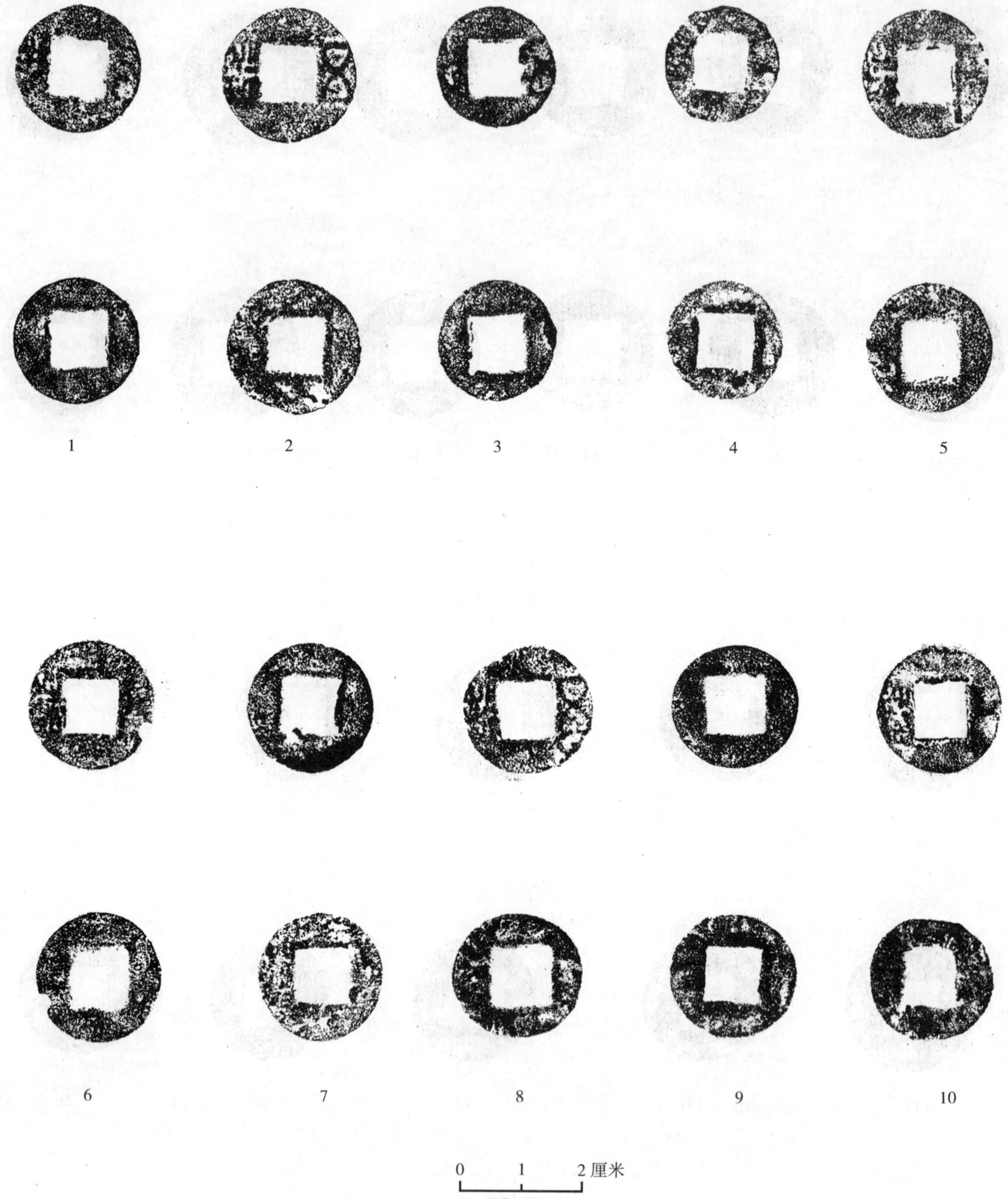

图二三〇－1　柏M2出土铜钱拓片（二十一）

1～10. 凿郭五铢（M2∶33－211、M2∶33－212、M2∶33－213、M2∶33－214、M2∶33－215、M2∶33－216、M2∶33－217、M2∶33－218、M2∶33－219、M2∶33－220）

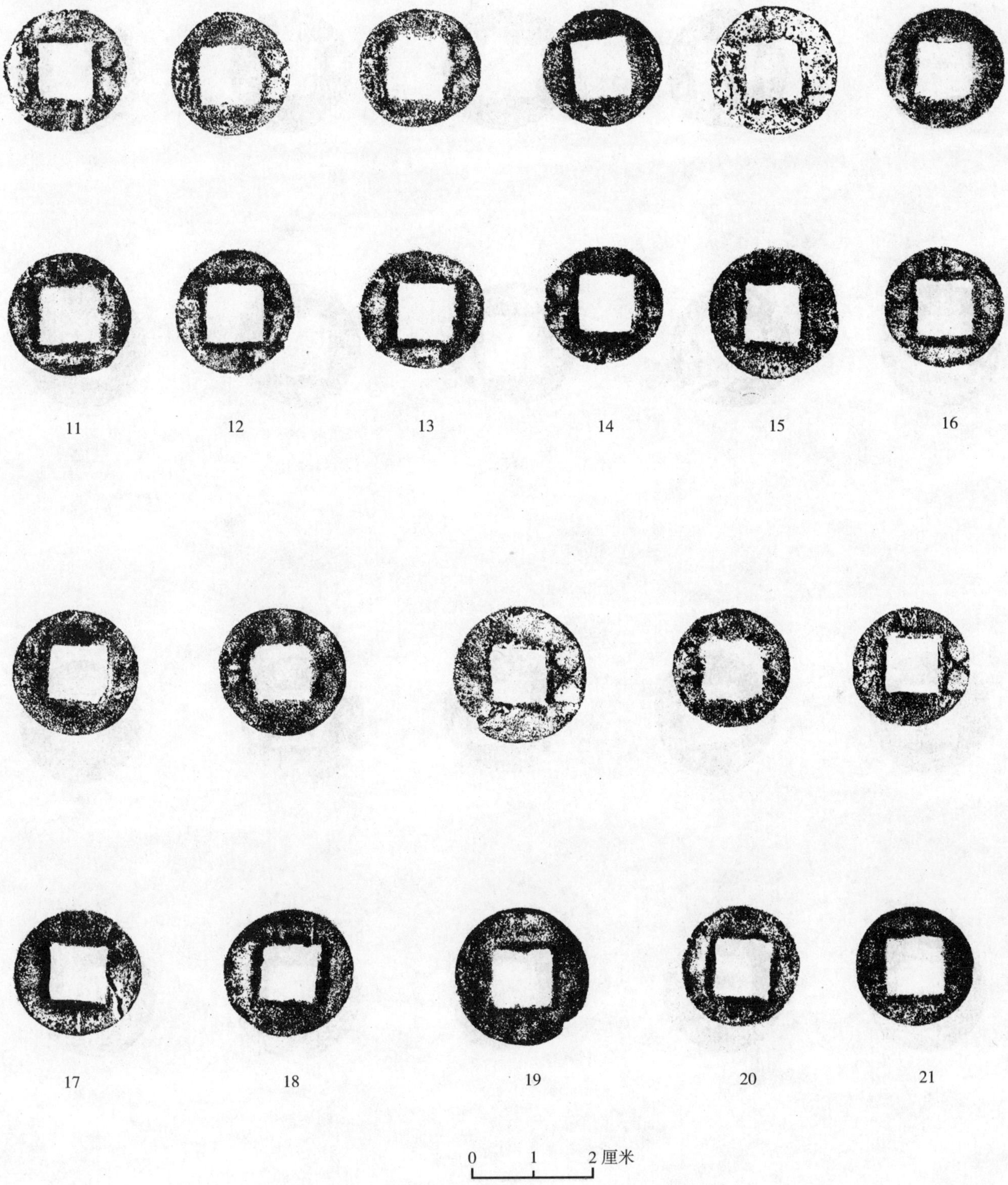

图二三〇-2　柏 M2 出土铜钱拓片（二十二）

11～21. 凿郭五铢（M2∶33-221、M2∶33-222、M2∶33-223、M2∶33-224、M2∶33-225、M2∶33-226、M2∶33-227、M2∶33-228、M2∶33-229、M2∶33-230、M2∶33-231）

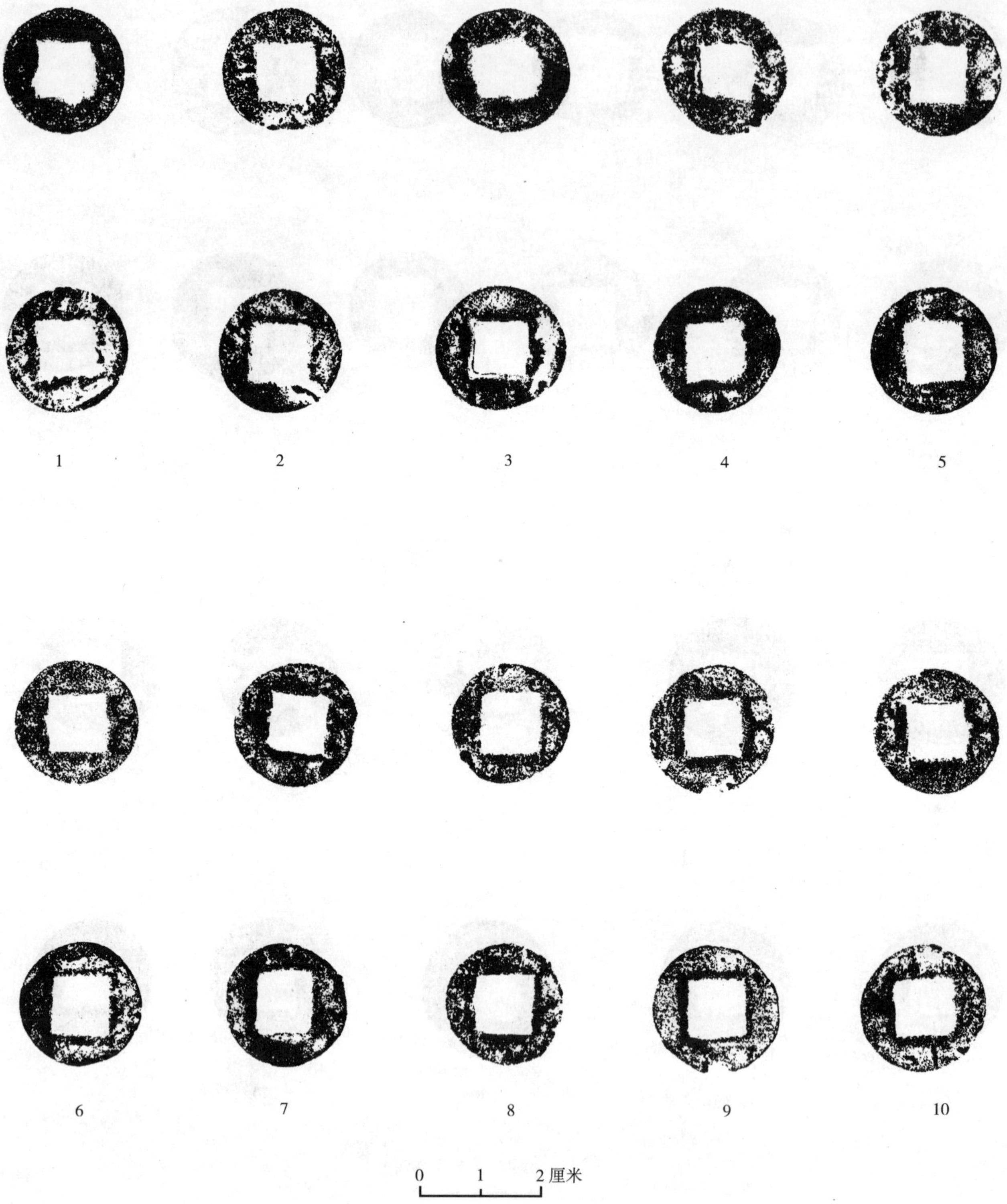

图二三一－1　柏 M2 出土铜钱拓片（二十三）

1～10. 凿郭五铢（M2：33－232、M2：33－233、M2：33－234、M2：33－235、M2：33－236、M2：33－237、M2：33－238、M2：33－239、M2：33－240、M2：33－241）

图二三一－2　柏 M2 出土铜钱拓片（二十四）

11～21. 凿郭五铢（M2：33－242、M2：33－243、M2：33－244、M2：33－245、M2：33－246、M2：33－247、M2：33－248、M2：33－249、M2：33－250、M2：33－251、M2：33－252）

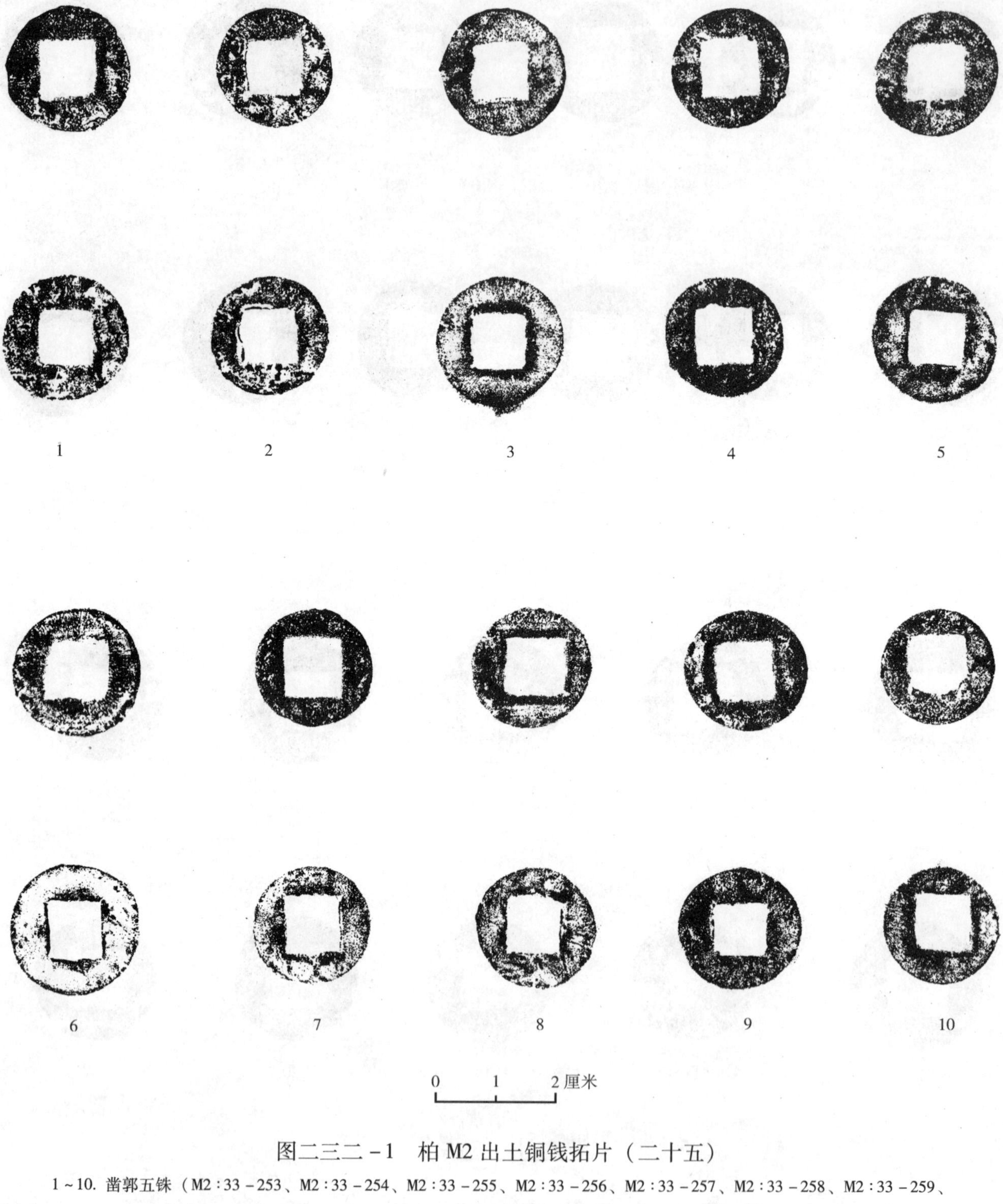

图二三二－1　柏M2出土铜钱拓片（二十五）

1～10. 凿郭五铢（M2∶33－253、M2∶33－254、M2∶33－255、M2∶33－256、M2∶33－257、M2∶33－258、M2∶33－259、M2∶33－260、M2∶33－261、M2∶33－262）

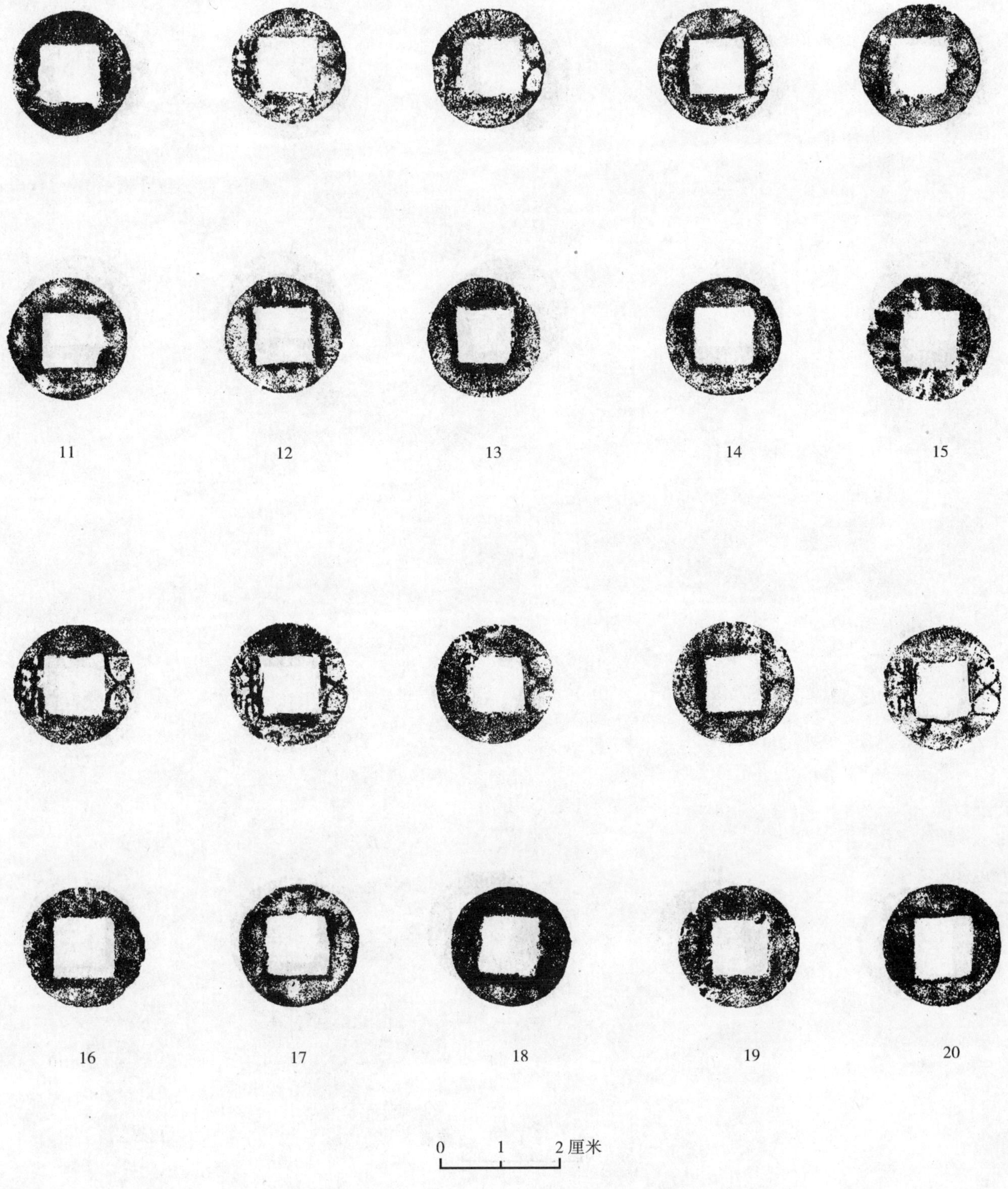

图二三二－2　柏M2出土铜钱拓片（二十六）

11～20. 凿郭五铢（M2：33－263、M2：33－264、M2：33－265、M2：33－266、M2：33－267、M2：33－268、M2：33－269、M2：33－270、M2：33－271、M2：33－272）

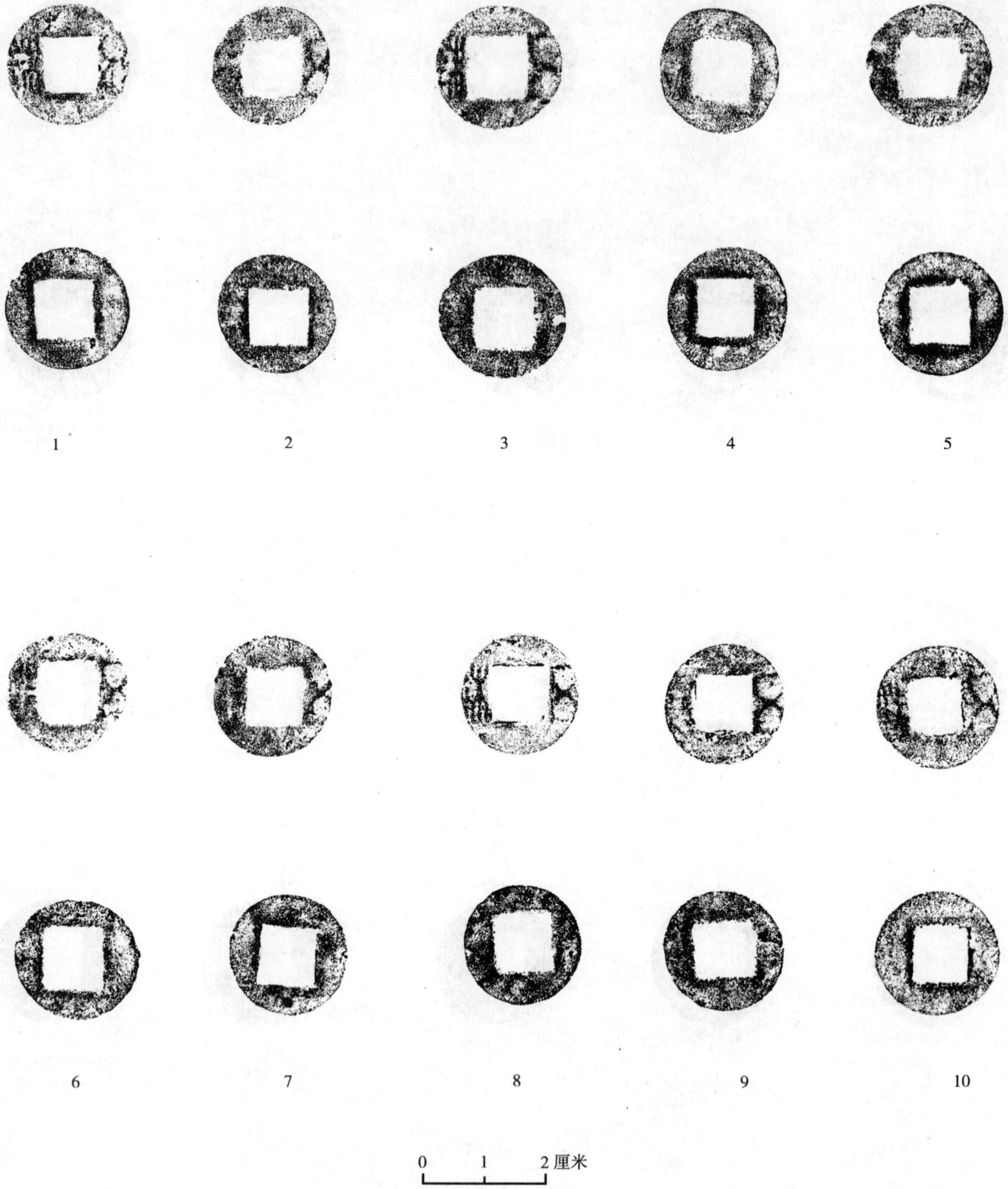

图二三三－1　柏 M2 出土铜钱拓片（二十七）

1～10. 凿郭五铢（M2∶33－273、M2∶33－274、M2∶33－275、M2∶33－276、M2∶33－277、M2∶33－278、M2∶33－279、M2∶33－280、M2∶33－281、M2∶33－282）

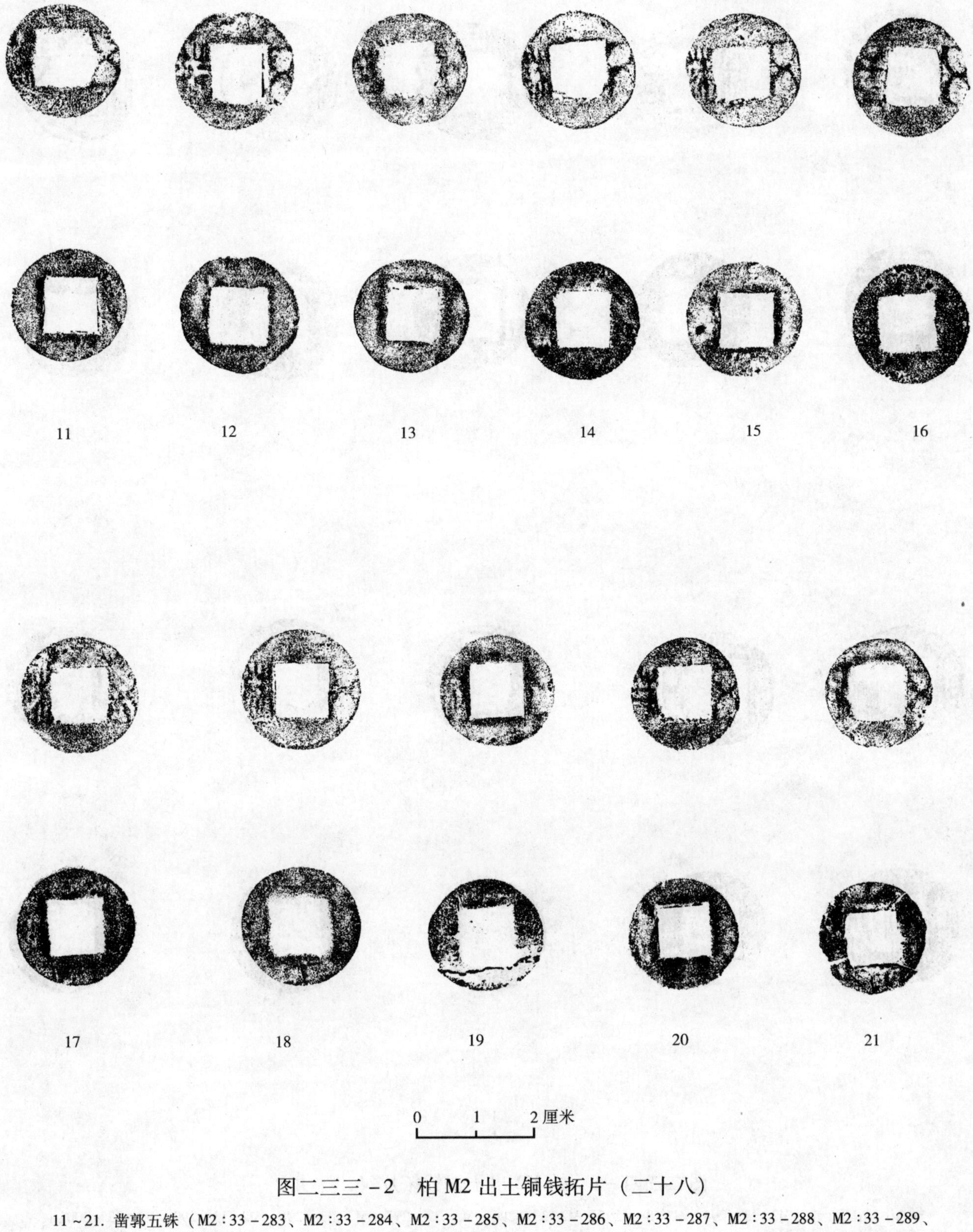

图二三三-2　柏 M2 出土铜钱拓片（二十八）

11～21. 凿郭五铢（M2：33－283、M2：33－284、M2：33－285、M2：33－286、M2：33－287、M2：33－288、M2：33－289、M2：33－290、M2：33－291、M2：33－292、M2：33－293）

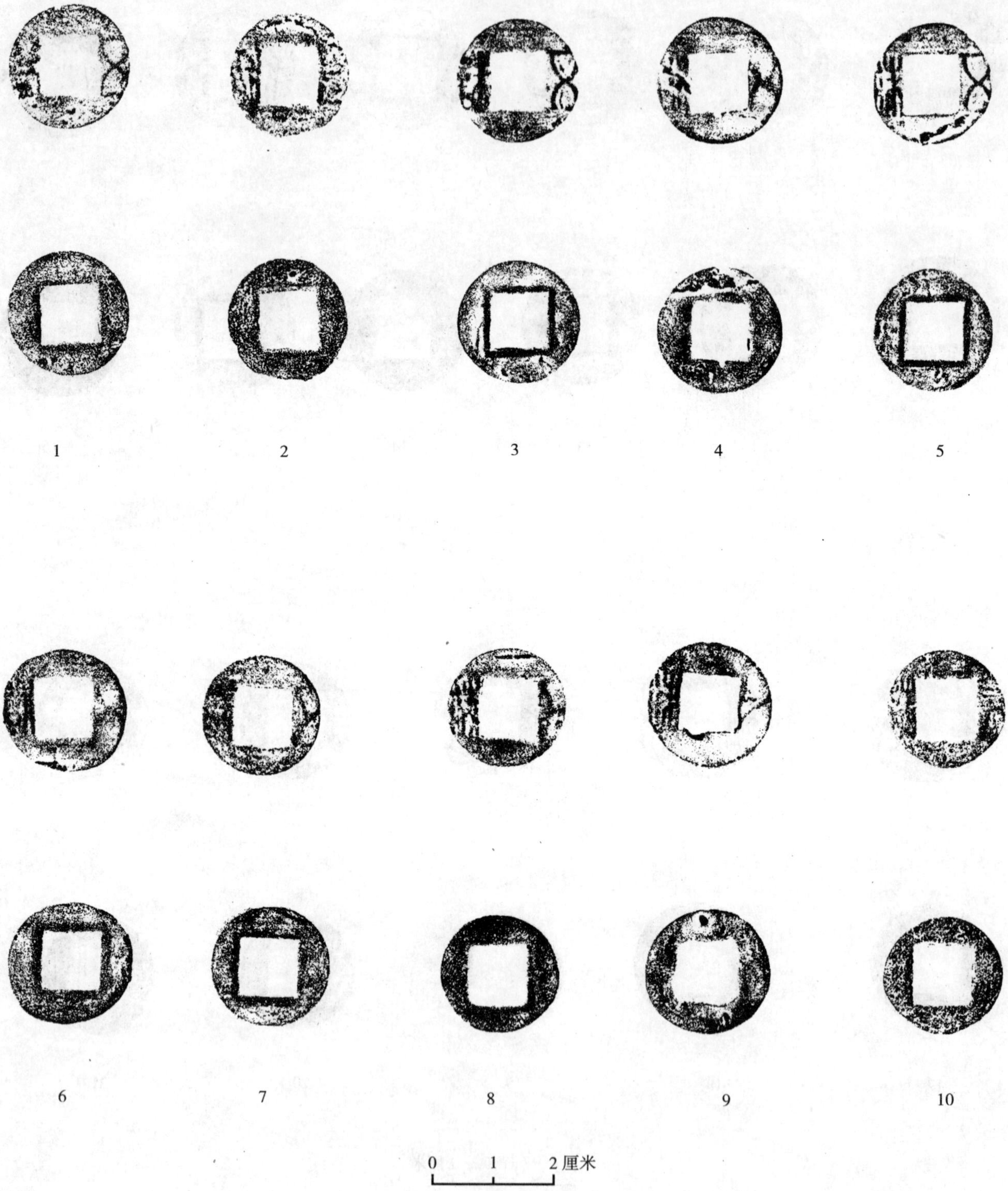

图二三四－1　柏 M2 出土铜钱拓片（二十九）

1～10. 凿郭五铢（M2：33－294、M2：33－295、M2：33－296、M2：33－297、M2：33－298、M2：33－299、M2：33－300、M2：33－301、M2：33－302、M2：33－303）

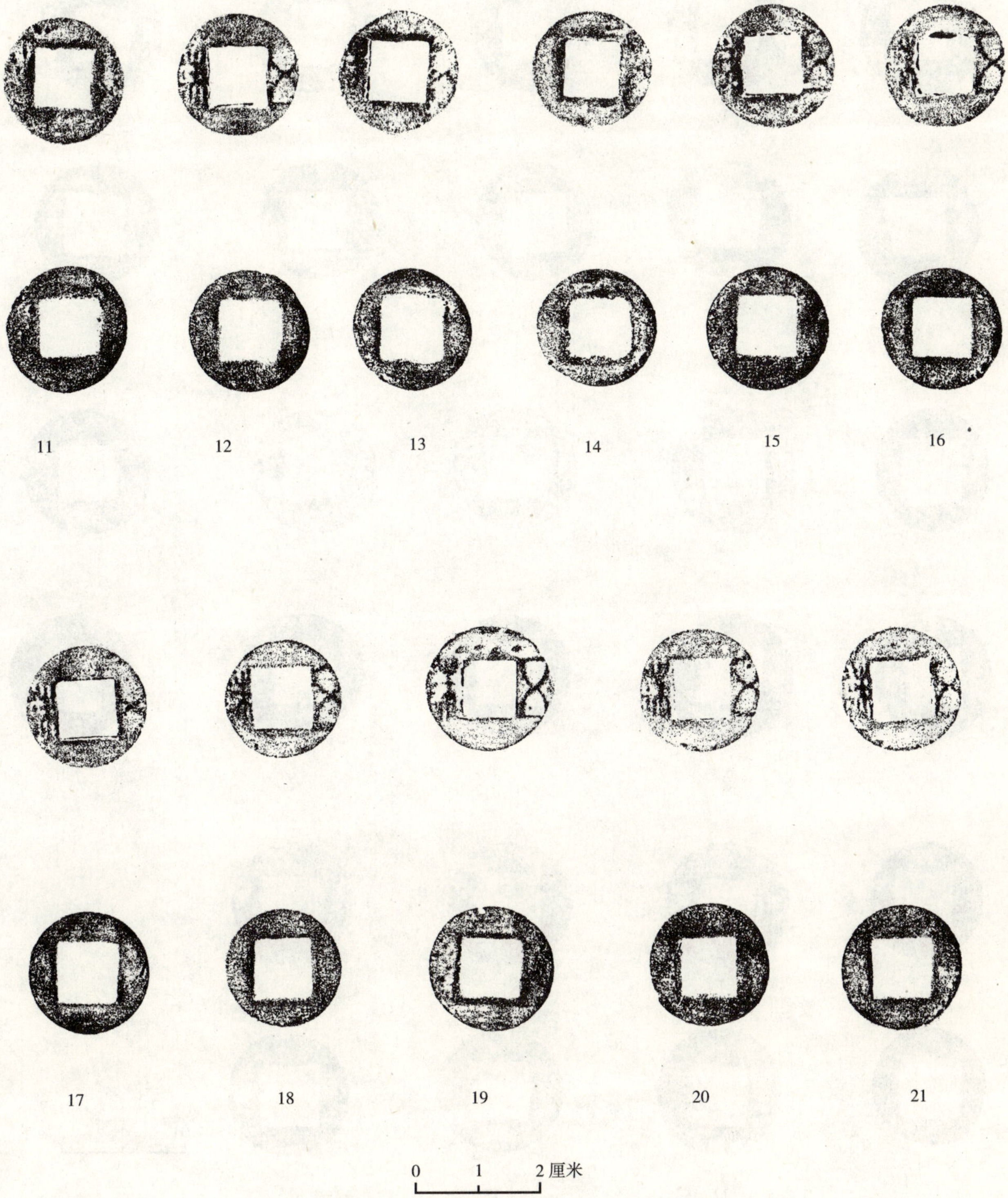

图二三四-2　柏M2出土铜钱拓片（三十）

11～21. 凿郭五铢（M2：33-304、M2：33-305、M2：33-306、M2：33-307、M2：33-308、M2：33-309、M2：33-310、M2：33-311、M2：33-312、M2：33-313、M2：33-314）

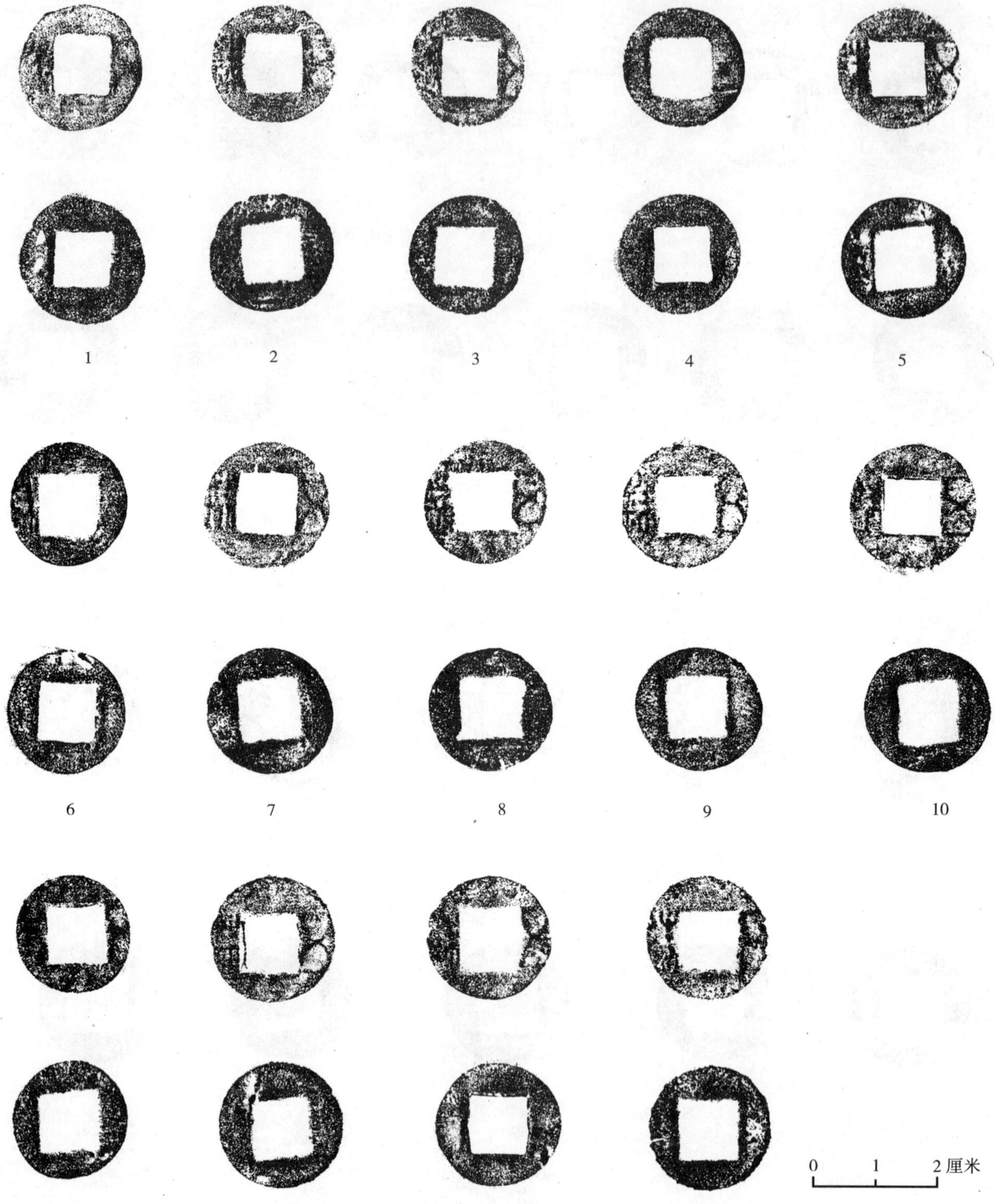

1 2 3 4 5

6 7 8 9 10

11 12 13 14

0 1 2厘米

图二三五　柏M2出土铜钱拓片（三十一）

1～14. 凿郭五铢（M2：33－315、M2：33－316、M2：33－317、M2：33－318、M2：33－319、M2：33－320、M2：33－321、M2：33－322、M2：33－323、M2：33－324、M2：33－325、M2：33－326、M2：33－327、M2：33－328）

三　柏林坡三号墓（柏 M3）

柏 M3 南临柏 M2 约 16 米，地理坐标北纬 30°45′34. 5″，东经 105°05′57″，海拔高度约 354 米。坐东向西，墓向 284°。墓道清理完毕后，发现墓室顶部山体已整体塌陷，从安全角度考虑放弃清理（图版二四三）。

1. 凿痕

墓道遗有间距较宽的竖直线与横直线状相混合的尖凿痕。墓门后短甬道则遗横直线状尖凿痕。

2. 形制

墓道　呈倒喇叭状，长 4. 5 ~4. 8、宽 1. 3 ~2 米。与墓门间有高 0. 2 米的踏道一级。

墓门　长方形，有单层门框，高 1. 45、宽 1. 3 米，墓门底部遗有钱币・联璧纹花边砖，长 30、宽 11. 7、厚 7. 6 厘米（图二三六）。门后接短甬道。

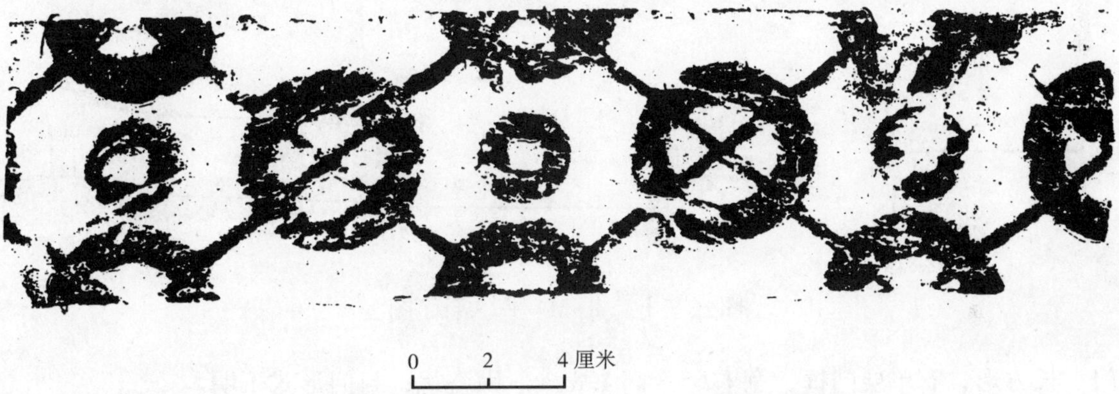

图二三六　柏 M3 出土钱币・联璧纹墓砖拓片

四　柏林坡四号墓（柏 M4）

柏 M4 位于柏林坡山西北部，东南距柏 M3 约 45 米，地理坐标北纬 30°45′37. 1″，东经 105°05′57. 1″，海拔高度约 356 米，与山脚村间机耕道相对高度约 35 米。坐东向西，墓向 255°。斜坡式长甬道横长方形单室墓，由墓道、墓门、甬道和墓室组成，全长 17. 8 米，最宽处 5. 6 米，墓室后端与墓道开口之间斜坡高差约 0. 75 米（图二三七；图版二四四）。

1. 凿痕

墓道遗有较粗糙的横直线与点状相混合的尖凿痕。甬道顶部和室壁平整，遗有宽 2 厘米的宽刃平凿痕。墓室顶部遗直线状尖凿痕，左壁前部遗点状、后部遗横直线状尖凿痕，右壁遗有较粗糙的点状尖凿痕。

2. 形制

墓道　呈倒喇叭状，长 8. 5、宽 1. 3 ~2. 3 米。与墓门间有高 0. 15 米的踏道一级。

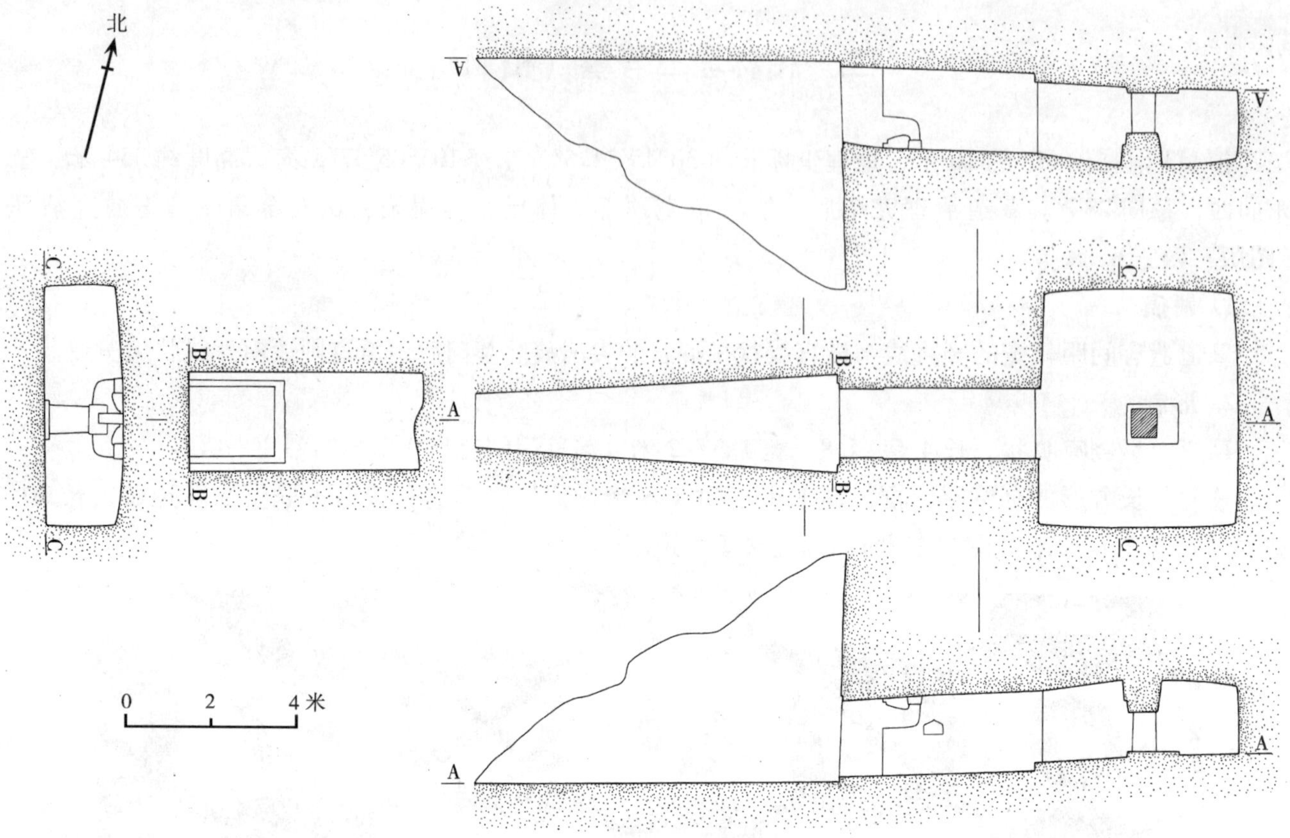

图二三七 柏 M4 平、剖面图

墓门 长方形，有单层门框，宽 1.65、高 1.8 米。因盗扰，封门形式不明。

甬道 平面呈狭长形，阔 1.7、深 4.65、后端高 1.85 米。平顶，略呈前低后高状倾斜。在甬道左右（南北）两壁前端与墓门相连处，雕有形制相同的立柱，柱上均施有丁头栱。甬道右壁前部凿有壁龛，两面坡尖顶，阔 0.45、深 0.2、高 0.2～0.35 米。甬道后端有级高 0.2 米的踏道可上至墓室。

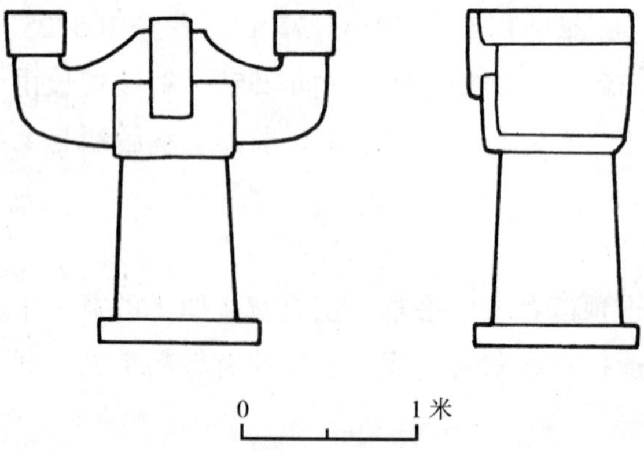

图二三八 柏 M4 都柱斗栱

墓室 平面呈长方形，面阔 5.65、进深 4.6、高 1.75 米。圆弧形顶。室壁微外弧。顶和四壁平素无雕饰。墓室中央连岩圆雕都柱承托一斗二升式斗栱（图二三八；图版二四五），通高 1.75 米。四方立柱，高 0.95 米，柱上窄下广收分明显，直径 0.6～0.7 米，柱下有高 0.13 米的方形柱础。柱顶巨大的栌斗，栌斗呈长方形，宽 0.7、高 0.45 米。在栌斗左、右两侧伸出栱子承散斗，两散斗间宽 1.9 米，与栌斗上所立蜀柱同托室顶，显得气势恢宏。

3. 随葬器物

陶器 出土于墓室和甬道淤土中，均为生活用

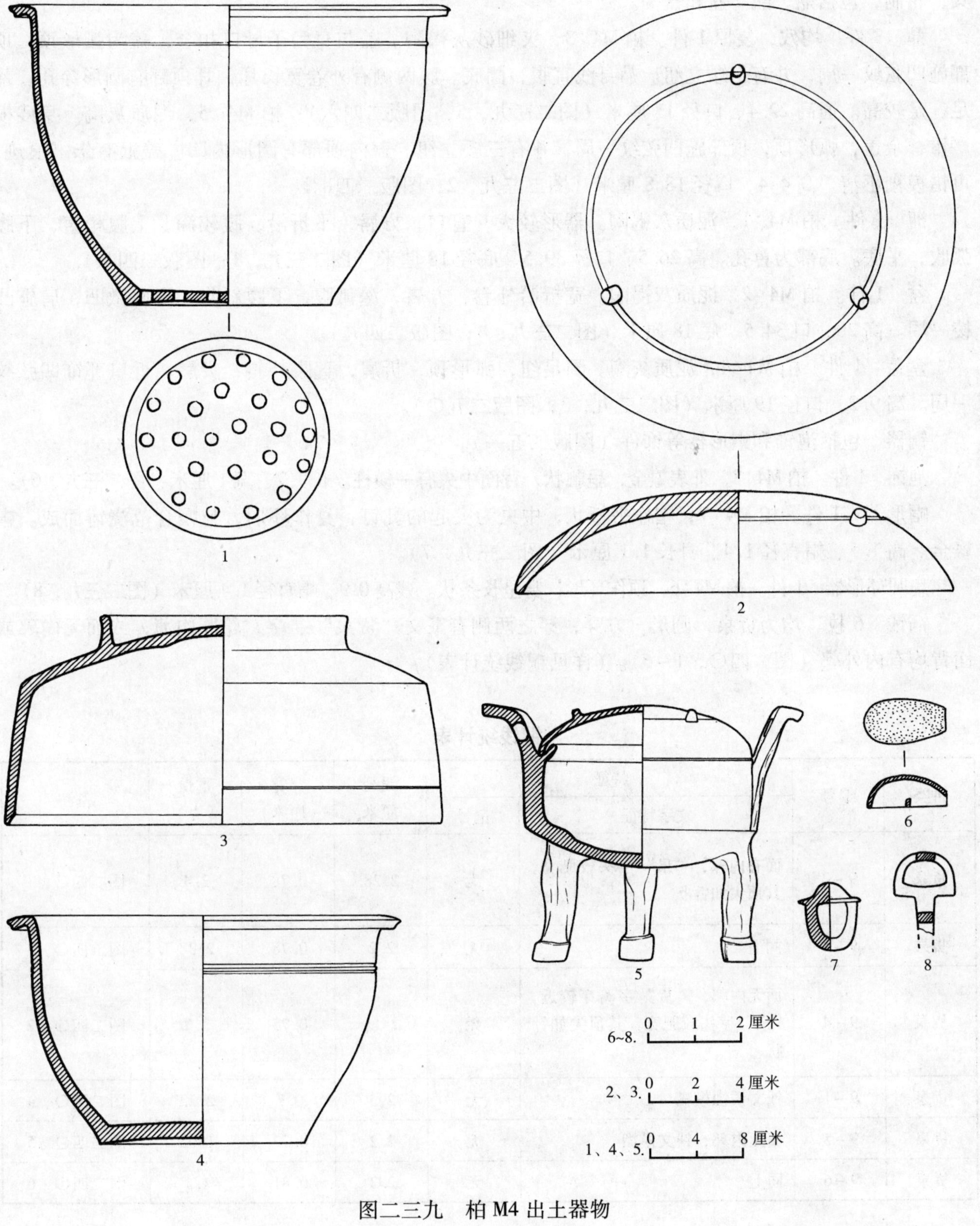

图二三九　柏 M4 出土器物

1. 陶甑（M4：1）　2. 陶鼎盖（M4：5）　3. 陶盒盖（M4：4）　4. 陶盆（M4：2）　5. 陶鼎（M4：3）　6. 铜泡饰（M4：8）　7. 铜帽形器（M4：7）　8. 铜扁圆环形器（M4：6）

具，轮制，包括鼎、甑、盆和盒等。

鼎 3件。均残，复原1件。柏M4:3，夹细砂灰褐陶。盖与身为子母口扣合，盖为弧形顶，顶部施凹弦纹一周，并有三矮立纽。鼎身浅直腹，圜底。腹两侧有外卷宽长耳，耳顶部有圆形穿孔。蹄足，足较高。通高22.4、口径17厘米（图二三九，5；图版二四六）；柏M4:5，泥质灰陶。身残损严重，余盖，弧形顶，顶部施凹弦纹一周，并有三矮立纽。盖内顶部有圆形内凹。盖上有朱书痕迹，可惜模糊不清。高4.4、口径18.8厘米（图二三九，2；图版二四七）。

甑 1件。柏M4:1，泥质灰褐陶。器形较大，直口，方唇，平折沿，腹较深，上腹稍直，下腹弧收，平底。底部为箅孔。高26.5、口径39.5、底径18厘米（图二三九，1；图版二四八）。

盆 1件。柏M4:2，泥质灰褐陶。宽折沿外卷，方唇，深弧腹，下腹斜收，平底微凹，肩施凸棱一周。高20、口34.5、底18厘米（图二三九，4；图版二四九）。

盒盖 1件，柏M4:4，泥质灰陶。圈足纽，弧形顶，折肩，直腹外斜，尖唇，近口部饰凹弦纹一周。高9.2、口径19厘米（图二三九，3；图版二五〇）。

铜器 包括泡饰和帽形器等饰件（图版二五一）。

泡饰 1件。柏M4:8，外表鎏金，呈瓢状，背面中央有一横柱。长1.7、宽1厘米（图二三九，6）。

帽形器 1件。柏M4:7，帽作平板状，中央为突起的乳钉，身作环形，与帽合范浇铸而成。帽鎏金。高1.5、帽直径1.4、身长1.1厘米（图二三九，7）。

扁圆环形器 1件。柏M4:6，顶作环形，身呈长条状。残高0.9、帽直径1.4厘米（图二三九，8）。

铜钱 6枚。均为货泉，圆形，方穿，穿之两侧有篆文"货泉"二字，轮厚肉薄，或面无内郭或面背均有内外郭（图二四〇，1~6）。(详见铜钱统计表)

铜钱统计表

种类	编号	特征		钱径（厘米）	穿宽（厘米）	重量（克）	备注
		文字特征	记号				
货泉	9-2	面有内郭，"泉"字头较肥宽，其顶尖如针状	无	2.28	0.78	2.4	图二四〇，1
货泉	9-3	同上	无	2.2	0.78	2.38	图二四〇，3
货泉	9-4	面无内郭，"货"字离穿较近，"泉"字头较肥宽，其顶尖如针状	无	2.15	0.75	3.2	图二四〇，2
货泉	9-1	钱文锈蚀模糊	无	2.3	0.7	2.22	图二四〇，4
货泉	9-5	面无内郭，钱文模糊	无	2.2	0.72	1.05	图二四〇，5
货泉	9-6	同上	无	2.3	0.81	1.1	图二四〇，6

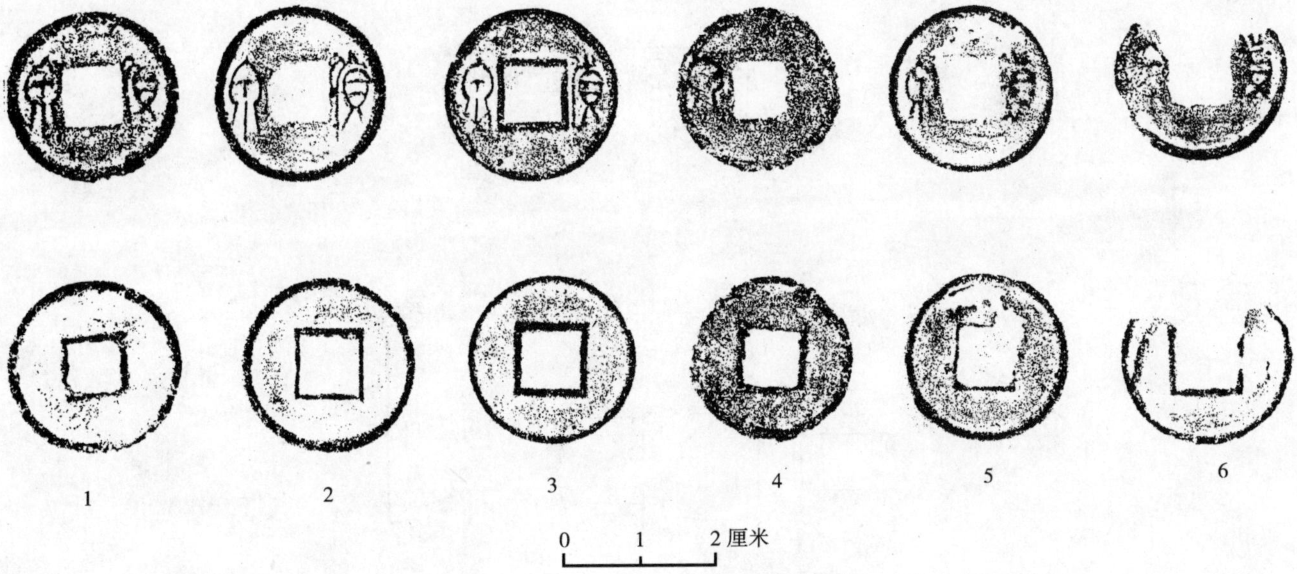

图二四〇　柏 M4 出土铜钱拓片

1～6. 货泉（M4∶9－2、M4∶9－4、M4∶9－3、M4∶9－1、M4∶9－5、M4∶9－6）

五　柏林坡五号墓（柏 M5）

柏 M5 位于鄞江镇 2 村 1 队，柏林坡山西北端山腰，东南距柏 M4 约 110 米，地理坐标北纬 30°45′40.4″，东经 105°05′54.9″，海拔高度约 362 米，与山脚村间机耕道相对高度约 40 米。坐东向西，墓向 300°。斜坡踏道式三室墓，由墓道、墓门、甬道、前室、中室、后室和侧耳室组成，全长 20.5 米，最宽处 6.35 米。后室与墓门间斜坡高差达 2.5 米（图二四一；图版二五二）。

1. 凿痕

墓道遗有横直线、斜直线与竖直线相混合的尖凿痕。

前室顶部遗有直线状尖凿痕，室壁较平整，用尖状凿雕刻有人字菱形纹带。左耳室顶部和室壁遗有点状尖凿痕；右耳室顶部遗直线状尖凿痕，后壁和左壁上部遗弧线状尖凿痕，左壁下部则遗竖直线状尖凿痕，右壁上部遗直线状尖凿痕，下部为弧线状尖凿痕。

中室顶部遗有直线、横直线与点状相混合的尖凿痕，室壁较粗糙，以点状尖凿痕。左右侧室入口立柱表面为人字菱形纹（图版二五三），雕刻精美。左侧室顶部遗有直线与弧线相混合的尖凿痕，室壁遗横直线与弧线相混合的尖凿痕。右侧室顶部和室壁均遗弧线纹状尖凿痕。

后室顶部和室壁均遗较粗糙的点状尖凿痕。左侧室顶部遗有点状尖凿痕，室壁为横直线与点状相混合的尖凿痕。右侧室顶部遗直线状尖凿痕，室壁遗有弧线组成的波浪纹状尖凿痕（图版二五四）。

2. 形制

墓道　倒喇叭形，长 5.95、宽 1.2～2.15 米。后端有高 0.15 米的踏道一级进入墓门。

墓门　长方形，有双层门框，高 1.75、宽 1.4 米。门楣右上角有直径约 0.4 米的椭圆形盗洞。封

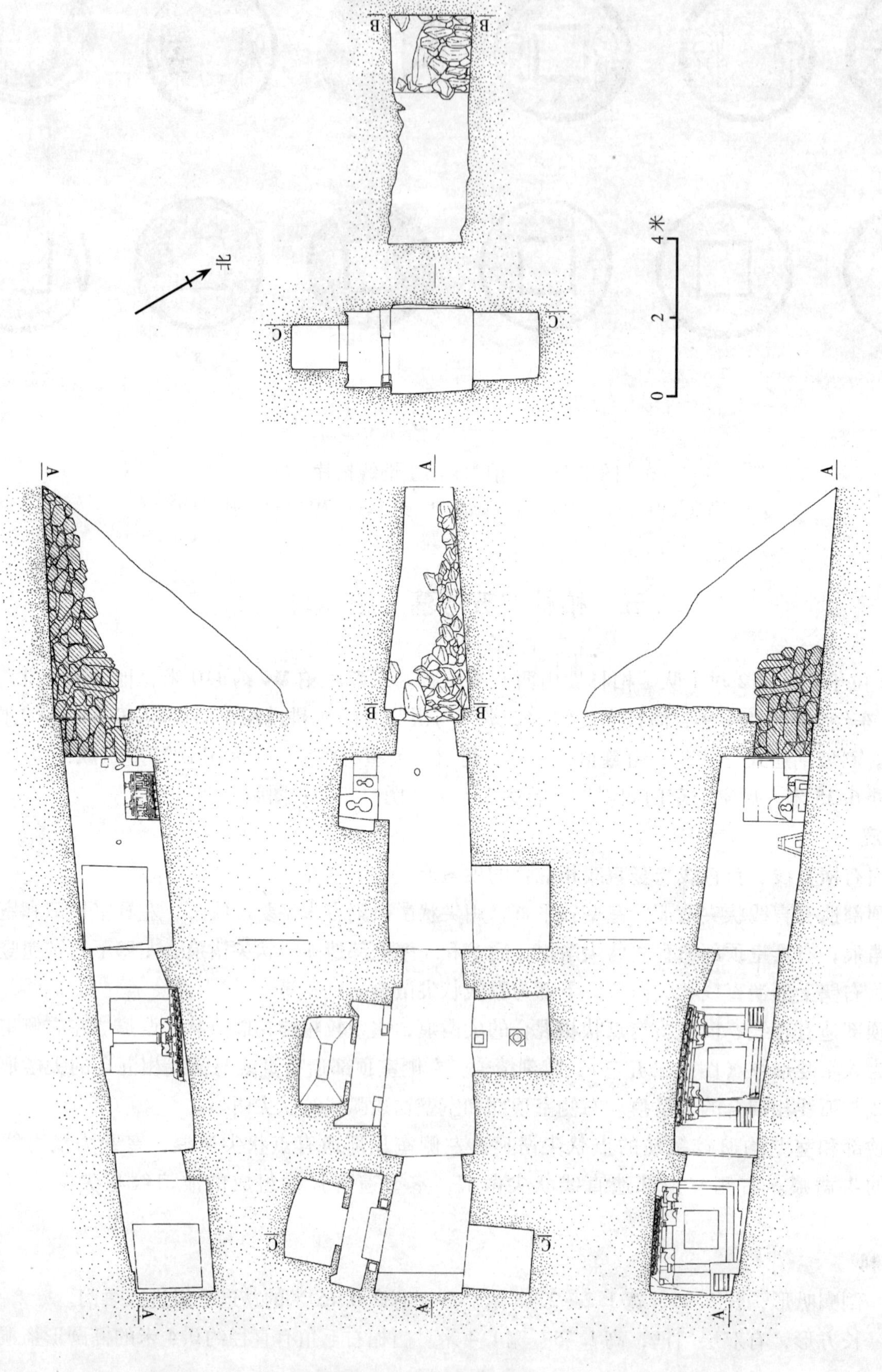

图二四一　柏 M5 平、剖面图

门（图版二五五），分为两部分，墓道右侧堆砌较多不规则石块，墓门及甬道处，采用较规整的条石、石板相砌而成，其间还有长35、宽23、厚7.8厘米的十字折线·乳突纹花边砖（图二四二）。门后短甬道，阔1.4～1.6、深0.85、高1.4米。

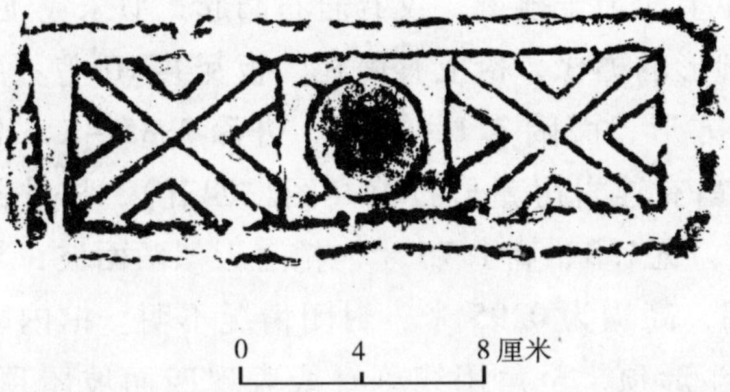

图二四二　柏M5出土十字折线·乳突纹墓砖拓片

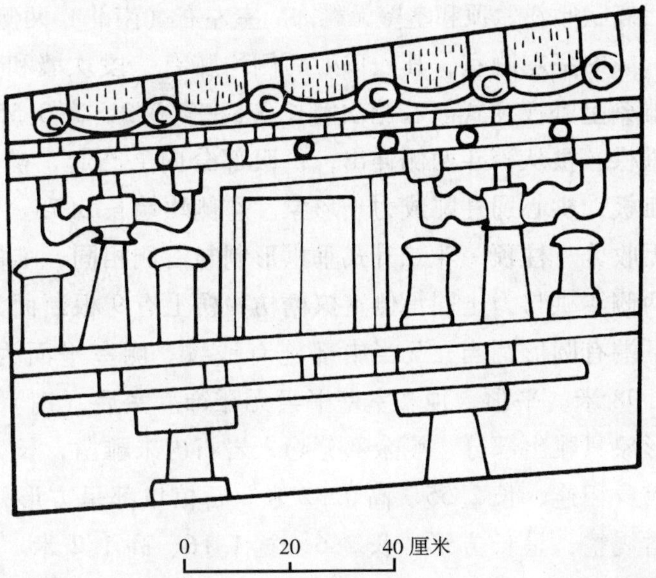

图二四三　柏M5仓廪

前室　平面呈进深大于面阔的长方形，面阔2.15～1.95、进深4.95、高2.2米。平顶，呈前低后高状倾斜。室壁雕刻菱形编席纹。墓室底部前端中部，有长径约0.17、深0.18米的椭圆形孔，其用途不明。左壁中部下端有水井模型。右壁前端凿有三处较规整的方形和椭圆形孔，其用途不详。壁面前部雕有仓廪模型（图二四三；图版二五六），高0.8、宽1.2米。两根粗状的立柱支撑一层平台，立柱下有四角形柱础，柱头与平台间施长方形垫木，平台上又施5根短柱承托二层平台，二层平台上仓廪正面两侧立四方立柱，呈面阔五间，当心间施高0.25、宽0.2米的双扇板门，左侧门扇呈开启状。两侧立柱上窄下广，收分明显，柱头顶一半二升式垂栱。栱从栌斗两侧伸出，栱眼部分向上凸起，栱头向下低垂。栱上托散斗。柱与栌斗间有皿板，栌斗上有短柱与散斗同承檐檩。单檐两面坡屋顶，屋面筒瓦、板瓦两用，板瓦仰铺，筒瓦俯铺，檐口平直，板瓦无滴水，瓦当无纹饰。屋檐结构为檐檩上分别雕出7根和8根断面为方形的檐椽头和飞檐椽头。檐椽和飞檐椽上下不对齐。两侧次间和稍间前均雕有高约0.15米的两座粮囷。右壁中部还凿有直径和深均为9厘米的孔。室左右（南北）两壁均凿有耳室。

前室左耳室，为庖厨用房（图版二五七）。平面呈长方形，面阔1.7、进深1.25、高1.55～1.65米。平顶。室右（东）壁凿有阔1.6、深0.25～0.35、高0.4米的案龛，紧靠案龛凿有高0.3～0.35、宽1.15、深1～0.65米的连岩双火塘石灶台，方形灶门，椭圆形火塘，圆形烟道。灶台右端与案龛相连处呈斜坡状，紧邻灶台右端还凿有高0.63、长0.45、深0.6米的连岩案台。

前室右耳室，平面近方形，面阔2.15、进深1.95、高1.6米。平顶。顶和室壁平素无雕饰。与前室间有高0～0.17米的踏道一级。

在前室后端有级高 0.2 米的踏道可上至中室甬道，甬道阔 1.45～1.6、深 0.95、高 1.55～1.85 米。平顶，呈前低后高状倾斜。

中室 平面呈进深大于面阔的长方形，面阔 2.08～2.35、进深 4.25、高 2.05 米。平顶，呈前低后高状倾斜。顶和室壁无雕饰。室左右（南北）两侧均凿有侧室。

中室左侧室，其入口处两侧均雕有一段坎墙和立柱（图二四四，2；图版二五八），坎墙正面雕刻呈卧棂窗式。右侧坎墙长 0.8、宽 0.2、高 0.55 米。墙头四方立柱稍有收分，柱顶一斗二升式垂栱。栱从栌斗两侧伸出，栱眼部分向上凸起，栱头向下低垂，栱上托散斗。栌斗和散斗下均有皿板，栱心蜀柱雕成力士形象。左侧坎墙长 0.75、宽 0.2、高 0.47 米。墙头四方立柱上、下同径无收分。柱顶一斗二升式垂栱形制与右侧相同，唯栌斗上无力士雕刻，仅有岩石凸起，似未完工。两侧斗栱与力士同承侧室撩檐枋，枋上有 9 根断面为圆形的檐椽，椽上有筒瓦、板瓦共 10 垄。瓦下端有圆形瓦当，瓦当中部施有钱纹。侧室平面为长方形，面阔 3.1～3.25、进深 0.85～1、高 1.98 米。平顶，顶和室壁平素无雕饰。室后（南）壁凿有连岩房屋形石棺（图二四五），棺外部形象只雕出部分，剩余部分隐入岩石内未雕凿，长 2.5、宽 1.3、高 1.75 米。棺盖近似两面坡，与棺身相连，长 2.55、高 0.32 米。石棺口部呈方形，阔、高均为 0.95 米，封闭情况不明。棺内雕凿规整，呈长方形，长 2.6、宽 1.16、高 1.2 米。覆斗形顶，至角用线刻脊线表现四面坡屋顶。棺身用尖状凿修整精细，雕刻菱形编席纹。棺下两端分别半圆雕卧羊形支座。侧室与中室间有高 0～0.25 米的踏道一级。

中室右侧室，其入口处中央圆雕有四方立柱（图二四四，1；图版二五九），柱上、下同径无收分，柱下有宽 0.4、高 0.08 米的四方形柱础，柱顶一斗二升式垂栱。形制与左侧室入口处骑墙柱上斗栱相同，栱心蜀柱也雕成力士形象。散斗和力士同承该室撩檐枋，枋上有 9 根断面为方形或圆形的檐椽，椽上为筒瓦，板瓦共 10 垄。瓦下端的圆形瓦当饰有方形纽。斗栱背面，刻有一只飞禽图案。侧室平面近方形，面阔 1.95、进深 1.9～2、高 1.88 米。四角攒尖顶。顶部正中雕长、宽均为 0.4 米的斗四藻井，中心浮雕有直径 0.2 米的圆。室壁无雕饰。与中室间有高 0.15～0.35 米的踏道一级。

中室后端有级高 0.1 米的踏道可上至后室甬道。甬道阔 1.5～1.65、深 0.7、高 1.65～1.75 米。顶呈前低后高状倾斜。

后室 平面成进深大于面阔的长方形，平面布局略偏向左侧。进深 2.83～3.05 米，宽 2～2.25、高 2～2.3 米。平顶，呈前低后高状倾斜，顶和四壁平素无雕饰。室后（东）端有长 2.25、宽 0.5、高 0.1 米的棺台。室左右（南北）两壁均凿有侧耳室。

后室左侧室，其入口处两侧均雕有一段坎墙和立柱（图二四四，3），右侧坎墙正面雕刻呈卧棂窗式，长 0.8、宽 0.3、高 0.52～0.07 米。墙头四方立柱上、下同径无收分，柱顶一斗二升式垂栱。栱从栌斗两侧伸出，栱眼部分向上凸起，栱头向下低垂，栱上为散斗。栌斗和散斗下均有皿板。栱心施有蜀柱。左侧坎墙和立柱已毁，形制不明。柱顶一斗二升式垂栱形制与右侧斗栱相同。两侧斗栱同承侧室撩檐枋，枋上有 7 根断面为方形的檐椽，椽上为筒瓦、板瓦共 10 垄。瓦下端圆形瓦当上施有钱纹。侧室平面为长方形，面阔 3、进深 0.85、高 1.95 米。平顶，顶和室壁平素无雕饰。室后（南）壁凿有连岩房屋形石棺，棺外部形象只雕出少部分，其余部分隐入岩石内未雕凿，长 2.45、

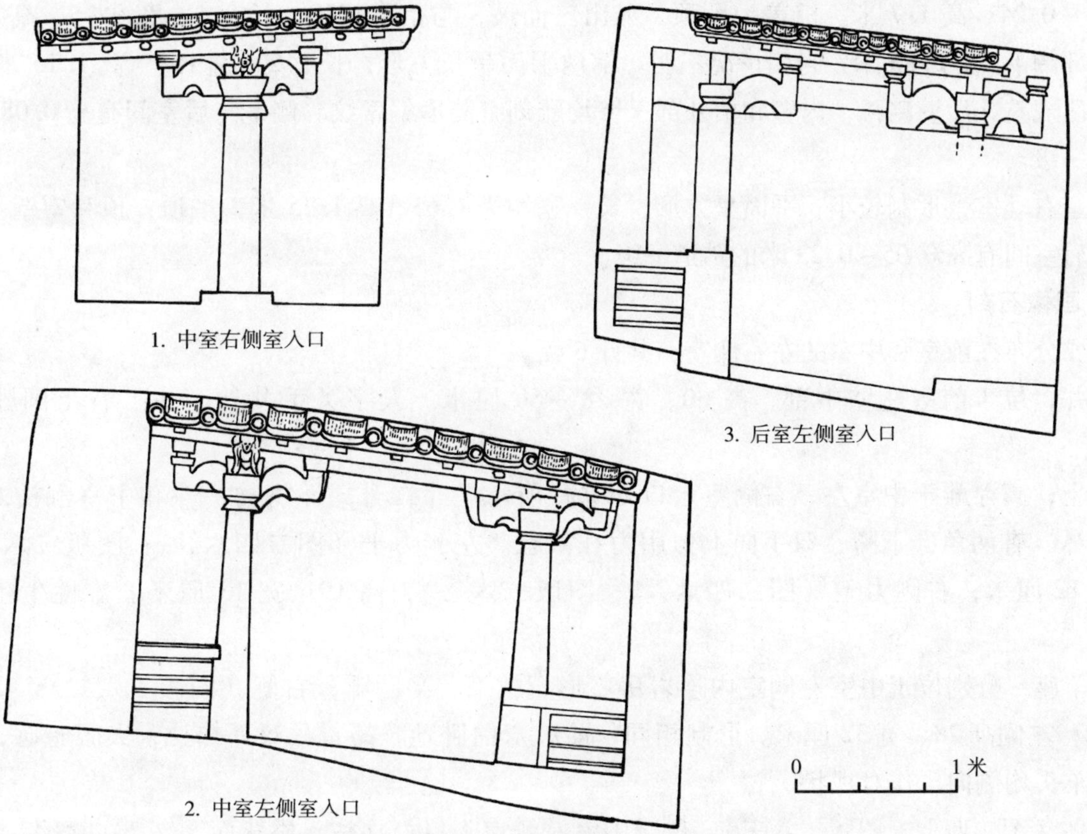

图二四四　柏 M5 仿木结构雕刻

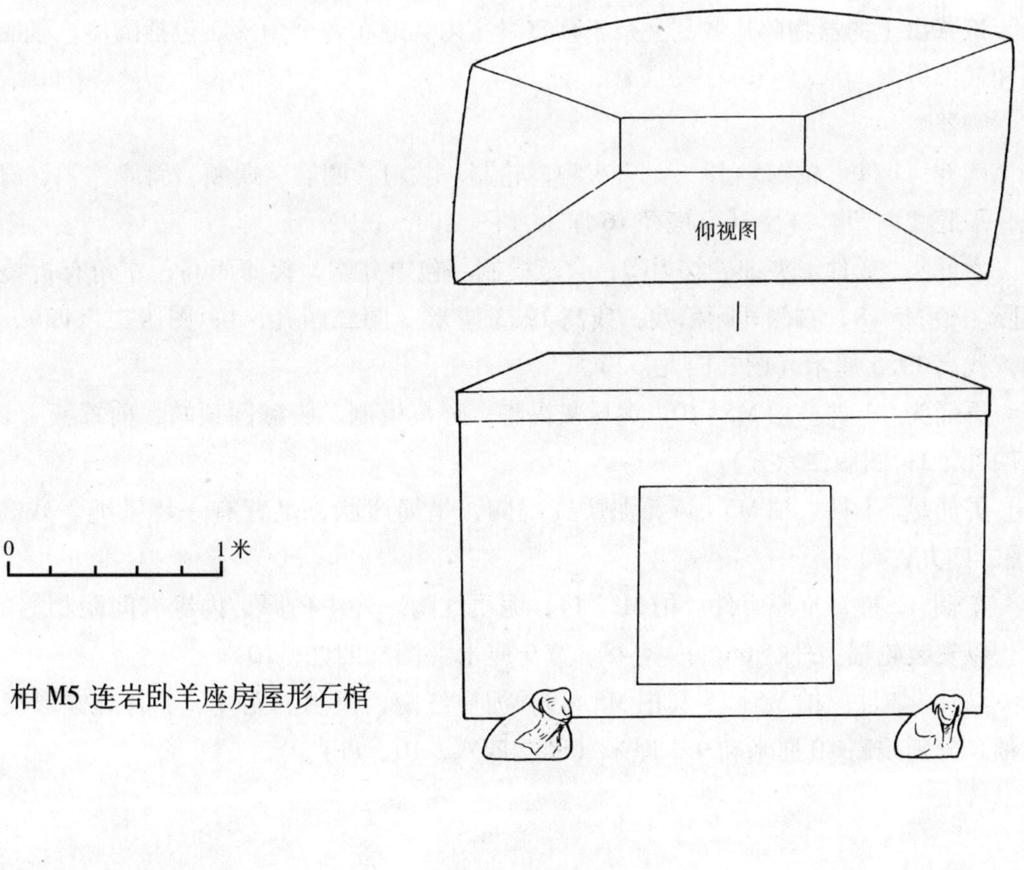

图二四五　柏 M5 连岩卧羊座房屋形石棺

宽0.21～0.24、高1.7米。棺盖为盝顶，雕出三面坡，与棺身相连，长2.6、宽0.15、高0.32米。石棺口部阔1、高0.85米，封闭情况不明。棺内平面呈长方形，长2.2、宽1.3、高1.15米。平顶。四角雕凿规整，后壁略弧，内壁和棺外部三壁均雕刻有菱形编席纹。侧室与后室间有高0.08～0.2米的踏道一级。

后室右耳室，形制较小，平面呈方形，长、宽均为1.65、高1.75米。平顶，顶和室壁平素无雕饰。与后室间有高0.05～0.23米的踏道一级。

3. 画像石刻

主要分布在前室和中室的左右侧室，共计6幅。

水井，位于前室左壁中部，高60、宽28～60厘米。人字叉手井架，井下有半圆雕的圆形井桶。

力士，高浮雕于中室左、右侧室入口处立柱所承一斗二升式斗栱的栌斗和中室额枋之间。大眼、高鼻、有两角，下蹲、双手向上似用力托举状。左侧力士（图二四六，1；图版二六〇），高14、宽12厘米；右侧力士（图二四六，2；图版二六一），高19、宽13厘米。雄性生殖器刻画逼真。

卧羊座，分别位于中室左侧室内连岩房屋形石棺下，半圆雕，右侧（图版二六二），高33、宽35厘米；左侧高28、宽32厘米。形制相同，前肢弯曲卧地，昂首，双耳耷拉，大眼瞪圆，背托棺底。双羊头均侧向，作对视状。

飞鸟（图二四七；图版二六三），位于中室右侧室入口处立柱斗栱背面，高20、宽42厘米。阴线刻，画像表面打磨平整。圆眼，尖喙，利爪，长尾，呈回首展翅高飞状。

4. 随葬器物

该墓出土的器物碎片散乱夹杂于墓室淤土内，遍布各个角落。包括陶器、硬胎釉陶器、铁器、铜器和钱币等。

陶器

陶瓮 1件。柏M5∶18，泥质灰陶，轮制。敛口，圆唇，矮领，斜肩，领、肩部界限明显，腹部残，平底微内凹。口径36、底径16厘米（图二四八，9）。

女俑头 2件。夹细砂红褐陶，合范模制。包巾高髻，髻薄而高，左角有折叠的形状，向前达到额际。柏M5∶8，右侧耳际稍残，残高19.3厘米（图二四九，1；图版二六四）；柏M5∶9，高髻稍残，残高19.5厘米（图二四九，2）。

男俑头 1件。柏M5∶10，泥质灰褐陶，合范模制。头戴圆顶帻，前罩额上。残高15厘米（图二四九，3；图版二六五）。

男俑足 1件。柏M5∶11，泥质红褐陶，呈绳履状，足背有一环系绳。残高12.7、长18厘米（图二四九，4）。

车辋 2件，复原1件。柏M5∶14，泥质红陶。外缘稍厚，内缘有间距相等的11处方块状小内凹，以安装轮辐。外径66、内径48、宽9厘米（图二四九，10）。

马耳 2件。柏M5∶15和柏M5∶19，泥质红陶，模制。立耳，下有圆锥形楔，通体施黄褐色低温釉。分别残高10厘米和9.2厘米（图二四八，10、11）。

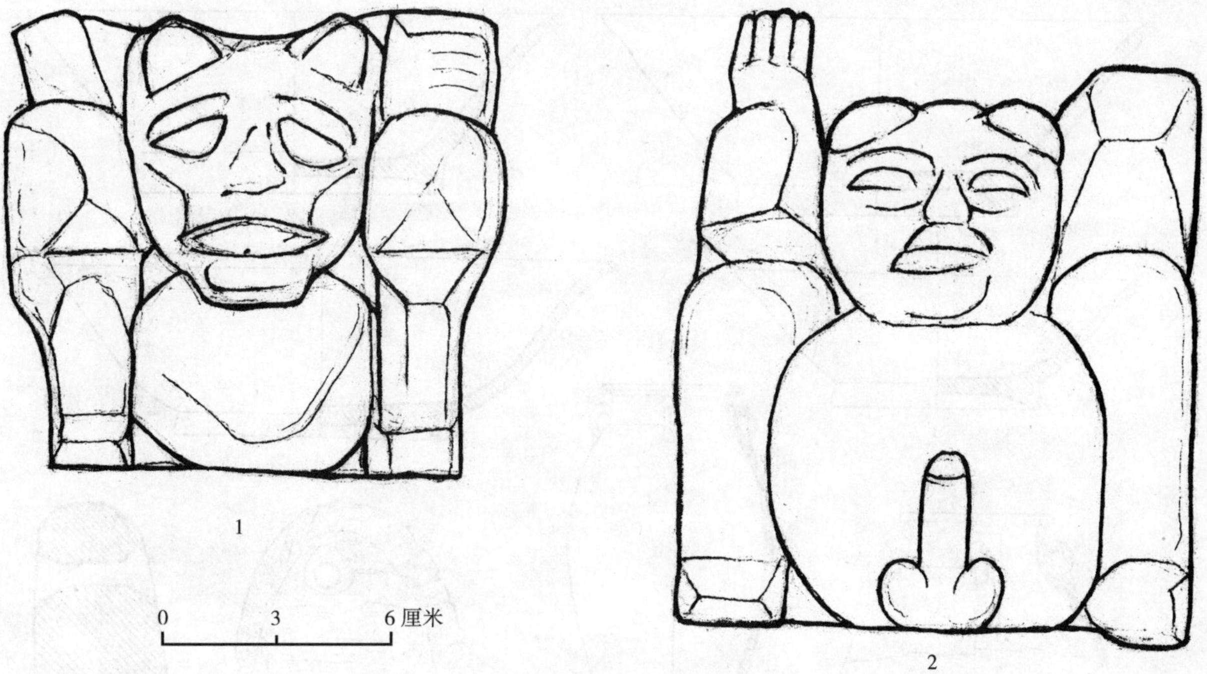

图二四六　柏 M5 力士（摹本）
1. 左侧力士　2. 右侧力士

图二四七　柏 M5 飞鸟拓片

硬胎釉陶器

敞口碗　4 件。紫红胎，轮制，火候较高。敞口，圆唇，斜腹略弧，平底，圈足。内壁和外壁上腹施青釉。柏 M5∶3，高 4.4、口径 13.5、底径 6.8 厘米（图二四八，3；图版二六六）；柏 M5∶4，高 6.6、口径 18.5、底径 9.5 厘米（图二四八，1）；柏 M5∶5，高 6、口径 17.5、底径 9.8 厘米（图二四八，2）；柏 M5∶6，内壁和外壁上腹部施豆青釉。高 6、口径 18.5、底径 9.3 厘米（图二四八，4；

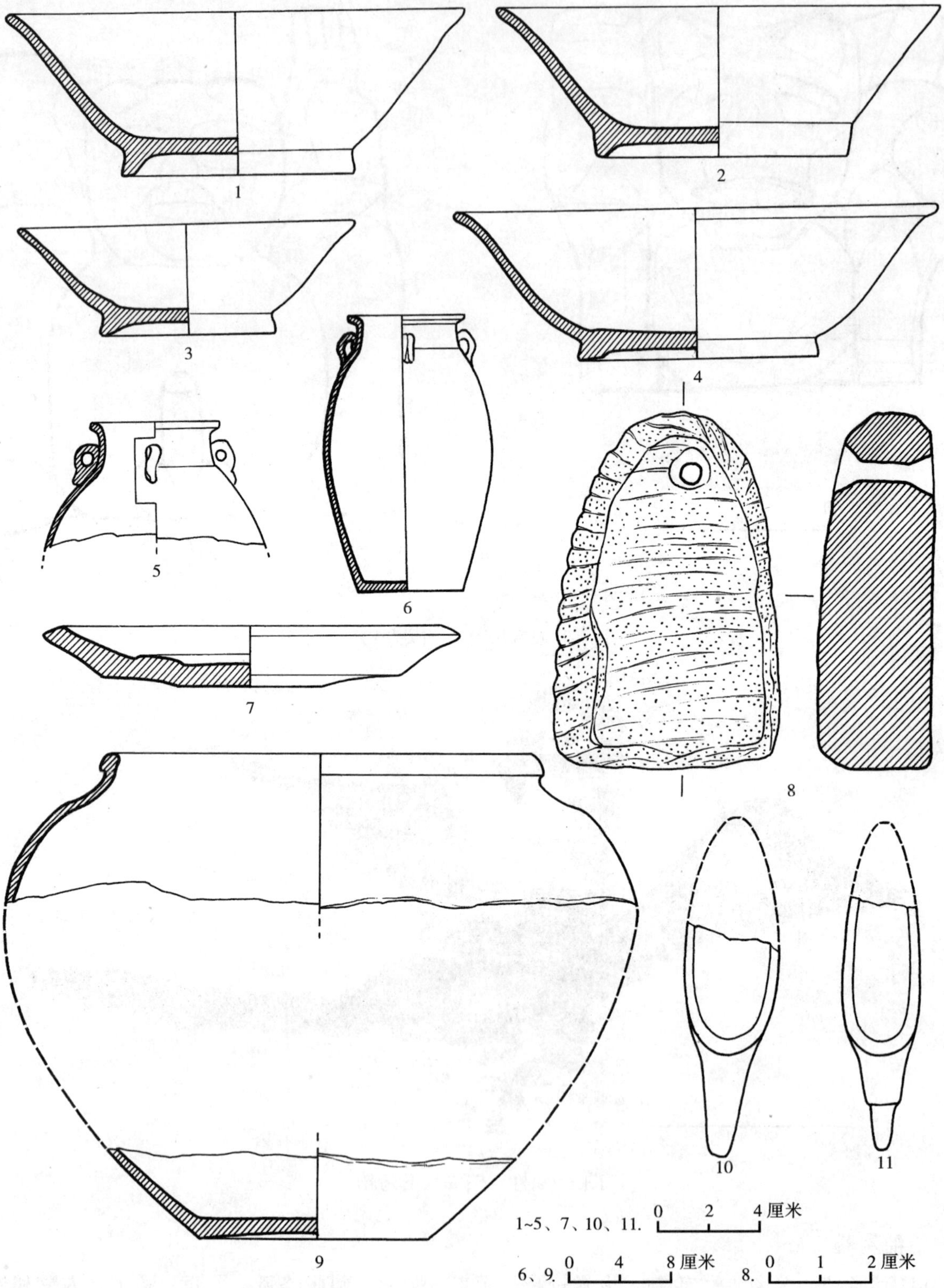

图二四八　柏 M5 出土器物（一）

1～4. 釉陶敞口碗（M5：4、M5：5、M5：3、M5：6）　5、6. 釉陶四系罐（M5：21、M5：20）　7. 釉陶折腹碟（M5：16）　8. 石杈形器（M5：13）　9. 陶瓮（M5：18）　10、11. 陶马耳（M5：15、M5：19）

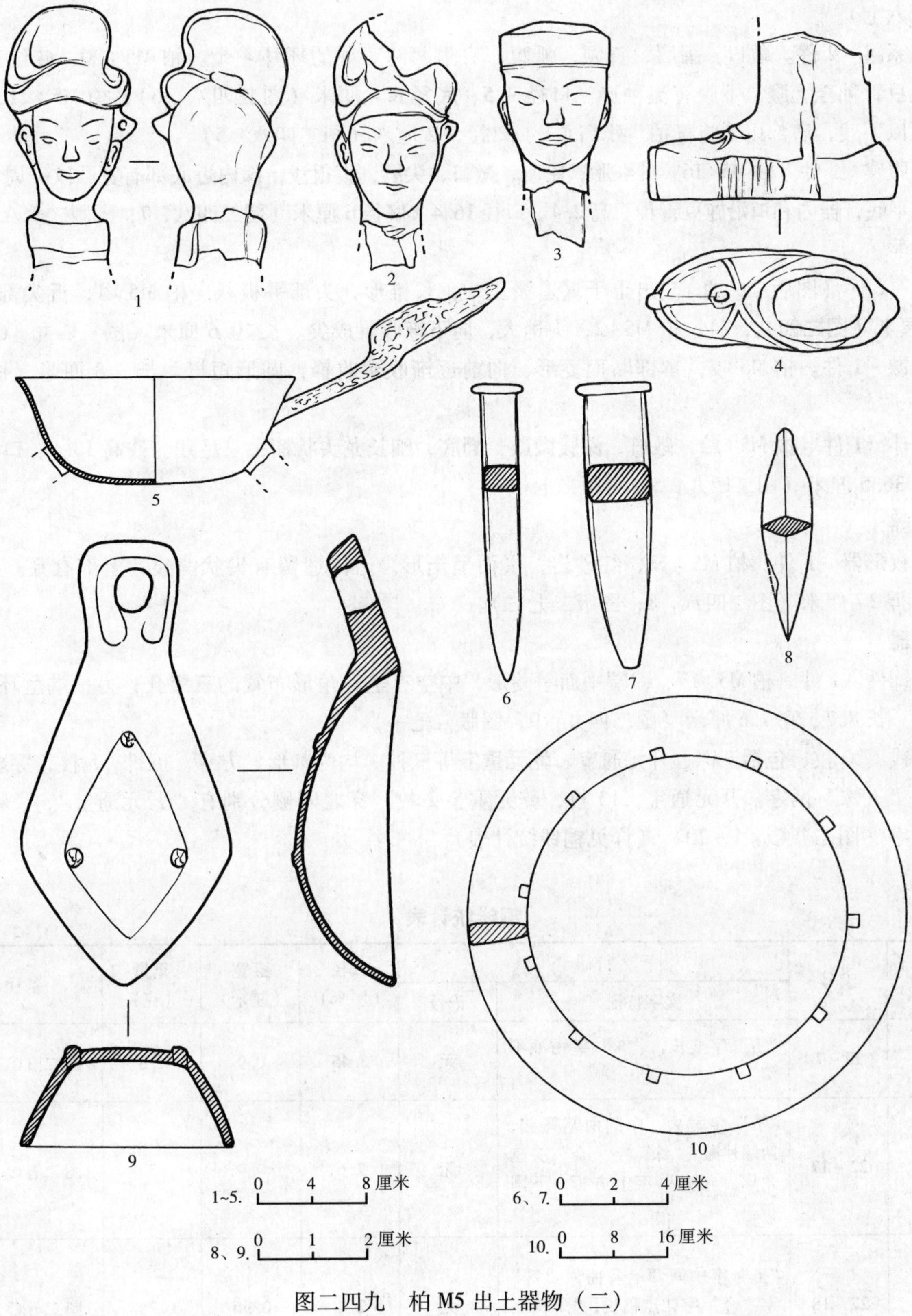

图二四九　柏 M5 出土器物（二）

1、2. 陶女俑头（M5∶8、M5∶9）　3. 陶男俑头（M5∶10）　4. 陶男俑足（M5∶11）　5. 铁鐎斗（M5∶12）
6、7. 铁凿（M5∶2、M5∶1）　8. 铁箭镞（M5∶7）　9. 铜饰件（M5∶17）　10. 陶车辋（M5∶14）

图版二六七）。

四系罐 2件。敞口，圆唇，直领，弧腹，肩附两两对称的环耳4个。柏M5∶20，砖红胎，平底。施豆青釉至上腹，下腹有流釉迹。口径9.5、底径8.4厘米（图二四八，6）；柏M5∶21，红褐胎，腹以下残，肩部以上施青釉。残高4.8、口径5.2厘米（图二四八，5）。

折腹碟 1件。柏M5∶16，砖红胎，轮制，敞口，尖唇，腹很浅，碟内近底部有宽凸纹一周，底部下凹，平底，器内和口沿施豆青釉。高2.4、口径16.4、底径6厘米（图二四八，7；图版二六八）。

铁器

凿 2件（图版二六九）。出土于墓道淤土中，长锥形，头部平板状。柏M5∶1，近尖部斜收。长11厘米（图二四九，7）；柏M5∶2，头稍大，向下渐收聚成尖。长10.6厘米（图二四九，6）。

箭镞 1件。柏M5∶7，本部断面菱形，向前逐渐收聚收锋，圆形短铤。长3.8厘米（图二四九，8）。

鐎斗 1件。柏M5∶12，敞口，深腹微鼓，圜底，细长龙头状柄，三足残。残高15.5、口径25、连柄长36.5厘米（图二四九，5；图版二七〇）。

石器

石权形器 1件。柏M5∶13，红砂岩，平面呈圭形，通体遗留有尖状凿痕，上部有穿。高56、宽35、厚17厘米（图二四八，8；图版二七二）。

铜器

铜饰件 1件。柏M5∶17，一端平面呈菱形，中空有呈三角形布置的三穿孔；另一端呈环耳状，微上翘。长8.7、高1.6厘米（图二四九，9；图版二七一）。

铜钱 20枚，包括五铢、开元通宝、乾元重宝等三种。均为圆形，方穿。五铢，5枚，穿之两侧有篆文“五铢”两字。开元通宝，13枚，乾元重宝2枚，穿之四侧分别有“开元通宝”、“乾元重宝”四字（图二五〇，1～20）。（详见铜钱统计表）

铜钱统计表

种类	编号	特征		钱径（厘米）	穿宽（厘米）	重量（克）	备注
		文字特征	记号				
五铢	22－7	“五”字瘦长，“铢”字锈蚀不清	无	2.45	0.9	1.8	图二五〇，16
五铢	22－17	“五”字宽大，中间两笔弯曲，两端外撇，“铢”字“金”头三角形，“朱”字上方折，下圆折。	无	2.6	0.9	3	图二五〇，17
五铢	22－18	“五”字中间两笔弯曲，“铢”字“金”字四点稍长，“朱”字上下圆折。	无	2.4	0.96	2	图二五〇，18

续上表

种类	编号	特征		钱径（厘米）	穿宽（厘米）	重量（克）	备注
		文字特征	记号				
五铢	22－8	磨郭，钱文模糊	无	2.35	0.9	1.9	图二五〇，19
五铢	22－9	凿郭，钱文不清	无	2	0.9	1	图二五〇，20
乾元重宝	22－1	“元”字宽扁，第一笔细长，第二笔长而左斜挑	无	2.35	0.7	3.9	图二五〇，1
乾元重宝	22－2	同上	无	2.5	0.7	4.3	图二五〇，2
开元通宝	22－3	“元”字第一笔短，“通”字走之四点断开，“宝”字贝部内为两短横，不与左右两竖笔连接。	无	2.5	0.7	4.3	图二五〇，3
开元通宝	22－4	“元”字第一笔稍长，第二笔左挑，“通”字走之四点相连，“宝”字贝部内为两横拉长，与左右两竖相连接。	背单月	2.5	0.75	3.6	图二五〇，4
开元通宝	22－5	同上	无	2.5	0.7	4	图二五〇，5
开元通宝	22－6	同上	无	2.4	0.7	3.9	图二五〇，6
开元通宝	22－19	同上	无	2.5	0.6	3.1	图二五〇，7
开元通宝	22－20	钱文不清	无	2.35	0.5	3.9	图二五〇，8
开元通宝	22－10	同上	无	2.4	0.6	3.8	图二五〇，9
开元通宝	22－11	同上	背单月	2.55	0.7	4	图二五〇，10
开元通宝	22－12	同上	无	2.48	0.7	3.8	图二五〇，11
开元通宝	22－13	“宝”字贝部内为两短横	无	2.5	0.65	4.1	图二五〇，12
开元通宝	22－14	“宝”字贝部内为两短横	背横纹	2.4	0.65	4.3	图二五〇，13
开元通宝	22－15	钱文不清	背单月、横纹	2.35	0.7	3.5	图二五〇，14
开元通宝	22－16	同上	无	2.35	0.65	3.9	图二五〇，15

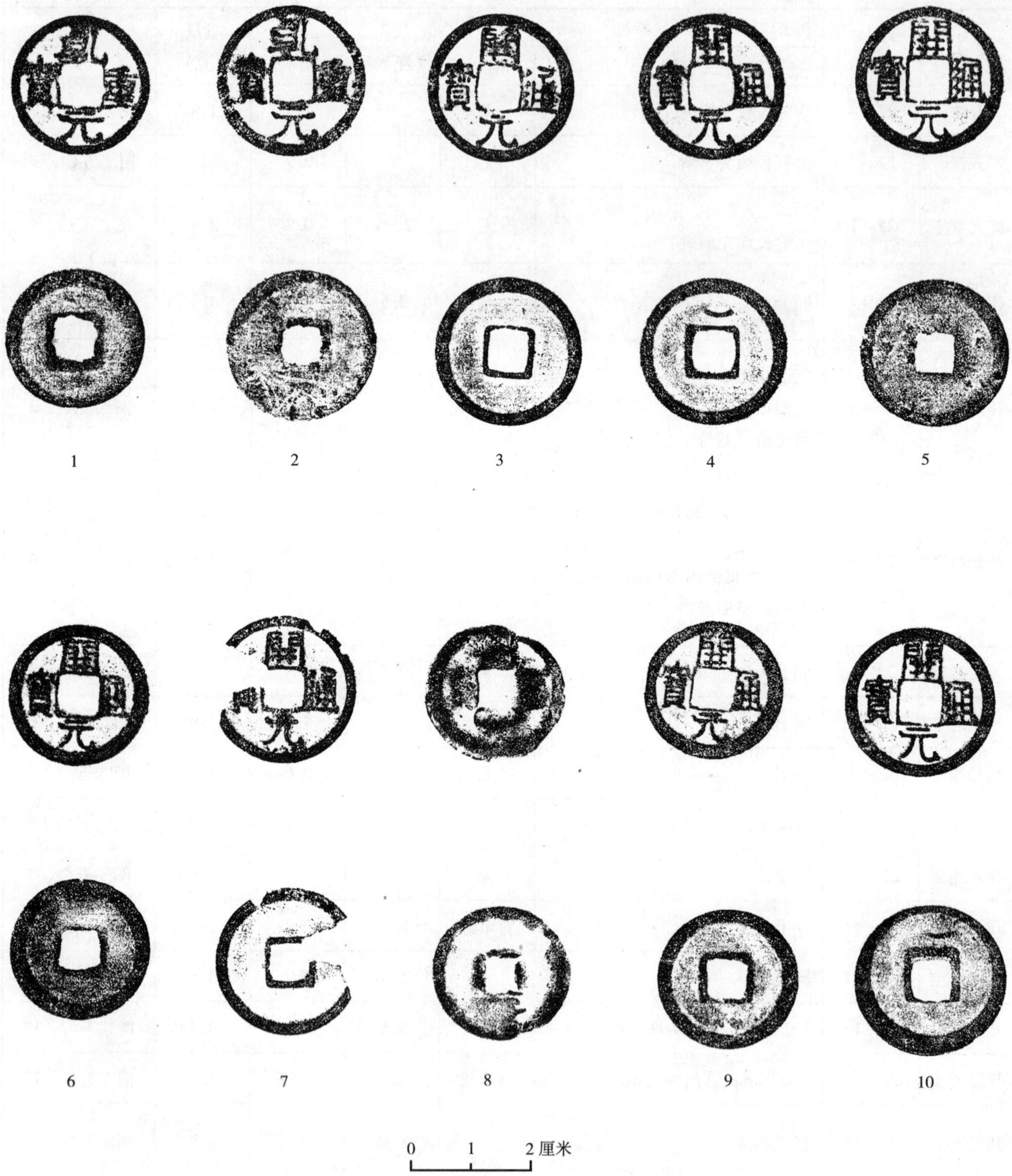

图二五〇－1　柏M5出土铜钱拓片

1、2. 乾元重宝（M5：22－1、M5：22－2）　3～10. 开元通宝（M5：22－3、M5：22－4、M5：22－5、M5：22－6、M5：22－19、M5：22－20、M5：22－10、M5：22－11）

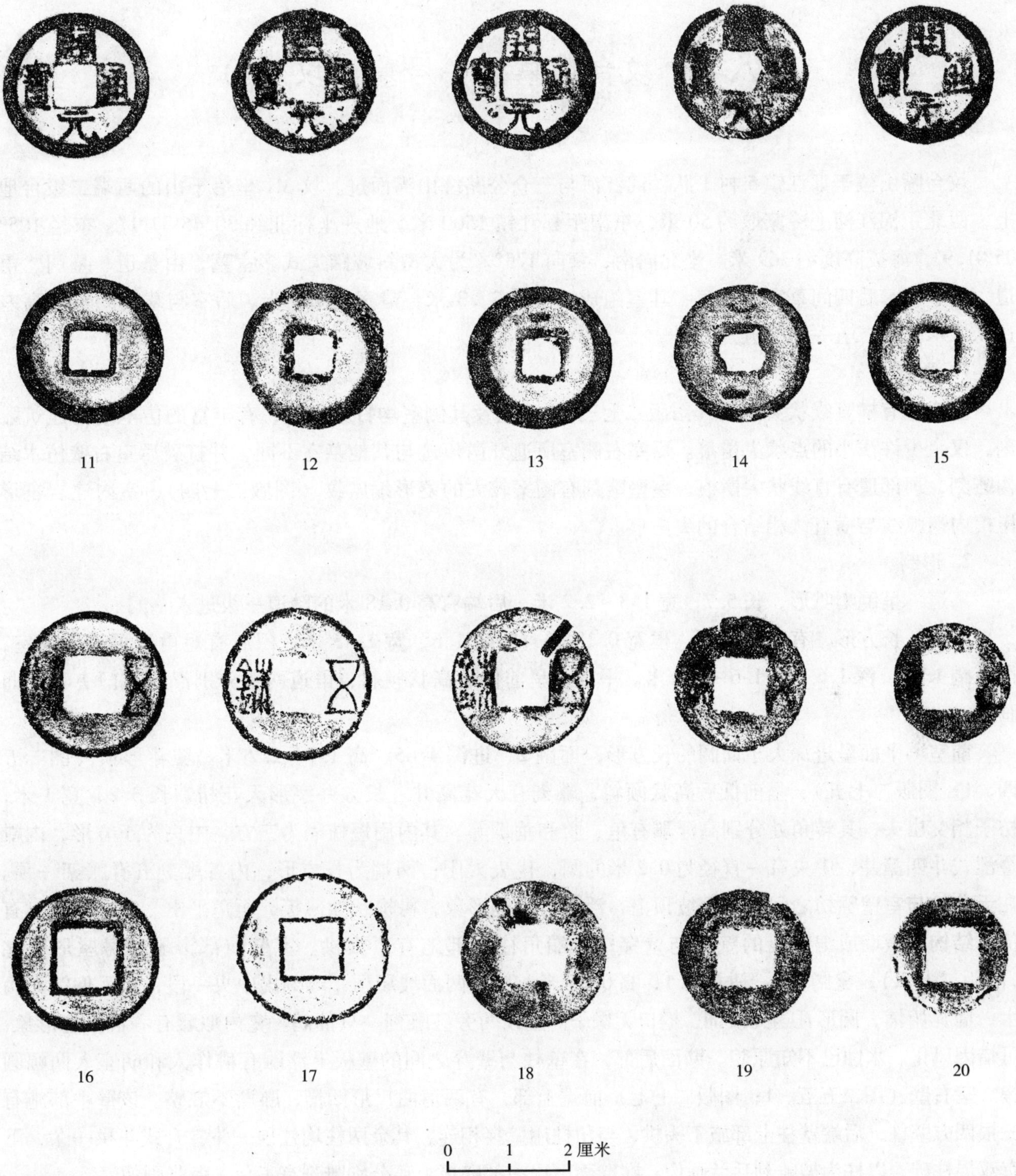

图二五〇－2　柏 M5 出土铜钱拓片

11～15. 开元通宝（M5∶22－12、M5∶22－13、M5∶22－14、M5∶22－15、M5∶22－16）　16～20. 五铢（M5∶22－7、M5∶22－17、M5∶22－18、M5∶22－8、M5∶22－9）

第八节　坟台嘴墓群一号墓（坟 M1）

坟台嘴山位于郪江镇5村1队，锦江河与三仓公路绕山嘴而过。坟 M1 坐落于山的西端二级台地上，西北距锦江河上冷家堰约50米，东南距郪江镇1500米，地理坐标北纬30°46′37.1″，东经105°05′01.9″，海拔高度约369米。坐北向南，墓向175°。为大型斜坡踏道式多室墓，由墓道、墓门、甬道、前、中、后四间墓室和侧室、耳室组成，全长27.3米，最宽处7.7米。后室与墓门间斜坡高差达4.3米（图二五一至二五三）。

1. 凿痕

墓道遗有横直线状尖凿痕（图版二七三）。墓室及其侧室均打磨平整，有丰富的仿木结构建筑雕刻，仅余少许浅小的点状尖凿痕。后室右侧室所遗开凿痕迹与其他墓室不同，并打破后室右壁仿木结构雕刻，顶部遗有直线状尖凿痕，室壁雕刻有图案较大的菱形编席纹（图版二七四），室内连岩龛形崖棺内遗弧线与横直线相结合的尖凿痕。

2. 形制

墓道　呈倒喇叭形，长5.7、宽1.3～2.2米。后端有高0.18米的踏道一级进入墓门。

墓门　长方形，有双层门框，框宽0.18米，门高1.6、宽1.45米。门后有短甬道可进入前室，甬道阔1.55、深1.5、高1.6～1.7米。平顶，呈前低后高状倾斜，甬道两壁分别浮雕有门吏和部曲画像。

前室　平面呈进深大于面阔的长方形，面阔2、进深4.65、高1.7～2.2米。覆斗形顶（图二五四，1；图版二七五），呈前低后高状倾斜，雕刻有天花藻井。长方井字形天花枋，长3.2、宽1米，枋子相交出头，其转角处分别高浮雕有龟、鳖和垂瓜等。其内用短枋隔为三方，中央为正方形，内雕叠涩式斗四藻井，中央有一直径为0.2米的圆，代表太阳；两端为长方形，内各雕刻五脊帐架一顶。在天花枋与室壁额枋之间的四面坡顶上，浮雕有椽桷形象，椽桷状如薄板，至角平出。室左壁雕刻有仿木结构木板墙或编壁墙的壁柱与壁穿；后端角柱上部施有丁头栱。室壁前部，雕有房屋形壁龛（图版二七六），龛阔1.3、进深0.1、高0.95米。单檐两面坡屋顶，雕刻出中央一段，板瓦仰铺无滴水，筒瓦俯铺，圆形瓦当无纹饰，檐口无椽子。屋顶两旁各雕刻一只仙鹤。龛内似雕有一群人物形象，可惜因风化、水蚀已不知原貌。壁面后部，在壁柱与壁穿之间的壁板上浮雕有耕作人和胡座人两幅画像。室右壁（图二五五，1；图版二七七）前端上部，有两道曲尺形凹槽，雕凿不规整。该壁中部施有三根四方壁柱，后端壁柱上部施丁头栱，与角柱用壁穿相连，其余两柱均柱顶一斗二升式斗栱一朵，下有双层柱础，以柱为架雕刻兵兰画像。在壁面下层中部壁板上还分别雕刻有三鱼、蹶张画像。

前室后端有三级均高0.1米的踏道可上至中Ⅰ室甬道，甬道阔1.3～1.4、深1.15、高1.5～1.8米。平顶，呈前低后高状倾斜。

中Ⅰ室　平面呈进深大于面阔的长方形，进深5.8～5.9、面阔1.8～1.95、高1.8～2.4米。覆斗形顶（图二五四，2），呈前低后高状倾斜，雕刻有天花藻井。长方井字形天花枋，长3.1、宽0.8

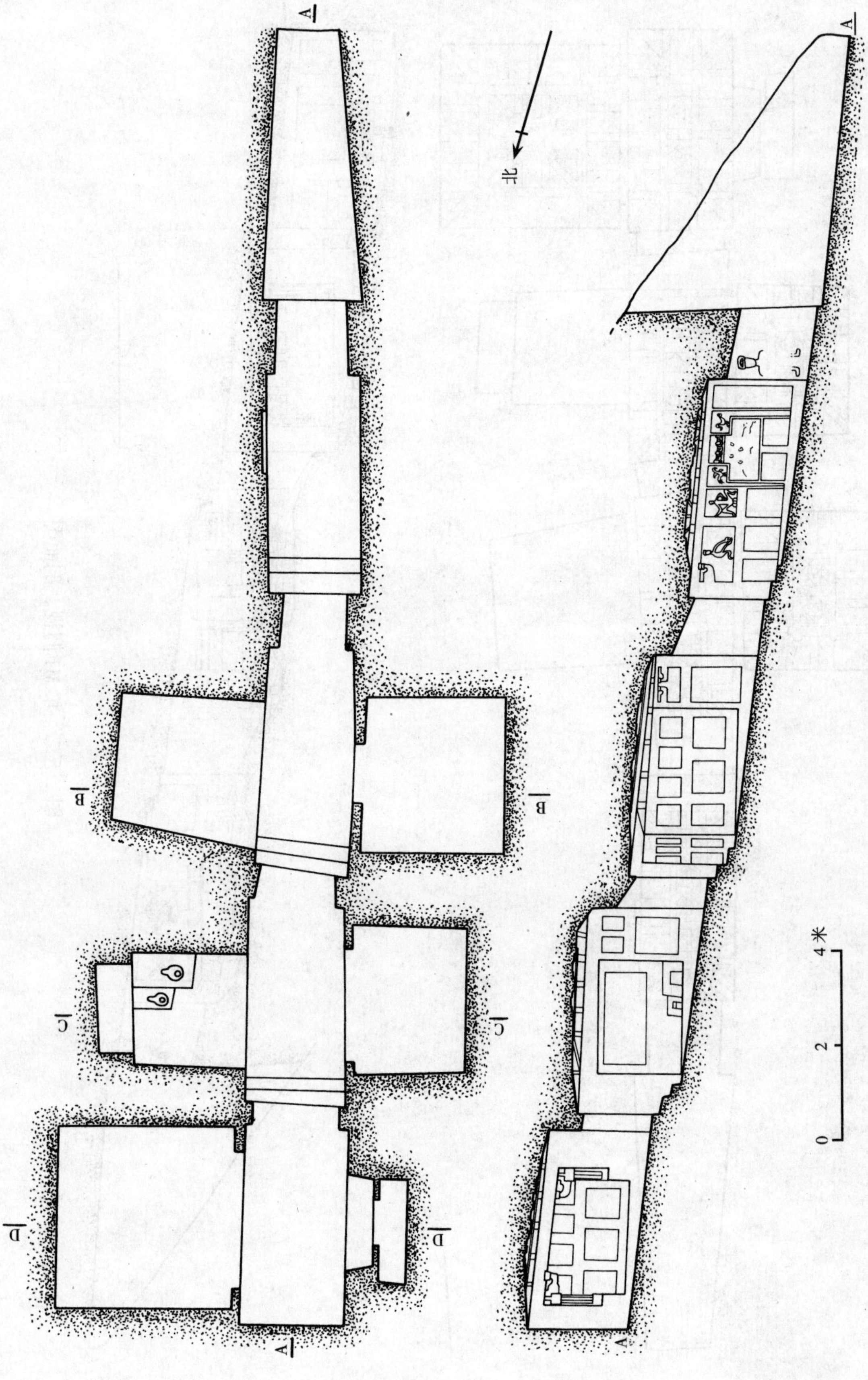

图二五一　坟 M1 平、剖面图

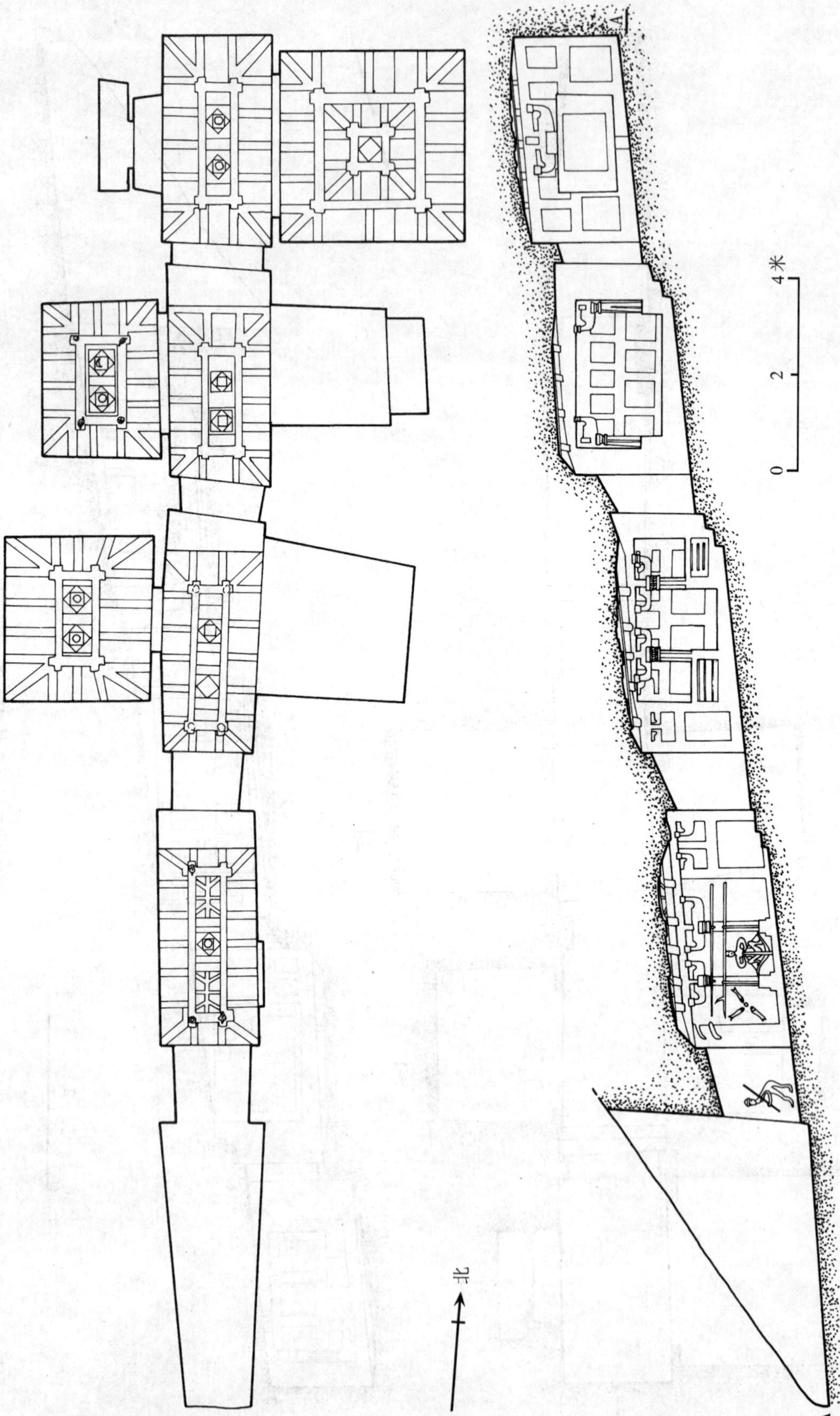

图二五二 坟M1仰视、剖面图

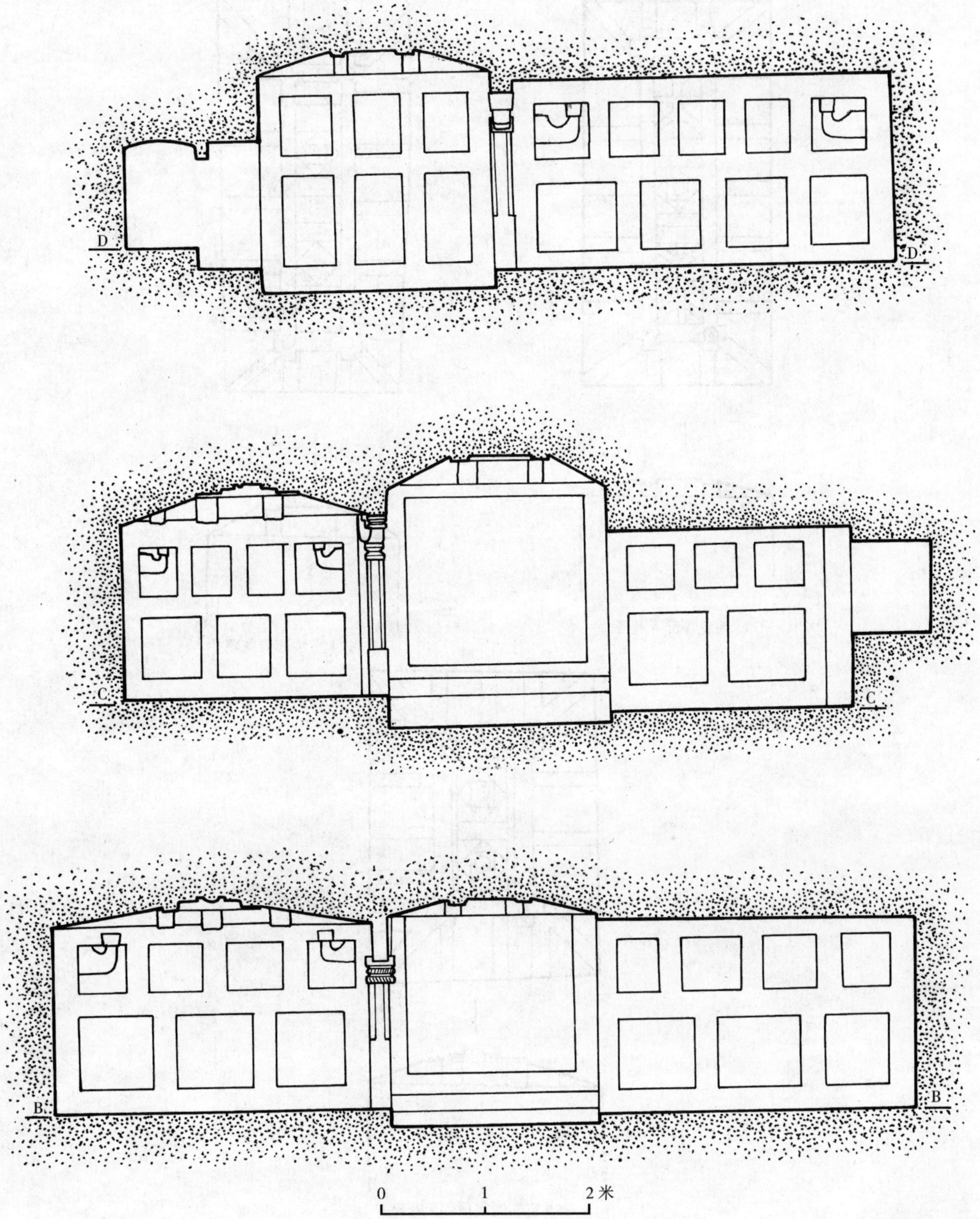

图二五三　坟 M1 横剖面图

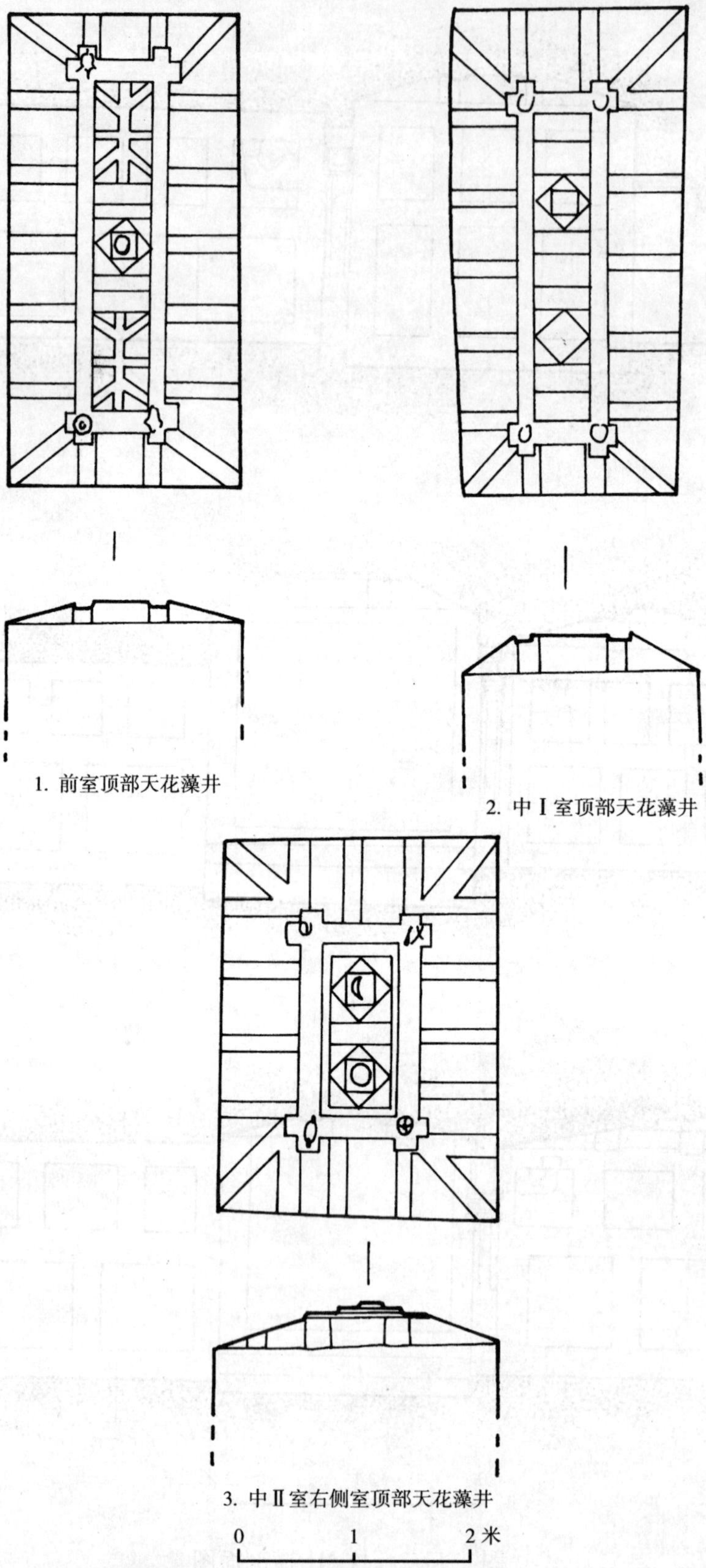

1. 前室顶部天花藻井

2. 中Ⅰ室顶部天花藻井

3. 中Ⅱ室右侧室顶部天花藻井

图二五四　坟 M1 仿木结构雕刻（一）

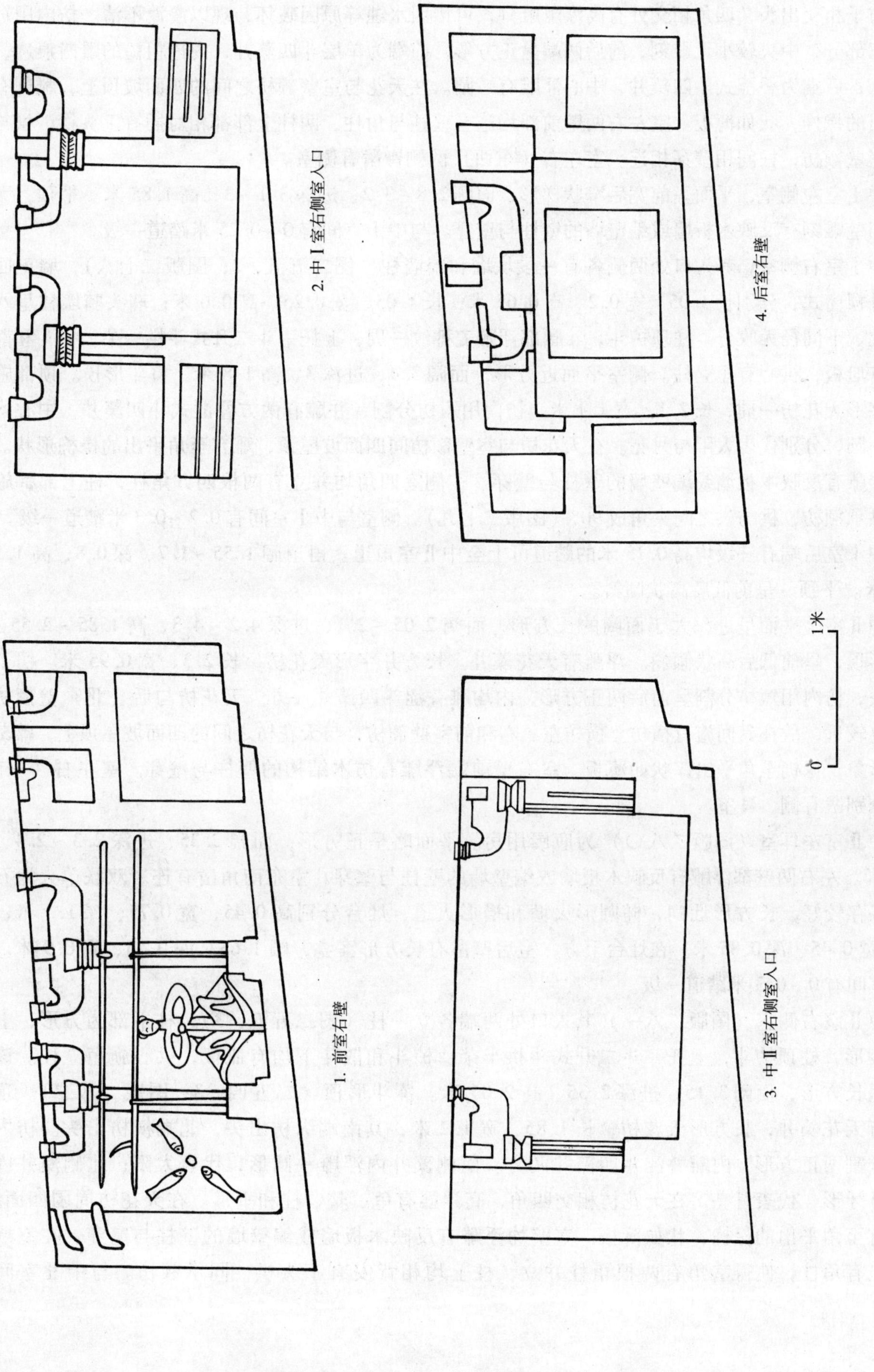

图二五五　坟M1仿木结构雕刻（二）

米。枋子相交出头，四角相交处有高浮雕雕刻，可惜因水蚀等原因破坏，现以漫漶不清。枋内用短枋隔成三部分，中央较小无雕刻，前后两端呈正方形，前端为单层斗四藻井，内遗粗糙的雕凿痕迹，似未完工；后端为叠涩式斗四藻井，中心浮雕有一圆。在天花与室壁额枋之间的四面坡顶上，雕刻有至角平出的椽桷，状如薄板。室左右两壁前部均施有壁柱与角柱，两柱上部都相对插有丁头栱，栱与柱同承室壁额枋，柱间用壁穿相连。室左右（东西）两侧皆凿有侧室。

中Ⅰ室左侧室，平面呈前宽后窄状梯形，面阔2.8~3.2、进深3.1~3、高1.85米。平顶，无雕饰，四壁雕刻有反映木板墙或编壁墙的壁柱与壁穿。与中Ⅰ室间有0~0.25米踏道一级。

中Ⅰ室右侧室，其入口处两侧各有一段坎墙和骑墙柱（图二五五，2；图版二七八），墙正面雕刻呈卧棂窗式，分别长1.05、宽0.2、高0.65米；长1.05、宽0.25、高0.6米；墙头骑墙柱呈八棱形，上、下同径无收分。柱顶栌斗，斗腰部浮雕麦穗纹一周，上托一斗二升式斗栱一朵。栌斗和散斗下均有皿板，栱心有短立柱。侧室平面近方形，面阔3.4、进深3、高1.8米。覆斗形顶。顶部施长方井字形天花枋一周，长2.1、宽1.1米。枋内用短枋分割，并雕有两方叠涩式斗四藻井，中心均浮雕有一圆，分别代表太阳与月亮。在天花枋与室壁额枋间四面坡屋顶，雕有至角平出的椽桷形状。室壁都浮雕有反映木板墙或编壁墙的壁柱与壁穿。在侧室四角均并立有两根四方角柱，柱上部都施有丁头栱承额枋，栱与栱之间夹角成90°（图版二七九）。侧室与中Ⅰ室间有0.2~0.3米踏道一级。

中Ⅰ室后端有三级均高0.15米的踏道可上至中Ⅱ室甬道。甬道阔1.55~1.7、深0.8、高1.5~1.75米。平顶，呈前低后高状倾斜。

中Ⅱ室　平面呈进深大于面阔的长方形，面阔2.05~2.1、进深4.2~4.3、高1.85~2.55米。覆斗形顶，呈前低后高状倾斜。浮雕有天花藻井。长方井字形天花枋，长2.3、宽0.95米。枋子相交出头，枋内用短枋分割呈前后两正方形，内均雕叠涩斗四藻井一方。天花枋与后（北）壁额枋之间距离较远，故在其间施有横枋。横枋左、右和前室壁额枋，与天花枋之间的四面坡屋顶上，雕刻有椽桷形象，椽桷至角平出，状如薄板。室右壁前端浮雕有仿木结构的壁柱与壁穿。室左右（东南）两壁分别凿有侧、耳室。

中Ⅱ室左耳室（图版二八〇）为庖厨用房。平面略呈正方形，面阔2.35、进深2.3~2.4、高1.75米。左右两壁都浮雕有反映木板墙或编壁墙的壁柱与壁穿。室东南角凿有连岩双联单火塘石灶台，保存较好，长方形灶门，椭圆形火塘和槽形火道。灶台分别高0.45、宽0.75、深1.3米；高0.3、宽0.45、深0.85米。在灶台上方，室后壁凿有长方形案龛，阔1.65、深0.75、高0.9米。与中Ⅱ室间有0~0.3米踏道一级。

中Ⅱ室右侧室（图版二八一）其入口处两端各立一柱（图二五五，3），柱下部为方形，上部为八棱形，柱顶栌斗，上托一斗二升式斗栱半朵，栌斗和散斗下均有皿板，栱心施短立柱。该室平面呈长方形，面阔3.15、进深2.35、高2.05米。覆斗形顶（二五四，3；图版二八二）。顶部浮雕有天花藻井，长方形天花枋，长1.85、宽1.2米，其南端纵枋出头，北端横枋出头。枋内用短枋分割两正方形，内雕叠涩斗四藻井两方。南侧藻井内浮雕一圆形，代表太阳；北侧藻井内浮雕一月牙形，代表月亮。在天花枋相交四角，高浮雕有龟、鳖、柱和垂瓜。在天花枋周围四面坡，浮雕有至角平出的椽桷，状如薄板。室壁均浮雕有反映木板墙或编壁墙的壁柱与壁穿。在室壁两端均施有角柱，使得室角有两根角柱并立，柱上均相背安有丁头栱，同承额枋。与中Ⅱ室间有

0.2～0.5米踏道一级。

中Ⅱ室后端有三级均高0.15米的踏道可上至后室甬道。甬道阔1.8、深0.45、高1.6～1.65米。平顶，顶呈前低后高状倾斜。

后室（图版二八三）　平面呈进深大于面阔的长方形，面阔2.2、进深4.1、高2.3米。覆斗形顶，呈前低后高状倾斜。顶部浮雕天花藻井，与中Ⅱ室顶基本相同。长方井字形天花枋，长2、宽0.95米，枋内用短枋分割呈两正方形，分别雕叠涩斗四藻井一方，藻井中心都浮雕一圆。在天花枋与室壁额枋之间四面坡屋顶，浮雕有至角平出的椽桷。右壁，浮雕有反映木板墙或编壁墙的壁柱与壁穿。在壁面中央的壁柱，柱顶栌斗承托一斗二升式斗栱一朵，栱心施短柱。壁柱因开凿耳室而遭破坏，只余下部小段，栌斗似直接放置于耳室门楣上。室左右（东南）两壁分别凿有侧室。

后室左侧室，其入口处两侧各立一四方立柱，柱下部为四方形，上部为八棱形，柱顶栌斗承托一斗二升式斗栱半朵，栱心施有短立柱。左（南）侧立柱室斗栱，未雕出栱眼部分。侧室平面呈方形，面阔3.7、进深3.7、高1.85米。顶部浮雕有正方井字形天花枋两周，外圈天花枋长、宽均为2.4米；内圈天花枋长、宽均为1米，内雕有斗四藻井一方。内外天花枋之间，以及外圈天花枋与室壁额枋间，都浮雕有至角平出的椽桷。室壁雕刻有反映木板墙或编壁墙的壁柱与壁穿，雕刻精美（图版二八四）。

后室右侧室，平面呈长方形，面阔1.9、进深0.6、高1.2米。平顶。室壁雕刻有精细的人字形编席纹。室后（西）壁凿有龛形崖棺（图二五五，4；图版二八五），口部宽1.1、高0.85米；棺内长方形，长2.1、宽0.6、高1.05米，弧形顶。该室壁面所遗开凿痕迹与其他墓室不同，并打破后室右壁仿木结构雕刻，所以其开凿时间要晚于该墓其他各室。

3. 画像石刻

主要分布在前室、甬道两壁和前室、中Ⅱ室右侧室顶部天花枋四角相交处，共计15幅。

门吏，位于前室甬道左壁，高138、宽67厘米。身体因风化水蚀已严重残损，现仅遗存头和下肢部分。头戴帻，袍不及足，足穿履。

部曲（图二五六；图版二八六），位于前室甬道右壁，高87、宽60厘米。又称“家兵”，呈弯腰扛棒窥视状。头左转，戴三角形小冠，穿紧身短衣、长裤。上身弯腰前倾，下肢略呈弓步，足穿履。左手持棒扛于左肩，双眼瞪圆机警地注视前方，好似随时准备投入战斗。

仙鹤，分别位于前室左壁房屋形壁龛顶部两侧，2幅，均高35、宽40厘米。两鹤形态近似，均一足站立，一足上提。一鹤双翅伸展，长喙叼鱼；一鹤双翅收敛。

胡座人像（图二五七），位于前室左壁后部，高62、宽65厘米。一人头裹巾，面部剥蚀不清。上身挺直，两腿张开，左腿足尖着地，坐于一梯形物上。左手叉腰，右手肘放在右膝上，小臂上举，手指伸出，作讲授状。该人像坐于矮凳状物上，双足着地，双腿张开，与汉代通行的跪坐完全不同，应为不尊敬的坐姿，这里可能是受外来文化影响所致。

耕作人（图二五八），位于前室左壁后端，高60、宽55厘米。画像中耕者侧身，上身直立，双手前伸扶犁，一脚前跨成弓步，一足弯曲后蹲，似在耕作。

兵兰，位于前室右壁，以壁柱为架，在柱上分两层装四个托钩，横置一矛和一戟。矛和戟，均长2.2米。叶形，中部起脊，骹部卷起成圆筒。

图二五七　坟 M1 胡座人像拓片

图二五八　坟 M1 耕作人拓片

图二五六　坟 M1 部曲拓片

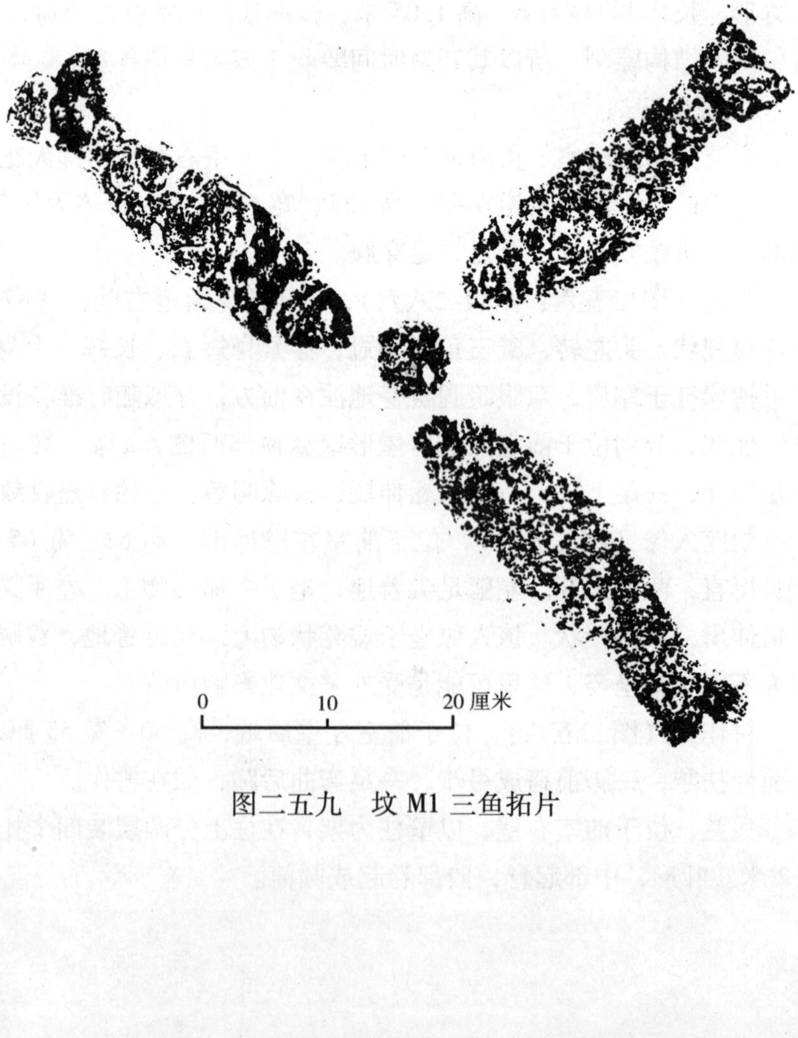

图二五九　坟 M1 三鱼拓片

蹶张（图版二八七），位于前室右壁中部下层壁板，高、宽均为92厘米。壮汉头裹巾，面部剥蚀不清。双足踏于强弩，双手紧握弓弦，上臂肌肉圆鼓，箭搭于弩上，正奋力踏弩张之。形象极为强悍生动。

三鱼（图二五九），位于前室右壁前部下层壁板，高66、宽60厘米。画面中央有圆形乳钉状凸起，三鱼均头向乳突，其中两条鱼位置相对成直线，与另一条鱼相互垂直，呈三鱼抢夺状。

前室、中Ⅱ室右侧室顶部天花枋四角相交处，高浮雕花朵、垂瓜、龟和鳖等画像6幅，长约20、宽约17厘米，造型写实，雕刻逼真。

第九节　胡家湾墓群一号墓（胡M1）

位于安居镇8村2队小印盒山，胡M1上世纪90年代初，在打击盗墓行动中发现。位于小印盒山阴面的二级台地上，正面隔一冲沟与村民胡世昌家相距约30米，东南方距省级文物保护单位“云台观”约250米。地理坐标北纬30°47′33″，东经105°05′06.6″，海拔高度约372米。坐东向西，墓向232°。该墓为斜坡踏道式双室墓，由墓道、墓门、甬道、前室、后室和侧室组成，全长16米，最宽处5.25米。后室与墓道现存开口之间斜坡高差约0.5米（图二六〇；图版二八八）。

1. 凿痕

墓道遗有横直线与斜直线相混合的尖凿痕。前室顶部和左侧室壁均遗点状尖凿痕，右壁仿木结构建筑雕刻上遗有宽1.5厘米的宽刃平凿痕。后室顶部和室壁仿木结构建筑雕刻上均遗宽刃平凿痕，顶部空白部分则遗短直线状尖凿痕，左壁中部方框内遗粗糙的点状尖凿痕，与室壁所遗凿痕迥异。后室右侧室顶部和室壁遗较粗糙的点状尖凿痕。

2. 形制

墓道　倒喇叭形，长6.9、宽1.7~2.2米，平面布局重心略向右侧偏斜。后端与墓门间有高0.1米的一级踏道。

墓门　长方形，有单层门楣，宽1.35、高1.5米。门后接甬道，阔1.35、深0.8、高1.5~1.65米。平顶，呈前低后高状倾斜。

前室　平面呈前窄后宽梯形状，面阔1.5~1.8、进深3.3、高1.85米。平顶，呈前低后高状倾斜。室右壁（图二六一，2；图版二八九），雕刻有反映仿木结构木板墙或编壁墙的壁柱与壁穿。两端上部都浮雕有一斗二升式斗栱半朵，栱心有短立柱，并与散斗同承额枋。浮雕斗栱边缘有细墨线一周，似雕刻前所绘斗栱底稿所遗。前端斗栱栌斗下无角柱雕刻，后端栌斗与壁面中部壁穿间施有角柱。在壁面中央，刻有双扇板门形象。上有门额，下有地栿，两边有立颊，门扉作微启状，高1、宽0.35米，高宽之比约为2.8∶1。在板门两侧下方壁板上，近墓门一侧还有一道小板门，门额、地栿、立颊双扇门板雕刻逼真、清晰。门板高0.25、宽0.15米，高宽之比约为1.6∶1。在门额、地栿的中央均雕刻有一短立柱。在壁面后端下部壁板上雕刻有干栏式仓廪形象，干栏式单檐悬山顶，面阔一间，屋顶雕刻5道瓦垄形象。瓦垄为筒、板瓦两用，板瓦仰铺，无滴水；筒瓦俯铺，瓦当无纹饰。屋

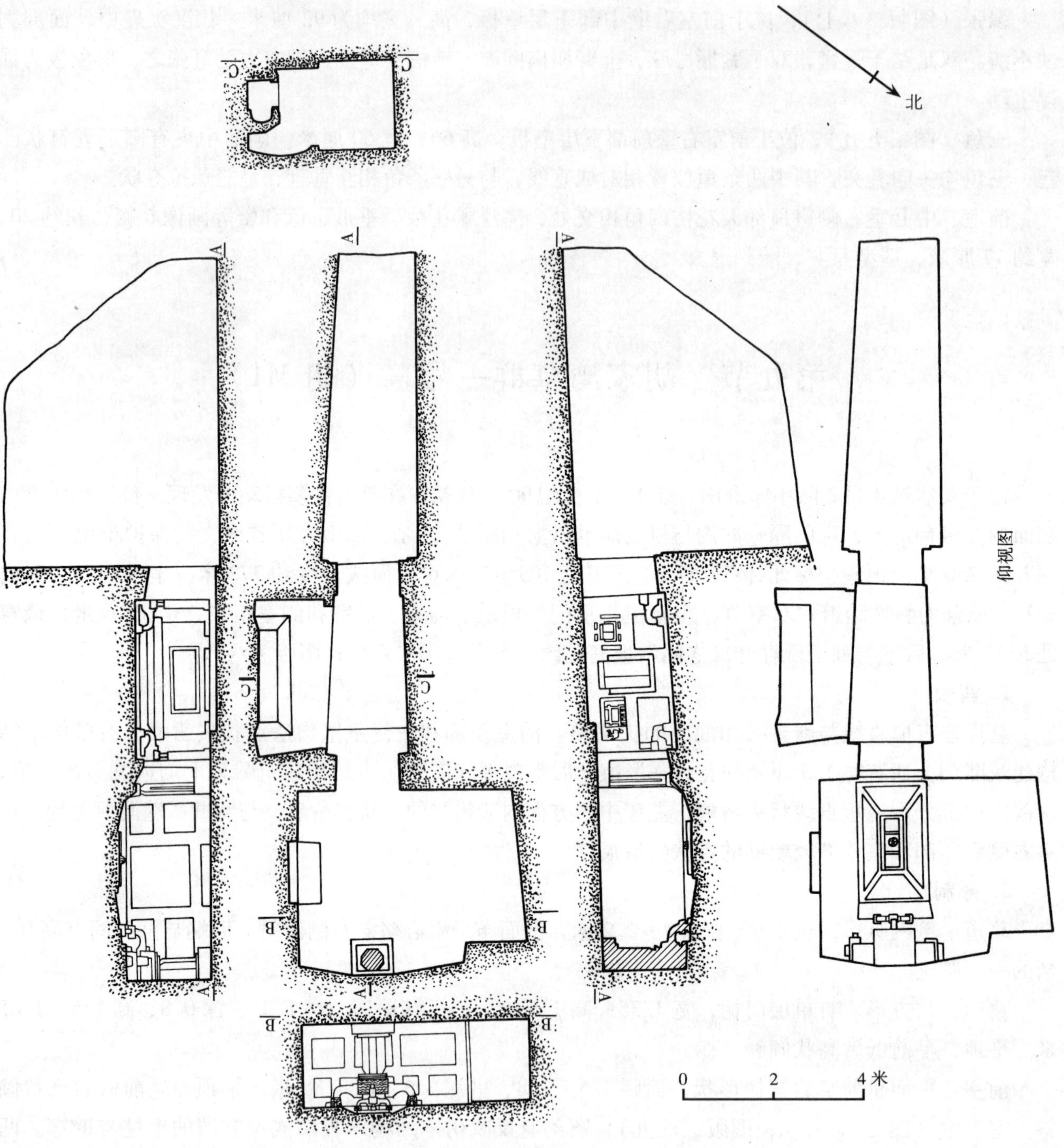

图二六〇　胡 M1 平、剖面和仰视图

下施两四方立柱支撑。在仓廪旁还雕刻有朱雀画像。室左（南）壁凿有侧室。

前室左侧室，其入口处两端各立有四方立柱，柱下有单层四方形柱础，柱顶蜀柱承栌斗，上托一斗二升式斗栱半朵。侧室平面呈不规则长方形，面阔 3.3～3.5、进深 1.5～1.95、高 1.95 米。弧形顶。顶和室壁平素无雕饰。在室后（南）壁凿有连岩房屋形石棺（图二六一，1）。棺外部形象只雕出大部分，剩余部分隐入岩石内未雕凿。棺盖为盝顶，雕出三面坡，与棺身相连。棺外部长 2.5、宽

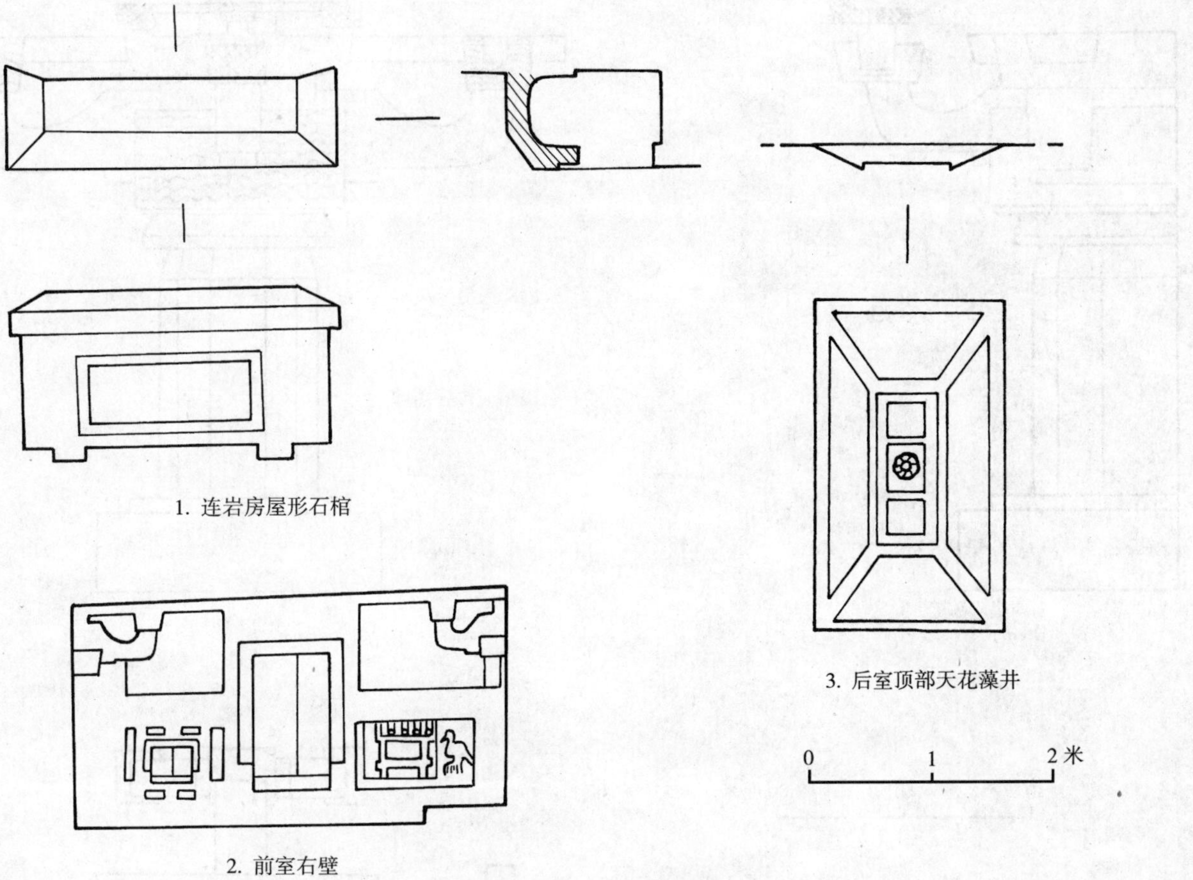

图二六一　胡 M1 葬具及仿木结构雕刻

0.75、高 1.25 米。石棺口部阔 1.5、高 0.65 米，口作子母形，分别用宽 0.5、高 0.63、厚 0.07 厘米；宽 0.52、高 0.62、厚 0.06 厘米；宽 0.46、高 0.65、厚 0.07 厘米的石板封闭。三块封门石打磨精细、规整，与墓室石质相同，均属砂岩，系就地取材。棺内长方形，长 2.22、宽 0.73、高 0.95 米。弧形顶，内部雕刻较粗糙。棺下两端分别凿有横剖面长、宽为 0.25 米的横置垫枋。棺身雕刻人字形编席纹。侧室与前室间有高 0.2 米的踏道一级。

前室后端有一级高 0.2 米的踏道可上至后室甬道。甬道门楣中央高浮雕羊头，阔 1.35 ~ 1.4、深 1.25、高 1.5 ~ 1.65 米。平顶，呈前低后高状倾斜。甬道后端对称雕有八棱形立柱，柱头卷杀，上顶栌斗，两栌斗同承顶部横枋。

后室（图版二九〇）　平面略呈方形，面阔 4、进深 3.7、高 1.9 米。覆斗形顶（图二六一，3）。顶部有天花枋两圈，外圈口字形天花枋，长 2.65、宽 1.5 米；内圈目字形天花枋，长 1.3、宽 0.65 米，枋内中央圆雕直径 0.2 米的变形莲花。内外天花枋四角之间，刻有枋子相连。室后壁呈向外凸起的弧形，壁面雕刻有仿木结构的木板墙或编壁墙的壁柱与壁穿。在紧靠室后壁的中央位置，矗立着一根粗大的十二棱柱，柱顶斗口跳斗栱（图二六二；图版二九一至二九三），通高 1.9 米。柱上、下不收分，高 0.8、直径 0.5，每边边长 0.17 米。柱下有分别高 0.26、0.04 米的双层四角形柱础；柱上部距顶 0.1 米处，柱头急速内收，如圆柱柱头卷杀。柱上承巨大栌斗，栌斗为长方体，宽 0.68、深

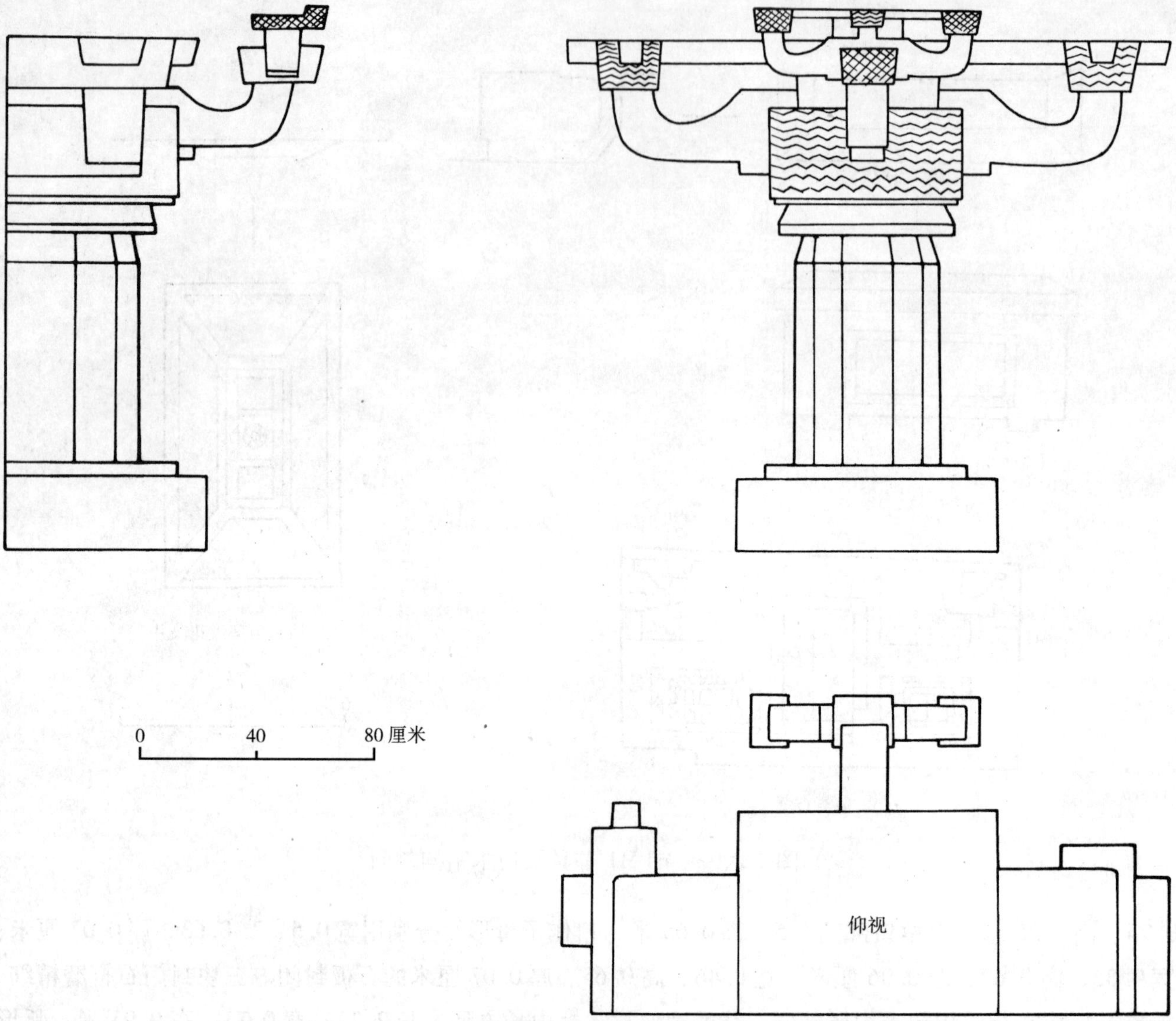

图二六二　胡 M1 后室十二棱柱斗栱

0.65、高 0.34 米，其中耳高 0.22、平高 0.1、欹 0.02 米。栌斗下有皿板。栌斗正面和两侧（后侧因与室后壁相连，故未雕刻），都伸出栱子承托散斗。两侧散斗间距宽 1.86 米，栌斗上施有一短柱，与两侧散斗同承室顶横枋一根。后室额枋与两散斗间又各施短枋两根，其相交转角处木料相交出头，似形成天花枋一周。正面栱子（相当于后世的华栱）再出令栱，承托室顶与外圈口子形天花枋相连的横枋。令栱为一斗三升式斗栱，栱眼处采用透雕手法。斗口跳斗栱的栌斗、散斗和令栱的齐心斗上，均用墨线勾画有水波纹；令栱栌斗和散斗则绘有菱形方格纹，使该栱更显华丽精美。

后室左壁雕刻有壁柱、壁穿，在壁中央凿踏道状石台，长 1.35、宽 0.5、高 0.2 米。台上方凿有规整的方形内凹，宽 1.35、深 0.2、高 1.3 米。开凿较粗糙，未进一步加工，疑是在墓室开凿完成后，准备再开凿侧室，未果后所遗留。

后室右侧凿有侧室，平面呈梯形，面阔 3.35、进深 1.05～1.35、高 1.8 米。平顶。顶和四壁无装饰雕刻。

3. **画像石刻**

朱雀，位于前室右壁仓廪顶部左侧，高0.35、宽0.25米。两足站立，头、尾翎稍下垂，呈站立状。

羊头，位于中室甬道门楣中部，宽0.9、高0.2米。头左侧耳和双角仅雕出雏形，似未完工。

4. **随葬器物**

陶器

鼎　3件。均残，修复一件。胡M1∶1，夹细砂灰褐陶，轮制。鼎盖残，子母口微敛，圆唇，直腹。腹两侧有两长立耳，外撇，顶部有圆形穿孔。底部残。三兽蹄足。通高24.5、口径16厘米（图二六三，2）。

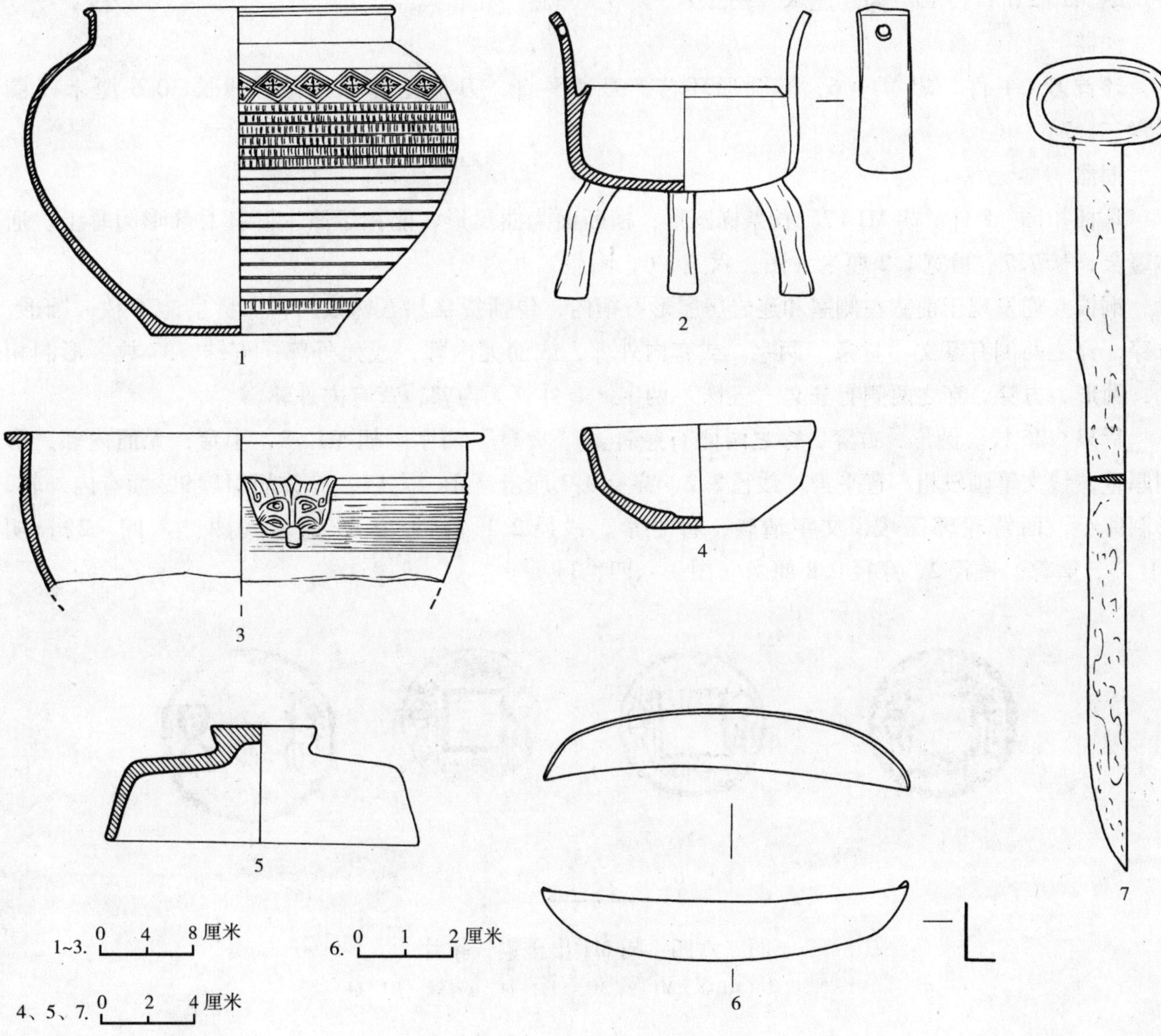

图二六三　胡M1出土器物

1. 陶罐（M1∶4）　2. 陶鼎（M1∶1）　3. 陶盆（M1∶5）　4. 陶折腹钵（M1∶3）　5. 陶器盖（M1∶2）　6. 铜鎏金耳杯扣饰（M1∶7）　7. 铁环首刀（M1∶6）

罐　1件。胡M1∶4，夹砂灰褐陶，轮制，制作精致。圆唇微外卷，短颈，弧腹，最大腹径偏上，下腹内收成平底。肩部模印菱格内加变形柿蒂纹一周，腹部饰短绳纹，绳纹分层排列紧密有序。口径26、底径15.2、高28厘米（图二六三，1）。

盆　1件。胡M1∶5，夹砂灰褐陶，轮制。折沿、方圆唇，上腹直，下腹似内收，底部残。上腹有凹弦纹三周，弦纹间有贴塑兽面铺首。口径36.4厘米（图二六三，3）。

折腹钵　1件。胡M1∶3，夹砂黑褐陶，轮制。敞口，宽圆唇，斜壁折腹，下收成小平底。口径10、底径4、高4.4厘米（图二六三，4；图版二九四）。

器盖　2件。形制相同，夹砂灰褐陶，轮制。盖呈盘状，敞口，尖圆唇，折腹，顶部施圆饼状抓手。胡M1∶2，口径13、高5厘米（图二六三，5；图版二九五）。

铁器

环首刀　1件。胡M1∶6，椭圆形环首，刀身平直，刀首已锈蚀残破。残长30.6厘米（图二六三，7）。

铜器

耳杯扣饰　1件。胡M1∶7，长条椭圆形，横断面为曲尺形，能扣于漆木耳杯月牙形附耳上。通体鎏金，长7.7、最宽1.2厘米（图二六三，6；图版二九六）。

铜钱　均发现于前室左侧室和连岩房屋形石棺内，包括货泉和五铢钱两种。货泉，26枚，圆形、方穿，穿之两侧有篆文“货泉”两字。或有内外郭，或面无内郭，或无外郭。五铢，37枚，形制相同，圆形、方穿，穿之两侧有篆文“五铢”两字。有外郭无内郭，背有内外郭。[5]

货泉　26枚。圆形，方穿，穿之两侧有悬针篆“货泉”两字。胡M1∶8，小穿，无面内郭，形制厚重，钱文笔画较粗。背平素。钱径2.2、穿径0.7厘米（图二六四，1）；胡M1∶9，面有内外郭，形制薄小，面背轮郭深峻，文字清晰，背平素。钱径2.1、穿径0.85厘米（图二六四，2）；胡M1∶13，磨郭。钱径2、穿径0.8厘米（图二六四，3）。

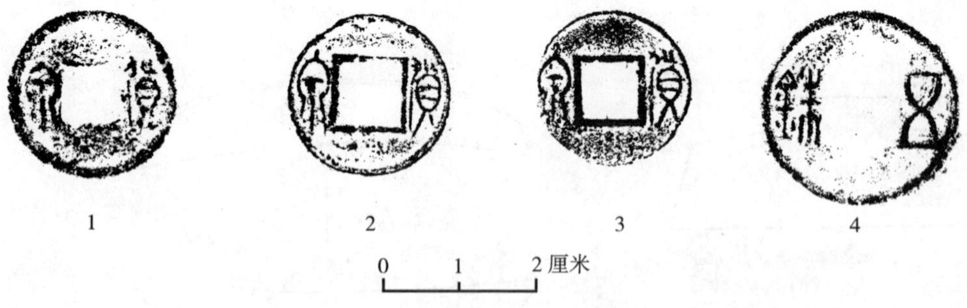

图二六四　胡M1出土铜钱拓片

1～3. 货泉（M1∶8、M1∶9、M1∶13）　4. 五铢钱（M1∶14）

五铢钱　37枚。“五”字上下两横出头，中间两竖交笔弯曲，“金”字头呈三角形，“朱”字上下圆折，胡M1∶14，钱径2.5、穿径1厘米（图二六四，4）。

第十节　刘家堰墓群

刘家堰墓群位于安居镇8村5队，南距省级文物保护单位明清古建筑“云台观”约1000米，北距安居镇约3500米，三仓公路与锦江河顺山脚而过。刘M1、刘M3坐落于小印盒山阳面二级台地上，地理坐标北纬30°47′50.2″，东经105°05′03.4″，海拔高度约371米，相对山脚公路高差约25米。

一　刘家堰一号墓（刘M1）

刘M1左距刘M3约12米，右邻刘M12约7米，坐东向西，墓向308°。为斜坡踏道式双室墓，由墓道、墓门、甬道、前室、后室和侧室、耳室组成，全长20米，最宽处6.95米。后室与墓道现存开口之间斜坡高差约0.95米（图二六五）。

1. 凿痕

墓道遗有横直线与斜直线相混合的尖凿痕。前室顶部遗浅小的点状尖凿痕，室壁和仿木结构建筑雕刻上均遗有宽刃平凿痕。前室左前侧室顶部遗直线与点状相结合的尖凿痕，室壁遗点状凿痕；左后侧室顶部遗短直线状尖凿痕，室壁遗点状尖凿痕。前室右前侧室顶部遗直线状尖凿痕，室壁遗点状尖凿痕；右后侧室顶部遗短直线状尖凿痕，室壁则遗有宽刃平凿痕。后室及其侧室凿痕相同，顶部均遗短直线状尖凿痕，室壁则为宽刃平凿痕。

2. 形制

墓道　平面呈倒喇叭形，长6.6、宽1.8～2.2米。底由里向外倾斜。

墓门　有单层门框，高1.55、宽1.45米。门框上部0.4米处有似屋顶建筑的凸起，但无具体的屋顶建筑形象雕刻，只遗斧凿迹。门后接短甬道，平面呈前窄后宽倒喇叭形，阔1.45～1.55、深1.3、高1.55～1.75米。平顶，呈前低后高状倾斜。

前室　平面呈进深大于面阔的长方形，进深5.9、面阔2.15、高2.3米。平顶，呈前低后高状倾斜。室左右（南北）两壁分别凿有侧、耳室。

前室左壁凿有前后两侧室（图二六六，1；图版二九七），两侧室入口之间浮雕有四方立柱分隔，使左壁呈面阔两间的形式。立柱下有高0.2米的双层四角形柱础，柱顶短蜀柱承方形栌斗，斗上托一斗二升式斗栱一朵。栌斗和散斗下都雕刻有皿板，栌斗上立有短柱。左壁两端施角柱，柱上窄下广，收分明显，柱顶栌斗承一斗二升式斗栱半朵，栌斗与散斗下都有皿板，栱心有直径0.2米的圆木状物。两柱与中柱共同承托两侧室屋檐挑檐枋。屋顶相连贯穿前室，为单檐两面坡屋顶，全长5.65米。屋顶有一条正脊，脊两端不起翘；21道瓦垄为筒、板瓦两用，板瓦仰铺，筒瓦俯铺；檐头的结构是在挑檐枋之上出大连檐，刻出横剖面为长方形的9根椽子头，椽子头上承托小连檐，小连檐之上刻出仰置板瓦和圆形瓦当，椽头与瓦当上下不对齐，板瓦无滴水，瓦当无装饰花纹。

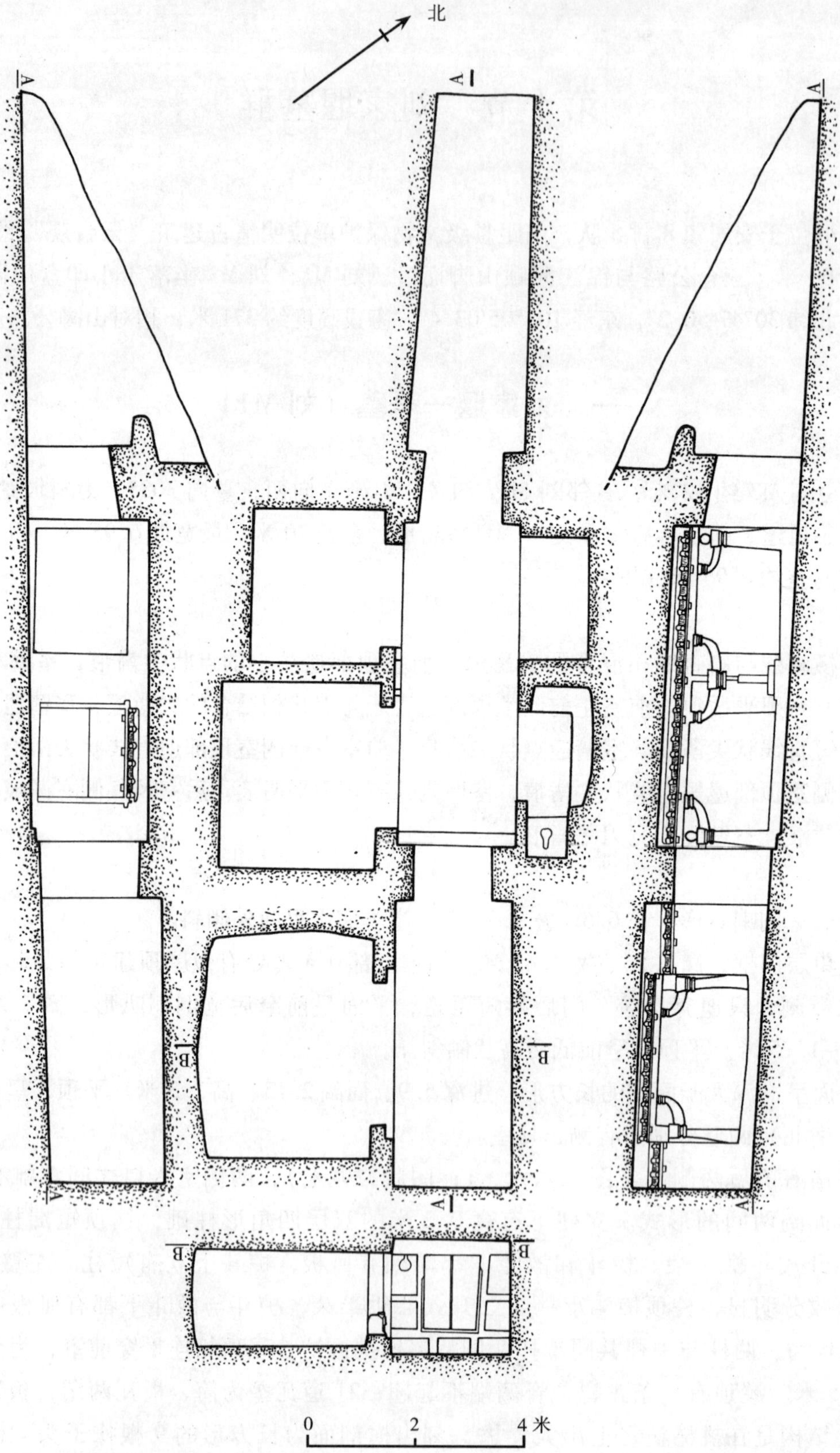

图二六五　刘 M1 平、剖面图

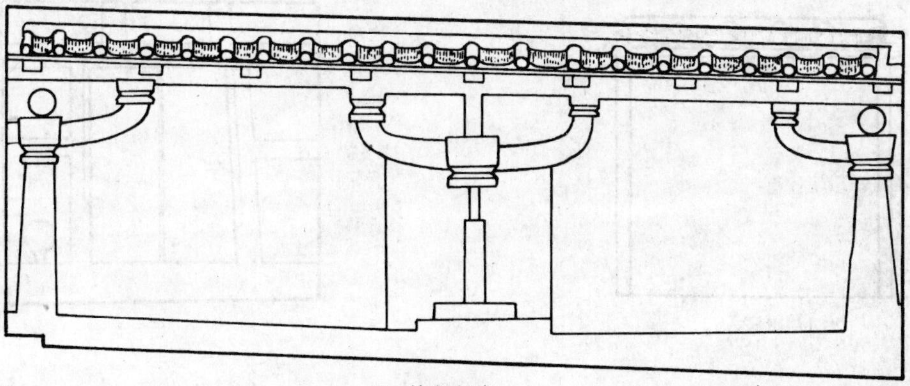

1. 前室左壁

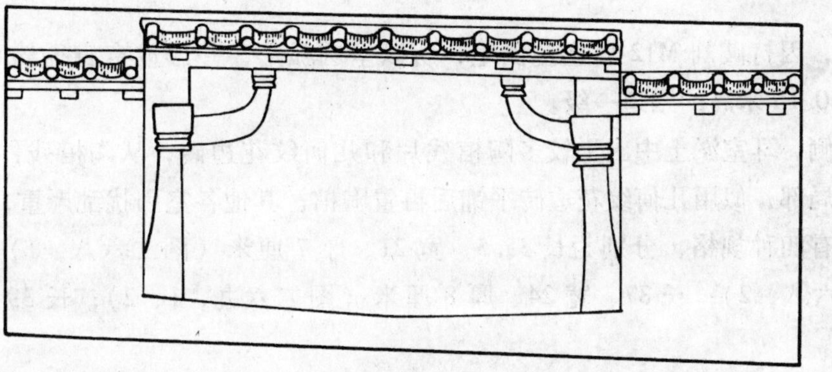

2. 后室左壁

图二六六　刘 M1 仿木结构雕刻（一）

前室左前侧室，入口高 1.55、宽 1.9、深 0.35 米。侧室平面近方形，面阔 2.85、进深 2.5、高 1.95 米。平顶，顶和四壁平素无雕饰。与前室间有高 0.25 米的踏道一级。

前室左后侧室，入口高 1.57、宽 2.2、深 0.4 米。侧室平面近方形，面阔 3.4、进深 3.3、高 2 米。平顶，顶和四壁平素无雕饰。与前室间有高 0.25 米的踏道一级。

前室右前耳室，形制较小，平面呈长方形，面阔 2.3、进深 1.3、高 1.75 米。平顶，顶和四壁无雕饰。与前室间有 0.15 米高的踏道一级。

前室右后耳室（图二六七，1；图版二九八），为庖厨用房。其入口处雕刻有门和屋顶形象。门两侧施有高 1.8、宽 0.01 米四方立柱，柱与檐檩穿斗相连，组成门框，高 1.6、宽 1.6 米。为单檐两面坡屋顶，有一条正脊，两端不起翘，卷杀圆和；6 道瓦垄为筒瓦、板瓦两用，板瓦仰铺，筒瓦俯铺；檐头结构，直接刻出由门柱承托的檐檩，檐檩之上雕刻出仰置板瓦和圆形瓦当。板瓦无滴水，瓦当无装饰花纹；檐檩下还雕刻有 3 根横断面为长方形的椽子头。檐檩与椽子的位置摆放不正确，并且撩檐枋以及大连檐未雕刻。耳室平面呈长方形，面阔 2.7、进深 1、高 1.6 米。平顶。室内左侧凿有连岩单火塘石灶台，宽 0.75、进深 0.75、高 0.35 米。灶台顺置，拱形灶门，圆形火塘与椭圆形烟道。室内右壁距室底 0.95 米处凿有曲尺形案龛，龛长边阔 2.2、短边阔 1.1、深 0.45、高 0.65 米。

1. 厨房入口

2. 后室后壁

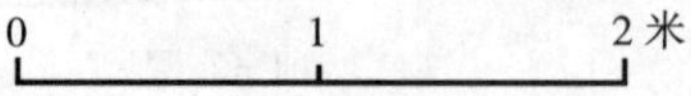

图二六七 刘 M1 仿木结构雕刻（二）

案龛东南端内侧，因打破刘 M12 后室左侧室，所以呈圆弧形，并形成有直径约 0.3 米的椭圆形洞。耳室与前室间有 0.15 米高的踏道一级。

在前室及其侧、耳室淤土中出土较多陶棺残片和几何纹花边砖，从陶棺残件和数量看，应有多具。右前耳室内局部，似用几何纹花边砖平铺后再置陶棺；其他各室因扰乱严重，具体摆放位置已不得而知。花边砖有四种规格，分别为长 35.5、宽 21、厚 7 厘米（图二六八，1）；长 38、宽 23、厚 7.5 厘米（图二六八，2）；长 37、宽 24、厚 8 厘米（图二六九，1、2）；长 39、宽 23、厚 7 厘米（图二六九，3）。

前室后端有两级都高 0.1 厘米的踏道，可上至后室甬道。甬道阔 1.45、深 1、高 1.85 米。

后室　平面呈进深大于面阔的长方形，面阔 2.2、进深 5.2、高 2.2 米。平顶，呈前低后高状倾斜。

后室左（南）壁，雕刻成厅堂形象（图二六六，2；图版二九九），并凿有一侧室。正厅两侧各雕刻上窄下广，收分明显的四方立柱，柱顶一斗二升式斗栱半朵，通高 1.55 米。栌斗与柱头间施有皿板，栌斗上施有较宽的短蜀柱，与散斗共同承托屋檐挑檐枋。单檐两面坡屋顶，正脊长 3.1 米，脊两端不起翘；11 道瓦垄为筒、板瓦两用，板瓦仰铺，筒瓦俯铺；檐头的结构，是在挑檐枋上出大连檐，雕刻出横断面为长方形的 5 根椽子头，椽子上承托小连檐，小连檐之上雕出仰置的板瓦和圆形瓦当，椽头与瓦当上下不对齐。板瓦无滴水，瓦当无装饰花纹。在后室左壁空白处，紧靠正厅两侧，刻有廊屋的形象，屋顶也是单檐两面坡顶。正脊两端不起翘；屋面为筒、板瓦两用，板瓦仰铺，筒瓦俯铺。檐头结构，未雕刻挑檐枋和大连檐，只雕刻出三根椽子承托小连檐，小连檐之上刻出仰置板瓦和圆形瓦当，椽头与瓦当上下不对齐。板瓦无滴水，瓦当无装饰花纹。脊与正厅屋脊间有 0.3 米高差。后室后（东）壁浮雕有反映仿木结构房屋正立面的板门、壁柱与壁穿形象（图二六七，2）。中央线刻板门，门框由门阑、地栿和立颊构成，门阑上立有两短柱，门柱中部刻有壁穿与室左右两壁相接。单层门楣，门分两扇，各高 1.15、宽 0.5 米，高宽之比约为 2.3∶1。在室壁左侧下部，刻有上圆下为长条形的圭窬。

后室左侧室，平面近方形，面阔 4.2、进深 3.7、高 1.8 米。平顶。室壁略向外凸起的弧形，顶和四壁平素无雕饰。

图二六八　刘 M1 出土墓砖拓片（一）

1. 联璧纹（长端）十字折线·璧纹（长端）　2. 菱形纹（长端）十字折线·乳突纹（短端）

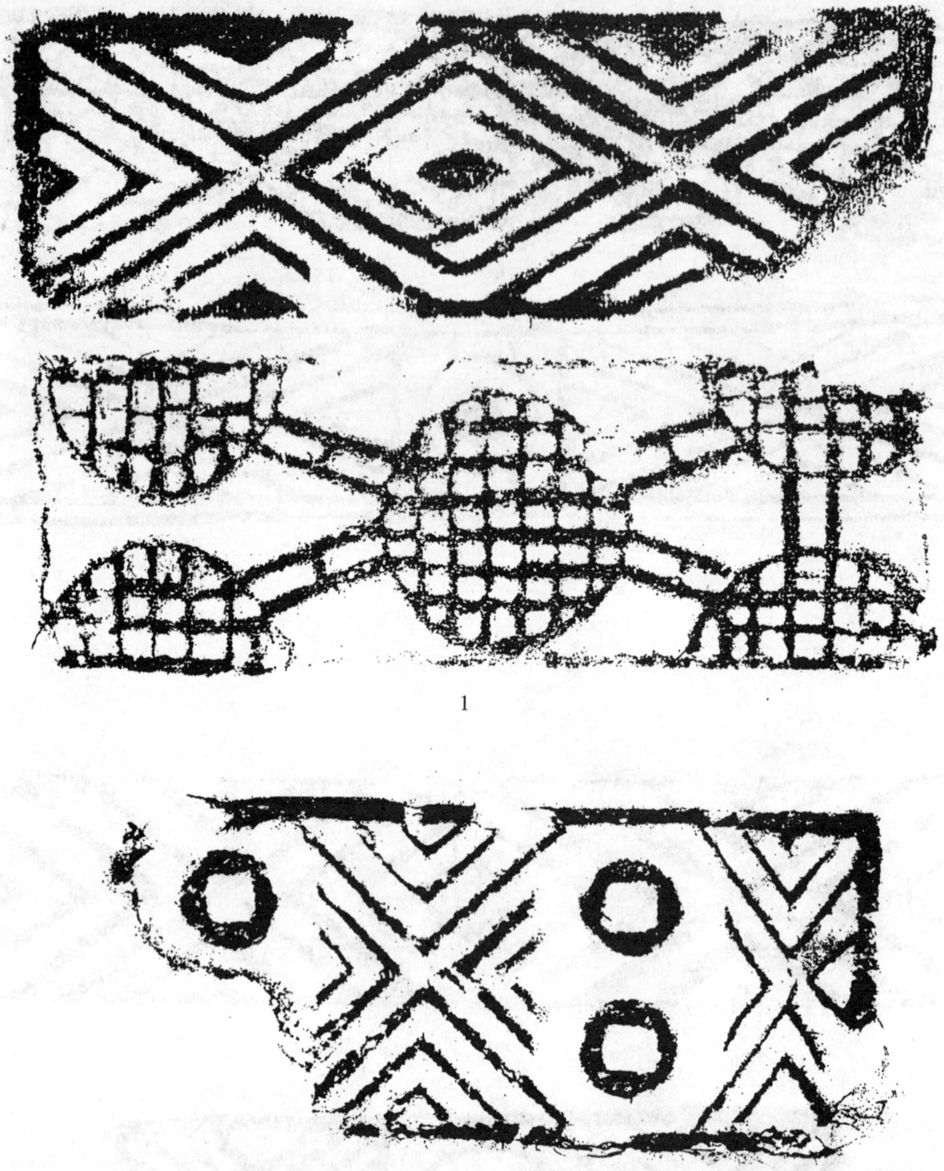

图二六九 刘 M1 出土墓砖拓片（二）

1. 菱形纹（短端）联璧纹（短端） 2. 十字折线·钱币纹 3. 菱形纹

3. 随葬器物

陶罐　1件。刘M1∶2，夹砂灰褐陶，圆唇外卷，斜肩，肩部饰弦纹一道。腹、底部残。残高4.2、口径30.4厘米（图二七〇，1）。

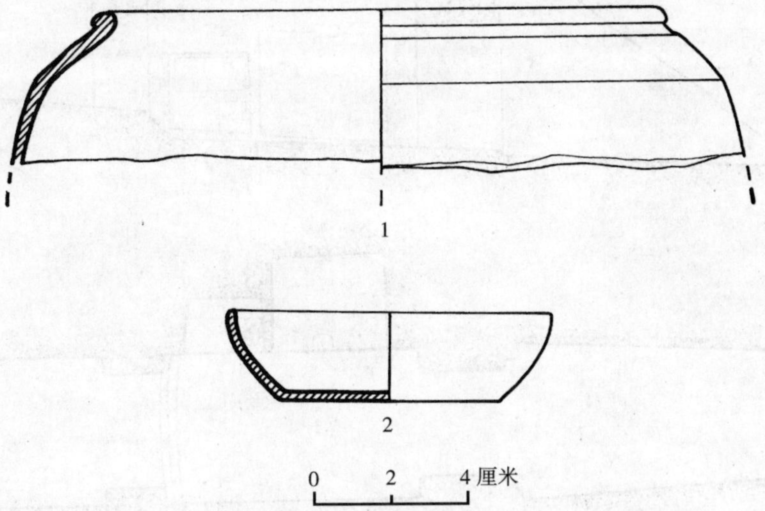

图二七〇　刘M1出土器物

1. 陶罐（M1∶2）　2. 陶盘（M1∶1）

陶盘　1件。刘M1∶1，夹砂灰褐陶，圆唇微敛，弧腹斜收，大平底。口径16.8、底径11.2、高4.8厘米（图二七〇，2；图版三〇〇）。

二　刘家堰三号墓（刘M3）

刘M3右距刘M2约4米，左与刘M4相邻。坐东向西，墓向305°。为斜坡踏道式双室墓，由墓道、墓门、甬道、前室、后室和侧室、耳室组成，全长14.5米，最宽处5.45米。后室与墓道现存开口之间斜坡高差约1.55米（图二七一）。

1. 凿痕

墓道风化严重，似间距较宽的横直线状尖凿痕。前、后室及其侧、耳室顶部均遗直线状尖凿痕。前室壁遗有斜直线状尖凿痕，前室左耳室和右侧前后耳室均是左右侧壁遗横直线状尖凿痕，后壁遗较粗的点状尖凿痕。后室顶部遗有直线状尖凿痕，左右室壁遗间距稍宽的横直线状尖凿痕，后壁则遗有较粗糙的点状尖凿痕。后室左侧室顶部为直线状尖凿痕，室壁则遗有斜直线状尖凿痕。石床表面打磨平整，仅余较少的浅小尖凿痕。

2. 形制

墓道　平面呈倒喇叭形，长4.5、宽1.9～2.3米。后端与墓门间有级0.1米的踏道相连。

墓门　有单层门框，框宽0.15米，门高1.77、宽1.5米。门后接短甬道，阔1.55、深1.2、高1.77米。平顶。

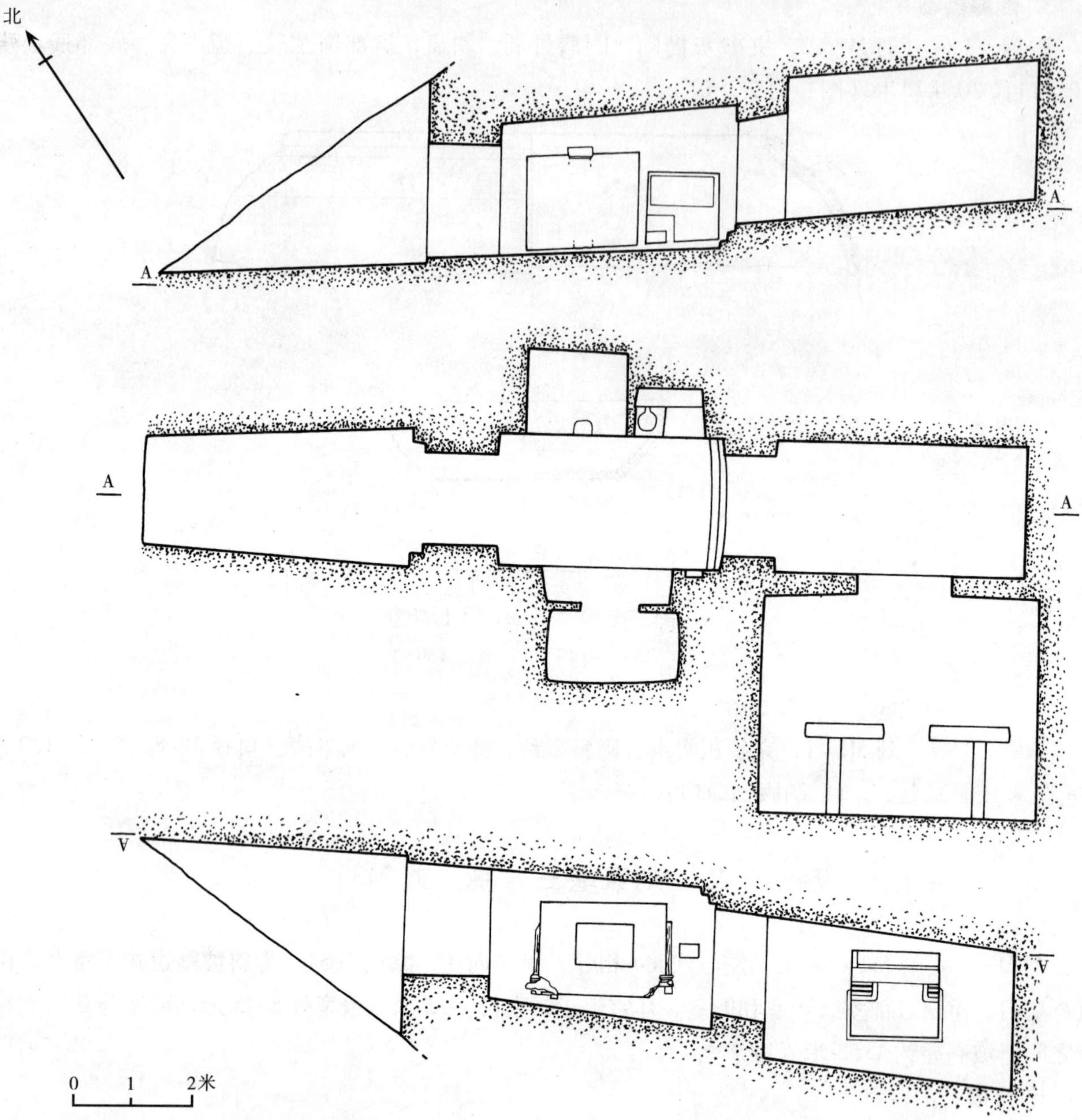

图二七一 刘M3平、剖面图

前室 平面呈进深大于面阔的长方形，面阔2.18、进深3.65、高2.2米。平顶，呈前低后高状倾斜，顶和四壁平素无雕饰。左壁后部凿有小壁龛，龛阔0.35、深0.16、高0.21米。室左右（南北）两壁分别凿有侧耳室。

前室左侧室，其入口处两侧均施有立柱，高1.2米。柱上下收分，下部四方形，上部八棱形，柱顶一斗二升式斗栱半朵。可惜栱和柱多有损坏，其细部特征已不能了解。侧室平面呈长方形，面阔2.15、进深0.62、高1.54米。平顶。顶和室壁平素无雕饰。室后（南）壁凿有连岩龛形崖棺，口部宽0.95、高0.7米。棺内长方形，长2.3、宽1.2、高0.95米。弧形顶，四壁雕凿较精致。棺底与侧室间距0.35米。侧室与前室间有高0.32~0.45米的踏道一级。

前室右前侧室，入口中央原施有立柱，现柱已损毁，其形状不明，仅在门楣中央余有一栌斗，与栌斗相对的室底遗存有柱础痕迹。栌斗上似刻有四个字，可惜现已无法识读。侧室平面长方形，面阔1.62、进深1.42、高1.52米。平顶。顶和四壁无雕饰。与前室间有高0.06米的踏道一级。

前室右后耳室，为庖厨用房。平面呈长方形，面阔1.26、进深0.5、高1.1米。平顶。顶和四壁无雕饰。室北端凿有连岩单火塘石灶台，长方形灶门，圆形火塘，后接长条形烟道。高0.46、宽0.44、进深0.5米。室内东北壁还凿有阔1.1、深0.35、高0.45米的案龛，龛距室底高0.58米。耳室与前室间有0.15米高踏道一级。

前室后端有三级各高0.12、0.16、0.12米的踏道可上至后室甬道，甬道阔1.68、深0.8、高1.7米。平顶，呈前低后高状倾斜。

后室　平面呈进深大于面阔的长方形，进深4.2、面阔2.2、高2.33米。平顶，呈前低后高状倾斜。顶和室壁平素无雕饰。室左壁凿有侧室。

后室左侧室，有单层门框，框宽0.06米。其入口处高1.4、宽1.5、深0.34米。侧室平面呈长方形，面阔4.62、进深3.62、高2.18米。平顶。顶和室壁平素无雕饰。室后（南）壁雕刻有连岩石床（图二七二；图版三〇一），长2.6、宽1.54、高0.82米。床沿四周有高0.32、厚0.22米的栏板围绕，正面栏板雕刻成卧棂窗式，中央有宽0.76米的缺口可供上下。床正面两角圆雕有立柱，柱高0.92米，柱下为四方柱，上为八棱形，左侧柱头卷杀圆和，右侧柱头无卷杀，柱顶一斗二升式斗栱承托室顶，栌斗和散斗下均有皿板，栱心有短立柱。床下有高0.3、宽0.2米的两足。《风俗通义·衍礼篇》："南阳张佰大，邓子伯大三年，以兄礼事之。伯卧床上，敬寝下小榻，言常恐，清旦朝拜。"说明在汉代，床是比榻规格更高的家具。侧室与后室间有高0.2~0.36米的踏道一级。

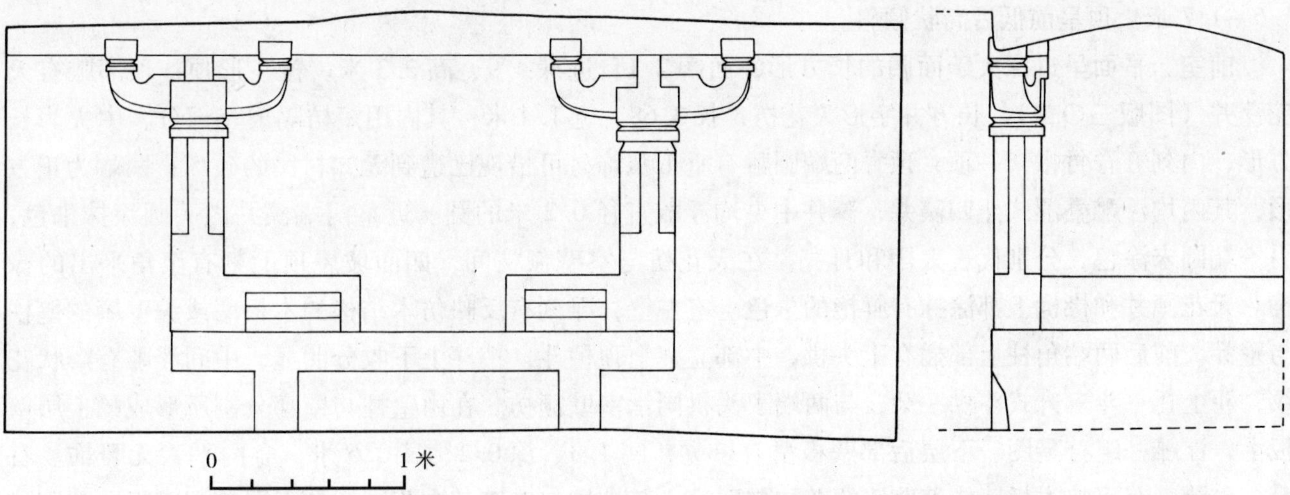

图二七二　刘M3石床

第十一节　黄明月墓群一号墓（黄 M1）

黄明月墓群位于安居镇4村，三（台）大（英）公路30～32公里之间，西北距安居场镇约1公里，西隔公路与原安居盐厂相邻，。黄 M1 位于4村6社，地理坐标北纬30°48′12.5″，东经105°05′28.3″，海拔约374米，相对山脚公路高约15米。1987年，村民捕蛇时从墓门上方裂隙将墓撬开。墓道前端已遭部分破坏。坐东向西，墓向80°。为斜坡踏道式三室墓，由墓道、墓门、甬道、前室、中室、后室、和侧室、耳室组成，全长20.4米，最宽处9.5米。后室与墓道现存开口之间斜坡高差约1.5米（图二七三）。

1. **凿痕**

墓道，遗有间距较粗的横直线状尖凿痕。

前室，顶部和室壁浮雕有丰富的仿木结构建筑形式，壁面打磨平整，仅余较少浅小的点状尖凿痕。其左侧室顶部和右壁前端仿木结构建筑浮雕上，打磨平整，余较少浅小的点状尖凿痕；其余耳室和龛形崖棺均遗斜直线或较粗糙的点状尖凿痕。

中室，顶部遗有间距较宽的直线状尖凿痕，室壁则遗较粗糙的横直线状尖凿痕。其左前侧室和右前侧室凿痕相同，均室顶遗直线状尖凿痕，室壁遗较粗糙的点状尖凿痕。而左后侧室和右后耳室室顶与室壁均遗有较粗糙的点状尖凿痕。

后室，顶部和室壁均遗有短直线与点状相混合的尖凿痕。

2. **形制**

墓道　倒喇叭形，前端因平整土地已遭部分破坏，残长4.6、宽1.9米。斜坡底。

墓门　有双层门框，框宽0.2米，门高1.6、宽1.5米。门后短甬道，阔1.5～1.65、深0.5、高1.6～1.7米。顶呈前低后高状倾斜。

前室　平面呈进深大于面阔的长方形，面阔2.1、进深4.9、高2.3米。覆斗形顶，顶部雕有天花藻井（图版三〇二），长方井字形天花枋，长3.68、宽1.4米，其内用短枋隔成三部分，中央为长方形，内刻五脊竹帐架一顶，顶脊两端圆雕有垂瓜装饰，可惜现已遭到无知村民的破坏；两端为正方形，其内均浮雕叠涩式斗四藻井，藻井中央均浮雕直径0.2米的圆。近墓门端藻井内一圆涂抹朱色，另一端圆未涂色，分别代表太阳和月亮。在天花枋与室壁额枋间，四面坡屋顶上刻有至角平出的椽桷。天花藻井和椽桷上都涂抹有鲜艳的朱色。室左壁，雕刻有反映仿木结构的木板墙或编壁墙的壁柱与壁穿，前后两端角柱上部插有丁头栱，中部立柱上顶栌斗，栌斗上下收分明显，中间浮雕有辫状花纹，斗上托一斗三升式斗栱一朵，与两端丁头栱同承室壁额枋。在由壁柱与壁穿分割所形成的上层壁板上，浮雕一组狩猎图。下层后部壁板凿有壁龛，阔1.3、深0.2、高0.6米。龛内平素无雕饰。右壁，也雕刻有反映木板墙或编壁墙的壁柱与壁穿，其结构与左壁基本相同，在上层前端壁板上分别雕刻有蹲坐人和跳跃人画像。室壁仿木结构建筑形式和画像雕刻上都涂抹有鲜艳的朱色，使前室显得富丽堂皇。左右（北南）两侧分别凿有侧耳室。

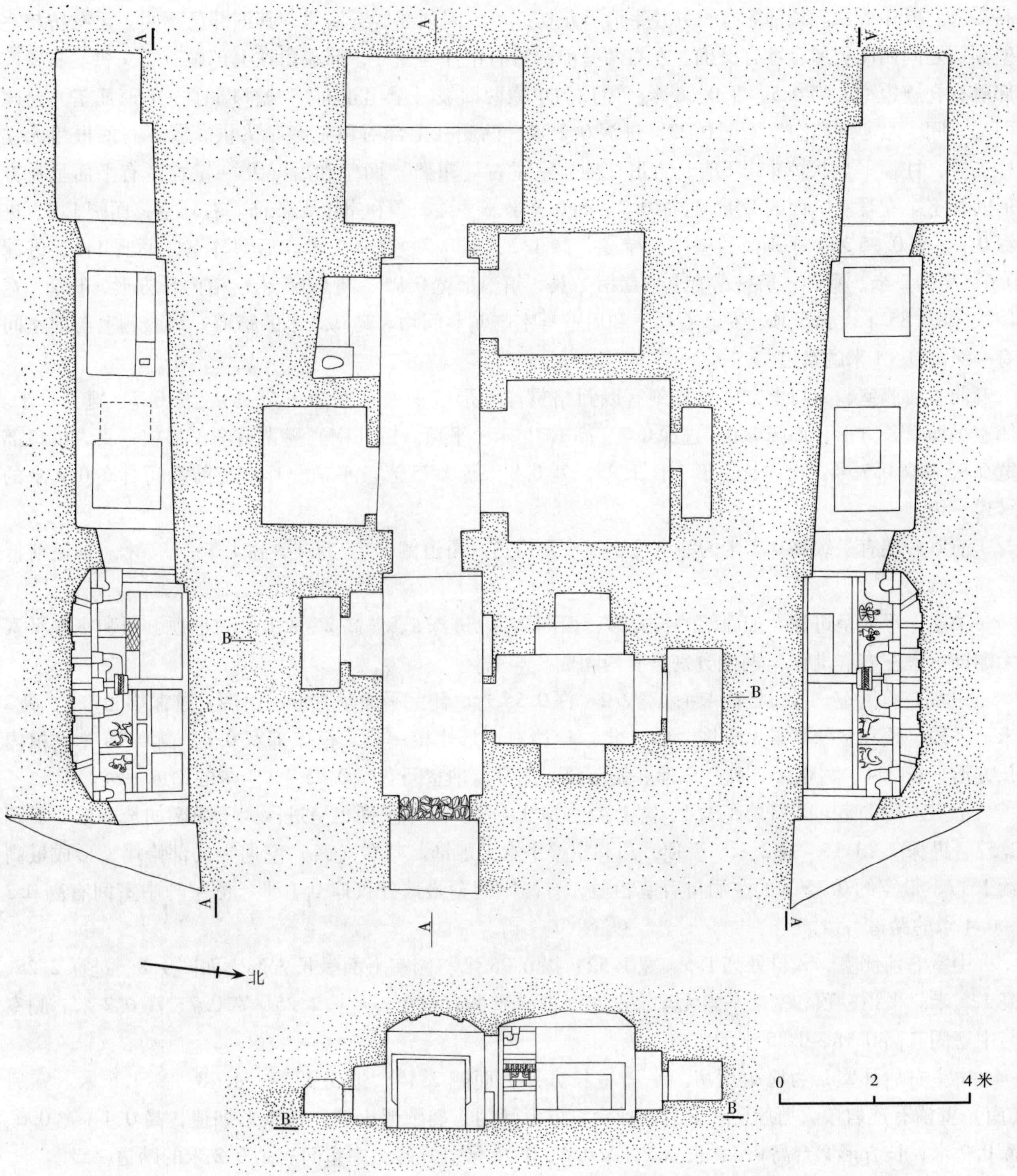

图二七三 黄M1平、剖面图

前室左侧室，入口处高1、宽1、深0.3米。平面呈进深大于面阔的长方形，面阔1.9、进深3、高2米。覆斗形顶。顶部雕有长方井字形天花枋，可惜因顶部岩石崩塌，其细部已不明。天花枋与室壁额枋之间四面坡屋顶雕有椽桷。左右两壁前部雕有壁柱与壁穿，前端角柱上部施有丁头栱。右壁前部雕有仓廪模型，高0.5、宽0.68米。屋顶为单檐两面坡（雕出正面），檐口平直，7道瓦垄。仓廪面阔三间，当心间凿空，面阔0.23、进深0.2米，两侧柱上部对称施有丁头栱。屋下有两根粗大立柱支撑，柱顶平盘状栌斗，下有长方形柱础。室左右（东西）两壁和后（北）壁均凿有平面呈长方形的耳室。左耳室，面阔1.4、进深0.7、高0.8米。平顶，顶和室壁无雕饰。右耳室，面阔1.9、进深0.6、高0.95米。平顶。后壁凿有壁龛，阔1.2、深0.7、高0.7米。后壁耳室，面阔1.5、进深0.6、高1.2米。平顶。后壁凿有龛形崖棺一具，棺口部宽0.95、高0.65米。棺内长方形，长2、宽1.2、高0.85米。弧形顶。左、右耳室和后壁耳室与侧室间均有高0.2米的踏道一级。侧室与前室间有一级高0.15米的踏道。

前室右侧室，入口上方中央雕刻有以斜格贯连菱形纹窗牖（图版三〇三），长0.7、宽0.2米。侧室平面呈长方形，面阔1.8、进深0.7、高1.15米。平顶。后（南）壁凿有龛形崖棺一具，棺口部宽0.95、高0.7米。棺内长方形，长1.95、宽0.8、高0.75米。平顶。耳室与前室间有高0.2米的踏道一级。

前室后端有一级高0.2米的踏道可上至中室甬道。甬道阔1.5、深1、高1.5~1.7米。顶呈前低后高状倾斜。

中室　平面呈进深大于面阔的长方形，面阔2.2、进深5.8、高2~2.1米。平顶，顶和室壁平素无雕饰。室左右（北南）两侧分别凿有两间侧、耳室。

中室左前侧室，入口处高1.4、宽2.2、深0.55米。侧室平面呈方形，面阔、进深均为3.5、高2米。平顶，顶和室壁平素无雕饰。后（北）壁凿有龛形崖棺一具，棺口部宽0.8、高0.78米。棺内长方形，长2.4、宽0.65、高0.9米。弧形顶。侧室与中室间有高0.25~0.4米的踏道一级。

中室左后侧室，入口处高1.4、宽1.45、深0.4米。侧室平面也呈进深大于面阔的长方形，面阔2.57、进深3~3.15、高2米。平顶，顶和室壁平素无雕饰。其右（西）壁前端局部垮塌，形成最高约1.17、最宽约0.35米的空洞与后室相通，有两室间壁最薄处仅厚0.1米。侧室与中室间有高0.3~0.4米的踏道一级。

中室右前侧室，入口处高1.5、宽1.52、深0.28米。侧室平面呈长方形，面阔1.8、进深2.25、高1.5米。平顶，顶和室壁平素无雕饰。左（西）壁凿有棺台，台长2.25、宽0.7、高0.2米。侧室与中室间有高0.18~0.25米的踏道一级。

中室右后耳室，为庖厨用房。平面呈长方形，面阔2.13、进深1.27~1.48、高1.5米。室后（南）壁凿有连岩单火塘灶台和案台。灶台，方形灶门，椭圆形火塘，长条形烟道，高0.4、宽0.6、深0.9米；长方形案台高0.4、长0.9、深0.6~0.75米。耳室与中室间有高0.2米的踏道一级。

中室后端有一级高0.2米的踏道可上至后室甬道。甬道阔1.6、深0.7、高1.5~1.7米。平顶，呈前低后高状倾斜。

后室　平面近方形，面阔3.89、进深3.59、高2.1~2.25米。平顶，顶和室壁平素无雕饰。与后（西）壁相连凿有贯穿墓室的连岩棺台，长3.9、宽1.5、高0.3米。

3. **画像石刻**

主要分布于前室左右两壁，共计6幅。画像上原都涂抹有鲜艳的朱色，现仅遗部分用彩痕迹。左壁上部从东向西用连环画的形式，由蹶张、擘张、猎犬和惊鹿四幅画像组成狩猎图。

图二七四　黄 M1 蹶张拓片

图二七五　黄 M1 擘张拓片

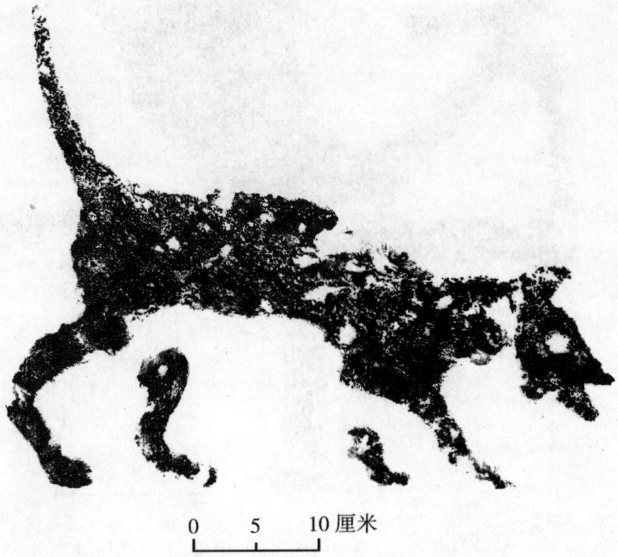

图二七六　黄 M1 猎犬拓片

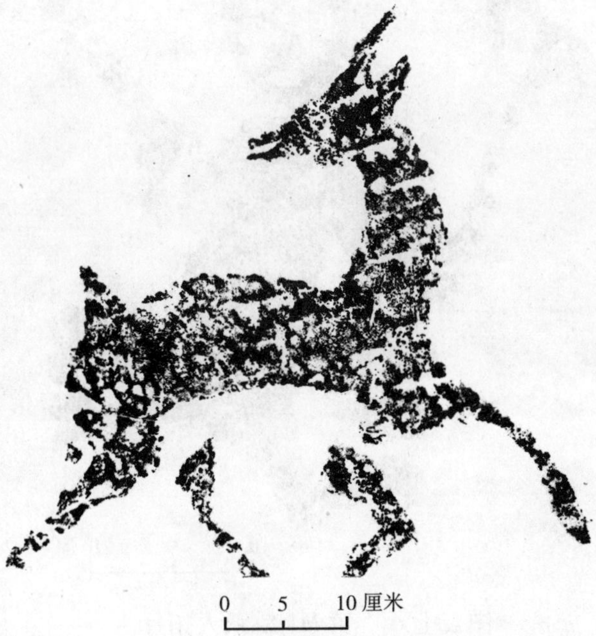

图二七七　黄 M1 惊鹿拓片

蹶张（图二七四；图版三〇四），位于前室左壁后端上层壁板，高43、宽28厘米。图上一人，头裹巾，大眼，高鼻，双足踏于弓上，双手紧握弓弦，双肩高耸，上臂肌肉圆鼓，箭搭于月牙状弩上，正奋力踏弩张之。形象极为强悍生动。

擘张（图二七五；图版三〇五），位于前室左壁中部上层壁板，高50、宽47厘米。一挽弓人，头裹巾，大眼，高鼻，嘴微张，体魄健壮。身着长袖窄袪长衣，腰系带，长至膝，足穿平底浅口鞋。侧身站立，左手伸出搭箭于弓上，右手展力拉弦，作挽弓射箭状。双臂肌肉浑圆结实。

猎犬（图二七六；图版三〇六），位于前室左壁中部上层壁板，高39、长49厘米。猛犬张口，竖耳，瞪眼，头颈前伸，背部呈弧形，长尾上翘，作快速奔跑追捕状。

惊鹿（图二七七；图版三〇七），位于前室左壁前端上层壁板，高43、宽44厘米。鹿头生双角，张口，伸颈回首顾望，短尾上翘竖立，身弯曲成弧形，四肢飞奔向前。生动地刻画出鹿在猎人、猎犬的追逐下，惊恐逃跑中回首探望的瞬间。

此组画像，连续生动、详实、逼真地刻画出当时田猎生活的精彩场面。

跳跃人（图二七八），位于前室右壁前端上层壁板，高47、宽36厘米。上身正面直立，头上裹巾，张口，瞪眼。左手斜上举，手中竖持一棒形物，右手弯曲向上，手举一物。下身左腿弯曲前跨，右腿呈后蹬状。

图二七八　黄M1跳跃人拓片

图二七九　黄M1蹲坐人拓片

蹲坐人（图二七九），位于前室右壁前部上层壁板，高41、宽29厘米。头部剥蚀不清，蹲坐于"T"字形架上，埋头，背部呈弧形，似背负有物。左臂肘部置于膝，呈蹲坐托腮休息状。

第十二节　洞子排墓群一号墓（洞M1）

位于安居镇4村2队洞子排山，北距安居镇500米，东隔锦江河与黄明月墓群相对，锦江河与三仓公路沿山脚而过。洞M1位于洞子排山中部二级台地，洞M1左距洞M2约10米，右邻洞M6约5米，村民许春兰包产地旁山崖上，地理坐标北纬30°48′15.5″，东经105°05′21.2″，海拔高度约367米，相对山脚公路高约13米。坐西向东，墓向110°。为斜坡踏道式双室墓，由墓道、墓门、甬道、前室、后室和侧室、耳室组成，全长18米，最宽处8.75米。后室与墓道现存开口之间斜坡高差约2.25米（图二八〇、二八一）。

1. 凿痕

墓道两壁较粗糙，遗有斜直线与点状相混合的尖凿痕。

前室顶部浮雕天花藻井打磨平整，室壁仿木结构建筑雕刻上则遗有宽刃平凿痕。

前室左前耳室顶部遗直线状尖凿痕，室壁为斜直线状尖凿痕。左后侧室与前室相对独立，并破坏前室左壁仿木结构建筑雕刻，其顶部遗有直线状尖凿痕，右壁前端遗斜直线状尖凿痕。其左侧室顶部遗直线状尖凿痕，室壁为点状尖凿痕，室内连岩房屋形画像石棺雕刻有规整的人字形编席纹；右前侧室顶部浮雕天花藻井与椽桷间遗有间距较窄的直线状尖凿痕，室壁遗有斜直线状尖凿痕；右后耳室顶部遗有直线状尖凿痕，室左右两壁为斜直线组成的菱形尖凿痕，而后壁则遗点状尖凿痕。

前室右侧耳室和侧室顶部均遗有直线状尖凿痕，耳室壁为横直线与斜直线相混合的尖凿痕，侧室壁则遗较粗糙的点状尖凿痕。

后室及其左右侧室顶部均遗短直线状尖凿痕，室后壁遗较粗糙的点状尖凿痕。左右侧室壁遗横直线与斜直线相混合的尖凿痕。

2. 形制

墓道　平面呈长方形，长4.45、宽2.5米。后端与墓门间有高0.1米的一级踏道相连。

墓门　有单层门框，框宽0.05米。门高1.5、宽1.75米。门后接短甬道可进入前室，甬道阔1.75、深0.8、高1.6米，平顶，呈前低后高状倾斜。

前室　平面呈进深大于面阔的长方形，面阔2.15、进深6.45、高1.8～1.95米。覆斗形顶。呈前低后高状倾斜。顶部中央雕刻有宽0.2米的横枋，把室顶分成前、后两部分，每部分都雕刻有井字形天花枋，枋内均雕叠涩式斗四藻井一方，藻井中心浮雕一圆。室左右两壁都雕刻有仿木结构的木板墙或编壁墙的壁柱与壁穿。左壁后端上部雕刻丁头栱，中部似雕有立柱，柱顶斗栱。壁面后部浮雕有仓廪模型（图版三〇八），高、宽均为0.65米。为单檐两面坡屋顶，正脊两端上翘，屋面雕刻瓦垄3道，筒、板瓦两用，板瓦仰铺，檐口无滴水，筒瓦俯铺，瓦当

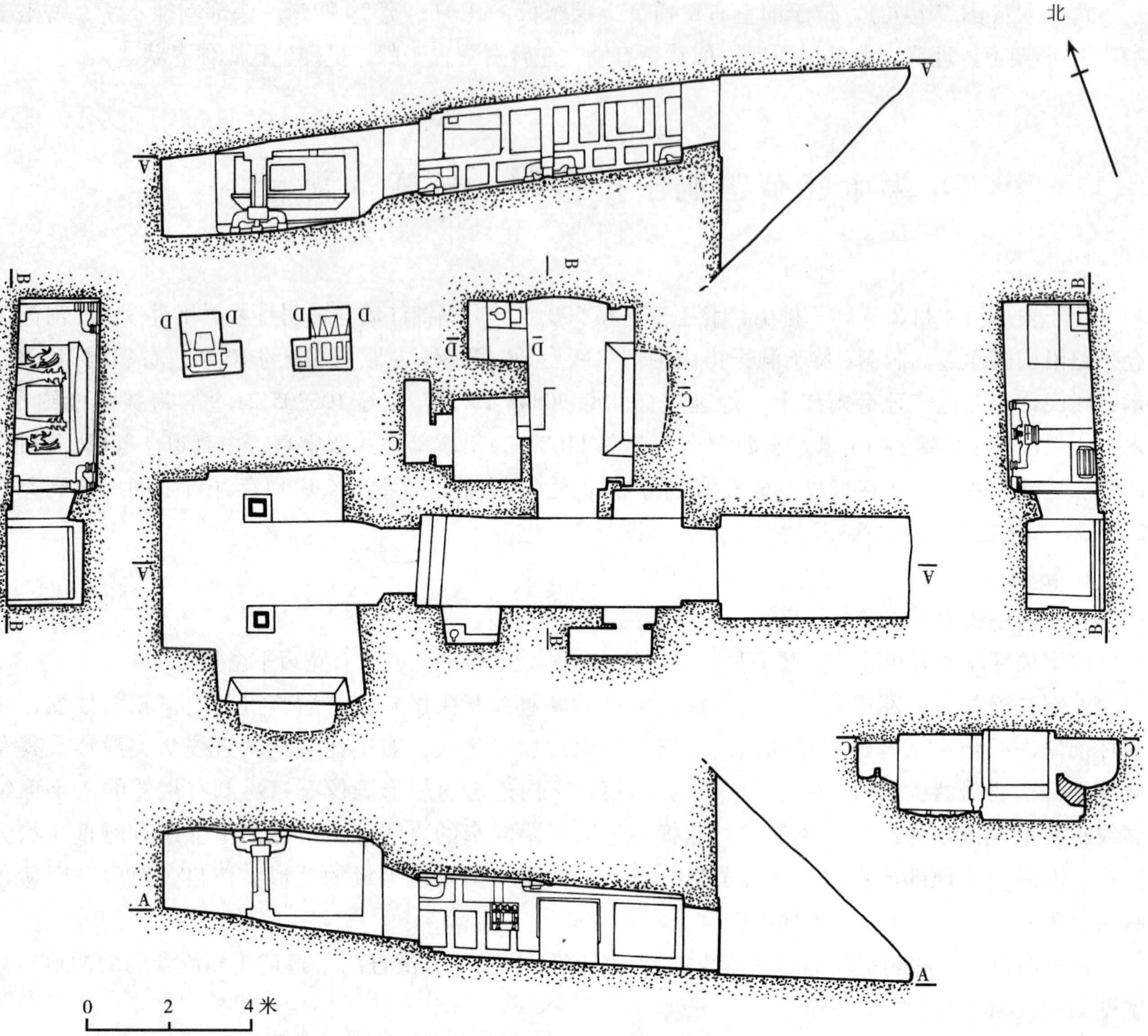

图二八〇　洞M1平、剖面图

无纹饰。呈面阔三间的形式，当心间凿空，高0.2、宽0.25米。在当心间两侧，稍间前还雕刻有高0.15米的粮囷，囷呈圆柱形，盖为圆盘状。屋下施有两根立柱支撑，柱收分明显，上窄下广梯形状，柱下有四角形柱础。右壁前后两端上部均施有丁头拱，中部与左壁立柱斗栱相对处，也施有立柱斗栱，柱呈四方形，上下不收分，柱顶一斗三升式斗栱一朵。丁头拱与中央立柱斗栱分别同承两壁额枋，中央斗栱立柱的齐心斗还承托起前室顶部的横枋。前室左右（北南）两壁均凿有侧、耳室。

前室左壁分别凿有前耳室和后侧室。

前室左耳室，平面呈长方形，面阔1.65、进深0.72、高1.35米。平顶。顶和四壁无装饰雕刻。与前室间有高0.2米的踏道一级。

前室左侧室（图版三〇九），与前室相对独立。因开凿该室，左壁中部浮雕立柱斗栱已遭破坏，

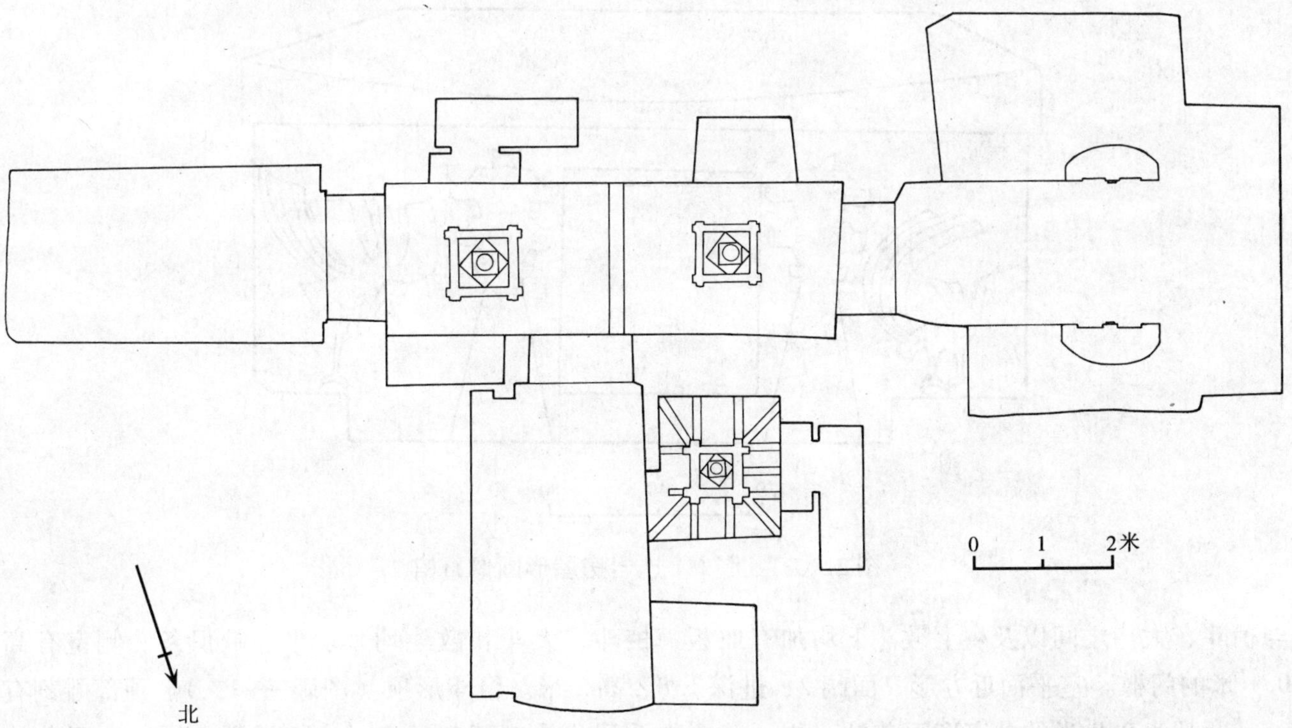

图二八一　洞 M1 仰视图

仅遗留下斗栱的部分横拱、齐心斗和右侧散斗。侧室入口处有单层门框，框宽 0.05 米。门高 1.55、宽 1.45 米，后接短甬道与侧室相连，甬道阔 1.45、深 0.8、高 1.45 米。平顶，呈前低后高状倾斜。甬道前端有一级高 0.2 米的踏道。侧室平面呈进深大于面阔的长方形，面阔 1.8～1.95、进深 4.65、高 2.1 米。平顶。顶和底均呈前低后高状倾斜。侧室左右（东西）两壁又分别凿有侧、耳室，后（北）壁呈弧形外凸。

左（东）侧室，其入口处两侧各施有四方立柱，左（南）侧立柱上、下收分，两柱下有四角形柱础，均柱顶一斗二升式斗栱半朵，同承额枋。在柱与栌斗，栱与散斗间有皿板，栌斗、齐心斗、散斗均耳、平、欹俱备。侧室平面为长方形，面阔 4.4、进深 0.6、高 2 米。平顶，顶和底均由北向南倾斜，顶和室壁平素无雕饰。室后（东）壁凿有连岩房屋形画像石棺（图二八二；图版三一〇），石棺外部形象只雕凿出一部分，棺外部长 2.65、宽 0.6、高 1.05 米，连岩棺盖为盝顶，长 2.8、宽 0.65、高 0.45 米。脊线平直，檐口呈柔和的曲线，屋角起翘。屋顶下虽没有雕刻出檐柱，但仍明显地反映出檐柱逐间升起的情形。棺身口部阔 0.8、高 0.9 米。口为简易子母口，封闭情况不明。在口部两侧浮雕有双凤阙画像。棺内长方形，弧形顶，长 2.35、宽 1.45、高 1.1 米。四角雕凿不规整，为圆弧形。棺下凿有高 0.15～0.25 米的支垫。

右（西）前侧室，入口处右侧有坎墙（图版三一一），长 1、宽 0.25、高 0.6 米。坎墙正面雕刻呈卧棂窗式。墙两端施有四方立柱，柱上、下不收分，左（北）端立柱上托一斗三升式垂拱（图二八三，2），栱从栌斗两侧伸出，栱眼部分向上凸起，栱头向下低垂，栱上为散斗。两散斗之间，齐心斗呈平盘状，上承短柱再托散斗。右（南）端立柱顶承栌斗，与垂拱同承额枋。两柱头

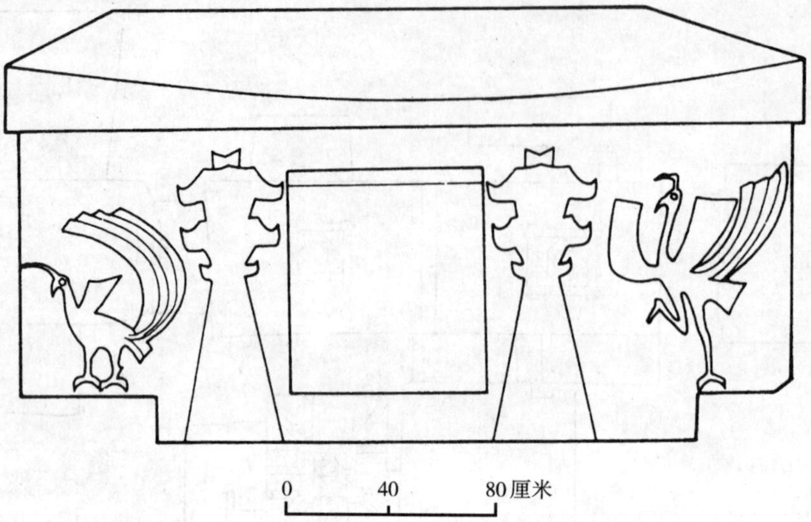

图二八二　洞 M1 连岩房屋形画像石棺

与栌斗、大斗之间以及栱上散斗下均加有皿板，栌斗、大斗和散斗均耳、平、欹俱备。侧室有高 0.1 米的门槛。室平面近方形，面阔 2、进深 1.8、高 2 米。覆斗形顶（图版三一二）。顶部雕刻有长、宽都为 0.9 米的井字形天花枋一周，其内作叠涩式斗四藻井一方，中心浮雕一圆。在天花枋与室壁额枋间的四面坡屋顶，浮雕有直角平出的椽桷，状如薄板。其室后（西）壁凿有侧室，平面呈长方形，面阔 1.27、进深 0.45、高 1.03～0.84 米。前高后低状单坡顶，顶和室壁无雕饰。侧室后壁还凿有龛形崖棺，棺口部宽 0.73、高 0.6 米；棺内长方形，长 2.05、宽 0.6、高 0.85 米。平顶，雕凿较粗糙。

右（西）后耳室，为庖厨用房。平面近方形，面阔 1.48、进深 1.45、高 1.5 米。平顶。耳室左（北）壁凿有连岩单火塘石灶台，高 0.45、宽 0.65、深 0.35 米。方形灶门，圆形火塘，后接长条形烟道，灶门前有长、宽都为 0.25、深 0.05 米的方坑。在室后（西）壁，与灶台相连有高 0.7、长 1.5、深 0.5 米的案台。该室左右（北南）两壁，灶台和案台上方的空白处各雕刻有干栏式房屋形象。左壁房屋，顶为单檐四阿顶，面阔两间。屋面下有两粗壮的立柱支撑，柱上、下收分明显，呈上窄下广梯形状。右壁房屋，未雕刻屋顶，面阔两间，浮雕有反映木板墙或编壁墙的壁柱与壁穿。屋面下有上下收分明显的三根立柱支撑，柱也呈上窄下广的梯形状。

前室左后侧室与前室间有高 0.1～0.15 米的踏道一级。

前室右壁也分别凿有前后两侧室。

前室右前侧室，平面呈长方形，面阔 1.3、进深 0.45、高 0.9 米。平顶，顶和室壁平素无雕饰。后（南）壁凿有龛形崖棺，口部宽 0.65、高 0.8 米。棺内为长方形，长 2.05、宽 0.7、高 1 米。平顶，顶和壁雕刻粗糙。耳室与前室间有高 0.3 米的踏道一级。

右后耳室，为庖厨用房。室平面呈前宽后窄的梯形，面阔 1.35～1.45、进深 0.7、高 1.05 米。平顶，顶和室壁无雕饰。室后（南）壁凿有高 0.4 米的连岩方形灶门单火塘石灶台和案台，灶台宽 0.55、深 0.5 米；案台长 0.85、深 0.25 米。侧室与前室间有高 0.2 米的踏道一级。

在前室后端有三级均高 0.1 米的踏道可上至后室甬道，甬道阔 1.55、深 0.8～0.9、高 1.5～1.75

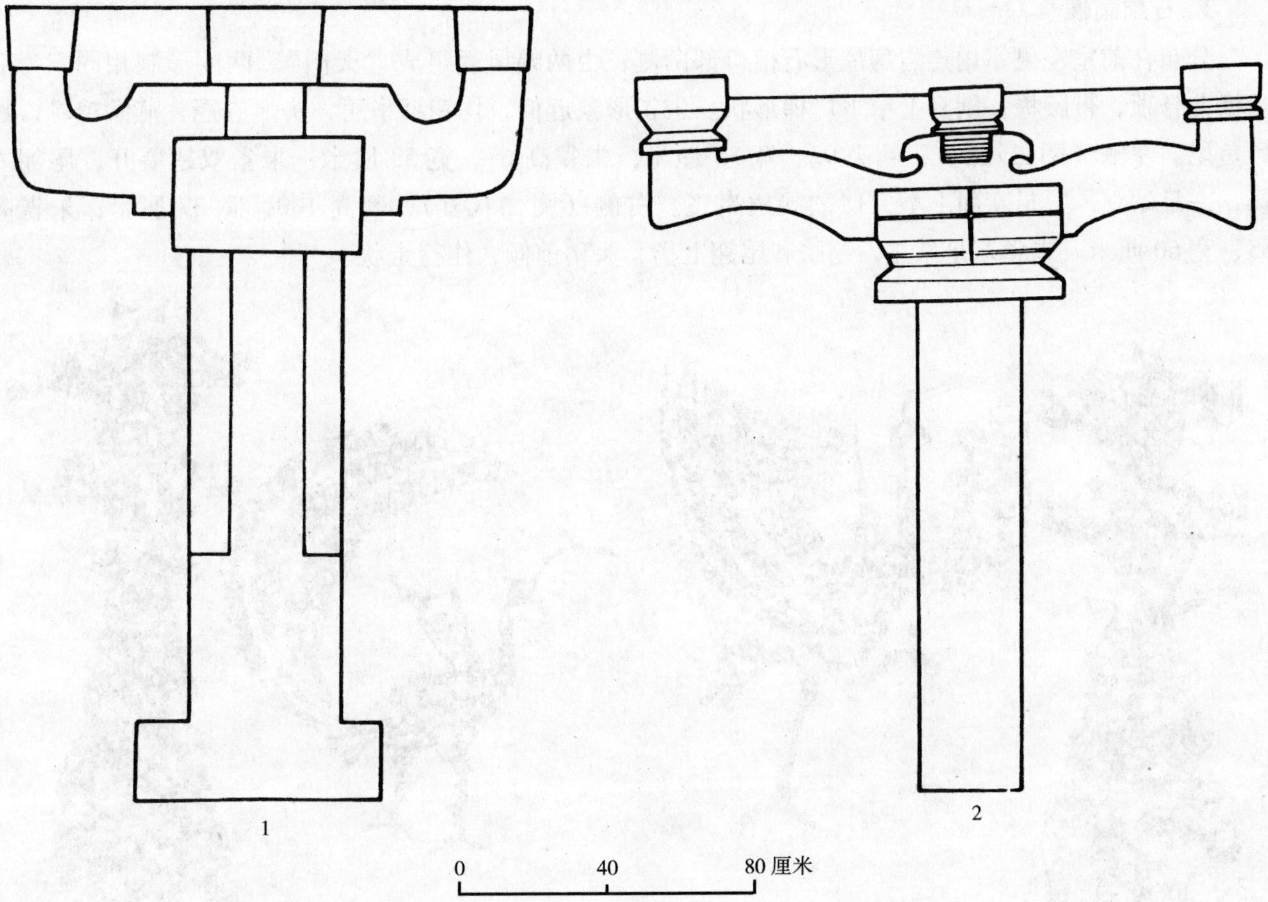

图二八三　洞 M1 立柱斗栱

米。平顶，呈前低后高状倾斜。

后室　平面呈进深大于面阔的长方形，面阔 2.05、进深 5.5、前高 2.4、后高 2 米。平顶，顶和底均呈前低后高状倾斜。后室左右（北南）两侧都凿有侧室。两侧室与后室之间，均立有顶托一斗三升式斗栱的石柱一根，使侧室立面呈面阔两间的形式。立柱斗栱形制相同，左侧通高 1.75、右侧通高 1.9 米（图二八三，1）。立柱上、下同径不收分，下部为四方形，上部为八棱形；柱下有单层四方形柱础；柱顶长方形栌斗，斗上托斗栱，承室顶。

后室左侧室，平面为长方形，面阔 4.55、进深 1.25、高 1.85 米。平顶，顶和室壁雕凿粗糙，似还未完工。与后室间有高 0～0.47 米的踏道一级。

后室右侧室（图版三一三），平面为曲尺形，面阔 3.68～4.9、进深 1.05～2.4、高 1.8 米。平顶，顶和室壁平素无雕饰。在室后（南）壁凿有连岩房屋形石棺，棺的外部只雕凿出大部分，长 2.75、宽 0.65、高 1.3 米。棺盖为盝顶，长 2.9、宽 0.65、高 0.38 米，檐口平直。棺身口部阔 0.9、高 0.6 米，棺内长方形，长 2.4、宽 1.4、高 0.9 米。弧形顶，雕凿不规整，四角为圆弧形。棺下两端分别凿有横剖面高、宽都为 0.2 米的横置垫枋。石棺表面打磨平整、光滑。侧室与后室间有高 0～0.35 米的踏道一级。

3. 石刻画像

分布在前室左侧室内连岩房屋形石棺口部两侧，由两幅凤阙组成“天门”。两阙形制相同，为双重檐九脊顶，带腰檐，阙身上窄下广梯形状。朱雀形象近似，均翎羽华丽，头上有冠，燕颌鸡喙，蛇颈鱼尾。左侧（图二八四），阙高 92、宽 35 厘米；朱雀高 67、宽 53 厘米。朱雀双翅展开，尾翎上扬，一足站立，一足弯曲上举，似欲展翅高飞。右侧（图二八五），阙高 100、宽 37 厘米；朱雀高 65、宽 60 厘米。朱雀双足站立，翅膀和尾翎上扬，头稍前倾，作行走状。

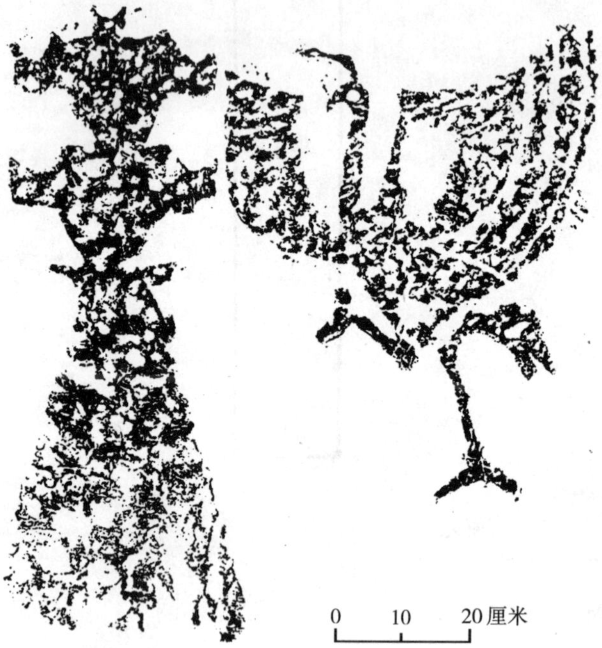

图二八四 洞 M1 凤阙（左侧）拓片

图二八五 洞 M1 凤阙（右侧）拓片

注 释

① 本报告墓室左右方位叙述，按我国的传统习惯，以所观察对象（被观察者）为中心的左右观为基准。即以观察者背向所观察对象（被观察者）站立时身体左右为基准。

② 王振铎：《张衡候风地动仪的复原研究》7～11 页，《文物》1963 年第 4 期。

③ 赵殿增、袁曙光：《“天门”考—兼论四川汉画像砖（石）的组合与主题》3～11 页，《四川文物》1990 年第 6 期。

④ 张良皋：《圭窬小识》54～56 页，《文物》1984 年第 3 期。

⑤ 该墓发掘简报整理完成后，出土铜钱移交给三台县文物管理所，结果与其他地点出土钱币混杂，现已无法分辨。这里只能以简报整理材料为准。

第三章　初步研究

第一节　郪江崖墓年代的推断

需要说明的是：这批崖墓是多年来为了配合“郪江崖墓群”文物保护单位的申报、墓群保护规划的制订以及保护工程的实施，而有选择地抢救性发掘所得。它们大都是有丰富画像或仿木结构建筑雕刻特色的大、中型墓葬，种类不全，远不能完全反映郪江崖墓的全貌。这里还应注意，郪江崖墓群中大中型崖墓往往是家族合葬墓，同一座墓常常由于多次入葬，可能会合葬几代人。如通过对保存较好的重庆忠县涂井五号墓分析①，发现是入葬三男三女的多人家族合葬墓，随葬品大致分成四组。也就是说在同一崖墓内，出土器物的年代有时跨度也较大。所以在采用被盗扰的大中型崖墓内的出土器物作墓葬年代分析时，应充分考虑这些因素，能辨明早晚关系的尽量辨别，有困难的就辨明其上限。在这批37座（紫M9未凿成、柏M3未完成清理）崖墓中，柏M2保存完好，其他各墓均遭不同程度的盗掘破坏。在其中27座崖墓中出土有数量不等的随葬器物，15座崖墓内还出土有铜钱，并在紫M3和柏M1前室壁分别发现纪年题刻和题记。根据对墓内出土随葬器物、仿木结构建筑形式以及画像石刻的内容和雕刻技法等因素的初步分析，这批崖墓总的时代应在东汉。大致可分为东汉初期（新莽末至汉光武帝建武十六年）、东汉早期（汉光武帝建武十六年至明帝时期）、东汉中期（章帝至质帝时期）、东汉晚期（桓帝至汉献帝建安初）和东汉末期（汉献帝建安时期）五个阶段。其中发现有三座崖墓在唐代晚期至五代曾被二次利用（见附表一）。

东汉初期（新莽末至汉光武帝建武十六年）崖墓，包括柏M4、紫M12。柏M4出土陶器包括甑、盆、鼎、盒等，器物组合清楚，带有明显的时代特征。随葬铜钱皆为王莽货泉，其中无面内郭货泉的铸造时代也不晚于王莽末期②。墓内出土陶甑和陶盆都具有西汉晚期到东汉初期的特点。平折沿，深直腹弧收，平底的陶甑，与西昌礼州M1中的陶甑器形相同③，与成都凤凰山木椁墓以及成都市南郊勤俭村M2中的陶甑形制近似④；陶盆器形则与重庆临江支路M3、M4所出陶盆相近⑤。出土陶鼎形制在四川地区东汉墓葬中，可供对比的材料极少，而目前看来，陶鼎在四川地区汉墓中使用的年代下限可能延续至东汉中期⑥，但陶鼎与折肩、直腹、圈足纽的盒在四川崖墓中的组合，则只在西汉末期至东汉初年流行，东汉早期已不见⑦，所以根据其出土的其他器物分析，柏M4的年代大体应在东汉初期。紫M12出土器物以陶质生活用具为主，从器形分析具有新莽时期至东汉初期的特征，墓内出土陶盆皆宽折沿、方唇、上腹壁直，与郪江崖墓柏M4内陶盆近似；直腹罐、折腹钵和16号罐与重庆忠县崖脚新莽至东汉初的AM3、BM22内井桶罐、折腹钵和A型圆肩罐相同⑧；与新都五龙村木椁墓内折腹钵、双流绿水康城小区东汉初M19内AⅡ式陶罐以及成都紫荆路西汉晚期至新莽时期AⅡ陶罐近似[⑨]。所以尽管紫M12墓内出土有陶猪模型，出土陶井的井架和井盖整体制作，井盖呈圆形等特征与忠县崖脚墓地AM3、BM22内出土陶井相比较，相对偏晚[⑩]，但该墓的上限还是应在东汉初期。

东汉早期（汉光武帝建武十六年至明帝时期）崖墓，包括胡M1和金ⅡM4两墓。胡M1出土五铢钱，“五”字交笔弯曲，“金”字头变大，呈三角形，“朱”字头变圆折，钱文特点出现时间不晚于东汉明帝、章帝时期；货泉出现磨郭现象，其年代也不晚于东汉明帝、章帝时期。墓内陶瓮形制与新都互助村M3永和三年纪年墓以及新都马家山M1内随葬陶瓮近似[⑪]；出土陶鼎及陶盆的特征，也要略晚于郪江崖墓柏M4内鼎和盆，所以该墓的年代上限大致在东汉早期。金ⅡM4出土器物较复杂，时代差距较大。出土铜钱包括货泉和五铢两种，货泉为新莽时铸币；五铢钱根据钱文特征分析，有出现时间不晚于东汉明帝、章帝和和帝时期的两类。墓中出土盘口、上腹饰铺首衔环的陶壶[⑫]，以及敛口，折肩，深直弧腹的直腹罐皆具有新莽至东汉初的特征；墓内6号、11号陶罐与成都紫荆路东汉早中期的AⅣ和AⅤ陶罐[⑬]、成都西窑村东汉中期M3的Ⅲ式、Ⅳ式罐相似[⑭]；12号陶罐与元初四年柏M1中的26号陶罐近似。但该墓中还出土具有东汉中晚期特征的摇钱树座以及造型精美、高大的陶俑[⑮]。结合该墓墓室以及侧耳室所遗凿痕的多种多样、各不相同的特点分析，该墓的初凿年代应是在东汉早期，但墓室全部完成应在东汉中期偏晚阶段。

东汉中期（章帝至质帝时期）崖墓，包括金ⅡM1、柏M1、紫M5、紫M6和紫M11等5座。柏M1从墓葬所遗开凿、修整痕迹、墓内仿木结构建筑形式及其上面的彩绘以及画像石刻的雕刻技法等因素分析，该墓除中室右后侧室外，其余各室应是一次性开凿而成，前室左壁有“元初四年九月□日齐公冢”的11字朱书纪年题记。“元初”是东汉安帝刘祜的年号，元初四年为117年。墓内出土五铢钱的钱文特征，出现时间不晚于东汉明帝、章帝时期。随葬的陶罐、盆、折腹钵、耳杯等器物具有东汉中期特征。墓内尽管出土较多制作精美的各式陶俑，但这些陶俑均形体较小，也具有东汉中期特征。由此可知，柏M1应为东汉中期墓葬。金ⅡM1墓内画像石刻都采用减地平面雕刻技法完成，画像细部未雕刻，似利用彩绘表现物像的细部特征，其技法与东汉中期的柏M1内绝大多数画像石刻雕刻技法基本一致，所以金ⅡM1的时代应与柏M1时代相距不远，属于东汉中期。紫M5中室和后室顶部均雕刻有方格状，后世称为“平棋”的天花，与三台县永明镇元宝山M1东汉永和年间大型纪年墓中室顶部天花基本相同[⑯]。墓内出土陶瓮与新都互助村东汉中期M3出土Ⅰ、Ⅱ式陶瓮近似[⑰]，陶双耳釜与新都马家山M5东汉永平八年纪年墓出土双耳釜、新都互助村东汉晚期M2出土陶釜属同一类型[⑱]，但其形制要晚于马家山M5，早于互助村M2。墓内出土陶俑仍以拱立俑为主，种类较少，陶俑和鸡、羊和马等模型形体偏小，具有东汉中期特征，所以该墓的时代应在东汉中期。紫M6出土器物较少，打破紫M5，时代应晚于紫M5。墓内出土陶瓮与新都互助村M3出土Ⅱ式陶瓮近似[⑲]，有东汉中期特征，墓内出土凿边五铢钱的年代上限为东汉顺帝时期，故紫M6的年代应为东汉中期偏晚阶段。紫M11出土铜钱包括大泉五十、货泉和五铢三种，并以新莽时期钱币为多，出土五铢的钱文特征，出现时间不晚于东汉明帝、章帝时期。残存陶俑头，制作粗糙，火候低，形体小等特点也具有东汉中期的特征。该墓后室短小，雕凿粗糙，似未完工，墓内出土器物又无晚期特征，所以该墓的时代也应在东汉中期。

东汉晚期（桓帝至献帝建安初），该阶段包括的崖墓较多，有金ⅠM3、金ⅡM2、金ⅡM3、金ⅡM5、天M1、紫M1～M4、紫M7、紫M8、紫M10、紫M13、紫M14、松M1、刘M1、柏M2和柏M5

等18座。其中柏M2保存完好未被盗扰，紫M7和紫M13残存器物较丰富。柏M2所出钱币较多，但有大量东汉晚期灵帝、献帝时盛行的凿边钱，且凿边程度较大。柏M2∶6～9和柏M2∶12号陶罐与东汉晚期的遂宁笔架山Ⅱ式罐相同[20]，墓内陶甑腹部变浅呈弧形，沿变窄，唇变尖，底内凹；耳杯的双耳简化呈长条形，与杯口平；陶俑形制多样，形体较大，这些都具有东汉晚期特征，所以该墓属于东汉晚期。紫M7打破紫M5，出土耳杯形制与柏M2相同，陶盆口沿外卷，中空，斜弧腹；出土大型陶车模型；陶俑形制多样，制作较精美等皆具有东汉晚期特征，因此该墓应属于东汉晚期。紫M13出土弧腹钵形制与彭山崖墓东汉中晚期Ⅲ型陶碗（M900∶28）相同[21]，陶灯与彭山崖墓东汉中晚期M167∶64陶灯相似[22]。墓内陶俑和动物模型形制多样，形体较大，所以该墓属于东汉晚期。另外其余各墓出土器物较少，但均具有东汉晚期特征，如金ⅠM3出土陶罐口颈部与郪江崖墓柏M2出土陶罐相似、刘M1出土的陶盘与彭山崖墓Ⅱ型陶盘（M661∶37）相同[23]、松M1出土陶盖与彭山崖墓Ⅲ型陶盖（M364∶25）相同[24]、紫M10出土的大型陶舞俑以及天M1墓内的俑头等，均是东汉晚期四川崖墓中较为常见的随葬器物。因此这些崖墓的年代也是属于东汉晚期。

另外，在属于该期的紫M2、紫M3和柏M5三座崖墓中所出土铜钱，除包括东汉晚期灵帝、献帝时盛行的凿边钱、磨郭五铢钱外，还分别出土有始铸时代不早于唐玄宗和唐肃宗的开元通宝和乾元重宝。墓内出土的陶制俑头和足、灰陶罐、车辋模型等均是四川地区东汉晚期墓葬中较为常见的随葬品，而出土的硬胎釉陶圈足撇口碗、器身修长的四系罐和黑釉瓷盏等一批器物，与成都金沙村唐墓出土四耳罐和碗等器形近似[25]，通过成都指挥街唐宋遗址的发掘，也反映出这些器物都是唐末以后才开始在四川地区流行的[26]，加之在紫M3前室左壁还发现有唐代晚期昭宗李晔“乾宁”的年号题记（894～898年），所有这些材料都表明这三座崖墓的初凿年代应是东汉晚期，大约在唐末、五代时曾被二次利用，后又被盗掘。

东汉末期（汉献帝建安时期）崖墓，包括吴M1。该墓出土陶双耳罐与忠县涂井蜀汉时期M6的双耳罐口肩部相同[27]，弧腹钵具有东汉末期的特征。该墓墓室低矮，室内斗口跳斗栱都柱，形制宏大，柱呈八棱状，上下收分明显，与胡M1和柏M1墓内斗口跳斗栱都柱相比较，似乎存在递进演变的关系，明显成熟。但该墓中未发现蜀汉时期的铜钱，所以该墓的年代大致在汉献帝建安十九年，即214年以前，属于东汉末期。

没有发现随葬器物的金ⅠM1、金ⅠM2、金ⅠM4、刘M3、坟M1、黄M1和洞M1七座崖墓，类型包括双室墓、三室墓和多室墓。侧室、耳室和附属设施的位置和数量各不相同，墓内仿木结构建筑形式雕刻也有简有繁，与郪江其他发现崖墓相比较，具有较明显的东汉晚期特征。金ⅠM1、金ⅠM2、金ⅠM4、坟M1、黄M1和洞M1墓内室顶都雕刻有方形格相互交错叠套的规矩形图案藻井，即后世所称叠涩式斗四藻井，这种形制的藻井在三台县永明镇元宝山M1东汉永和年间纪年墓的前室顶部已经使用，但形制较简单[28]，像金ⅠM4前室左侧室、坟M1墓室和侧室、黄M1前室顶部这类较复杂的藻井雕刻，均与沂南画像石墓中室顶部东间藻井[29]、河南打虎亭两座汉墓的墓室顶部藻井基本相同，应是东汉晚期具有时代特征的藻井图案[30]，所以这些崖墓的时代也应在东汉晚期。洞M1前室顶部结构和藻井雕刻与郪江崖墓元初四年柏M1前、中室顶部结构相似，但其前室左后侧室的开凿打破左壁的仿木结构建筑形式雕刻，并且室内斗栱出现栱头下垂作法，这种栱头形态，作为长栱年代明确的最早见于东汉中期偏晚的渠县冯焕阙，作为短栱的栱头下垂作法，主要见于东汉末期至三国的石阙上[31]，所以该墓的始凿年代大致是在东汉中期偏晚阶段，而前室左后侧室的开凿可能会晚至东汉晚期。刘M3墓室结构简单，无仿木结构建筑雕刻，墓内石床形制与郪江崖墓紫M3内石床近似，雕刻更显精美，两墓时代应相距不远，年代也当在东汉晚期。

这批崖墓总的看来，墓室结构都相对较为复杂，附属设施种类齐全，墓内仿木结构建筑形式多样，雕刻精美，属于大中型崖墓。据文献载，东汉末年，阶级矛盾日益激化，豪强地主势力壮大，土地兼并激烈，外戚宦官专权，政治黑暗，社会生产力遭到严重破坏。这样依赖于经济实力支撑蔓延起来的厚葬之风必将受到抑制。四川地区在蜀汉时期因蜀与魏、吴连年争战，社会经济遭到空前破坏，仅从广汉郡人口从东汉时期"十一城，户十三万九千八百六十五，口五十万九千四百三十八。"[32]历汉末蜀乱，入晋时人口则锐减至："广汉郡……户五千一百。新都郡……户二万四千五百。"[33]合计才二万九千六百户的人口记载，就能反映出包括郪县在内的四川地区当时社会生产力所遭到的毁灭性破坏。而郪县在蜀汉时期又曾发生豪族大姓高胜、马秦叛乱，并被征讨诛灭的史实。[34]对豪族大姓的镇压，更加剧了对当地的社会生产力的破坏，元气大伤，进而造成豪族大姓等已无经济实力再凿如此规模的崖墓。并且从墓内残存有随葬器物出土的墓葬看，都未见蜀汉时期的铜钱，以及蜀汉时期所流行头戴簪花或额上眉际有类似佛教"白毫相"的扁长陶俑。所以我们认为这批崖墓的下限应该在汉献帝建安十九年，蜀汉铸造"直百五铢"铜钱以前。

第二节　崖墓类型划分的初步认识

根据目前所掌握的材料，崖墓从西汉晚期开始在四川盆地（包括今四川省和重庆市大部）出现后，就得到迅猛发展，到东汉时风行一时，并波及到云南昭通、贵州遵义地区，一直延续到蜀汉两晋南北朝，成为本地区四百年间普遍盛行的一种墓葬形制。其分布的中心区域为岷江、沱江、涪江、嘉陵江中下游和长江沿岸等地区，即四川盆地的中心地带，其中以岷江、涪江中下游的乐山、彭山和三台地区数量最多，规模最大。[35]地处涪江中游的三台地区崖墓随处可见，特别是郪江崖墓，不仅数量众多，而且极具特色，在四川崖墓中极富代表性。

四川崖墓的数量以数万计，形制结构有简有繁，种类很多，形式复杂，千变万化，而且各区域崖墓在共性下又各自具有比较鲜明的特点。多年来历史学家与考古学家，都试图对所发现的崖墓形制进行类型学研究，寻找其发展规律，以便进行综合研究。分别以乐山、彭山崖墓为代表的岷江中下游崖墓，因其分布密集，数量多，在十九世纪初发现并被准确认知后，即在学术界引起高度重视，对其形制的划分也多种多样。首先，商承祚先生分为"单纯式"、"复形式"、"变体式"三类。[36]其后，刘致远先生提出"单翼式"、"双翼式"的观点。[37]辜其一先生则进一步划分为"单室制墓类"、"重室制类"、"前堂后室墓类"三大类，其中，单室墓类分成"单室墓型"、"单室带左耳室墓型"、"单室带右耳室墓型"、"单室带左右耳室墓型"、"单室带左侧室墓型"、"单室带右侧室墓型"、"单室带左右侧室墓型"等七型；重室墓类分成"重室墓型"、"重室带左耳室墓型"、"重室带右耳室墓型"、"重室带左右耳室墓型"、"重室带左侧室墓型"、"重室带右侧室墓型"、"重室带左右侧室墓型"等七型；前堂后室墓类分为“前堂单穴墓型”、“前堂双穴墓型”、“前堂三穴墓型”、“前堂四穴墓型”等四型，共计三类十八型。[38]后来唐长寿先生根据主室的种类分为“单室制墓”、“双室制墓”和“三室制墓”三类，双室制墓和三室制墓又分别分为A、B两型，共计三类四型。[39]而就三台郪江崖墓形制的划分，罗二虎先生根据正室数量的多寡分为“单室墓”、“双室墓”、“三室墓”和“多室墓”四种类型，再根据墓室平面形制不同，侧耳室的有无，每种类型中又分为若干式，共计四型九式。[40]后来，孙华等诸位先生把在郪江崖墓测绘所得的9座规模较大的多室墓在分为两类两型后，又进一步划分为两亚型五式。[41]罗二虎先生还就四川崖墓的整体情况，根据正室数量多寡和所在位置不同，分成六型；又根据墓室平面形制不同、侧耳室以及墓穴数量多寡、附属设施的位置变化，各型中又分若干式，共计六型二十四式。[42]这些形式划分的结果，如此复杂，让人眼花缭乱，无所适从。不管是乐山、彭山或郪江地区的崖墓，还是整个四川崖墓的形制是各具特色，一墓一式。所以四川崖墓形制结构繁复多样，类型划分困难棘手。

为什么会造成这种现象呢？究其原因，其实这是四川崖墓自身的特点所决定的。崖墓就山崖开凿，往往几代人延续使用和改造增凿，南宋洪适《隶释》卷十三中，收录有绍兴二十七年（1157年），彭山县彭亡山发现的张宾公妻穿中二柱文：“维兮本造此穿者张宾公妻、子伟伯，伯妻孙陵在此右方曲内中”；“维兮张伟伯子长仲，以建初二年六月十二日与少子叔元俱下世，长子元益为之祖父穿中造内栖柱，作崖棺葬父及弟叔元”。从柱文可知，该墓是一座家族合葬墓，埋葬有张宾公妻、子张伟伯夫妇、孙张长仲和曾孙张叔元四代五人。成都天迴山M1共发现瓦棺六具，三个侧室内均分别置有两具；M3更是发现有瓦棺十一具、石棺二具，每个侧室都放置有数量不等的葬具。[43]郪江崖墓中，这样的例子还有很多，紫M5、刘M1内出土的多具瓦棺、砖棺残件，黄M1内仅不可移动葬具就有龛形崖棺三具、棺台两具，洞M1内不可移动葬具也有龛形崖棺和连岩房屋形石棺四具等；[44]反映了这些大、中型崖墓均葬有多位死者，是家族合葬墓的事实。同时发掘者对天迴山M1还有“从结构形式与钻凿功夫看来，北三室可能是这个墓的主室”的感觉，表明北一、北二室应是后人增凿而成[45]；以及郪江崖墓柏M1中室右侧室“打破右前耳室西壁和后室东壁，凿痕与墓葬所遗开凿痕迥异”；坟M1后室右侧室“所遗开凿痕迹与其他墓室不同，并打破后室右壁仿木结构雕刻”；洞M1前室左后侧室“与前室相对独立，并破坏前室左壁仿木结构建筑雕刻”[46]等明显是后人增凿墓室的情况，都表明初造墓者设计开凿的形制布局，在经后代人增凿改造后所形成的形制布局往往变化很大。这种变化，目前仅有极少数崖墓，能根据其所遗凿痕和平面结构布局进行辨别。但就目前所发现的崖墓室壁所遗凿造痕迹分析，几乎所有墓室壁都是使用尖状或宽刃状铁凿开凿、修整而成，其凿痕仅有大小、粗细之分，加之后人增凿的墓室绝大多数与初凿墓室形制间又无明显的打破关系，这样大多数崖墓仅凭开凿痕迹和平面结构布局，是不能准确辨别、排除后代增凿所造成的混乱，进而复原出初造墓者设计开凿的形制。所以许多崖墓的墓室结构很不规范，附属设施放置的随意性较大。从而造成四川崖墓类型的林林总总，千奇百怪。

因此，对崖墓年代的判断，主要应是建立在对墓内随葬器物分析的基础上，并结合其他，如仿木结构建筑形式雕刻和画像石刻等多方面综合考虑。不同类型的崖墓，我们认为仅仅是代表了崖墓间规模大小的差别，所以对郪江崖墓类型的划分，应该采取一种简明的划分方式，即根据崖墓墓道、墓门在一个轴线上的墓室数量的多寡分为“单室墓”、“双室墓”、“三室墓”和“多室墓”四类，不再依据墓葬侧耳室以及附属设施的位置和数量进一步划分式别。

本报告所涉及的37座墓中，除柏M3塌陷、紫M9未开凿完，不知其布局外，其余35座墓中，单室墓3座，双室墓16座，三室墓15座，多室墓（四室）1座。东汉初期的两座墓，柏M4为单室墓，紫M12为双室墓。东汉早期的两座墓，胡M1为双室墓，金ⅡM4为三室墓。东汉中期的5座墓，柏M1、紫M5、紫M6为三室墓，紫M11、金ⅡM1为双室墓。东汉晚期的25座墓，单室墓两座，包括天M1、柏M2；双室墓12座，包括金ⅠM3、金ⅡM2、金ⅡM3、金ⅡM5、紫M4、紫M7、紫M10、紫M13、紫M14、刘M1、刘M3、洞M1等；三室墓10座，包括紫M1、紫M2、紫M3、紫M8、松M1、柏M5、金ⅠM1、金ⅠM2、金ⅠM4、黄M1等；多室墓1座，坟M1。可见，不同的墓葬类型在各个时期都有出现，同一时期多种墓葬类型共存，尤其是东汉晚期，单室、双室、三室、多室墓都有发现。由此可以看出，郪江崖墓墓葬类型的差异并不能在时代上反映出来，似乎不存在规律性。

综上所述，根据四川崖墓的特点，实际上崖墓形制结构即类型的不同，就目前的材料和认识而言，并不意味存在着因时间的推移而呈现出某种规律性的变化，看不出其间有明确的形态演变轨迹。

第三节　墓主身份

先秦时期，由于礼法制度的约束，埋葬制度总体来看呈现出较为鲜明的等级性，我们可以通过墓葬规模、结构、棺椁、随葬品的种类和数量等内容，推测出墓主人生前的社会政治地位。两汉时期，特别是东汉时期，整个社会因封建庄园经济的出现和发展，新兴地方大族的形成，财富与势力已对人们的社会地位起到决定作用，《后汉书·李固传》：“古之进者，有德有命；今之进者，唯财与力。”蜀地也是“家有盐铜之利，户专山川之材，居给人足，以富相尚。”[47]所以与之相对应的墓葬制度，则更多的是表现墓主人的社会经济地位。

两汉时期的广汉郡，是号称“三蜀”的天府之国，享尽天时地利，而作为其属县的郪县“有山原田，富国盐井，濮出好枣。宜君山出麋，尾特好，入贡。”[48]具有丰富的生产资源，正如《汉书·地理志》所云：“土地肥美，有江水、沃野、山林、竹木、疏食、果实之饶。……民食稻鱼，亡凶年忧，俗不愁苦。”这些为经济的发展，奠定了基础。特别是东汉中期以来，政府的经济政策逐渐放宽，《后汉书·和帝纪》载：章和二年，诏“故遣戒郡国，罢盐铁之禁，纵民煮铸，入税县官。”废止盐铁官营，改用征税，郪县有“富国盐井”，盐业资源丰富，地方豪强地主因此政策变化而大得盐铁之利，为其财富的增长创造了有利条件，为郪江大中型崖墓的开凿提供了坚实的经济基础。由于大土地所有制的膨胀，封建庄园经济的进一步发展，许多地主豪强的奢靡之风也愈演愈烈，“蜀土富实，时俗奢侈。货殖之家，侯服玉食，婚姻葬送，倾家竭产。”[49]并受“谓死如生”、“厚资多藏，器用如生人”等贯穿整个汉代的丧葬礼俗的影响，厚葬之风极盛，“世以厚葬为德，义薄终为鄙，至于富者奢僭，贫者单财，法令不能禁，礼义不能止。”[50]在东汉政府“举孝悌”制度的推动下，“子为其父，妇为其夫，竞相仿效”[51]。这些又为大中型崖墓的开凿提供了精神动力，并起到推波助澜的作用。

所以，郪江这批崖墓尽管形制都较大，墓内仿木结构建筑雕刻形式多样、繁缛，个别的还施以鲜艳的彩绘，有些墓内同时还有题材广泛、内容丰富的画像石刻和彩绘画像，并且绝大多数崖墓在已遭到严重盗掘的情况下，仍出土了数量众多、反映地主庄园经济的陶俑和模型明器等随葬器物，但这些已不再是显示墓主人的政治地位、官爵职司，而更主要的是代表墓主人的社会经济地位和势力。如柏M1墓室结构复杂，墓内雕刻和彩绘精美富丽，但墓内的朱书题记以及齐、张、杨三姓人物榜题的姓名前均无官职，其身份当为无官的地主豪右。因此这些崖墓的主人，当是属于具有一定经济地位和势力的豪强望族阶层和有一定官秩的地方小吏。

第四节　仿木结构建筑形式[52]

这批崖墓中发现了大量结构复杂、形式多样的仿木结构建筑形式雕刻，为我们研究汉代建筑技术，复原四川地区汉代民居建筑结构形式，提供了十分宝贵的实物资料。现就郪江崖墓所见的建筑形象作一简要叙述和初步分析。

一　平面

郪江崖墓的布局往往是依照墓主生前居住的宅第（或墓主希望拥有的宅第）布局，它反映的是同时期这一地区中小地主庄园宅第的布局情况。

郪江金ⅠM4、金ⅡM5和松M1均在墓门上沿雕刻有两面坡式房顶建筑形象，檐后依次排列前、中、后三进墓室的大型崖墓。金ⅠM4其后室为主室，正中立一带辟邪座的都柱，柱上承斗栱，室顶有天花，室内置石棺一具。其前左耳室及中左耳室，入口处刻出栏杆、檐柱、斗栱，室内刻天花藻井。显然，这二室也是模仿墓主宅第中的重要居室而建。前右耳室和中右耳室则不同，二者入口处均无柱子和斗栱，室内均未刻天花藻井等装饰（中右耳室连壁柱、壁穿、梁桷等也未刻出），二者所刻的却是：前右耳室有厕溷和仓廪，而中右耳室有灶台、案龛和水缸。可见，这两个耳室表现的是主人宅第的杂屋和庖厨用房。

墓室营建成三进院落的模样，象征正堂的主室置于最后，象征居室的墓室位于中轴线的一侧，而象征厩厕、厨房的墓室位于中轴线的另一侧，并且将厨房等放在前部或中部，这种布局也普遍见于郪江其他大中型崖墓中，是这一时期该地区地主官僚宅第平面布局的典型模式。稍有不同的是紫M2和M3，它们的主室都不在中轴线上，而是位于后室的一侧或两侧。这里需要一提的是紫M3的平面布局，该墓墓室沿平行的二纵轴线分布，其左路从墓门而入，依次是前室、中室、后室。中室左侧辟有用作庖厨的耳室，后室甬道刻双阙，左壁刻兰锜，右侧为四阿顶门厅，门厅后为设石床的主室。其右路实际为左路的前右耳室及中右耳室，只不过二室间有门道相连，自成一体。相似的例子也见于紫

M2，可见这种二纵轴线的平面布局也是当时这里民居的一种常见的形式。

二　柱子

郪江崖墓的柱子种类较多，如果根据柱子在建筑中的位置进行分类，可分为檐柱、内柱、壁柱三种，其中内柱又有前后槽柱和中柱两类。如果根据柱子的形状进行分类，则又可分为方柱、八棱柱、十二棱柱和十六棱柱四种，前两种柱又都可再细分为上下等粗的直柱和下直上收的台柱两类，后两种柱式较少，仅施用于内柱。如果再考虑到承柱方式，那么柱又有暗础柱与明础柱的分别，后者还有兽座柱、骑墙柱等多种样式。

檐柱是指房屋周边的一圈柱子。郪江崖墓的檐柱有两种形式：其在墓檐下者，柱子无论是四方形还是八棱形，一律上下相等，没有收分；而在墓内诸室前的柱子却往往分为上下两段，下为方形，上为八角形，下段均垂直，上段或略收。后面这种柱式，从它往往与栏杆相连的现象来看，它做成这种形式有可能是为了方便与宽厚的栏杆相连接。不过，从金Ⅰ M4 后室内柱也用这种柱式的现象分析，柱子分段的做法应不是随意的，而是汉代该地区的一种固定柱式。

内柱在郪江崖墓中最常见的是中柱，前后槽内柱很少表现（唯一可能属于前后槽内柱的例子只见于紫 M3）。中柱是竖立于房屋中心的柱子，汉代称之为“都柱”[53]。这种柱后世均用于门厅一类次要建筑中，主要殿堂一般不用。汉代则不然，汉人喜欢在最重要的建筑中施用中柱。在这批郪江崖墓内施用中柱有五处：分别在金Ⅰ M4、柏 M1、柏 M4、吴 M1 和胡 M1 墓内。时代最早的是柏 M4，该墓是带长甬道的单室墓，墓室中央施一上窄下广的四方立柱，柱顶一斗二升式斗栱承室顶，柱下方形柱础（汉通称碽）[54]。金Ⅰ M4，该墓后室平面为长方形，在室内分心线中部竖立一用辟邪座承托的石柱，柱下部为四方形，上部收分，呈八棱形，其上有斗栱承托巨大的内额或横梁。胡 M1 后室壁中央的十二棱柱，柱头卷杀，柱顶巨大的十字斗栱承室顶天花，解决屋顶梁架的跨度，增加墓室的进深。柏 M1 和吴 M1，两墓主室平面大致都呈正方形，室中心分别立有一较粗的十六棱和八棱形中柱，柱下也分别施有四方和八角形柱础。柏 M1 内中柱，柱身不收分，施朱红色彩绘；吴 M1 内中柱，柱身收分甚大，柱头有卷杀，两柱均上承巨硕的十字形斗栱。这些中柱斗栱，其形象宏伟、雕刻逼真，是迄今所见汉代建筑史料中最为重要的几处。

壁柱断面呈方形或长方形，其名称在汉代叫做“欂”[55]，它总是与壁穿（汉代称“壁带”[56]）配合使用。郪江崖墓的壁柱有两种形式：一种柱头不施斗栱，另一种柱头施斗栱。后一种壁柱使用较少，见于柏 M1 前室和后室以及紫 M1、坟 M1、黄 M1 和洞 M1 各墓的前室，前一种壁柱则在郪江崖墓中随处可见。

三　斗栱

郪江崖墓的斗栱有五种形式：第一种是在栌斗上出一横栱（汉代称“栾”，又称“曲枅”[57]），栱上托二斗子（汉代称“栭”[58]），栱心伸出梁头。这种形式的斗栱清式名称为一斗二升。第二种与第一种相似，只是梁头不从栱心伸出，在梁头的分位上代之以斗子。这种做法，宋代称把头栱，清代称一斗三升。第三种比较少见，栌斗上的横栱只向一边伸出，其上托斗子，其形式就好像半朵一斗二升式斗栱。第四种是横栱插于柱头上，栱有对称插的，也有不对称只插一边的，后者宋代称丁头栱。以上四种斗栱，在其他地区汉代的崖墓中，以及在汉代的石阙、陶楼、画像砖和画像石中也常常可以见到，不足为奇。郪江崖墓斗栱中最令人注意的乃是第五种斗栱。这种斗栱仅见于柏 M1、泉 M1 和胡 M1 的中柱上，它们的栱从栌斗的前后左右四个方向伸出（只雕了前左右三方，后部因不在视觉范围内，或省略未刻或仅具雏形（实际上应是四面相同），其上托斗子，斗子上再承梁枋。这种斗栱宋人称之为“斗口跳”，作为汉代斗栱实例，目前只在郪江崖墓中有发现。值得注意的是，在胡 M1 中柱斗栱正面栱子，即相对于后世的华栱上，再出令栱承室顶天花枋，堪称目前发现最早、最形象直观的斗栱出双跳实例。在吴 M1 中柱斗栱的栌斗之上，刻有一圆柱的形象，这说明该墓所摹仿的木构建筑应是内立中柱的多层楼阁，上层的柱子应插在下层立柱的栌斗之上。这种建楼立柱的方式在宋人《营造法式》中称之为“叉柱造”。

汉代是斗栱从初创逐渐走向成熟的演变阶段，其斗栱尚未定型，因而属于这一时期的郪江崖墓中的斗栱虽然种类简单，但其细部做法却变化多样。这种多样性表现在：

1. 皿板　皿板主要指位于柱头与栌斗之间的垫板（从郪江崖墓斗栱的情况来看，在某些栱头与斗子之间似乎也有垫板），它是汉代前后斗栱特有的构件。郪江崖墓中的斗栱栌斗之下或施皿板，或不施皿板，皿板已属于一种可有可无的构件。这正是皿板逐渐走向消亡的一种表现。

2. 栌斗　栌斗是由称为“枅”的柱上方木演变而来。但在汉代，其形式仍不固定，或仍保持了较为原始的状态，或已采用了较为进步的形式。郪江崖墓两种形态的栌斗并存，既有上下相等的“柱上方木”式的栌斗，如金 I M2、紫 M2 等；也有上大下小、近下部有一道横线的栌斗，如紫 M3、坟 M1 和黄 M1 等；还有具备耳、平、欹三部分的栌斗，如紫 M1、松 M1、柏 M1 和胡 M1 等。后者已与南北朝以后定型的栌斗相似，是已经基本成熟的栌斗形式。

3. 栱　郪江崖墓的栱从正面来看，主要有两种做法，第一种见于金 I M3 和坟 M1 前室左后侧室，它没有后世所谓的“栱眼”，栱眼部分向上凸起，而栱头部分又向下低垂，形态较为特殊。第二种普遍见于郪江其他崖墓中，它具有栱眼，栱头卷杀圆和。从侧面来看，也主要有两种做法，一种见于吴 M1 和柏 M4，其栱的宽度从栱心到栱头逐渐变窄；另一种较为常见，其栱的宽度前后相等。

4. 斗子　斗子的情况与栌斗近似，既有耳、平、欹三者具备的，又有不带欹的。从斗子的位置来看，置于栱心的斗子（宋称“齐心斗”）与置于栱斗的斗子（宋称“散斗”）形制还常常有所不同。散斗多做成上大下小的真正的斗栱，而齐心斗则往往做成上下相等的方木形状。此外，还有在齐心斗下施短柱的现象。

四　墙壁

郪江崖墓表现的墙壁比较单一，都为一种较薄的木板墙或编壁墙。这种墙是以壁柱和壁穿为框架，其间或用薄木板板心，或以竹笆抹泥隔断。这是南方地区现今仍然采用的一种墙体做法。

墙上用壁柱和壁穿的做法至迟可以追溯到东周时期。由于地理环境的不同，南方和北方使用这种墙的情况也不相同。北方地区，天气寒冷，墙壁需做得宽厚，一般用夯土为主体，壁柱和壁穿主要是为了加固墙体。而南方地区，天气温和，墙体可以做得很薄，壁柱和壁穿就成了墙体的主干，壁板仅起着分隔内外的作用。正因为如此，这种墙具有很强的适应性，它既可以自由地开辟门窗，还可以利用墙壁面的空间分隔来进行装修。郪江崖墓紫 M1 在壁板上安排画像，以及紫 M3 和松 M1 利用壁柱为架放置兵器，都是其例。

五 梁架

屋顶结构在一般崖墓中很少表现，但在郪江崖墓中却表现得极为丰富和细致，从中可以看出汉代梁架和屋顶的处理手法。不过，应当说明的是，中国木结构建筑的梁架情况往往是较为复杂的，不同高度的构件常常互相遮挡，有的构件（如悬空的梁枋等）又难于用石雕予以表现。这些因素导致郪江崖墓墓顶雕刻所表现的梁架结构必然是不完全的，它所反映的仅是靠近屋面的那部分，实际上汉代的屋顶梁架应当更为复杂。

郪江金 I M4 后室平面呈长方形，在该室的中柱上托有巨大的梁枋，梁枋中间最高，两端逐渐斜收，与周围口字形枋木相交。此梁枋从其位置来说，在脊榑正投影之下，仰视与脊榑在同一分位上；从其作用来说，它几乎横贯该室，是该建筑最重要的承重构件。它的汉代名称叫“栋”[59]，而栋上一圈枋所承托的遮掩了上部梁枋的东西，则应是“櫋”[60]，也就是后世所称的天花。此墓室所表现的四阿顶一类较大型建筑的梁架结构，反映了汉代建筑中的一种不见于后世的梁架做法。

郪江金 I M4 前右耳室平面也呈长方形，在该室两山墙的梁架之上，还隐约可见合楮（?）、蜀柱（汉代称“棁”[61]）的形象，蜀柱上有斗子，上托粗大的脊榑（汉代称榑为“桁”[62]）。在脊榑到阑额（汉代称为“楣”[63]）之间，施以扁长方形的“桷”，整个梁架结构甚为简洁。该墓室不施天花，属于后世所谓“彻上露明造”，它表现的梁架结构代表了汉代两面坡悬山顶小型房舍的做法，有的做法在现在的四川民居中仍可见到。

郪江吴 M1 主室，如前所述，它是仿自一座用中柱承托的楼阁。该楼阁下层的斗栱之上，承托有一圈不大的梁枋。这圈梁枋用材太小，与柱子和斗栱不成比例，不像是承托上层重量的大梁，倒有可能是梁下的托梁或替木，托梁或替木之上才应是井字形大梁或铺板枋。楼阁只用中柱为承重内柱，上下层中柱用叉柱造的方式连接，梁枋平面布置呈井字形。这种做法或可作为汉代楼阁内部结构的一种制度，值得注意。

椽子是靠近屋面的梁架结构，因而它在郪江崖墓中表现得也最多。椽子汉代通名为“榱”[64]，依其断面形状方圆的差别，又有“圆曰椽，方曰桷”的不同名称[65]。郪江崖墓所见的椽子，以方形之桷占绝大多数，圆形之椽见于紫 M1 前室、柏 M1 前室右侧室和中室与后室间过厅。从椽的用法来看，通常的做法都是与榑垂直平铺，四坡屋顶至角也不斜出，但也有椽子至角斜出的用法。郪江紫 M1 前室和柏 M1 前室右侧室的椽分两层，紫 M1 前室下层檐椽断面为方形，至角平出，而上层的飞椽断面却为圆形，至角斜出，这种与后世的做法不同，其中檐椽和飞椽的断面形状还正与后世相颠倒。而柏 M1 前室右侧室的檐椽和飞椽断面形状则与后世相似。

六　屋顶

屋顶样式在郪江崖墓中有两类，一类为两面坡屋顶，一类为四面坡屋顶。

两面坡的屋顶，如金ⅠM4前室和中室、柏M1前室右侧室。墓室平面均为长方形，但屋顶样式却有区别。金ⅠM4前室和柏M1前室右侧室为人字坡悬山顶，屋顶正中施一根较粗的脊槫，脊槫断面呈长方形；而金ⅠM4中室却为圆弧形卷棚顶，屋顶无正脊，故梁上仅施两根平槫，平槫断面呈圆形。

四面坡屋顶比较多见，如金ⅠM4后室和左耳室、金ⅠM2前左耳室、松M1和坟M1内各墓室等。根据其有无正脊，四面坡屋顶也可分为两种形式。第一种是有正脊的四阿顶，也就是后世所谓的庑殿顶。这种屋顶的建筑，其平面均为长方形，故其角脊脊线不可能交到一点，其间必有一正脊。从金ⅠM4后室屋顶的角脊与正脊的关系来看，当时四阿顶的正脊应当较短，屋面坡度平缓，其屋顶外观正与同时紫M1前室壁浮雕仓廪的四阿顶相似，这种屋顶在郪江崖墓中比较常见。第二种是无正脊的撮尖顶，这种样式的屋顶在以前的汉代建筑材料中很少见到，使用撮尖顶的建筑，其平面均为正方形，其角脊自然交汇到一点，在该交点的梁上立雷公柱，就可以解决结构上的问题。金ⅠM2前室左侧室顶四脊线的交点刻一圆圈，或许就是象征雷公柱的断面。

七　装饰

郪江崖墓所见的外檐装饰有门、窗和栏杆，内檐装饰有天花藻井和所谓的“笮”。

门的形象在郪江崖墓中较多，在金ⅡM1、天M1、紫M3、松M1、柏M1、刘M1和胡M1等墓内都有反映。可分为两种形式，第一种，只见于柏M1后室右壁，为单扇板门，高宽比约为1∶0.8。第二种，为双扇板门，每扇门的高宽比约在1∶2.9之间。门的设置多利用壁柱和壁穿作为门的立颊、门楣和地栿，在门扇的宽度小于或大于两壁柱间的距离时，另加立颊。

窗的形象在郪江崖墓中见于天M1、紫M3、松M1、柏M1和黄M1。除黄M1前室右耳室为斜格贯连菱形纹窗牖外，其他形制均为简单的卧棂窗，其设置方式则以壁柱和壁穿为周边框架，与门的情况相同。

栏杆，汉代称作“楯”或“阑槛”[66]，它在郪江崖墓中使用的位置均在房屋走廊的前面。由于走廊是人们时常休憩的场所，因而这些栏杆往往做得很宽厚，使之兼有条凳的作用，即清式所谓“坐橙栏杆”。栏杆样式有槛墙式和卧棂窗式两种，都很简单。

天花的形制在郪江崖墓中因墓室平面形状的不同而有所差别。长方形的墓室，其天花多用枋子分隔成日字形或目字形方格，分作日字形者如紫M3和松M1的前、中、后室、坟M1的中Ⅰ、中Ⅱ、后室以及两中室的右侧室第，其天花枋内均为逐层缩小的四边形组成，近似于宋式的“斗八”做法，可称之为斗四天花；分作目字形格者如金ⅠM1前室、坟M1前室、紫M1中室和黄M1前室等，其天花两侧为斗四，中央或做成覆斗形，或以竹子做成四阿屋顶的形状。而紫M5中、后室顶部，则用几纵几横的枋子分成小格子状，似后世的“平棊”天花。正方形的墓室，如金ⅠM4两个左耳室、紫M1前室、松M1后室左右侧室和坟M1后室左侧室等，其天花都为方形的斗四天花。在天花枋交错处，往往雕有龟、鳖、花、瓜的装饰，其含义可能有辟邪压胜，消除火患的作用。

在郪江紫M1中室和黄M1前室底部天花中部，有用竹子构成的四阿屋顶模样的东西，疑即古代文献中所谓的“笮”[67]，其作用大致与后世的藻井类似。

八 仓廪

汉代的郪县，地处号称“三蜀”的天府之国，有“山原田”[68]，封建经济发展迅速，农业生产空前繁荣，粮食连年丰收。为了长期保存这些财富，人们修造了各种储藏粮食的仓廪。郪江崖墓中的仓廪数量较多，金ⅠM3、M4、天M1、紫M1、松M1、柏M2、M5、胡M1、黄M1和洞M1等墓内都雕刻有形制各异的模型，但从整体上分析，它们都有共同的特点，仓廪外形与平房相似，绝大多数是悬山顶，仓身比较严实，无论面阔多少均只设一门。仓下均设柱承托仓身，呈干栏式建筑形制。这主要是从储粮的需要设计的，仓身高出地面，利于防潮，有利于粮食的储藏。该种形制的建筑与四川彭山、邛崃出土舂米画像砖中的建筑一致[69]，这种干栏式建筑在简阳县鬼头山崖墓3号画像石棺上还自铭“大苍”，即为太仓[70]，其寓意墓主在仙境中仓廪充实、丰衣足食，这可能也是郪江众多崖墓均在墓室的显要位置雕刻仓廪模型的用意吧。在天M1、松M1和洞M1的仓廪前，还雕刻有仓身圆桶形，上覆圆形顶盖的粮囷。“囷”，《说文·□部》：“囷，廪之圜者，从禾在□中。”

郪江崖墓的仿木结构建筑构件雕刻，原先多涂有色彩，但由于年代久远，地下水的侵蚀，其色彩现在大多无法辨识。不过在郪江金ⅠM1、M2、金ⅡM1和柏M1等墓中，现在仍可看出，其柱、枋等仿木构件都呈红色。红色在汉代前后是一种高贵的颜色，古诗文中对于所赞颂的建筑的色彩描写，就爱用“丹”、“朱”等字眼。郪江崖墓色彩的运用，正是时尚的反映。

第五节 画像的分类解释与雕刻技法

目前郪江崖墓群已发现并且能进入墓内调查的崖墓，共计1274座，其中90座崖墓内发现有数量不等的画像石刻，画像崖墓占总数的6.98%。现经过清理测绘的37座崖墓中（其中柏M3情况不明），包括16座画像崖墓，共发现164幅（件）画像石刻和雕像、7幅彩绘画像和一具画像石棺。其画像石刻和彩绘均分布在墓内仿木结构木板墙或编壁墙的壁板和墓室甬道侧壁，雕像主要分布在墓室顶部天花枋和崖棺、石棺下（见附表二）。

一 画像的分类与解释

画像大多以单幅为主，其题材、内容比较丰富，按照画像内容的本来意义以及当时流行的丧葬观念，这些画像石刻、雕像和彩绘的内容题材可以大致分为仙禽灵兽为代表的仙境或天界、现实世界墓主世俗生活、地下世界驱鬼镇墓三类。

1. **仙禽灵兽为代表的仙境或天界**

以仙禽灵兽为代表的仙境或天界与反映墓主升仙的题材，实际表现的是汉代人对仙人仙境世界的认知和向往。这类图像较多，包括鹤、羊、猴、鱼、蟾蜍、天禄、瑞鸟、神树以及双凤阙组成的天门图等。

鹤　在郪江崖墓画像中发现较多。鹤在汉代与朱雀一样，都被认为是瑞禽，是天堂仙境和长寿的象征。《淮南子·说林训》："鹤寿千岁，以极其游"，王子乔驾鹤升仙的故事当时也广为流传。仙鹤还有表示使子孙后代青云直上的意思。晋王嘉《拾遗记·吴》曰："张承之母孙氏怀承之时……邻中相谓曰：'昨见张家有一白鹤耸翮入云。'……母使筮之，筮者曰：'此吉祥也，蛇、鹤延年之物，从室入云，自下升高之象也……今出于时，当使子孙位超臣极，擅名江表'。"关于金钟山Ⅱ区二号墓内画像石棺上雕刻的双鹤争鱼图，鹤属阳，据《文选·鲍明远舞鹤赋》，李善注："《相鹤经》云：'鹤，阳鸟也，因金气，依火精。'"而鱼属阴，从春秋战国至汉代，都被人们经常作为配偶中女方的隐喻。所以双鹤争鱼实际还有隐喻男女合欢，追求长生长寿的意愿。

羊　分布在室内门楣中央和石棺底部，《说文》："羊，祥也"，以羊为善良吉祥之物。在汉代的某些出土器物上，就直接有"宜侯王，大吉羊"的铭文。羊还有作为升仙工具的寓意，汉刘向《列仙传》载："葛由，蜀羌人也。周成王时，一日乘木羊入蜀，蜀中王侯追之上绥山——绥山在峨眉山西南，高无极也。随之者不复还，皆得仙道。"《淮南子·原道训》卷一记载："昔者冯夷，大丙之御也，乘云车，入云蜺，……扶摇抮抱羊角而上。经纪山川，蹈腾昆仑，排阊阖，沦天门。"[71]骑羊升仙的神性由此可见。

鱼　为汉代画像中常见的一种图像，反映出鱼在当时经济生活中的重要性，更深的涵义还有二层。其一，鱼与鸟、虎和龙等仙禽瑞兽一样能引导、帮助墓主升天；其二，先秦至汉代，鱼常作为配偶的隐语。《易·剥·六五爻》："贯鱼，以宫人宠，无不利。"《后汉书·杨震传》载杨赐上疏，引用这句爻辞"慎贯鱼之次，无令丑女有四殆之叹。"李善注："易剥卦曰：'贯鱼，以宫人宠。'言王者御宫人，如贯鱼之有次序也。"闻一多先生认为："用鱼来象征配偶，除了它的繁殖功能，似乎没有更好的解释。古人心目中，生殖、婚姻为第一大事。"[72]所以鱼还具有生殖繁盛，多子多孙的祝福含义。

蟾蜍　《归藏》云："昔嫦娥以西王母不死之药服之，遂奔月为月精。"东汉张衡《灵宪》又云："嫦（姮）娥，羿妻也，窃西王母不死之药，服以奔月。……遂托身於月，是为蟾蜍。"表明蟾蜍是天上之月精，《孔子·虚实》云："月有生死。"据月亮的盈亏现象，认为月亮可死而复生，又赋予蟾蜍长生不老、起死回生的神力，更成为长寿的象征。蟾蜍在其他地区汉代画像中常常在西王母身边出现，或为西王母捣不死之药或为舞蹈。显然，在汉代，蟾蜍成为祈求不死者崇拜的对象，而受到人们的普遍尊崇。在郪江崖墓画像中，蟾蜍大多被直接雕刻于连岩龛形崖棺和房屋形石棺下，墓主明显是企图借助蟾蜍而长生不老，进入仙人世界。

天禄　又称"天鹿"，形似辟邪，独角。《汉书》卷九十六上《西域传》第六十六上云："乌弋地暑热莽平，……而有桃拔、师子、犀牛。"孟康注："桃拔一名符拔，似鹿，长尾，一角者或为天鹿，两角或为辟邪。"[73]明周祈《名义考》卷十"天禄辟邪"条云："桃拔，符拔……以是兽能祓除不详也……祓除不详，故谓之辟邪；永绥百禄，故谓之天禄。汉立天禄于阁门，古人置辟邪于步摇上，皆取祓除永绥之意。"如紫荆湾一号墓中室壁的天禄画像，即取祓除永绥之意；而金钟山Ⅱ区二号墓内画像石棺上的天禄，应还有引导墓主升仙的寓意，是吉祥的象征。

神树 画像仅在金钟山Ⅱ区一号墓和柏林坡一号墓中发现，此图可能反映的是桃都树，树上所栖鸟应是天鸡。晋郭璞《玄中记》："桃都山有大树曰桃都，枝相去三千里。上有天鸡，日出照木，天鸡即鸣，天下鸡皆鸣……。"此幅画像还与四川简阳县鬼头山崖墓3号石棺右侧画像中，榜题"柱铢"的树造型近似[74]，这样看来也应同是天国仙境之物。

天门（双阙），阙类建筑，由来已久，在先秦两汉时期，就是一种高贵的礼仪性建筑，矗立在建筑物前。《释名·释宫室》曰："阙，阙也，在门两旁，中央阙然为道也。"《公羊传·昭公二十五年》："子家驹云：'设两观，乘大路，天子之礼也。'"至汉代，《水经注·榖水》引《白虎通》云："门必有阙者何？阙者，所以饰门，别尊卑也。"所以阙也是主人身份、地位和财富的一种标志。但雕刻在墓门以及甬道入口两侧、画像石棺的头挡或连岩房屋形石棺口部两侧的双阙画像，如紫荆湾三号墓后室甬道两侧、金钟山Ⅱ区二号墓和洞子排一号墓内石棺上的这类双阙图，基本形制均是在双阙的顶部或一侧立有凤鸟。这种图像在四川简阳县鬼头山崖墓出土的3号石棺[75]、重庆市巫山县东汉墓中出土的画像铜牌饰[76]都有"天门"榜题，《淮南子·天文训》卷三："天阿（门）者，群神之阙也。"高诱注曰："阙，犹门也。"即象征墓主死后将通过天门升仙。阙上立凤鸟，称凤阙，《文选·西京赋》薛综注引《关中记》说："建章宫阙，临北道，凤在上，故号凤阙。"凤鸟，亦称凤凰，汉代画像石刻中常见，形象和性质与朱雀近似，为祥瑞神鸟。《山海经·南山经·南次三经》云：丹穴之山"有鸟焉，其状如鸡，五彩而文，名曰凤皇，首文曰德，翼文曰义，背文曰礼，膺文曰仁，腹文曰信。是鸟也，饮食自然，自歌自舞，见则天下安宁。"[77]《说文解字》卷四："凤，神鸟也。……出于东方君子之国，翱翔四海之外，过昆仑，饮砥柱，濯羽弱水，莫宿风穴，见则天下大安宁。"[78]在阙上（旁）饰如此神鸟，是区别此阙为群神所居仙人世界的入口。天门图，是汉代四川地区特有的表现仙人世界内容的画像。

2. 现实世界墓主世俗生活

两汉时期巴蜀地区经济繁荣，社会进步，豪强地主势力强大，表现墓主物质、精神生活和身份地位的豪强地主庄园生活、门卫礼仪等世俗生活的画像在墓内也多有反映。包括宴饮、吹笛、六博、狩猎、渔归、秘戏、门吏、部曲、兰锜、兵兰、骏马等。这些题材的画像，在墓内除反映和夸耀墓主生前的地位和富贵生活，更是祈求能将其生前所享用或希望拥有的荣华富贵生活带入死后地下生活。

宴饮、吹笛、六博等是对当时富贵家族奢侈享乐的现实生活的真实反映，与《华阳国志·蜀志》记述的当时四川地区奢侈之风的情况："家有盐铜之利，户专山川之林，居给人足，以富相尚，故工商致结驷连骑，豪族服王侯美衣，嫁娶设太牢之厨膳，归女有百两之徒车，送葬必高坟瓦椁，祭奠而羊豕夕牲，赠襚兼加，赗赙过礼，……若卓王孙家僮千数，程郑各八百人，而郗公从禽，巷无行人，萧鼓歌吹，击钟肆悬，富侔公室，豪过田文，汉家食货，以为称首。"[79]是相吻合的。

狩猎、渔归、田猎是汉代统治阶级生活中不可缺少的部分，《汉书·司马相如传》："背秋涉冬，天子校猎。"颜师古注："校猎者，以木相贯穿，总为阑校，遮止禽兽而猎之。"《后汉书》中明确记载明帝、安帝、桓帝和灵帝等在上林苑校猎的有多处，"上有好者，下必甚焉"，皇帝所为，必然导致豪门贵族田猎之风的盛行。两汉时期蜀地"山原肥沃，有泽鱼之利。"[80]其渔猎不只是豪门贵族的游乐活动，还是当时人们农作之外，另一种重要的生产劳动。黄M1前室壁上雕刻的狩猎图，采用连环画的形式，由蹶张、擘张、猎犬和惊鹿四幅画像组成，雕刻精美，构思巧妙，生活气息浓郁。

秘戏这类画像较少，目前仅见于柏林坡一号墓后室壁。《汉书·周仁传》（卷四十六）：“（周）仁为人阴重不泄。常衣弊补衣溺袴，期为不洁清，以是得幸，入卧内。（帝）于后宫秘戏，仁常在旁，终无所言。”[81]由此可知室内的男女间性行为，在汉代时称为“秘戏”。中国先秦道家，特别是老庄，讲“人道”，既养生延命、通于神明，在其方技中就与“房中术”有关，教导“精结为神，欲令神不死，当结精自守”，“男女阴阳孔也，男当法地似女”，“能用此道，应得仙寿”[82]，认为通过男女间的交媾可达到延年益寿的目的。《后汉书·方术列传》中也记载了一些因行房中术而至长寿者，如甘始、东郭延年、封君达、冷寿光等人[83]。在墓壁的显著位置表现秘戏画像，应有其特殊的功用，既祈求人的死而复生，又用性行为、生殖的方式使其生命得以延续。

门吏图雕刻在墓室甬道两侧壁，分执笏和佩剑执笏二种。执笏是一种礼节，《礼记·玉藻》云：“凡有指画于君前用笏，造受命于君前则书于笏。”陈澔注：“因事而有指画，用手者失容，故用笏也。”而佩剑在汉代也有规定，《后汉书·舆服志》：“公卿以下至县三百石长导从，置门下五吏、贼曹、督盗贼功曹，皆带剑。”可见此类墓葬的主人应是有一定官秩的地方小吏。

部曲本为秦汉军队中的两级建制之称，《后汉书·百官志》：“大将军营五部，部校尉一人，比二千石……部下有曲，曲有军侯一人，比六百石。”东汉中晚期随着豪强地主势力的发展，以及封建依附关系的加强，豪强地主们为了维护其既得利益，逐渐组建起属私人亲兵类的武装，称为部曲。《华阳国志·蜀志》十四（郪县）：“大姓，王、李氏。又有高、马家，世掌部曲。”[84]在汉代，将兵器置于木架上，这种木架名为“兰锜”。张平子《西京赋》云都内甲第：“木衣绨锦，士被朱紫。武库禁兵，设在兰锜。”《文选·西京赋》李善注：“锜，架也。武库，天子主兵器之官也。”李注引《魏都赋》刘逵注：“受他兵曰兰，受弩曰锜。”左思《吴都赋》曰：“陈兵而归，兰锜内设。”郪江崖墓内多处兰锜、兵兰和部曲画像的出现，不仅表现出东汉晚期郪江地区豪强地主拥兵自重，私人武装的强大，更重要的是反映出封建庄园经济的发展。

骏马　乘车骑马是汉代人外出时常用的交通工具，当时从中央到地方，设置的各级官吏，身份高低有别，其车骑出行的规模是等级制度的反映。《后汉书·舆服志》中详细地记载了统治者森严的出行制度，“公以下至二千石，骑吏四人；千石以下至三百石县长二人，皆带剑持棨戟为前列。”郪江崖墓内尽管雕刻有较多的骏马画像，还随葬较多的陶马以及车的模型，但尚未发现表现墓主出行仪仗的车马行列画像石刻等，这也从一个方面表现了郪江崖墓墓主政治身份普遍较低的事实。

3. 地下世界驱鬼镇墓类

人死后其灵魂继续存在，是古人一种非常古老的观念，《礼记·郊特牲》：“魂气归于天，形魄归于地，故祭求阴阳之义。”因此墓主在地下世界不受鬼魅魍魉的侵扰伤害，是一件重要的事情。属于这类题材的画像内容有四神、魌头、守犬等。

四神　所谓“四神”是指青龙、白虎、朱雀、玄武，分别代表传说中东、西、南、北四方守护神。《礼记·曲礼上》曰：“形，前朱雀而后玄武，左青龙而右白虎。”孔颖达疏：“朱雀、玄武、青龙、白虎，四方宿名也。”它们是能护送、帮助墓主灵魂飞升的神兽，此外，还是武力、威猛和辟除不祥的象征。《论衡·解除篇》云：“宅中主神有十二焉，青龙白虎，列十二位；龙虎猛神，天之正神也。飞尸、流凶，安敢妄集？”《风俗通义·祀典》也说：“虎者，阳物，百兽之长也，能执搏挫锐，噬食鬼魅。”《后汉书·礼仪志》刘昭补注：“画虎于门，当食鬼也。”《论衡·乱龙篇》：“画虎非食鬼之虎也，刻画效象，冀以御凶。”都明确地告知龙虎驱鬼御凶的威力。

魌头　是汉代驱鬼仪礼中所用面具。《周礼·夏官·方相氏》云：“方相氏掌蒙熊皮，黄金四目，玄衣朱裳，执戈扬盾，帅百隶而时难，以索室驱疫。”汉郑玄注：“蒙，冒也。冒熊皮者，以惊驱疫病之鬼，如今魌头也。”还有保佑死者魂气有所归托的功用。唐段成式《酉阳杂俎》十三卷《尸穸》：“世人世者有作伎乐，名为乐丧魌头，所以存亡者之魂气也。”

守犬　在郪江崖墓画像中较常见，常常雕刻在墓门附近或正对墓门。《说文》曰：“犬知人心可使者。”而《风俗通义》载：“狗别宾主，善守御，故著四门以辟盗贼也。”表现狗在当时现实生活中能看家守院。但把狗作为重要内容着意雕刻在墓室内的明显位置，当有其特殊的寓意。汉代人认为鼠为鬼怪恶物，能作祟做鬼。晋干宝《搜神记》卷一八和唐欧阳询《艺文类聚》卷九五注云：“谚云，鼠得死人目精则为王”，记有老鼠窜入坟墓，噬食尸体，祸及死者形骸，作祟作鬼之事。为祈求死者在地下的安宁，就要灭鼠驱怪，正如紫M1前室壁上雕刻的那只被捕捉后悬挂在半空的老鼠，其状可怜。狗捕鼠自古有之，《吕氏春秋·士容篇》：“齐有善相狗者，其邻籍之以买取鼠之狗，期年乃得之，曰：‘此良狗也。’其邻畜之数年而不取鼠，以告相者，相者曰：‘此良狗也，其志在獐、麋、鹿，不在鼠，欲其取鼠也，则桎之。’其邻桎其后足，狗乃取鼠。”王充《论衡·物势篇》据阴阳五行之术说：“戌，土地，其禽，犬也……；子，亦水也，其禽，鼠也。”而董仲舒《春秋繁露·五行相胜》曰：“土胜水。”因此犬能胜鼠，能保护墓主不受鼠鬼之害。如金ⅠM1内雕刻的狗咬耗子画像，瞪着圆圆的大眼睛，洋洋得意地叼着一只身体肥硕的大老鼠，面门蹲坐在墓内，尽心竭力地保护着墓主在地下鬼魂世界的安宁。

应该看到，汉代画像的物象，从形象上讲具有确定性，但从含义上讲，却具有一定的多义性。一种物象因为位置或物象间组合的不同，有时可以同时具有几种不同的含义，可以进行多种解释。

二　画像的雕刻技法

郪江崖墓画像以单幅为主，不施用填白和边饰花纹，有的画像雕刻得特别精细、逼真，真实地反映了物象的特点；有的画像则在造型上注重突出物象富有特征的部分，其细部全被省略，采用高度概括的手法，留下整体形象，求形似而更重神似。据观察，郪江崖墓画像的雕刻除阴线刻画像外，其他画像的雕刻都对物象以外的部分作了减地处理。减地方式有四种：A. 凿成宽凿纹；B. 凿成条纹；C. 凿成尖点纹；D. 磨平。画像石刻的表现技法也有五类：A. 阴线刻；B. 减地平面刻；C. 浅浮雕；D. 高浮雕；E. 半圆雕。其中B种雕刻技法又包含：（1）减地平面彩绘；（2）减地平面阴线刻两种（各种减地方式和雕刻技法见附表二）。

A. 阴线刻，既直接在墓壁上用阴刻线条刻出图像，其成像特点是画像表面无凹凸，图像与墓壁在同一平面上。有的图像简单、潦草，线条粗深而拙稚，如紫M7内的奔马、鱼和门吏；有的图像复杂、精美，线条纤细、准确，如紫M3后室壁上的群鸟图。郪江崖墓画像采用阴线刻技法单独成像的物象较少，此种技法多数是在表现剔地浅浮雕图像的一些细部时使用。

B. 减地平面刻，为了表现物象的质感，将物象以外的余白减地，物象一般凸起高达1～1.5厘米，使画面产生凸起的效果，形象突出，但轮廓内仍然平整，画像未突破平面感。（1）减地平面彩绘，物象细部不用刀刻，而用彩绘的方式，直接利用毛笔或勾勒线条以线条作画，或利用色彩的对比调和，清淡浓重的效果采用平涂的技法来充分渲染和表达物象的细部特征。如柏M1后室壁上的女侍图，减地雕刻出物象轮廓后，采用朱红、清淡和浓重的靛青色分别平涂出人物的面庞、身体和头发后，再用毛笔使用较浓重的靛青色线条，在人物的身体上勾勒出人物左手提袍的动作形态，以及身着长袍的衣纹褶皱等细部特征。此幅画像表现相当细致、准确，人物比例适当，勾勒线条流畅，色彩搭配协调，使其人物形象栩栩如生，反映出画师对色彩与线条的运用已经达到相当高的程度，是平面刻浅浮雕与彩绘技艺的完美结合，堪称精品。郪江崖墓B（1）类画像石刻，在四川崖墓画像中是首次发现，这类把物象的形态跟彩绘相结合，是造型艺术中的单独一类，而将平面刻浅浮雕与彩绘技艺相结合的表现技法，也是郪江崖墓画像的重要特点，这将为更加全面的认识四川崖墓画像雕刻提供重要材料。（2）减地平面阴线刻，即物象细部以阴线刻表达，有的物象在细部雕刻完成后也涂抹有颜色。B（2）类画像石刻在郪江崖墓画像石刻中占绝大多数，这种技法可以说是郪江崖墓画像石刻最重要、最基本的雕刻技法，如金Ⅰ M1中的狗咬耗子、蹲猴、力士；金Ⅱ M2中石棺上的仙鹤·三鱼·天禄、双鹤争鱼；黄M1中的狩猎图组画等画像。特别是采用连环画构图而成的狩猎图，造型选择了每个对象最具特点、也最优美的瞬间动态，猎人踏弩搭箭、展力射箭、猎犬奋力追捕，鹿惊恐逃窜过程中的回头一望，都突出表现了处于紧张状态中的猎人、犬和鹿形体的变化，使物象以夸张的造型，在力与美中体现出严谨细腻的写实效果。它以刀代笔，线条流畅，造型生动，精湛地运用动静结合的表现手法来定格这精彩、紧张的瞬间，成为研究汉代社会的珍贵资料。

C. 浅浮雕，物象轮廓外减地，物象呈弧状凸起，细部以阴线刻出，具有立体感的浮雕技法。如紫M1前室右壁的鼠、猪和骏马；柏M1前室右侧室内的骏马等画像。

D. 高浮雕，即铲地较深，物象浮起很高，一般凸起高达5～10厘米。物象根据立体表现的原则，细部用不同的凹凸来刻画，层次起伏明显，具有较强烈的立体感的浮雕技法。如金Ⅰ M1中室门楣中央的羊头、金Ⅱ M1、松M1内的开门探首人和魌头等画像。

E. 半圆雕，即把物象的一部分或大部分立体的雕刻出来，但仍有一部分与岩石连接在一起，使其接近于圆雕，其凸出部分高达15～30厘米。使用此种技法的石刻，严格地说已不是画像的范畴，而是属于雕像了。如金Ⅱ M5、天M1等墓内的卧狗雕刻、柏M5和天M1墓内连岩房屋形石棺和龛形崖棺下的卧羊、蟾蜍雕刻等。而金Ⅰ M4后室都柱下部的辟邪座，则完全是具有圆雕风格的雕像。

目前从已知的材料看，郪江崖墓画像石刻兴起的时间，始于东汉早期，盛行于东汉晚期，至东汉末期随着社会生产力的严重破坏，画像石刻艺术也较快的走向消亡。

东汉早期画像仅在胡M1中发现两幅，内容简单，作风朴拙，雕刻粗劣，形象呆板，分别采用减地平面阴线和高浮雕技法完成，高浮雕技法似还未完全掌握，雕刻的羊头仅具雏形。

东汉中期画像的题材和内容趋于丰富，已较能完整的反映当时的丧葬观念。某些题材大致相同的画像布局已有一定的规律，如反映驱鬼镇墓的守犬画像，就往往安排在墓门或甬道的附近。本期画像在造型上主要使用概括的手法，留下整体的形象，求形似而更重神似。雕刻技法，最主要的特点是使用浮雕与彩绘相结合的减地平面彩绘技法，即物象的细部特征不用刀刻，而运用彩绘的方式来表现。浅浮雕技法在本期已经出现，并创作出如柏 M1 中仙鹤、骏马等较多精美画像。高浮雕技法在本期也基本掌握，但还没广泛运用于画像的雕刻，目前仅发现金ⅡM1 中的开门探首人采用此技法。

东汉晚期随着当地经济文化发展程度的提高，画像内容更加丰富，真实完整地表现出当时流行的丧葬观念。出现一批新题材画像，如反映“天门”的双凤阙、蟾蜍座；反映豪强地主庄园生活、门卫礼仪的兵兰、门吏和部曲等画像。这些内容近似的画像在不同的墓葬内，总是雕刻在大致相同的位置上，从而形成一种较为固定的模式，如表现门卫礼仪的门吏、部曲画像，往往雕刻在墓门后甬道侧壁上；而表现升仙题材的天门和蟾蜍画像则分别雕刻在墓室甬道侧壁或石棺开口两侧、龛形崖棺或房屋形石棺下等等。本期画像雕刻精细，形象生动，各种雕刻技法均广泛使用，除阴线刻、减地平面刻和浅浮雕等作品外，高浮雕和半圆雕作品也大量出现，并且出现具有圆雕风格的雕塑作品，如金ⅠM4 后室都柱下部的辟邪座等。郪江崖墓画像石刻也发展到鼎盛期。

第六节　郪江崖墓出土葬具

葬具是墓葬的重要构成部分，郪江崖墓中葬具形制和数量较多，从目前掌握的材料看，可分为可移动和不可移动两大类。可移动类主要包括有陶棺、砖棺和石棺；不可移动类包括龛形崖棺、连岩房屋形石棺、棺（尸）台和石床（详见附表三）。

陶棺，应是《华阳国志·蜀志》所云“送葬必高坟瓦椁，祭奠而羊豕夕牲”[85]中的“瓦椁”，所以又称瓦棺。出土于紫 M4 和刘 M1 等 5 座墓内，泥质或夹砂红褐陶，内外壁施黑色陶衣，棺身和棺盖分别制作后，经烧制而成。棺身长方形，制作规整，口部内收作子口，棺盖顶部圆弧形，下沿外凸呈母口，与棺身相扣。因其质地为陶质，所以极易破碎，完整较少，尽管发现多具瓦棺，也仅能辨其形制，而无法复原。比较完整的瓦棺在郪江金钟山Ⅱ区墓群、孙家湾墓群中均有发现[86]。

砖棺，棺身两端挡板和侧板采用长条形砖，四角则用曲尺形砖分层镶接相砌而成，相互间以子母口榫合。用砖的高、宽规格相同，素面，两端分别作子母榫口。相砌的棺身与陶棺的形制基本相同。棺盖分两种，一种是用整块石板雕凿成盝顶形，直接放置在棺身；一种则采用底面平直，顶部圆拱形的长条弧形砖在棺身平砌而成。紫 M5 和紫 M7，因盗扰严重，其放置位置、数量以及完整形制已遭破坏，比较完整的在成都天迴山三号崖墓[87]、遂宁笔架山一号崖墓[88]、绵阳白虎嘴崖墓群[89]均有发现，在绵阳白虎嘴墓群 M42 和 M29 中，还出土有分别使用整石雕凿而成的盝顶棺盖和圆弧形长条砖棺盖的砖棺。

石棺，汉代人也称为“金棺”[90]，用整石分别凿成棺身和棺盖，可以移动，采用与墓室相同的砂岩石质凿成。棺盖外部呈盝顶，内为圆弧形，棺身为长方形，相互间以子母口扣合。棺底部两端施有垫枋，均为石质。有的棺身打磨平整、光滑，如金ⅠM4、紫 M4 内石棺；有的棺身雕刻人字形编席纹作地纹后，再浮雕有画像，成为艺术价值极高的画像石棺，如金ⅡM2 内石棺。

龛形崖棺，数量较多，均隐入墓室侧壁内就原岩凿成，不可移动。依据口部情况可分为两型，Ⅰ型崖棺，只在朝向墓内一侧的棺墙上凿出长方形或方形口部，形成棺侧开口横向墓内的“龛”形崖棺。口部一般阔0.65~0.98、高0.6~0.85米，口部两侧壁厚约0.1~0.25米。棺内平面呈长方形，凿造较为规整，一般长2~2.4、宽0.6~1.4、高0.8~1.1米之间，内顶有平顶、弧形顶或覆斗形等形制。底部一般高于侧室地面0.1~0.4米。有些崖棺的口部凿有凹槽利于封闭，如紫M6后室右侧室内崖棺；有些棺下施有蟾蜍形支座，如天M1右后侧室和紫M8前室左侧室内崖棺；有些凿有崖棺的侧室壁雕凿有屋顶、卧棂窗等，犹如一座房屋，棺内还彩绘仿木结构天花藻井和壁面，如天M1右后侧室内崖棺。Ⅱ型崖棺，其口部的面阔与崖棺的长度相同，其外形与一般壁龛无别，无棺盖、档板和棺下垫枋等形体雕刻。如柏M2内崖棺底铺一层很薄的细砂，仰身直肢放置一具尸体。从调查看，此类崖棺基本施用在形制结构简单，无仿木结构建筑雕刻的单室墓内。

连岩房屋形石棺，直接利用山岩开凿，棺的外部形象只雕出部分，剩余部分隐入岩石内未雕凿。棺盖与棺身相连，盖呈仿木结构四面坡盝顶（雕出三面坡）或两面坡屋顶。棺身在朝向墓内一侧的棺墙上凿出长方形或方形的口部，形成棺侧开口横向墓内房屋形石棺。口部一般阔0.8~1.5、高0.6~0.95米。棺内平面呈长方形，凿造较为规整，一般长2.2~2.6、宽0.73~1.45、高0.9~1.2米之间，内顶有弧形顶、平顶或覆斗形顶等形制。棺底部基本都有与山岩连成一体的垫枋。棺身均雕刻有规整的人字形或菱形编席纹，有的还在开口两侧浮雕有精美画像，成为艺术价值更高的连岩房屋形画像石棺，如洞M1前室左侧室的东侧室内的石棺。

棺（尸）台，均原岩凿在墓室后部，高0.1~0.3米之间，长方形台面，长2.25~3.9、宽0.45~1.5米之间。从紫M4内棺台及其周围淤土出土的较多陶棺残片分析，可能是先把尸体置于陶棺后，再放置在台上。

紫M3和刘M3内雕凿的石床，目前在四川崖墓中，仅见于郪江崖墓这两座崖墓中。但因墓葬已遭严重盗扰，基本无随葬器物和陶、砖棺等葬具残片出土，现在很难判断其真实用途。但都分别置于墓葬主室的中心位置，且雕凿精美，所以其功用可能与棺（尸）台一样，也是用于放置墓主尸体的。所以从广泛的意义上看，也是一种葬具。

除上述7种葬具外，崖墓中应还有木棺存在，但均已腐朽不存，加之墓葬又遭盗扰，残留的朽痕也遭破坏，现已无法准确的判断。在乐山市城区兑阳湾崖墓[91]、天迴山M2前部[92]、忠县涂井M5的前后室中央[93]，木棺或腐朽灰痕保存较好，或在棺痕四周遗有较多铁钉，或是还残留有红漆皮和黑色板灰，反映出在崖墓中均使用有木棺这种葬具。

就目前材料分析，郪江崖墓所发现葬具，不可移动的龛形崖棺和连岩房屋形石棺数量较多，使用时间较长。Ⅰ型龛形崖棺出现在东汉初期，并延续使用至东汉晚期。崖棺的开凿，东汉初期采用直接在墓室壁上开凿的方式完成，并在崖棺的一端凿有小龛，如紫M12前室的龛形崖棺。东汉中期以后崖棺的开凿则是先利用墓室壁凿一进深较小的侧室，再在该侧室后壁开凿崖棺。东汉晚期的部分Ⅰ型崖棺，装饰趋于复杂，出现采用蟾蜍作棺底支座等情况，更有外形雕刻成房屋形象的崖棺，如天M1右后侧室内崖棺。另外该期还新发现崖棺口部面阔与棺的长度相同的Ⅱ型崖棺，如东汉晚期柏M2右后侧室内的崖棺。连岩房屋形石棺出现在东汉早期，到东汉晚期被广泛使用。早期的房屋形石棺开口为横长方形，面阔尺寸远远大于高，石棺下施以垫枋。至东汉晚期时石棺的开口则演变为长方形或方形，面阔与高已基本近似，一些石棺下的垫枋也被蟾蜍或卧羊形支座代替。还新出现房屋形画像石棺，如洞M1前室左侧室内石棺。

陶棺、砖棺、石棺、棺（尸）台和石床等葬具，目前发现数量较少。特别是陶棺和砖棺本身易损，又多被盗扰破坏，所以目前尚未有较完整的发现。这几类葬具，在本报告所涉及的墓葬中，使用时间基本都集中在东汉晚期，它们在郪江崖墓中的出现和演变规律等，还有待随着新材料的不断发现和补充，作进一步研究。

注 释

① 四川省文物管理委员会：《四川忠县涂井蜀汉崖墓》49～95页，《文物》1985年第7期。

② 徐承泰：《建武十六年前东汉货币铸造考》69～72页，《华夏考古》2000年第1期。

③ 礼州遗址联合考古队：《四川西昌礼州发现的汉墓》406～416页，《考古》1980年第5期。

④ 徐鹏章：《成都凤凰山西汉木椁墓》417～425页，《考古》1991年第5期；成都市文物考古队：《成都市南郊勤俭村汉代砖室墓发掘简报》110～119页，《2001成都考古发现》，科学出版社，2003年。

⑤ 重庆市博物馆：《重庆临江支路西汉墓》230～242页，《考古》1986年第3期。

⑥ 吉林大学考古系：《四川奉节县营盘包东汉土坑墓清理简报》，《江汉考古》1999年第1期。

⑦ 罗二虎：《四川崖墓的初步研究》133～167页，《考古学报》1988年第5期。

⑧ 北京大学考古文博学院三峡考古队、重庆市忠县文物管理所：《忠县崖脚墓地发掘报告》679～734页，《重庆库区考古报告集1998卷》，科学出版社，2003年。

⑨ 成都市文物考古研究所、新都县文物管理所：《四川新都县三河镇五龙村汉代木椁墓发掘简报》157～166页，《2000成都考古发现》，科学出版社，2004年；《成都高新区紫荆路汉墓发掘简报》142～156页，《2000成都考古发现》，科学出版社，2004年；成都市文物考古研究所、双流县文物管理所：《成都市双流县华阳镇绿水康城小区发现一批砖室墓》347～396页，《2003成都考古发现》，科学出版社，2005年。

⑩ 北京大学考古文博学院三峡考古队、重庆市忠县文物管理所：《忠县崖脚墓地发掘报告》679～734页，《重庆库区考古报告集1998卷》，科学出版社，2003年。

⑪ 成都市文物考古队、新都区文物管理所：《成都市新都区互助村、凉水村崖墓发掘简报》316～358页，《2002成都考古发现》，科学出版社，2004年；四川省博物馆、新都县文管所：《新都县马家山崖墓发掘简报》93～121页，《文物资料丛刊》第9辑，1985年。

⑫ 罗二虎：《四川崖墓的初步研究》133～167页，《考古学报》1988年第2期。

⑬ 《成都高新区紫荆路汉墓发掘简报》142～156页，《2000成都考古发现》，科学出版社，2004年。

⑭ 成都市文物考古工作队：《成都西郊西窑村M3东汉墓发掘简报》96页，《四川文物》1999年第3期。

⑮ 罗二虎：《四川崖墓的初步研究》133～167页，《考古学报》1988年第2期。

⑯ 钟治：《四川三台元宝山崖墓清理简报》，待刊。资料现存三台县文管所。

⑰ 成都市文物考古队、新都区文物管理所：《成都市新都区互助村、凉水村崖墓发掘简报》316～358页，《2002成都考古发现》，科学出版社，2004年。

⑱ 成都市文物考古队、新都区文物管理所：《成都市新都区互助村、凉水村崖墓发掘简报》316～358页，《2002成都考古发现》，科学出版社，2004年；四川省博物馆、新都县文管所：《新都县马家山崖墓发掘简报》93～121页，《文物资料丛刊》第9辑，1985年。

⑲ 成都市文物考古队、新都区文物管理所：《成都市新都区互助村、凉水村崖墓发掘简报》316～358页，《2002成都考古发现》，科学出版社，2004年。

⑳ 四川省博物馆：《遂宁县笔架山崖墓清理简报》122～137页，《文物资料丛刊》第9辑。

㉑ 南京博物院:《四川彭山汉代崖墓》27 页,文物出版社,1991 年。
㉒ 南京博物院:《四川彭山汉代崖墓》33 页,文物出版社,1991 年。
㉓ 南京博物院:《四川彭山汉代崖墓》29 页,文物出版社,1991 年。
㉔ 南京博物院:《四川彭山汉代崖墓》34 页,文物出版社,1991 年。
㉕ 成都市文物考古研究所:《成都市金沙村唐墓发掘简报》312~322 页,《成都考古发现》,科学出版社,2006 年。
㉖ 成都市博物馆、四川大学博物馆:《成都指挥街唐宋遗址发掘报告》233~298 页,《南方民族考古(第二辑)》。
㉗ 四川省文物管理委员会:《四川忠县涂井蜀汉崖墓》49~95 页,《文物》1985 年第 7 期。
㉘ 钟治:《四川三台元宝山崖墓清理简报》,待刊。资料现存三台县文管所。
㉙ 曾昭燏、蒋宝庚、黎忠义合编:《沂南古画像石墓发掘报告》,文化部文物管理局,1956 年。
㉚ 河南省文物研究所:《河南打虎亭汉墓》347 页,《文物出版社》,1993 年。
㉛ 孙华、郑定理、何志国《三台县郪江崖墓》350~381 页,《四川考古报告集》,文物出版社,1998 年。
㉜ 《后汉书·郡国志》广汉郡条,中华书局,标点本 3508 页,1982 年。
㉝ 《晋书·地理志》,中华书局,标点本 437 页,1982 年。
㉞ 《华阳国志·蜀志》卷十四,郪县"大姓,王、李氏。又有高、马家,世掌部曲。蜀时,高胜、马秦。皆叛,伏诛。"
㉟ 罗二虎:《四川崖墓的初步研究》133~167 页,《考古学报》1988 年第 2 期。
㊱ 商承祚:《四川新津等地汉崖墓砖墓考略》,《金陵学报》第 10 卷 1~2 期,1940 年。
㊲ 刘志远:《成都天迴山崖墓清理记》87~103 页,《考古学报》1958 年 1 期。
㊳ 辜其一:《乐山、彭山和内江东汉崖墓建筑初探》165~192 页,《中华古建筑》中国科学院中华古建筑研究社编。
㊴ 唐长寿:《乐山崖墓和彭山崖墓》27~31 页,电子科技大学出版社,1993 年。
㊵ 罗二虎:《三台郪江崖墓初探》67~72 页,《四川文物》1988 年第 4 期。
㊶ 孙华、郑定理、何志国:《三台县郪江崖墓》350~381 页,《四川考古报告集》,文物出版社,1998 年。
㊷ 罗二虎:《四川崖墓的初步研究》133~167 页,《考古学报》1988 年第 2 期。
㊸ 刘志远:《成都天迴山崖墓清理记》87~103 页,《考古学报》1958 年第 1 期。
㊹ 见本报告第二章第四节、第五节、第十节第一、第十一节、第十二节。
㊺ 刘志远:《成都天迴山崖墓清理记》87~103 页,《考古学报》1958 年第 1 期。
㊻ 见本报告第二编第七章第一节、第八章、第十二章。
㊼ 任乃强校注:《华阳国志校补图注》148 页,上海古籍出版社,1994 年。
㊽ 任乃强校注:《华阳国志校补图注》166 页,上海古籍出版社,1994 年。
㊾ 《三国志·董和传》,中华书局,标点本 979 页,1982 年。
㊿ 《后汉书·光武帝纪》,中华书局,标点本 2750 页,1982 年。
51 王符:《潜夫论》。
52 本章以孙华先生《三台郪江崖墓所见汉代建筑形象述略》一文为基础,为统一体例,在力求保持原文精神的原则下,略作改写,并增加部分新材料后完成。
53 "都柱"一名见于《后汉书·张衡传》。书中说张衡造候风地动仪,其"中有都柱"。王振铎《张衡候风地动仪的复原研究》一文对"都柱"这一术语作了考证,指出都柱就是位于建筑中心总承重量的独柱。见《文物》1963 年第 4 期,7~11 页。
54 "础"之名早在汉初即已见于诸文献,《淮南子·说林训》就有"山林蒸,柱础润"的说法。不过,汉魏时期柱础的最通常的名称还应是磌,故《广雅·释宫》将础、碣、磌三字同释为"礩也"。
55 《说文·木部》:"欂,壁柱也。"段注:"壁柱谓附壁之柱,柱之小者也"。不过《广雅·释宫》却说"欂谓之枅"。枅为柱上支承梁枋结点的横向短木,作用近似栱但不弯曲,后世称为楮头栱。此从《说文》。

㊻《汉书·外戚传》：“（赵昭仪）居昭阳舍，其……壁带往往为黄金钉，函蓝田壁，明珠、翠羽饰之。”颜注：“壁带，壁之横木露出如带者也。”

㊼《广雅·释宫》：“曲枅谓之栾”。《西京赋》薛综注：“栾柱上曲木，两头受栌者”。可见栾就是柱上弯曲的构件，其作用似枅，但因“其体上曲枅眷然”，故又名曲枅或栱。何晏《景福殿赋》：“欂栌各落以相承，栾栱夭蟜而交结。”就将栾栱连称。

㊽《说文·木部》：“栭，屋枅上标也。”段注：“标表也，高也。薛综注《西京赋》曰：‘栭，斗也。’张载注《灵光》曰：‘栭，方小木为之。栭在枅之上，枅者，柱上方木，斗又小于栭，亦方木也，然后乃抗梁焉。’《灵光》‘层栌曲枅’之下曰：‘芝欂攒罗’，《景福》‘阑栭积重’之下曰：‘欂栌各落’，此可证栭与枅非一物。”

㊾“栋”，《说文·木部》释之为“极也”。段注将“极”解释为“屋之至高之处”，有学者因此将栋看作房屋脊檩之下的随檩枋，这是不正确的。古人对栋的解释包括了几个方面，《左传·襄二十一年》子产曰：“子（指子皮）于郑国，栋也，栋折榱崩，侨将压焉，敢不尽言。”这说明栋与榱（椽子）地位是完全不同的，栋应是负荷房屋屋顶重量的主要构件，其作用与梁类似，故后世才有“栋梁之材”的俗语。

㊿《说文·木部》“檼，棼也。”又“棼，复屋栋也。”所谓复屋，段注以为就是重檐之类，实误。复屋，应当是指天花而言，复屋之栋则是指支托天花的梁枋。天花位于屋子正中，其遮掩草栿椽桷的作用，天花下有栋支托天花及其上构件。

(61)“棁”，通作“棳”，或写作双音节的“棳儒”。《论语·公冶长》：“藏文仲居蔡，山节藻棁。”《注》：“棁者，梁上楹。”《释名·释宫室》：“棳儒，梁上短柱也。棳儒，犹侏儒短，故以名之也。”后世将梁上短柱名之为蜀柱，侏儒柱。

(62)《文选》魏何晏《景福殿赋》：“桁梧复叠，势合形离。”《注》:”桁，梁上所施也，桁与衡同。”梁上的横向构件，即承椽之博，后世谓之檩。

(63)《仪礼·乡射礼》：“序则物当栋，堂则物当楣。”《注》：“是制五架之屋也。正中曰栋，次曰楣，前曰庪。”可知楣与栋方向相同，在栋与楨之间。《宋书·谢灵运传·山居赋》：“因丹霞以楣，附碧云以翠椽。”又可知楣应在房屋的檐柱头之间，否则早晚的太阳光就不可能照射到楣上而使之成为红色了。这种位于檐柱柱头间的枋子，后世称作阑额、额枋。

(64)《说文·木部》将椽、桷均释为“榱也”。

(65)《谷梁传·庄廿四年·释文》。

(66)《说文·木部》：“楯，阑槛也。”段注：“今之阑干是也。”

(67)《释名·释宫室》：“笮，迫也。在瓦之下，棼上。”

(68) 任乃强校注：《华阳国志校补图注》166页，上海古籍出版社，1994年。

(69) 龚廷万、龚玉、戴嘉陵编著：《巴蜀汉代画像集》图版第14、15，文物出版社，1998年。

(70) 内江市文管所、简阳县文化馆：《四川简阳县鬼头山东汉崖墓》20～25页，《文物》1991年第3期。

(71)《诸子集成》第7册，2～3页，中华书局，1986年。

(72) 闻一多：《说鱼》。

(73)《汉书》，中华书局，标点本3889页，1975年。

(74) 内江市文管所、简阳县文化馆：《四川简阳县鬼头山东汉崖墓》20～25页，《文物》1991年第3期。

(75) 内江市文管所、简阳县文化馆：《四川简阳县鬼头山东汉崖墓》20～25页，《文物》1991年第3期。

(76) 重庆巫山县文物管理所、中国社会科学院考古研究所三峡考古队：《重庆巫山县东汉鎏金铜牌饰的发现与研究》77页，《考古》1998年第12期。

(77) 袁珂：《山海经校注》19页，巴蜀书社，1993年。

(78)《说文解字》79页，中华书局，1963年。

⑲ 任乃强校注:《华阳国志校补图注》148 页，上海古籍出版社，1994 年。

⑳ 任乃强校注:《华阳国志校补图注》166 页，上海古籍出版社，1994 年。

㉛《汉书》，中华书局，标点本 2203 页，1975 年。

㉜ 饶宗颐:《老子想尔注校证》，9、13 页。

㉝《后汉书》，中华书局，标点本 2750 页，1982 年。

㉞ 任乃强校注:《华阳国志校补图注》166 页，上海古籍出版社，1994 年。

㉟ 任乃强校注:《华阳国志校补图注》148 页，上海古籍出版社，1994 年。

㊱ 经笔者现场调查所得，资料现存三台县文物管理所。

㊲ 刘志远:《成都天迴山崖墓清理记》87～103 页，《考古学报》1958 年第 1 期。

㊳ 四川省博物馆:《遂宁笔架山崖墓清理简报》122～132 页，《文物资料丛刊》第 9 辑。

㊴ 资料现存绵阳市博物馆，笔者曾参加发掘工作。

㊵ 四川新都县文管所所藏一件石棺，棺口沿有“永元八年四月廿日造此金棺”题记。

㊶ 唐长寿:《乐山崖墓和彭山崖墓》88 页，电子科技大学出版社，1993 年。

㊷ 刘志远:《成都天迴山崖墓清理记》87～103 页，《考古学报》1958 年第 1 期。

㊸ 四川省文管会:《四川忠县涂井蜀汉崖墓》49～95 页，《文物》1985 年第 7 期。

附表一

三台郪江崖墓群墓葬登记表

墓群	墓号	方向	形制	墓葬尺寸（米）		葬具	附属物	雕刻		随葬器物	年代	备注
				总长×最宽	墓道			仿木结构	画像			
金Ⅰ	M1	210°	三室。前室两侧凿有侧室，中室两侧分别凿侧、耳室	19.6×6.9	残长6.9、宽1.55～2.05		连岩石台1	覆斗形室顶，井字形天花、盝顶形帐架藻井、叠涩式斗四藻井、丁头栱、立柱、编壁墙或木板墙	仙鹤、蹲猴、狗咬耗子、羊头、力士、门吏等7幅		东汉晚期	盗扰
金Ⅰ	M2	250°	三室。前室两侧分别凿侧、耳室，中室一侧凿耳室	18.3×6.45	残长4.65、宽1.8～2.45		单火塘石灶台和石碓台各1	悬山屋顶及檐口、覆斗形屋顶、撮尖屋顶、长方形天花、檐柱、门枕石、卧棂窗式坎墙和骑墙柱、丁头栱、一斗三升式斗栱、编壁墙或木板墙			东汉晚期	盗扰
金Ⅰ	M3	190°	双室。前室两侧分别凿有侧室，前室一侧凿耳室，后室两侧分别凿有侧、耳室	12×8.15	左壁残长2、右壁残长0.55、宽1.8		双火塘石灶台、案龛和仓廪各1	平顶、坎墙和立柱、丁头栱		陶罐和陶鸡各2、陶房顶、男俑足、陶狗和马各1	东汉晚期	盗扰。墓道和前室右前耳室的右壁已遭部分凿毁。
金Ⅰ	M4	210°	三室。前室、中室两侧均分别凿有侧、耳室	17.25×7.95	残长2、宽1.75	石棺一具	厕窬、墩台、厩槽、仓廪、三火塘石灶台、水缸和曲尺形案龛各1	圆弧形卷棚顶、覆斗形顶、两面坡悬山顶或硬山顶、叠涩式斗四藻井、卧棂窗式坎墙、丁头栱、一斗二升式斗栱立柱、编壁墙或木板墙、辟邪座都柱	辟邪座、鳖、花朵和垂瓜等8幅（件）		东汉晚期	盗扰。墓道和前室左侧室的南壁已遭部分凿毁。
金Ⅱ	M1	4°	双室。前室两侧分别凿侧、耳室，后室一侧凿侧室	8.7×5.8			单火塘石灶台和案台各1	平顶、板门，丁头栱、立柱、编壁墙或木板墙	门吏、拴狗立鸟柱、渔归、六博、朱雀等13幅	劳作俑和五铢钱各1	东汉晚期	盗扰。墓道、墓门和前室已遭部分凿毁。

续附表一

墓群	墓号	方向	形制	墓葬尺寸（米）		葬具	附属物	雕刻		随葬器物	年代	备注
				总长×最宽	墓道			仿木结构	画像			
金Ⅱ	M2	6°	双室。后室一侧和后壁分别凿有侧室和耳室	15.3×4.65	残长5.9、宽1～2.05	画像石棺一具	单火塘石灶台和案台各1	单檐两面坡屋顶及檐口、平顶、一斗二升式斗栱立柱、编壁墙或木板墙	凤阙、双鹤争鱼图等3幅	陶折腹钵、盘、拱立俑和陶狗各1	东汉晚期	盗扰。墓道右侧前端凿毁。
金Ⅱ	M3	8°	双室。前室两侧分别凿侧室和耳室	11.55×3.9	残长3.35宽1.2～1.85		单火塘石灶台和案台各1	平顶、穹窿顶		陶折腹钵、筒瓦、抚琴俑、陶鸡各1；铜执盾俑和驾驭俑各1；五铢钱4、货泉2	东汉晚期	盗扰
金Ⅱ	M4	11°	三室。前室一侧凿有耳室	14.3×5	残长2.5、宽1.6～2.3		壁龛1	平顶、弧形顶、门枕石、丁头栱、一斗二升式斗栱、一斗三升式斗栱、立柱、编壁墙或木板墙		陶罐4、瓮、壶、壶盖、圆盘形器、女俑头、男俑头、摇钱树座各1；铜镜、钗、盖弓、马镳和套饰各1、铜帽形器和摇钱树残片各3、铜车辐8；玻璃耳珰1；五铢钱43、货泉8	东汉晚期	盗扰
金Ⅱ	M5	12°	双室。前室两侧凿有侧室，后室一侧凿有侧室	14.6×5.2	残长5.3、宽1.1～2	连岩房屋形石棺二具	狗窦1	单檐两面坡屋顶及檐口、平顶、檐柱、门枕石、丁头栱	仙鹤、卧狗、蹲猴、门吏等4幅（件）	陶碗1、男拱立俑3、五铢钱5	东汉晚期	盗扰
天	M1	34°	单室。墓室一侧凿耳室，另一侧凿有两个侧室	17.2×5.6	长7.2、宽2.1～1.7	龛形崖棺一具	单火塘石灶台、案龛、狗窦、仓廪各1	平顶、单檐两面坡悬山顶、覆斗形顶、日字形天花、卧棂窗、一斗二升式斗栱立柱、编壁墙或木板墙	卧狗、蟾蜍等3件	陶碗、男俑头、女俑头和马蹄各1	东汉晚期	盗扰

续附表一

墓群	墓号	方向	形制	墓葬尺寸（米）		葬具	附属物	雕刻		随葬器物	年代	备注
				总长×最宽	墓道			仿木结构	画像			
紫	M1	310°	三室。前室一侧凿有耳室，中室和后室一侧分别凿有侧室	16.07×6.6	残长 2.05 宽 1.9 ~ 2.25		仓廪、圭窬各1	覆斗形顶、单檐两面坡悬山顶、庑殿顶、平顶、弧形顶、穹窿顶、井字形天花、斗四藻井、五脊竹帐架藻井、板门、卧棂窗、丁头栱、一斗二升式斗栱立柱、编壁墙或木板墙	人像、仙鹤、魌头、青龙、白虎、鸟、猴、鼠、猪、骏马等19幅	陶鸟、铁剪、铁釜、铁铲形器和五铢钱各1	东汉晚期	盗扰
紫	M2	320°	三室。前室和中室一侧凿有耳室	16.15×6.55	残长 3.45 宽 1.9 ~ 2.5		排水沟、壁龛、单火塘石灶台和案龛各1	平顶、四阿顶、长方形天花、一斗二升式斗栱立柱、一斗三升式斗栱立柱、栏杆状坎墙和骑墙柱隔断		陶罐3、陶盆和案各1；青釉硬陶四系罐1和黑瓷盏各1；铁环首凿、削、斧、壁形器、凿各1、铁镞和构件各2；开元通宝2、五铢钱1	东汉晚期，唐末五代时被二次利用	盗扰
紫	M3	312°	三室。前室一侧凿侧室，中室两侧分别凿有侧室、耳室，后室一侧凿侧室	17.25×7.45	残长 4.6 宽 1.4 ~ 2.05	连岩石床一具	双连单火塘石灶台、连岩案板各1	覆斗形顶、庑殿顶、平顶、井字形天花、叠涩式斗四藻井、板门、卧棂窗、卧棂坎墙和骑墙柱、丁头栱、一斗二升式斗栱立柱、编壁墙或木板墙	仙鹤、凤阙、飞鸟、卧狗、兰锜、群鸟等16幅	陶罐、筒瓦、马和狗各1，男俑头3、陶鸡2；青釉硬陶敞口碗7、灯盏1；黑瓷盏1；石轮形器1	东汉晚期，唐代晚期“乾宁”时期被二次利用	盗扰
紫	M4	290°	双室。前室和后室各有一侧凿侧室	12.6×6.1	长4.6、宽1.35~2	石棺和棺台各一具、残陶棺数具		平顶、一斗二升式斗栱立柱		陶狗1；铜摇钱树残片2；五铢钱3	东汉晚期	盗扰

续附表一

墓群	墓号	方向	形制	墓葬尺寸（米）		葬具	附属物	雕刻		随葬器物	年代	备注
				总长×最宽	墓道			仿木结构	画像			
紫	M5	300°	三室。前室两侧分别凿侧、耳室，中室、后室一侧凿侧室	12×4.9	残长0.2宽1.75	残陶棺、砖棺数具	双火塘石灶台1、双层案龛	平顶、圆弧形穹窿顶、平棋天花、气窗、一斗二升式斗栱立柱、编壁墙或木板墙。		陶罐7、盆3、弧腹钵2、双耳釜2、器座2、车毂2、器盖1、耳杯1、筒瓦1、摇钱树座1、舞俑1、拱立俑5、男俑足1、陶狗2、陶马、羊和子母鸡各1；石俑1；铜管状器1	东汉中期	分别被紫M7墓道和紫M6前右侧室打破。盗扰
紫	M6	300°	三室。前室两侧分别凿侧、耳室，中室、后室一侧凿侧室	13×4.05	长3.5、宽1.6~2.17	龛形崖棺一具、残陶棺		平顶		陶瓮、男俑足、陶狗、鸭和兽头各1；五铢钱4	东汉中期	打破紫M5前室左耳室。盗扰
紫	M7	245°	双室。前室两侧均凿有侧、耳室，后室一侧凿侧室	12.7×5.1	残长0.75~2.8、宽2.05	残陶棺和砖棺数具	单火塘石灶台和壁龛各1	平顶、覆斗形顶、圆弧形顶、方形天花藻井、丁头栱、立柱、编壁墙或木板墙。	鱼、奔马、门吏、水井等共5幅	陶罐3、盆2、耳杯2、车軎2、车轮2、灯1、案1、庖厨俑1、男俑头4、摇钱树座1；石龟座1	东汉晚期	打破紫M5墓道。盗扰
紫	M8	290°	三室。前室、中室两侧均分别凿有侧耳、室，后室一侧凿侧室	12×4.63		龛形崖棺二具、房屋形石棺一具、棺台一具	单火塘石灶台和案龛各1	平顶	蟾蜍	陶罐和耳杯各3、陶狗1	东汉晚期	墓道、墓门已毁，前室左侧室遭部分破坏。盗扰

续附表一

墓群	墓号	方向	形制	墓葬尺寸（米）		葬具	附属物	雕刻		随葬器物	年代	备注
				总长×最宽	墓道			仿木结构	画像			
紫	M9	300°			残长 1.25							仅凿出墓道和墓门形状即放弃
紫	M10	290°	双室。前室、后室一侧凿有侧室	11×6.2	残长 0.28～1.15、宽 2.2		单火塘石灶台和案龛各1	平顶、丁头栱		女舞俑1、男俑头1	东汉晚期	盗扰
紫	M11	260°	双室。前室一侧凿有侧室	8.7×6.25	残长 3.55 宽 1.9～2.5		墓道底部凿有排水沟、壁龛1	平顶、一斗二升式斗栱		陶罐1、女俑头1；五铢钱14、大泉五十7、货泉3	东汉中期	盗扰
紫	M12	210°	双室。前室一侧凿有侧室，后室一侧凿有耳室	12.5×6.25	长5.7、宽1.3～2	龛形崖棺一具	排水沟、壁龛1	平顶、圆弧形穹窿顶、一斗二升式斗栱立柱、编壁墙或木板墙		陶折腹钵3、弧腹钵1、直腹罐3、罐5、器盖5、盆（甑）5、盒2、鼎2、壶1、模型井1、陶猪1；石饼形器1	东汉初期	盗扰
紫	M13	310°	双室。前室一侧凿侧室，另一侧凿侧、耳室，后室一侧凿侧室	12.5×6.75	残长 1.05～1.75、宽 1.95～2.35		单火塘石灶台和案龛各1	平顶		陶弧腹钵4、罐2、盆1、壶1、灯1、耳杯1、房盖1、拱立俑8、男俑头5、男俑足1、陶狗和鸡各1、陶马腿1；铁构件和臿各1	东汉晚期	盗扰
紫	M14	280°	双室。前室一侧凿侧室，后室一侧凿耳室	9.5×5.5			双火塘石灶台1、壁龛1	平顶、一斗二升式斗栱立柱、编壁墙或木板墙		陶罐2、折腹钵1、耳杯2；五铢钱11、货泉3	东汉晚期	墓道、墓门因山体崩塌，已破坏。盗扰

续附表一

墓群	墓号	方向	形制	墓葬尺寸（米）		葬具	附属物	雕刻		随葬器物	年代	备注
				总长×最宽	墓道			仿木结构	画像			
吴	M1	290°	三室。中室两侧凿有侧室	13.8×6.55	残长 3.2 宽 1.85～2.4			平顶、斗口跳斗栱、八棱形都柱		陶附耳罐1、弧腹钵2	东汉末期	盗扰
松	M1	90°	三室。前室和中室两侧分别凿侧、耳室，后室两侧分别凿有侧室	18.7×9.1	残长 3.95 宽 1.7～2.2		单火塘石灶台和案台各1、仓廪2、狗窦1	双重檐两面坡屋顶及檐口、覆斗形顶、平顶、单檐悬山顶、井字形天花、叠涩式斗四藻井、板门、卧棂窗、卧棂窗式坎墙和骑墙柱、一斗二升式斗栱立柱、丁头栱、编壁墙或木板墙	仙鹤、阙楼、魌头、探首人、卧狗、兵兰、花朵、垂瓜、龟和鳖等共24幅	陶罐和器盖各1	东汉晚期	盗扰
柏	M1	108°	三室。前室一侧凿有耳室，中室左侧凿侧室、右侧分别凿有侧、耳室	20.8×5	长 9、宽 1.55～2.5		单火塘石灶台和狗窦各1	覆斗形顶、两面坡悬山顶、平顶、井字形天花、目字形天花、斗四藻井、叠涩式斗四藻井、五脊竹帐架藻井、板门、卧棂窗、卧棂窗式坎墙和骑墙柱、十六棱都柱、斗口跳斗栱、一斗二升式斗栱立柱、一斗三升式斗栱立柱、丁头栱、门枕石、编壁墙或木板墙	宴享图和有朱书榜题的升仙图等彩绘7幅、浮雕加彩绘骏马、仙鹤、鸟、朱雀、青龙、白虎、秘戏组画和女侍等画像46幅	陶鼓腹罐2、直腹罐1、双领罐2、盆1、瓮1、甑2、折腹钵5、弧腹钵1、耳杯2、灯1、案2、屋顶1、纺轮1、勺3、田螺1、陶塑提梁2、釉陶盆1、女拱立俑4、男拱立俑4、弋射俑1、坐俑1、女俑头4、男俑头1、陶鸟1、鸡2；釉陶盆1；铜马蹄1、钉1、管状器1、环2、器足1；铁剑1、环首凿1；石章形器1；五铢钱7	东汉中期东汉元初四年（117年）	盗扰

续附表一

墓群	墓号	方向	形制	墓葬尺寸（米）		葬具	附属物	雕刻		随葬器物	年代	备注
				总长×最宽	墓道			仿木结构	画像			
柏	M2	285°	长方形单室。左侧凿有耳室，右侧分别凿有侧、耳室	10.2×3.7	长 3.2～4.5 宽 1.15～1.6	龛形崖棺1	单火塘石灶台和案龛各1、仓廪1	圆弧形顶、斗栱		陶罐6、瓮1、甑1、盘1、耳杯5、案1、男拱立俑4、女拱立俑1、吹笛俑1、抚琴俑1、抚耳俑1、庖厨俑1、陶马1、陶房2、塘1；铁釜1、刀1、环首削1；石猪2；五铢钱373枚	东汉末期	保存完好
柏	M3	284°			长 4.5～4.8 宽 1.3～2							因墓室顶部山体整体塌陷，仅清理墓道，墓葬情况不明
柏	M4	255	长甬道横长方形单室墓	17.8×5.6	长8.5 宽 1.3～2.3		壁龛1	平顶、圆弧形顶、丁头栱、一斗二升式斗栱、都柱		陶鼎3、甑1、盆1、盒盖1；铜泡饰1、帽形器1、扁圆形器1；货泉6	东汉初期	盗扰
柏	M5	300°	三室。前室两侧分别凿耳室，中室两侧分别凿侧室，后室两侧分别凿有侧、耳室	20.5×6.35	长5.95 宽 1.2～2.15	连岩房屋形石棺二具	双火塘石灶台和案龛、案台各1、仓廪1	单檐两面坡屋顶和檐口、平顶、四角攒尖顶、卧棂式坎墙立柱、一斗二升式垂栱立柱	近圆雕水井、力士、卧羊座，阴线刻飞鸟共6幅	陶瓮1、女俑头2、男俑头1、男俑足1、马耳2、车辋2；硬胎釉陶敞口碗4、折腹碟1、四系罐2；铁凿2、箭镞1、鐎斗1；铜饰件1；石杈形器1；五铢钱5，开元通宝13；乾元重宝2	东汉晚期，唐末五代时被二次利用	盗扰

续附表一

墓群	墓号	方向	形制	墓葬尺寸（米）		葬具	附属物	雕刻		随葬器物	年代	备注
				总长×最宽	墓道			仿木结构	画像			
坟	M1	175°	四室。中Ⅰ室两侧分别凿有侧室，中Ⅱ室和后室两侧分别凿有侧、耳室	27.3×7.7	长5.7 宽1.3～2.2	龛形崖棺一具	双火塘石灶台和案龛各1、房形壁龛1	覆斗形顶、单檐两面坡顶、平顶、井字形天花、五脊帐架藻井、斗四藻井、叠涩式斗四藻井、卧棂窗式坎墙和骑墙柱、丁头栱、一斗二升式斗栱立柱、编壁墙或木板墙	门吏、部曲、仙鹤、胡座人像、耕作人、兵兰、蹶张、三鱼等15幅		东汉晚期	盗扰
胡	M1	232°	双室。前室、后室一侧分别凿有侧室	16×5.25	长6.9 宽1.7～2.2	连岩房屋形石棺一具	仓廪1	平顶、覆斗形顶、单檐悬山顶、弧形顶、板门、十二棱柱、斗口跳斗栱、一斗二升式斗栱立柱、一斗三升式斗栱、编壁墙或木板墙	朱雀、羊头	陶鼎3、罐1、盆1、折腹钵1、器盖2；铁环首刀1；铜耳杯扣饰1；五铢钱37，货泉26	东汉早期	盗扰；羊头画像仅具雏形
刘	M1	308°	双室。前室一侧凿有两个侧室，另一侧凿有两个耳室；后室一侧凿有侧室	20×6.95	长6.6 宽1.8～2.2	残陶棺数具	单火塘石灶台和案龛1、圭窬1	厅堂、平顶、单檐两面坡屋顶、板门、一斗二升式斗栱立柱、		陶罐1、盘1	东汉晚期	盗扰
刘	M3	305°	双室。前室两侧分别凿有侧、耳室，后室一侧凿有侧室	14.5×5.45	长4.5 宽1.9～2.3	连岩龛形崖棺、连岩石床各一具	壁龛1、单火塘石灶台和案龛各1	一斗二升式斗栱立柱			东汉晚期	盗扰

续附表一

墓群	墓号	方向	形制	墓葬尺寸（米）		葬具	附属物	雕刻		随葬器物	年代	备注
				总长×最宽	墓道			仿木结构	画像			
黄	M1	80°	三室。前室两侧分别凿有侧、耳室，中室两侧分别凿有两个侧、耳室	20.4×9.5	残长4.6 宽1.9	龛形崖棺三具、棺台二具	单火塘石灶台和案台1、仓廪1、壁龛2	覆斗形顶、平顶、单檐两面坡顶、井字形天花、叠涩式斗四藻井、五脊竹帐架藻井、丁头栱、一斗三升式斗栱立柱、编壁墙或木板墙	蹶张、擘张、猎犬、惊鹿、跳跃人、蹲坐人等6幅		东汉晚期	盗扰
洞	M1	110°	双室。前室两侧分别凿有侧、耳室，后室两侧凿有侧室	18×8.75	长4.45 宽2.5	龛形崖棺二具、连岩房屋画形像石棺一具、连岩房屋形石棺一具	单火塘石灶台和案台2、仓廪1	覆斗形顶、单檐两面坡顶、四阿顶、井字形天花、叠涩式斗四藻井、卧棂窗式坎墙和骑墙柱、丁头栱、一斗二升式斗栱立柱、一斗三升式斗栱立柱、一斗三升式垂栱、编壁墙或木板墙	双凤阙（天门）		东汉晚期	盗扰

附表二

三台郪江崖墓群出土画像石刻登记表

墓号	石刻内容	位置	刻法	减地方法	图号	图版号
金ⅠM1	仙鹤	前室右壁	C	D		
	蹲猴	同上	C	A	图一〇	图版一一
	狗咬耗子	同上	C	A	图一一	图版一二
	羊头	中室门楣	D	D	图一二	图版一三
	力士	前室右侧室左壁	B（2）	A	图一三	图版一四
	力士	同上	B（2）	A	图一四	图版一四
	门吏	中室甬道左壁	B（2）	A	图一五	图版一五
金ⅠM4	花朵	前室左侧室顶部天花枋四角	D	D		
	垂瓜	同上	D	D		
	鱼	同上	D	D		
	鳖（4幅）	同上	D	D		
	辟邪座	后室中央	E			
金ⅡM1	神树	后室左壁	B	C	图三八	图版三八
	龟	同上	B	C	图三九	图版三九
	习武·龟	同上	B	C	图四〇	图版四〇
	三鱼	同上	B	D		图版四一
	踞坐人	后室右壁	B	C	图四一	图版四二
	吹笛	同上	B	C	图四二	图版四三
	朱雀	同上	B（2）	A	图四三	图版四四
	六博	同上	B	C	图四四	图版四五
	渔归	同上	B	D	图四五	图版四六
	人物·飞鸟	同上	B	D		图版四七
	开门探首人	后室后壁	D	C	图四六	图版四八
	门吏	后室甬道左壁	B	D		
	拴狗立鸟柱	后室甬道右壁	B（2）	D	图三七	图版三七
金ⅡM2	凤阙（天门）	后室左侧室画像石棺	B（2）	B	图五二	
	仙鹤·三鱼·天禄	同上	B（2）	B	图五三	
	双鹤争鱼	同上	B（2）	B	图五四	
金ⅡM5	仙鹤	前室甬道左壁	A、B（2）	C	图七〇	
	门吏	前室甬道右壁	B（2）	C	图七一	
	卧狗	前室左壁前端	E	C		图版七九
	蹲猴	前室右壁前端	B（2）	C	图七二	图版七八
天M1	卧狗	右后侧室内龛形崖棺开口南侧	E			图版八六
	蟾蜍座	右后侧室内龛形崖棺下支座	E			图版八七

续附表二

墓号	石 刻 内 容	位 置	刻法	减地方法	图号	图版号
紫 M1	人像	前室甬道左壁	C	A		图版九六
	仙鹤	同上	C	C		图版九七
	花朵	前室顶部天花枋转角处	D	D		
	垂瓜	同上	D	D		
	龟	同上	D	D		
	鳖	同上	D	D		
	魌头	前室左壁	C	A		图版九八
	白虎	同上	C	A		图版九九
	鸟	前室右壁	C	D		
	猴	同上	C	D		
	鼠	同上	C	D		图版一〇〇
	猪	同上	C	C		图版一〇一
	舂臼人	中室左壁	C	A	图八八	图版一〇二
	朱雀	同上	C	A	图八九	图版一〇三
	龟	同上	C	A	图九〇	图版一〇四
	青龙	同上	C	B	图九一	图版一〇五
	天禄	同上	C	A	图九二	图版一〇六
	骏马	中室右壁	D	A		图版一〇七
紫 M3	仙鹤	中室甬道左壁	C	A	图一〇九	图版一一四
	仙鹤	中室甬道右壁	C	A	图一一〇	图版一一五
	飞鸟	中室左耳室入口右侧	A	D	图一一三	
	卧狗	同上	E			
	凤阙	后室甬道左壁	C	A	图一一一	图版一一六
	凤阙	后室甬道右壁	C	A	图一一二	图版一一七
	兰锜	后室左壁	C	D	图一一四	图版一一八
	群鸟	同上	A	D	图一一五	图版一一九
	鳖	前室顶部天花枋西南角	D	D		
	垂瓜	中室顶部天花枋东北角	D	D		
	鳖（2 幅）	中室右侧室南侧天花枋两角	D	D		
	花朵	后室顶部天花枋转角处	D	D		
	垂瓜	同上	D	D		
	龟	同上	D	D		
	鳖	同上	D	D		

续附表二

墓号	石刻内容	位置	刻法	减地方法	图号	图版号
紫 M7	禽鸟	前室甬道左壁	A	D		
	奔马	同上	A	D	图一三六	
	鱼	前室甬道右壁	A	D	图一三七	
	鱼	同上	A	D	图一三八	
	门吏	同上	A	D	图一三九	
	水井	前室左壁	B（2）、E	B	图一四〇	
紫 M8	蟾蜍	前室左侧室内龛形崖棺下支座	E			
	蟾蜍	中室左侧室房屋形石棺下支座	E			
松 M1	仙鹤	前室甬道左壁	B（2）	C		
	阙楼	前室甬道侧壁后端	B（2）	C		
	魋头	后室右侧室后壁	D	D		图版一五〇
	探首人	同上	D	D		图版一五一
	卧狗	同上	D	C		
	兵兰	后室右侧室右壁	C	C		图版一五二、一五三
	鳖	前室顶部天花枋后端两角相交处	D	D		
	花朵	同上	D	D		
	花朵	中室顶部天花枋的东北和西南两角相交处	D	D		
	垂瓜	同上	D	D		
	花朵	中室左侧室顶部天花枋东北和西南两角相交处	D	D		
	垂瓜	同上	D	D		
	花朵	后室顶部天花枋相交处	D	D		
	垂瓜	同上	D	D		
	鳖	同上	D	D		
	龟	同上	D	D		
	花朵	后室左侧室顶部外圈天花枋四角相交处	D	D		
	垂瓜	同上	D	D		
	龟（2幅）	同上	D	D		
	花朵	后室左侧室顶部内圈天花枋四角相交处	D	D		
	兽头	同上	D	D		
	鳖	同上	D	D		
	龟	同上	D	D		
柏 M1	力士	门枕石两侧	C	D		
	蟾蜍	同上	C	D	图一八七，1	

续附表二

墓号	石刻内容	位置	刻法	减地方法	图号	图版号
柏 M1	龟	同上	C	D	图一八七，2	
	卧狗	同上	C	D		
	龟座鼓	前室甬道左侧	C	C	图一八八	
	青龙	前室左壁	C	A	图一九〇	
	白虎	同上	C	A	图一九一	
	朱雀	前室左壁西侧	C	A	图一八九，1	图版一六八
	朱雀	前室左壁东侧	C	A	图一八九，2	图版一六九
	骏马	前室右侧室右壁	C	A	图一九二	图版一七〇
	猴等 5 幅画像	前室右侧室后壁	B（2）	A		
	龟	中室左侧室左壁	B（1）	A	图一九八，3	
	鸟	同上	B（1）	A	图一九八，1	图版一七九
	鸟	中室左侧室左壁南侧	B（1）	A	图一九八，2	
	狗	中室左侧室后壁	B（2）	A		
	双兽	同上	B（2）	A	图一九五	图版一七六
	仙鹤	同上	B（2）	A	图一九六	图版一七七
	仙鹤	同上	B（2）	A	图一九七	图版一七八
	立鸟架	后室甬道左侧	B（1）	A	图一九九，1	图版一八〇
	立鸟架	后室甬道右侧	B（1）	A	图一九九，2	图版一八一
	鸟	后室左壁	B（1）	A	图二〇一，2	
	鸟	同上	B（1）	A	图二〇一，3	
	女侍	同上	B（1）	A	图二〇三	图版一八六
	兔	同上	B（1）	A	图二〇一，4	图版一八七
	猴·兽	同上	B（2）	A	图二〇四	图版一八八
	青龙	同上	B（1）	A	图二〇五	
	应龙	同上	B（1）	A	图二〇六	图版一八九
	秘戏之谈情	同上	B（1）	A	图二〇二，1	图版一八三
	秘戏之相邀	同上	B（1）	A	图二〇二，2	图版一八四
	秘戏之合气	同上	B（1）	A	图二〇二，3	图版一八五
	鸟	后室前壁北侧壁	B（1）	A	图二〇一，1	
	白虎	后室前壁北侧壁北侧	B（1）	A	图二〇〇	图版一八二
	白虎	后室前壁北侧壁南侧	B（1）	A		
柏 M5	水井	前室左壁中部	C、E	B		
	力士	中室左侧室入口处	D	C	图二四六，1	图版二六〇

续附表二

墓号	石刻内容	位置	刻法	减地方法	图号	图版号
柏 M5	力士	中室右侧室入口处	D	C	图二四六，2	图版二六一
	卧羊座（2件）	中室左侧室石棺下	E	C		图版二六二
	飞鸟	中室右侧室	A	B	图二四七	图版二六三
坟 M1	门吏	前室甬道左壁	B（2）	C		
	部曲	前室甬道右壁	B（2）	C	图二五六	图版二八六
	仙鹤（2幅）	前室左壁房屋形壁龛屋顶两旁	C	D		
	耕作人像	前室左壁	C	C	图二五八	
	胡座人像	同上	C	C	图二五七	
	兵兰	前室右壁	C	C		
	三鱼	同上	C	C	图二五九	
	蹶张	同上	C	C		图版二八七
	龟	前室顶部天花枋转角处	D	D		
	鳖	同上	D	D		
	垂瓜	同上	D	D		
	龟	中Ⅱ室右侧室顶部天花枋四角	D	D		
	鳖	同上	D	D		
	垂瓜	同上	D	D		
胡 M1	朱雀	前室右壁仓廪旁	B（2）	D		
	羊头	后室甬道门楣中央	D	C		
黄 M1	蹲坐人像	前室右壁	C	C	图二七九	
	跳跃人像	同上	C	D	图二七八	
	蹶张	前室左壁	B（2）	A	图二七四	图版三〇四
	擘张	同上	B（2）	A	图二七五	图版三〇五
	猎犬	同上	B（2）	A	图二七六	图版三〇六
	惊鹿	同上	B（2）	A	图二七七	图版三〇七
洞 M1	双凤阙（天门）	前室左侧室内连岩房屋形石棺口部两侧	B（2）	B	图二八四、二八五	

附表三

三台郪江崖墓群出土葬具登记表

墓号	位置	葬具名称	特征				
			外形	外部尺寸（长×宽－高）（米）	内部尺寸（长×宽－高）（米）	棺盖尺寸（长×宽－高）（米）	开口尺寸（长×高）（米）
金Ⅰ M4	后室西南角	石棺	棺身长方形。棺盖外为盝顶，内为弧形顶。棺下两端分别凿有横置垫枋。	2.6×1.1－1.5		2.6×1.1－0.35	
金Ⅱ M2	后室左侧室	画像石棺	棺身为长方形，四壁板外侧雕凿人字形编席纹做地纹。棺身头挡和两侧板分别雕刻有凤阙、仙鹤·三鱼·天禄、双鹤争鱼等画像。棺盖外为盝顶，内为弧形顶，盖上有精细、规整的人字形凿纹。	2.54×0.87－1.15		2.54×0.87－0.25	
金Ⅱ M5	前室右侧室	连岩房屋形石棺	棺内为长方形，棺盖外为盝顶，内为弧形顶。正面口部为企口，用石板封闭。棺下凿有垫枋。盖顶遗人字形纹，棺身外壁雕刻菱形编席纹。	2.6×0.35－1.45	2.1×1.2－0.93	2.6×0.35－0.35	0.8×0.75
	后室右壁	连岩房屋形石棺	棺内为长方形，棺盖外为盝顶，内为弧形顶。棺下凿有垫枋。棺盖和棺身正面雕刻菱形编席纹。	2.55×0.37－1.55	2.12×0.73－0.75	2.55×0.37－0.35	0.9×0.75
天 M1	右后侧室东壁	龛形崖棺	单檐两面坡悬山顶，顶部用朱彩勾边的靛青色绘日字形藻井和椽桷。四壁也用朱彩勾边的靛青色绘出壁柱和壁穿。棺下两端分别半圆雕蟾蜍形支座。		2.2×1.25－1		0.9×0.85
紫 M3	后室右侧室后壁	连岩石床	床沿有栏板围绕，正面有缺口可供上下。正面两角雕有方形立柱，柱顶栌斗支撑室顶。床下有两足。	2.4×1.9－0.9			
紫 M4	后室左侧	棺台		2.85×0.95－0.15			
	后室右侧室后部	石棺	棺身为长方形，棺盖外为盝顶，内为弧形顶。口部内收作子母口，与棺盖凸边扣合。棺下两端分别凿有垫枋。	2.24×0.68－1.03		2.28×0.7－0.23	

续附表三

墓号	位置	葬具名称	特征				
			外形	外部尺寸（长×宽－高）（米）	内部尺寸（长×宽－高）（米）	棺盖尺寸（长×宽－高）（米）	开口尺寸（长×高）（米）
紫 M6	后室右侧室北壁	龛形崖棺	弧形顶。口部为企口。		2.13×1.35－1.12		0.85×0.8
紫 M8	前室左侧室后壁	龛形崖棺	弧形顶。棺下两端分别半圆雕有蟾蜍形支座。		1.58（残）×0.58－0.8		0.98×0.75
	中室左侧室后壁	连岩房屋形石棺	棺盖外为盝顶，雕出三面坡，与棺身相连，内为弧形顶。棺下两端分别半圆雕有蟾蜍形支座，中部则凿有垫枋。外壁雕刻人字形编席纹。	2.45×0.4－1.5	（2.05～2.2）×1.25－0.9	（2.45～2.7）×0.4－0.25	0.78×0.7
	后室左侧室后部	棺台		2.3×0.45－0.15			
	后室左侧室后壁	龛形崖棺	弧形顶		2.28×（1.1～1.4）－0.95		0.85×0.8
紫 M12	前室右壁	龛形崖棺	弧形顶，棺内一端凿有小龛。		2.25×0.85－0.86		0.95×0.7
柏 M2	右后侧室后壁	龛形崖棺			2.18×1.2－0.72		2.18×0.72
柏 M5	中室左侧室后壁	连岩房屋形石棺	棺盖外为两面坡，内为覆斗形顶，至角用线刻脊线表现四面坡屋顶。棺身用尖状凿修整精细，雕刻菱形编席纹。棺下两端分别半圆雕卧羊形支座。	2.5×1.3－1.75	2.6×1.16－1.2	2.55（长）－0.32	0.95×0.95
	后室左侧室后壁	连岩房屋形石棺	棺盖外为盝顶，雕出三面坡，与棺身相连。内为平顶。内壁和棺外部三壁均雕刻有菱形编席纹。	2.45×（0.21～0.24）－1.7	2.2×1.3－1.15	2.6×0.15－0.32	1×0.85
	后室后端	棺台		2.25×0.5－0.1			
坟 M1	后室右侧室后壁	龛形崖棺	弧形顶		2.1×0.6－1.05		1.1×0.85
胡 M1	前室左侧室后壁	连岩房屋形石棺	棺盖外为盝顶，雕出三面坡，与棺身相连。内为弧形顶。棺下两端分别凿有横置垫枋。棺身雕刻人字形编席纹。	2.5×0.75－1.25	2.22×0.73－0.95		1.5×0.65

续附表三

墓号	位置	葬具名称	特征				
			外形	外部尺寸（长×宽－高）（米）	内部尺寸（长×宽－高）（米）	棺盖尺寸（长×宽－高）（米）	开口尺寸（长×高）（米）
刘 M3	前室左侧室后壁	龛形崖棺	弧形顶		2.3×1.2－0.95		0.95×0.7
	后室左侧室后壁	连岩石床	床沿四周有栏板围绕，正面栏板雕刻成卧棂窗式，中央有缺口可供上下。床正面两角圆雕有立柱，床下有两足。	2.6×1.54－0.82			
黄 M1	前室左侧室后壁之耳室后壁	龛形崖棺	弧形顶		2×1.2－0.85		0.95×0.65
	前室右侧室后壁	龛形崖棺	平顶		1.95×0.8－0.75		0.95×0.7
	中室左前侧室后壁	龛形崖棺	弧形顶		2.4×0.65－0.9		0.8×0.78
	中室右前侧室左壁	棺台		2.25×0.7－0.2			
	后室后壁	棺台		3.9×1.5－0.3			
洞 M1	前室左侧室之左侧室后壁	连岩房屋形画像石棺	棺盖外为盝顶，口部为简易子母口，口部两侧浮雕有双凤阙画像，内为弧形顶。棺下有支垫。	2.65×0.6－1.05	2.35×1.45－1.1	2.8×0.65－0.45	0.8×0.9
	前室左侧室之右前侧室后壁侧室	龛形崖棺	平顶		2.05×0.6－0.85		0.73×0.6
	前室右前侧室后壁	龛形崖棺	平顶		2.05×0.7－1		0.65×0.8
	后室右侧室后壁	连岩房屋形石棺	棺盖外为盝顶，内为弧形顶。棺下两端分别凿有垫枋。	2.75×0.65－1.3	2.4×1.4－0.9	2.9×0.65－0.38	0.9×0.6

附录一

罕见的崖墓发现

——俞伟超先生谈郪江崖墓

一　对郪江墓群的总体印象

四川境内崖墓很发达，我这次在四川省三台郪江崖墓群看了几座典型崖墓，我认为在四川崖墓中，郪江可能是单独的一个区域，虽然它也具有崖墓的一致性特征，但也有自己的特点，突出表现在两方面：

1. 建筑结构。墓里建筑结构表现得特别细致，其他地区崖墓也有建筑结构，像乐山或其他地区。但像这样细致，如檐柱、大柱子，墓里大的都柱斗栱、室顶天花藻井结构，其他崖墓中没见到。特别是墓室顶部的天花藻井是郪江崖墓最发达、最特殊的地方。

2. 造像。墓中造像大部分是比较平面的形象，但是有彩绘，我不敢说别处崖墓一定没有彩绘，但目前保留的还没见到彩绘。有彩绘以后，我对比较平面的造像有些理解，它可能用颜色以线条把一些细部特征表现出来，而不是以石刻线条表现。

就这两个在造型上的特点来说，是其他地区崖墓所没有的。

从保存情况完好程度来说，是难得的。对古代崖墓的研究价值有多方面的意义，其中非常重要的一条，表现在崖墓墓室模仿地上建筑。以前只能从墓室平面分布，如葬具、随葬品的放置位置进行推测，直接的崖墓建筑结构，如斗栱、柱子、墙上的刻画等，其他崖墓都非常缺乏，而郪江崖墓却表现得相当细致。这点我认为有可能对理解全国崖墓的墓室分布是怎么来模仿地面建筑的，通过郪江崖墓有可能有重要突破，有可能有基本的理解。这个对崖墓本身来说，是最基本的价值，是极重要的价值，这是非常重要的。

造像的形态表现与彩绘相结合，也是一个特点，我认为在造型艺术中应单独分一类。过去包括许多其他地区的画像石、崖墓中的画像，与彩绘结合的例子很少。前几年在陕北地区发现了一批画像石墓，彩绘画得很漂亮，陕北画像特点也是平面、单纯的，个别的用朱砂、墨线勾绘出轮廓线的能见一点，但无细部表现。过去我们怀疑雕刻前是否先勾绘出轮廓线，然后再雕刻。现在看来，把彩绘和平面雕刻相结合的表现技术，在四川崖墓中也是一个特点。

我认为现在我们国家把郪江崖墓群列为全国重点文物保护单位是完全必要的。

郪江崖墓的分布区域很大（这个在进一步的研究中，可惜许多墓葬还未清理，还没完全调查，一千几百个墓，但你们做了大量辛苦、细致的工作，对典型崖墓的清理工作做得很好）。从汉代情况看，特别是东汉崖墓存在的时间来看，当时大的宗族很多。有些墓，墙上修整得很规整，但有些地方还没弄得很完整，这应该是在汉代，一个崖墓中往往要埋葬好几代人，没完成的是准备为以后死去的子孙后代再开侧室埋葬，但还没有开。那么这种情况，一个崖墓应该是一个家族或者是几代人埋葬在里面。还有另外一种情况，如果一群崖墓是一个宗族，附近有三五个崖墓，或好几个崖墓，相互之间的关系，有可能有很密切的亲缘关系。这些都是在以后的调查、研究中应该注意的问题。郪江崖墓是一个宝库，它有一千几百座，像如此密集的崖墓群，虽然其他地区还有一些，但是郪江地区的崖墓是极重要的国家宝贵文化遗产。所以将来要争取一切条件，继续扩大调查，逐步进行发掘，把郪江崖墓的总体情况研究清楚。从现在的情况来看，我认为郪江绝对是研究汉代文化极为重要的地区。

二　对郪江崖墓今后工作的要求

因为郪江崖墓有重大价值，而我作为一个考古工作者，非常希望把郪江崖墓更加全面地记录下来。我知道一个县的力量，要做这么大的工程，把一千几百座墓实测下来，工作量是很大的，不是三五年能完成的。有些墓还要加以必要的清理，哪怕它被盗了，但经过清理，很多现象也会搞得更清楚。但是作为这样一批宝贵的文化遗产来说，我非常希望将来你们能够多联合一些学术单位，组织更大的力量，对郪江崖墓进行更全面的调查。而且我非常希望你们把郪江崖墓，以及调查资料（记录我看做得很好），将来编纂成大型的考古报告发表出来，让全世界研究汉代文化的人都来关心郪江崖墓群。我盼望你们及早的把这个大型报告发表出来。

三　对郪江崖墓群申请列入国家“十五”期间的大遗址、大墓群保护规划的意见

从古代文化的研究来说，崖墓是中间的一个类型，这个类型四川地区最多，在多山的地方，如四川省的彭山、乐山也有。三台郪江最密集，从现在保存的情况来看，雕刻如此丰富的郪江崖墓是非常罕见的。如果从优先重点保护来考虑，我也希望国家能批准这个项目，能够投入更多的资金，更多的人力，把它保护得更好，留给子孙后代的时间更长远一点，可以让更多的人来观光，看到这些宝贵的文化遗产。

说明：2000年8月3～4日，著名的考古学家、原中国历史博物馆馆长俞伟超先生，在四川省文物局、四川省文物考古研究所、四川省博物馆的领导、专家陪同下，到三台郪江崖墓群进行实地考察。先生首先听取了三台县文物管理所有关郪江崖墓群基本情况的介绍，认真翻看了三台县文物管理所刚抢救性清理的6座崖墓文字、图片和线图记录，以及33座典型崖墓的图片资料等。先生还不辞劳苦，跋山涉水深入郪江刘家埝、胡家湾、金钟山Ⅰ区、柏林坡墓群中的典型崖墓，进行认真仔细地考察。最后，先生就上述三个问题发表上述重要谈话。

（上文由钟治根据现场录像、录音资料整理而成，标题、标点为整理者加）

附录二

柏林坡二号墓出土30、31号器物石材鉴定报告

放大观察：(30、31号相同)

表皮附生了浅绿色低硬度矿物。

内部矿物为粒状集合体。浅黄色，硬度高（6左右）。粒状矿物多为自形或半自形晶，简单单形反映出为低对称晶体。表观上看，矿物较为单一和纯净。

镜下检测（30、31相同）

主要矿物晶体：一组完全解理使碎屑呈薄板状。光学非均质体，2～3级干涉色，斜消光，正或负延性。可见聚片双晶。折射率 Ng′≈1.635；Np′≈1.605。

少量表生矿物多为折射率低于1.54的光学均质体（未作进一步检测）。

鉴定结果（30、31号相同）

该器物石材为粒硅镁石（2Mg2sio4Mg（OH 、F）2；单斜晶系）

说明：

鉴定方法：矿物碎屑的油浸法光学鉴定。

鉴定依据：不同矿物晶体的光学性质差异。

主要设备：油浸法——偏光显微镜及不同折射率的浸油一套，放大观察——双目实体镜。

本鉴定为常规光学鉴定。根据主要光学数据和鉴定者的经验判断，鉴定结果是可信的。如有必要可开展化学元素分析和X射线衍射分析，终结定案。

杨永富

后　记

《三台郪江崖墓》考古报告的整理编写工作，在国家文物局、四川省文物管理局的关心和支持下，终于完稿，即将与读者见面。

三台郪江崖墓的发掘、保护和考古报告的整理出版，是四川省文物考古研究院与绵阳市博物馆、三台县文物管理所通力合作的成果。

早在上世纪80年代初，当地文化部门组织人员对郪江崖墓进行了调查测绘，工作成果得到四川省文物管理委员会的赞誉和鼓励，地方政府也更加重视郪江崖墓的保护管理。2000年，三台郪江崖墓的保护被提到议事日程，四川省文物考古研究所和绵阳市博物馆、三台县文物管理所为配合保护方案的制定和实施的需要，对郪江崖墓群进行了调查、测绘，对部分已暴露的墓葬进行清理。尤其是2002年，经国家文物局批准，四川省文物考古研究所主持的较大规模的郪江崖墓考古调查测绘和发掘，不仅使郪江崖墓群的资料得到完善，还获得大量的原始资料，并发现一批非常有价值的新材料。新材料分别在《文物》、《四川文物》等刊物上发表了简报，引起各级文物主管部门和专家学者的重视。专家们希望三台郪江崖墓考古资料整理出综合报告。

近年来，四川省文物考古研究院非常重视田野考古报告的整理编写工作。2005年《三台郪江崖墓》考古报告的整理编写列入本院工作计划。为了推动该项工作的进行，四川省文物考古研究院组织成立了由四川省文物考古研究院、绵阳市博物馆、三台县文物管理所共同组成的《三台郪江崖墓》综合报告编写组，在组织上、时间上、人员上给予保障，而且从并不宽裕的业务经费中拨出专项资金，使报告的编写得以顺利完成。

本报告的编写由钟治、周科华执笔。器物摄影以及金钟山Ⅰ区和Ⅱ区、紫荆湾、吴家湾、松林嘴墓群的野外摄影由江聪完成，天台山、坟台嘴、胡家湾、刘家堰和洞子排墓群的野外摄影由杨存贯、袁成松完成，柏林坡墓群的野外摄影由江聪、杨存贯、袁成松、钟治共同完成。墓葬图和器物图由罗泽云完成（其中紫M12、黄M1墓葬图由钟治完成），画像摹绘由范学松完成，文字摹写由方晓完成。画像石刻拓片由钟治、钱币拓片由曾令玲完成，紫荆湾墓砖纹饰拓片由巩三完成。陶器修复由吕亚怀、曾庆红、曾卷柄完成。英文翻译由美国哈佛大学东亚系Jeff Moser、台湾大学人类学系陈伯桢博士共同完成。

在报告的整理编写中，得到四川省文物考古研究院高大伦、李昭和、陈德安、孙智彬、雷雨、唐飞、姚军，北京大学孙华、赵化成、韦正，成都市文物考古研究所江章华、蒋成、颜劲松等同仁的指导。四川大学宋治民教授、武汉大学徐承泰副教授审阅了全文，对报告的编写提出了许多宝贵的意见。著名考古学家宿白先生特为本书题签。四川省文物管理局徐荣旋、王琼、朱小南、何振华，绵阳市文物管理局王锡鉴、赵树中、黄光兴，中共三台县委廖雪梅等女士和先生们在工作中也给予了大力支持和帮助。

本报告的编写还得到四川省文物管理局、绵阳市文物管理局、三台县文化体育局的大力支持，并得到郪江镇党委、政府的协助。

在此向曾给予指导、帮助和关心的单位和个人表示深切的谢意。

在发掘期间，著名考古学家俞伟超先生亲临现场考察指导，还时常关心郪江崖墓的保护和报告的整理。藉此报告出版之际以表纪念之忱。

编者

2007 年 1 月

Abstract

The Qijiang cliff tombs are found in the region of the two townships of Qijiang and Anju, located in Santai County in the province of Sichuan. The area occupies a hilly quadrant on the northern edge of the central Chengdu basin, midway along the course of the Fu River (Fujiang). Its geographic coordinates are 30°49′06.4″ to 30°45′39.8″ North Latitude and 105°05′11.4″ to 105°51′31″ East Longitude, and it is situated forty – eight kilometers north of the Santai county seat. In November 1996, the government declared it a member of the Fourth Group of National Key Cultural Relic Protection Units.

Since the early 1980s, a total of thirty – seven large and medium – sized tombs have been mapped and excavated in the Mt. Jinzhong Regions I and II and the Mt. Tiantai Region of the Qijiang cliff tomb group. These tombs yielded large quantities of finely crafted carvings that realistically imitate wooden architectural elements, pictographic carvings, exquisite murals, plaques with red – colored inscriptions, and other objects which together mark them as representative examples of Sichuan cliff tombs. The present publication offers a case – by – case comprehensive report on each of the thirty – seven tombs. It is divided into three sections: Section I describes the geographic environment, historical context, data collection process, tomb distribution, and data organization; Section II features the data itself, presented on a tomb – by – tomb basis; Section III provides the author's preliminary research on the Qijiang cliff tombs.

The present report typologizes the Qijiang cliff tombs according to a simple scheme based on the number of rooms located on the axis running along the entryway and through the tomb door. According to this typology, the tombs can be divided into four categories: single – chambered, double – chambered, triple – chambered, and multi – chambered.

Certain features can be said to characterize the Qijiang cliff tombs as a group. Multi – chambered tombs predominate, and a concerted effort was clearly made to imitate the former living residence of the tomb occupant (or at least the residence of the occupant would have wished to inhabit). Most of the tombs are arranged along a single axis, with subsidiary rooms of varying function and number arrayed to either side. The tombs are further equipped with all the subordinate facilities typically found in a residence. Individual rooms are separated from one another by means of a connecting hall which in some cases bears low relief depictions of openwork railings and screens on either side. The structure of the chambers is relatively complicated, with low relief carvings of windows and pillars supporting wood – framed or paneled walls, as well as highly detailed carved imitations of wooden structural elements such as eave – supporting brackets, pillars, ceiling panels, and roofs. The ceiling panels and roofing elements are notable for the diversity of their design and for the fine, exquisite quality of their craftsmanship. The realism and detail of these stone carved imitations of wooden building elements makes them valuable evidence for the study of ancient Chinese architecture.

Of the thirty – seven excavated cliff tombs (excluding Tomb Bo – M3, whose original condition is unclear), sixteen contained pictographic carvings. These tombs yielded a total of 164 pictographic carvings and statues, seven pictographic carvings painted in polychrome, and one stone coffin with carved motifs. The pictographic carvings were all located on the interior chamber walls bearing carved imitations of wooden structural elements, or on the side walls of the corridors between the chambers. The statues were primarily located on the ceiling beams of the tomb chambers or below the cliff or stone coffins. The pictographs are typically rendered in isolation from one another and feature a rich variety of themes and motifs. On the basis of their original meaning and the funerary concepts of the day, the material represented in these pictographic carvings and statues can be roughly divided into three categories: auspicious signs in the form of supernatural birds and animals, the mundane daily life of the tomb occupant, and the protection of the tomb against the demons of the underworld. The discovery of polychrome murals in Tomb Bo – M1 expanded the geographical scope of Han polychrome painted tombs into the southwestern regions of China, providing significant new evidence for the study of art history.

The Qijiang cliff tombs also yielded a large and diverse array of tomb furniture which, on the basis of present data, can be divided into two general categories: mobile and immobile. The mobile artifacts consist primarily of earthenware, brick, and stone coffins. The immobile artifacts include niche – fitted cliff coffins, stone coffins built into the rock face, coffin platforms, and stone beds. The realistically and painstakingly carved massive stone beds recovered from Tombs Liu – M3 and Zi – M3 are, to date, the only extant examples of such furniture from the Eastern Han.

Twenty – seven of the Qijiang tombs yielded grave goods in varying quantity, while fifteen also contained bronze coins. In Tombs Zi – M2 and Bo – M1, archaeologists further discovered dated inscriptions on the walls of the antechamber. Analysis of the grave goods and coins suggests that the Qijiang tombs primarily date to the Han dynasty, and can be divided into five periods: Beginning of the Eastern Han (ca. A.D. 20 ~ 40), Early Eastern Han (40 ~ 75), Mid – Eastern Han (76 ~ 146), Late Eastern Han (147 ~ 195), and end of the Eastern Han (196 ~ 220). Three of the Eastern Han tombs were also reused for a second burial between the late Tang and the Five Dynasties (ca. 800 ~ 960).

The Qijiang cliff tombs are large in scale, contain a wide range of carved imitations of wooden structural elements which are often painted in multiple colors, and, in some cases, also possess either painted and unpainted pictographic carvings with a rich variety of content. Furthermore, despite the fact that the vast majority of the tombs were thoroughly robbed, they still yielded a significant number of earthenware figurines, funerary models, and other grave goods which portray a landlord estate – based economy. However, these items reveal not the political or official rank of the tomb occupants, but rather their socio – economic power and status. Therefore it is clear that the tombs were built on behalf of a differentiated class of influential local families with a definite degree of status and power.

The Qijiang cliff tombs are an important part of Chinese precious cultural heritage, and a key discovery for Han dynasty archaeology in the Sichuan region. They provide valuable data for the study of Han culture, art, and architecture, and represent an irreplaceable contribution to the ongoing effort to reconstruct Eastern Han vernacular architecture in both Sichuan and the country as a whole. Offering new insights into the culture and regions of the Han dynasty, the tombs are a priceless scholarly resource.

图版

图版一　孙家湾崖墓群

图版二　俞伟超先生在郪江

图版三　俞伟超先生考察郪江古镇

图版四　俞伟超先生考察郪江崖墓

图版五　发掘者之一钟治向俞伟超先生汇报郪江崖墓发掘情况

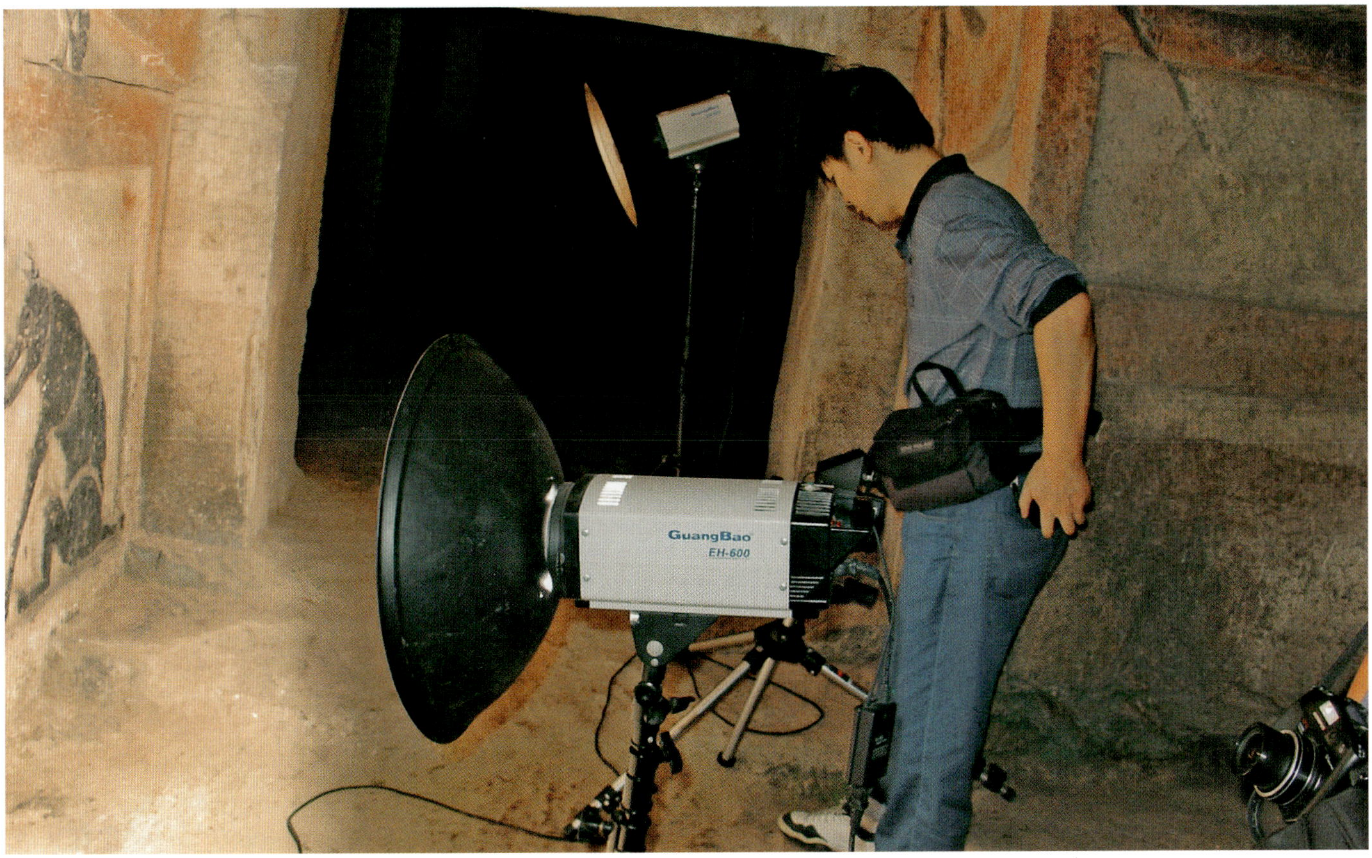

图版六　郪江崖墓拍摄场景之一

图版七　鄄江崖墓拍摄场景之二

图版八　金ⅠM1墓室全景

图版九　金ⅠM1墓室壁宽刃平凿痕

图版一〇　金ⅠM1丁头栱

图版一一　金ⅠM1蹲猴

图版一二　金ⅠM1狗咬耗子

图版一三　金ⅠM1羊头

图版一四　金Ⅰ M1力士

图版一五　金Ⅰ M1门吏

图版一六　金Ⅰ M2墓室全景

图版一七　金ⅠM2墓门

图版一八　金ⅠM2前室顶部藻井

图版一九　金ⅠM2前室左侧室入口坎墙和立柱斗栱

图版二〇　金ⅠM2前室左侧室室顶

图版二一　金ⅠM2中室右壁仿木结构雕刻

图版二二　金ⅠM3仓廪

图版二三　金ⅠM3前室左侧室入口坎墙和立柱斗栱

图版二四　金ⅠM3后室左侧室

图版二五　金ⅠM4前室室顶

图版二六　金ⅠM4前室右耳室室顶

图版二七　金ⅠM4仓廪

图版二八　金ⅠM4厕窬

图版二九　金ⅠM4连岩墩台

图版三〇　金ⅠM4灶台和水缸

图版三一　金ⅠM4曲尺形案龛

图版三二　金ⅠM4后室辟邪座都柱斗栱

图版三四　金ⅡM1前室右壁仿木结构雕刻

图版三三　金ⅡM1墓室全景

图版三五　金ⅡM1厨房

图版三六　金ⅡM1后室右壁

图版三七　金ⅡM1拴狗立鸟柱

图版三八　金ⅡM1神树

图版三九　金ⅡM1龟

图版四〇　金ⅡM1习武·龟

图版四一　金ⅡM1三鱼

图版四二　金ⅡM1跽坐人

图版四三　金ⅡM1吹笛

图版四四　金ⅡM1朱雀

图版四五　金ⅡM1六博

图版四六　金ⅡM1渔归

图版四七　金ⅡM1人物·飞鸟

图版四八　金ⅡM1开门探首人

图版四九　金ⅡM1出土陶劳作俑（金ⅡM1：1）

图版五〇　金ⅡM2墓室全景

图版五二　金ⅡM2厨房

图版五一　金ⅡM2画像石棺

图版五三　金ⅡM2出土陶折腹钵（金ⅡM2：1）

图版五四　金ⅡM2出土陶盘（金ⅡM2：2）

图版五五　金ⅡM3墓室全景

图版五六　金ⅡM3封门石板

图版五七　金ⅡM3厨房

图版五八　金ⅡM3出土陶折腹钵（金ⅡM3：7）

图版五九　金ⅡM3出土陶筒瓦（金ⅡM3：6）

图版六〇　金ⅡM3出土陶抚琴俑（金ⅡM3：9）

图版六一　金ⅡM3出土陶鸡（金ⅡM3：8）

图版六二　金ⅡM3出土铜持盾俑（金ⅡM3：3）（正视）

图版六三　金ⅡM3出土铜持盾俑（金ⅡM3：3）（侧视）

图版六四　金ⅡM4墓室全景

图版六五　金ⅡM4封门情况

图版六六　金ⅡM4壁龛

图版六七　金ⅡM4出土陶罐（金ⅡM4：6）

图版六八　金ⅡM4出土陶直腹罐（金ⅡM4：15）

图版六九　金ⅡM4出土陶壶盖（金ⅡM4：16）

图版七〇　金ⅡM4出土陶女俑头（金ⅡM4：18）

图版七一　金ⅡM4出土铜车辐（金ⅡM4：3）

图版七二　金ⅡM4出土铜钗（金ⅡM4：4）

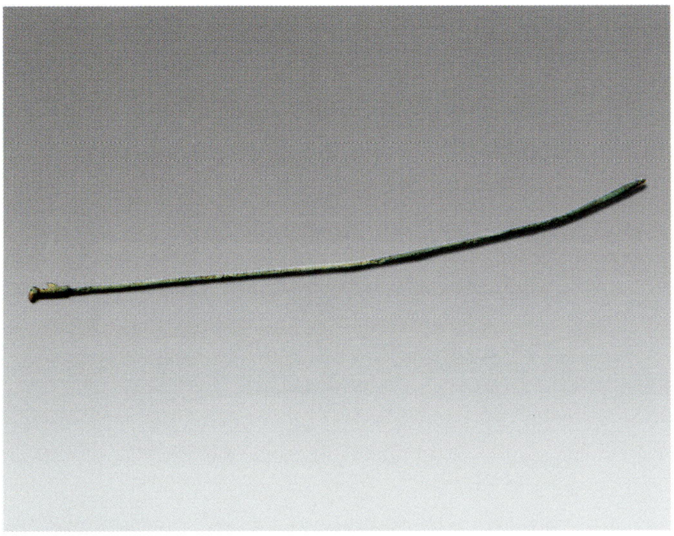

图版七三　金ⅡM4出土铜盖弓（金ⅡM4：1）

图版七四　金ⅡM4出土铜马镳（金ⅡM4：9）

图版七五　金ⅡM4出土玻璃耳珰（金ⅡM4：8）

图版七六　金ⅡM5墓门

图版七七　金ⅡM5连岩房屋形石棺

图版七八　金ⅡM5蹲猴

图版七九　金ⅡM5卧狗

图版八〇　金ⅡM5出土陶男拱立俑（金ⅡM5：3）

图版八一　金ⅡM5出土陶男拱立俑（金ⅡM5：4）

图版八二　天M1仓廪

图版八三　天M1右后侧室和彩绘画像龛形崖棺

图版八四　天M1右后侧室入口彩绘立柱斗栱

图版八六　天M1卧狗

图版八五　天M1龛形崖棺内仿木建筑彩绘

图版八七　天M1蟾蜍座

图版八八　天M1出土陶碗（天M1∶4）

图版八九　天M1出土陶女俑头（天M1∶1）

图版九○　天M1出土陶男俑头（天M1∶2）

图版九一　紫M1点状尖凿痕

图版九二　紫M1前室左壁

图版九三　紫M1仓廪

图版九四　紫M1前室与中室间过厅顶部

图版九五　紫M1中室室顶天花藻井

图版九六　紫M1人像

图版九七　紫M1仙鹤

图版九八　紫M1魌头

图版九九　紫M1白虎

图版一〇〇　紫M1鼠

图版一〇二　紫M1舂臼人

图版一〇一　紫M1猪

图版一〇三　紫M1朱雀

图版一〇四　紫M1龟

图版一〇五　紫M1青龙

图版一〇六　紫M1天禄

图版一〇七　紫M1骏马

图版一〇八　紫M2排水沟

图版一〇九　紫M2前室右耳室入口坎墙和立柱斗栱

图版一一〇　紫M2中室栏杆状坎墙立柱斗栱

图版一一一　紫M3厨房

图版一一二　紫M3后室顶部天花藻井

图版一一三　紫M3石床

图版一一四　紫M3仙鹤（左壁）

图版一一五　紫M3仙鹤（右壁）

图版一一八　紫M3兰锜

图版一一六　紫M3凤阙（左壁）

图版一一七　紫M3凤阙（右壁）

图版一一九　紫M3群鸟

图版一二〇　紫M3出土釉陶敞口碗（紫M3：2）

图版一二一　紫M3出土釉陶敞口碗（紫M3：3）

图版一二二　紫M3出土釉陶敞口碗（紫M3：8）

图版一二三　紫M3出土黑瓷盏（紫M3：9）

图版一二四　紫M3出土釉陶灯盏（紫M3：10）

图版一二六　紫M5出土陶摇钱树座（紫M5：40）

图版一二七　紫M5出土石俑（紫M5：3）

图版一二八　紫M5出土陶羊（紫M5：36）

图版一二五　紫M5后室顶部“平棊”天花

图版一二九　紫M6出土陶兽头（紫M6：3）

图版一三〇　紫M7出土陶庖厨俑（紫M7：10）

图版一三一　紫M10出土陶舞俑（紫M10：1）

图版一三二　紫M12前室右壁凳形崖棺

图版一三三　紫M12出土陶折腹钵（紫M12：2）

图版一三四　紫M12出土陶直腹罐（紫M12：1）

图版一三五　紫M12出土陶器盖（紫M12：5）

图版一三六　紫M12出土陶模型井（紫M12：13）

图版一三七　紫M12出土陶猪（紫M12：23）

图版一三八　紫M13出土陶弧腹钵（紫M13：1）

图版一三九　紫M13出土陶弧腹钵（紫M13：2）

图版一四〇　紫M13出土陶男拱立俑（紫M13：8）

图版一四一　紫M13出土陶男拱立俑（紫M13：9）

图版一四二　紫M13出土陶男俑足（紫M13：24）

图版一四三　吴M1墓室全景

图版一四四　吴M1后室都柱斗栱（正视）

图版一四五　吴M1后室都柱斗栱（侧视）

图版一四六　松M1后室顶部天花藻井

图版一四七　松M1仓廪

图版一四八　松M1后室左侧室顶部天花藻井

图版一四九　松M1后室右侧室后壁

图版一五〇　松M1魌头

图版一五一　松M1开门探首人

图版一五二　松M1兵兰

图版一五三　松M1戟

图版一五四　柏M1

图版一五五　柏M1“排水道”

图版一五六　柏M1前室左壁

图版一五七　柏M1朱书纪年题记

图版一五八　柏M1中室左侧室

图版一五九　柏M1中室左侧室顶部天花藻井

图版一六〇　柏M1中室左侧室左壁

图版一六一　柏M1厨房

图版一六二　柏M1后室

图版一六三　柏M1后室都柱斗栱（正视）

图版一六四　柏M1后室都柱斗栱（侧视）

图版一六五　柏M1后室左壁

图版一六六　柏M1后室西北角立柱斗栱

图版一六七　柏M1后室东北角立柱斗栱

图版一六八　柏M1朱雀（西侧）

图版一六九　柏M1朱雀（东侧）

图版一七〇　柏M1骏马

图版一七一　柏M1彩绘宴享图

图版一七二　柏M1彩绘宴享图（局部）

图版一七三　柏M1升仙图之一

图版一七四　柏M1升仙图之二

图版一七五　柏M1升仙图之三

图版一七六　柏M1双兽

图版一七七　柏M1仙鹤之一

图版一七八　柏M1仙鹤之二

图版一七九　柏M1鸟

图版一八〇　柏M1立鸟架（北侧）

图版一八一　柏M1立鸟架（南侧）

图版一八二　柏M1白虎

图版一八三　柏M1秘戏组画之谈情

图版一八四　柏M1秘戏组画之相邀

图版一八五　柏M1秘戏组画之合气

图版一八六　柏M1女侍

图版一八七　柏M1兔

图版一八八　柏M1猴·兽

图版一八九　柏M1应龙

图版一九〇　柏M1出土陶罐（柏M1：49）

图版一九一　柏M1出土陶罐（柏M1：51）

图版一九二　柏M1出土陶罐（柏M1：50）

图版一九三　柏M1出土陶双领罐（柏M1：11）

图版一九四　柏M1出土陶盆（柏M1：21）

图版一九五　柏M1出土陶甑（柏M1：5）

图版一九六　柏M1出土陶折腹钵（柏M1：3）

图版一九七　柏M1出土陶折腹钵（柏M1：53）

图版一九八　柏M1出土陶女拱立俑（柏M1：31）

图版一九九　柏M1出土陶女拱立俑（柏M1：33）

图版二〇〇　柏M1出土陶男拱立俑（柏M1：32）

图版二〇一　柏M1出土陶男拱立俑（柏M1：43）

图版二〇三　柏M1出土陶男俑头（正视）（柏M1：28）

图版二〇四　柏M1出土陶男俑头（背视）（柏M1：28）

图版二〇五　柏M1出土陶女俑头（正视）（柏M1：13）

图版二〇六　柏M1出土陶女俑头（背视）（柏M1：13）

图版二〇二　柏M1出土陶弋射俑（柏M1：20）

图版二〇七　柏M1出土陶女俑头（柏M1：22）

图版二〇八　柏M1出土陶坐俑（柏M1：30）

图版二〇九　柏M1出土陶鸟（柏M1：15）

图版二一〇　柏M1出土陶鸡（柏M1：16）

图版二一一　柏M1出土陶案（柏M1：59）

图版二一二　柏M1出土陶纺轮（柏M1：29）

图版二一三　柏M1出土铜马蹄（柏M1：4）

图版二一四　柏M1出土铁剑（柏M1：6）

图版二一五　柏M1出土铁环首凿（柏M1：1）

图版二一六　柏M1出土石章形器（柏M1：7）

图版二一八　柏M2封门

图版二一七　柏M2全景

图版二一九　柏M2墓室出土器物

图版二二〇　柏M2灶台和案龛

图版二二一　柏M2出土陶罐

图版二二二　柏M2出土陶罐（柏M2：1）

图版二二三　柏M2出土陶罐（柏M2：6）

图版二二四　柏M2出土陶罐（柏M2：7）

图版二二五　柏M2出土陶罐（柏M2：8）

图版二二六　柏M2出土陶罐（柏M2：9）

图版二二七　柏M2出土陶罐（柏M2：12）

图版二二八　柏M2出土陶瓮（柏M2：13）

图版二二九　柏M2出土陶甑（柏M2：3）

图版二三〇　柏M2出土陶盘（柏M2：4）

图版二三一　柏M2出土陶庖厨俑（柏M2：15）

图版二三二　柏M2出土陶抚琴俑（柏M2：18）

图版二三三　柏M2出土陶抚耳俑（柏M2：23）

图版二三四　柏M2出土陶吹笛俑（柏M2：22）

图版二三五　柏M2出土陶马（柏M2：2）

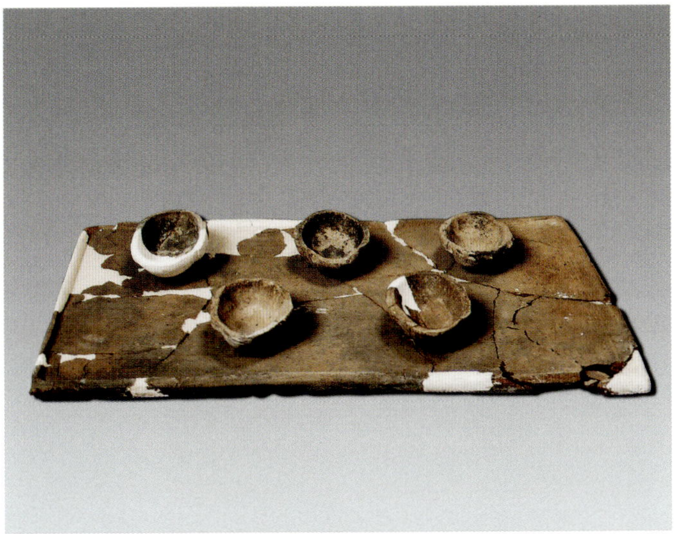

图版二三六　柏M2出土陶案（柏M2：25）

图版二三七　柏M2出土陶塘（柏M2：24）

图版二三八　柏M2出土陶房（柏M2：11）

图版二三九　柏M2出土陶房（柏M2：21）

图版二四〇　柏M2出土铁釜（柏M2：5）

图版二四一　柏M2出土铁刀（柏M2：10）

图版二四二　柏M2出土石猪（柏M2：33、31）

图版二四三　柏M3垮塌情形

图版二四五　柏M4墓室都柱斗栱

图版二四四　柏M4墓室全景

图版二四六　柏M4出土陶鼎（柏M4：3）

图版二四七　柏M4出土陶鼎盖（柏M4：5）

图版二四八　柏M4出土陶甑（柏M4：1）

图版二四九　柏M4出土陶盆（柏M4：2）

图版二五〇　柏M4出土陶盒盖（柏M4：4）

图版二五一　柏M4出土铜饰件

图版二五二　柏M5墓室全景

图版二五三　柏M5人字菱形纹凿痕

图版二五五　柏M5封门情况

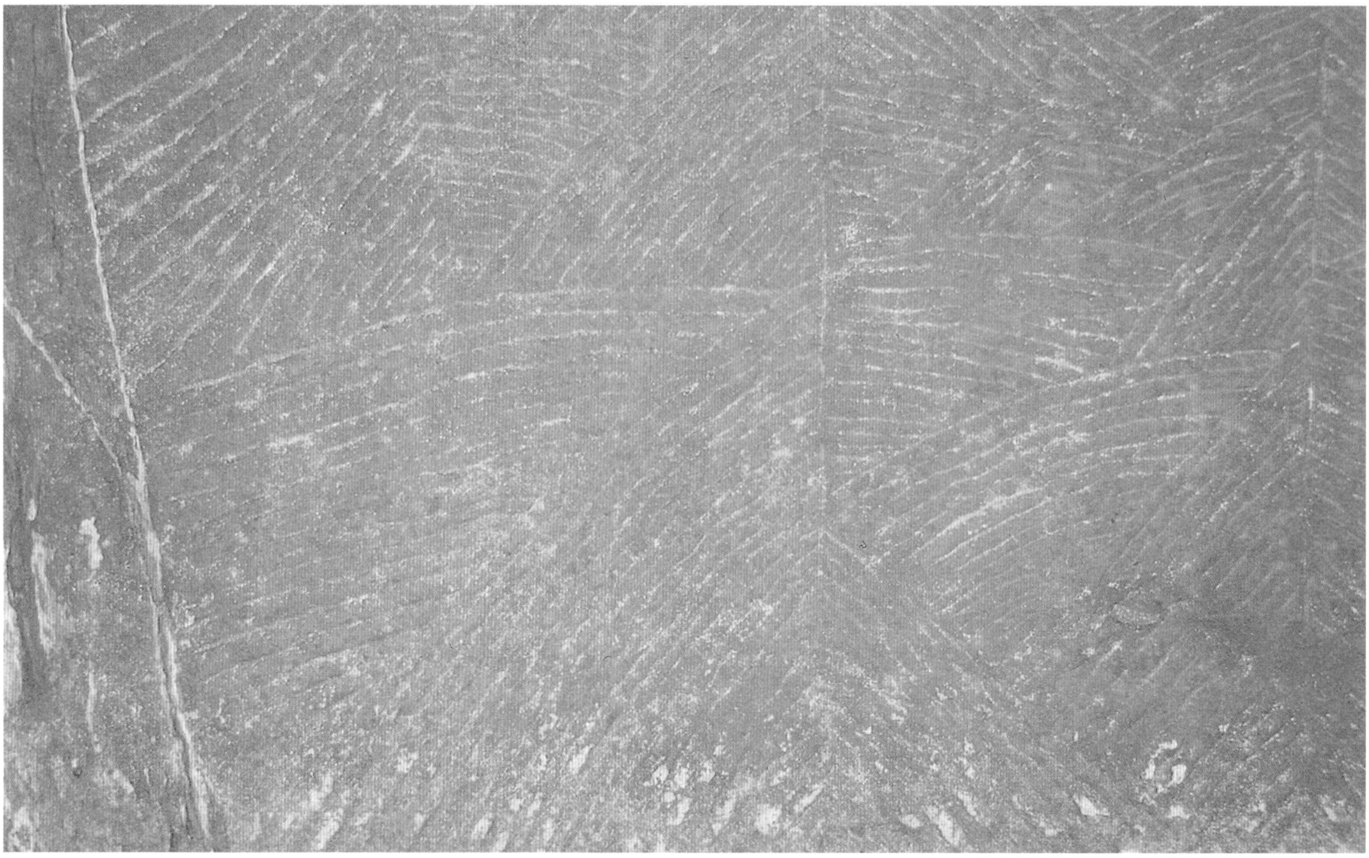

图版二五四　柏M5波浪纹状尖凿痕

图版二五六　柏M5仓廪

图版二五七　柏M5厨房

图版二五八　柏M5中室左侧室

图版二五九　柏M5中室右侧室

图版二六〇　柏M5力士(左侧)

图版二六一　柏M5力士(右侧)

图版二六二　柏M5卧羊座

图版二六三　柏M5飞鸟

图版二六四　柏M5出土陶女俑头（柏M5：8）

图版二六五　柏M5出土陶男俑头（柏M5：10）

图版二六六　柏M5出土釉陶敞口碗（柏M5：3）

图版二六七　柏M5出土釉陶敞口碗（柏M5：6）

图版二六八　柏M5出土釉陶折腹碟（柏M5：16）

图版二六九　柏M5出土铁凿

图版二七〇　柏M5出土铁鐎斗（柏M5：12）

图版二七一　柏M5出土铜饰件（柏M5：17）

图版二七二　柏M5出土石杈形器（柏M5：13）

图版二七三　坟M1横直线状尖凿痕

图版二七四　坟M1菱形编席纹

图版二七五　坟M1前室顶部天花藻井

图版二七六　坟M1房屋形壁龛

图版二七七　坟M1前室右壁

图版二七八　坟M1中Ⅰ室右侧室入口处坎墙和立柱斗栱

图版二七九　坟M1中Ⅰ室右侧室墙角立柱和丁头栱

图版二八〇　坟M1厨房

图版二八一　坟M1中Ⅱ室右侧室

图版二八二　坟M1中Ⅱ室右侧室顶和室壁雕刻

图版二八三　坟M1后室

图版二八四　坟M1后室左侧室

图版二八五　坟M1后室右侧室龛形崖棺

图版二八六　坟M1部曲

图版二八七　坟M1蹶张

图版二八八　胡M1墓室全景

图版二八九　胡M1前室右壁

图版二九〇　胡M1后室

图版二九一　胡M1后室十二棱柱斗栱（正视）

图版二九二　胡M1后室十二棱柱斗栱（侧视）

图版二九三　胡M1斗栱（局部）

图版二九四　胡M1出土陶折腹钵（胡M1：3）

图版二九五　胡M1出土陶器盖（胡M1：2）

图版二九六　胡M1出土铜鎏金耳杯扣饰（胡M1：7）

图版二九七　刘M1前室左壁及两侧室

图版二九八　刘M1厨房

图版三〇〇　刘M1出土陶盘（刘M1：1）

图版二九九　刘M1后室及左侧室

图版三〇一　刘M3石床

图版三〇二　黄M1前室顶部天花藻井

图版三〇四　黄M1蹶张

图版三〇三　黄M1菱形纹窗牖

图版三〇五　黄M1擘张

图版三〇七　黄M1惊鹿

图版三〇六　黄M1猎犬

图版三〇八　洞M1仓廪

图版三〇九　洞M1前室左侧室

图版三一〇　洞M1连岩房屋形画像石棺

图版三一一　洞M1坎墙和立柱斗栱

图版三一二　洞M1井字形天花藻井

图版三一三　洞M1后室右侧室